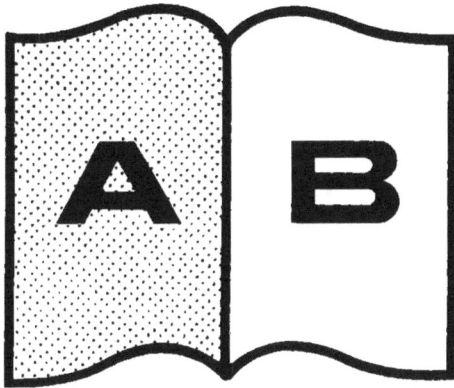

Contraste insuffisant

NF Z 43-120-14

DICTIONNAIRE

ÉTYMOLOGIQUE

DES MOTS FRANÇOIS

DÉRIVÉS DU GREC.

Les exemplaires exigés par la loi, ont été déposés
à la Bibliothèque nationale.

DICTIONNAIRE
ÉTYMOLOGIQUE
DES MOTS FRANÇOIS
DÉRIVÉS DU GREC,

ET USITÉS PRINCIPALEMENT DANS LES SCIENCES,
LES LETTRES ET LES ARTS;

Ouvrage utile aux jeunes gens, et aux personnes qui ne
sont point versées dans les langues anciennes.

On y a joint les noms des nouvelles mesures, et les autres
mots nouveaux tirés du Grec.

Par J. B. MORIN, *Directeur d'École secondaire
à Clermont-Ferrand.*

Enrichi de notes par M. D'ANSSE DE VILLOISON, membre de
l'Institut national de France, des Académies de Londres, Berlin,
Gottingue, Jéna, &c. &c. et revu, en l'absence de l'auteur, par
M. DE WAILLY, chef de l'enseignement au Prytanée de Paris.

....nova fictaque nuper habebunt verba fidem, si
Græco fonte cadant, parcè detorta,
HORAT. *Art. Poet.*

DE L'IMPRIMERIE DE CRAPELET.

A PARIS,

Chez B. WARÉE, Libraire, quai des Augustins, n° 20.
AN XI — 1803.

A

J. B. G. D'ANSSE DE VILLOISON,

Membre de l'Institut national de France, de la ci-
devant Académie des Inscriptions et Belles-Lettres
de Paris, et de celles de Londres, Berlin, Gottingue,
Jéna, Manheim, Erfort, Upsal, Copenhague,
Madrid, Rome, Naples, Cortone, Velétri, &c. &c.
Professeur provisoire de grec moderne à la Bibliothèque nationale.

L'HOMMAGE d'un essai qui a quelque rapport à la langue grecque, s'adresse naturellement à l'un de ses plus dignes, de ses
plus célèbres interprètes. Vous le présenter,
c'est rappeler au public ce profond savoir,
ce génie pénétrant, ce goût exercé, qui
vous ont mérité l'estime et l'admiration de
l'Europe savante.

Je n'avois pas encore l'avantage d'être
connu de vous, lorsque j'ai été flatté d'apprendre que mon manuscrit, dont le libraire
vous avoit confié l'examen à mon insu,
avoit obtenu votre suffrage, et que votre
approbation en avoit seule décidé l'impression. Il auroit été plus digne du jugement fa-
vorable que vous avez bien voulu en porter,

si le séjour de la capitale m'avoit procuré le bonheur de profiter de vos lumières, et du fruit de vos longs voyages en Grèce, en Italie et en Allemagne; j'aurois trouvé des secours multipliés dans les bibliothèques publiques, et sur-tout dans la vôtre, si riche en littérature grecque, latine, orientale, italienne, et dans la partie des antiquités et des inscriptions. Mais quoique j'aie été privé de ces avantages, il sera toujours vrai de dire que mon ouvrage doit le jour à la protection flatteuse que vous lui accordez; et je ne serai pas moins honoré, si vous daignez en agréer la dédicace, comme un foible tribut de ma reconnoissance.

J. B. MORIN.

PRÉFACE.

Tout ce qui nous vient des Grecs rappelle la mémoire d'un peuple distingué par son génie et par
ses talens, et devenu le modèle, le bienfaiteur
des autres nations. Nés sous un ciel heureux, et
doués d'une imagination vive et féconde, ils semblent avoir cultivé avec un égal succès les sciences,
les lettres et les arts. Poésie, éloquence, histoire, philosophie, &c. ils ont excellé dans tous
les genres ; et c'est avec raison que la Grèce a été
appelée l'*école du genre humain*. Quoique subju-
guée par les Romains, elle conserva néanmoins
sur ses vainqueurs l'empire que donnent les talens
et les lumières sur l'ignorance et la barbarie :
bien plus, en transportant chez eux ses arts et
ses sciences, elle acquit des droits mérités à leur
reconnoissance et à leur admiration (1). C'est
alors qu'il fut beau de voir les vainqueurs, devenus disciples des vaincus, apprendre la langue
des Homère, des Platon, des Démosthène, des
Thucydide, et sur le modèle de ces grands
hommes se former une foule d'écrivains célèbres, dignes rivaux de leurs maîtres.

---

(1) *Græcia capta ferum victorem cepit, et artes*
Intulit agresti Latio. HORAT.

Les arts fleurirent en Occident jusqu'à l'époque où, Constantin abandonnant le séjour de Rome, ils revolèrent à sa suite vers leur ancienne patrie. Mais la révolution qui renversa l'Empire grec fit prendre à la terre une face toute nouvelle; et l'on vit avec une sorte d'étonnement se relever de dessous les ruines de Rome, son ancien génie enseveli pendant douze siècles avec elle. De l'Italie, les sciences et les beaux-arts des Grecs passèrent en France, où ils se sont fixés en même temps que l'étude de leur langue y a été mise en honneur. La nation françoise doit le goût de l'érudition grecque aux Budé, aux Etienne (Henri, Robert, &c.), et à plusieurs autres qui se sont fait un nom immortel dans la république des lettres.

Ces nouvelles connoissances ont été pour quelques-unes des langues modernes une source féconde de richesses nouvelles; et elles ont singulièrement contribué, par les modèles du beau qu'elles offroient en tout genre, à leur faire perdre insensiblement leur barbarie primitive. Ce n'est que fort tard qu'on vit éclore le bon goût en France : aussi la langue, qui se ressentoit de la barbarie de la nation, ne s'est-elle polie et perfectionnée que dans le dix-septième siècle. Car les langues éprouvent les mêmes révolutions que les Etats; grossières et imparfaites dans leur origine, elles ne se perfectionnent qu'en raison de la civilisation des peuples qui les parlent.

Les langues vivantes ont donc conservé, à l'imitation de celle des Romains, quantité de mots grecs usités particulièrement dans les sciences et les arts, dont ils expriment avec netteté et précision, soit les instrumens, soit les opérations ou les découvertes. Suivant l'opinion la plus commune, c'est au douzième siècle que l'on commença d'introduire dans la langue françoise quelques termes grecs de la philosophie d'Aristote ; et ce fut vers le seizième que la médecine désigna par des noms grecs les différentes parties du corps humain, les diverses maladies et leurs remèdes. Depuis, on n'a cessé de faire des emprunts à la langue grecque, toutes les fois sur-tout qu'on a eu besoin de désigner quelque objet scientifique. Cette langue, que parloit un peuple poli et ami des arts, est pour nous une mine féconde, d'où nous pouvons tirer chaque jour de nouveaux trésors. Aussi riche qu'harmonieuse (1), elle se multiplie, pour ainsi dire, à l'infini par le grand nombre de ses mots, par la variété de ses inflexions, par ses idiômes ou dialectes différens : aussi offre-t-elle, plus qu'aucune autre, des combinaisons faciles pour former une infinité d'expressions nouvelles.

_____

(1) *Graiis ingenium, Graiis dedit ore rotundo Musa loqui.* HORAT.

La langue françoise , il faut l'avouer , est loin
de réunir ces avantages précieux. Réduite à s'ap-
proprier les richesses des autres langues , elle
tire de son propre fonds peu de mots composés ,
et se prive par conséquent de la précision et de
l'énergie qu'ils procurent. Fait-on quelque découverte dans un art , dans une science , on a
recours aussi-tôt à la langue grecque, dans laquelle
on puise le mot le plus propre à l'exprimer. C'est
ainsi que , de nos jours encore , notre langue a
fait de nouvelles acquisitions.

Ces sortes d'emprunts se multiplieront de plus
en plus : fixer le terme où ils s'arrêteroient , ce
seroit prescrire des bornes aux progrès de l'esprit
humain. Et en effet , l'expérience du passé et
l'observation des progrès que les sciences ont
faits jusqu'ici, sont un sûr garant de ceux dont
elles sont encore susceptibles : témoin la chimie,
qui est devenue une science toute nouvelle entre
les mains de quelques hommes de génie , et dans
laquelle on marche de découverte en décou-
verté. Ainsi, poussé par une curiosité toujours
active , l'homme passe bientôt d'un objet connu
à un autre qu'il ignore. Rien de ce qu'il croit capable d'améliorer son bien-être , ou de lui assurer
de nouvelles jouissances , ne lui paroît au-dessus
de ses forces , ou indigne de ses recherches. Pendant qu'il travaille à perfectionner ses facultés

intellectuelles, la sphère de ses connoissances s'agrandit; de là naissent de nouvelles idées, ou de nouvelles combinaisons d'idées, qui nécessitent de nouveaux termes, et forcent, sinon de les créer, du moins de recourir à la langue qui fournira les plus expressifs et en même temps les plus précis.

On sait quelle est l'influence des langues sur les progrès des sciences, et combien la perfection des signes contribue à fixer et à déterminer les résultats de toutes nos perceptions. Chaque mot doit peindre d'une manière propre et distincte la chose qu'il représente; et c'est en quoi les Grecs ont si bien réussi dans la formation de leur langue, en caractérisant presque toujours les objets par des mots qui exprimoient quelques-unes de leurs propriétés, ou leur analogie avec d'autres dont les propriétés étoient connues.

On ne peut sans doute que savoir gré aux savans qui enrichissent ainsi notre langue de nouveaux mots. Mais que penser de quelques écrivains de nos jours qui s'imaginent faire preuve de talent, en affectant de forger des expressions nouvelles, au mépris de toutes les règles de l'analogie? Ce ridicule néologisme que le bon goût réprouve ne tendroit pas à moins, s'il s'accréditoit, qu'à corrompre le langage et à nous replonger dans la barbarie.

Dans un moment où l'on s'occupe de donner
une nouvelle activité à l'étude des langues anciennes, et où les sciences sont plus spécialement
cultivées, j'ai pensé que ce seroit rendre service
aux jeunes gens, que de rassembler sous un même
point de vue les principaux mots que notre langue
a empruntés du grec. Mon but, en composant ce
recueil, a été de leur faciliter l'étude de leur
langue maternelle, d'enrichir leur mémoire sans
la fatiguer, et de les initier, par un moyen simple,
à la connoissance des termes propres des sciences
et des arts. En trouvant ainsi l'entrée de cette
carrière applanie, ils ne peuvent manquer d'y faire
des progrès plus rapides; car la moindre obscurité dans le sens des mots est un obstacle à la
connoissance des choses. Mais pour acquérir
cette intelligence des mots, est-il une voie plus
sûre que d'en rechercher l'étymologie ? C'est à
l'aide de ce fil qu'on remonte à leur origine,
qu'on retrouve les élémens dont ils sont composés, et souvent les raisons de leur formation.

L'art étymologique, quoi qu'en disent ses dé-
tracteurs, n'est point un art frivole. Il a, ainsi
que les autres sciences, ses principes et ses règles;
et, restreint à la seule utilité, il offre de très-
grands secours pour l'étude des langues. C'est
d'ailleurs, de l'aveu de tous les hommes éclairés,
le vrai, l'unique moyen de bien définir. « En

» observant la formation des mots, a dit un sa-
» vant grammairien, on parvient à en connoître
» la juste valeur; on pénètre jusqu'à la métaphy-
» sique des langues; on en démêle le caractère
» et le génie »; en un mot, l'on en fait la meil-
leure analyse possible : et analyser, n'est-ce pas
définir ?

Parmi les écrivains qui se sont exercés sur les
étymologies de la langue française, on distingue
Henri Etienne, Tripot, Borel, Guichard, Lancelot, le P. Labbe, et sur-tout Ménage qui a prétendu trouver l'origine de tous les mots de cette
langue (1). Les ouvrages de ces savans étymo-
logistes, malgré leurs imperfections, renferment
sans contredit d'excellentes choses ; mais il faut
convenir pourtant qu'ils sont à la portée d'un petit
nombre de lecteurs, et que leur étendue volumi-
neuse en rend l'acquisition peu facile. D'ailleurs,
depuis que leurs écrits ont paru, notre langue s'est
enrichie de quantité de mots nouveaux, puisés
principalement dans la langue grecque. Il nous
manquoit un ouvrage *ex professo* qui en fît connoître l'origine et la formation ; c'est ce qu'on a

---

(1) Le savant Pougens, membre de l'Institut national,
s'occupe depuis long-temps d'un Dictionnaire étymologique de tous les mots françois dérivés des langues du
nord.

(Note de M. D'ANSSE DE VILLOISON.)

tâché d'exécuter dans celui qu'on donne aujour-
d'hui au public. Lancelot avoit ébauché, à la
vérité, un recueil semblable à la fin de son *Jardin
des Racines grecques;* mais que de choses ce recueil ne laissoit-il pas à desirer pour être complet!

Les mots françois dérivés du grec sont en
grand nombre, mais tous ne présentent pas, dans
la connoissance de leur étymologie, la même importance ni la même utilité, par la raison que
plusieurs de ces mots rous sont familiers ou d'un
usage très-commun. Quelques-uns ont passé dans
notre langue sans éprouver aucune altération,
tandis que d'autres (comme le mot *tragédie,* qui
signifie *chanson du bouc,* parce qu'à l'époque où elle
fut inventée un bouc en étoit le prix), n'ont conservé aucun vestige de leur première institution.
Outre la différence dans la langue, dans les mœurs,
dans la religion, le temps a aussi amené des changemens dans les arts que nous avons imités des
Grecs, et qui se sont perfectionnés entre nos
mains, ou qui reparoissent parmi nous sous des
formes toutes nouvelles. Ainsi la chose a changé,
et non le mot; et nous avons continué de désigner par les mêmes noms des idées tout-à-fait
différentes. Il est important, pour ne pas dire
nécessaire, à toute personne qui a le desir de
s'instruire, de bien connoître ces différences;
et pour y parvenir, il faut remonter à l'origine

des choses, comme au véritable moyen de comparaison.

Mon dessein avoit été d'abord de faire un choix des mots les plus importans, et dont il est difficile d'entendre la signification sans le secours de l'étymologie ; mais d'après les conseils de quelques savans estimables, auxquels je m'empresse d'offrir ici le témoignage de ma reconnoissance, je me suis décidé à rendre ce recueil le plus complet qu'il m'a été possible. J'y ai donc renfermé un très-grand nombre de termes propres des sciences et des arts. La Médecine, la Physique, les Mathématiques, l'Histoire naturelle, les Belles-Lettres, &c. en ont fourni la plus grande partie. On trouvera dans ce Dictionnaire les nouveaux mots tirés du grec, comme *Télégraphe*, *Sténographie*, *Polytechnique*, *Pasigraphie*, le Système *Nosographique* du célèbre Pinel (1), les principaux termes de la nouvelle nomenclature de chimie, les noms des découvertes les plus récentes dans cette science, ceux des nouvelles mesures, et en général les mots d'origine grecque dont le sens est diffi-

---

(1) On n'a cependant pas cru devoir grossir ce recueil de quelques mots nouvellement forgés, tels que *Gastronomie*, titre d'un poëme qui vient de paroître sur les plaisirs de la table ; *Thermolampe*, nom d'une espèce de poële qui a pour but d'éclairer et d'échauffer à-la-fois, et autres qui ne sont pas généralement adoptés.

cile à pénétrer, ou qui n'ont encore paru dans aucun Dictionnaire. Quant aux termes d'un usage plus familier, j'en ai omis la plus grande partie ; ainsi je n'ai pas donné l'étymologie de *caresser*, dérivé de καῤῥέζω (*carrhézô*), qui a la même signification en grec (1). Cette collection renferme,

---

(1) Quelques commençans qui auront lu dans le *Jardin des Racines grecques* de Lancelot :

Μῆδος, conseil et soin veut dire,
Μηδικός médecin s'en tire,

pourront être surpris de ce qu'on n'a pas fait dériver les mots latins et françois *medicus* et *médecin*, de Μηδικός (*Médikos*) ; mais cette expression grecque désigne la patrie, et non pas la profession d'un homme, et signifie *Mède*, de *Médie*, et non pas *médecin*. C'est une faute que j'indique aux futurs éditeurs de cet ouvrage, d'ailleurs si estimable et si utile, auquel on avoit voulu substituer dans les classes, pour le malheur de la jeunesse, et en dépit des Muses, un poëme grec absurde, rocailleux, rempli de termes inusités, barbares, corrompus, pris à contre-sens, de solécismes, de constructions vicieuses, de fautes de quantité, l'*Ulysse de Giraudeau*, qui n'est propre qu'à donner de fausses notions, et à surcharger la mémoire de mots et de tours qu'il faut s'empresser d'oublier.

Un savant respectable, Montfaucon, p. 197, c. 2, l. III de son immortelle *Palaeographia Graeca*, avoit fait la même faute que Lancelot. En rendant compte d'un célèbre manuscrit de Dioscoride, sur lequel on voit, à la première page, la figure d'un paon, il dit qu'il n'est pas étonnant de trouver cet oiseau à la tête d'un livre de médecine, et immédiatement avant le portrait des plus grands médecins, parce que, ajoute-t-il, selon Aristophane et à la vérité, quelques mots qui ne sont plus usités, et qu'on ne rencontre que dans les ouvrages de certains auteurs ; mais c'est par la raison que des écrivains célèbres les ont employés, que j'ai cru ne pas devoir les omettre. On en verra plusieurs que nous avons empruntés du latin, mais qui

---

Suidas, le paon est Μηδικὸς ὄρνις (*Médikos ornis*). Mais ces termes indiquent un oiseau *qui nous vient de la Médie*, comme l'avoit très-bien expliqué Henri Étienne, p. 1448 de l'*Appendix* de son *Thesaurus linguæ Græcæ*, t. IV, et non pas un oiseau *qui a rapport* à *la médecine*, à *la matière médicale*, comme le pense Montfaucon, qui confond Μηδικὸς (*Médikos*), *Mède, de Médie*, avec ἰατρικὸς (*iatrikos*), *médical*. Bayer avoit déjà remarqué cette singulière méprise, p. 39 et 40, t. I *Thesauri epistolici Lacroziani*, *Lipsiæ*, 1742, *in-4°*. En latin, *medica* ne signifie pas une *herbe médicinale*, mais le *sainfoin*, que les Perses ont apporté en Grèce, du temps de l'invasion de Xerxès.

C'est ainsi que ce docte Bénédictin, qui a rendu de si grands services aux lettres, voulant expliquer une inscription grecque de l'île de Crète, page 75 de son intéressant *Diarium Italicum*, lit mal-à-propos sur ce monument, EN IEPA ΠΥΓΝΗ, qu'il explique encore plus mal par combat sacré, *in sacrá pugná*; comme si ΠΥΓΝΗ (*pugné*) étoit un mot grec, et synonyme de μάχη (*maché*), en latin *pugna*, c'est-à-dire, *combat*. Chishull, p. 126 de ses *Antiquitates Asiaticæ*, relève avec aigreur la bévue de cet habile antiquaire, et prouve que la vraie leçon est EN IEPAΠΥΤΝΗ (*en Hieraputné*), dans la ville d'Hierapytne, au lieu d'IEPA ΠΥΓΝΗ (*hiera pugné*), combat sacré.

(Note de M. d'ANSSE DE VILLOISON, de l'Institut national de France.)

viennent originairement du grec ; et d'autres qui
sont formés en partie du grec, et en partie du
latin.

Pour éviter des répétitions inutiles , et faire
connoître en même temps la généalogie des mots,
je me suis contenté d'expliquer l'étymologie d'un
mot primitif, et de placer à la suite ses dérivés.
Ainsi l'on trouvera l'étymologie du mot *Anatomique* à l'article ANATOMIE ; celle des mots *Allégorique, Allégoriquement ,* à l'article ALLÉGORIE ;
et ainsi des autres.

Dans le dessein de faciliter l'intelligence des
nouveaux termes que l'on peut, dans la suite,
puiser encore dans la langue grecque, j'ai inséré
dans ce Dictionnaire l'explication de quelques
élémens communs à plusieurs mots ; tels sont les
articles A (privatif), ANTI, ARCHI , DIA , GRA-
PHIE, HÉMI , HYPER , HYPO , ISME , LITHE , LO-
GIE , MANCIE , MÈTRE et MÉTRIE , NOMIE ,
OÏDE , TOMIE (*voyez-les* dans leur rang alphabétique). Ils entrent dans la composition des
mots *Acéphale , Antipodes , Diamètre , Géographie , Physiologie , Géométrie ,* et autres semblables. On verra que tous les mots terminés en
oïde , comme *Coracoïde , Mastoïde ,* &c. marquent
une conformité ou une ressemblance avec la
chose désignée par la première partie du mot ;
car la finale *oïde* vient du grec εἶδος (*éidos*),

qui signifie *forme, image, figure, ressemblance*

Malgré l'étendue dont ce recueil m'avoit
d'abord paru susceptible, j'ai cru devoir l'abré-
ger et le réduire à de justes bornes, pour en faire
un livre commode et à la portée de tout le monde;
car il n'est rien qui contribue tant aux progrès
des connoissances, que de les diriger vers la plus
grande utilité possible. C'est dans la même vue
que les mots grecs sont transcrits en caractères
françois, suivant la prononciation adoptée en
France, et qui diffère de celle des Grecs modernes, afin qu'ils puissent être lus de ceux à
qui la langue grecque est étrangère. D'un autre
côté, cet ouvrage devant joindre la simplicité à
la précision, j'ai pensé qu'il seroit hors de pro-
pos d'y rapporter les différens sentimens des
grammairiens sur certaines étymologies dou-
teuses, et d'entrer à ce sujet dans des détails qui
laissent toujours le lecteur indécis. Ainsi je me
suis borné à un exposé clair et simple de chaque
étymologie, en remontant toujours aux racines
primitives. La plus grande vraisemblance au
défaut d'une entière certitude, l'analogie entre
le mot et la chose, c'est à quoi je me suis sur-
tout attaché, et ce que j'ai pris constamment
pour guide. Quant aux définitions en elles-
mêmes, j'ai tâché de ne point perdre de vue
qu'elles doivent être claires, justes et précises;

mais oserois-je me flatter d'avoir toujours également réussi ?

Tel est en substance le plan de cet ouvrage. Puisse l'exécution remplir le but que je me suis proposé , celui d'être utile ! Heureux si , n'ayant pu répandre des fleurs sur la route qui conduit aux sciences, je suis parvenu du moins à élaguer les épines dont elle est souvent hérissée !

N O T A.

Ce Dictionnaire devant être regardé comme un livre classique, j'ai pensé que le public me sauroit gré de mettre à la tête l'alphabet grec, avec la prononciation des François et celle des Grecs modernes, qui servent toutes deux à connoître l'étymologie de plusieurs termes de notre langue.

LETTRES GRECQUES.

FIGURE.	NOM.		VALEUR.
A α	ἄλφα	Alpha	a.
B β ϐ	ϐῆτα	Béta, ou *vita*, selon les Grecs modernes.	b, ou *v*.
Γ γ ϝ	γάμμα	Gamma, se prononce comme N, lorsqu'il est suivi d'un autre Γ.	g.
Δ δ ∂	δέλτα	Delta	d.
E ε	ἐψιλὸν	Epsilon	é bref.
Z ζ ζ	ζῆτα	Zéta, ou *zita*, selon les Grecs modernes.	z, ds.
H η	ῆτα	Éta, ou *ita*, selon les Grecs modernes.	é long, ou *i* long.
Θ ϑ θ ϴ	ϑῆτα	Théta, ou *thita*, selon les Grecs modernes, qui le prononcent, avec raison, comme le *th* anglais, pour le distinguer du T.	th.
I ι	ἰῶτα	Ióta	i voyelle.
K κ	κάππα	Kappa	k, c.
Λ λ	λάμϐδα	Lambda	l.
M μ	μῦ	Mu, ou *my*, selon les Grecs modernes.	m.
N ν	νῦ	Nu, ou *ny*, selon les Grecs modernes.	n.

FIGURE.		NOM.	VALEUR.
Ξ ξ	ξῖ	*Xi*	*x.*
O o	ὁ μικρὸν	*Omicron*	o bref.
Π ϖ π	πῖ	*Pi*	*p.*
P ρ ϛ	ῥῶ	*Rhô*	*r.*
Σ σ ς	σῖγμα	*Sigma*	*s.*
T τ τ	ταῦ	*Tau,* ou *taf,* selon les Grecs modernes.	*t.*
Υ υ	ὐψιλὸν	*Upsilon,* ou *ypsilon,* selon la prononciation des Grecs modernes.	*u,* ou *y.*
Φ φ	φῖ	*Phi*	*ph.*
X χ	χῖ	*Chi*	*ch* aspiré, pour le distinguer du *kappa,* qui répond à notre K, ou au C sans aspiration.
Ψ ψ	ψῖ	*Psi*	*ps.*
Ω ω	ὦ μέγα	*Omega*	*ô* long.

L'esprit rude placé sur la consonne ρ, ou devant une voyelle, se rend toujours par notre voyelle H aspirée, comme dans ῥώμη (*rhômê*), la force, ἥλιος (*hélios*), le soleil.

ABRÉVIATIONS.

adj........... adjectif.
adv.......... adverbe.
anat......... anatomie.
antiq......... antiquité.
archit........ architecture.
astro......... astronomie.
botan. .... botanique.
chirur........ chirurgie.
chim......... chimie.
didact........ didactique.
génit......... génitif.
géog......... géographie.
géom........ géométrie.
gram........ grammaire.
hist. anc...... histoire ancienne.
hist. eccl...... histoire ecclésiastique.
littér......... littérature.
logiq......... logique.
math......... mathématiques.
méd.......... médecine.
mytho........ mythologie.
nat. .... naturaliste.
optiq......... optique.
pharm........ pharmacie.
philos........ philosophie.
physiq........ physique.
rhét.......... rhétorique.
s. f........... substantif féminin.

s. m. . . . .   substantif masculin.
théol. . . . .   *théologie.*
v. . . . .   verbe.
V. . . . .   *Voyez.*

DICTIONNAIRE

ÉTYMOLOGIQUE

DES MOTS FRANÇOIS DÉRIVÉS DU GREC.

A

A (*privatif*), première lettre des Grecs, que l'on nomme *alpha*. Elle entre dans la composition de plusieurs mots françois, où elle marque privation. Elle répond en général à la préposition *sans* ou à une négation, et se place toujours au commencement d'un mot, comme dans *acéphale, achromatique*, &c. quelquefois aussi elle marque augmentation.

ABAQUE, s. m. (*archit.*), le couronnement ou la partie supérieure du chapiteau d'une colonne. Ce mot vient d'ἄβαξ (*abax*), buffet, table, en latin *abacus*, parce que l'*abaque* a la figure d'une table carrée.

ABIME. *Voyez* ABYME.

ABROTANOÏDE, s. f. espèce de corail perforé, ou plutôt de madrépore, qui croît sur les rochers au fond de la mer. Son nom est formé d'ἀβρότονον (*abrotonon*), aurone, sorte de plante, et d'εἶδος (*éidos*), forme, ressemblance, parce qu'on a cru que c'étoit une plante marine qui avoit quelque ressemblance avec l'aurone femelle.

ABROTONE, s. f. plante fibreuse et odoriférante,

1

nommée aussi *aurone*, en grec ἀϐρότονον (*abrotonon*),
dérivé d'*α* privatif, et de βροτὸς (*brotos*), mortel; c'est-
à-dire, qui ne meurt pas, parce qu'elle conserve toujours sa verdure.

ABSIDE. *Voyez* APSIDE.

ABYME, s. m. gouffre très-profond, en latin *abys-
sus*, et en grec ἄϐυσσος (*abussos*), d'*α* privatif, et de
βυσσὸς (*bussos*), fond; *qui n'a point de fond.*

ACADÉMIE, s. f. Ce mot vient du grec ἀκαδημία
(*akadêmia*), qui étoit proprement, à Athènes, un lieu
public, planté d'arbres, ainsi nommé d'un certain *Aca-
démus*, qui y avoit une maison où s'assembloient les
gens de lettres. Platon y enseignoit la philosophie; ses sec-
tateurs acquirent de-là le nom d'*académiciens*, et la
maison avec son jardin celui d'*académie.*

Aujourd'hui ce mot désigne une société de savans,
de gens de lettres ou d'artistes; il se dit aussi du lieu où
ils s'assemblent pour leurs exercices.

Dérivés. ACADÉMICIEN, s. m.; ACADÉMIQUE, adj.;
ACADÉMIQUEMENT, adv.; ACADÉMISTE, s. m.

ACANACÉ, adj. Ce mot se dit de toute plante épineuse; il est formé d'ἀκονάω (*akonaô*), rendre aigu, dérivé d'ἀκὴ (*akê*), pointe.

ACANTHABOLE, s. m. instrument de chirurgie
qui ressemble à des pincettes. Ce mot vient d'ἄκανθα
(*akantha*), épine, et de βάλλω (*ballô*), je jette, parce
qu'il sert à tirer du corps les esquilles d'os, les épines
ou autres corps étrangers.

ACANTHE, s. f. plante épineuse, nommée aussi
branc-ursine. Ce mot vient d'ἄκανθα (*akantha*), épine.
Les feuilles de cette plante ont servi de modèle au fameux
sculpteur Callimaque, pour faire un bel ornement au
chapiteau des colonnes de l'ordre corinthien.

ACATALECTIQUE, adj. Les anciens désignoient par ce nom des vers complets, auxquels il ne manquoit rien à la fin. Ce mot est composé d'*α* privatif, et de *καταλήκτικος* (*kataléktikos*), qui signifie *incomplet*, dérivé de *κατα* (*kata*), et de *λήγω* (*légó*), je finis. *Voyez* CATALECTIQUE, qui est le contraire.

ACATALEPSIE, s. f. (*philos*). Ce mot, qui signifie *incompréhensibilité*, est dérivé d'*α* privatif, et de *καταλαμβάνω* (*katalambanô*), je prends, je saisis, lequel est composé de la préposition *κατὰ* (*kata*), et du verbe *λαμβάνω* (*lambanô*), je prends; ainsi l'*acatalepsie* est l'impossibilité absolue de saisir, de concevoir une chose.

Dérivé. ACATALEPTIQUE, s. m. nom d'une ancienne secte de philosophes qui doutoient absolument de tout, et prétendoient qu'il étoit impossible d'acquérir aucune connoissance certaine. *Voyez* SCEPTIQUES.

ACÉMÈTES ou ACŒMÈTES (les). Ce mot signifie *qui ne dorment point;* il est formé d'*α* privatif, et de *κοιμάω* (*koimaô*), j'endors. On a ainsi appelé improprement certains moines de Syrie, chez qui les exercices pieux duroient jour et nuit sans interruption.

ACÉPHALE, adj. sans tête, sans chef, d'*α* privatif, et de *κεφαλή* (*képhalé*), tête, chef. On donne ce nom aux animaux qui naissent sans tête : il s'est dit aussi de certains hérétiques du cinquième siècle, qui n'avoient point de chef. *Acescence.*

ACHÉRON, fleuve des Enfers, selon les poètes. Ce mot est formé d'*άχος* (*achos*), génit. *άχεος* (*achéos*), douleur, et de *ῥόος* (*roos*), fleuve, dérivé du verbe *ῥέω* (*réó*), je coule; c'est-à-dire, fleuve de douleur.

ACHORES, s. m. petits ulcères qui viennent à la tête et aux joues; c'est une espèce de teigne qui attaque sur-tout les enfans. Ce mot vient d'*ἀχώρ* (*achôr*), ulcere de la tête.

ACHROMATIQUE, adj. (*optiq.*), mot formé d'*α* privatif, et de *χρῶμα* (*chrôma*), couleur; c'est-à-dire, *sans couleur*. On donne ce nom à des lunettes nouvellement inventées, dans lesquelles il ne paroît point d'iris, ou bien dans lesquelles on a corrigé la différente réfrangibilité des rayons qui nuisoient à la netteté des images.

ACIDE, adj. et s. en latin *acidus*, du grec *ἀκίς* (*akis*), génit. *ἀκίδος* (*akidos*), pointe. On appelle *acide*, en chimie, toute substance qui a une saveur aigre et piquante.

Dérivés. ACIDIFIABLE, adj. ACIDITÉ, s. f. ACIDULE, ACIDULÉ, adj.

ACINÉSIE, s. f. (*méd.*), mot formé d'*α* privatif, et de *κινεῖν* (*kinéin*), mouvoir, agiter. Il signifie, selon Galien, le repos du pouls, ou le petit intervalle qu'il y a entre la contraction et la dilatation de l'artère.

ACŒMÈTES. *Voyez* ACEMÈTES.

ACOLYTE ou ACOLYTHE, s. m. terme d'église, qui vient d'*ἀκόλουθος* (*akolouthos*), suivant, valet. On donne ce nom aux jeunes clercs qui accompagnent et servent les évêques ou les prêtres à l'autel.

ACONIT, s. m. plante vénéneuse, nommée en grec *ἀκόνιτον* (*akoniton*).

ACOPOM, s. m. terme de pharmacie, par lequel quelques-uns désignent une fomentation propre à dissiper la lassitude. Ce mot est formé d'*α* privatif, et de *κόπος* (*kopos*), travail, fatigue; ainsi il signifie proprement, *qui ôte la lassitude*, ou qui délasse après un grand travail.

ACORUS, s. m. plante médicinale, nommée en grec *ἄκορον* (*akoron*), qui paroît formé d'*α* privatif, et de κορέω (*koréô*), je rassasie, parce que la racine de cette plante fortifie l'estomac et excite l'appétit, ou de κόρη (*koré*), prunelle de l'œil, parce qu'on s'en sert dans les maladies de la prunelle.

ACOTYLÉDONES (*botan.*), nom que donne Jussieu aux plantes qui n'ont point de feuilles séminales. Ce mot est composé d'α privatif, et de κοτυληδών (*kotulédon*), qui signifie proprement *cavité, écuelle,* mais que les botanistes ont appliqué aux feuilles séminales des plantes, à cause de leur forme demi-ronde.

ACOUSMATE, s. m. terme nouvellement inventé pour désigner un bruit de voix humaines et d'instrumens que des gens, dont l'imagination est frappée, croyent entendre dans l'air. Ce mot vient d'ἄκουσμα (*akousma*), qui signifie *ce que l'on entend,* et qui est dérivé du verbe ἀκούω (*akouô*), j'entends.

ACOUSMATIQUE, adj. et s. m. mot qui signifie *auditeur,* dérivé du verbe ἀκούω (*akouô*), j'entends, j'écoute. On appeloit ainsi ceux des disciples de Pythagore, qui, pendant cinq ans, écoutoient ses leçons derrière un voile, en gardant le silence le plus rigoureux ; au bout de ce temps, ils obtenoient la faveur de voir parler leur maître.

ACOUSTIQUE, s. f. science qui traite de l'ouïe et des sons. Ce mot est dérivé d'ἀκούω (*akouô*), j'entends. ACOUSTIQUE, adj., se dit de tout ce qui a rapport au sens de l'ouïe.

ACRATIE, s. f. (*méd.*), foiblesse ou incapacité de se mouvoir. Ce mot est composé d'α privatif, et de κράτος (*kratos*), force, et signifie *manque de force.*

ACRATOPHORE, adj. surnom de Bacchus, composé d'ἄκρατον (*akraton*), vin pur, et de φέρω (*phérô*), je porte, je donne ; c'est-à-dire, *qui donne le vin pur.*

ACRIDOPHAGE, s. et adj. Ce mot, qui signifie *mangeur de sauterelles*, est composé d'ἀκρίδος (*akridos*), génit. d'ἀκρίς (*akris*), sauterelle, et de φαγεῖν (*phagéin*), manger. On donne ce nom aux peuples qui se nourrissent de ces insectes.

ACRISIE, s. f. (*méd.*), mot formé d'*α* privatif, et de κρίσις (*krisis*), crise, dérivé de κρίνω (*krinó*), je sépare. Défaut de crise, ou état de crudité des humeurs, qui empêche la séparation de la matière morbifique et son expulsion hors du corps.

ACROATIQUE, adj. (*philos.*), mot dérivé d'ἀκροᾶσθαι (*akroasthai*), qui signifie *entendre*, *écouter* les leçons d'un maître. On donnoit ce nom aux ouvrages des anciens philosophes, qu'on ne pouvoit comprendre s'ils n'en donnoient eux-mêmes l'explication, par opposition aux ouvrages *exotériques* qui étoient à la portée de tout le monde. *Voyez* EXOTÉRIQUE.

ACROCÉRAUNIENS (les monts), hautes montagnes de l'Epire, sujettes à la foudre. Ce mot est composé d'ἄκρον (*akron*), sommet, et de κεραυνός (*kéraunos*), foudre; c'est-à-dire, dont le sommet est souvent frappé de la foudre.

ACROCHORDON, s. m. (*chirur.*), espèce de verrue, ainsi appelée d'ἄκρον (*akron*), extrémité, et de χορδή (*chordé*), corde, parce qu'étant attachée à la peau par un filet délié, elle semble pendre comme une corde, ou bien parce qu'elle ressemble à une corde coupée par son extrémité.

ACROMION, s. m. (*anat.*), mot grec composé d'ἄκρος (*akros*), extrême, et d'ὦμος (*ómos*), épaule; c'est-à-dire, extrémité de l'épaule. Il désigne l'éminence supérieure de l'omoplate.

ACROMPHALION, s. m. (*anat.*), extrémité du

cordon ombilical. Ce mot est composé d'ἄκρος (*akros*), extrême, et d'ὀμφαλὸς (*omphalos*), le nombril, en latin *umbilicus*.

ACRONYQUE, adj. (*astro.*). Il se dit du lever ou du coucher d'une étoile, au moment où le soleil se couche. La plupart écrivent *achronique*, et font venir ce mot d'α privatif, et de χρόνος (*chronos*), temps ; mais c'est une erreur : car il est composé d'ἄκρος (*akros*), extrême, et de νὺξ (*nux*), nuit, et signifie *qui se fait à une extrémité* ou *à l'entrée de la nuit*. Il est opposé à COSMIQUE. *Voyez* ce mot.

ACROSTICHE, s. m. petite pièce de poésie dont chaque vers commence par une lettre du nom de la personne ou de la chose qui en fait le sujet. Ce mot est composé d'ἄκρος (*akros*), extrême, ou qui est à une des extrémités, et de ςίχος (*stichos*), ordre ; c'est-à-dire, *marqué par ordre aux extrémités*.

ACROTÈRES, s. m. pl. (*archit.*), piédestaux sur lesquels on place des vases ou d'autres figures au milieu et aux extrémités d'un frontispice, ou dans les balustrades. Ce mot vient d'ἀκρωτήριον (*akrôtérion*), faîte, sommet, ou extrémité en général.

ADAMANTIN, adj. qui est de la nature du diamant. C'est un terme nouveau, qui se dit en grec ἀδαμάντινος (*adamantinos*), dérivé d'ἀδάμας (*adamas*), diamant.

ADÉLOPODE, adj. (*nat.*), mot nouveau formé d'α privatif, de δῆλος (*délos*), apparent, et de πούς (*pous*), pied. Il se dit des animaux dont les pieds ne sont pas apparens.

ADÉNOGRAPHIE, s. f. (*anat.*), description des glandes. Ce mot est composé d'ἀδὴν (*adén*), glande, et de γράφω (*graphó*), je décris.

ADÉNOÏDES, adj. pl. (*anat.*), glanduleux, qui ont la forme d'une glande, d'*ἀδὴν* (*adén*), glande, et de *εἶδος* (*éidos*), forme, figure. Nom que l'on donne aux *prostates*. Voyez *ce mot*.

ADÉNOLOGIE, s. f. partie de la médecine qui traite de l'usage des glandes. Ce mot est composé d'*ἀδὴν* (*adén*), glande, et de *λόγος* (*logos*), discours.

ADÉNO-MÉNINGÉE, adj. (*méd.*), terme nouveau formé d'*ἀδὴν* (*adén*), glande, et de *μῆνιγξ* (*ménigx*), membrane. Nom d'une sorte de fièvre, appelée auparavant *pituiteuse*, qui indique une irritation des membranes muqueuses qui revêtent certaines cavités.

ADÉNO-NERVEUSE, adj. (*méd.*), terme nouveau dérivé du grec *ἀδὴν* (*adén*), glande, et du latin *nervus*, en grec *νεῦρον* (*neuron*), nerf. Il désigne une sorte de fièvre dans laquelle un principe contagieux a attaqué les nerfs et les glandes. C'est ce qu'on appelle la *peste*.

ADÉNOPHARYNGIEN, adj. et s. (*anat.*), nom de deux muscles qui partent de la glande thyroïde, et vont s'unir de chaque côté au thyropharyngien. Ce mot est composé d'*ἀδὴν* (*adén*), glande, et de *φάρυγξ* (*pharugx*), pharynx. *Voyez* THYROPHARYNGIEN.

ADÉNOTOMIE, s. f. (*anat.*), dissection des glandes. Ce mot est formé d'*ἀδὴν* (*adén*), glande, et de *τομή* (*tomé*), incision, dérivé de *τέμνω* (*temnô*), je coupe.

ADÉPHAGIE, s. f. (*méd.*), appétit vorace, insatiable, d'*ἀδὴν* (*adén*), abondamment, et de *φάγω* (*phagô*), je mange. C'est aussi le nom de la déesse de la gourmandise.

ADIANTE, s. m. plante, appelée autrement *capillaire*. Son nom grec est *ἀδίαντον* (*adianton*), formé d'*α* privatif, et de *διαίνω* (*diainô*), humecter; c'est-à-dire, *qui n'est jamais humide*, parce que l'eau des pluies ne s'arrête point sur ses feuilles.

ADIAPHORISTES, s. m. pl. (*hist. eccl.*), mot dérivé d'ἀδιάφορος (*adiaphoros*), indifférent, qui vient d'*α* privatif, et de διαφέρω (*diaphéró*), je diffère. Ce nom fut donné, dans le scizième siècle, à ceux des Luthériens qui approuvoient la doctrine de Luther, sans cesser de reconnoître l'autorité de l'église.

ADIAPNEUSTIE, s. f. (*méd.*), défaut de transpiration. Ce mot est formé d'*α* privatif, et de διαπνέω (*diapnéó*), je transpire, dérivé de διὰ (*dia*), à travers, et de πνέω (*pneó*), je respire. L'*adiapneustie* est une transpiration supprimée.

ADIARRHÉE, s. f. (*méd.*), suppression générale des évacuations du corps. Ce mot est composé d'*α* privatif, de διὰ (*dia*), à travers, et de ρέω (*réó*), je coule.

ADIPSIE, s. f. (*méd.*), défaut d'appétit pour les liquides. Ce mot est composé d'*α* privatif, et de δίψος (*dipsos*), soif; littéralement, *défaut de soif.*

ADIPSOS, s. m. espèce de grand palmier d'Egypte, ainsi nommé d'*α* privatif, et de δίψος (*dipsos*), soif; c'est-à-dire, qui ôte la soif, parce qu'on attribue à son fruit la vertu d'appaiser la soif lorsqu'il n'est pas encore mûr.

ADONIQUE ou ADONIEN, adj. et s. (*littér.*), petit vers latin composé d'un dactyle et d'un spondée, qui se place à la fin de chaque strophe des vers saphiques. On croit que ce nom vient d'*Adonis*, favori de Vénus, parce que ces sortes de vers étoient fort usités dans les fêtes qu'on célébroit en l'honneur d'Adonis.

ADRAGANT. *Voyez* TRAGACANTHE.

ADYNAMIE, s. f. (*méd.*), mot composé d'*α* privatif, et de δύναμις (*dunamis*), force, puissance; défaut de force, ou foiblesse occasionnée par une maladie.

ADYNAMIQUE, adj. (*méd.*), nom d'une espèce de fièvre, appelée *fièvre putride*, qui consiste dans un état d'atonie ou de relâchement de toutes les fibres musculaires. Ce mot, qui est nouveau, est dérivé d'*α* privatif, et de δύναμις (*dunamis*), force, qui vient de δύναμαι (*dunamai*), pouvoir, être fort.

ÆGAGROPILE, s. f. (*nat.*), sorte de boule sphérique qu'on trouve dans le corps des chamois, des chèvres ou d'autres animaux ruminans. C'est une pelote formée des poils ou des crins que ces animaux avalent en se léchant, et qui se recouvre d'une croûte dure et luisante. Ce mot est composé d'*αἴξ* (*aix*), génit. αἴγός (*aigos*), chèvre, d'*ἄγριος* (*agrios*), sauvage, et de πῖλος (*pilos*), balle de laine, parce que l'intérieur de ces boules présente les poils ou les crins entassés comme la laine d'une balle.

ÆGILOPS, s. m. (*méd.*), maladie des yeux, appelée *fistule lacrymale*. Ce mot, qui est grec, est composé d'*αἴξ* (*aix*), génit. αἴγός (*aigos*), chèvre, et d'*ὤψ* (*óps*), œil, parce que les chèvres sont sujettes à cette maladie.

ÆGOLETHRON, s. m. petit arbuste qui croît dans la Mingrélie, et qui fait périr les animaux, et sur-tout les chèvres, qui en mangent. Son nom vient d'*αἴξ* (*aix*), génit. αἴγός (*aigos*), chèvre, et d'*ὄλεθρος* (*oléthros*), mort; comme qui diroit, *la mort aux chèvres*.

ÆGOPHAGE (*mytho.*), surnom donné à Junon, à cause des chèvres qu'on lui immoloit; d'*αἴξ* (*aix*), génit. αἴγός (*aigos*), chèvre, et de φάγω (*phagó*), je mange; c'est-à-dire, *mangeuse de chèvres*.

AÉMÈRE, adj. nom donné aux saints dont on ignore le nom et le jour de la mort; d'*α* privatif, et de ἡμέρα (*éméra*), jour; c'est-à-dire, qui n'a point de jour certain.

ÆOLIPILE. *Voyez* EOLIPYLE.

AÉROGRAPHIE, s. f. description de l'air; d'ἀὴρ (*aér*), l'air, et de γράφω (*graphô*), je décris.

AÉROLOGIE, s. f. mot composé d'ἀὴρ (*aér*), l'air, et de λόγος (*logos*), discours. Partie de la médecine qui traite de l'air.

AÉROMANCIE, s. f. art de deviner par le moyen de l'air. Ce mot est composé d'ἀὴρ (*aér*), l'air, et de μαντεία (*mantéia*), divination.

AÉROMÈTRE, s. m. (*physiq.*), instrument propre à mesurer la densité ou la rareté de l'air. Ce mot est composé d'ἀὴρ (*aér*), l'air, et de μέτρον (*métron*), mesure. De-là AÉROMÉTRIE, l'art de mesurer l'air.

AÉRONAUTE, s. m. celui qui parcourt les airs dans un aérostat ou ballon. Ce mot, qui est nouveau, est formé d'ἀὴρ (*aér*), l'air, et de ναύτης (*nautés*), navigateur; c'est-à-dire, navigateur aérien.

AEROPHOBIE, s. f. (*méd.*), crainte de l'air, espèce de maladie frénétique. Ce mot est composé d'ἀὴρ (*aér*), l'air, et de φόβος (*phobos*), crainte. AÉROPHOBE, adj.

AÉROSTAT, s. m. (*physiq.*), ballon ou globe rempli d'un fluide plus léger que l'air, et au moyen duquel on s'élève jusqu'à ce que l'on ait atteint une couche d'atmosphère où l'on soit en équilibre. L'invention en est due au célèbre Montgolfier. Ce mot est dérivé d'ἀὴρ (*aér*), l'air, et d'ἵστημι (*istémi*), élever; c'est-à-dire, qui s'élève dans l'air.

Dérivés. AÉROSTATION, s. f. l'art de faire des aérostats ou de les diriger dans l'air; AÉROSTATIQUE, adj.

ÆTHER. *Voyez* ETHER.

ÆTIOLOGIE. *Voyez* ETIOLOGIE.

ÆTITE, s. f. pierre ferrugineuse, ainsi nommée d'ἀετός (*aétos*), aigle, parce qu'on a prétendu, mal-à-propos, qu'elle se trouvoit dans le nid des aigles ; ce qui l'a fait nommer encore *pierre d'aigle*.

AGALACTIE, s. f. (*méd.*), défaut de lait dans une femme en couche ; d'*α* privatif, et de γάλα (*gala*), génit. γάλαχτος (*galaktos*), lait.

AGALLOCHUM, s. m. en grec ἀγάλλοχον, nom donné au bois d'aloès, dérivé d'ἀγάλλομαι (*agallomai*), se réjouir ; c'est-à-dire, qui réjouit par sa bonne odeur.

AGAPES, s. f. pl. (*hist. eccl.*), du grec ἀγάπη (*agapé*), amour, dérivé d'ἀγαπάω (*agapaó*), j'aime, je chéris. Ce mot désigne les repas que faisoient les premiers chrétiens dans les églises, pour cimenter de plus en plus leur union mutuelle.

AGAPÈTES, s. f. pl. terme d'hist. eccl. qui vient d'ἀγαπητός (*agapétos*), aimable, charitable, dérivé d'ἀγαπάω (*agapaó*), aimer, chérir. Les Agapètes étoient, dans la primitive église, des vierges qui vivoient en communauté, sans faire de vœux, et qui servoient les ecclésiastiques par piété et par charité.

AGARIC, s. m. en grec, ἀγαρικόν (*agarikon*), excroissance fongueuse qui vient sur le tronc des arbres. C'est une plante charnue qui ressemble en quelque sorte au champignon.

AGATHE ou AGATE, s. f. pierre précieuse, en partie transparente, et en partie opaque, nommée en grec ἀχάτης (*achatès*), d'un fleuve de même nom en Sicile, sur les bords duquel les premières agates furent trouvées. De-là le verbe s'AGATISER, en parlant des pierres qui prennent la forme des agates.

AGÉRASIE, s. f. (*méd.*), état d'un vieillard qui a toute la vigueur de la jeunesse ; d'*α* privatif, et de γῆρας (*géras*), vieillesse ; c'est-à-dire, exemption de vieillesse, ou vieillesse verte et vigoureuse.

AGIOGRAPHE, s. m. auteur des Vies des Saints. Ce mot est formé d'ἄγιος (*agios*), saint, et de γράφω (*graphô*), j'écris; *qui écrit sur les saints.*

AGIOGRAPHIE, s. f. traité des choses saintes. Pour l'étymologie, *voyez* AGIOGRAPHE.

AGIOLOGIQUE, adj. qui concerne les saints ou les choses saintes; d'ἄγιος (*agios*), saint, et de λόγος (*logos*), discours; littéralement, *qui traite des saints.*

AGIOSIMANDRE, s. m. mot composé d'ἄγιος (*agios*), saint, et de σημαίνω (*sémaino*), j'indique; d'où vient σημαντρον, que les Grecs modernes prononcent *siman-dron,* c'est-à-dire, *indication, signal.* C'est le nom d'un instrument de fer dont les chrétiens grecs se servent au lieu de cloches.

AGNOÏTES ou **AGNOÈTES**, hérétiques du quatrième siècle, qui prétendoient que Dieu ne connoissoit pas tout. Ce mot vient d'ἀγνοέω (*agnoéô*), j'ignore, composé d'ἀ privatif, et de γνόω (*gnoó*), je connois.

AGONALES, s. f. pl. fêtes romaines en l'honneur de Janus, que l'on célébroit par des combats et des exercices violens. Ce mot vient d'ἀγών (*agôn*), combat, jeu public.

AGONIE, s. f. situation violente d'un malade à l'approche de la mort; en grec, ἀγωνία (*agônia*), dérivé d'ἀγών (*agôn*), combat; comme qui diroit, *dernier combat de la nature contre la mort.*

Dérivés. AGONISANT, adj. AGONISER, v.

AGONISTARQUE, s. m. (*hist. anc.*), officier chargé d'exercer les athlètes au combat. Ce mot est composé d'ἀγωνιστής (*agônistês*), combattant, et d'ἀρχός (*archos*), chef.

AGONISTIQUE, s. f. (*hist. anc.*), mot formé d'ἀγών (*agôn*), combat. C'étoit, chez les anciens, l'art des athlètes ou la partie de la gymnastique qui avoit rapport aux combats.

On a nommé *agonistiques*, d'*ἀγωνιϛὴς* (*agônistés*), combattans, certains missionnaires hérétiques qui se disoient envoyés pour combattre les erreurs.

AGONOTHÈTE, s. m. (*hist. anc.*), officier qui présidoit aux combats ou jeux publics chez les anciens. Ce mot est formé d'*ἀγὼν* (*agôn*), combat, et de *τίθημι* (*tithémi*), disposer, ordonner.

AGONYCLITES (les), s. m. pl. hérétiques du huitième siècle, qui prétendoient qu'on devoit prier debout. Ce mot est composé d'*ἀ* privatif, de *γόνυ* (*gonu*), genou, et de *κλίνω* (*klinó*), plier, fléchir, courber; c'est-à-dire, *qui prioient sans se mettre à genoux.*

AGORANOME, s. m. (*antiq.*), magistrat athénien chargé de maintenir la police dans les marchés. Ce mot est formé d'*ἀγορὰ* (*agora*), marché, place publique, et de *νέμω* (*némô*), je gouverne.

AGRIONIES, s. f. pl. fêtes païennes en l'honneur de Bacchus, ainsi nommées d'*ἄγριος* (*agrios*), sauvage, féroce, à cause que le char de ce dieu étoit tiré par des tigres.

AGRIOPHAGE, s. m. nom donné à quelques peuples qu'on a supposés ne vivre que de chair de lions et de panthères. Ce mot est composé d'*ἄγριος* (*agrios*), sauvage, féroce, et de *φάγω* (*phagó*), je mange; c'est-à-dire, qui vit de bêtes féroces ou sauvages.

AGRONOME, s. m. celui qui s'entend à la culture de la terre; d'*ἀγρός* (*agros*), champ, et de *νέμω* (*némô*), je cultive. On a fait de-là AGRONOMIE, s. f., l'art de cultiver la terre; AGRONOMIQUE, adj.

AGRYPNIE, s. f. (*méd.*), insomnie; d'*ἀγρυπνία* (*agrupnéó*), veiller, dérivé d'*ἀ* privatif, de *γρῦ* (*gru*), rien, et d'*ὕπνος* (*upnos*), sommeil.

AGYNNIENS (les), s. f. pl. hérétiques du septième siècle, qui vivoient dans le célibat, et prétendoient que Dieu n'étoit pas l'auteur du mariage. Ce mot vient d'*α* privatif, et de *γυνή* (*guné*), femme, et signifie *qui n'avoient point de femmes.*

AGYRTES, s. m. pl. surnom des prêtres de Cybèle, qui couroient les rues, comme les baladins et les farceurs, pour dire la bonne aventure. Ce mot vient d'*ἀγύρτης* (*agurtès*), charlatan, dérivé d'*ἄγυρις* (*aguris*), foule, assemblée, et signifie *gens qui assemblent le peuple,* comme font les charlatans.

AIDOIAGRAPHIE, s. f. (*anat.*), description des parties de la génération. Ce mot est formé d'*αἰδοῖα* (*aidoia*), les parties de la génération, et de *γράφω* (*graphô*), je décris.

AIDOIALOGIE, s. f. (*méd.*), discours raisonné sur les parties de la génération ; d'*αἰδοῖα* (*aidoia*), les parties génitales, et de *λόγος* (*logos*), discours.

AIDOIATOMIE, s. f. préparation anatomique des parties de la génération. Ce mot est composé d'*αἰδοῖα* (*aidoia*), les parties génitales, et de *τομή* (*tomé*), incision, dérivé de *τέμνω* (*temnô*), je coupe.

AIGOCÉROS, s. m. nom d'une plante appelée *fénugrec ;* il est formé d'*αἴξ* (*aix*), génit. *αἰγός* (*aigos*), chèvre, et de *κέρας* (*kéras*), corne ; comme qui diroit *corne de chèvre,* parce que ses gousses ont la forme des cornes de cet animal.

AITIOLOGIE, s. f. partie de la médecine qui traite des diverses causes des maladies. Ce mot vient d'*αἰτία* (*aitia*), cause, et de *λόγος* (*logos*), discours, traité. On écrit aussi *Etiologie.*

AIZOON, s. m. plante aquatique qui ressemble à l'aloès commun. Son nom, qui signifie *toujours vif,* est formé d'*άεὶ* (*aei*), toujours, et de *ζωὸς* (*zôos*), vivant, dérivé de *ζάω* (*zaô*), vivre.

ALAMBIC ou ALEMBIC, s. m. (*chim.*), vaisseau qui sert à distiller. Ce mot est composé de *al*, article arabe, et d'*ἄμβιξ* (*ambix*), vase, pot; comme qui diroit *le vase par excellence*, à cause du grand usage que l'on en fait dans les opérations chimiques. De-là le verbe *alambiquer*, pour dire épuiser, rendre trop subtil, en parlant de l'esprit ou des idées.

ALBATRE, s. m. sorte de pierre blanche dont on faisoit autrefois des vases à mettre des parfums. Son nom grec est *ἀλάβαστρον* (*alabastron*), dérivé d'*α* privatif, et de *λαμβάνω* (*lambanô*), je prends, je saisis; c'est-à-dire, qu'on ne sauroit saisir, parce que cette pierre, étant polie, est si unie et si douce, qu'on peut à peine la tenir dans la main.

ALCAÏQUE, adj. Il se dit d'une sorte de vers dont le poète Alcée, en grec 'Αλκαῖος (*Alkaios*), fut l'inventeur.

ALCHYMIE ou ALCHIMIE, s. f. art prétendu de changer les métaux en or ou en argent. Ce mot est composé de *al*, article arabe, qui signifie *la*, et de *χυμεία* (*chuméia*), chimie, dérivé de *χέω* (*chuô*), fondre, jeter en fonte; c'est-à-dire, la chimie sublime, *la chimie par excellence*, à cause de l'importance qu'on lui donnoit autrefois. Cette transmutation des métaux, qu'on appelle la *pierre philosophale*, est un art chimérique qui n'a plus aujourd'hui de partisans.

Dérivés. ALCHYMIQUE, adj. ALCHYMISTE, s. m.

ALCYON, s. m. oiseau qui fréquente la mer et les marécages, en grec *ἀλκυών* (*alkuôn*), formé d'*ἅλς* (*als*), la mer, et de *κύω* (*kuô*), produire, faire des petits, parce qu'il fait son nid parmi les roseaux, sur le bord de la mer. L'alcyon de nos climats s'appelle *martin-pêcheur.*

ALECTORIENNE, s. f. pierre qui a la vertu de résister aux poisons. Son nom vient d'ἀλέκτωρ (*alektór*), coq, parce qu'on prétend qu'elle se forme dans l'estomac ou dans le foie des vieux coqs.

ALECTOROLOPHOS, s. m. plante dont les feuilles sont crénelées à-peu-près comme la crête d'un coq. Ce mot est composé d'ἀλέκτωρ (*alektór*), coq, et de λόφος (*lophos*), crête; ce qui fait qu'on la nomme aussi *crête-de-coq.*

ALECTRYOMANCIE ou ALECTOROMANCIE, s. f. sorte de divination qui se faisoit par le moyen d'un coq. Ce mot est composé d'ἀλεκτρυών (*alektruón*) ou ἀλέκτωρ (*alektór*), coq, et de μαντεία (*mantéia*), divination.

ALEMBIC. *Voyez* ALAMBIC.

ALEUROMANCIE, s. f. sorte de divination qui se faisoit, chez les anciens, avec de la farine. Ce mot est composé d'ἄλευρον (*aleuron*), farine, et de μαντεία (*mantéia*), divination.

ALEXIPHARMAQUE, adj. et s. (*pharm.*), mot composé d'ἀλέξω (*alexó*), je repousse, et de φάρμακον (*pharmakon*), qui signifie proprement *venin* ou *poison.* Il se dit des remèdes que l'on emploie contre les venins en général, ou qui sont propres à expulser les venins par les sueurs.

ALEXIPYRÉTIQUE, adj. terme de pharmacie, formé d'ἀλέξω (*alexó*), je chasse, et de πυρετός (*purétos*), fièvre. Il se dit des remèdes propres à chasser la fièvre.

ALEXITÈRE, adj. et s. remède contre la morsure des bêtes venimeuses; d'ἀλέξω (*alexó*), je chasse, je repousse, et de θήρ (*thér*), bête venimeuse, bête féroce.

2

ALIPTIQUE, s. f. mot formé d'ἀλείφω (*aléiphô*), oindre, frotter. C'étoit, chez les anciens, la partie de la médecine qui enseignoit l'art d'oindre le corps pour le rendre plus souple et plus vigoureux. On nommoit *alipte* (ἀλείπτης), celui qui étoit chargé de frotter d'huile les athlètes, et *aliptérion* (ἀλειπτήριον), la salle où se faisoit cette préparation.

ALITURGIQUE, adj. mot formé d'*α* privatif, et de λειτουργία (*léitourgia*), ministère public ou sacré, dérivé de λήϊτον (*léïton*), lieu public, prytanée, hôtel-de-ville, et d'ἔργον (*ergon*), ouvrage, action. On nomme ainsi, en termes d'église, les jours où l'on ne fait aucun office.

ALLANTOÏDE, s. f. membrane qui fait partie de l'arrière-faix dans la plupart des animaux; d'ἀλλᾶς (*allas*), génit. ἀλλᾶντος (*allantos*), saucisse, et d'εἶδος (*eidos*), figure, ressemblance, parce qu'elle ressemble à un long boyau.

ALLÉGORIE, s. f. d'ἀλληγορία (*allégoria*), figure par laquelle on dit une chose pour en faire entendre une autre, dérivé d'ἄλλος (*allos*), autre, et d'ἀγορά (*agora*), discours, harangue. Ce terme est aussi fort usité dans les arts, où il signifie en général un signe naturel, une image que l'on substitue à la chose désignée.

Dérivés. ALLÉGORIQUE, adj. ALLÉGORIQUEMENT, adv. ALLÉGORISER, verbe; ALLÉGORISTE, s. m.

ALMAGESTE, s. m. recueil fameux d'observations astronomiques et de problèmes géométriques, composé par Ptolémée. Ce mot est formé de *al*, article arabe, et de μέγιστος (*mégistos*), très-grand, superlatif de μέγας (*mégas*); comme qui diroit *le grand ouvrage, l'ouvrage par excellence.*

ALOÈS, s. m. plante très-amère et d'une odeur forte, nommée en grec ἀλόη (*aloé*).

. *Dérivé.* ALOÉTIQUE, adj. terme de pharmacie, qui désigne des remèdes ou préparations dont l'aloès fait la base.

ALOGIENS (les), s. m. pl. hérétiques du second siècle, qui nioient la divinité de J. C. Ce mot est formé d'*α* privatif, et de λόγος (*logos*), parole ou *verbe*, parce qu'ils nioient que J. C. fût le verbe éternel.

ALOGOTROPHIE, s. f. (*méd.*), nourriture inégale et disproportionnée. Ce mot est formé d'*α* privatif, de λόγος (*logos*), proportion, et de τροφὴ (*trophé*), nourriture, du verbe τρέφω (*tréphô*), je nourris. L'*alogotrophie* a lieu lorsqu'une partie du corps reçoit moins de sucs nourriciers que les autres.

ALOÏDE, s. f. plante vulnéraire, ainsi nommée d'ἀλόη (*aloé*), aloès, et de εἶδος (*éidos*), forme, ressemblance, parce que sa feuille approche de celle de l'aloès.

ALOMANCIE, s. f. manière de deviner par le sel; d'ἅλς (*als*), génit. ἁλὸς (*alos*), sel, et de μαντεία (*mantéia*), divination.

ALOPÉCIE, s. f. (*méd.*), maladie nommée aussi *pelade*, qui fait tomber le poil et les cheveux. Ce mot vient du grec ἀλώπηξ (*alópéx*), renard, parce que cet animal est, dit-on, sujet à cette incommodité.

ALPHA, nom de la première lettre des Grecs, que nous appelons A. On emploie quelquefois ce mot au figuré, pour signifier ce qui est à la tête d'une chose, ce qui la commence, par opposition à *oméga*, qui en marque la fin. *Voyez* OMÉGA.

ALPHABET, s. m. collection et disposition par ordre des lettres d'une langue. Ce mot vient d'ἄλφα (*alpha*) et βῆτα (*béta*), qui sont les deux premières lettres de la langue grecque.

Dérivé. ALPHABÉTIQUE, adj. qui est selon l'ordre de l'alphabet.

ALPHITOMANCIE , s. f. sorte de divination qui se faisoit avec de la farine ; d'ἄλφιτον (*alphiton*), farine, et de μαντεία (*mantéia*), divination. *Voyez* ALEURO-MANCIE, qui est la même chose.

ALPHUS, s. m. (*méd.*), mot latin dérivé d'ἀλφὸς (*alphos*), blanc. Espèce de lèpre qui occasionne des taches blanches sur la peau.

Alvin

ALTIMÉTRIE, s. f. (*géom.*), art de mesurer les hauteurs. Ce mot est formé du latin *altus*, haut, élevé, et du grec μέτρον (*métron*), mesure.

ALYSSE, s. f. plante vivace, ainsi nommée d'*α* privatif, et de λύσσα (*lussa*), rage, parce qu'elle est bonne contre la rage.

AMALGAME, s. m. (*chim.*), alliage du mercure avec un métal ; d'ἄμα (*ama*), ensemble, et de γαμεῖν (*gaméin*), marier, joindre. On a fait de-là AMALGAMA-TION, s. f. AMALGAMER, verbe.

AMARANTHE, s. f. belle plante qui fait l'ornement des jardins. Son nom vient d'*α* privatif, et de μαραίνω (*marainô*), faner, flétrir, parce qu'elle ne se flétrit point ; c'est ce qui l'a fait regarder comme le symbole de l'immortalité.

AMAUROSE, s. f. (*méd.*), maladie des yeux, appe-lée *goutte-sereine.* Ce mot est grec ἀμαύρωσις (*amaurôsis*), qui signifie *obscurcissement*, dérivé d'ἀμαυρὸς (*amauros*), obscur.

AMAZONES, s. f. femmes guerrières qui se brû-loient, dit-on, la mamelle gauche pour mieux tirer de l'arc. Ce mot est formé d'*α* privatif, et de μαζὸς (*mazos*), mamelle ; c'est-à-dire, *sans mamelle* ou *privée d'une mamelle.* Les Amazones étoient une nation de femmes

guerrières qui habitoient vers les bords du fleuve Ther-
modon, dans l'Asie mineure.

AMBLYGONE, adj. (*math.*), qui a un angle obtus.
Ce mot est dérivé d'ἀμϐλὺς (*amblus*), obtus, et de γωνία
(*gônia*), angle; il répond à celui d'*obtusangle*, qui est
plus usité.

AMBLYOPIE, s. f. (*méd.*), obscurcissement et affoiblissement de la vue, maladie ordinaire aux vieillards;
d'ἀμϐλὺς (*amblus*), émoussé, et de ὢψ (*ôps*), œil; c'est-
à-dire, vue émoussée et affoiblie.

AMBROSIE ou AMBROISIE, s. f. (*myth.*), en grec
ἀμϐροσία (*ambrosia*), la nourriture des dieux, dérivé d'α
privatif, et de βροτὸς (*brotos*), mortel, parce que l'ambroisie rendoit immortels ceux qui en mangeoient, ou
parce qu'elle étoit la nourriture des immortels. Par analogie, on a donné le nom d'*ambrosie* à une plante d'une
odeur suave.

AMÉNORRHÉE, s. f. (*méd.*), interruption du flux
menstruel ou des règles des femmes. Ce mot est composé
d'α privatif, de μὴν (*mén*), mois, et de ῥέω (*réô*), je
coule.

AMÉTHYSTE, s. f. en grec ἀμέθυςος (*améthustos*),
pierre précieuse de couleur violette. Son nom vient d'α
privatif, et de μεθύω (*méthuô*), je suis ivre, dérivé de
μέθυ (*méthu*), vin, parce qu'on croyoit autrefois que
cette pierre, portée au doigt, garantissoit de l'ivresse.

AMIANTE, s. f. matière minérale, filamenteuse et
incombustible; d'ἀμίαντος (*amiantos*), incorruptible ou
inaltérable, dérivé d'α privatif, et de μιαίνω (*miainô*),
gâter, corrompre, parce qu'elle résiste à l'action du
feu.

AMIDON. *Voyez* AMYDON.

AMMOCHRYSE, s. f. nom donné au mica brillant,

jaune, appelé autrement *or de chat*. Ce mot est composé d'ἄμμος (*ammos*), sable, et de χρυσὸς (*chrusos*), or, comme qui diroit *sable d'or*. C'est ce mica, pulvérisé, que l'on met sur l'écriture pour absorber l'encre.

AMMODYTE, s. m. espèce de serpent venimeux, semblable à la vipère, et dont la piqûre est mortelle. Son nom est formé d'ἄμμος (*ammos*), sable, et de δύτης (*dutés*), plongeur, du verbe δύνω (*dunô*), plonger, revêtir, parce qu'il est de couleur de sable et moucheté de taches noires, ou comme qui diroit *revêtu de sable*.

AMMODYTE est aussi le nom d'un poisson qui s'enfonce dans le sable, dès qu'il entend du bruit.

AMMONIAC, AQUE, ou AMMONIACAL, ALE, adj. (*chim.*) *Voyez* AMMONIAQUE.

AMMONIAQUE, s. f. (*chim.*), ou *alcali volatil*, combinaison d'hydrogène et d'azote, qu'on extrait communément du sel ammoniaque, ou *muriate ammoniacal*, dont le nom est tiré d'ἄμμος (*ammos*), sable, parce qu'il se trouvoit, dit-on, dans les sables de la Libye, auprès du temple de Jupiter-Ammon, ou plutôt parce que, depuis un temps immémorial, on prépare ce sel en Libye avec le sable imprégné d'urine et de fiente de chameaux. — *Amorphe.*

AMMONITE, s. f. sorte de pierre composée de petits grains semblables à du sable, nommée en grec ἄμμος (*ammos*), d'où l'on a fait *ammonite*. On dit aussi *ammite*.

AMNÉSIE, s. f. (*méd.*), affoiblissement extraordinaire de la mémoire. Ce mot est formé d'α privatif, et de μνάομαι (*mnaomai*), se ressouvenir; c'est-à-dire, maladie qui fait perdre le souvenir.

AMNIOMANCIE, s. f. sorte de divination, chez les anciens, au moyen de la membrane appelée *amnios*. Ce mot est composé d'ἄμνιον (*amnion*), l'amnios, mem-

brane qui enveloppe le fœtus, et de μαντεία (*mantéia*),
divination.

AMNIOS, s. m. (*anat.*), membrane déliée qui enveloppe immédiatement le fœtus. Le mot grec est ἄμνιον
(*amnion*), dérivé d'ἄμα εἶναι (*ama éinai*), être ensemble,
parce que le fœtus est tout ramassé dans cette membrane.

AMNISTIE, s. f. pardon général, ou acte d'oubli
qu'un souverain accorde à ses sujets pour quelque crime
d'état. Ce mot vient d'ἀμνηστία (*amnéstia*), qui signifie
proprement *oubli*, dérivé d'ἀ privatif, et de μνάομαι
(*mnaomai*), faire mention, se ressouvenir; c'est-à-dire,
loi qui force à l'oubli, qui défend de faire mention.
C'étoit le nom d'une loi semblable que fit Thrasybule
après l'expulsion des trente tyrans d'Athènes, par laquelle il fut réglé qu'on oublieroit de part et d'autre tout
ce qui s'étoit passé pendant la guerre.

AMOME, s. m. en grec ἄμωμον, fruit d'un arbre odoriférant qui croît aux Indes.

AMPÉLITE, s. f. terre noire et bitumineuse, qui se
dissout dans l'huile. Son nom vient d'ἄμπελος (*ampélos*),
vigne, parce qu'elle a la propriété de faire mourir les
vers qui attaquent les bourgeons de la vigne.

AMPHIARTHROSE, s. f. (*anat.*), articulation
mixte, tenant de la diarthrose et de la synarthrose; d'ἀμφὶ
(*amphi*), des deux côtés, et d'ἄρθρον (*arthron*), article,
jointure; c'est-à-dire, articulation double. *Voyez* DIAR-
THROSE et SYNARTHROSE.

AMPHIBIE, adj. et s. d'ἀμφὶ (*amphi*), des deux
côtés, doublement, et de βίος (*bios*), vie, qui a une
double vie, qui vit de deux manières. Ce mot désigne
les animaux qui vivent alternativement dans l'eau et sur
la terre.

AMPHIBIOLITE, s. f. nom donné à des pétrifications d'animaux amphibies ; d'ἀμφίϐιος (*amphibios*), amphibie, et de λίθος (*lithos*), pierre. *Voyez* AMPHIBIE.

AMPHIBIOLOGIE, s. f. partie de l'histoire naturelle qui traite des animaux amphibies ; d'ἀμφίϐιος (*amphibios*), amphibie, et de λόγος (*logos*), discours. *Voyez* AMPHIBIE.

AMPHIBLESTROÏDE, s. f. (*anat.*), nom donné à la rétine de l'œil ; d'ἀμφίϐλησρον (*amphiblēstron*), filet de pêcheur, et d'εἶδος (*éidos*), forme, ressemblance, parce qu'étant mise dans l'eau, elle ressemble à un filet.

AMPHIBOLOGIE, s. f. (*gram.*), discours ou parole à double sens ; d'ἀμφίϐολος (*amphibolos*), ambigu, dérivé d'ἀμφί (*amphi*), des deux côtés, de ϐάλλω (*ballô*), jeter, et de λόγος (*logos*), parole, discours. L'*amphibologie* est un discours obscur, dans lequel une même expression peut être prise en deux sens opposés.

Dérivés. AMPHIBOLOGIQUE, adj. douteux, indéterminé ; AMPHIBOLOGIQUEMENT, adv.

AMPHIBRANCHIE, s. f. terme d'anat. qui désigne la gorge et les parties voisines ; d'ἀμφί (*amphi*), autour, et de ϐρόγχος (*brogchos*), la gorge.

AMPHIBRAQUE, s. m. pied de vers grec et latin, composé d'une longue entre deux brèves. Ce mot est composé d'ἀμφί (*amphi*), autour, et de ϐραχύς (*brachus*), bref ; comme qui diroit, *pied bref à ses deux extrémités.*

AMPHICÉPHALE, s. m. (*ant.*) C'étoit, chez les anciens, un lit qui avoit deux chevets opposés l'un à l'autre ; d'ἀμφί (*amphi*), de chaque côté, et de κεφαλή (*képhalé*), tête ; lit à deux têtes ou chevets.

AMPHICTYONS, s. m. députés de l'ancienne Grèce, qui formoient l'assemblée générale de la nation. Ils tirent leur nom d'*Amphictyon*, troisième roi d'Athènes, qui convoqua le premier cette assemblée.

AMPHIDROMIE, s. f. fête païenne qui se célébroit le cinquième jour après la naissance d'un enfant. Ce mot vient d'*ἀμφὶ* (*amphi*), autour, et de *δρόμος* (*dromos*), course, parce que les femmes qui se trouvoient dans la maison, couroient en rond dans la chambre, en portant l'enfant dans leurs bras.

AMPHIGOURI, s. m. discours ou poème, dont les mots ne présentent que des idées sans ordre, et n'ont aucun sens déterminé. Ce mot paroît composé d'*ἀμφὶ* (*amphi*), autour, et de *γυρὸς* (*guros*), cercle, parce que les mots semblent tourner autour des pensées sans les énoncer nettement.

AMPHIMACRE, s. m. pied de vers grec et latin, composé d'une brève entre deux longues. Ce mot est formé d'*ἀμφὶ* (*amphi*), autour, et de *μακρὸς* (*makros*), long; c'est-à-dire, *pied long à ses deux extrémités.*

AMPHIPROSTYLE, s. m. (*archit.*), édifice, chez les anciens, qui avoit des colonnes devant et derrière. Ce mot est composé d'*ἀμφὶ* (*amphi*), autour, de chaque côté, de *πρὸ* (*pro*), devant, et de *στλος* (*stulos*), colonne; il signifie proprement *un double prostyle.* Voyez PROSTYLE.

AMPHIPTÈRE, s. m. terme de blason, qui désigne le dragon à deux ailes qu'on voit dans les armoiries; d'*ἀμφὶ* (*amphi*), de chaque côté, et de *πτερὸν* (*ptéron*), aile.

AMPHISBÈNE, s. m. nom d'un serpent qui peut marcher en avant et en arrière; d'*ἀμφὶς* (*amphis*), des deux côtés, et de *βαίνω* (*bainô*), je marche; comme qui diroit, *double marcheur.*

AMPHISCIENS, s. m. pl. nom que les géographes donnent aux habitans de la Zône torride; d'*ἀμφὶ* (*amphi*), autour, des deux côtés, et de *σκιὰ* (*skia*), ombre, parce qu'ils ont leur ombre tantôt vers le sud , et tantôt vers le nord.

AMPHISMILE, s. m. (*chirur.*), sorte de scalpel ou bistouri tranchant des deux côtés ; d'*ἀμφὶ* (*amphi*), des deux côtés, et de *σμίλη* (*smilé*), lancette ou bistouri.

AMPHITHÉÂTRE, s. m. grand édifice , de figure ronde ou ovale, destiné au spectacle chez les anciens Romains. Ce mot est composé d'*ἀμφὶ* (*amphi*), autour , et de *θέατρον* (*théatron*), théâtre , dérivé de *θεάομαι* (*théaomai*), voir, considérer ; pour dire qu'un *amphithéâtre* est un lieu d'où l'on peut voir de tous côtés.

Chez nous , l'*amphithéâtre* est un lieu élevé en face de la scène, d'où l'on voit le spectacle commodément.

AMPHORE, s. f. sorte de mesure ancienne pour les liquides, ainsi appelée d'*ἀμφὶ* (*amphi*), de part et d'autre , et de *φέρω* (*phéró*), je porte, parce qu'elle avoit de chaque côté une anse, pour pouvoir être portée facilement.

AMPHOTIDE , s. f. (*antiq.*), sorte de calotte à oreilles, faite d'airain et doublée d'étoffe, dont les athlètes se couvroient la tête ; d'*ἀμφὶ* (*amphi*), des deux côtés, et d'*οὖς* (*ous*), génit. *ἀτός* (*ótos*), oreille ; c'est-à-dire , qui avoit deux oreilles, ou qui couvroit les deux oreilles.

AMYANTE. *Voyez* **AMIANTE.**

AMYDON, s. m. en grec *ἄμυλον* (*amulon*), farine faite sans meule ; d'*α* privatif, et de *μύλη* (*mulé*), meule de moulin, parce que les anciens, non plus que nous, ne faisoient point moudre le grain dont ils faisoient l'amydon. *Pline* assure que l'invention de cette farine est due aux habitans de l'île de Chio.

AMYGDALES, s. f. pl. (*anat.*), glandes en forme d'amandes , qui sont placées aux deux côtés de la gorge , sous la luette. Ce mot vient d'*ἀμυγδαλῆ* (*amugdalé*), qui signifie *amande.*

AMYGDALITE ou AMYGDALOÏDE, s. f. pierre figurée qui imite une amande. Le premier de ces mots est formé d'*ἀμυγδαλῆ* (*amugdalé*), amande, et de *λίθος* (*lithos*), pierre; et le second, d'*ἀμυγδαλῆ*, et de *εἶδος* (*éidos*), figure, ressemblance.

AMYNTIQUE, adj. (*pharm.*), d'*ἀμύνω* (*amunó*), secourir, fortifier. Il se dit d'un emplâtre fortifiant.

ANABAPTISTES (les), hérétiques qui prétendent qu'on ne doit pas baptiser les enfans avant l'âge de raison, ou qu'il faut les rebaptiser à cet âge : d'*ἀνά* (*ana*), derechef, une seconde fois, et de *βάπτω* (*baptó*), plonger dans l'eau; c'est-à-dire, qui sont dans l'usage de rebaptiser.

ANABASIEN, s. m. sorte de couriers chez les anciens; leur nom vient d'*ἀναβαίνω* (*anabainó*), monter, parce qu'ils voyagoient à cheval ou sur des chariots.

ANABROCHISME, s. m. (*chirur.*), opération qui consiste à arracher les poils des paupières qui sont hérissés contre l'œil, en les engageant dans un nœud coulant; d'*ἀνά* (*ana*), avec ou au travers, et de *βρόχος* (*brochos*), lacet, nœud coulant.

ANABROSE, s. f. (*méd.*), corrosion des parties solides par une humeur âcre; d'*ἀναβρώσκω* (*anabroskó*), je ronge.

ANACALYPTÉRIE, s. f. fête païenne qui se célébroit le jour que la nouvelle mariée ôtoit son voile, et se montroit en public; en grec *ἀνακαλυπτήριον* (*anakaluptérion*), qui vient d'*ἀνακαλύπτω* (*anakaluptó*), découvrir, formé d'*ἀνά* (*ana*), et de *καλύπτω* (*kaluptó*), je couvre.

ANACAMPTIQUE, adj. terme d'acoustique, qui veut dire *réfléchissant*; d'*ἀνακάμπτω* (*anakamptó*), je réfléchis, formé d'*ἀνά* (*ana*), qui marque réitération, et de κάμπℸω (*kamptô*), fléchir. Il se dit particulièrement des échos, qu'on dit être des sons réfléchis.

ANACARDE, s. m. noyau applati, qui a la figure d'un cœur; c'est un fruit qui vient des Indes orientales. Ce mot est formé d'ἀνά (*ana*), préposition qui marque ici ressemblance, et de καρδία (*kardia*), cœur. L'Amérique produit un fruit appelé aussi *anacarde*, mais improprement.

ANACATHARSE, s. f. (*méd.*), purgation par le haut, mais telle que l'expectoration; d'ἀνά (*ana*), par en haut, et de καθαίρειν (*kathairéin*), purger.

Dérivé. ANACATHARTIQUE, adj. qui facilite l'expectoration.

ANACÉPHALÉOSE, s. f. (*rhét.*) récapitulation des principaux chefs d'un discours; en grec ἀνακεφαλαίωσις (*anaképhalaiôsis*), dérivé d'ἀνά (*ana*), qui marque réitération, et de κεφαλή (*képhalé*), tête, chef, et par analogie *sommaire, chapitre;* d'où l'on a fait le verbe ἀνακεφαλαίοω (*anaképhalaioô*), résumer, réduire en un seul article ou chapitre.

ANACHORÈTE, s. m. homme dévot qui s'est retiré dans la solitude. Ce mot, qui signifie *solitaire,* vient d'ἀναχωρέω (*anachôréô*), je me retire, dérivé d'ἀνά (*ana*), en arrière, et de χωρέω (*chôréô*), je vais.

ANACHRONISME, s. m. Ce mot, qui désigne en général toute erreur contre la chronologie, est composé d'ἀνά (*ana*), au-dessus, en arrière, et de χρόνος (*chronos*), temps, avancement de temps ou de date. Proprement, l'*anachronisme* est une erreur dans la date des événemens que l'on place plutôt qu'ils ne sont arrivés. L'erreur opposée s'appelle *parachronisme.* Voyez ce mot.

ANACLASTIQUE, s. f. partie de l'optique qui a

pour objet les réfractions de la lumière ; d'*ἀνα* (*ana*),
derechef, et de *κλάω* (*klaõ*), briser, rompre ; d'où l'on
a fait *ἀνακλάω* (*anaklaõ*), réfracter, briser plusieurs fois,
en latin *refringo.* Voyez DIOPTRIQUE.

ANACLINOPALE, s. f. (*antiq.*), espèce de lutte,
dans laquelle les athlètes combattoient couchés sur le
sable ; d'*ἀνακλίνω* (*anaklinõ*), pencher, coucher, et de
πάλη (*palé*), lutte.

ANACOLLEMATE, s. m. (*méd.*), médicament qu'on
applique sur le front pour empêcher une fluxion de
tomber sur les yeux, ou pour arrêter une hémorragie.
Ce mot vient d'*ἀνακολλάω* (*anakollaõ*), coller ensemble,
formé d'*ἀνὰ* (*ana*), avec, et de *κολλάω* (*kollaõ*), coller ;
c'est-à-dire, remède collant propre à arrêter ce qui
coule.

ANACOLUTHE, s. f. (*gram.*), figure de mots, qui
est une espèce d'ellipse. Ce mot vient d'*α* privatif, et
d'*ἀκόλουθος* (*akolouthos*), compagnon ; c'est-à-dire, *qui
n'est pas compagnon*, ou qui ne se trouve pas à la com-
pagnie de celui avec lequel il devroit être. Ainsi, par
cette figure, on sous-entend le corrélatif d'un mot
exprimé.

ANACRÉONTIQUE, adj. (*littér.*) Il se dit des poésies composées dans le goût et le style de celles d'*Ana-
créon*, poète érotique grec.

ANACTE, s. m. nom que les Grecs donnoient à
leurs rois, et à Castor et Pollux. Ce mot vient d'*ἄναξ*
(*anax*), roi, seigneur. C'étoit aussi un titre d'honneur
affecté aux fils et aux frères des rois de Chypre, parce
qu'ils gouvernoient l'Etat, comme nos maires du palais,
sous les rois fainéans.

ANADIPLOSE, s. f. (*gram.*), en grec *ἀναδίπλωσις*
(*anadiplôsis*), réduplication. C'est une figure qui a lieu

dans le discours, quand un même mot finit une proposition et en commence une autre. Ce mot est dérivé d'*ἀνὰ* (*ana*), derechef, et de *διπλόω* (*diploô*), doubler.

ANADOSE, s. f. (*méd.*), distribution des alimens dans toutes les parties du corps; d'*ἀναδίδωμι* (*anadidômi*), rendre, formé d'*ἀνὰ* (*ana*), et de *δίδωμι* (*didômi*), donner.

ANADROMOS, s. m. poisson de mer qui remonte les rivières; d'*ἀνὰ* (*ana*), en arrière, et de *δρόμος* (*dromos*), course.

ANADYOMÈNE, s. f. (*mytho.*), surnom de Vénus sortant de la mer. Ce mot vient d'*ἀναδύομαι* (*anaduomai*), sortir de l'eau, parce que les poètes disent que cette déesse fut formée de l'écume de la mer; d'où lui est venu aussi le surnom d'*Aphrodite.* Voyez ce mot.

ANÆMASE. *Voyez* ANÉMASE.

ANAGLYPHE, s. m. nom que les anciens donnoient à des ouvrages ciselés ou sculptés en relief. Ce mot vient d'*ἀναγλύφω* (*anagluphô*), sculpter en bosse, composé d'*ἀνὰ* (*ana*), en arrière, en haut, et de *γλύφω* (*gluphô*), tailler, sculpter.

ANAGNOSTE, s. m. nom que les Romains donnoient à un esclave qui faisoit la lecture pendant leurs repas; d'*ἀναγνώστης* (*anagnôstês*), lecteur, du verbe *ἀναγινώσκω* (*anaginôskô*), je lis.

ANAGOGIE, s. f. (*théol.*), ravissement ou élévation vers les choses divines; d'*ἀνὰ* (*ana*), en haut, et d'*ἄγω* (*agô*), conduire; c'est-à-dire, mouvement qui conduit aux choses d'en haut.

Dérivé. ANAGOGIQUE, adj. ravissant, qui élève l'ame aux choses divines.

ANAGRAMME, s. f. (*littér.*), transposition des lettres d'un mot pour en former un ou plusieurs autres

qui aient un sens différent; d'*ἀνά* (*ana*), en arrière, et de
γράμμα (*gramma*), lettre, dérivé de *γράφω* (*graphô*),
j'écris; c'est-à-dire, *lettre transposée* ou *prise au rebours*.

Dérivés. ANAGRAMMATISER, v. faire l'anagramme
d'un nom; ANAGRAMMATISTE, s. m. faiseur d'ana-
grammes.

ANAGYRIS, s. m. *ἀνάγυρις* (*anaguris*), nom grec d'un
arbrisseau, appelé aussi *bois-puant*, à cause de son odeur
forte.

ANALABE, s. m. (*hist. eccl.*), espèce d'écharpe ou
d'étole que portoient les anciens moines grecs; d'*ἀνά* (*ana*),
par-dessus, et de *λαμβάνω* (*lambanô*), je prends, parce
qu'elle se portoit sur la robe, comme le scapulaire des
autres moines.

ANALECTES, s. m. pl. fragmens choisis d'un auteur.
Ce mot vient d'*ἀναλέγω* (*analégô*), cueillir, rassembler. C'est aussi une collection de plusieurs morceaux
différens.

ANALÈME ou ANALEMME, s. m. (*géog.*), planisphère ou projection orthographique de tous les cercles
de la sphère sur une surface plane. Ce mot est dérivé
d'*ἀναλαμβάνω* (*analambanô*), qui paroît signifier ici *prendre
d'en haut*, parce que la sphère est représentée ainsi sur un
plan, par la projection des lignes qu'on suppose abaissées
de tous ses points sur ce plan.

ANALEPSIE, s. m. (*méd.*), rétablissement des forces
après une maladie; en grec *ἀνάληψις* (*analêpsis*), dérivé
d'*ἀνά* (*ana*), derechef, et de *λαμβάνω* (*lambanô*), prendre;
d'où l'on a fait *ἀναλαμβάνω* (*analambanô*), reprendre,
recouvrer ce qu'on a perdu.

Dérivé. ANALEPTIQUE, adj. qui est propre à rétablir
les forces abattues.

ANALOGIE, s. f. rapport, conformité, ressemblance

d'une chose avec une autre; en grec ἀναλογία (*analogia*), formé d'*ἀνά* (*ana*), entre, et de λόγος (*logos*), raison, proportion.

Dérivés. ANALOGIQUE, adj. ANALOGIQUEMENT, adv. ANALOGUE, adj. qui a de l'analogie.

ANALOGISME, s. m. comparaison des rapports et de l'analogie qu'il y a entre des choses diverses. Ce mot vient du verbe ἀναλογίζομαι (*analogizomai*), je compare.

ANALYSE, s. f. décomposition ou réduction d'un tout à ses principes élémentaires. Ce mot est grec ἀνάλυσις (*analusis*), qui signifie *dissolution*, dérivé d'*ἀνά* (*ana*), et de λύω (*luô*), dissoudre ou résoudre.

Analyse, en termes de mathématiques, se dit de l'art de résoudre les problêmes par le moyen de l'algèbre.

L'*Analyse*, qui est regardée aujourd'hui comme la méthode unique pour acquérir des connoissances, est opposée à une autre méthode nommée *Synthèse*. Voyez ce mot.

Dérivés. ANALYSER, v. ANALYSTE, s. m. ANALYTIQUE, adj. ANALYTIQUEMENT, adv.

ANAMNESTIQUE, adj. (*méd.*), qui est propre à rétablir la mémoire; d'*ἀναμιμνήσκω* (*anamimnêskô*), rappeler le souvenir, dérivé d'*ἀνά* (*ana*), derechef, et de μνάομαι (*mnaomai*), je me souviens. Il désigne aussi des signes commémoratifs.

ANAMORPHOSE, s. f. représentation défigurée de quelque image, qui néanmoins, vue d'une certaine distance, paroît régulière et faite avec de justes proportions; d'*ἀνά* (*ana*), derechef, une seconde fois, et de μόρφωσις (*morphôsis*), formation, dérivé de μορφή (*morphé*), figure, forme; c'est-à-dire, *représentation double*, ou tableau qui représente une figure de deux manières différentes.

ANAPESTE, s. m. pied de vers grec et latin, composé de deux brèves et d'une longue, ou d'un dactyle renversé. Ce mot est dérivé d'*ἀναπαίω* (*anapaiō*), frapper à contre-sens, parce qu'en dansant, lorsqu'on chantoit des vers de cette mesure, on frappoit la terre d'une manière toute contraire à celle dont on battoit la mesure pour des poésies où dominoit le dactyle. De-là est venu ANAPESTIQUE, adj. qui se dit des vers où domine l'*anapeste*.

ANAPÉTIE, s. f. terme de médecine, qui se dit de la dilatation des vaisseaux sanguins; d'*ἀναπιτάω* (*anapétaō*), ouvrir, dilater, formé d'*ἀνά* (*ana*), et de *πιτάω* (*pétaō*), j'ouvre.

ANAPHONÈSE, s. f. qui signifie *exercice par le chant*, pour fortifier les organes de la voix; d'*ἀνά* (*ana*), par, et de *φωνή* (*phôné*), voix.

ANAPHORE, s. f. (*rhét.*), répétition de mots. C'est une figure qui consiste à répéter plusieurs fois le même mot à la tête de divers membres d'une période; d'*ἀναφέρω* (*anaphéró*), rapporter, reproduire, formé d'*ἀνά* (*ana*), derechef, et de *φέρω* (*phéró*), je porte.

ANAPHRODISIE, s. f. (*méd.*), abolition de l'appétit vénérien. Ce terme, qui est nouveau, est composé d'*α* privatif, et d'*Ἀφροδίτη* (*aphrodité*), Vénus, déesse de l'amour. *Voyez* APHRODITE.

ANAPHRODITE, adj. qui n'est pas propre à la génération. Ce mot est composé d'*α* privatif, et d'*Ἀφροδίτη* (*aphrodité*), Vénus, ou l'acte vénérien.

ANAPLÉROSE, s. f. (*chirur.*), l'art de rendre au corps quelque partie enlevée par accident, ou que la nature a refusée. Ce mot vient d'*ἀναπληρόω* (*anapléroô*), remplir, compléter.

Dérivé. ANAPLÉROTIQUE, adj. qui se dit des remèdes propres à faire renaître les chairs.

ANAPNEUSE, s. f. terme de médecine, qui signifie *respiration* ou *transpiration ;* d'ἀναπνέειν (*anapnéein*), respirer ou transpirer.

ANARCHIE, s. f. Etat sans chef et sans gouvernement, désordre, confusion dans un Etat; en grec ἀναρχία (*anarchia*), d'*α* privatif, et d'ἀρχή (*arché*), gouvernement ; c'est-à-dire, *défaut de gouvernement,* ou *de chef, dans une nation.* L'*anarchie* est dangereuse, parce que chacun s'attribuant une autorité égale, le désordre et la confusion s'ensuivent nécessairement.

Dérivés. ANARCHIQUE, adj. ANARCHISTE, s. m. partisan de l'*anarchie.*

ANASARQUE, s. f. (*méd.*), espèce d'hydropisie qui est répandue sur tout le corps; d'ἀνά (*ana*), entre, et de σάρξ (*sarx*), chair ; c'est-à-dire, eau entre les chairs.

ANASPASE, s. f. (*méd.*), contraction de l'estomac ; d'ἀνασπάω (*anaspaô*), retirer, resserrer, dérivé de σπάω (*spaô*), je tire, je serre.

ANASTALTIQUE, adj. (*méd.*), d'ἀναστέλλω (*anastellô*), resserrer, formé d'ἀνά (*ana*), et de στέλλω (*stellô*). Il se dit des remèdes styptiques et astringens. *Voyez* STYPTIQUE.

ANASTASE, s. f. (*méd.*), transport des humeurs d'une partie sur une autre ; d'ἀνίστημι (*anistémi*), élever.

ANASTOMOSE, s. f. (*anat.*), jonction immédiate de deux vaisseaux ou de deux artères dont la communication devient réciproque. Ce mot vient du verbe ἀναστομόω (*anastomoô*), j'ouvre, je débouche, formé d'ἀνά (*ana*), par, et de στόμα (*stoma*), bouche ; il signifie littéralement l'*union de deux bouches.* De-là on a fait le verbe s'ANASTOMOSER, se joindre par *anastomose.*

ANASTOMOTIQUE, adj. (*méd.*) Il se dit des remèdes qui dilatent l'orifice des vaisseaux, et rendent la
circulation du sang plus libre; d'ἀναςομόω (*anastomoô*),
élargir la bouche, ouvrir, formé d'ἀνά (*ana*), au travers,
et de ςόμα (*stoma*), bouche.

ANASTROPHE, s. f. en grec ἀναςροφὴ (*anastrophê*),
d'ἀνά (*ana*), dans, parmi, et de ςρέφω (*stréphô*), je
tourne. L'*anastrophe* est un vice de construction dans
lequel on tombe par des inversions contre l'usage.

ANATHÉME, s. m. terme d'église, qui signifie
excommunication avec exécrations et malédictions, ou
retranchement perpétuel de la communion; de plus,
celui qui est ainsi excommunié. Ce mot vient d'ἀνάθεμα
(*anathéma*), exécrable, dévoué aux furies de l'enfer,
dérivé du verbe ἀνατίθημι (*anatithémi*), vouer, dont
la racine est τίθημι (*tithémi*), je place. De-là le verbe
ANATHÉMATISER, frapper d'anathème.

ANATOCISME, s. m. renouvellement d'usure;
d'ἀνά (*ana*), qui marque répétition, réitération, et de
τόκος (*tokos*), usure, comme qui diroit *seconde usure*.
C'est ce que nous appelons l'*intérêt de l'intérêt*, ou l'*intérêt composé*.

ANATOMIE, s. f. art de disséquer le corps d'un
animal pour découvrir la structure de ses parties;
d'ἀνατομία (*anatomia*), ou ἀνατομὴ (*anatomé*), incision,
dissection, dérivé d'ἀνά (*ana*), dans, parmi, et de τέμνω
(*temnô*), je coupe.

Dérivés. ANATOMIQUE, adj. ANATOMIQUEMENT,
adv. ANATOMISER, v. ANATOMISTE, s. m.

ANCHILOPIE ou ANCHILOPS, s. f. tumeur phleg-
moneuse située au grand angle de l'œil. Ce mot est composé d'ἄγχι (*agchi*), proche, auprès, et d'ὢψ (*ôps*),
œil.

ANCHYLOBLÉPHARON. *Voyez* ANKYLOBLÉ-PHARON.

ANCHYLOSE. *Voyez* ANKYLOSE.

ANCONÉ, s. m. (*anat.*), nom de quatre muscles qui vont s'attacher à l'olécrane, ou éminence du *cubitus* qui forme le coude. Ce mot vient d'ἀγκὼν (*agkon*), le coude.

ANCRE, s. f. d'ἄγκυρα (*agkura*), en latin *anchora*, dérivé d'ἀγκύλος (*agkulos*), courbé, crochu; instrument de fer à double crochet qu'on jette au fond de l'eau pour arrêter les navires. De-là est venu le verbe ANCRER, jeter l'ancre; ANCRAGE, lieu propre à jeter l'ancre.

ANCYLOMÈLE, s. m. (*chirur.*), sonde recourbée; d'ἀγκύλος (*agkulos*), courbé, crochu, et de μήλη (*mêlé*), sonde.

ANCYLOTOME, s. f. (*chirurg.*), espèce de bistouri courbe, servant à couper le ligament de la langue; d'ἀγκύλος (*agkulos*), courbé, et de τέμνω (*temnó*), je coupe.

ANCYROÏDE, adj. (*anat.*), nom de l'apophyse coracoïde de l'omoplate; d'ἄγκυρα (*agkura*), ancre, crochet, et d'εἶδος (*éidos*), forme, parce qu'elle ressemble à un crochet. *Voyez* APOPHYSE et CORACOÏDE.

ANDRATOMIE. *Voyez* ANDROTOMIE.

ANDROCEPHALOÏDE, s. f. (*nat.*), d'ἀνδρὸς (*andros*), génit. d'ἀνὴρ (*anêr*), homme, de κεφαλή (*képhalé*), tête, et d'εἶδος (*éidos*), forme, ressemblance. Sorte de pierre qui a la forme d'une tête humaine.

ANDROGYNE, s. m. qui signifie *homme-femme*; d'ἀνὴρ (*anêr*), génit. ἀνδρὸς (*andros*), homme, et de γυνὴ (*guné*), femme. Nom d'une personne ou d'un animal qui paroît être mâle et femelle tout-à-la-fois. Les botanistes qualifient ainsi les fleurs qui réunissent à-la-fois les deux sexes. *Voyez* HERMAPRODITE, qui est le même.

ANDROÏDE, s. m. automate de figure humaine, qu'on fait mouvoir par divers ressorts ; d'ἀνδρὸς (*andros*), génit. d'ἀνὴρ (*anér*), homme, et d'εἶδος (*eidos*), forme, qui a la forme d'un homme.

ANDROMANIE, s. f. (*méd.*), passion dont les femmes sont quelquefois atteintes ; d'ἀνδρὸς (*andros*), génit. d'ἀνὴρ (*anér*), homme, et de μανία (*mania*), fureur, passion.

ANDROSACE, s. f. plante fort utile contre l'hydropisie et la rétention d'urine. Son nom est formé d'ἀνδρὸς (*andros*), génit. d'ἀνὴρ (*anér*), homme, et d'ἄκος (*akos*), remède, à cause de ses propriétés, ou de σάκκος (*sakkos*), couloir.

ANDROTOMIE, s. f. dissection du corps humain en particulier, de même que la *zootomie* est la dissection des animaux ; d'ἀνδρὸς (*andros*), génit. d'ἀνὴρ (*anér*), homme, et de τομή (*tomé*), dissection, de τέμνω (*temnô*), couper.

ANECDOTE, s. f. fait secret, particularité curieuse propre à éclaircir certains événemens dans l'histoire ; d'α privatif, et d'ἔκδοτος (*ekdotos*), livré, mis au jour, dérivé d'ἐκ (*ek*), dehors, et de δίδωμι (*didômi*), donner ; c'est-à-dire, *chose qui n'a pas paru, qui n'a pas encore été publiée.*

ANÉMASE, s. f. (*méd.*), maladie dangereuse occasionnée par un manque de sang ; d'α privatif, et de αἷμα (*aima*), sang ; c'est-à-dire, *défaut de sang.*

ANÉMOGRAPHIE, s. f. la science ou description des vents ; d'ἄνεμος (*anémos*), vent, et de γράφω (*graphô*), je décris.

ANÉMOMÈTRE, s. m. instrument de physique qui sert à mesurer la force du vent ; d'ἄνεμος (*anémos*), vent.

et de *μέτρον* (*métron*), mesure. De-là on a fait ANÉMO-
MÉTRIE , s. f. l'art de mesurer le vent.

ANÉMONE, s. f. plante dont la fleur est admirable
par la beauté et la variété de ses couleurs. Son nom grec
est *ἀνεμώνη* (*anémōnē*), dérivé d'*ἄνεμος* (*anémos*), vent:
c'est-à-dire, *fleur du vent*, parce que , selon Pline, elle
ne s'épanouit que lorsque le vent souffle , ou parce que le
vent l'a bientôt abattue.

ANÉMOSCOPE , s. m. d'*ἄνεμος* (*anémos*), vent , et de
σκοπέω (*skopéō*), je regarde ; instrument qui fait connoître
la direction du vent.

ANÉPIGRAPHE, adj. qui est sans titre, sans inscription ; d'*α* privatif, et d'*ἐπιγραφὴ* (*épigraphē*), inscription ,
qui vient d'*ἐπὶ* (*épi*), sur, et de *γράφω* (*graphō*), j'écris.

ANESTHÉSIE , s. f. maladie qui produit l'insensibilité , la privation de tout sentiment. Ce mot vient d'*α*
privatif, et d'*αἰσθάνομαι* (*aisthanomai*), sentir , avoir du
sentiment.

ANET , s. m. plante d'une odeur forte et agréable :
en grec *ἄνηθον* (*anéthon*), dérivé d'*ἄνω* (*anō*), en haut , et
de *τίθημι* (*tithémi*), élever , parce qu'elle croît fort vite.

ANÉVRYSME , s. m. (*chirur.*), tumeur molle contre
nature, causée par la dilatation ou la rupture d'une
artère. Ce mot vient d'*ἀνευρύνω* (*aneurunō*), dilater excessivement , dérivé d'*α* particule augmentative , et d'*εὐρύνω*
(*eurunō*), je dilate , qui a pour racine *εὐρὺς* (*eurus*),
grand , large.

Dérivé. ANÉVRYSMAL , adj.

ANGE , s. m. créature spirituelle , ainsi nommée
d'*ἄγγελος* (*aggélos*), messager, dérivé d'*ἀγγέλλω* (*aggellō*),
annoncer une nouvelle, parce que Dieu a souvent employé les anges pour porter ses ordres et manifester ses
volontés.

ANGÉIOGRAPHIE, s. f. description des poids, des vases, des mesures et des instrumens propres à l'agriculture. Ce mot est composé d'ἀγγεῖον (*aggéion*), vase, vaisseau, et de γράφω (*graphô*), je décris. Nous avons plusieurs traités sous ce nom.

ANGÉIO-HYDRO-GRAPHIE, s. f. (*anat.*), description des vaisseaux lymphatiques; d'ἀγγεῖον (*aggéion*), vaisseau, d'ὕδωρ (*udôr*), eau, et de γράφω (*graphô*), je décris.

ANGÉIO-HYDRO-LOGIE, s. f. partie de la médecine qui traite de l'usage des vaisseaux lymphatiques; d'ἀγγεῖον (*aggéion*), vaisseau, d'ὕδωρ (*udôr*), eau, et de λόγος (*logos*), discours.

ANGÉIO-HYDRO-TOMIE, s. f. anatomie des vaisseaux lymphatiques; d'ἀγγεῖον (*aggéion*), vaisseau, d'ὕδωρ (*udôr*), eau, et de τέμνω (*temnô*), couper.

ANGÉLIQUE, adj. qui a rapport aux anges: d'ἄγγελος (*aggélos*), envoyé, ange. *Angélique*, s. f. est le nom d'une plante, ainsi appelée, à cause de ses grandes vertus.

ANGINE, s. f. maladie inflammatoire, nommée *Esquinancie*. Ce mot vient du verbe latin *angere*, dérivé du grec ἄγχειν (*agchéin*), serrer, suffoquer, parce que, dans cette maladie, on a beaucoup de peine à respirer. *Voyez* ESQUINANCIE.

ANGIOGRAPHIE, s. f. (*anat.*), description des vaisseaux du corps humain; d'ἀγγεῖον (*aggéion*), vaisseau, et de γράφω (*graphô*), je décris.

ANGIOLOGIE, s. f. partie de la médecine qui traite des vaisseaux du corps humain; d'ἀγγεῖον (*aggéion*), vaisseau, et de λόγος (*logos*), discours.

ANGIOSCOPE, s. m. d'ἀγγεῖον (*aggéion*), vaisseau, et de σκοπέω (*skopéô*), j'examine, je considère. Instrument propre à examiner les vaisseaux capillaires.

ANGIOSPERMIE, s. f. (*botan.*), nom que donne Linné à la sous-division de la quatorzième classe des plantes, dont les semences sont renfermées dans une membrane ou capsule; d'ἀγγεῖον (*aggéion*), vase, et de σπέρμα (*sperma*), semence ou graine. On appelle *angiospermes*, les plantes dont la semence est ainsi renfermée dans une membrane, pour les distinguer des *gymnospermes*, dont la graine est à découvert. *Voyez* GYMNOSPERMIE.

ANGIO-TÉNIQUE, adj. (*méd.*), nom d'une espèce de fièvre marquée par une irritation des tuniques des vaisseaux sanguins. Ce mot, qui est nouveau, vient d'ἀγγεῖον (*aggéion*), vaisseau, et de τείνω (*teinó*), tendre. C'est ce qu'on nomme *fièvre inflammatoire*.

ANGIOTOMIE, s. f. (*anat.*), dissection des vaisseaux du corps humain; d'ἀγγεῖον (*aggéion*), vaisseau, et de τέμνω (*temnô*), je coupe.

ANIS, s. m. plante dont la semence est fort agréable et fort utile. Son nom grec est ἄνισον (*anison*), dérivé d'α privatif, et d'ἴσος (*isos*), égal, d'où l'on a fait ἄνισος (*anisos*), inégal, à cause de l'inégalité de ses feuilles.

ANKYLOBLÉPHARON, s. m. (*méd.*), nom grec d'une maladie des yeux, dans laquelle les paupières sont jointes ensemble, ou adhérentes à la conjonctive ou à la cornée. Ce mot est composé d'ἀγκύλη (*agkulé*), resserrement, constriction, et de βλέφαρον (*blépharon*), paupière.

ANKYLOGLOSSE, s. m. (*méd.*), vice du filet ou ligament de la langue, qui, étant trop court, ôte la liberté de parler. Ce mot est formé d'ἀγκύλη (*agkulé*), qui signifie ce vice même, ou d'ἀγκύλος (*agkulos*), courbé, et de γλῶσσα (*glóssa*), langue.

ANKYLOSE, s. f. (*chirurg.*), union de deux os articulés et soudés ensemble par le suc osseux, en sorte qu'ils ne font plus qu'une pièce. Ce mot vient d'ἀγκύλος (*aghulos*), courbé, parce qu'il désignoit originairement un membre courbé à son articulation; mais l'*anky-lose* se fait aussi bien dans un état d'extension que de flexion.

ANODIN ou ANODYN, adj. (*méd.*), d'ἀ privatif, et d ὀδύνη (*oduné*), douleur, qui ôte la douleur. Ce mot désigne les remèdes qui calment et appaisent les douleurs.

ANODYNIE, s. f. (*méd.*), insensibilité ou absence du sentiment de la douleur; d'ἀ privatif, et d'ὀδύνη (*oduné*), douleur, privation de la douleur.

ANOMAL, ALE, adj. (*gram.*), irrégulier, qui ne suit point la règle des autres; d'ἀνώμαλος (*anômalos*), inégal, raboteux, irrégulier, dérivé d'ἀ privatif, et d'ὁμαλός (*omalos*), égal, semblable.

En médecine, il se dit des maladies qui ne suivent point un cours régulier dans leurs périodes; et en bota-nique, des fleurs qui sont d'une forme irrégulière. *Anomalique.*

ANOMALIE, s. f. (*astro.*), distance du lieu vrai ou moyen d'une planète, à l'aphélie ou à l'apogée. Ce mot vient d'ἀνωμαλία (*anômalia*), qui signifie *irrégularité*, dérivé d'ἀ privatif, et d'ὁμαλός (*omalos*), égal, semblable', pareil. Il sert à désigner le mouvement des planètes, qui, comme l'on sait, n'est pas uniforme. En grammaire, c'est l'irrégularité des déclinaisons ou des conjugaisons.

ANOMALISTIQUE, adj. (*astro.*) Il se dit de la révolution d'une planète par rapport à son apside, soit apogée, soit aphélie, ou du retour d'une planète au même point de son ellipse. Ce mot est formé d'ἀ pri-vatif, et d'ὁμαλός (*omalos*), égal, semblable; c'est-à-dire, *qui n'est point égal à la révolution des astres.*

ANOMIE, s. f. coquille bivalve, du genre des huîtres,

ainsi nommée d'*α* privatif, et d'*ὁμός* (*omos*), pareil, égal, semblable, parce que l'une de ses deux écailles est plus petite que l'autre. On appelle *anomites*, les *anomies* devenues fossiles.

ANOMIEN, adj. sans loi; d'*α* privatif, et de *νόμος* (*nomos*), loi.

ANONYME, adj. formé d'*α* privatif, et d'*ὄνομα* (*onoma*), ou en éolien, *ὄνυμα* (*onuma*), nom; qui est sans nom, ou dont le nom n'est pas connu. On donne cette épithète à tous les ouvrages qui paroissent sans nom d'auteur, ou dont les auteurs sont inconnus.

ANOREXIE, s. f. (*méd.*), perte de l'appétit; d'*α* privatif, et d'*ὄρεξις* (*orexis*), appétit. C'est proprement un défaut d'appétit, un dérangement de l'estomac, qui fait qu'on n'a aucun desir pour les alimens.

ANOSMIE, s. f. (*méd.*), privation d'odorat; d'*α* privatif, et d'*ὀσμή* (*osmé*), odeur, d'*ὄζω* (*ozó*), sentir.

ANOSTOME, s. m. (*nat.*), poisson dont la gueule est située sur le sommet du museau, et tournée en haut; d'*ἄνω* (*anó*), en haut, et de *στόμα* (*stoma*), bouche ou gueule.

ANTAGONISTE, s. m. adversaire, qui est d'un parti opposé; d'*ἀντί* (*anti*), contre, et d'*ἀγωνίζομαι* (*agōnizomai*), faire effort, combattre, dérivé d'*ἀγών* (*agôn*), combat. Ce mot désigne celui qui est opposé à un autre dans quelque prétention, dans quelque sentiment.

Dérivé. ANTAGONISME, s. m. terme d'anatomie, qui signifie l'action d'un muscle dans un sens opposé à celle d'un autre muscle son antagoniste.

ANTALGIQUE, adj. (*méd.*), qui calme ou fait cesser les douleurs; d'*ἀντί* (*anti*), contre, et d'*ἄλγος* (*algos*), douleur.

ANTANACLASE, s. f. figure de rhétorique, répétition d'un même mot pris en différens sens. Ce mot est formé d'*άντι* (*anti*), contre, et d'*άνάκλασις* (*anaklasis*), répercussion, du verbe *άνακλάω* (*anaklaô*), frapper une seconde fois, parce que la même expression frappe deux fois l'oreille, mais d'une manière différente.

ANTANAGOGE, s. f. figure de rhétorique, qui signifie *récrimination*, en termes de droit. Ce mot est formé d'*άντι* (*anti*), contre, et d'*άναγωγή* (*anagôgê*), rejaillissement, du verbe *άνάγω* (*anagô*), repousser, renvoyer; ainsi l'*antanagoge* est une figure par laquelle on fait rejaillir une preuve ou une accusation contre celui qui la propose ou qui l'intente.

ANTAPHRODISIAQUE. *Voyez* le mot suivant.

ANTAPHRODITIQUE, adj. (*méd.*), d'*άντι* (*anti*), contre, et d'A'*φροδίτη* (*aphrodité*), Vénus, ou l'acte vénérien. Il se dit des remèdes contre l'incontinence.

ANTARCTIQUE, adj. méridional, qui est opposé au pôle arctique ou septentrional. Ce mot est composé d'*άντι* (*anti*), contre, et d'*άρκτος* (*arktos*), ourse; c'est-à-dire, *opposé à l'ourse*, qui est une constellation voisine du pôle arctique. *Voyez* ARCTIQUE.

ANTARTHRITIQUE. *Voyez* ANTI-ARTHRITIQUE.

ANTÉCHRIST, s. m. en grec *άντίχριςος* (*antichristos*), opposé à Jésus-Christ; d'*άντι* (*anti*), contre, et de Χριςὸς (*Christos*), oint ou Christ. C'est le séducteur qui, vers la fin du monde, doit s'élever contre Jésus-Christ. *Voyez* CHRIST.

ANTÉCIENS ou ANTŒCIENS, adj. (*géog.*), nom des peuples qui sont placés sous le même méridien et sous une latitude opposée, mais égale; d'*άντι* (*anti*), contre, et d'*οικέω* (*oikéô*), habiter, dérivé d'*οΐκος* (*oikos*), maison: c'est-à-dire, qui habitent des lieux opposés, les uns au nord de l'équateur, et les autres au midi de ce cercle.

ANTÉMÉTIQUE, adj. (*méd.*), d'*ἀντὶ* (*anti*), contre, et d'*ἔμετος* (*émétos*), vomissement, qui vient d'*ἐμέω* (*éméó*), vomir. Remède contre le vomissement excessif.

ANTÉPHIALTIQUE, adj. (*méd.*), d'*ἀντὶ* (*anti*), contre, et d'*ἐφιάλτης* (*éphialtès*), incube ou cauchemar. Il se dit des remèdes contre le cauchemar. *Voyez* Ephialte.

ANTHÉLIX, s. m. le circuit intérieur de l'oreille externe; d'*ἀντὶ* (*anti*), contre, et d'*ἕλιξ* (*élix*), *hélice* ou circuit extérieur; c'est-à-dire, opposé à l'*hélice*. Voyez ce mot.

ANTHELMINTIQUE, adj. (*méd.*), qui se dit des remèdes contre les vers; d'*ἀντὶ* (*anti*), contre, et d'*ἕλμινθος* (*elminthos*), génit. d'*ἕλμινς* (*elmins*), ver.

ANTHÈRE, s. f. (*botan.*), le sommet des étamines dans les fleurs. Ce mot vient d'*ἀνθηρὸς* (*anthéros*), fleuri, dérivé d'*ἄνθος* (*anthos*), fleur, parce que les *anthères* ne paroissent que lorsque la fleur est éclose.

ANTHESPHORIES, s. f. pl. fêtes païennes que l'on célébroit en Sicile à l'honneur de Proserpine. Ce mot est composé d'*ἄνθος* (*anthos*), fleur, et de *φέρω* (*phéró*), je porte; à cause que Proserpine cueilloit des fleurs dans les champs, lorsqu'elle fut enlevée par Pluton.

ANTHOLOGIE, s. f. Ce mot est composé d'*ἄνθος* (*anthos*), fleur, et de *λέγω* (*légó*), je cueille, je rassemble. On donne ce nom à un ancien recueil d'épigrammes grecques, qui sont comme autant de fleurs poétiques.

ANTHRACOSE, s. f. tumeur d'un rouge livide, qui s'élève aux paupières. Ce mot est grec, *ἀνθράκωσις* (*anthrakôsis*), dérivé d'*ἄνθραξ* (*anthrax*), charbon; c'est-à-dire, inflammation en forme de charbon, parce qu'on y sent une chaleur, et qu'il s'y forme une croûte noire, comme si le feu y avoit passé.

ANTHRAX, s. m. mot purement grec, ἄνθραξ, qui signifie *charbon*. C'est une tumeur contre–nature, accompagnée d'une douleur vive et d'une chaleur brûlante, pareille à celle que causeroit un charbon de feu. On l'appelle *charbon* en français.

ANTHROPOFORME, adj. mot composé du grec ἄνθρωπος (*anthrópos*), homme, et du latin *forma*, forme, figure; il signifie, *qui a la figure humaine*. On donne ce nom à certains animaux dont la figure approche beaucoup de celle de l'homme.

ANTHROPOGÉNIE, s. f. (*anat.*), connoissance de la génération de l'homme; d'ἄνθρωπος (*anthrópos*), homme, et de γεννάω (*gennaô*), engendrer, produire.

ANTHROPOGLYPHITE, s. f. (*nat.*), pierre taillée naturellement, et représentant quelques parties du corps humain. Ce mot est formé d'ἄνθρωπος (*anthrópos*), homme, et de γλύφω (*gluphô*), tailler, sculpter.

ANTHROPOGRAPHIE, s. f. (*anat.*), description de l'homme; d'ἄνθρωπος (*anthrópos*), homme, et de γράφω (*graphô*), je décris.

ANTHROPOLITE, s. f. (*nat.*), pétrification de diverses parties du corps humain; d'ἄνθρωπος (*anthrópos*), homme, et de λίθος (*lithos*), pierre; comme qui diroit *homme devenu pierre*.

ANTHROPOLOGIE, s. f. mot formé d'ἄνθρωπος (*anthrópos*), homme, et de λόγος (*logos*), discours, parole. Figure par laquelle l'Ecriture-Sainte attribue à Dieu un langage humain. Ce mot désigne aussi un discours ou un traité anatomique du corps humain.

ANTHROPOMANCIE, s. f. divination qui se faisoit par l'inspection des entrailles d'un homme mort;

d'*ἄνθρωπος* (*anthrópos*), homme, et de *μαντεία* (*mantéia*); divination.

ANTHROPOMÉTRIE, s. f. science qui a pour objet les proportions du corps humain; d'*ἄνθρωπος* (*anthrópos*), homme, et de *μέτρον* (*métron*), mesure.

ANTHROPOMORPHE, adj. (*nat.*), mot formé d'*ἄνθρωπος* (*anthrópos*), homme, et de *μορφή* (*morphé*), forme, qui a la forme ou la figure d'un homme. On donne ce nom à certains animaux qui ressemblent en quelque chose au corps de l'homme.

ANTHROPOMORPHITES (les), s. m. pl. hérétiques qui attribuoient à Dieu un corps semblable à celui de l'homme; d'*ἄνθρωπος* (*anthrópos*), homme, et de *μορφή* (*morphé*), forme.

ANTHROPOPATHIE, s. f. mot formé d'*ἄνθρωπος* (*anthrópos*), homme, et de *πάθος* (*pathos*), passion, affection. C'est une figure par laquelle on attribue à Dieu quelque passion, quelque affection humaine.

ANTHROPOPHAGE, adj. et s. nom de ceux qui se nourrissent de chair humaine; d'*ἄνθρωπος* (*anthrópos*), homme, et de *φάγω* (*phagó*), manger, dévorer; c'est-à-dire, *mangeur d'hommes*. L'ANTHROPOPHAGIE est l'usage de la chair humaine : on attribue cette barbarie à quelques peuples d'Afrique et d'Amérique.

ANTHROPOSOMATOLOGIE, s. f. terme d'anatomie inventé par le célèbre Boerhaave, pour désigner la description du corps humain ou de sa structure; d'*ἄνθρωπος* (*anthrópos*), homme, de *σῶμα* (*sóma*), corps, et de *λόγος* (*logos*), discours, traité; c'est-à-dire, *traité du corps de l'homme*.

ANTHROPOSOPHIE, s. f. connoissance de la nature humaine; d'*ἄνθρωπος* (*anthrópos*), homme, et de *σοφία* (*sophia*), science, connoissance.

ANTHROPOTOMIE, s. f. anatomie du corps humain ; d'ἄνθρωπος (anthrópos), homme, et de τέμνω (temnō), couper. C'est une partie de l'anatomie en général. *Voyez* ANDROTOMIE, qui est le même.

ANTHYPNOTIQUE, adj. (*méd.*), d'ἀντὶ (anti), contre, et d'ὕπνος (upnos), sommeil, assoupissement. Il se dit des remèdes qu'on emploie contre un sommeil excessif.

ANTHYSTÉRIQUE. *Voyez* ANTIHISTÉRIQUE.

ANTI, préposition empruntée de la langue grecque, et qui entre dans la composition de plusieurs mots français, dont on trouvera la plupart ci-après.

Cette préposition marque opposition, contrariété, alternative, permutation ou comparaison des choses.

ANTIADIAPHORISTES (les), s. m. pl. nom d'une secte de Luthériens opposés aux *adiaphoristes* ; d'ἀντὶ (anti), contre, et d'ἀδιάφορος (adiaphoros), indifférent. *Voyez* ADIAPHORISTES.

ANTI-APHRODISIAQUE. *Voyez* ANTAPHRODISIAQUE.

ANTIAPOPLECTIQUE, adj. (*méd.*), remède contre l'apoplexie ; d'ἀντὶ (anti), contre, et d'ἀποπληξία (apopléxia), apoplexie. *Voyez* ce mot.

ANTI-ARTHRITIQUE, adj. et s. (*méd.*), remède contre la goutte ; d'ἀντὶ (anti), contre, et d'ἀρθρῖτις arthritis), la goutte. *Voyez* ARTHRITIQUE.

ANTI-ASTHMATIQUE, adj. et s. (*méd.*), remède contre l'asthme ; d'ἀντὶ (anti), contre, et d'ἄσθμα (asthma), courte haleine, asthme. *Voyez* ce dernier mot.

ANTI-CACHECTIQUE, adj. et s. (*méd.*), qui se dit des remèdes contre la cachexie ; d'ἀντὶ (anti), contre, et de καχεξία (kachéxia), cachexie. *Voyez* ce mot.

ANTI-CAUSOTIQUE, adj. et s. (*méd.*) Il se dit
des remèdes contre le causus ou fièvre ardente; d'*ἀντὶ*
(*anti*), contre, et de *καῦσος* (*kausos*), fièvre ardente.
Voyez CAUSUS.

ANTICHRÈSE, s. f. abandon que fait un débiteur
à son créancier de ses héritages ou de ses revenus,
pour l'intérêt de l'argent qu'il lui a prêté. Ce mot est
formé d'*ἀντὶ* (*anti*), pour, au lieu de, et de *χρῆσις*
(*chrésis*), jouissance, ou de *χρέος* (*chréos*), dette, em-
prunt; c'est-à-dire, hypothèque, ou gage qui répond de
la dette.

ANTICHRÉTIEN, adj. formé d'*ἀντὶ* (*anti*), contre,
et de *χριστιανὸς* (*christianos*), chrétien, qui est opposé à
la doctrine chrétienne. *Voyez* CHRÉTIEN.

ANTICHTHONES, adj. (*géog.*) Il se dit des peuples
qui habitent des contrées de la terre diamétralement
opposées; d'*ἀντὶ* (*anti*), contre, et de *χθὼν* (*chthón*),
terre. C'est la même chose qu'*antipodes*.

ANTIDINIQUE, adj. (*méd.*) Il désigne les remèdes
contre les vertiges; d'*ἀντὶ* (*anti*), contre, et de *δῖνος*
(*dinos*), vertige.

ANTIDOTE, s. m. (*méd.*) contrepoison, en grec
ἀντίδοτον (*antidoton*), d'*ἀντὶ* (*anti*), contre, et de *δίδωμι*
(*didómi*) donner, remède donné contre le poison. On
appelle ANTIDOTAIRE, un livre où sont décrits les
antidotes.

ANTIDYSSENTÉRIQUE, adj. (*méd.*), remède
contre la dyssenterie; d'*ἀντὶ* (*anti*), contre, et de *δυσεντερία*
(*dusentéria*), dyssenterie. *Voyez* ce mot.

ANTIENNE, s. f. sorte de verset qu'on chante dans
l'office de l'église; en latin *antiphona*, d'*ἀντιφωνέω* (*anti-
phonéó*), répondre de l'autre côté, qui vient d'*ἀντὶ* (*anti*),

qui marque alternative, et de φωνή (*phôné*), voix, parce que, dans l'origine, les antiennes étoient chantées par deux chœurs qui se répondoient alternativement.

ANTIÉPILEPTIQUE, adj. (*méd.*), nom qu'on donne aux remèdes contre l'épilepsie ; d'ἀντὶ (*anti*), contre, et d'ἐπιληψία (*épilépsia*), épilepsie. *Voyez* ce mot.

ANTI-HECTIQUE, adj. (*méd.*), nom des remèdes contre l'étisie ou la consomption ; d'ἀντὶ (*anti*), contre, et d'ἐκτικὸς (*ektikos*), qui désigne cette espèce de maladie. *Voyez* ETIQUE.

ANTIHÉMORROÏDAL, adj. (*méd.*) Il se dit des remèdes contre les hémorroïdes ; d'ἀντὶ (*anti*), contre, et d'αἱμορροΐς (*aimorrois*), flux de sang, hémorroïdes. *Voyez* ce mot.

ANTIHERPÉTIQUE, adj. (*méd.*), mot composé d'ἀντὶ (*anti*), contre, et d'ἕρπης (*erpés*), herpe, *espèce de dartre*. Il se dit des remèdes contre cette maladie. *Voyez* HERPE.

ANTI-HYDROPHOBIQUE, adj. (*méd.*) Il se dit des remèdes contre la rage ; d'ἀντὶ (*anti*), contre, et d'ὑδροφοβία (*hudrophobia*), horreur de l'eau, rage. *Voyez* HYDROPHOBIE.

ANTI-HYPOCONDRIAQUE, adj. (*méd.*), remède contre la maladie *hypocondriaque* ; d'ἀντὶ (*anti*), contre, et d'ὑποχονδρία (*hupochondria*), les hypocondres. *Voyez* HYPOCONDRES.

ANTI-HYSTÉRIQUE, adj. (*méd.*), d'ἀντὶ (*anti*), contre, et d'ὑστέρα (*hustéra*), la matrice. Il se dit des remèdes contre la passion hystérique. On dit aussi *anthystérique*. Voyez HISTÉRIQUE.

ANTILOGIE, s. f. contradiction de sens dans un discours ; d'ἀντὶ (*anti*), contre, et de λόγος (*logos*), discours ; c'est-à-dire, discours contraire à un autre, ou contradiction entre deux expressions seulement dans le même ouvrage.

ANTILOIMIQUE, adj. (*méd.*), d'ἀντὶ (*anti*), contre, et de λοιμὸς (*loimos*), peste ; préservatif ou remède contre la peste.

Antilope

ANTIMÉLANCOLIQUE, adj. et s. remède contre la mélancolie ; d'ἀντὶ (*anti*), contre, et de μελαγχολία (*mélagcholia*), mélancolie. *Voyez* ce mot.

ANTIMÉTATHÈSE, s. f. figure de rhétorique, qui consiste à répéter les mêmes mots, mais dans un sens opposé ; d'ἀντὶ (*anti*), contre, et de μετάθεσις (*métathésis*), changement, transposition, du verbe μετατίθημι (*métatithémi*), transposer ; c'est-à-dire, transposition d'un sens dans un autre.

ANTIMOINE, s. m. métal blanc, à grandes lames, qui se trouve ordinairement mêlé avec diverses matières étrangères, suivant la signification de son nom, qui est formé d'ἀντὶ (*anti*), contre, et de μόνος (*monos*), seul ; c'est-à-dire, qui ne se trouve pas seul. L'anecdote rapportée par *Furetière*, concernant l'étymologie de ce mot, a bien l'air d'un conte fait à plaisir.

ANTI-MONARCHIQUE, adj. et s. qui est opposé à la monarchie, au gouvernement monarchique ; d'ἀντὶ (*anti*), contre, et de μοναρχία (*monarchia*), monarchie, de μόνος (*monos*), seul, et d'ἀρχὴ (*arché*), empire.

ANTINÉPHRÉTIQUE, adj. (*méd.*), remède contre les maladies des reins ; d'ἀντὶ (*anti*), contre, et de νεφρῖτις (*néphritis*), douleur des reins. *Voyez* NÉPHRÉTIQUE.

ANTINOMIE, s. f. contradiction réelle ou apparente entre deux loix ; d'ἀντὶ (*anti*), contre, et de νόμος (*nomos*), loi.

ANTINOMIENS (les), s. m. pl. sectaires qui se décla-

roient ennemis de toutes les loix ; d'*ἀντὶ* (*anti*), contre,
et de *νόμος* (*nomos*), loi ; qui étoient contraires aux loix.

ANTIORGASTIQUE, adj. (*méd.*), qui est propre à
calmer l'effervescence des humeurs, appelée *orgasme*. Ce
mot vient d'*ἀντὶ* (*anti*), contre, et d'*ὀργασμὸς* (*orgasmos*),
orgasme, effervescence des humeurs. *Voyez* ORGASME.

ANTIPARALYTIQUE, adj. (*méd.*), remède contre
la paralysie ; d'*ἀντὶ* (*anti*), contre, et de *παράλυσις* (*paralusis*), paralysie. *Voyez* ce mot.

ANTIPARASTASE, s. f. figure de rhétorique, par
laquelle un accusé cherche à prouver que, s'il étoit l'auteur de ce qu'on lui impute, il mériteroit plutôt d'être
loué que blâmé. Ce mot vient d'*ἀντὶ* (*anti*), contre, et de
παρίσταμαι (*paristamai*), se tenir.

ANTIPATHIE, s. f. aversion, répugnance, opposition naturelle entre deux personnes ou deux choses ;
d'*ἀντὶ* (*anti*), contre, et de *πάθος* (*pathos*), passion,
disposition, impression ; c'est-à-dire, sentimens ou qualités contraires ou opposées.

Dérivé. ANTIPATHIQUE, adj. opposé, contraire.

ANTIPÉRISTALTIQUE, adj. (*anat.*) Il se dit du
mouvement des intestins, contraire au mouvement péristaltique ; d'*ἀντὶ* (*anti*), contre, et de *περισταλτικὸς* (*pé-
ristaltikos*), comprimant ; c'est-à-dire, contraction des
intestins dans un sens opposé au mouvement péristaltique. *Voyez* ce dernier mot.

ANTIPÉRISTASE, s. f. (*didact.*), action de deux
qualités contraires, dont l'une augmente la force de
l'autre. Ce mot est formé d'*ἀντὶ* (*anti*), contre, et de
περιΐσταμαι (*périïstamai*), être autour, résister ; comme
qui diroit, *résistance à quelque chose qui entoure ou
qui assiége.*

ANTIPHLOGISTIQUE, adj. (*méd.*), d'*ἀντὶ* (*anti*),

contre, et de φλογιτὸς (*phlogistos*), inflammable, dérivé de φλέγω (*phlégô*), j'enflamme. Ce mot désigne les remèdes propres à diminuer la trop grande effervescence du sang.

ANTIPHONAIRE, s. m. livre d'église, contenant les antiennes notées. Pour l'étymologie, *voyez* AN-TIENNE.

ANTIPHONIE, s. f. espèce de symphonie, chez les Grecs, qui s'exécutoit à l'octave, par opposition à celle qui s'exécutoit au simple unisson; d'ἀντὶ (*anti*), contre, et de φωνὴ (*phôné*), voix, son; comme qui diroit, *opposition de sons ou de voix*.

ANTIPHRASE, s. f. figure par laquelle on emploie un mot ou une façon de parler dans un sens contraire à celui qui lui est naturel; d'ἀντὶ (*anti*), contre, et de φράσις (*phrasis*), locution, façon de parler, de φράζω (*phrazô*), je parle. Ainsi l'*antiphrase* est une manière d'énoncer le contraire de ce qu'on veut faire entendre.

ANTIPHTHISIQUE, adj. (*méd.*), remède contre la phthisie; d'ἀντὶ (*anti*), contre, et de φθίσις (*phthisis*), phthisie. *Voyez* ce mot.

ANTIPHYSIQUE, adj. qui est contre nature; d'ἀντὶ (*anti*), contre, et de φύσις (*phusis*), nature. Ce terme est nouveau.

ANTIPLEURÉTIQUE, adj. (*méd.*) Il se dit des remèdes contre la pleurésie; d'ἀντὶ (*anti*), contre, et de πλευρῖτις (*pleuritis*), pleurésie. *Voyez* ce mot.

ANTIPODAGRIQUE, adj. (*méd.*), remède contre la goutte; d'ἀντὶ (*anti*), contre, et de ποδάγρα (*podagra*), goutte aux pieds. *Voyez* PODAGRE.

ANTIPODES, s. m. pl. (*géog.*), nom que l'on donne aux habitans de la terre qui sont diamétralement opposés les uns aux autres; d'ἀντὶ (*anti*), contre, et de ποῦς (*pous*), génit. ποδός (*podos*), pied; c'est-à-dire, qui ont les pieds opposés. *Antipode* se prend figurément pour *opposé, contraire.*

ANTIPRAXIE, s. f. (*méd.*), contrariété de fonctions en différentes parties du corps; d'ἀντί (*anti*), contre, et de πρᾶξις (*praxis*), action, de πράσσω (*prassô*), je fais.

ANTIPROSTATES, s. f. pl. (*anat.*), nom de deux petits corps glanduleux, placés à chaque côté de l'urètre, et devant les glandes nommées *prostates*, d'où ils tirent leur nom, en y ajoutant la préposition grecque ἀντί, qui signifie *devant, vis-à-vis.* Voyez PROSTATES.

ANTIPTOSE, s. f. (*gram.*), position d'un cas pour un autre. Ce mot vient d'ἀντί (*anti*), contre, et de πτῶσις (*ptôsis*), chute, cas, terminaison, dont la racine est πίπτω (*piptô*), je tombe.

ANTIPYIQUE, adj. (*méd.*), remède propre à supprimer ou à diminuer la suppuration; d'ἀντί (*anti*), contre, et de πύος (*puos*), pus qui coule d'une plaie.

ANTIPYRÉTIQUE, adj. (*méd.*), d'ἀντί (*anti*), contre, et de πυρετός (*purétos*), fièvre. Ce mot désigne tout remède contre la fièvre.

ANTIPYROTIQUE, adj. (*méd.*), remède contre la brûlure. Ce mot vient d'ἀντί (*anti*), contre, et de πυρωτικός (*purôtikos*), caustique, brûlant, du verbe πυρόω (*puroó*), brûler.

ANTIRRHÉTIQUE, adj. et s. qui désigne un ouvrage fait pour en contredire ou réfuter un autre; d'ἀντιρρέω (*antirrhéó*), je contredis, dérivé d'ἀντί (*anti*), contre, et de ῥέω (*rhéó*), dire.

ANTISCIENS, s. m. pl. (*géog.*), nom des peuples qui habitent le même méridien en-deçà et au-delà de l'équateur, et dont les ombres ont à midi des directions

contraires; d'*ἀντὶ* (*anti*), contre, et de *σκιὰ* (*skia*),
ombre; dont les ombres sont contraires ou opposées.

ANTISCORBUTIQUE, adj. (*méd.*), d'*ἀντὶ* (*anti*),
contre, et du mot *scorbut*, sorte de maladie, pris des
Danois, qui l'appellent *crobuth*. Il se dit des remèdes
contre le scorbut.

ANTISEPTIQUE, adj. (*méd.*), qui a la vertu de conserver; d'*ἀντὶ* (*anti*), contre, et de *σήπω* (*sépó*), pourrir;
c'est-à-dire, qui est un remède contre la putréfaction.

ANTISPASE, s. f. (*méd.*), révulsion, retour des humeurs vers une autre partie du corps; d'*ἀντὶ* (*anti*),
contre, et de *σπάω* (*spaó*), tirer, attirer; c'est-à-dire,
l'action d'attirer les humeurs vers une partie différente
de celle qu'elles attaquoient.

ANTISPASMODIQUE, adj. (*méd.*), d'*ἀντὶ* (*anti*),
contre, et de *σπασμὸς* (*spasmos*), spasme, convulsion, du
verbe *σπάω* (*spaó*), tirer avec violence. On nomme ainsi les
remèdes contre les convulsions ou mouvemens convulsifs.

ANTISPASTIQUE, adj. (*méd.*) Il se dit des remèdes
qui opèrent par révulsion; d'*ἀντὶ* (*anti*), contre, et de
σπάω (*spaó*), attirer; c'est-à-dire, qui attirent les humeurs vers une autre partie du corps. *Voyez* ANTISPASE.

ANTISPODE, s. m. faux spode qu'on emploie à la
place du vrai; d'*ἀντὶ* (*anti*), au lieu de, et de *σποδὸς*
(*spodos*), cendre. *Voyez* SPODE.

ANTISTROPHE, s. f. mot composé d'*ἀντὶ* (*anti*),
qui marque opposition ou alternative, et de *στροφὴ* (*stro-
phê*), conversion, retour, de *στρέφω* (*stréphó*), tourner.
C'étoit, chez les Grecs, la stance que le chœur chantoit,
dans les pièces dramatiques, en tournant sur le théâtre
de gauche à droite, par opposition à la stance précédente, nommée *strophe*, qu'il chantoit en allant de
droite à gauche. La même cérémonie avoit lieu pour les

odes ou les hymnes que l'on chantoit en l'honneur des Dieux. *Voyez* STROPHE.

ANTITHÉNAR, s. m. (*anat.*), nom d'un muscle, ainsi appelé d'ἀντὶ (*anti*), contre, et de θέναρ (*thénar*), le thénar, parce qu'il est l'antagoniste du thénar. Il y en a un à chaque pied, et un autre à chaque main. *Voyez* THÉNAR.

ANTITHÈSE, s. f. figure de langage, qui consiste dans une opposition de pensées ou d'expressions. Ce mot vient d'ἀντίθεσις (*antithésis*), opposition, dérivé d'ἀντὶ (*anti*), contre, et de τίθημι (*tithêmi*), placer, d'où l'on a fait ἀντιτίθημι (*antitithêmi*), opposer.

Dérivé. ANTITHÉTIQUE, adj. qui tient de l'antithèse.

ANTITYPE, s. m. terme qui, dans l'église grecque, exprime l'eucharistie. Il vient d'ἀντίτυπον (*antitupon*), formé d'ἀντὶ (*anti*), pour, et de τύπος (*tupos*), type, figure; c'est-à-dire, figure qui répond à une autre, ou qui en représente une autre.

ANTIVÉNÉRIEN, adj. (*méd.*), d'ἀντὶ (*anti*), contre, et du latin *Venus*, génit. *Veneris*, Vénus, déesse de la volupté. Il se dit des remèdes contre les maladies vénériennes.

ANTIZYMIQUE, adj. qui est propre à arrêter la fermentation; d'ἀντὶ (*anti*), contre, et de ζύμη (*zumé*), levain ou ferment.

ANTŒCIENS. *Voyez* ANTÉCIENS.

ANTONOMASE, s. f. figure de rhétorique, qui consiste dans l'emploi d'un nom commun ou appellatif pour un nom propre, ou d'un nom propre pour un nom commun; d'ἀντὶ (*anti*), pour, au lieu de, et d'ὄνομα (*onoma*), nom; c'est-à-dire, l'action de mettre un nom pour un autre.

AORISTE, s. m. (*gram.*), terme emprunté du grec

ἀόριστος (*aoristos*), indéfini, qui vient d'*α* privatif, et d'ὁρίζω (*orizô*), définir, déterminer, dérivé d'ὅρος (*oros*), fin, limite. Il se dit d'un prétérit indéfini ou indéterminé dans la conjugaison des verbes. Les Grecs ont deux *aoristes* : nous n'en avons qu'un en français, *j'aimai*. On prononce *oriste*.

AORTE, s. f. (*anat.*), grande artère qui sort du ventricule gauche du cœur, et porte le sang dans toutes les parties du corps. Son nom grec est ἀορτή (*aorté*), qui signifie proprement vaisseau, vase. L'aorte est le grand vaisseau du sang, le vaisseau par excellence.

APAGOGIE, s. f. (*logiq.*), preuve d'une proposition par l'absurdité du contraire. Ce mot vient d'ἀπαγωγή (*apagôgé*), qui signifie déduction, d'ἀπό (*apo*), de, et d'ἄγω (*agô*), mener, d'où l'on a fait ἀπάγω (*apagô*), déduire; c'est-à-dire, démonstration déduite d'une autre qui prouve l'impossibilité de la proposition contraire.

APANTHROPIE, s. f. (*méd.*), aversion pour la société, ou misanthropie causée par une maladie; d'ἄπο (*apo*), loin, et d'ἄνθρωπος (*anthrôpos*), homme; c'est-à-dire, éloignement des hommes.

APATHIE, s. f. état d'insensibilité, dans lequel on n'est agité par aucune passion, on ne sent ni plaisir ni peine; d'*α* privatif, et de πάθος (*pathos*), passion, trouble, émotion, dérivé de πάσχω (*paschô*), souffrir, être affecté, être ému; c'est-à-dire, exemption de trouble, de passion, d'affection. De-là est venu APATHIQUE, adj. insensible, qui ne s'affecte de rien, qui est indifférent.

APÉCHÊME, ou contre-coup, s. m. (*chirur.*), fracture du crâne dans la partie opposée au coup; en grec ἀπήχημα (*apéchéma*), qui vient d'ἀπό (*apo*), et d'ἦχος (*échos*), son, retentissement; comme qui dirait, coup retentissant.

'APÉDEUTE, adj. ignorant, qui n'est pas instruit ; en grec ἀπαίδευτος (*apaideutos*), formé d'*α* privatif, et de παιδεύω (*paideuô*), enseigner, instruire, dont la racine est παῖς (*pais*), enfant. De-là, APÉDEUTISME, s. m. ignorance par défaut d'instruction.

APEPSIE, s. f. (*méd.*), digestion supprimée, impossibilité de digérer. Ce mot vient d'*α* privatif, et de πέψις (*pepsis*), coction, digestion, de πέπτω (*peptô*), digérer, cuire.

APÉTALE, adj. (*botan.*), d'*α* privatif, et de πίταλον (*pétalon*), feuille. On donne ce nom aux fleurs qui n'ont point de pétales. *Voyez* PÉTALE.

APHÉLIE, s. m. (*astro.*), point de l'orbite d'une planète, où elle se trouve dans sa plus grande distance du soleil. Ce mot est composé d'ἀφ' (*aph'*), pour ἄπο (*apo*), loin, et d'ἥλιος (*helios*), soleil. Le point opposé se nomme *périhélie.* Voyez ce mot.

APHÉRÈSE, s. f. (*gram.*), figure qui consiste à retrancher une lettre ou une syllabe au commencement d'un mot ; d'ἀφαίρεσις (*aphairésis*), retranchement, qui vient d'ἀφαιρέω (*aphairéô*), ôter, retrancher, dérivé d'ἀπό (*apo*), de, et d'αἱρέω (*airéô*), je prends.

APHILANTHROPIE, s. f. (*méd.*), d'*α* privatif, et de φιλανθρωπία (*philanthrôpia*), amour des hommes, dérivé de φίλος (*philos*), ami, et d'ἄνθρωπος (*anthrôpos*), homme. C'est le premier degré de la mélancolie, lorsqu'on fuit la société et qu'on cherche la solitude.

APHONIE, s. f. (*méd.*), extinction de voix, causée par une maladie ; d'*α* privatif, et de φωνή (*phônê*), voix.

APHORISME, s. m. proposition qui renferme en peu de mots une maxime générale ; d'ἀφορισμός (*aphorismos*), distinction, séparation, définition, qui vient d'ἀφορίζω (*aphorizô*), séparer, définir ; c'est-à-dire, sentence choisie qui définit nettement toutes les propriétés d'une chose.

Dérivé. APHORISTIQUE, adj. qui tient de l'aphorisme.

APHRODISIAQUE, adj. (*méd.*), qui a la vertu d'exciter à l'acte vénérien. Ce mot vient d'Ἀφροδίτη (*Aphrodité*), Vénus, déesse de la volupté.

APHRODITE, s. f. (*mytho.*), Ἀφροδίτη (*Aphrodité*), surnom de Vénus, ainsi appelée d'ἀφρὸς (*aphros*), écume, parce que, selon la fable, elle naquit de l'écume de la mer.

APHRONITRE, s. m. *écume de nitre ;* d'ἀφρὸς (*aphros*), écume, et de νίτρον (*nitron*), nitre. Sorte de sel, appelé aujourd'hui *nitrate de chaux* ou *nitrate calcaire,* parce qu'il est formé par la combinaison de l'acide nitrique avec la chaux. La lessive des vieux platras en fournit abondamment. *Voyez* NITRE.

APHTES ou APHTHES, s. m. pl. (*méd.*), petits ulcères malins qui viennent dans la bouche ; en grec ἄφθαι (*aphthai*), qui peut venir d'ἅπτω (*aptô*), j'enflamme, parce qu'ils y causent une chaleur brûlante.

APHTHARTODOCÈTES (les), hérétiques qui croyoient que le corps de J. C. avoit été impassible, parce qu'il étoit incorruptible. Ce mot vient d'ἄφθαρτος (*aphthartos*), incorruptible, dérivé d'ἀ privatif, de φθείρω (*phthéirô*), corrompre, et de δοκέω (*dokéô*), croire, penser.

APLESTIE, s. f. insatiabilité, avidité insatiable ; d'ἀ privatif, et de πλήθω (*plêthô*), je remplis.

APLOTOMIE, s. f. (*chirur.*), d'ἁπαλὸς (*apalos*), mou, ou d'ἁπλῆς (*aplous*), simple, et de τέμνω (*temnô*), couper. On appelle ainsi une simple ouverture faite à une partie molle.

APNÉE, s. f. (*méd.*), défaut de respiration; d'*α* privatif, et de πνέω (*pnéô*), je respire.

Apobathérion

APOBOMIES, s. f. pl. anciennes fêtes grecques, où l'on ne sacrifioit point sur l'autel, mais à terre, sur le pavé du temple, suivant la signification du mot, qui vient d'ἀπὸ (*apo*), loin, et de ϐωμὸς (*bômos*), autel.

APOCALYPSE, s. f. révélation; en grec ἀποκάλυψις (*apokalupsis*), qui vient d'ἀποκαλύπτω (*apokaluptô*), découvrir, révéler, d'ἀπὸ (*apo*), de, et de καλύπτω (*kaluptô*), voiler, couvrir. C'est le nom donné aux révélations faites à saint Jean-l'Evangéliste, dans l'île de Patmos.

Dérivé. APOCALYPTIQUE, adj.

APOCÉNOSE, s. f. (*méd.*), sorte d'hémorragie ou flux d'humeurs qui n'est accompagné ni d'irritation, ni de fièvre. Ce mot, qui signifie proprement *évacuation*, est dérivé d'ἀπὸ (*apo*), hors, de κενόω (*kénoô*), j'évacue, et de κενὸς (*kénos*), vide.

APOCHYLIME, s. m. (*pharm.*), suc végétal épaissi, qu'on appelle autrement *rob*. Ce mot vient d'ἀπὸ (*apo*), et de χυλὸς (*chulos*), suc.

APOCOPE, s. f. (*chirur.*), sorte de fracture ou de coupure, dans laquelle une pièce de l'os est séparée et enlevée. Ce mot vient d'ἀποκόπτω (*apokoptô*), couper, retrancher, séparer, d'ἀπὸ (*apo*), et de κόπτω (*koptô*), je coupe; ainsi *apocope* signifie retranchement ou coupure.

C'est aussi une figure de grammaire, qui consiste à retrancher quelque chose à la fin d'un mot.

APOCRISIAIRE, s. m. (*hist. du Bas-Empire*) C'étoit un officier établi pour porter les messages ou déclarer les réponses d'un souverain; d'ἀπόκρισις (*apokrisis*), réponse, qui vient du verbe ἀποκρίνομαι (*apokrinomaï*), répondre;

comme qui diroit, *porteur de réponses*. Cet emploi ré-
pondoit à celui de nonce et d'ambassadeur.

APOCROUSTIQUE, adj. (*méd.*), remède propre à
répercuter ou détourner les humeurs ; d'*ἀποκρύεσθαι*
(*apokrouesthai*), repousser, dérivé d'*ἀπό* (*apo*), et de
κρύω (*krouô*), frapper, pousser.

APOCRYPHE, adj. en grec *ἀπόκρυφος* (*apokruphos*),
secret, caché, inconnu, dérivé d'*ἀπό* (*apo*), et de
κρύπτω (*kruptô*), je cache. Ce mot se dit des livres ou des
écrits dont l'autorité est suspecte ou douteuse. Dans
l'église, on appelle *apocryphes* les livres dont les saints
Pères n'ont su ni l'origine, ni les auteurs, ou bien ceux
qui étoient gardés secrètement, ou lus en particulier, et
non en public.

APOCYN, s. m. (*botan.*), plante laiteuse, originaire
de Syrie. Son nom vient d'*ἄπο* (*apo*), loin ou contre,
et de *κύων* (*kuôn*), chien ; c'est-à-dire, plante contraire aux chiens, ou dont les chiens doivent s'éloigner,
parce que les anciens ont cru qu'elle faisoit mourir ces
animaux.

APODACRYTIQUE, adj. (*méd.*), remède qui fait
d'abord verser des larmes, et les arrête ensuite ; d'*ἀποδακρύω*
(*apodakruô*), je pleure, dont la racine est *δάκρυ* (*dakru*),
larmes.

APODE, adj. qui est sans pieds ; d'*ἀ* privatif, et de
πῦς, ποδός (*pous, podos*), pied. Nom de certains oiseaux
qui ont les pieds si courts, qu'ils peuvent à peine en faire
usage.

APODICTIQUE, adj. (*didact.*), convaincant, dé-
monstratif, évident ; en grec *ἀποδεικτικός* (*apodéiktikos*),
d'*ἀποδείκνυμι* (*apodéiknumi*), prouver, démontrer clai-
rement, qui est dérivé de *δεικνύω* (*déiknuô*), faire voir,
montrer.

APODIOXIS, s. f. figure de rhétorique, par laquelle on rejette avec indignation un argument, comme absurde. Ce mot, qui est purement grec, vient d'ἀποδιώκω (*apodiokô*), repousser, rejeter.

APOGÉE, s. m. (*astro.*), point de l'orbite d'une planète où elle se trouve à sa plus grande distance de la terre; d'ἄπο (*apo*), loin, et de γαῖα (*gaia*), la terre. Le point opposé se nomme *périgée*.

APOGRAPHE, adj. nom qu'on donne à la copie d'un écrit, d'un original; d'ἀπογράφω (*apographô*), copier, transcrire. C'est l'opposé d'*autographe*.

APOLOGIE, s. f. ἀπολογία (*apologia*), discours pour la défense ou la justification de quelqu'un; d'ἀπὸ (*apo*), et de λόγος (*logos*), discours, dérivé de λέγω (*légo*), je parle.

Dérivés. APOLOGÉTIQUE, adj. qui sert à la défense; APOLOGISTE, s. m. défenseur.

APOLOGUE, s. m. fable morale et instructive; en grec ἀπόλογος (*apologos*), dérivé d'ἀπὸ (*apo*), de, et de λέγω (*légô*), parler, raconter. L'*apologue* est un discours ou un récit allégorique, inventé avec art pour instruire et pour corriger les hommes.

APOMÉCOMÉTRIE, s. f. (*géom.*), art de mesurer la distance des objets éloignés. Ce mot est composé d'ἄπο (*apo*), loin, de μῆκος (*mékos*), longueur ou distance, et de μέτρον (*métron*), mesure.

APONÉVROGRAPHIE, s. f. (*anat.*), description des aponévroses; d'ἀπονεύρωσις (*aponeurôsis*), aponévrose, et de γράφω (*graphô*), je décris. *Voyez* APONÉVROSE.

APONÉVROLOGIE, s. f. partie de l'anatomie qui traite des aponévroses; d'ἀπονεύρωσις (*aponeurôsis*), aponévrose, de νεῦρον (*neuron*), nerf, et de λόγος (*logos*), discours, traité. *Voyez* APONÉVROSE.

APONÉVROSE, s. f. (*anat.*), expansion membraneuse d'un tendon. Ce mot vient d'*ἀπὸ* (*apo*), de, et de *νεῦρον* (*neuron*), nerf, parce que les anciens donnoient le nom de *nerfs* aux tendons. De-là vient APONÉVROTIQUE, adj. qui a rapport aux aponévroses.

APONÉVROTOMIE, s. f. (*anat.*), d'*ἀπὸ* (*apo*), de, de *νεῦρον* (*neuron*), nerf, et de *τέμνω* (*temnô*), je coupe; dissection des aponévroses. *Voyez* ce mot.

APOPHORÈTES, s. m. présens que se faisoient les Romains pendant les saturnales; d'*ἀποφέρω* (*apophérô*), emporter, parce que ces présens étoient remportés des festins par les conviés. C'étoit à-peu-près ce que nous appelons *étrennes.*

APOPHTHEGME, s. m. pensée courte, énergique et instructive, de quelque personne considérable; en grec *ἀπόφθεγμα* (*apophthegma*), qui vient d'*ἀπὸ* (*apo*), préposition qui sert ordinairement à renforcer le sens du mot, et de *φθέγγομαι* (*phtheggomai*), parler; c'est une parole excellente, un bon mot, un mot remarquable.

APOPHYGE, s. f. (*arch.*), d'*ἀποφυγὴ* (*apophugé*), qui veut dire proprement *fuite*, du verbe *ἀποφεύγω* (*apopheugô*), s'échapper, sortir. C'est l'endroit où une colonne sort de sa base, et commence à s'élever. Les ouvriers l'appellent *escape* ou *congé.*

APOPHYSE, s. f. (*anat.*), éminence continue à l'os. Ce mot est dérivé d'*ἀπὸ* (*apo*), de, et de *φύομαι* (*phuomai*), naître, sortir. L'apophyse est formée de la substance même de l'os, et en fait partie.

APOPLEXIE, s. f. (*méd.*), maladie qui attaque le cerveau, et qui ôte tout-à-coup le mouvement et le sentiment; en grec *ἀποπληξία* (*apopléxia*), qui vient d'*ἀπὸ* (*apo*), et de *πλήσσω* (*pléssô*), frapper, abattre, rendre stupide, parce que cette maladie fait tomber en un instant, dans l'état d'un homme frappé de la foudre. L'*apoplexie* est, à proprement parler, un abattement du corps et de l'esprit.

Dérivé. APOPLECTIQUE, adj. qui a rapport à l'apoplexie.

APORE, s. m. problême que sa difficulté fait croire impossible à résoudre, tel que la *quadrature du cercle;* d'*ἄπορον* (aporon), chose impossible ou impraticable, dérivé d'*α* privatif, et de *πόρος* (poros), passage.

APOSCEPSIE, s. f. (*méd.*), passage rapide des humeurs d'une partie du corps dans une autre; d'*ἀποσκήπτω* (aposképtô), formé d'*ἀπὸ* (apo), de, et de *σκήπτω* (sképtô), je tombe; comme qui diroit, chute des humeurs d'une partie sur une autre.

APOSIOPÈSE, s. f. figure de rhétorique, par laquelle l'orateur interrompt le fil de son discours, et passe brusquement à d'autres choses. On l'appelle autrement *réticence,* en grec *ἀποσιώπησις* (aposiôpésis), dérivé d'*ἀπὸ* (apo), et de *σιωπάω* (siôpaó), se taire, passer sous silence, parce que, par cette figure, on affecte de supprimer ce qu'on a suffisamment fait entendre.

APOSITIE, s. f. (*méd.*), d'*ἀποσιτία* (apositéó), s'abstenir de manger, dérivé d'*ἀπὸ* (apo), et de *σῖτος* (sitos), vivres. C'est la même chose que *dégoût.*

APOSTASIE, s. f. désertion, abandon de la religion ou du parti qu'on avoit embrassé; en grec *ἀποστασία* (apostasia), d'*ἀφίσταμαι* (aphistamai), se retirer, s'éloigner, abandonner, qui est dérivé d'*ἀπὸ* (apo), et de *ἵσταμαι* (istamai), être debout, se tenir ferme; c'est-à-dire, action de s'éloigner du parti qu'on avoit suivi, et d'embrasser un parti contraire.

Dérivés. APOSTASIER, v. APOSTAT, s. m. celui qui apostasie.

APOSTÉME, s. m. (*chirur.*), tumeur contre nature occasionnée par quelque humeur corrompue ; d'ἀπόςημα (*apostéma*), qui vient d'ἀφίςαμαι (*aphistamai*), s'éloigner, se départir d'un lieu pour se fixer dans un autre. Proprement l'*apostéme* vient d'une humeur fixée dans une partie du corps, et hors de son lieu naturel.

APOSTOLAT, APOSTOLIQUE. *Voyez* APÔTRE.

APOSTROPHE, s. f. figure de rhétorique, par laquelle on interrompt ou l'on détourne son discours pour adresser la parole à quelque personne ou à quelque chose ; d'ἀποςροφὴ (*apostrophé*), détour, éloignement du sujet que l'on traite, qui vient d'ἀποςρέφω (*apostréphô*), détourner, composé d'ἀπὸ (*apo*), de, et de ςρέφω (*stréphô*), je tourne. En termes de grammaire, l'*apostrophe* est la marque d'une voyelle qu'on a détournée ou rejetée de la fin d'un mot.

APOSTUME. *Voyez* APOSTÊME.

APOTACTIQUES (les), s. m. pl. hérétiques qui prétendoient qu'il falloit renoncer à toutes sortes de biens pour être sauvé. Ce mot vient d'ἀποτάσσομαι (*apotassomai*), renoncer, dire adieu, prendre congé, dérivé d'ἀπο (*apo*), loin, et de τάτ]ω (*tattó*), placer, établir.

APOTHÊME, s. m. (*géom.*), ligne menée perpendiculairement du centre d'un polygone régulier sur un de ses côtés. Ce mot vient d'ἀπο (*apo*), loin, et de τίθημι (*tithémi*), placer ; comme qui diroit, ligne placée ou menée loin du centre.

APOTHÉOSE, s. f. déification, cérémonie païenne par laquelle les Romains plaçoient leurs empereurs au rang des Dieux. Ce mot vient de la préposition ἀπὸ (*apo*), et de Θεός (*Théos*), Dieu ; et signifie *translation parmi les Dieux.*

APOTHICAIRE, s. m. celui qui prépare et vend les

remèdes pour la guérison des maladies. Ce mot vient d'*ἀποθήκη* (*apothéké*), boîte, boutique, lieu où l'on serre des provisions, dérivé d'*ἀπὸ* (*apo*), de, et de *τίθημι* (*tithémi*), mettre; d'où l'on a fait *ἀποτίθημι* (*apotithémi*), mettre à part. Ainsi un *apothicaire* est proprement celui qui tient boutique de drogues et de médicamens. De-là s'est formé *apothicairerie*, l'art ou le magasin de l'apothicaire.

APOTHRAUSE, s. f. (*chirur.*), sorte de fracture avec séparation de quelque esquille de l'os; d'*ἀποθραύω* (*apothrauó*), briser en séparant, dérivé d'*ἀπὸ* (*apo*), de, et de *θραύω* (*thrauó*), je brise.

APOTOME, s. m. (*math.*), différence de deux grandeurs qui sont incommensurables entr'elles, excès de l'une de ces grandeurs sur l'autre. Ce mot vient d'*ἀποτέμνω* (*apotemnó*), je retranche, dérivé de *τέμνω* (*temnó*), je coupe, parce que l'excès se trouve en retranchant la plus petite de la plus grande.

APÔTRE, s. m. d'*ἀπόστολος* (*apostolos*), ambassadeur, messager, envoyé, qui vient d'*ἀποστέλλω* (*apostelló*), j'envoie. C'est le nom des douze disciples que Jésus-Christ envoya prêcher son évangile par toute la terre.

Dérivés. APOSTOLAT, s. m. APOSTOLICITÉ, s. f. APOSTOLIQUE, adj. APOSTOLIQUEMENT, adv.

APOZÈME, s. m. (*pharm.*), *ἀπόζεμα* (*apozéma*), décoction d'herbes médicinales; d'*ἀποζέω* (*apozéó*), bouillir ou faire bouillir, dérivé de *ζέω* (*zéó*), bouillonner.

APSIDES, s. m. pl. (*astro.*), les deux points de l'orbite d'une planète, où elle se trouve, soit à la plus grande, soit à la plus petite distance du soleil ou de la terre; d'*ἅπτω* (*aptó*), joindre, attacher, parce que ces deux points sont joints ensemble par une droite, nommée *ligne des apsides*.

APTÉNODYTE, s. m. oiseau aquatique, ainsi nommé d'*απτην* (*aptén*), qui ne vole pas, qui est sans ailes, et de *δύτης* (*dutés*), plongeur, parce qu'il n'a point d'ailes, et qu'il plonge avec une extrême facilité.

APTÈRE, s. m. mot qui signifie *sans ailes*, d'*α* privatif, et de *πτερον* (*ptéron*), aile. Il se dit des insectes qui n'ont point d'ailes.

APYRE, adj. qui a la propriété de résister à l'action du feu; en grec *απυρος* (*apuros*), d'*α* privatif, et de *πῦρ* (*pur*), feu.

APYREXIE, s. f. (*méd.*), intermission ou cessation entière de la fièvre; d'*α* privatif, de *πυρέσσω* (*puressó*), avoir la fièvre, de *πυρετός* (*purétos*), fièvre.

ARACHNÉOLITHE, s. f. (*nat.*), nom donné à l'espèce de cancre appelée *araignée de mer*, et devenue fossile; d'*αράχνη* (*arachné*), araignée, et de *λίθος* (*lithos*), pierre; comme qui diroit, *araignée devenue pierre.*

ARACHNOÏDE, s. et adj. f. mot formé d'*αράχνη* (*arachné*), toile d'araignée, et d'*εἶδος* (*éidos*), forme, ressemblance. Les médecins donnent ce nom à des membranes fines et déliées comme une toile d'araignée.

ARCHÆOLOGIE. *Voyez* ARCHÉOLOGIE.

ARCHAÏSME, s. m. expression ancienne, tour imité des anciens. Ce mot vient d'*αρχαῖος* (*archaïos*), ancien, dérivé d'*αρχή* (*arché*), principe, commencement, auquel on a ajouté la terminaison grecque *ισμός* (*ismos*), qui marque imitation. *Voyez* ISME.

ARCHANGE, s. m. ange d'un ordre supérieur, *αρχάγγελος* (*archaggélos*), d'*αρχή* (*arché*), primauté, puissance, et d'*αγγελος* (*aggélos*), ange; c'est-à-dire, le premier ou le prince des anges. *Voyez* ce mot. De-là, ARCHANGÉLIQUE; adj.

ARCHÉE, s. m. d'*αρχή* (*arché*), principe, com-

mencement. Les anciens chimistes ont désigné par ce
mot un feu central, un agent universel, qu'ils regardoient comme le principe de la vie dans tous les végétaux.

ARCHÉOLOGIE, s. f. discours ou dissertation sur
les monumens antiques ; d'ἀρχαῖος (archaïos), ancien,
antique, de λόγος (logos), discours, de λέγω (légô), je
parle.

ARCHETYPE, s. m. original, modèle sur lequel on
fait un ouvrage ; d'ἀρχή (arché), principe, et de τύπος
(tupos), modèle, exemplaire ; comme qui diroit, le modèle primordial ou primitif.

ARCHEVÊQUE, s. m. le premier prélat d'une province ecclésiastique, qui a un certain nombre d'évêques
pour suffragans ; d'ἀρχή (arché), primauté, puissance,
et d'ἐπίσκοπος (épiskopos), surveillant, évêque ; c'est-à-
dire, le premier surveillant, ou le chef de plusieurs
évêques. *Voyez* ce mot.

Dérivés. ARCHEVÊCHÉ, s. m. ARCHIÉPISCOPAL, adj.
ARCHIÉPISCOPAT, s. m.

ARCHI, terme emprunté du grec ἀρχή (arché),
principe, primauté, commandement, puissance. Il n'a,
par lui-même, aucune signification déterminée ; mais,
placé au commencement d'un mot, il marque une primauté, une prééminence, comme dans *archevêque,
archiduc ;* ou un grand excès, un très-haut degré, comme
dans *archi-fou, archi-fripon,* &c.

ARCHIÂTRE, s. m. d'ἀρχή (arché), primauté, puissance, et d'ἰατρός (iatros), médecin. Nom donné au
premier médecin.

ARCHIDIACRE, s. m. ecclésiastique qui a une sorte
de jurisdiction sur les paroisses d'un diocèse ; d'ἀρχή (arché), primauté, puissance, et de διάκονος (diakonos),

ministre, diacre. Ce mot signifioit autrefois le *premier des diacres*. Voyez DIACRE.

ARCHIÉPISCOPAL. *Voyez* ARCHEVÊQUE.

ARCHIMANDRITE, s. m. C'étoit autrefois le supérieur d'un monastère. Ce mot est composé d'*ἀρχὴ* (*arché*), primauté, puissance, et de *μάνδρα* (*mandra*), troupeau, étable, et par métaphore un monastère. C'est aujourd'hui un *abbé régulier*.

ARCHIPEL, s. m. autrefois ARCHIPÉLAGE ou ARCHI-PÉLAGUE, étendue de mer semée d'îles. Absolument il s'entend de ce que les anciens nommoient la mer Egée. Ce mot vient d'*ἀρχὴ* (*arché*), principe, commencement, et de *πέλαγος* (*pélagos*), mer; racines qui semblent indiquer qu'un tremblement de terre ou quelque autre cause a couvert d'îles, ce qui, dans l'origine, étoit une simple étendue d'eau.

ARCHIPRÊTRE, s. m. ecclésiastique qui a la prééminence sur les autres prêtres. Ce mot vient d'*ἀρχὴ* (*arché*), primauté, puissance, et de *πρεσβύτερος* (*presbuteros*), prêtre; c'est-à-dire, le premier des prêtres. Autrefois les *archiprêtres* étoient les premiers prêtres d'une église épiscopale. *Voyez* PRÊTRE.

ARCHITECTE, s. m. *ἀρχιτέκτων* (*architektón*), celui qui sait l'art de bâtir, qui en fait profession; d'*ἄρχω* (*archó*), je commande, et de *τέκτων* (*tektón*), ouvrier. Proprement l'*architecte* est celui qui commande aux ouvriers, qui dirige tout l'ouvrage.

On nomme *architecture*, l'art de bâtir, et aussi la disposition, l'ordonnance d'un bâtiment.

ARCHITECTONOGRAPHE, s. m. d'*ἀρχιτέκτων* (*architektón*), architecte, et de *γράφω* (*graphó*), je décris; architecte qui fait la description d'un édifice, d'un bâtiment quelconque. Cette description se nomme *architec-tonographie.*

ARCHITRAVE, s. f. C'est, en architecture, la partie de l'entablement qui représente une poutre, et qui porte immédiatement sur le chapiteau des colonnes, au-dessous de la frise. Ce mot est composé d'ἀρχή (*arché*), principe, et du latin *trabs*, une poutre; comme si l'on disoit, *la principale poutre.* Les Grecs l'appellent *épistyle.* Voyez ce mot.

ARCHITRICLIN, s. m. (*antiq.*) Il désigne celui qui est chargé de l'ordonnance d'un festin; d'ἀρχιτρίκλινος (*architriklinos*), dérivé d'ἀρχή (*arché*), commandement, et de τρίκλινον (*triklinon*), salle à manger où il y avoit trois lits autour de la table, selon l'usage des anciens, de τρεῖς (*treis*), trois, et de κλίνη (*kliné*), lit.

ARCHIVES, s. f. pl. ἀρχεῖον (*archeion*), lieu où l'on garde les actes publics, les anciens titres ou mémoires. Ce mot est dérivé d'ἀρχή (*arché*), principe, commencement. *Archives* se prend aussi pour les papiers mêmes que l'on garde. De-là est venu ARCHIVISTE, le gardien des archives.

ARCHONTE, s. m. (*hist. anc.*), un des neuf magistrats d'Athènes, qui gouvernèrent la ville après la mort de Codrus, son dernier roi; d'ἄρχων (*archôn*), commandant, qui vient d'ἀρχή (*arché*), commandement. L'*archontat* étoit la dignité d'Archonte.

ARCTIQUE, adj. mot qui désigne le pôle septentrional ou le pôle du nord. Il est formé d'ἄρκτος (*arktos*), ourse, parce que la constellation de l'ourse est voisine de ce pôle. L'autre se nomme *antarctique.* Voyez ce mot.

ARCTOPHYLAX, mot grec formé d'ἄρκτος (*arktos*), ourse, et de φύλαξ (*phulax*), gardien, dérivé de φυλάσσω (*phulassó*), je garde. Les astronomes donnent ce nom à la constellation du *bouvier* ou du *gardien de l'ourse*.

ARCTURUS, s. f. (*astro.*), étoile de la première grandeur, située dans la constellation du *bouvier*. Ce mot, emprunté du latin, est dérivé du grec ἄρκτος (*arktos*), ourse, et d'οὐρά (*oura*), queue, parce que cette étoile est très-voisine de la queue de la grande-ourse.

ARE, s. m. mesure de superficie pour les terreins, dans le système des nouvelles mesures. Elle répond aux trois centièmes de l'arpent, et contient cent mètres carrés, ou environ vingt-six toises carrées. Son nom paroît formé du verbe grec ἀρόω (*aroó*), je laboure. Les champs ont été les premières surfaces qu'on a mesurées.

ARÉOMÈTRE, s. m. instrument de physique et de chimie qui sert à peser les fluides. Ce mot est formé d'ἀραιός (*araios*), rare, subtil, léger, et de μέτρον (*métron*), mesure ; comme qui diroit, *mesure de légéreté*, parce que l'*aréomètre* fait connoître combien une liqueur est plus légère ou plus pesante qu'une autre.

ARÉOPAGE, s. m. ancien tribunal d'Athènes, célèbre par sa réputation de sagesse. Ce mot vient d'Ἄρης (*Arès*), génit. Ἄρεως (*Aréós*), Mars, et de πάγος (*pagos*), colline, parce que ce tribunal tenoit ses séances dans un lieu appelé la *Colline de Mars*. Les juges de l'aréopage se nommoient *aréopagites*.

ARÉOSTYLE, s. m. (*archit.*), d'ἀραιός (*araios*), rare, et de στῦλος (*stulos*), colonne. C'étoit, chez les anciens, le nom d'un édifice dont les colonnes étoient fort éloignées les unes des autres. Il est opposé à *pycnostyle*. Voyez ce mot.

ARÉOTECTONIQUE, s. f. partie de l'art militaire qui a pour objet les attaques et les combats. Ce mot vient d'Ἄρης (*Arès*), génit. Ἄρεως (*Aréós*), Mars, combat, et de τίκτων (*téktôn*), ouvrier, de τεύχω (*teuchô*), préparer, ordonner, disposer.

ARÉOTIQUE, adj. et s. (*méd.*), remède propre à raréfier les humeurs ; d'ἀραιόω (*araioô*), je raréfie, dérivé d'ἀραιός (*araios*), rare.

ARÉTOLOGIE, s. f. partie de la philosophie morale qui traite de la vertu ; d'ἀρετή (*arété*), vertu, et de λόγος (*logos*), discours ; *discours sur la vertu.*

ARGEMONE, s. f. plante, nommée aussi *pavot épineux*. Son nom grec est ἀργεμόνη (*argémoné*), qui vient d'ἄργεμον (*argémon*), ulcère blanc du globe de l'œil, dérivé d'ἀργός (*argos*), blanc, parce qu'elle est bonne pour guérir ces sortes d'ulcères.

ARGILE, s. f. ἄργιλλος (*argillos*), terre pesante, compacte, propre à faire des vases ; d'ἀργός (*argos*), blanc, parce que l'argile pure est blanche.

ARGYRASPIDES, s. m. pl. (*hist. anc.*), soldats de l'armée d'Alexandre-le-Grand, ainsi nommés d'ἄργυρος (*arguros*), argent, et d'ἀσπίς (*aspis*), bouclier, parce qu'ils portoient des boucliers d'argent. Selon *Quinte-Curce*, les *Argyraspides* formoient le premier corps de l'armée, après la phalange macédonienne.

ARGYRITE, adj. mot formé d'ἄργυρος (*arguros*), argent. Il s'est dit des combats ou jeux des anciens, dans lesquels les vainqueurs recevoient un prix d'argent ; en quoi ils différoient des jeux où l'on ne combattoit que pour la gloire, pour de simples couronnes.

On a aussi appelé *argyrite* une pierre, dans laquelle on trouve de l'argent.

ARGYRODAMAS, s. m. espèce de talc de couleur d'argent, qui résiste au feu le plus violent. Ce mot vient d'ἄργυρος (*arguros*), argent, et de δαμάω (*damaô*), dompter ; comme qui diroit, *argent qui dompte le feu.*

ARGYROGONIE, s. f. nom donné par les alchimistes à la pierre philosophale ; d'ἄργυρος (arguros),
argent, de γόνος (gonos), génération, production, de
γείνομαι (geinomai), être fait, être produit; c'est-à-dire,
l'art de faire de l'argent.

ARGYROLITHE, s. f. d'ἄργυρος (arguros), argent, et
de λίθος (lithos), pierre; nom donné à une pierre de
couleur d'argent.

ARGYROPÉE, s. f. terme d'alchimie, qui désigne
l'art de faire de l'argent avec un autre métal de moindre
valeur; d'ἄργυρος (arguros), argent, et de ποιίω (poiéó),
je fais.

ARISTARQUE, s. m. Ἀρίσαρχος (Aristarchos), qui
signifie proprement *bon prince* ; d'ἄριστος (aristos), très-
bon, et d'ἀρχός (archos), prince. Ce mot est employé
pour *critique,* depuis un fameux grammairien et critique, nommé *Aristarque,* qui donna une bonne édition
des poëmes d'Homère.

ARISTOCRATIE, s. f. gouvernement des grands ou
des personnes les plus considérables d'un Etat. Ce mot
est composé d'ἄριστος (aristos), très-bon, et de κράτος (kratos), force, puissance; comme qui diroit, *gouvernement des meilleurs.*

Dérivés. ARISTOCRATE, s. m. terme nouveau, qui
signifie *partisan de l'aristocratie* ; ARISTOCRATIQUE ,
adj. ARISTOCRATIQUEMENT, adv.

ARISTODÉMOCRATIE, s. f. Etat où les grands et
le peuple gouvernent conjointement. Ce mot est composé d'ἄριστος (aristos), très-bon, de δῆμος (démos), peuple, et de κράτος (kratos), force, puissance. ARISTODÉ-
MOCRATIQUE, adj. en est dérivé.

ARISTOLOCHE, s. f. plante très-utile en médecine.
Son nom est formé d'ἄριστος (aristos), très-bon, et de

λοχίια (*locheia*), les couches, parce qu'elle est propre à évacuer les lochies ou vidanges des femmes accouchées.

ARISTOPHANÉION, s. m. nom grec d'un bon emplâtre émollient de Paul Eginète ; d'ἄριςος (*aristos*), très-bon, et de φαίνω (*phainó*), montrer, faire paroître.

ARITHMANCIE, ou mieux ARITHMOMANCIE, s. f. art de prédire l'avenir par le moyen des nombres. Ce mot est composé d'ἀριθμὸς (*arithmos*), nombre, et de μαντεία (*mantéia*), divination.

ARITHMÉTIQUE, s. f. l'art de calculer, la science des nombres. Ce mot vient d'ἀριθμὸς (*arithmos*), nombre. ARITHMÉTIQUE, adj. se dit de ce qui a rapport à la science des nombres. De-là s'est formé ARITHMÉTIQUEMENT, adv.

ARITHMOMANCIE. *Voyez* ARITHMANCIE.

ARNODE, s. m. nom que les Grecs donnoient à ceux qui, dans les festins, récitoient des vers d'Homère; d'ἄρς (*ars*), génit. ἀρνὸς (*arnos*), agneau, et d'ᾠδή (*ódé*), chant; c'est-à-dire, qui chantoient pour un agneau, parce qu'on leur donnoit ordinairement un agneau pour récompense.

AROMATE, s. m. nom générique de tous les végétaux qui exhalent une odeur forte et agréable; d'ἄρωμα (*aróma*), parfum, odeur suave.

Dérivés. AROMATIQUE, adj. qui est odoriférant, qui a l'odeur des aromates ; AROMATISER, v. mêler des aromates avec une substance quelconque ; AROMATITE, s. f. pierre d'une substance bitumineuse, et ressemblante à la myrrhe par sa couleur et son odeur.

ARÔME, s. m. dérivé d'ἄρωμα (*aróma*), parfum. On avoit désigné par ce mot, dans la nouvelle nomenclature chimique, l'esprit volatil, le principe odorant d'une

plante, connu auparavant sous le nom d'*esprit recteur*.
On a depuis reconnu que ce prétendu principe végétal
n'étoit qu'une dissolution d'huile volatile dans l'eau.

ARRHES, s. f. pl. l'argent qu'on donne pour assu-
rance de l'exécution d'un marché ; en grec ἀῤῥαβὼν
(*arrabón*), qui vient de l'hébreu *arab*, écrit avec un
ain, promettre, donner des assurances. Les arrhes sont
comme le gage d'une promesse que l'on a faite.

ARSENIC, s. m. ἀρσενικὸν (*arsénikon*), métal d'un
gris brillant. On donne ce nom, dans le commerce, à
l'acide arsénique, qui est un des poisons les plus violens;
d'ἄῤῥην (*arrén*), ou ἄρσην (*arsén*), mâle ou homme, et de
νικάω (*nikaó*), vaincre, tuer, faisant allusion à sa qualité
vénéneuse.

Dérivés. ARSÉNIATE, s. m. sel formé par l'union de
l'*acide arsénique* avec différentes bases ; ARSÉNICAL,
adj. qui a des qualités de l'arsenic ; ARSÉNIEUX (*acide*),
appelé d'abord *oxide d'arsenic*; c'est la combinaison de
l'arsenic avec une foible portion d'oxigène ; ARSÉNIQUE,
adj. se dit de l'acide qu'on obtient de l'acide saturé
d'*oxigène*; ARSÉNITE, s. m. sel formé par l'union de
l'*acide arsénieux* avec différentes bases. Tous ces termes,
excepté *arsénical*, font partie de la nouvelle nomenclature de chimie.

ARTÈRE, s. f. (*anat.*), canal membraneux et élastique du corps de l'animal, qui porte le sang du cœur
vers les extrémités, d'où il est repris par les veines pour
être reporté au cœur ; en grec ἀρτηρία (*artéria*), qui vient,
dit-on, d'ἀήρ (*aér*), air, et de τηρεῖν (*téréin*), conserver,
parce que quelques anciens ont pensé que les artères
n'étoient remplies que d'air, de même que la *trachée-
artère*, qui conduit l'air dans le poumon.

Dérivés. ARTÉRIAQUE, adj. qui est bon pour les maladies de la trachée-artère ; Artériel , adj. qui appartient aux artères ; Artériole, s. f. petite artère.

ARTÉRIOGRAPHIE, s. f. mot composé d'ἀρτηρία (artéria), artère, et de γράφω (graphô), je décris; partie de l'anatomie qui a pour objet la description des artères.

ARTÉRIOLOGIE, s. f. mot formé d'ἀρτηρία (artéria), artère, et de λόγος (logos), traité, discours; partie de l'anatomie qui traite de l'usage des artères.

ARTÉRIOTOMIE, s. f. (anat.), ouverture d'une artère avec une lancette, ou dissection des artères; d'ἀρτηρία (artéria), artère, et de τομή (tomé), incision, de τέμνω (temnô), je coupe.

ARTHRITIQUE, adj. (méd.), d'ἀρθρῖτις (arthritis), qui désigne toute maladie des jointures, telle que la goutte, &c. Ce mot se dit aussi des remèdes qui sont propres à ces maladies.

ARTHRODIE, s. f. (anat.), en grec ἀρθρωδία (arthrôdia), espèce d'articulation, dans laquelle la tête plate d'un os est reçue dans une cavité peu profonde d'un autre os; la racine est ἄρθρον (arthron), jointure.

ARTHRODYNIE, s. f. (méd.), douleurs dans les articulations; d'ἄρθρον (arthron), jointure, articulation, et d'ὀδύνη (oduné), douleur.

ARTIMON, s. m. terme de marine. Nom du mât d'un vaisseau, qui est posé à l'arrière, le plus près de la poupe. Ce mot vient d'ἀρτέμων (artémôn), qui signifioit, chez les Grecs, la grande voile d'un navire, dérivé d'ἀρτάω (artaô), suspendre. Il s'applique encore, mais avec plus de raison, à la voile attachée à ce mât, que l'on nomme en conséquence *voile d'artimon.*

ARTOLITHE, s. f. (nat.), corps fossile, ainsi nommé d'ἄρτος (artos), pain, et de λίθος (lithos), pierre, parce qu'il imite un pain rond ou un gâteau.

ARTOTYRITES (les), s. m. pl. hérétiques du second siècle, ainsi appelés d'*ἄρτος* (*artos*), pain, et de *τυρός* (*turos*), fromage, parce qu'ils offroient, dans leurs mystères, du fromage avec du pain.

ARYTÉNO-ÉPIGLOTTIQUE, adj. (*anat.*), nom de deux petits faisceaux charnus, qui ont rapport aux cartilages aryténoïdes et à l'épiglotte. *Voyez* ces deux derniers mots.

ARYTÉNOÏDE, adj. (*anat.*), nom de deux petits cartilages qui, assemblés avec d'autres, forment l'embouchure du larynx. Ce mot est formé d'*ἀρύταινα* (*arutaina*), aiguière, petit bassin, d'*ἀρύω* (*aruô*), je puise, et d'*εἶδος* (*éidos*), forme, parce qu'ils ressemblent à un bec d'aiguière.

Dérivé. ARYTÉNOÏDIEN, adj. qui appartient ou qui a rapport aux cartilages aryténoïdes.

ARYTHME, s. m. (*méd.*), affoiblissement, ou plutôt irrégularité dans le mouvement du pouls : d'*α* privatif, et de *ῥυθμός* (*ruthmos*), justesse, proportion, mesure ; c'est-à-dire, défaut de justesse ou de proportion.

ASBESTE, s. m. (*nat.*), matière incombustible de la nature de l'*amiante*. Ce mot vient d'*ἄσβεστος* (*asbestos*), inextinguible, d'*α* privatif, et de *σβέννυμι* (*sbennumi*), éteindre, parce que son incombustibilité l'a fait croire, par les anciens, très-propre à faire des lampes perpétuelles.

ASCARIDES, s. m. pl. petits vers ronds et menus, qui se trouvent dans les gros intestins; en grec *ἀσκαρίς*, au génit. *ἀσκαρίδος* (*askaridos*), d'*ἀσκαρίζω* (*askarizô*), sautiller, remuer, parce qu'ils sont dans un mouvement continuel.

ASCÈTE, s. m. d'*ἀσκητής* (*askétés*), qui s'exerce, dérivé d'*ἀσκεῖν* (*askéin*), exercer. On appeloit ainsi autrefois ceux qui se consacroient particulièrement aux exercices de piété. De-là, Ascétique, adj. qui concerne la vie spirituelle.

ASCIENS, s. m. pl. (géogr.), mot formé d'*a* privatif, et de *σκιά* (*skia*), ombre; c'est-à-dire, sans ombre. Il se dit des habitans de la Zone Torride, qui n'ont point d'ombre le jour de l'année où le soleil est perpendiculairement au-dessus de leur tête.

ASCITE, s. f. (méd.), hydropisie du bas-ventre, ainsi nommée d'*ασκός* (*askos*), outre, parce que les eaux sont renfermées dans cette partie comme dans une outre. Ascitique, adj. qui est attaqué d'une hydropisie *ascite*.

On a nommé *Ascites* certains hérétiques du second siècle, parce que, dans leurs assemblées, ils dansoient autour d'une outre remplie de vin.

ASCLÉPIADE, adj. sorte de vers grec et latin, ainsi appelé d'*Asclépiade* (Ἀσκληπιάδης), poète grec, qui en fut l'inventeur.

ASILE. *Voyez* Asyle.

ASODES, adj. et s. (méd.), mot grec *ασώδης* (*asôdés*), dégoûtant, inquiétant, d'*ασάομαι* (*asaomai*), être dégoûté, dont la racine est *άδω* (*adô*), je rassasie. Nom d'une espèce de fièvre continue, qui fait qu'on est dégoûté de tout, et qu'on a de vives inquiétudes autour du cœur et de l'estomac.

ASPALATH, s. m. nom d'un bois qui ressemble beaucoup à celui d'aloès. Il vient d'un petit arbre épineux, nommé en grec *ασπάλαθος* (*aspalathos*), d'*a* privatif, et de *σπάω* (*spaô*), j'arrache, parce qu'il n'est pas facile de l'arracher, à cause de ses piquans.

ASPHALITE, s. f. (anat.), cinquième vertèbre des lombes, ainsi appelée d'*ασφαλίζω* (*asphalizô*), je fortifie, parce qu'on la regarde comme le support de toute l'épine.

ASPHALTE, s. m. espèce de bitume compacte et dur, d'un noir luisant, et qui s'enflamme aisément; d'ἄσφαλτος (asphaltos), bitume, d'ἀσφαλίζω (asphalizó), je fortifie, dérivé d'α privatif, et de σφάλλω (sphallō), je renverse, parce qu'on en forme un mastic ou un ciment qui lie fortement les pierres ensemble. Ce bitume abonde à la surface du lac *Asphaltite*, en Judée, auquel il a donné son nom.

ASPHODÈLE, s. m. en grec ἀσφόδελος (asphodélos), plante dont les feuilles ressemblent à celles du porreau. Sa racine est employée à divers usages en médecine.

ASPHYXIE, s. f. (*méd.*), d'α privatif, et de σφύξις (sphuxis), le pouls, dérivé de σφύζω (sphuzó), battre, s'élever; privation subite du pouls, de la respiration et du mouvement.

ASTACOLITHE, s. f. nom que les naturalistes donnent à une écrevisse pétrifiée; d'ἀστακός (astakos), écrevisse, et de λίθος (lithos), pierre.

ASTER, s. m. (*botan.*), mot purement grec, ἀστήρ, qui signifie *étoile*. On donne ce nom à un genre de plantes dont la fleur est radiée, c'est-à-dire, a des rayons comme une étoile.

ASTÉRIE, s. f. pierre étoilée, dérivé d'ἀστήρ (astér), étoile. C'est une espèce de petite pierre plate, taillée en étoile, et marquée ordinairement de quelques traits sur les deux surfaces.

ASTÉRISME, s. m. constellation, ou assemblage de plusieurs étoiles; d'ἀστήρ (astér), étoile.

ASTÉRISQUE, s. m. ἀστερίσκος (astériskos), petite marque en forme d'étoile, qu'on met dans les livres pour indiquer un renvoi; d'ἀστήρ (astér), étoile.

ASTÉROÏDE, s. f. plante qui porte des fleurs radiées, en forme d'étoiles; d'ἀστήρ (astér), étoile, et d'εἶδος (éidos), forme, ressemblance.

ASTHÉNIE, s. f. (*méd.*), terme nouveau, qui signifie débilité ou relâchement dans les fibres musculaires. Il est formé d'*a* privatif, et de σθένος (*sthénos*), force, puissance ; c'est-à-dire, *manque de force*, foiblesse.

ASTHME, s. m. (*méd.*), en grec ἄσθμα (*asthma*), courte haleine, difficulté de respirer ; sorte de maladie qui rend la respiration fréquente et pénible. De-là, ASTHMATIQUE, adj. celui qui est attaqué de l'asthme.

ASTRAGALE, s. f. (*archit.*), petite moulure ronde, en forme de talon, qui environne le chapiteau ou la base d'une colonne ; d'ἀσράγαλος (*astragalos*), le petit os du talon.

En anatomie, l'*astragale* est un des os du pied, qui forme le talon ; et, en botanique, une plante légumineuse, dont la semence a la forme d'un talon, ou plutôt d'un rein.

ASTRAGALOÏDE, s. f. plante du genre de l'astragale ; d'ἀσράγαλος (*astragalos*), astragale, et d'εἶδος (*éidos*), forme.

ASTRAGALOMANCIE, s. f. sorte de divination qui se faisoit avec des osselets, sur lesquels étoient marquées des lettres de l'alphabet ; d'ἀσράγαλος (*astragalos*), osselet, et de μαντεία (*mantéia*), divination.

ASTRE, s. m. tout corps céleste lumineux ; du grec ἄσρον (*astron*), dérivé d'ἀσήρ (*astér*), étoile. Ἀσήρ signifie proprement *étoile*, et ἄσρον, *constellation*.

ASTROÏTE, s. m. corps pierreux, qui est couvert de figures étoilées de différentes grandeurs ; d'ἄσρον (*astron*), astre ou constellation ; comme qui diroit, *pierre étoilée*, parce qu'on a cru y voir des figures d'astres et d'étoiles. L'*astroïte* est une véritable production de polypes qui se trouvent dans la mer.

ASTROLABE, s. m. (*astro.*), instrument qui sert à

observer la hauteur d'un astre; d'*ἄϛρον* (*astron*), astre, et de *λαμϐάνω* (*lambanô*), je prends.

ASTROLOGIE, s. f. art chimérique de prédire l'avenir par l'inspection, la position, et d'après les prétendues influences des astres; d'*ἄϛρον* (*astron*), astre, et de *λόγος* (*logos*), discours; c'est-à-dire, l'art de discourir ou de raisonner sur la puissance des astres.

Dérivés. ASTROLOGIQUE, adj. ASTROLOGUE, s. m. celui qui s'applique à l'astrologie.

ASTRONOMIE, s. f. science qui apprend à connoître le cours et les mouvemens des astres, et les divers phénomènes célestes; d'*ἄϛρον* (*astron*), astre, et de *νόμος* (*nomos*), loi, règle; c'est-à-dire, connoissance des loix que suivent les astres dans leurs mouvemens. La Chaldée, ancienne contrée de l'Asie, paroît avoir été le berceau de cette science.

Dérivés. ASTRONOME, s. m. celui qui est versé dans l'astronomie; ASTRONOMIQUE, adj. qui a rapport à l'astronomie.

ASYLE, s. m. *ἄσυλον* (*asulon*), lieu de sûreté, qui met à l'abri d'un danger; d'*α* privatif, et de *συλάω* (*sulaô*), ravir, enlever, parce qu'il n'étoit pas permis autrefois d'arracher quelqu'un d'un asyle. Les temples étoient des asyles sacrés qui assuroient l'impunité aux criminels poursuivis par la justice : moyen infaillible de multiplier les crimes.

ASYMÉTRIE, s. f. (*math.*), mot composé d'*α* privatif, de *σὺν* (*sun*), avec, et de *μέτρον* (*métron*), mesure; c'est-à-dire, *défaut de mesure commune.* On entend, par ce mot, un défaut de proportion entre deux quantités qui n'ont aucune mesure commune, telles que le côté du *quarré* et sa *diagonale.* C'est ce qu'on appelle aussi *incommensurabilité.*

ASYMPTOTE, s. f. Les géomètres appellent ainsi une ligne droite qui s'approche continuellement, et à l'infini, d'une ligne courbe, sans pouvoir jamais la rencontrer. Ce mot est composé d'*a* privatif, de σὺν (*sun*), avec, et de πίπτω (*piptô*), je tombe; c'est-à-dire, qui n'est pas co-incident, ou qui ne rencontre point.

Dérivé. Asymptotique, adj.

ATARAXIE, s. f. (*philos.*), état calme et paisible de l'ame; d'*a* privatif, et de τάραξις (*taraxis*), émotion, trouble, agitation, de ταράσσω (*tarassô*), troubler, émouvoir. Les stoïciens faisoient consister le bonheur de la vie dans l'*ataraxie*.

ATAXIE, s. f. (*méd.*), d'*a* privatif, de τάξις (*taxis*), ordre, et de τάσσω (*tassô*), ranger, mettre en ordre; c'est-à-dire, *désordre, irrégularité.* Ce mot désigne un dérangement, une irrégularité dans les crises des fièvres.

ATAXIQUE, adj. (*méd.*), se dit d'une fièvre, appelée *fièvre maligne*, qui indique une atteinte portée au principe des nerfs par une cause physique ou morale. Ce terme, qui est nouveau, est dérivé d'*a* privatif, et de τάξις (*taxis*), ordre, de τάσσω (*tassô*), ranger; c'est-à-dire, qui marque un dérangement, un désordre dans le principe nerveux.

ATECHNIE, s. f. mot formé d'*a* privatif, et de τέχνη (*techné*), art; défaut d'art.

ATHÉE, s. m. celui qui nie l'existence de la divinité, qui ne reconnoît point de Dieu; d'*a* privatif, et de Θεός (*Théos*), Dieu; d'où l'on a fait ἄθεος (*athéos*), qui n'a point de Dieu. De-là, Athéisme, s. m. l'opinion des athées.

ATHÉROME, s. m. (*chirur.*), ἀθήρωμα (*athéroma*), d'ἀθήρα (*athéra*), espèce de bouillie, dérivé d'ἀθήρ (*athér*), épi de blé. Tumeur remplie d'un pus qui ressemble à de la bouillie, ou autrement *abcès enkysté*. Voyez Enkysté. *Dérivé*, Athéromateux, adj. qui est de la nature de l'athérome.

ATHLÈTE, s. m. celui qui combattoit dans les jeux publics *chez les anciens*; d'ἀθλητὴς (*athlêtès*), dérivé d'ἄεθλος ou ἆθλος (*aéthlos* ou *athlos*), combat. De-là vient Athlétique, adj. qui concerne les athlètes.

ATHLOTHÈTE, s. m. ἀθλοθέτης (*athlothetês*), officier qui présidoit aux combats des athlètes dans l'ancienne Grèce; d'ἆθλον (*athlon*), prix, récompense des combats, et de τίθημι (*tithêmi*), je propose, j'établis. C'étoit celui qui proposoit et distribuoit les prix aux vainqueurs dans les combats.

ATHYMIE, s. f. (*méd.*), terme par lequel les anciens auteurs de médecine ont désigné l'abattement, le découragement qui s'empare des malades dans le cours des maladies; d'α privatif, et de θυμὸς (*thumos*), courage.

ATHYTE, s. m. sacrifice sans victime chez les anciens; en grec ἄθυτον (*athuton*), d'α privatif, et de θύω (*thuô*), j'immole. C'étoient les sacrifices des pauvres, qui n'avoient pas le moyen d'offrir des victimes.

ATLANTE, s. m. (*archit.*), statue d'homme qui soutient un morceau d'architecture, en guise de colonne ou de pilastre. Ce nom vient de celui d'*Atlas*, roi de Mauritanie, qui soutenoit, disoit-on, le ciel sur ses épaules. Atlas est dérivé d'α particule augmentative, et de ταλάω (*talaô*), ou τλάω (*tlaô*), soutenir.

ATLAS, s. m. (*anat.*), nom de la première vertèbre du cou, qui supporte la tête; par allusion à *Atlas*, roi de Mauritanie, qui, selon la Fable, portoit le ciel sur ses épaules. Pour son étymologie, voyez *le mot précé-*

dent. De même, on appelle *atlas* un recueil de cartes géographiques, parce que ce livre porte, en quelque sorte, tout le monde, comme *Atlas.* *Ἄτλαϊs*

ATMOSPHÈRE, s. f. (*physiq.*), masse d'air qui environne le globe terrestre jusqu'à une hauteur considérable, et dans laquelle se forment les météores. Ce mot est composé d'*ἀτμὸς* (*atmos*), vapeur, et de *σφαῖρα* (*sphaira*), sphère; comme qui diroit, *vapeur d'une sphère,* en comprenant avec l'air les vapeurs dont il est rempli.

Tous les corps célestes ou terrestres ont chacun leur propre atmosphère, c'est-à-dire, des émanations qui se détachent de ces corps, et qui participent de leurs mouvemens. ATMOSPHÉRIQUE, adj. en est dérivé.

ATOME, s. m. (*philos.*), corpuscule réputé indivisible, à cause de sa petitesse; d'*ἄτομος* (*atomos*), indivisible, dérivé d'*α* privatif, et de *τέμνω* (*temnô*), couper, diviser. Les anciens regardoient les *atomes* comme les élémens primitifs des corps naturels.

Dérivés. ATOMISME, s. m. système des atomes; ATOMISTE, s. m. celui qui soutient ce système.

ATONIE, s. f. (*méd.*), mot formé d'*α* privatif, et de *τόνος* (*tonos*), ton, force, ressort; c'est-à-dire, défaut de ton, foiblesse ou relâchement dans les solides du corps humain.

ATROPHIE, s. f. (*méd.*), dépérissement ou maigreur du corps, causée par la dépravation ou le défaut des sucs nourriciers, d'*α* privatif, et de *τροφή* (*trophê*), nourriture, dérivé de *τρέφω* (*tréphô*), je nourris.

AULIQUE, adj. d'*αὐλικὸς* (*aulikos*), courtisan, dérivé d'*αὐλή* (*aulê*), qui signifie une salle, la cour d'une maison, la cour ou le palais d'un souverain. Il se dit d'un tribunal général de l'Empire, et aussi du conseil particulier de certains princes d'Allemagne.

AUTHENTIQUE, adj. qui est revêtu d'une autorité suffisante, qui mérite qu'on y ajoute foi ; en grec, *αὐθεντικὸς* (*authentikos*), qui vient d'*αὐθέντης* (*authentés*), maître de soi-même, puissant, qui agit de sa propre autorité, dérivé d'*αὐτὸς* (*autos*), soi-même.

Dérivés. AUTHENTICITÉ, s. f. qualité de ce qui est authentique ; AUTHENTIQUER, verbe, rendre authentique ; AUTHENTIQUEMENT, adv.

AUTOCÉPHALE, adj. indépendant, qui n'est soumis à aucune autorité ; d'*αὐτὸς* (*autos*), soi-même, et de *κεφαλὴ* (*képhalé*), tête, chef ; qui agit de son propre chef, de son propre mouvement.

AUTOCTHONE ou AUTOCHTHONE, s. m. habitant naturel d'un pays, né dans le pays même qu'il habite : d'*αὐτὸς* (*autos*), soi-même, et de *χθὼν* (*chthôn*), terre, pays, qui est du pays même. Les Autocthones étoient appelés en latin, *Aborigènes* ou *Indigènes*, pour les distinguer des peuples venus d'ailleurs s'établir dans le même pays.

AUTOCRATIE, s. f. gouvernement absolu d'un despote ; d'*αὐτὸς* (*autos*), soi-même, et de *κράτος* (*kratos*), force, puissance, autorité, c'est-à-dire, puissance indépendante, qui tire toute sa force, tout son pouvoir de son propre fonds. On nomme *autocrate* un souverain absolu, *autocratrice* au féminin. *Autocrate* est un des titres que prend l'empereur de Russie.

AUTOGRAPHE, adj. Il se dit d'un ouvrage écrit de la main même de l'auteur ; d'*αὐτὸς* (*autos*), soi-même, et de *γράφω* (*graphô*), j'écris ; *ce qu'on a écrit soi-même.*

AUTOMATE, s. m. d'*αὐτόματος* (*automatos*), spontané, volontaire, qui agit de soi-même, dérivé d'*αὐτὸς* (*autos*), soi-même, et de *μάω* (*maô*), désirer, vouloir.

On appelle *automate* un instrument ou une machine qui a en soi le principe de son mouvement, ou qui se meut par ressorts.

AUTONOME, adj. (*hist. anc.*), d'*αὐτὸς* (*autos*), soi-même, et de *νόμος* (*nomos*), loi, dérivé de *νέμω* (*némô*), régir, gouverner. On nommoit ainsi les villes grecques qui se gouvernoient par leurs propres loix.

AUTOPSIE, s. f. contemplation, vision intuitive. C'étoit, suivant les anciens, un prétendu état de l'ame, dans lequel ils croyoient avoir un commerce intime avec les Dieux; d'*αὐτὸς* (*autos*), soi-même, et d'*ὄψις* (*opsis*), vision, dérivé d'*ὄπτομαι* (*optomai*), voir; c'est-à-dire, l'action de voir de ses propres yeux, de contempler la Divinité.

AXE, s. m. en latin *axis*, et en grec *ἄξων* (*axôn*), essieu, pivot. C'est proprement une ligne ou un morceau de fer ou de bois, qui passe par le centre d'un corps, et qui sert à le faire tourner, comme une roue autour de son essieu.

AXINOMANCIE, s. f. sorte de divination qui se pratiquoit autrefois par le moyen d'une hache; d'*ἀξίνη* (*axiné*), hache, et de *μαντεία* (*mantéia*), divination.

AXIOME, s. m. *ἀξίωμα* (*axiôma*), décision, proposition ou maxime si claire par elle-même, qu'elle n'a pas besoin d'être démontrée pour être reçue. Ce mot grec signifie proprement, *dignité, autorité, majesté*, d'*ἄξιος* (*axios*), digne, estimable : ainsi un *axiome* est une proposition digne d'être reçue par elle-même, sans le secours d'une autorité étrangère.

AZOTE, adj. et s. m. (*chim.*), terme nouveau, par lequel on désigne la base d'un gaz non respirable, faisant partie de l'air atmosphérique, dans la proportion de 72 à 100, et connu auparavant sous les noms d'*air phlogistique*, d'*air méphitique*, &c. Ce mot est dérivé

d'*α* privatif, et de ζωή (*zóé*), vie, qui vient de ζάω (*zóó*),
vivre ; c'est-à-dire, qui prive de la vie, qui n'est pas
propre à la vie. Ce gaz n'est pas le seul qui ne puisse pas
entretenir la respiration , et on a proposé de le nommer
alkaligène, parce qu'il est un des principes constituans
de l'ammoniaque, et qu'on soupçonne sa présence dans
les autres alkalis ; ou *nitrogène*, parce qu'il forme , avec
différentes portions d'oxigène, le gaz nitreux et l'acide
nitrique.

AZYGOS (*anat.*), nom d'une veine qui se décharge
dans la veine-cave, et qui est située du côté droit de la
poitrine ; d'*α* privatif, et de ζυγός (*zugos*), paire ; c'est-à-
dire, *sans paire*, à cause qu'elle n'a point son égale dans
le côté gauche.

AZYME, adj. ἄζυμος (*azumos*), qui n'est pas fermenté,
qui est sans levain ; d'*α* privatif, et de ζύμη (*zumé*), levain. Il se dit du pain sans levain dont se servoient les
juifs dans la célébration de leur pâque.

Dérivé. AZYMITE , adj. qui se sert de pain sans levain.

B

BACCHANALES, s. f. pl. fêtes païennes qui se célébroient en l'honneur de Bacchus, dans la dissolution et
la débauche ; de Βάκχος (*Bakchos*), Bacchus, *dieu du
vin et des ivrognes*, dérivé, dit-on, de βάζω (*bazó*), parler,
parce que les gens ivres parlent beaucoup. Les femmes
qui en étoient les prêtresses, se nommoient *Bacchantes.*
De-là vient BACHIQUE, adj. qui a rapport à Bacchus.

BALISTE, s. f. ancienne machine de guerre, qui servoit à lancer de grosses pierres ; de βάλλω (*balló*), je lance.

BALISTIQUE, s. f. science du mouvement des corps
lancés en l'air, suivant une direction quelconque, et

particulièrement la science du jet des bombes ; de βάλλω (*ballô*), jeter, lancer ; d'où viennent aussi BAILE et BALLON.

BALSAMIQUE, adj. (*méd.*), qui a les propriétés du baume, nommé en grec βάλσαμον (*balsamon*).

BAPTÊME, s. m. le premier des sept sacremens de la religion chrétienne ; de βαπτισμός (*baptismos*), immersion, dérivé de βάπτω (*baptô*), laver, plonger dans l'eau, parce qu'autrefois on donnoit le baptême par immersion, c'est-à-dire, en plongeant dans l'eau la personne que l'on baptisoit.

Dérivés. BAPTISER, v. BAPTISMAL, adj. BAPTISTÈRE, s. m.

BARBARISME, s. m. faute de diction, qui consiste à se servir d'un mot inusité, à donner à un mot un sens qui n'est pas le sien, ou à employer une locution étrangère à une langue. Ce mot vient de βάρβαρος (*barbaros*), étranger, qui parle mal, auquel on a ajouté la terminaison grecque ισμός, en français *isme*, qui marque imitation. C'étoit la signification que les Grecs et les Romains avoient attachée aux mots βάρβαρος et *barbarus*, par lesquels ils désignoient tous les peuples qui ne parloient pas leur langue. Ainsi tout mot étranger, mêlé dans la phrase grecque ou latine, étoit appelé *barbarisme*.

BARITE. *Voyez* BARYTE.

BAROMÈTRE, s. m. instrument de physique qui sert à mesurer les variations du poids de l'air, et qui marque les changemens du temps ; de βάρος (*baros*), poids, et de μέτρον (*métron*), mesure. BAROMÉTRIQUE, adj. en dérive.

BAROSANÈME, s. m. machine inventée pour connoître la pesanteur du vent ; de βάρος (*baros*), poids, et d'ἄνεμος (*anémos*), vent, c'est-à-dire, *pèse-vent*.

BAROSCOPE, s. m. de Ϭάρος (*baros*), poids, et de σκοπέω (*skopéó*), j'observe, je considère. Instrument qui indique les variations du poids de l'atmosphère. C'est le même que le baromètre.

BARYPHONIE, s. f. (*méd.*), de Ϭαρὺς (*barus*), pesant, difficile, et de φωνή (*phóné*), voix ; difficulté de parler, d'articuler.

BARYTE, s. f. (*chim.*), substance très-pesante, classée communément parmi les terres, mais que le savant Fourcroy met au rang des alkalis, d'après ses propriétés alkalines très-tranchées. Son nom vient de Ϭαρὺς (*barus*), pesant, dérivé de Ϭάρος (*baros*), poids, pesanteur. C'est dans le *spath pesant* qu'on a reconnu son existence.

BARYTON, adj. (*gram.*), nom de certains verbes de la langue grecque, ainsi appelés de Ϭαρὺς (*barus*), grave, et de τόνος (*tonos*), ton, accent, parce que leur dernière syllabe est censée marquée d'un accent grave.

BASE, s. f. en grec Ϭάσις (*basis*), de Ϭαίνω (*bainó*), marcher, être appuyé. C'est la partie d'une chose qui lui sert comme de fondement et de soutien.

BASILAIRE, adj. (*anat.*), qui se dit de différentes parties du corps, considérées comme bases. *Voyez* Base.

BASILIC, s. m. Ϭασιλίσκος (*basiliskos*), espèce de serpent fabuleux ; de Ϭασιλεὺς (*basiléus*), roi, parce qu'on a prétendu qu'il avoit sur la tête des éminences en forme de couronne.

Basilic est aussi le nom d'une petite plante odoriférante.

BASILICON, s. m. de Ϭασιλικὸς (*basilikos*), qui signifie *royal*. Excellent onguent suppuratif, ainsi nommé à cause de ses grandes vertus ; comme si l'on disoit, *onguent royal*.

BASILIQUE, s. f. Ce mot, qui est formé de βασιλικὸς (*basilikos*), royal, signifioit autrefois *maison royale*. Aujourd'hui il désigne certaines églises principales, telles que la *Basilique* de Saint-Pierre, à Rome.

En anatomie, on donne ce nom à l'une des principales veines du bras.

BASIOGLOSSE, adj. et s. (*anat.*), nom de deux muscles qui viennent de la base de l'os hyoïde, et s'insèrent dans les parties latérales de la racine de la langue. Ce mot est composé de βάσις (*basis*), base, soutien, et de γλῶσσα (*glôssa*), langue.

BASIO-PHARYNGIEN, adj. et s. (*anat.*), nom de deux petits muscles qui vont de la base de l'os hyoïde au pharynx; de βάσις (*basis*), base, et de φάρυγξ (*pharugx*), le pharynx, l'entrée du gosier.

BATRACHITE, s. f. (*nat.*), sorte de pierre, ainsi nommée de βάτραχος (*batrachos*), grenouille, parce qu'on a cru qu'elle se trouvoit dans les grenouilles. On lui attribue de grandes vertus contre toutes sortes de venins.

BATRACHOMYOMACHIE, s. f. combat des grenouilles et des rats; de βάτραχος (*batrachos*), grenouille, de μῦς (*mus*), souris ou rat, et de μάχη (*maché*), combat. C'est le titre d'un poëme, attribué communément à Homère.

BATTOLOGIE, s. f. répétition vicieuse de choses frivoles. Ce mot paroît formé de Βάττος (*Battos*), nom d'un certain roi des Cyrénéens, qui étoit bègue, et de λόγος (*logos*), discours, parce que les bègues répètent plusieurs fois les mêmes syllabes en parlant. Les grecs ont formé de-là le verbe βαττολογέω (*battologéô*), parler comme Battus, pour dire, bégayer, balbutier; ensuite ce terme a signifié *babiller, parler beaucoup*.

BÉCHIQUE, adj. (*méd.*), mot formé de βὴξ (*béx*), génit. βηχός (*béchos*), toux. On donne ce nom à tout remède qui calme la toux et facilite l'expectoration.

BÉLOMANCIE, s. f. sorte de divination qui se faisoit avec des flèches ; de βέλος (*bélos*), dard, flèche, et de μαντεία (*mantéia*), divination. La *bélomancie* étoit en usage chez les Orientaux, et sur-tout chez les Arabes.

BÉRIL, s. m. en grec βήρυλλος (*bérullos*), pierre précieuse de couleur d'eau de mer, appelée par les modernes *aigue-marine*.

BIBLE, s. f. l'Ecriture - Sainte, ou l'Ancien et le Nouveau-Testament; de βίβλος (*biblos*), livre; comme qui diroit, *le livre par excellence*.

BIBLIOGRAPHE, s. m. celui qui est versé dans la connoissance des livres; c'est-à-dire, qui connoît les éditions, qui forme des catalogues de livres. Ce mot est composé de βιβλίον (*biblion*), livre, et de γράφω (*graphô*), écrire; c'est-à-dire, qui écrit sur les livres.

On appelle BIBLIOGRAPHIE, la science du Bibliographe.

BIBLIOMANE, s. m. celui qui a la fureur d'avoir des livres ; de βιβλίον (*biblion*), livre, et de μανία (*mania*), manie, fureur, passion. De-là vient aussi BIBLIOMANIE, la passion du Bibliomane.

BIBLIOPHILE, s. m. celui qui aime les livres d'une manière raisonnable; de βιβλίον (*biblion*), livre, et de φίλος (*philos*), ami ; c'est-à-dire, *amateur de livres*.

BIBLIOTAPHE, s. m. de βιβλίον (*biblion*), livre, et de τάφος (*taphos*), tombeau. On appelle ainsi celui qui ne communique ses livres à personne, et les enfouit dans sa bibliothèque, comme dans un tombeau.

BIBLIOTHÈQUE, s. f. lieu où l'on conserve un amas de livres rangés par ordre ; βιβλιοθήκη (*bibliothêkê*), formé de ϐιϐλίον (*biblion*), livre, et de θήκη (*théké*), boîte, boutique, lieu où l'on serre quelque chose, dérivé de τίθημι (*tithémi*), placer, disposer. On a fait de-là BIBLIOTHÉCAIRE, s. m. celui qui a la garde et le soin d'une bibliothèque. *Biupital.*

BIGAMIE, s. f. crime de ceux qui sont mariés à deux femmes; du latin *bis*, en grec δὶς (*dis*), deux fois, et de γαμεῖν (*gaméin*), se marier; comme qui diroit, *double mariage.*

On appelle *bigame*, une personne qui est coupable de bigamie.

BINOME, s. m. quantité algébrique, composée de deux termes ou de deux parties; du latin *bis*, en grec δὶς (*dis*), deux fois, et de νομή (*nomé*), part, division.

BIOGRAPHE, s. m. auteur qui a écrit la vie d'un homme, d'un individu; de ϐίος (*bios*), vie, et de γράφω (*graphô*), j'écris. La *biographie* est l'histoire de la vie des individus.

BLASPHÈME, s. m. parole impie ou injurieuse à la majesté divine; ϐλασφημία (*blasphémia*), qui vient de ϐλασφημέω (*blasphéméô*), tenir des discours impies, blasphêmer, dérivé, dit-on, de ϐλάπτω (*blaptô*), offenser, et de φημί (*phémi*), dire; dire des paroles offensantes.

Dérivés. BLASPHÉMATEUR, s. m. BLASPHÉMATOIRE, adj. BLASPHÉMER, v.

BLÉPHAROPTOSIS, s. f. (*méd.*), maladie de l'œil, dans laquelle on ne peut relever la paupière supérieure, ni, par conséquent, ouvrir l'œil à volonté. Ce terme, qui est nouveau, est composé de ϐλέφαρον (*blépharon*), paupière, et de πτῶσις (*ptôsis*), chute, dérivé de πίπτω (*piptô*), je tombe; il signifie littéralement *chute de la paupière.*

BOÉDROMIES, s. f. pl. fêtes qu'on célébroit à

Athènes, pendant lesquelles on couroit en jetant de grands cris; de βοή (*boé*), cri, et de δρόμος (*dromos*), course, dérivé de τρέχω (*tréchô*), courir.

BOL ou BOLUS, s. m. petite boule de drogues médicinales; de βῶλος (*bólos*), qui signifie morceau ou bouchée, motte de terre, masse de quelque chose. *Bol* est encore le nom de différentes terres friables, dont on se sert en médecine. De-là est venu BOLAIRE, adj. qui tient de la nature du Bol.

BOLÉTITE, s. f. pierre argileuse, de couleur cendrée, dont le nom vient du grec βωλίτης (*bólités*), en latin *boletus*, champignon, parce que sa figure approche de celle d'un champignon ou d'une morille.

BOMBIQUE, adj. (*chim.*), de βόμβυξ (*bombux*), ver-à-soie. C'est le nom de l'acide que l'on retire du ver-à-soie. BOMBIATE, s. m. sel formé par l'union de l'acide bombique avec différentes substances.

BOOPE, s. m. poisson de mer, d'un pied de long, dont les yeux sont très-grands, relativement à sa taille. Ce mot est composé de βου (*bou*), particule qui sert à augmenter, ou de βοῦς (*bous*), bœuf, et d'ὤψ (*óps*), œil; c'est-à-dire, qui a des yeux de bœuf, pour dire de grands yeux.

BORBORISME ou BORBORYGME, s. m. (*méd.*), bruit excité dans les intestins par des vents ou flatuosités qui les distendent; de βορβορυγμὸς (*borborugmos*), bruit sourd, murmure, dérivé de βορβορύζω (*borboruzô*), faire un bruit sourd. *Burborisant.*

BORÉE, de Βορέας (*Boréas*); il se dit, en poésie, pour la bise, le vent du nord. De-là vient BORÉAL, adj. qui est du côté du nord; BORÉASMES, fêtes athéniennes en l'honneur de Borée.

BOSPHORE, s. m. détroit, ou espace de mer entre

deux terres, tel que le *bosphore de Thrace* ou *détroit de Constantinople* ; de Ϭοῦς (*bous*), bœuf, et de πόρος (*poros*), passage ; c'est-à-dire, espace qu'un bœuf pourroit passer à la nage.

BOSTRYCHITE, s. f. pierre figurée qui imite les cheveux ; de Ϭόϛρυχος (*bostruchos*), touffe de cheveux. C'est une sorte d'amiante.

BOTANIQUE, s. f. science qui traite des plantes et de leurs propriétés. Ce mot vient de Ϭοτάνη (*botané*), herbe, dérivé de Ϭάω (*boó*), je fais paître, parce que la plupart des animaux se nourrissent d'herbes.

Dérivé. BOTANISTE, s. m. celui qui s'applique à la botanique.

BOTANOLOGIE, s. f. traité raisonné sur les plantes ; de Ϭοτάνη (*botané*), herbe, et de λόγος (*logos*), discours, traité.

BOTANOMANCIE, s. f. sorte de divination qui se faisoit par le moyen des plantes. Ce mot est composé de Ϭοτάνη (*botané*), herbe, et de μαντεία (*mantéia*), divination.

BOTHRION, s. m. petit ulcère creux qui se forme sur la cornée transparente et sur l'opaque ; de Ϭόθριον (*bothrion*), petite fosse, dérivé de Ϭόθρος (*bothros*), fosse, cavité.

BOTRYS ou BOTRIDE, s. f. plante, ainsi nommée de Ϭότρυς (*botrus*), grappe de raisin, parce que ses fleurs sont en petites grappes.

BOTRYTE ou BOTRYOÏDE, s. f. sorte de pierre produite par le feu dans les fourneaux, et dont le nom vient de Ϭότρυς (*botrus*), grappe, et d'εἶδος (*éidos*), figure, parce qu'elle ressemble à une grappe de raisin.

BOULIMIE, s. f. (*méd.*), faim excessive, accompagnée de foiblesse et de dépérissement. Ce mot est formé de Ϭου (*bou*), particule qui sert à augmenter, et de λιμός (*limos*), faim.

BRACHYGRAPHIE, s. f. art d'écrire par abréviations ; de Ϭραχύς (*brachus*), bref, et de γράφω (*graphô*), j'écris ; c'est-à-dire, *écriture abrégée.*

BRACHYLOGIE, s. f. de Ϭραχύς (*brachus*), bref, et de λόγος (*logos*), discours. Sentence abrégée, comme les Aphorismes d'Hippocrate.

BRACHYPNÉE, s. f. (*méd.*), de Ϭραχύς (*brachus*), court, et de πνοή (*pnoé*), haleine, respiration. C'est, selon Hippocrate, une respiration courte et pressée, qu'on remarque dans les fièvres inflammatoires.

BRACHYSTOCHRONE, s. f. terme de mécanique. Bernouilli a donné ce nom à la courbe de la plus vite descente ; de Ϭραχυςός (*brachustos*), très-bref, très-court, superlatif de Ϭραχύς (*brachus*), et de χρόνος (*chronos*), temps ; c'est-à-dire, qui se fait dans le temps le plus court. C'est la *cycloïde*. Voyez ce mot.

BRADYPEPSIE, s. f. (*méd.*), digestion lente et imparfaite ; de Ϭραδύς (*bradus*), lent, et de πέψις (*pepsis*), coction, digestion, dérivé de πέπτω (*peptô*), cuire, digérer.

BREGMA ou SINCIPUT, s. m. (*anat.*), en grec Ϭρέχμα (*brechma*), le devant de la tête, de Ϭρέχω (*brèchô*), arroser, humecter, parce que, dans les enfans, cette partie est toujours très-humide.

BRIZOMANCIE, s. f. art de prédire l'avenir par le moyen des songes ; de Ϭρίζω (*brizô*), dormir, et de μαντεία (*mantéia*), divination. *Voyez* ONIROMANCIE.

BROMOGRAPHIE, s. f. de Ϭρῶμα (*brôma*), aliment, et de γράφω (*graphô*), j'écris. Partie de la médecine qui traite des alimens solides.

BRONCHES ou BRONCHIES, s. f. pl. (*anat.*),

vaisseaux de la trachée-artère, qui conduisent l'air dans le poumon. Ce mot vient de βρόγχος (*brogchos*), qui signifie, dans Hippocrate et dans Galien, la gorge ou la trachée-artère.

Dérivés. BRONCHIAL, adj. qui appartient aux bronches ; BRONCHIQUE, adj.

BRONCHOCÈLE, s. m. (*méd.*), goître, ou grosse tumeur qui se forme à la gorge, entre la peau et la trachée-artère ; de βρόγχος (*brogchos*), gorge, et de κήλη (*kélé*), tumeur.

BRONCHOTOMIE, s. f. (*chirur.*), incision faite à la trachée-artère, pour en tirer quelque corps étranger, ou pour faire entrer l'air dans les poumons ; de βρόγχος (*brogchos*), la gorge, la trachée-artère, et de τομή (*tomé*), incision, dérivé de τέμνω (*temnô*), je coupe.

BRYONE, s. f. plante sarmenteuse et grimpante, qui pousse très-vîte et s'élève à une hauteur considérable ; de βρύειν (*bruéin*), pousser à la manière de la vigne.

BUBON, s. m. tumeur inflammatoire qui vient aux glandes des aines ou des aisselles. Ce mot vient de βουβών (*boubôn*), aine, le siége ordinaire de ces sortes de tumeurs.

BUBONOCÈLE, s. m. espèce de hernie qui arrive à l'aine, causée par la chute de l'épiploon ; de βουβών (*boubôn*), aine, et de κήλη (*kélé*), tumeur, hernie ; c'est-à-dire, hernie des aines.

BUCÉPHALE, s. m. nom du fameux cheval d'Alexandre-le-Grand. Il étoit ainsi nommé de βοῦς (*bous*), bœuf, et de κεφαλή (*képhalé*), tête, parce qu'il portoit la marque d'une tête de bœuf. C'étoit la coutume autrefois d'imprimer quelques marques aux chevaux.

BUCOLIQUE, adj. qui signifie *pastoral*, et qui se dit des poésies où l'on fait parler des bergers. Ce mot vient de βουκόλος (*boukoloo*), bouvier, et en général pasteur, dérivé de βοῦς (*bous*), bœuf, et de κόλον (*kolon*), nourriture, d'où l'on a formé le verbe βουκολίω (*boukoléô*), faire paître les bœufs.

BUGLOSE, s. f. plante potagère et médicinale. Ce mot signifie *langue de bœuf*; de βοῦς (*bous*), bœuf, et de γλῶσσα (*glôssa*), langue, parce que ses feuilles ressemblent à la langue d'un bœuf par leur figure et par leur âpreté.

BUGRANE ou ARRÊTE-BŒUF, s. f. plante ainsi nommée de βοῦς (*bous*), bœuf, et d'ἀγρεύω (*agreuô*), prendre, retenir, parce qu'elle a des racines longues et rampantes, qui arrêtent les charrues des laboureurs.

BULBE, s. f. (*botan.*), en grec βολβός (*bolbos*), racine ronde, oignon de plante ou caïeu. On a fait de-là BULBEUX, adj. qui se dit des plantes dont les racines ont des bulbes ou oignons.

BUPHONIES, s. f. pl. fêtes athéniennes en l'honneur de Jupiter-Polien, dans lesquelles on lui immoloit un bœuf; de βοῦς (*bous*), bœuf, et de φονεύω (*phoneuô*), tuer.

BUPHTHALME ou ŒIL-DE-BŒUF, s. m. plante ainsi nommée, de βοῦς (*bous*), bœuf, et d'ὀφθαλμός (*ophthalmos*), œil, parce que sa fleur ressemble à l'œil d'un bœuf.

BUPRESTE, s. f. espèce de mouche cantharide qui empoisonne les animaux qui l'avalent en paissant; de βοῦς (*bous*), bœuf, et de πρήθω (*prêthô*), enflammer, parce que l'animal qui l'avale, périt d'une inflammation.

BUSTROPHE, s. f. ancienne manière d'écrire de la gauche à la droite, et ensuite de la droite à la gauche, sans discontinuer la ligne. Ce mot est formé de βοῦς (*bous*), bœuf, et de τρέφω (*stréphô*), je tourne, parce qu'on tournoit à la fin de la ligne, à-peu-près comme font les bœufs qui labourent.

C

CACERGÈTE. *Voyez* CACERGÈTE.

CACHECTIQUE, adj. qui est attaqué de cachexie. *Voyez* ce mot.

CACHEXIE, s. f. (*méd.*), mauvaise disposition du corps, causée par l'altération des humeurs ; de κακός (*kakos*), mauvais, et d'ἕξις (*héxis*), habitude, disposition. On prononce *kakéxie*.

CACOCHYLIE, s. f. (*méd.*), digestion dépravée qui produit de mauvais chyle ; de κακός (*kakos*), mauvais, et de χυλός (*chulos*), chyle ; c'est-à-dire, chylification dépravée ou altérée.

CACOCHYME, adj. (*méd.*), mal-sain, qui est rempli de mauvaises humeurs ; de κακός (*kakos*), mauvais, et de χυμός (*chumos*), suc, humeur. La *cacochymie* est l'état d'un cacochyme.

CACERGÈTE ou CACERGÈTE, adj. se dit des choses malfaisantes ; de κακοεργός (*kakoergos*), malfaisant, dérivé de κακός (*kakos*), mauvais, et d'ἔργον (*ergon*), ouvrage, action.

CACOÈTHE, adj. se dit des ulcères malins et invétérés ; de κακός (*kakos*), mauvais, et d'ἦθος (*éthos*), état, caractère, nature.

CACOPHONIE, s. f. son désagréable ; de κακός (*kakos*), mauvais, et de φωνή (*phôné*), voix, son.

CACOTROPHIE, s. f. (*méd.*), mauvaise nutrition ; de κακός (*kakos*), mauvais, et de τροφή (*trophé*), nourriture, qui vient de τρέφω (*tréphô*), je nourris.

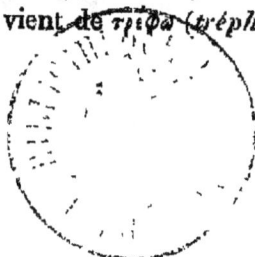

7

CACOTHYMIE, s. f. de κακός (*kakos*), mauvais, et de θυμός (*thumos*), esprit ; disposition vicieuse de l'esprit en général.

CALAMENT, s. m. plante aromatique, qui est une espèce de menthe, dont l'odeur est assez agréable. Son nom vient de καλός (*kalos*), beau, bon, et de μίνθα (*mintha*), menthe ; comme qui diroit, *belle menthe*, ou *menthe utile*, à cause de ses usages en médecine.

CALCÉDOINE. *Voyez* CHALCÉDOINE.

CALENDES, s. f. le premier jour de chaque mois, chez les Romains ; du latin *calendæ*, qui vient du grec καλεῖν (*kaléin*), appeler, parce que, ces jours-là, on convoquoit le peuple pour lui indiquer les féries, et le nombre des jours qui restoient jusqu'aux nones. De-là est venu CALENDRIER.

CALICE, s. m. de κύλιξ (*kulix*), ou κάλιξ (*kalix*), une tasse, un verre, dérivé, dit-on, de κυλίω (*kuliô*), rouler, tourner, soit parce que, quand on forme les vases, on tourne la roue, soit parce qu'ils sont creux et arrondis. Le *calice* d'une fleur est la partie qui lui sert d'enveloppe ou de réceptacle.

CALLIGRAPHE, s. m. nom qu'on donnoit autrefois aux écrivains copistes, qui mettoient au net ce qui avoit été écrit par ceux qu'on appeloit *notaires*. Ce mot vient de κάλλος (*kallos*), beauté, et de γράφω (*graphô*), j'écris, et signifie, qui écrit pour la beauté, pour l'ornement.

CALLIPÉDIE, s. f. l'art d'avoir de beaux enfans ; de καλός (*kalos*), beau, et de παῖς (*pais*), génit. παιδός (*paidos*), enfant. C'est le titre d'un poëme latin, composé par l'abbé *Quillet*, de Chinon en Touraine.

CALLISTÉIES, s. f. pl. fêtes grecques de l'île de Lesbos, dans lesquelles les femmes se disputoient le prix de la beauté ; de καλλιςεϊον (*kallisteion*), prix de la beauté, dérivé de κάλλιςος (*kallistos*), le plus beau, superlatif de καλὸς (*kalos*), beau.

CALLITRICHE, s. m. espèce de singe à longue queue, remarquable par les belles couleurs de son poil ; de καλλίθριξ (*kallithrix*), qui a un beau poil, formé de καλὸς (*kalos*), beau, et de θρὶξ (*thrix*), cheveu ou poil.

CALOMEL, s. m. (*pharm.*) mercure bien mêlé avec du soufre, et réduit en une substance noirâtre. Il est ainsi nommé de καλὸς (*kalos*), bon, et de μίλας (*mélas*), noir, à cause de sa couleur et de ses propriétés.

CAMÉLÉON, s. m. petit animal qui ressemble au lézard, et dont la peau change plusieurs fois de couleur. Les Grecs l'ont nommé χαμαιλίων (*chamailéon*), qui signifie à la lettre *petit lion*, apparemment parce qu'il chasse aux mouches, comme le lion chasse et dévore les autres animaux.

CAMÉLÉOPARD, s. m. animal qui a la tête et le cou comme le chameau, et qui est tacheté comme la panthère. Son nom, qui est formé de κάμηλος (*kamélos*), chameau, et de πάρδαλις (*pardalis*), panthère, exprime cette double ressemblance. On l'appelle plus communément *giraffe*.

CAMOMILLE, s. f. plante odoriférante, nommée en grec χαμαίμηλον (*chamaimélon*), de χαμαὶ (*chamai*), à terre, et de μηλία (*méléa*), pommier ; comme qui diroit, *pommier nain*, parce qu'elle s'élève peu, et qu'elle a une forte odeur de pomme.

CANEPHORES, s. f. jeunes filles qui, dans les fêtes païennes, portoient dans des corbeilles les choses destinées aux sacrifices ; de κάνης (*kanés*), corbeille, et de φίρω (*phéró*), je porte.

CANON, s. m. mot tiré du grec κανών (*kanôn*), qui signifie *règle*. Il est usité dans l'église, pour désigner les décisions des Conciles qui règlent la foi et la conduite des fidèles. Il se prend encore pour le catalogue des livres sacrés ; pour celui des saints évêques et des martyrs, d'où vient *canoniser*, c'est-à-dire, mettre au nombre des saints ; pour la forme de la liturgie, d'où vient le *canon* de la messe. CANONIAL, CANONIQUE, CANONIQUE-MENT, CANONISATION, CANONISTE, en sont aussi dérivés.

CANTHARIDE, s. f. espèce de mouche venimeuse, qui entre dans la composition des vésicatoires. Son nom grec est κανθαρὶς (*kantharis*), qui vient de κάνθαρος (*kantharos*), un escarbot, dont elle a la forme.

CANTHUS, s. m. (*anat.*), mot emprunté du grec κανθὸς (*kanthos*), qui signifie l'*angle*, ou le *coin de l'œil*. Celui qui est près du nez s'appelle le *grand canthus*, et celui qui touche à la tempe, le *petit canthus*.

CAPNOÏDE, s. f. plante dont la fleur ressemble à celle de la fumeterre. Son nom vient de καπνὸς (*kapnos*), qui signifie proprement *fumée*, et par lequel les Grecs désignent la fumeterre, et d'εἶδος (*éidos*), ressemblance.

CAPNOMANCIE, s. f. divination qui se faisoit, chez les anciens, par le moyen de la fumée. Ce mot est composé de καπνὸς (*kapnos*), fumée, et de μαντεία (*mantéia*), divination.

CAPSULE, s. f. petite loge ou cavité, en latin *capsula*; de κάψα (*kapsa*), qui signifie un étui, une cassette à serrer quelque chose, dérivé de κάπτω (*kaptô*), engloutir.

CARACTÈRE, s. m. mot emprunté de χαρακτήρ (*charaktér*), qui signifie, en général, une empreinte, une marque, une figure tracée sur une matière quelconque, pour faire connoître ou représenter quelque chose ; dérivé de χαράσσω (*charassô*), imprimer, graver. Ce mot, outre les lettres de l'alphabet, désigne encore les mœurs, l'humeur ou les habitudes d'une personne, et, en général, une marque distinctive.

Dérivés. CARACTÉRISER, v. CARACTÉRISTIQUE, adj. qui sert à caractériser.

CARCINOMATEUX, adj. (*méd.*), qui tient de la nature du *cancer*, nommé en grec καρκίνωμα (*karkinôma*). *Voyez* le mot suivant.

CARCINOME, s. m. (*méd.*), καρκίνωμα (*karkinôma*), cancer ou tumeur chancreuse ; de καρκῖνος (*karkinos*), qui signifie la même chose.

CARDIAGRAPHIE, s. f. partie de l'anatomie qui a pour objet la description du cœur ; de καρδία (*kardia*), cœur, et de γράφω (*graphô*), je décris.

CARDIAIRE, adj. de καρδία (*kardia*), cœur. Il se dit des vers qui naissent dans le cœur.

CARDIALGIE, s. f. (*méd.*), douleur violente à l'orifice supérieur de l'estomac. Ce mot est composé de καρδία (*kardia*), qui signifie le *cœur*, et aussi l'*orifice supérieur de l'estomac*, et d'ἄλγος (*algos*), douleur.

CARDIALOGIE, s. f. partie de l'anatomie qui traite des usages des différentes parties du cœur ; de καρδία (*kardia*), cœur, et de λόγος (*logos*), discours, traité.

CARDIAQUE, adj. (*méd.*), καρδιακὸς (*kardiakos*), qui a rapport au cœur ; de καρδία (*kardia*), cœur. Il se dit aussi des remèdes propres à fortifier le cœur.

CARDIATOMIE, s. f. dissection du cœur ; de καρδία (*kardia*), cœur, et de τομή (*tomê*), incision, dérivé de τέμνω (*temnô*), je coupe.

CARDITE ou CARDITIS, s. f. (*méd.*), inflammation du cœur ; de καρδία (*kardia*), cœur.

CAROTIDE, adj. (*anat.*), mot formé de κάρος (*karos*),

assoupissement. Les anciens ont donné ce nom à deux artères qui conduisent le sang au cerveau, parce qu'ils les regardoient comme le siége de l'assoupissement. De-là vient aussi CAROTIDAL, adj. qui a rapport aux carotides.

CARPE, s. m. (anat.), de καρπὸς (karpos), le poignet, ou la partie qui est entre le bras et la paume de la main.

CARPOBALSAMUM, s. m. mot emprunté du latin, et dérivé de deux mots grecs καρπὸς (karpos), fruit, et de βάλσαμον (balsamon), baume. Il désigne le fruit de l'arbre qui produit le baume de Judée.

CARTHAME ou safran bâtard, s. m. plante médicinale. Son nom pourroit venir de καθαρμὸς (katharmos), purgation, en transposant la lettre ρ, dérivé de καθαίρω (kathairô), je purge, parce que sa semence passe pour un violent purgatif.

CARTOMANCIE, s. f. terme nouveau. Art de tirer les cartes et de lire dans l'avenir. Ce mot est formé de χάρτης (chartés), papier ou carte, et de μαντεία (mantéia), divination. De-là, CARTOMANCIEN, s. m. celui qui exerce cet art.

CARUS, s. m. (méd.), terme emprunté du latin, et dérivé du grec κάρος (karos), assoupissement, sommeil profond. C'est une affection soporeuse qui prive du sentiment et du mouvement.

CARYOPHILLOÏDE, s. f. (nat.), pierre figurée, qui imite le clou de girofle. Ce mot est composé du grec καρυόφυλλον (caruophullon), clou de girofle, et du grec εἶδος (éidos), forme, figure. Le mot caryophyllus signifie littéralement feuille de noyer, de deux mots grecs καρύα (karua), noyer, et de φύλλον (phullon), feuille; cependant il n'y a aucune ressemblance entre le noyer et l'arbre qui porte le girofle.

CATABAPTISTES (les), s. m. pl. hérétiques qui nioient la nécessité du baptême ; de *κατὰ* (*kata*), contre, et de *βαπτισμός* (*baptismos*), baptême, dérivé de *βάπτω* (*baptô*), plonger dans l'eau ; c'est-à-dire, qui étoient opposés au baptême.

CATACAUSTIQUE, s. f. (*math.*), mot dérivé de *κατακαίω* (*katakaiô*), brûler par réflexion, de *κατὰ* (*kata*), contre, et de *καίω* (*kaiô*), brûler. C'est une courbe formée par des rayons réfléchis, à la différence de la *diacaustique*, qui est formée par réfraction. *Voyez* CAUSTIQUE.

Cataclysme, inondation, déluge.

CATACHRÈSE, s. f. figure du discours, qui consiste dans l'abus de la signification propre d'un mot. Ce terme est grec *κατάχρησις* (*katachrèsis*), abus, de *καταχράομαι* (*katachraomai*), abuser, lequel vient de *κατὰ* (*kata*), contre, et de *χράομαι* (*chraomai*), user ; c'est-à-dire, usage d'un mot contre sa signification propre et naturelle.

CATACOMBES, s. f. pl. cavités souterraines, proche de Rome, qui servoient à la sépulture des morts, et où l'on croit que se retiroient les chrétiens durant la persécution. Ce mot est dérivé de *κατὰ* (*kata*), dessous, et de *κύμβος* (*kumbos*), cavité. Quelques-uns prétendent qu'on écrivoit anciennement CATATOMBES, en latin *catatumbæ*, et font venir, en conséquence, ce mot de *κατὰ*, et de *τύμβος* (*tumbos*), tombeau ; comme qui diroit, *tombeaux*, *souterrains*.

CATACOUSTIQUE, s. f. partie de l'acoustique qui a pour objet les échos ou les sons réfléchis ; de *κατὰ* (*kata*), contre, et d'*ἀκούω* (*akouô*), j'entends ; c'est-à-dire, j'entends des sons contrariés dans leur direction, ou j'entends par réflexion.

CATADIOPTRIQUE, adj. qui a rapport à-la-fois

à la catoptrique et à la dioptrique. *Voyez* ces deux mots.

CATADOUPE ou CATADUPE, s. f. cataracte, chute d'eau qui fait grand bruit ; de καταδουπέω (*kata-doupéô*), tomber avec bruit, dérivé de κατα (*kata*), en-bas, et de δοῦπος (*doupos*), bruit, fracas.

CATAGMATIQUE, adj. (*méd.*) Il se dit des médi-camens propres à guérir les fractures des os ; de κάταγμα (*katagma*), fracture, dérivé de κατάγω (*katagô*), briser, rompre.

CATALECTIQUE, adj. Les anciens nommoient ainsi des vers imparfaits, auxquels il manquoit quel-ques pieds ou quelques syllabes à la fin. Ce mot vient de καταληκτικός (*kataléktikos*), formé de κατα (*kata*), contre, et de λήγω (*légô*), finir ; c'est-à-dire, qui n'est pas ter-miné ou fini, qui est incomplet. Aujourd'hui on appelle *catalectes*, des fragmens d'ouvrages anciens, ou des ou-vrages qui n'ont pas été achevés.

CATALEPSIE, s. f. (*méd.*), maladie dans laquelle on reste tout-à-coup immobile et privé de sentiment, sans perdre cependant la respiration ; de κατάληψις (*ka-talépsis*), qui veut dire *détention*, dérivé de καταλαμβάνω (*katalambanó*), arrêter, retenir, parce que ceux qui en sont attaqués, restent fixes et immobiles comme des statues, ou comme s'ils étoient glacés.

Dérivé. CATALEPTIQUE, adj. qui est attaqué de la catalepsie.

CATALOGUE, s. m. κατάλογος (*katalogos*), récen-sement, état détaillé, formé de κατα (*kata*), et de λέγω (*légô*), parler ; d'où l'on a fait καταλέγω (*katalégó*), ra-conter séparément et en détail. Le *catalogue* est une distribution faite avec un certain ordre, une certaine méthode, pour donner des renseignemens sur les objets qui y sont détaillés, et qui forment un ensemble ou un tout.

CATALOTIQUE ou **CATULOTIQUE**, adj. (*méd.*), nom des remèdes propres à dissiper les marques des cicatrices qui paroissent sur la peau ; de κατά (*kata*), contre, et d'οὐλόω (*ouloô*), cicatriser, dérivé d'οὐλή (*oulé*), cicatrice.

CATAPASME, s. m. médicament pulvérisé dont on saupoudre quelque partie du corps ; de κατά (*kata*), dessus, et de πάσσω (*passô*), je répands.

CATAPHONIQUE, s. f. science des sons réfléchis, qu'on appelle aussi *catacoustique* ; de κατά (*kata*), contre, et de φωνή (*phôné*), son. *Voyez* CATACOUSTIQUE.

CATAPHORE, s. f. (*méd.*), de καταφορά (*kataphora*), qui signifie *chute*, dérivé de κατά (*kata*), en-bas, et de φέρω (*phéró*), je porte. Sorte de maladie qui consiste dans un profond assoupissement. *Voyez* COMA, qui est la même chose.

CATAPLASME, s. m. espèce d'emplâtre ou de médicament mou, qu'on applique extérieurement sur quelque partie du corps ; en grec κατάπλασμα (*kataplasma*), qui vient de κατά (*kata*), dessus, et de πλάσσω (*plassô*), enduire.

CATAPLEXIE, s. f. (*méd.*), engourdissement subit dans une partie du corps ; de καταπλήσσω (*katapléssô*), frapper, rendre stupide ou hébété, dérivé de πλήσσω (*pléssô*), je frappe.

CATAPULTE, s. f. en latin *catapulta*, et en grec καταπέλτης (*katapeltês*), ancienne machine de guerre qui servoit à lancer des traits ; de κατά (*kata*), sur, ou contre, et de πάλλω (*pallô*), je lance.

CATARACTE, s. f. καταράκτης (*kataractés*), chute

d'eau, qui se fait avec beaucoup de violence et de bruit ;
de *καταρράσσω* (*katarrhassó*), briser, renverser avec force,
dérivé de *ράσσω* (*rhassó*), le même. On nomme aussi *cataracte*, une maladie des yeux, causée par l'altération
du crystallin, qui devient opaque, et fait perdre la
vue.

CATARRHE ou CATARRE, s. m. en grec *κατάρροος*
(*katarrhoos*), fluxion d'humeurs âcres qui tombent sur
la tête, la gorge ou le poumon ; de *κατά* (*kata*), en-bas,
et de *ρέω* (*rhéó*), couler ; d'où l'on a formé *καταρρέω* (*ka-
tarrhéó*), découler. Les anciens entendoient proprement
par *catarrhe*, une fluxion d'humeurs qui tomboient de
la tête sur les parties inférieures du corps. De-là est venu
CATARRHAL, adj. qui tient du catarrhe ; CATARRHEUX,
adj. sujet aux catarrhes.

CATASTASE, s. f. la partie du poëme dramatique
des anciens, où le nœud de l'intrigue est dans toute sa
force. Ce mot vient de *κατάστασις* (*katastasis*), constitu-
tion, qui dérive de *καθίστημι* (*kathistémi*), constituer, établir, parce que c'est cette partie qui forme, qui consti-
tue, comme le corps de l'action théâtrale.

CATASTROPHE, s. f. changement ou révolution
qui termine une action dramatique ; de *καταστροφή* (*kata-
strophé*), renversement, destruction, formé de *κατά*
(*kata*), sous, et de *στρέφω* (*stréphó*), tourner ; c'est-à-dire,
destruction ou fin de l'action. *Catastrophe* signifie aussi,
en général, une issue funeste, une fin malheureuse.

CATÉCHÈSE, s. f. (*hist. eccl.*), de *κατήχησις* (*katé-
chésis*), instruction de vive voix. *Voyez* CATÉCHISME,
qui est le même.

CATÉCHISME, s. m. explication des premiers principes de quelque science, et en particulier de la doctrine
chrétienne. Ce mot vient de *κατηχίζειν* (*katéchizéin*),

faire retentir aux oreilles, enseigner de vive voix, formé de *κατα* (*kata*), et d'*ήχος* (*échos*), son, retentissement, parce qu'autrefois cette instruction ne se faisoit que de vive voix, et non par écrit. C'est ce qu'on appeloit *catéchèse*, dans la primitive église. De-là vient aussi Catéchiser, Catéchiste.

CATÉCHUMÈNE, s. m. celui qu'on instruit pour le disposer au baptême; de *κατηχούμενος* (*katéchouménos*), participe passé de *κατηχέω* (*katéchéó*), instruire de vive voix.

CATÉGORIE, s. f. (*logiq.*), sorte de classe dans laquelle les anciens philosophes rangent tous les êtres et tous les objets de nos pensées. Ce mot vient de *κατηγορια* (*katégoria*), qui signifie *chose dont on peut parler*, formé de *κατηγορέω* (*katêgoréó*), montrer, déclarer, manifester, dont la racine est *αγορα* (*agora*), le barreau, le marché, la multitude.

Dérivés. Catégorique, adj. qui est dans l'ordre, et tel qu'il doit être; Catégoriquement, adv. *Cata clysme.*

CATHARES, de *καθαρός* (*katharos*), pur. Nom usurpé par plusieurs sectes d'hérétiques en différens temps, parce qu'ils se croyoient plus purs que les autres chrétiens.

CATHARTIQUE, adj. (*méd.*), purgatif, qui a la propriété de purger; de *καθαίρω* (*kathairó*), je purge.

CATHÉDRALE, s. f. église où est le siége de l'évêque; du mot grec *καθέδρα* (*kathédra*), siége, qui a passé dans la langue latine. De-là est venu l'ancien mot Cathédratique, adj. qui se dit d'un droit de deux sols d'or qui se payoit à l'évêque, quand il faisoit la visite de son diocèse.

CATHÉRÉTIQUE, adj. (*pharm.*), de *καθαιρέω* (*kathairéó*), détruire, enlever, formé de *κατα* (*kata*), de, et d'*αἱρέω* (*airéó*), ôter, emporter. Il se dit des remèdes qui rongent et consument les chairs fongueuses des plaies.

CATHÈTE, s. f. ligne qui tombe perpendiculairement sur une autre; de *κάθετος* (*kathétos*), qui signifie *le plomb d'un maçon*, dérivé de *καθίημι* (*kathiémi*), abaisser.

CATHÉTER, s. m. (*chirur.*), sonde creuse et recourbée, faite pour être introduite dans la vessie; de *καθίημι kathiémi*), introduire. On appelle *cathétérisme*, l'opération faite avec le cathéter.

CATHOLICON, s. m. (*pharm.*), médicament, ainsi appelé de *καθολικός* (*katholikos*), universel, ou parce qu'il est composé de plusieurs ingrédiens, ou parce que les anciens le regardoient comme propre à purger toutes les humeurs.

CATHOLIQUE, adj. mot dérivé de *καθολικός* (*katholikos*), universel, de *κατά* (*kata*), par, et d'*ὅλος* (*olos*), tout; c'est-à-dire, qui est répandu par-tout. Il ne s'applique qu'à la religion chrétienne, et à ce qui s'y rapporte.

Dérivés. CATHOLICISME, CATHOLICITÉ, CATHOLIQUEMENT.

CATOCHÉ, s. f. (*méd.*), *κατοχή* (*katoché*), de *κατέχω* (*katéchó*), je retiens. *Voyez* CATALEPSIE, qui est la même chose.

CATOPTRIQUE, s. f. partie de l'optique qui traite des effets de la réflexion de la lumière. Ce mot vient de *κάτοπτρον* (*katoptron*), miroir; d'où l'on a fait *κατοπτρίζω* (*katoptrizó*), réfléchir comme un miroir; dérivé de *κατά* (*kata*), contre, et d'*ὄπτομαι* (*optomai*), voir. Quelquefois aussi CATOPTRIQUE est adjectif.

CATOPTROMANCIE, s. f. espèce de divination

qui se faisoit en regardant dans un miroir. Ce mot est composé de κάτοπτρον (katoptron), miroir, et de μαντεία, divination. On dit aussi *crystallomancie.*

CATOTÉRIQUE, adj. (*méd.*), de κάτω (*katô*), en bas, et de ῥέω (*rhéô*), couler; qui fait couler en bas. On donne ce nom aux remèdes purgatifs.

CAUSTIQUE, adj. de καυστικός (*kaustikos*), qui signifie proprement *brûlant,* et au figuré, *mordant, satirique,* dérivé de καίω (*kaiô*), je brûle. On appelle *caustique,* en géométrie, la courbe sur laquelle se rassemblent, et ont une force brûlante, les rayons qui ont été réfléchis par une surface, ou qui ont éprouvé une réfraction en changeant de milieu.

Dérivé. CAUSTICITÉ, s. f. qualité de ce qui est caustique.

CAUSUS, s. m. (*méd.*), espèce de fièvre aiguë, qui cause une soif ardente et une chaleur brûlante. Ce mot, qui est latin, vient de καύσων (*kausôn*), chaleur, ardeur excessive, dérivé de καίω (*kaiô*), je brûle. On l'appelle aussi *fièvre ardente.*

CAUTÈRE, s. m. (*chirur.*), καυτήριον (*kautérion*), médicament ou fer brûlant qu'on applique sur quelque partie du corps pour la consumer. Il se prend aussi pour une ouverture qu'on fait dans la chair par le moyen d'un caustique, pour faire écouler les humeurs. Ce mot est dérivé de καίω (*kaiô*), je brûle. De-là se forment CAUTÉRISATION, CAUTÉRISER.

CAUTÉRÉTIQUE, adj. de καυτήριον (*kautérion*), cautère. Il se dit des remèdes qui brûlent les chairs. - *Voyez* CAUTÈRE.

CÉDULE ou SCÉDULE, s. f. petit morceau de papier où l'on écrit quelque chose pour servir de mémoire; du latin *schedula,* dérivé du grec σχέδη (*schédé*), qui signifie billet, mémoire, tablette où l'on écrit sur-le-champ tout ce qui vient dans l'esprit. *Cédule* est un terme de banque et de pratique.

CÉLIAQUE ou CŒLIAQUE, adj. (*méd.*), de κοιλία (*koilia*), le ventre. Il se dit d'un flux de ventre chyleux, et d'une artère qui se partage vers le foie et la rate.

CÉLOTOMIE, s. f. (*chirur.*), de κήλη (*kélé*), tumeur, hernie, et de τέμνω (*tzmnó*), je coupe. Amputation qui se fait pour guérir ceux qui sont attaqués de hernie.

CENCHRITE, s. f. (*anat.*), espèce de pierre, ainsi nommée de κέγχρος (*kegchros*), millet, parce qu'elle est composée de petits grains semblables à des grains de millet pétrifiés.

CÉNOBIARQUE, s. m. supérieur d'un monastère de cénobites; de κοινός (*koinos*), commun, de βίος (*bios*), vie, et d'ἀρχή (*arché*), commandement. *Voyez* CÉNOBITE.

CÉNOBITE, s. m. religieux qui vit en communauté ou dans un couvent. Ce mot est dérivé de κοινός (*koinos*), commun, et de βίος (*bios*), vie, c'est-à-dire, qui vit en commun. De-là vient aussi CÉNOBITIQUE, adj. qui a rapport aux anciens cénobites.

CÉNOTAPHE, s. m. tombeau vide, ou monument dressé à la mémoire d'un mort enterré ailleurs; de κενός (*kénos*), vide, et de τάφος (*taphos*), tombeau.

CENTAURE, s. m. (*mytho.*), κένταυρος (*kentauros*), formé de κεντέω (*kentéó*), piquer, et de ταῦρος (*tauros*), taureau. Les Centaures ont été premièrement des cavaliers d'un roi de Thessalie, qui entreprirent de délivrer le pays d'un troupeau de taureaux furieux, en les poursuivant à cheval, et les perçant à coups de traits; et depuis, ce mot a été pris par les poètes pour un monstre moitié homme et moitié cheval.

CENTIGRAMME, s. m. centième partie du gramme, dans les nouvelles mesures; du latin *centum*, cent, et de γράμμα (*gramma*), gramme. *Voyez* ce dernier mot.

CENTIMÈTRE, s. m. centième partie du mètre, dans les nouvelles mesures, du latin *centum*, cent, et du grec μέτρον (*métron*), mesure ou *mètre*. Voyez MÈTRE.

CENTON, s. m. sorte de poëme composé de vers pris de côté et d'autre dans des auteurs connus. Ce mot vient de κέντρων (*kentrôn*), en latin *cento*, qui signifie *habit fait de divers morceaux*, et qui est formé de κεντέω (*kenteô*), piquer, parce qu'il falloit bien des points d'aiguilles pour coudre ces sortes d'habits.

CENTRE, s. m. C'est, en général, un point qui est au milieu d'une figure, d'un espace ou d'un corps quelconque. Ce mot se dit en grec κέντρον (*kentron*), qui signifie ordinairement un *point*, dérivé de κεντέω (*kentéô*), piquer.

Dérivés. CENTRAL, adj. CENTRER, v.

CENTRIFUGE, adj. (*physiq.*), qui tend à éloigner d'un centre; de κέντρον (*kentron*), en latin *centrum*, centre, et de φεύγω (*pheugô*), en latin *fugio*, fuir. On appelle *force centrifuge*, l'effort que fait, pour s'éloigner de son centre, tout corps dont le mouvement est circulaire.

CENTRIPÈTE, adj. (*physiq.*), qui tend à approcher d'un centre; de κέντρον (*kentron*), centre, et du latin *peto*, aller. Il se dit de la force qui pousse les corps vers un centre commun.

CENTROBARIQUE, adj. mot formé de κέντρον (*kentron*), centre, et de βάρος (*baros*), poids, gravité, pesanteur, c'est-à-dire, qui emploie le centre de gravité. On appelle, en mécanique, *méthode centrobarique*, celle qui consiste à déterminer la mesure de l'étendue par le mouvement des centres de gravité.

CENTROSCOPIE, s. f. partie de la géométrie qui traite du centre des grandeurs; de κέντρον (*kentron*), centre, et de σκοπέω (*skopéō*), je considère.

CÉPHALAGRAPHIE, s. f. (*anat.*), de κεφαλή (*képhalé*), tête, et de γράφω (*graphó*), je décris; description du cerveau ou de la tête.

CÉPHALALGIE, s. f. (*méd.*), violent mal de tête; de κεφαλή (*képhalé*), tête, et d'ἄλγος (*algos*), douleur.

CÉPHALALOGIE, s. f. de κεφαλή (*képhalé*), tête, et de λόγος (*logos*), discours. Partie de l'anatomie qui traite du cerveau ou de la tête.

CÉPHALANTHE, nom générique des plantes dont les fleurs sont rassemblées en boules, ou en forme de têtes; de κεφαλή (*képhalé*), tête, et d'ἄνθος (*anthos*), fleur.

CÉPHALARTIQUE, adj. (*méd.*), qui est propre à purger la tête; de κεφαλή (*képhalé*), tête, et d'ἀρτίζω (*artizó*), rendre parfait, dérivé d'ἄρτιος (*artios*), parfait.

CÉPHALATOMIE, s. f. anatomie du cerveau ou de la tête; de κεφαλή (*képhalé*), tête, et de τέμνω (*temnó*), couper, disséquer.

CÉPHALÉE, s. f. (*méd.*), douleur de tête invétérée, en grec κεφαλαία (*képhalaia*), de κεφαλή (*képhalé*), tête.

CÉPHALIQUE, adj. qui a rapport à la tête, qui est bon contre les maladies de la tête. Ce mot vient de κεφαλη (*képhalé*), tête. On donne aussi ce nom à l'une des veines du bras, parce qu'on croyoit autrefois que la saignée faite à cette veine soulageoit les maux de tête.

CÉPHALITIS ou CÉPHALITE, s. f. (*méd.*), inflammation du cerveau ; de κεφαλή (*képhalé*), tête.

CÉPHALOÏDE, adj. qui a la forme d'une tête ; de κεφαλή (*képhalé*), tête, et d'εἶδος (*éidos*), forme, ressemblance. On donne ce nom aux plantes dont le sommet est ramassé en forme de tête.

CÉPHALOPHARYNGIEN, adj. et s. (*anat.*), nom de deux muscles qui s'attachent à la tête, et se terminent au pharynx. Ce mot est composé de κεφαλή (*képhalé*), tête, et de φάρυγξ (*pharugx*), le pharynx. *Voyez* ce mot.

CÉPHALOPONIE, s. f. (*méd.*), douleur ou pesanteur de tête ; de κεφαλή (*képhalé*), tête, et de πόνος (*ponos*), douleur, travail.

CÉRASTE, s. m. sorte de serpent d'Afrique, ainsi nommé de κέρας (*kéras*), corne, parce qu'on prétend qu'il a sur la tête deux éminences en forme de cornes, pareilles à celles du limaçon.

CÉRATOGLOSSE, adj. et s. (*anat.*), mot formé de κέρας (*kéras*), corne, et de γλῶσσα (*glôssa*), langue. C'est le nom de deux petits muscles qui s'attachent à la grande corne de l'os hyoïde, et se terminent à la langue. *Voyez* HYOÏDE.

CÉRATOÏDE, adj. (*anat.*), qui ressemble à de la corne ; de κέρας (*kéras*), corne, et d'εἶδος (*éidos*), forme, figure. Les Grecs ont donné ce nom à la *cornée* des yeux.

CÉRATOSTAPHYLIN, adj. (*anat.*), de κέρας (*kéras*), corne, et de σταφυλή (*staphulé*), la luette. Nom d'un muscle qui s'attache à la corne de l'os hyoïde, et se termine à la luette.

CÉRAUNOCHRYSON, s. m. nom que les alchimistes donnent à l'or fulminant ; de *κεραυνὸς* (*kéraunos*), foudre, et de *χρυσὸς* (*chrusos*), or.

CERCOPITHÈQUE, s. m. espèce de singe à longue queue ; de *κέρκος* (*kerkos*), queue, et de *πίθηκος* (*pithékos*), singe.

CERCOSIS, s. m. (*chirur.*), mot grec qui désigne une excroissance de chair qui sort de l'orifice de la matrice ; de *κέρκος* (*kerkos*), queue, à cause de sa forme.

CÉROGRAPHE, s. m. cachet ou anneau qui servoit à cacheter ; de *κηρος* (*kéros*), cire, et de *γράφω* (*graphô*), écrire, imprimer ; c'est-à-dire, qu'on imprimoit sur la cire.

CÉROMANCIE, s. f. sorte de divination qui se faisoit avec de la cire ; de *κηρὸς* (*kéros*), cire, et de *μαντεία* (*mantéia*), divination.

CESTE, s. m. gantelet de cuir, garni de fer ou de plomb, dont les athlètes se servoient dans les combats du pugilat. Ce mot vient de *κεστὸς* (*kestos*), qui signifie *piqué, fait à l'aiguille*, dérivé de *κεντέω* (*kentéô*), piquer.

CESTIPHORE, s. m. athlète qui combattoit avec le ceste ; de *κεστὸς* (*kestos*), ceste, et de *φέρω* (*phérô*), je porte ; c'est-à-dire, porteur de ceste. *Voyez* CESTE.

CÉTACÉ, adj. formé de *κῆτος* (*kétos*), baleine ; qui est du genre de la baleine. Les naturalistes donnent ce nom à tous les grands poissons vivipares, tels que la baleine, le dauphin, &c. qui ont des nageoires au lieu de pieds.

CHALASIE, s. f. (*méd.*), tumeur des paupières, qui ressemble à un petit grain de grêle ; de *χάλαζα* (*chalaza*), grêle.

CHALASTIQUE, adj. (*méd.*), de *χαλάζω* (*chalazô*),

relâcher, détendre. Il se dit des remèdes propres à relâcher les fibres. On prononce *kalastique*.

CHALCÉDOINE, s. f. espèce d'agathe demi-trans-
parente, et d'un blanc laiteux. Son nom grec est χαλκηδὼν
(*chalkédôn*), parce qu'on en trouvoit beaucoup aux
environs de la ville de Chalcédoine, en Bithynie. On
écrit plus ordinairement *Calcédoine*.

CHALCÉES ou CHALCIES, s. f. fêtes Athéniennes
en l'honneur de Vulcain, ainsi nommées de χαλκὸς
(*chalkos*), cuivre, parce que ce dieu passoit pour avoir
inventé l'art de façonner le cuivre.

CHALCITE, s. m. sulfate de cuivre; de χαλκὸς (*chalkos*), cuivre, ou airain.

CHALCOGRAPHE, s. m. graveur en airain, de
χαλκὸς (*chalkos*), airain, et de γράφω (*graphô*), je
grave. Ce mot se prend généralement pour *graveur sur
métaux*.

Dérivé. CHALCOGRAPHIE, s. f. l'art de graver sur les
métaux. — A Rome, imprimerie du pape, où se publient
ses ordonnances.

CHALCOPYRITE, s. f. nom donné à l'espèce de
pyrite qui contient des parties cuivreuses; de χαλκὸς
(*chalkos*), cuivre, et de πυρίτης (*purités*), pyrite.
Voyez PYRITE.

CHAMÆCÉRASUS, s. m. petit arbrisseau, ainsi
nommé de χαμαὶ (*chamai*), à terre, et de κέρασος (*ké-
rasos*), cerisier; comme qui diroit, *cerisier nain*, parce
qu'il s'élève fort peu, et que son fruit ressemble à une
petite cerise.

CHAMÉCISSE, s. m. nom grec du lierre terrestre;
de χαμαὶ (*chamai*), à terre, et de κισσὸς (*kissos*),
lierre.

CHAMEDRYS, s. m. plante amère et sudorifique,

ainsi nommée de χαμαὶ (*chamai*), à terre, et de δρῦς (*drus*), chêne ; comme qui diroit, *petit chéne*, parce qu'elle pousse des tiges rampantes, et que ses feuilles sont dentelées comme celles du chêne. On la nomme autrement *germandrée*.

CHAMÉLEUCÉE, s. f. nom grec d'une plante, appelée *pas-d'âne* ou *tussilage* ; de χαμαὶ (*chamai*), à terre, et de λευκός (*leukos*), blanc, à cause que ses feuilles sont blanches et touchent la terre.

CHAMÉSYCE, s. f. plante laiteuse, nommée aussi *petite-ésule* ; de χαμαὶ (*chamai*), à terre, et de συκῆ (*suké*), figuier ; comme qui diroit, *figuier nain*.

CHANOINE, CHANOINESSE, s. m. et f. de κανονικός (*kanonikos*), qui signifie *régulier*, dérivé de κανὼν (*kanôn*), canon, règle, parce que tous les chanoines, dans leur première institution, étoient réguliers, c'est-à-dire, observoient la règle et la vie commune, sans aucune distinction.

CHAOS, s. m. mot purement grec, χάος (*chaos*), confusion de toutes choses avant la création, de χαίνω (*chainô*), s'entr'ouvrir, se fendre ; c'est pourquoi le mot grec χάος signifie encore un abyme, une ouverture immense et profonde, où règne une obscurité affreuse.

CHARTE ou CHARTRE, s. f. titre expédié sous le sceau d'un prince, d'un seigneur, &c. de χάρτης (*chartés*), en latin *charta*, gros papier sur lequel on écrivoit autrefois les actes d'importance.

CHEIROPTÈRE, adj. (*nat.*), qui a des mains ailées ; de χεὶρ (*cheir*), main, et de πτερόν (*ptéron*), aile. Il se dit des animaux qui ont les pattes antérieures alongées, et garnies d'une membrane en forme d'ailes.

CHÉLIDOINE, s. f. plante amère qui contient un suc jaune et fort âcre. Son nom vient de χελιδὼν (*chélidôn*), hirondelle, parce qu'on a cru que cet oiseau s'en servoit pour guérir ses petits quand ils avoient mal aux yeux, ou qu'elle fleurissoit au retour des hirondelles.

CHÉLONITE, s. f. pierre figurée, représentant le corps d'une tortue qui n'a point de tête; de χιλώη (*chélóné*), tortue.

CHÉMOSE ou **CHÉMOSIS**, s. m. en grec χήμωσις (*chémósis*), maladie des yeux, causée par une inflammation qui fait élever le blanc de l'œil au-dessus du noir; ce qui forme une espèce de bourrelet, ou d'*hiatus*: de χαίνω (*chainó*), bâiller, être entr'ouvert.

CHÉNICE ou **CHŒNIQUE**, s. m. (*antiq.*), en grec χοῖνιξ (*choinix*), ancienne mesure grecque pour les solides, qui valoit la huitième partie du boisseau romain, ou environ vingt-quatre onces.

CHERSONÈSE, terme de géographie, qui signifioit autrefois *presqu'île*; de χέρσος (*chersos*), terre, et de νῆσος (*nésos*), île; c'est-à-dire, île qui tient à la terre ferme, au continent.

CHERSYDRE, s. m. serpent amphibie, qui habite successivement l'eau et la terre; de χέρσος (*chersos*), terre, et d'ὕδωρ (*udór*), eau.

CHICORÉE, s. f. en grec κιχώρη (*kichóré*), et κιχώριον (*kichórion*), qui pourroit, dit-on, venir de κιχέω (*kichéó*), je trouve, parce que cette plante se trouve par-tout. Les botanistes ont formé de-là CHICORACÉ, adj. qui se dit des plantes qui ont quelque rapport avec la chicorée.

CHILIADE, s. f. assemblage de plusieurs choses par milliers; de χιλιάς (*chilias*), qui signifie *un millier*.

CHILIARQUE, s. m. ancien officier grec qui commandoit un corps de mille hommes; de χίλιοι (*chilioi*), mille, et d'ἀρχὸς (*archos*), chef, dérivé d'ἀρχὴ (*arché*), commandement.

CHILIASTES ou **MILLÉNAIRES** (les), s. m. pl. hérétiques, ainsi nommés de χιλιὰς (chilias), mille, parce qu'ils prétendoient que Jésus-Christ viendroit régner sur la terre, sous une forme corporelle, mille ans avant le jugement général.

CHILIOGONE ou **KILIOGONE**, s. m. (géom.), figure plane et régulière de mille angles, et d'autant de côtés ; de χίλιοι (chilioi), mille, et de γωνία (gónia), angle.

CHILIOMBE, s. f. sacrifice de mille bœufs, chez les anciens ; de χίλιοι (chilioi), mille, et de βοῦς (bous), bœuf.

CHIMIE. *Voyez* CHYMIE.

CHIRAGRE (prononcez *kiragre*), s. f. (méd.), goutte qui attaque les mains ; de χεὶρ (cheir), main, et d'ἄγρα (agra), prise, capture. On le dit aussi du malade.

CHIRITE, s. f. (nat.), pierre figurée, représentant une main d'homme ; de χεὶρ (cheir), main.

CHIROGRAPHAIRE (prononcez *kirographaire*), adj. celui qui est créancier en vertu d'un acte sous seing-privé, et non reconnu en justice ; de χεὶρ (cheir), main, et de γράφω (graphô) j'écris.

CHIROLOGIE, s. f. art de parler en faisant des mouvemens et des signes avec les mains, de χεὶρ (cheir), main, de λόγος (logos), discours, et de λέγω (légô), je parle. C'est ce langage d'action dont l'*abbé de l'Epée* a su faire un art méthodique, aussi simple que facile, pour l'instruction des sourds-muets. On prononce *kirologie*.

CHIROMANCIE (prononcez *kiromancie*), s. f. divination par l'inspection des lignes de la main ; de χεὶρ (cheir), main, et de μαντεία (mantéia), divination. On appelle *chiromancien*, celui qui exerce la chiromancie.

CHIRONOMIE (prononcez *kironomie*), s. f. mot formé de χεὶρ (cheir), main, dérivé de νόμος (nomos), règle, et de *νέμω* (*némô*), régler, former. C'étoit, chez les anciens, un art qui avoit pour objet d'enseigner le geste, et sur-tout le mouvement des mains. On nommoit *chironomistes*, ceux qui enseignoient cet art.

CHIROTONIE (prononcez *kirotonie*), s. f. Ce terme de liturgie signifie l'imposition des mains qui se fait en conférant les ordres ecclésiastiques; de *χείρ* (*cheir*), main, et de *τείνω* (*téinô*), j'étends.

CHIRURGIE, s. f. art qui enseigne à faire diverses opérations de la main sur le corps de l'homme pour la guérison des blessures, &c. Ce mot vient de *χειρουργία* (*cheirourgia*), opération manuelle, dérivé de *χείρ* (*cheir*), main, et d'*έργον* (*ergon*), ouvrage, travail. Cet art fait partie de la médecine, à laquelle il est subordonné.

Dérivés. CHIRURGICAL et CHIRURGIQUE, adj. qui appartient, qui a rapport à la chirurgie; CHIRURGIEN, s. m. *χειρουργός* (*cheirourgos*), celui qui exerce la chirurgie, littéralement, *qui opère de la main.*

CHISTE. *Voyez* KISTE.

CHLAMYDE, s. f. sorte de vêtement militaire des anciens, en grec *χλαμύς* (*chlamus*), génit. *χλαμύδος* (*chlamudos*).

CHLOROSE, s. f. (*méd.*), maladie des filles, nommée autrement *pâles couleurs.* Ce mot vient de *χλωρός* (*chlôros*), verdâtre, de couleur d'herbe, parce que celles qui en sont attaquées ont le teint pâle et livide. De-là on a fait CHLOROTIQUE, adj.

CHŒUR, s. m. de *χορός* (*choros*), morceau d'harmonie exécuté par tous les musiciens ensemble. C'est aussi la partie d'une église où l'on chante l'office divin; CHORISTE en est dérivé.

CHOLAGOGUE, adj. (*méd.*), qui est propre à purger

la bile ; de χολή (*cholé*), bile, et d'άγω (*agô*), je chasse, j'évacue.

CHOLÉDOGRAPHIE, s. f. (*méd.*), description de la bile ; de χολή (*cholé*), bile, et de γράφω (*graphô*), je décris.

CHOLÉDOLOGIE, s. f. de χολή (*cholé*), bile, et de λόγος (*logos*), discours, traité. Partie de la médecine qui traite de la bile.

CHOLÉRA-MORBUS, s. m. (*méd.*), maladie aiguë qui consiste dans une évacuation violente de bile par haut et par bas. Ce mot est composé de χολή (*cholé*), bile, de ρέω (*rhéô*), couler, et du latin *morbus*, maladie.

CHOLÉRIQUE, adj. χολερικὸς (*cholerikos*), qui est d'un tempérament bilieux, de χολή (*cholé*), bile, et de ρέω (*rhéô*), couler ; c'est-à-dire, qui est sujet à une effusion ou épanchement de bile.

CHOLIDOQUE, ou **CHOLÉDOQUE**, adj. (*anat.*), de χολή (*cholé*), bile, et de δέχομαι (*déchomai*), recevoir. Nom du canal qui conduit la bile du foie dans le *duodénum.*

CHONDRILLE, s. f. plante dont les feuilles ressemblent un peu à celles de la chicorée sauvage ; mot dérivé, dit-on, de χόνδρος (*chondros*), grumeau, parce que le lait de cette plante se grumèle facilement.

CHONDROGRAPHIE, s. f. (*anat.*), description des cartilages ; de χόνδρος (*chondros*), cartilage, et de γράφω (*graphô*), je décris.

CHONDROLOGIE, s. f. de χόνδρος (*chondros*), cartilage, et de λόγος (*logos*), discours. Partie de l'anatomie qui traite des cartilages.

CHONDROTOMIE, s. f. préparation anatomique des cartilages ; de χόνδρος (*chondros*), cartilage, et de τέμνω (*temnô*), couper, disséquer.

CHORDAPSE, s. m. espèce de colique qu'on appelle le *misérere*, ou la *passion iliaque*. Ce mot est formé de χορδὴ (*chordê*), corde, intestin, et d'ἅπτομαι (*aptomai*), je touche, parce que, dans cette maladie, on sent au toucher l'intestin tendu comme une corde.

CHORÉE, s. m. χορεῖος (*choréios*), pied de vers grec et latin, composé d'une longue et d'une brève ; de χορός (*choros*), chœur, danse, parce qu'il étoit propre aux chansons et à la danse. De-là, CHORAÏQUE, adj. vers où le chorée domine.

CHORÈGE, s. m. χορηγὸς (*chorhêgos*), de χορός (*choros*), chœur, et d'ἡγέομαι (*hêgéomai*), conduire. C'étoit, chez les Grecs, le directeur des spectacles.

CHORÉGRAPHIE, s. f. art de noter les pas, les mouvemens et les figures d'une danse ; de χορεία (*choréia*), danse, et de γράφω (*graphô*), j'écris ; c'est-à-dire, art d'écrire la danse. Cette invention est due à notre siècle.

CHORÉVÊQUE, s. m. ancien prélat subalterne qui exerçoit les fonctions épiscopales dans les bourgs et les villages ; de χώρα (*chôra*), région, contrée, et d'ἐπίσκοπος (*épiskopos*), surveillant, évêque ; c'est-à-dire, évêque d'une contrée particulière, ou vicaire d'un évêque.

CHORIAMBE, s. m. pied de vers grec et latin, composé d'un chorée et d'un ïambe ; de χορεῖος (*choréios*), chorée, et d'ἴαμβος (*iambos*), ïambe.

CHORION, s. m. (*anat.*), membrane extérieure qui enveloppe le fœtus. Ce mot est purement grec, χόριον (*chôrion*), et vient du verbe χωρεῖν (*chôrein*), contenir, renfermer.

CHORISTE. *Voyez* CHŒUR.

CHOROGRAPHIE, s. f. description d'un pays, d'une province ; de χῶρος (*chôros*), région, contrée, et

de γράφω (*graphô*), je décris. De-là vient CHOROGRA-
PHIQUE, adj. une *carte chorographique.*

CHOROÏDE, s. f. (*anat.*), terme formé de χωρίον
(*chôrion*), le chorion, et d'ἴδος (*éidos*), forme, ressemblance. On donne ce nom à plusieurs parties du corps
qui ont quelque ressemblance avec le *chorion*, et en particulier à la seconde tunique de l'œil. *Voyez* CHORION.

CHRÊME, s. m. huile sacrée dont l'église se sert dans
l'administration de certains sacremens. Ce mot vient de
χρίσμα (*chrisma*), onction, dérivé de χρίω (*chrió*), oindre.

Dérivés. CHRÉMEAU et CHRISMATION.

CHRÉTIEN, adj. et s. qui est baptisé et qui professe
la religion de Jésus-Christ. Ce mot vient de χριϛός (*christos*), oint, ou CHRIST, dérivé de χρίω (*chrió*), oindre.
Ce fut à Antioche, vers l'an 41, que l'on commença à
donner le nom de *Chrétiens* à ceux qui professoient la
doctrine enseignée par Jésus-Christ ; auparavant on les
appeloit *Disciples*, et même *Nazaréens*, parce que Jésus-Christ éloit de Nazareth.

Dérivés. CHRÉTIENNEMENT, CHRÉTIENTÉ.

CHRIST, s. m. Ce mot vient de χριϛός (*christos*),
oint, dérivé de χρίω (*chrió*), oindre. C'est le surnom du
Messie ou du Sauveur du monde, ainsi appelé, parce
qu'il a été oint ou sacré de Dieu même, comme roi,
prophète, et prêtre par excellence. On a fait de-là CHRIS-
TIANISME, la religion établie par Jésus-Christ.

CHRISTOLYTES (les), s. m. pl. hérétiques qui sé-
paroient la divinité de Jésus-Christ de son humanité ; de
χριϛός (*christos*), oint, ou CHRIST, et de λύω (*luó*), je
sépare ; c'est-à-dire, gens qui séparent les deux natures
de Jésus-Christ.

CHRISTOMAQUES (les) s. m. pl. nom générique
donné à tous les hérétiques qui ont erré sur la nature

de Jésus-Christ. Ce mot vient de χριτὸς (*christos*), oint, ou CHRIST, et de μάχιμαι (*machomai*), combattre; c'est-à-dire, qui ont combattu Jésus-Christ.

CHROMATIQUE, adj. et s. en peinture, le coloris; et genre de musique qui procède par une suite de demi-tons majeurs et mineurs alternativement. Ce mot vient de χρῶμα (*chrôma*), couleur, parce que les Grecs étoient dans l'usage de distinguer le genre *chromatique* par des couleurs. C'est ce qu'on appelle aujourd'hui *bémol*.

CHRÔME, s. m. terme nouveau, qui désigne un métal récemment découvert par le célèbre Vauquelin. Il se trouve à l'état d'acide dans le plomb rouge de Sibérie, et à l'état d'oxide dans l'émeraude et dans le plomb vert qui accompagne le plomb rouge. Son nom est dérivé du mot grec χρῶμα (*chrôma*), couleur; comme qui diroit, *métal colorant*, à cause de la propriété qu'il a, étant combiné avec l'oxigène, de donner un oxide vert, ou un acide rouge, suivant les proportions de ce principe, et parce que ces substances communiquent leur couleur à toutes les combinaisons où elles entrent.

De-là on appelle CHRÔMIQUE, en chimie, l'acide que l'on retire du *chrôme*, et CHRÔMATE, le sel formé par la combinaison de l'acide chrômique avec une base.

CHRONIQUE, s. f. histoire écrite selon l'ordre des années, des temps; de χρονικὸς (*chronikos*), qui appartient au temps, dérivé de χρόνος (*chronos*), le temps, ou la durée du temps, et année, en grec vulgaire.

CHRONIQUE, adj. se dit, en médecine, d'une maladie de longue durée.

CHRONOGRAMME, ou CHRONOGRAPHE, s. m. inscription en vers, ou en prose, dans laquelle les lettres numérales marquent la date de quelque événement; de χρόνος (*chronos*), temps, année, et de γράμμα (*gramma*), lettre, caractère, dérivé de γράφω (graphô), j'écris ; c'est-à-dire, caractère qui marque le temps. Chrono-graphe signifie aussi *auteur d'une Chronique.*

CHRONOGRAPHIE, s. f. mot formé de χρόνος (chronos), temps, et de γράφω (graphô), j'écris. *Voyez* CHRO-NOLOGIE, qui est la même chose.

CHRONOGUNÉE, s. f. terme de médecine, qui signifie *règles des femmes ;* de χρόνος (chronos), temps, et de γυνή (gunê), femme ; c'est-à-dire, maladie qui arrive aux femmes à des temps marqués.

CHRONOLOGIE, s. f. connoissance ou science des temps, des époques. Ce mot est composé de χρόνος (chronos), temps, et de λόγος (logos), discours.

Dérivés. CHRONOLOGIQUE, adj. qui appartient ou qui est conforme à l'ordre des temps ; CHRONOLOGISTE, s. m. celui qui écrit sur la chronologie.

CHRONOMÈTRE, s. m. nom général de tout ins-trument qui sert à mesurer la durée du temps ; de χρόνος (chronos), temps, et de μέτρον (métron), mesure.

CHRONOSCOPE, s. m. de χρόνος (chronos), temps, et de σκοπέω (skopéô), je vois, j'observe. *Voyez* CHRO-NOMÈTRE, qui est le même.

CHRYSALIDE, s. f. (*nat.*), nom de l'insecte ren-fermé dans une coque, sous la forme d'une espèce de fève, avant de se changer en papillon ; en grec χρυσαλίς (chrusalis), de χρυσός (chrusos), or, à cause de sa cou-leur jaunâtre ou dorée.

CHRYSANTHÉME, s. m. χρυσάνθεμον (chrusanthe-mon), plante ainsi nommée de χρυσός (chrusos), or, et d'ἄνθος (anthos), fleur, à cause de la couleur dorée de ses fleurs.

CHRYSASPIDES (les), s. m. pl. On appeloit ainsi, chez les anciens, des soldats dont les boucliers étoient enrichis d'or ; de χρυσός (*chrusos*), or, et d'ἀσπίς (*aspis*), bouclier.

CHRYSITE, s. f. (*nat.*), pierre minérale, contenant quelques parcelles d'or ; de χρυσός (*chrusos*), or.

CHRYSOBÉRIL, s. m. pierre précieuse ; espèce de béril d'un vert pâle, tirant sur la couleur d'or ; de χρυσός (*chrusos*), or, et de βήρυλλος (*bérullos*), béril.

CHRYSOCOLLE, s. f. matière qui sert à souder l'or et les autres métaux ; de χρυσός (*chrusos*), or, et de κόλλα (*kolla*), colle. On a donné aussi ce nom au *borax*.

CHRYSOCOME, s. f. plante ainsi nommée de χρυσός (*chrusos*), or, et de κόμη (*komé*), chevelure, parce que ses fleurs sont ramassées en bouquets d'une couleur d'or éclatante.

CHRYSOGRAPHE, s. m. qui écrit en lettres d'or ; de χρυσός (*chrusos*), or, et de γράφω (*graphô*), j'écris. C'est le nom que l'on donnoit, avant l'invention de l'imprimerie, aux enlumineurs de lettres, et à ceux qui copioient des manuscrits entiers en lettres d'or.

CHRYSOLITHE, s. f. χρυσόλιθος (*chrusolithos*), pierre précieuse, transparente, d'un jaune d'or mêlé de vert ; de χρυσός (*chrusos*), or, et de λίθος (*lithos*), pierre ; comme qui diroit, *pierre d'or*. C'est la *topaze* des modernes.

CHRYSOPÉE, s. f. (*alch.*) l'art de convertir les métaux en or ; de χρυσός (*chrusos*), or, et de ποιέω (*poiéô*), je fais ; c'est-à-dire, l'art de faire de l'or.

CHRYSOPRASE, s. f. pierre précieuse, d'un vert de porreau, mais tirant sur la couleur d'or ; de χρυσός (*chrusos*), or, et de πράσον (*prason*), porreau.

CHRYSULÉE, s. f. nom donné à l'*eau-régale* ; de χρυσός (*chrusos*), or, et d'ὑλίζω (*ulizô*), purifier, épurer, parce qu'elle dissout l'or, qui est regardé comme le roi des métaux. C'est l'*acide nitro-muriatique* des chimistes modernes.

CHYLE, s. m. (*méd.*), suc, ou liqueur blanche et laiteuse, qui est formée par la digestion des alimens dans l'estomac, et qui ensuite se convertit en sang; de χυλὸς (*chulos*), suc, humeur épaisse. De-là vient CHYLEUX, adj. qui a les qualités du chyle.

CHYLIDOQUE, ou CHYLIFÈRE, adj. (*anat.*), de χυλὸς (*chulos*), chyle, et de δέχομαι (*déchomai*), recevoir, ou de φέρω (*phérô*), je porte. Il se dit des vaisseaux qui servent à porter le chyle dans les diverses parties du corps.

CHYLIFICATION, s. f. (*méd.*), opération par laquelle les alimens sont convertis en chyle; de χυλὸς (*chulos*), chyle, et du latin *facio*, je fais; c'est-à-dire, formation du chyle. On dit aussi *chylose*, en grec χύλωσις (*chulôsis*).

CHYMIATRIE, s. f. mot formé de χυμεία (*chumeia*), chimie, et d'ιατρεία (*iatréia*), guérison. L'art de guérir les maladies par des remèdes chimiques. *Voyez* CHYMIE.

CHYMIE ou CHIMIE, s. f. science qui a pour but d'analyser ou de décomposer les corps mixtes, pour découvrir l'action intime et réciproque qu'ils exercent les uns sur les autres. C'est proprement l'anatomie des corps naturels. On est peu d'accord sur l'étymologie de ce mot; les uns le font venir de χυμὸς (*chumos*), suc, parce qu'on appelle quelquefois *sucs* les substances les plus pures des mixtes; d'autres le dérivent de χύω (*chuô*), ou χίω (*chéô*), fondre, parce que la chimie, dans son origine, enseignoit à mettre en fusion et à purifier les métaux: quelques-uns, de *Chimi*, nom cophte de l'Egypte qu'ils regardent comme le berceau de cette science.

Dérivés. CHIMIQUE, adj. qui a rapport à la chimie; CHIMISTE, s. m. celui qui s'applique à la chimie.

CINETHMIQUE, s. f. la science du mouvement en

général; de *κινηθμός* (*kinêthmos*), mouvement, dérivé de *κινέω* (*kinéô*), mouvoir.

CINNABRE ou CINABRE, s. m. en grec *κιννάβαρις* (*kinnabaris*), combinaison de soufre et d'oxide de mercure; dérivé, dit-on, de *κινάβρα* (*kinabra*), puanteur, à cause de l'odeur désagréable qu'il exhale quand on le tire. *Cippe*

CINNAMOME, s. m. sorte d'aromate des anciens, que l'on croit être la *cannelle*. Les Grecs le nommoient *κιννάμωμον* (*kinnamômon*), dérivé de l'hébreu *kinnamon*.

CIROÈNE, s. m. (*pharm.*), emplâtre résolutif, où il entre de la cire et du safran. Ce mot vient de *κηρός* (*kéros*), cire, et d'*οἶνος* (*oinos*), vin, parce qu'on détrempe avec du vin les drogues qui composent le ciroène. On dit aussi *céroène*.

CIRON, s. m. insecte très-petit, et presque imperceptible, qui s'insinue quelquefois entre l'épiderme et la peau de l'homme, sur-tout aux mains; de *χείρ* (*cheir*), la main, ou bien de *κείρω* (*kéirô*), couper, ronger, manger goulument, parce qu'il ronge les substances auxquelles il s'attache.

CIRQUE, s. m. lieu destiné, chez les anciens Romains, aux courses de chevaux et de chars, et aux jeux publics. Ce mot vient du latin *circus*, emprunté du grec *κίρκος* (*kirkos*), cercle, espace circulaire, à cause de la forme des cirques.

CIRSOCÈLE, s. m. (*chirur.*), dilatation variqueuse des veines spermatiques, causée par un sang grossier et épais. Ce mot est composé de *κιρσός* (*kirsos*), varice, et de *κήλη* (*kélé*), tumeur, hernie.

CISSITE, s. f. pierre blanche figurée, qui représente des feuilles de lierre; de *κισσός* (*kissos*), lierre.

CISSOÏDE, s. f. (*géom.*), ligne courbe, inventée par Dioclès. Son nom vient de *κισσός* (*kissos*), lierre, et d'*εἶδος* (*éidos*), forme, parce que cette ligne, en s'approchant de son asymptote, se courbe de manière qu'elle semble représenter une feuille de lierre.

CISSOTOMIES, s. f. fêtes païennes en l'honneur d'Hébé, déesse de la jeunesse ; de κισσὸς (*kissos*), lierre, et de τέμνω (*temnô*), couper, parce qu'on y couronnoit les jeunes gens de feuilles de lierre.

CISTE, s. m. en grec κίϛος (*kistos*), sorte d'arbrisseau qui croît dans le Levant, et sur la feuille duquel on recueille une matière résineuse, qu'on appelle *ladanum*.

CISTOPHORE, s. m. (*antiq.*), nom des médailles sur lesquelles on voit des corbeilles ; de κίϛη (*kisté*), corbeille, et de φίρω (*phérô*), je porte.

CLÉIDOMANCIE ou CLÉDOMANCIE, s. f. sorte de divination qui se pratiquoit avec des clés ; de κλεὶς (*kleis*), génit. κλειδὸς (*kléidos*), clé, et de μαντεία (*mantéia*), divination.

CLEISAGRE, s. f. (*méd.*), goutte à l'articulation de la clavicule avec le sternum ; de κλεὶς (*kleis*), la clavicule, et d'ἄγρα (*agra*), prise, capture.

CLÉMATITE, s. f. genre de plante à fleurs en rose, ainsi nommée de κλῆμα (*kléma*), branche de vigne, parce qu'elle pousse des branches sarmenteuses et grimpantes, comme la vigne.

CLEPSYDRE, s. f. horloge d'eau des anciens ; c'est aussi le nom de plusieurs de leurs machines hydrauliques. Ce mot vient de κλέπτω (*kleptô*), dérober, cacher, et d'ὕδωρ (*udôr*), eau, parce que l'eau s'y dérobe à la vue en s'écoulant.

CLERC, CLERGÉ. Ces mots viennent de κλῆρος (*kléros*), qui signifie *sort*, *partage*, *héritage*. Du grec, on a fait en latin *clerus*, et l'on a donné ce nom au clergé, parce qu'il est comme une portion de l'héritage du Seigneur. De *clerus* est venu *clericus*, clerc, c'est-à-dire, qui est l'héritage du Seigneur, ou qui a pris le Seigneur pour son héritage.

CLÉROMANCIE, s. f. divination par le sort; de κλῆρος (*kléros*), sort, et de μαντεία (*mantéia*), divination. Elle se pratiquoit avec des dés, ou des osselets, dont on considéroit les points, ou les marques, pour découvrir des choses cachées.

CLIMAT, s. m. (*géog.*), espace de terre compris entre deux cercles parallèles à l'équateur, et tel que le jour du solstice d'été est plus long d'une demi-heure au second de ces cercles qu'au premier. Ce mot vient de κλίμα (*klima*), région, parce que les climats sont comme autant de régions différentes.

Climat se prend encore pour région, pays, eu égard à la température de l'air. De-là, s'ACCLIMATER, se faire à un nouveau climat.

CLIMATÉRIQUE (*année*), année critique, ou période de temps dans laquelle les astrologues prétendent qu'il arrive des révolutions, ou changemens considérables, soit pour la vie, soit pour la fortune des hommes. Ce mot vient de κλιμακτηρικός (*klimaktérikos*), qui signifie *par échelons*, dérivé de κλίμαξ (*klimax*), degré ou échelle, parce qu'on monte par certains degrés, comme de sept en sept, ou de neuf en neuf, pour arriver à l'année *climatérique*.

CLINIQUE, adj. formé de κλίνη (*klině*), lit. On appelle *médecine clinique*, la méthode de traiter les malades alités.

Clinique s'est dit aussi de ceux qui recevoient le baptême au lit de la mort.

CLINOÏDES, adj. (*anat.*) Il se dit des quatre apophyses de l'os sphénoïde; de κλίνη (*klině*), lit, et d'εἶδος (*éidos*), forme, ressemblance, parce qu'elles ressemblent aux pieds d'un lit.

CLINOPODE, s. m. basilic sauvage, plante dont les feuilles ont la forme du pied d'un lit; d'où lui vient son nom de *κλίνη* (*kliné*), lit, et de *πεῦς* (*pous*), génit. *πεδὸς* (*podos*), pied.

CLITORIS, s. m. (*anat.*), *κλειτορὶς* (*kleitoris*), dérivé de *κλείω* (*kléiô*), je ferme. C'est une portion externe des parties naturelles de la femme.

CLOTHO, s. f. (*mythol.*), l'une des trois Parques; de *κλώτω* (*klôthô*), filer.

Clysoir

CLYSTÈRE, s m. *κλυστήρ* (*kluster*), lavement, sorte de médicament liquide; de *κλύζω* (*kluzô*), laver, nettoyer.

COCCYX, s. m. (*anat.*), nom d'un petit os situé au bout de l'os sacrum, à l'extrémité de l'épine; de *κόκκυξ* (*kokkux*), coucou, parce qu'on a cru y trouver de la ressemblance avec le bec d'un coucou. On a fait de-là Coccygien, adj. qui a rapport au coccyx.

COCHLÉARIA, s. m. plante, qu'on nomme aussi *herbe-aux-cuillers*; de *κοχλιάριον* (*kochliarion*), une cuiller, parce que ses feuilles en ont la forme.

COCHLITE, s. f. (*nat.*), de *κοχλίας* (*kochlias*), limaçon; nom des coquillages fossiles, dont la bouche est demi-ronde, à-peu-près comme celle d'un limaçon.

COCYTE, s. m. (*mythol.*), fleuve des Enfers, qui tombe dans l'Achéron; de *κωκυτὸς* (*kôkutos*), pleurs, lamentation, dérivé de *κωκύω* (*kôkuô*), pleurer, se lamenter, parce que le Tartare est un lieu de pleurs et de gémissemens.

CŒLIAQUE. *Voyez* CÉLIAQUE.

CŒNOBITE. *Voyez* CÉNOBITE.

CŒNOLOGIE, s. f. de *κοινὸς* (*koinos*), commun, et

de λόγος (*logos*), discours. Les anciens appeloient ainsi les consultations des médecins.

COLÉOPTÈRE, s. m. (*nat.*), nom générique des insectes dont les ailes sont renfermées sous des étuis solides et écailleux ; de κολιός (*koléos*), étui, et de πτερόν (*ptéron*), aile.

COLÉRA-MORBUS. *Voyez* CHOLÉRA-MORBUS.

COLIQUE, s. f. (*méd.*), de κωλικός (*kolikos*), sous-entendu ὀδύνη (*oduné*), douleur, dérivé de κῶλον (*kolon*), l'intestin appelé *colon*. La *colique* est une douleur plus ou moins aiguë, que l'on ressent dans les différentes parties du bas-ventre, et sur-tout dans l'intestin *colon*.

COLLÉTIQUE, adj. (*méd.*), de κολλάω (*kollaó*), je colle. Il se dit des médicamens propres à réunir ou à coller ensemble les parties divisées d'une plaie.

COLLYRE, s. m. médicament externe contre les fluxions des yeux, κολλύριον (*kollurion*), de κωλύω (*kôluó*), empêcher, et de ῥέω (*rhéô*), couler ; c'est-à-dire, médicament qui empêche de couler.

COLLYRIDIENS (les), s. m. pl. hérétiques qui rendoient un culte superstitieux à la Vierge. Ils lui offroient des gâteaux, nommés en grec ancien κολλύρα (*kollura*), et en grec moderne κολλύρι (*kollouri*); d'où leur vint le nom de *Collyridiens*.

COLON, s. m. (*anat.*), κῶλον (*kôlon*), le second et le plus ample des gros intestins ; de κωλύω (*kôluó*), j'arrête, je retarde, parce que les excrémens s'arrêtent long-temps dans ses replis. D'autres le tirent de κοῖλον (*koilon*), creux, à cause de la grande cavité de cet intestin.

COLOQUINTE, s. f. plante du genre des citrouilles, en grec κολοκύνθη (*kolokunthé*); qui pourroit, dit-on, venir de κοιλία (*koilia*), ventre, et de κινεῖν (*kinéin*), remuer, à cause de sa vertu purgative.

COLOSSE, s. m. statue ou figure d'une grandeur démesurée, telle que le fameux colosse de Rhodes. Ce mot se dit en grec κολοσσὸς (*kolossos*). De-là vient COLOSSAL, adj. qui tient du colosse.

COLURE, s. m. (*géog.*), nom de deux grands cercles de la sphère, qui s'entrecoupent à angles droits aux pôles du monde. L'un passe par les points des solstices, et l'autre par ceux des équinoxes. Ce mot vient de κόλουρος (*kolouros*), taillé, mutilé, écourté, dérivé de κολούω (*kolouô*), couper, et d'οὐρά (*oura*), queue, extrémité, fin, à cause des entailles qu'on a faites à ces deux cercles pour soutenir tous les autres.

COMA, s. m. (*méd.*), affection soporeuse, qui ressemble beaucoup à la léthargie, mais dans laquelle le sommeil est moins profond. Ce mot est grec; κῶμα (*côma*), dérivé de κοιμάω (*koimaô*), assoupir. COMATEUX en vient.

COMÉDIE, s. f. κωμῳδία (*kômôdia*), représentation dramatique d'une action de la vie commune, passée entre personnes d'une condition privée. Ce mot vient de κώμη (*kômê*), rue, village, et d'ᾄδω (*adô*), chanter, faire ou réciter des vers, parce que les poètes alloient autrefois de village en village chanter leurs comédies. La comédie prit naissance à Athènes.

Dérivés. COMÉDIEN, s. m. COMIQUE, adj. COMIQUEMENT, adv.

COMÈTE, s. f. (*astro.*), de κομήτης (*kométés*), chevelu, dérivé de κόμη (*komé*), chevelure; étoile chevelue, ou corps lumineux qui paroît extraordinairement dans le ciel avec une traînée de lumière, à laquelle on donne le nom de chevelure, de barbe ou de queue.

De-là vient aussi COMÉTÉ, terme de blason.

COMMA, s. m. (*musique*), le plus petit des intervalles

sensibles à l'oreille ; de κόμμα (*komma*), membre de phrase : et en terme d'imprimerie, une espèce de ponctuation, deux points l'un sur l'autre.

CONCHITE, s. f. (*nat.*), sorte de coquille pétrifiée, de κόγχος (*kogchos*), coquille. On prétend que la conchite est une espèce de marne délayée, qui s'est insinuée dans la coquille vide, et qui, en durcissant, en a pris la forme. On prononce *conkite*.

CONCHOÏDE, s. f. (*géom.*), ligne courbe, qui s'approche toujours d'une ligne droite, sans jamais la couper. Elle est ainsi nommée de κόγχος (*kogchos*), coquille, et d'εἶδος (*éidos*), figure, forme, à cause de sa ressemblance avec une certaine coquille. Nicomède, ancien géomètre, en est l'inventeur.

CONCHYLE, s. m. coquillage qui donne la pourpre. Son nom grec est κογχύλη (*kogchulé*).

CONCHYLIOLOGIE, s. f. de κογχύλιον (*kogchulion*), coquillage, et de λόγος (*logos*), discours. Partie de l'histoire naturelle qui traite des coquillages. De-là, CONCHYLIOLOGISTE, s. m. celui qui s'adonne à cette partie.

CONCHYLIOTYPOLITE, s. f. (*nat.*), pierre qui porte l'empreinte de la figure extérieure des coquilles de mer ; de κογχύλιον ((*kogchulion*), coquillage, de τύπος (*tupos*), type, empreinte, et de λίθος (*lithos*), pierre.

CONDYLE, s. m. (*anat.*), de κόνδυλος (*kondulos*), nœud, jointure. On donne ce nom, en général, à toutes les éminences des articulations.

CONDYLOÏDE, adj. (*anat.*), qui a la figure d'un condyle ; de κόνδυλος (*kondulos*), condyle, et d'εἶδος (*éidos*), figure, forme. De-là vient aussi CONDYLOÏDIEN, adj. *Voyez* CONDYLE.

CONDYLOME, s. m. (*chirur.*), excroissance de chair

provenant du virus vénérien. Ce mot vient de κόνδυλος (*kondulos*), jointure des doigts, ou éminence d'os aux articulations, parce que le condylome forme une petite éminence sur la chair, ou parce qu'il a des rides ou plis semblables à ceux des jointures.

CÔNE, s. m. (*géom.*), en grec κῶνος (*kônos*), pyramide ronde, ou solide dont la base est un cercle, et dont le sommet se termine en pointe.

Dérivé. CONIQUE, adj. qui a rapport au cône, ou qui en a la figure.

CONGE, s. m. (*antiq.*), en latin *congius*, et en grec χοεύς (*choeus*), ancienne mesure grecque et romaine pour les liquides, contenant dix livres pesant.

CONISE, s. f. plante nommée vulgairement *herbe-aux-puces*, parce qu'on prétend qu'elle les chasse par sa mauvaise odeur. Son nom est, dit-on, dérivé de κονίζω (*konizô*), couvrir de poussière, dont la racine est κόνις (*konis*), poussière, parce que la poussière s'attache facilement à ses feuilles.

CONOÏDE, s. m. (*géom.*), solide qui diffère du cône, en ce que sa base est une ellipse ou une autre courbe ; de κῶνος (*kônos*), cône, et d'εἶδος (*éidos*), figure ; c'est-à-dire, qui a la figure d'un cône, dont le sommet est arrondi. CONOÏDAL, adj. en vient.

CONQUE, s. f. grande coquille concave, en grec κόγχη (*kogchê*). C'est aussi le nom d'une ancienne mesure des liquides, chez les Grecs.

CONYSE. *Voyez* CONISE.

CORACITE, s. f. de κόραξ (*korax*), corbeau ; pierre figurée, dont la couleur imite celle du corbeau.

CORACO-BRACHIAL, adj. (*anat.*), nom d'un muscle du bras, qui s'attache à la pointe de l'apophyse coracoïde. Ce mot est composé de κόραξ (*ko-*

rax), corbeau, et du latin *brachium*, bras. *Voyez* Co-
RACOÏDE.

CORACO-HYOÏDIEN, adj. (*anat.*), nom d'un
muscle très-long de l'os hyoïde, qui s'attache à l'omoplate, près de la racine de l'apophyse coracoïde. *Voyez*
les mots CORACOÏDE et HYOÏDE, dont celui-ci est
composé.

CORACOÏDE, adj. (*anat.*) Il se dit d'une des apophyses de l'omoplate, ainsi appelée de κόραξ (*korax*),
corbeau, et d'εἶδος (*éidos*), forme, à cause qu'elle ressemble à un bec de corbeau. De-là on a appelé CORA-
COÏDIEN, un muscle qui prend son origine de l'apophyse coracoïde.

CORACO-RADIAL, adj. (*anat.*), nom d'un muscle
qui a rapport à l'apophyse coracoïde et au radius. Ce
mot est composé du grec κόραξ (*korax*), corbeau, et du
latin *radius*, qui désigne un des deux os de l'avant-
bras. *Voyez* CORACOÏDE.

CORAIL, s. m. κοράλλιον (*korallion*), substance marine, ordinairement rouge; dérivé, dit-on, de κορέω
(*koréô*), j'orne, et d'ἅλς (*als*), mer, comme si elle étoit
la plus belle des productions de la mer.

CORALLOÏDE, s. f. de κοράλλιον (*korallion*), corail,
et d'εἶδος (*éidos*), forme, ressemblance. On donne ce
nom à plusieurs belles plantes qui ont de la ressemblance
avec le corail.

CORONOÏDE, adj. qui a la forme ou la figure d'une
couronne; de κορώνη (*korôné*), couronne, et d'εἶδος (*éidos*), forme, ressemblance.

CORYCÉE, s. m. lieu des gymnases des anciens, où
l'on jouoit au ballon, à la paume, &c. de κώρυκος (*kôrukos*), sac de cuir, ballon.

CORYCOMACHIE, s. f. sorte de jeu ou d'exercice,

chez les Grecs, qui consistoit à pousser et repousser un sac de cuir rempli de sable, et suspendu au plancher d'une salle ; de κώρυκος (kôrukos), sac de cuir, et de μάχη (maché), combat, dispute.

CORYMBE, s. m. (botan.), de κόρυμβος (korumbos), faîte, sommet, cime. Il se dit des fleurs ramassées en forme de bouquets, qui viennent au haut de certaines plantes, telles que le lierre, &c.

De-là vient CORYMBIFÈRE, qui porte des corymbes ; de κόρυμβος (korumbos), corymbe, et du latin fero, je porte.

CORYPHÉE, s. m. κορυφαῖος (koruphaios), chef, premier, principal, dérivé de κορυφή (koruphé), le sommet de la tête. C'étoit, chez les Grecs, celui qui étoit à la tête des chœurs dans les spectacles : chez nous, il désigne celui qui se distingue le plus dans une secte ou dans un parti.

CORYSE ou CORYZA, s. m. (méd.), fluxion d'humeurs âcres et séreuses sur les narines ; de κόρυζα (koruza), rhume de cerveau. C'est ce qu'on appelle enchifrènement.

COSCINOMANCIE, s. f. sorte de divination par le moyen d'un crible ; de κόσκινον (koskinon), crible, et de μαντεία (mantéia), divination.

COSMÉTIQUE, adj. qui est propre à embellir ; de κοσμέω (kosméô), embellir, orner, dérivé de κόσμος (kosmos), beauté, ornement. Il se dit des drogues ou préparations chimiques qui embellissent la peau.

COSMIQUE, adj. (astro.), de κοσμικός (kosmikos), qui a rapport au monde en général, dérivé de κόσμος (kosmos), le monde, ou le ciel. Il se dit du lever ou du coucher d'un astre au moment où le soleil se lève.

Dérivé. COSMIQUEMENT, adv.

COSMOGONIE, s. f. science ou système de la formation de l'univers ; de κόσμος (*kosmos*), l'univers, de γόνος (*gonos*), génération, et de γείνομαι (*géinomai*), être formé ou produit. Le mot κόσμος signifie proprement *ordre, ornement, beauté*, et répond au *mundus* des Latins. Les Grecs l'ont appliqué à l'univers, à cause de l'ordre et de la beauté qui y règnent.

COSMOGRAPHIE, s. f. de κόσμος (*kosmos*), le monde, et de γράφω (*graphó*), je décris ; description du monde entier, ou science qui enseigne la structure, la forme, la disposition et les rapports des parties de l'univers.

Dérivés. COSMOGRAPHE, s. m. COSMOGRAPHIQUE, adjectif.

COSMOLABE, s. m. ancien instrument de mathématiques, servant à prendre des mesures cosmographiques ; de κόσμος (*kosmos*), le monde, et de λαμβάνω (*lambanó*), je prends ; c'est-à-dire, qui sert à prendre la mesure du monde.

COSMOLOGIE, s. f. science des loix par lesquelles le monde physique est gouverné ; de κόσμος (*kosmos*), le monde, et de λόγος (*logos*), discours ; c'est-à-dire, discours ou traité sur le monde. COSMOLOGIQUE, adj. en est dérivé.

COSMOPOLITE, s. m. celui qui n'adopte point de patrie ; de κόσμος (*kosmos*), l'univers, et de πολίτης (*politès*), citoyen, dérivé de πόλις (*polis*), ville ; c'est-à-dire, *citoyen de l'univers.*

COTHURNE, s. m. κόθορνος (*kothornos*), en latin *cothurnus*, sorte de chaussure élevée dont se servoient les anciens acteurs des tragédies.

COTTABE, s. m. (*antiq.*), κότταβος (*kottabos*), jeu célèbre chez les Grecs, et usité dans les festins. Il consistoit, ou à verser de haut, et avec bruit, le vin qui restoit dans la coupe après avoir bu, ou à mettre plusieurs vases vides sur un bassin plein d'eau, et à y jeter le reste du vin ; de sorte que celui des joueurs qui précipitoit le plus de ces petits vases au fond du bassin, demeuroit vainqueur. *Voyez* le Traité de Meursius, *De Ludis Græcorum.*

COTYLE, s. m. (*anat.*), cavité d'un os, dans laquelle un autre os s'articule ; de κοτύλη (*kotulé*), cavité, écuelle. *Cotyle* est aussi le nom d'une ancienne mesure grecque pour les liquides, qui valoit le demi-setier romain.

COTYLÉDON, s. m. mot grec, κοτυληδών (*kotulédón*), qui signifie *cavité, écuelle, cymbale.* On donne ce nom, en botanique, aux feuilles séminales, produites par les lobes des graines, dans les plantes, à cause de leur forme demi-ronde. C'est aussi une plante dont les feuilles sont creusées en forme de petite coupe. En anatomie, on appelle *cotylédons*, de petites glandes répandues sur toute la membrane externe du fœtus, dans quelques animaux.

COTYLOÏDE, adj. (*anat.*), nom de la grande cavité des os des îles, où s'articule la tête du fémur ; de κοτύλη (*kotulé*), cavité, écuelle, et d'εἶδος (*éidos*), forme, ressemblance.

CRÂNE, s. m. (*anat.*), κρανίον (*kranion*), dérivé, dit-on, de κάρηνον (*karénon*), tête. C'est un assemblage d'os qui couvrent le cerveau.

CRASE, s. f. (*gram.*), mot formé de κρᾶσις (*krasis*), mélange, qui vient de κεράννυμι (*kérannumi*), je mêle. On appelle ainsi l'union de deux ou de plusieurs voyelles qui se confondent tellement, qu'il en résulte un son différent. La *crase* a lieu sur-tout dans la langue grecque.

CRÉMASTÈRE, s. m. (*anat.*), nom de deux muscles qui servent à suspendre et à relever les testicules ; de κρεμαστὴς (*krémastér*), ce qui suspend quelque chose, dérivé de κρεμάω (*krémaô*), je suspends. De-là vient aussi CRÉMAILLÈRE.

CRICÉLASIE, s. f. sorte de jeu, chez les Grecs, qui consistoit à faire rouler un cercle de fer garni d'anneaux ; de κρίκος (*krikos*), cercle, d'ἔλασις (*élasis*), course, exercice, dérivé d'ἐλαύνω (*élaunô*), pousser, chasser, agiter. Ce jeu est fort connu des enfans.

CRICO-ARYTÉNOÏDIEN, adj. (*anat.*), nom de certains muscles communs aux cartilages cricoïde et aryténoïde. *Voyez* ces deux derniers mots.

CRICOÏDE, s. et adj. (*anat.*), cartilage en forme d'anneau, qui environne le larynx ; de κρίκος (*krikos*), anneau, et d'εἶδος (*éidos*), forme.

CRICO-PHARYNGIEN, adj. et s. (*anat.*), nom de deux petits muscles qui s'attachent au cricoïde et au pharynx. *Voyez* ces deux mots.

CRICO-THYRO-HYOÏDIEN, adj. et s. (*anat.*), nom de deux muscles qui partent des cartilages cricoïde et thyroïde, et s'attachent à la base de l'os hyoïde. *Voyez* les mots CRICOÏDE, THYROÏDE et HYOÏDE, dont celui-ci est composé.

CRICO-THYROÏDIEN, adj. et s. (*anat.*) Il se dit de deux muscles qui s'attachent au cricoïde et au thyroïde. *Voyez* ces deux mots.

CRIOCÈRE, s. m. sorte d'insecte, ainsi nommé de κριὸς (*krios*), bélier, et de κέρας (*kéras*), corne, parce que ses antennes ont quelque ressemblance avec les cornes d'un bélier, par leur forme cylindrique et leurs articles globuleux.

CRISE, s. f. (*méd.*), effort de la nature dans une

maladie. Ce mot vient du grec κρίσις (krisis), qui signifie jugement, et qui est formé de κρίνω (krinó), juger, combattre. La crise est proprement une espèce de combat entre la nature et la cause morbifique, lequel fait juger de l'état d'une maladie.

CRISTAL, et ses dérivés. *Voyez* CRYSTAL.

CRITHOMANCIE, s. f. sorte de divination qui se faisoit en considérant la pâte ou les gâteaux qu'on offroit en sacrifice. Ce mot est composé de κριθή (krithé), orge, et de μαντεία (mantéia), divination, parce qu'on se servoit de farine d'orge dans ces cérémonies superstitieuses.

CRITHOPHAGE, s. m. qui se nourrit d'orge; de κριθή (krithé), orge, et de φάγω (phagó), je mange; c'est-à-dire, *mangeur d'orge.*

CRITIQUE, s. f. jugement exact, ou censure maligne de quelque chose. Ce mot vient de κρίνω (krinó), juger. On a fait de-là CRITIQUE, s. m. κριτικός (kritikos), celui qui censure les ouvrages des autres, qui sait bien en juger; CRITIQUER, verbe.

CRITIQUE, adj. se dit des jours où il arrive ordinairement des crises dans une maladie; et, au figuré, il signifie dangereux, décisif. *Voyez* CRISE.

CROCODILE, s. m. κροκόδειλος (krokodéilos), animal amphibie, de la forme d'un lézard, et qui habite les bords de plusieurs rivières d'Afrique. On dérive son nom de κρόκος (krokos), safran, et de δειλός (déilos), craintif, timide, parce que le crocodile de terre craint la vue ou l'odeur du safran; ou bien de κρόκη (kroké), rivage, parce que celui de mer craint les rivages, où les hommes lui tendent ordinairement des piéges.

CROCOTE, s. f. (*antiq.*), ancien habillement de la couleur du safran; de κρόκος (krokos), safran.

CROCUS, s. m. nom latin d'une plante à fleur jaune,

appelée *safran*, en grec κρόκος (*krokos*) ; d'où est venu *crocus*.

CROTALE, s. m. (*antiq.*), κρόταλον (*krotalon*) ; de κροτέω (*krotéô*), frapper, faire du bruit. Sorte d'instrument de musique, qu'on voit sur les médailles dans les mains des prêtres de Cybèle. Il consistoit en deux petites lames d'airain, que l'on remuoit, et qui, en se choquant, faisoient du bruit.

CROTAPHITE, adj. (*anat.*), de κρόταφος (*krotaphos*), tempe ; nom d'un muscle des tempes, qui relève la mâchoire inférieure.

CRYPTE, s. f. (*anat.*), de κρύπτω (*kruptô*), je cache. Il se dit de certaines parties solides qui présentent un orifice en forme de petite fosse. C'est un lieu souterrain où l'on enterre les morts dans quelques églises.

CRYPTOCÉPHALE, s. m. insecte, ainsi appelé de κρυπτός (*kruptos*), caché, et de κεφαλή (*képhalé*), tête, parce que sa tête est cachée sous le corselet. Son nom vulgaire est *gribouri*.

CRYPTOGAMIE, s. f. (*nat.*), de κρύπτω (*kruptô*), je cache, et de γάμος (*gamos*), noces, mariage. Linné donne ce nom à la vingt-quatrième classe des plantes, à cause qu'elle renferme toutes celles dont la fructification est cachée, ou peu connue. Les plantes de cette classe se nomment en conséquence *cryptogames*.

CRYPTOGRAPHIE, s. f. l'art d'écrire d'une manière secrète, et inconnue à tout autre que celui à qui on écrit. Ce mot est composé de κρυπτός (*kruptos*), caché, secret, inconnu, dérivé de κρύπτω (*kruptô*), je cache, et de γράφω (*graphô*, j'écris. De-là s'est formé CRYPTOGRAPHIQUE, adj.

CRYPTONYME, adj. et s. nom qu'on donne aux

auteurs qui ont caché ou déguisé leurs noms ; de κρύπτω (*kruptô*) , je cache , et d'ὄνομα (*onoma*) , nom.

CRYPTOPORTIQUE, s. m: (*archit.*) , galerie souterraine , décoration de l'entrée d'une grotte ; de κρυπτός (*kruptos*) , caché , et du latin *porticus* , portique.

CRYSTAL , s. m. pierre transparente , et dont les parties affectent toujours une figure régulière et déterminée. Ce mot vient de κρύσαλλος (*krustallos*) , qui signifie proprement *glace* , dérivé de κρύος (*kruos*) , froid , et , dit-on , de σέλλομαι (*stellomai*) , s'épaissir , parce que le crystal ressemble à la glace. On l'appelle *crystal de roche* , pour le distinguer du *crystal artificiel* , qui est un verre blanc et transparent , et des *crystaux* qu'on forme par des opérations chimiques.

Dérivés. CRYSTALLIN , s. m. partie de l'œil qui imite le crystal par sa transparence ; CRYSTALLISATION , s. f. formation des crystaux ; CRYSTALLISER , verbe.

CRYSTALLOGRAPHIE , s. f. description des crystaux ; de κρύσαλλος (*krustallos*) , crystal , et de γράφω (*graphô*) , décrire.

CRYSTALLOÏDE , s. f. (*anat.*) , membrane transparente , appelée autrement *arachnoïde* ; de κρύσαλλος (*krustallos*) , crystal , et d'εἶδος (*éidos*) , ressemblance ; c'est-à-dire , qui ressemble au crystal par sa transparence.

CRYSTALLOMANCIE , s. f. l'art de deviner par le moyen d'un miroir ; de κρύσαλλος (*krustallos*) , glace , crystal , ou verre , et de μαντεία (*mantéia*) , divination. *Voyez* CATOPTROMANCIE.

CUBE , s. m. (*géom.*) , solide régulier terminé par six faces carrées et égales ; de κύβος (*kubos*) , un dé à jouer.

De-là viennent CUBATURE , s. f. CUBER , verbe ; CUBIQUE , adj.

CUBISTIQUE, s. f. l'un des trois genres dans lesquels la danse ancienne étoit divisée ; de κυβιϛάω (*kubistaô*), sauter sur la tête, faire la culbute, parce que la cubistique étoit accompagnée de mouvemens violens et de contorsions.

CUBOÏDE, adj. (*anat.*), qui a la forme d'un cube ; de κύβος (*kubos*), cube, et d'είδος (*éidos*), forme. On appelle ainsi un des os du tarse, parce qu'il a six faces comme le cube.

CUMIN, s. m. plante aromatique, d'une odeur très-forte, en grec κύμινον (*kuminon*).

CYATHE, s. m. en grec κύαθος (*kuathos*), et en latin *cyathus*, mesure grecque et romaine pour les liqueurs. Le *cyathe* étoit un petit gobelet fait pour verser le vin et l'eau dans les tasses.

CYCLADES (les), s. f. pl. îles de la mer Egée, ou de l'Archipel, ainsi nommées de κύκλος (*kuklos*), cercle, parce qu'elles sont disposées en cercle autour de l'île de Délos.

CYCLAMEN, ou *pain de pourceau*, s. m. de κύκλος (*kuklos*), cercle ; plante dont les feuilles et les fruits ont une forme ronde.

CYCLAMOR, s. m. terme de blason, qui se dit d'une bordure, nommée aussi *orle-rond*. Ce mot vient de ce qu'il représente la bordure d'or d'une robe appelée κύκλας (*kuklas*) chez les Grecs, et *cyclas* chez les Latins, à cause de sa figure ronde ; c'est-à-dire, *cycle en or ;* et on donnoit aussi autrefois à une robe *bordée* le nom de *cyclée.*

CYCLE, s. m. période, ou révolution toujours égale d'un certain nombre d'années ; de κύκλος (*kuklos*), cercle.

CYCLIQUE, adj. nom qu'on donne aux anciens

poètes grecs qui avoient écrit l'histoire fabuleuse, et dont les ouvrages faisoient partie du corps, entroient dans la collection des divers poëmes épiques, nommée κύκλος ἐπικὸς (*kuklos épikos*), cercle épique, du mot grec κύκλος (*kuklos*), cercle, qui désignoit l'ordre, la suite et l'enchaînement des matières contenues dans ce recueil.

CYCLOÏDE, s. f. courbe géométrique décrite par un point de la circonférence d'un cercle qui avance en roulant sur un plan; par exemple, quand une roue de carrosse tourne, un des clous de la circonférence décrit dans l'air une *cycloïde*. Ce mot est composé de κύκλος (*kuklos*), cercle, et d'εἶδος (*éidos*), figure, forme; c'est-à-dire, qui a une forme circulaire. Cette courbe a été inventée par le P. Mersenne. De-là, CYCLOÏDAL, adjectif.

CYCLOPES (les), s. m. pl. espèce de géans, ainsi nommés de κύκλος (*kuklos*), cercle, et d'ὤψ (*óps*), œil, parce qu'ils n'avoient qu'un œil rond au milieu du front. On les a dit forgerons de Vulcain, parce qu'ils habitoient près du mont Etna, où ce dieu avoit ses principales forges. De-là les Grecs ont appelé *cyclopée*, une espèce de danse pantomime, dont le sujet étoit un Cyclope.

CYCLOPTÈRE, s. m. (*nat.*), genre de poissons qui ont les nageoires réunies en cercle; de κύκλος (*kuklos*), cercle, et de πτερὸν (*ptéron*), aile ou nageoire.

CYLINDRE, s. m. κύλινδρος (*kulindros*), solide géométrique, ou espèce de prisme rond, dont les deux bases, supérieure et inférieure, sont des cercles égaux; de κυλίω (*kulió*), ou κυλίνδω (*kulindó*), rouler; d'où vient qu'on le nomme quelquefois *rouleau*. De-là s'est formé CYLINDRIQUE, adj. qui a la forme d'un cylindre.

CYLINDROÏDE, s. m. de κύλινδρος (kulindros), cylindre, et d'εἶδος (éidos), forme, figure. C'est un solide semblable au cylindre, mais dont les bases opposées et parallèles sont elliptiques.

CYMAISE, s. f. (archit.), moulure ondoyante, moitié concave et moitié convexe, qui est à l'extrémité d'une corniche. Ce mot vient de κυμάτιον (kumation), petite onde, dérivé de κῦμα (kuma), onde ou flot.

CYMBALAIRE, s. f. de κύμβαλον (kumbalon), cymbale. Plante dont les fruits sont des coques partagées en deux lobes semblables à une cymbale.

CYMBALE, s. f. en grec κύμβαλον (kumbalon), dérivé de κύμβος (kumbos), cavité. Ancien instrument de musique, composé de deux demi-sphères creuses.

CYME, s. f. en grec κῦμα (kuma), tige, germe ou rejeton des plantes. Ce mot est bien différent de cime, qui signifie sommet.

CYNANCHE, s. f. (méd.), espèce d'esquinancie inflammatoire, ainsi nommée de κυνὸς (kunos), génit. de κύων (kuôn), chien, et d'ἄγχω (agchô), serrer, suffoquer ; parce que les chiens sont sujets à cette maladie, ou parce qu'elle fait tirer la langue comme les chiens, quand ils ont chaud.

CYNANTHROPIE, s. f. espèce de délire mélancolique, dans lequel le malade s'imagine être changé en chien, et en imite les actions. Ce mot est composé de κύων (kuôn), chien, et d'ἄνθρωπος (anthrôpos), homme. C'est aussi un symptôme de la rage.

CYNAROCÉPHALE, adj. (botan.) Il se dit des plantes qui imitent le chardon ; de κύναρος (kunaros), chardon, et de κεφαλή (képhalé), tête.

CYNÉGÉTIQUE, adj. mot formé de κυνηγίω (kunégeô), chasser, aller à la chasse, dérivé de κύων (kuôn), chien , et d'*ηγέομαι* (*hégéomai*), conduire. Il se dit de la chasse.

CYNIQUE, adj. et s. *κυνικὸς* (*kunikos*), qui n'a pas plus de honte qu'un chien , de *κύων* (*kuón*), chien. On a donné ce nom à une secte de philosophes qui ne respectoient pas les loix de la bienséance , parce qu'ils étoient mordans, et sans pudeur, comme les chiens. Ils reconnoissoient Antisthène pour leur fondateur. Le mot *cynique* est devenu, depuis, le synonyme d'*impudent*, d'*effronté*. CYNISME, s. m. se prend pour la philosophie, ou les mœurs des cyniques.

CYNOCÉPHALE , s. m. sorte de singe qui a le museau alongé à-peu-près comme les chiens ; de *κυνὸς* (*kunos*), génit. de *κύων* (*kuón*), chien , et de *κεφαλὴ* (*képhalé*) , tête ; c'est-à-dire , singe à tête de chien.

CYNOCRAMBE, s. m. plante appelée aussi *chou-de-chien* ; de *κυνὸς* (*kunos*), génit. de *κύων* (*kuón*). chien, et de *κράμβη* (*krambé*), chou. C'est une espèce de *mercuriale*.

CYNOGLOSSE , ou *langue de chien*, s. f. plante commune, ainsi nommée de *κυνὸς* (*kunos*), génit. de *κύων* (*kuón*), chien , et de *γλῶσσα* (*glóssa*), langue, parce que ses feuilles ressemblent à la langue d'un chien.

CYNOREXIE , s. f. (*méd.*), appétit insatiable , faim canine ; de *κυνὸς* (*kunos*), génit. de *κύων* (*kuón*), chien , et d'*ὄρεξις* (*oréxis*), faim, appétit. C'est une espèce de maladie.

CYNORRHODON , s. m. espèce de rose sauvage , appelée aussi *rose-de-chien* ; de *κυνὸς* (*kunos*), génit. de *κύων* (*kuón*), chien , et de *ῥόδον* (*rhodon*), rose.

CYNOSORCHIS, s. m. plante dont les racines sont deux bulbes qui ressemblent à deux testicules un peu longs ; de κυνὸς (*kunos*), génit. de κύων (*kuôn*), chien, et d'ὄρχις (*orchis*), testicule.

CYNOSURE, s. f. κυνόσουρα (*kunosoura*), nom donné par les Grecs à la constellation de la petite-ourse ; de κυνὸς (*kunos*), génit. de κύων (*kuôn*), chien, et d'ουρὰ (*oura*), queue ; c'est-à-dire, qui a une queue de chien.

CYPHONISME, s. m. sorte de supplice, chez les anciens, qui consistoit à frotter de miel le patient, et à l'exposer au soleil à la piqûre des mouches. Ce mot vient de κύφων (*kuphôn*), qui signifie le poteau auquel on attachoit le criminel, ou, selon d'autres, une cage de bois, dans laquelle il étoit obligé de tenir son corps courbé ; et on le dérive alors de κύπτω (*kuptô*), se courber.

CYPHOSE, ou **CYPHOME**, s. f. courbure de l'épine du dos ; de κυφὸς (*kuphos*), courbé, dérivé de κύπτω (*kuptô*), je me courbe.

CYROPÉDIE, s. f. ouvrage de Xénophon, contenant l'histoire de la jeunesse du grand Cyrus ; de Κῦρος (*Kuros*), Cyrus, nom de ce roi de Perse, et de παιδεία (*paidéia*), instruction, éducation.

CYSTÉOLITHE, s. f. espèce de pierre marine qu'on trouve dans les grosses éponges. Ce mot vient de κύστις (*kustis*), vessie, et de λίθος (*lithos*), pierre.

CYSTHÉPATIQUE, adj. (*anat.*), mot formé de κύστις (*kustis*), vessie, et aussi *vésicule du fiel*, et d'ἧπαρ (*hépar*), génit. ἥπατος (*hépatos*), foie. Il désigne le canal qui porte la bile, du foie dans la vésicule du fiel.

CYSTIQUE, adj. (*anat.*), qui concerne la vésicule du fiel ; de κύστις (*kustis*), vessie.

CYSTIRRHAGIE, s. f. (*méd.*), maladie dans laquelle le sang sort de la vessie avec douleur ; de κύστις (*kustis*), vessie, et de ῥήγνυω (*rhégnuô*), rompre, parce que cette sortie du sang est causée par la rupture de quelque vaisseau.

CYSTITE ou CYSTITIS, s. f. (*méd.*), inflammation de la vessie ; de κύσις (*kustis*), vessie.

CYSTOBUBONOCÈLE, s. m. hernie inguinale de la vessie. Ce mot est composé de κύσις (*kustis*), vessie, de βουβὼν (*boubón*), aine, en latin *inguen*, et de κήλη (*kélé*), tumeur, hernie.

CYSTOCÈLE, s. m. de κύσις (*kustis*), vessie, et de κήλη (*kélé*), tumeur, hernie ; c'est-à-dire, hernie de la vessie.

CYSTOMÉROCÈLE, s. m. hernie crurale de la vessie ; de κύσις (*kustis*), vessie, de μηρὸς (*méros*), cuisse, et de κήλη (*kélé*), tumeur, hernie.

CYSTOTOMIE ou CYSTÉOTOMIE, s. f. (*chirur.*), ouverture faite à la vessie pour en tirer l'urine. On l'appelle autrement la *ponction au périnée*. Ce mot est dérivé de κύσις (*kustis*), vessie, et de τομὴ (*tomé*), incision, dont la racine est τέμνω (*temnó*), je coupe.

D

DACTYLE, s. m. pied de vers grec et latin, composé d'une longue et de deux brèves. Ce mot se dit en grec δάκτυλος (*daktulos*), qui proprement signifie *doigt*, parce que le doigt est composé, ainsi que le *dactyle*, d'une partie longue et de deux brèves. DACTYLIQUE en dérive.

DACTYLIOMANCIE, s. f. sorte de divination qui se faisoit par le moyen d'un anneau ; de δακτύλιος (*daktulios*), anneau, et de μαντεία (*mantéia*), divination.

DACTYLOLOGIE, s. f. art de converser par des signes faits avec les doigts ; de δάκτυλος (*daktulos*), doigt, et de λέγω (*légô*), je parle; d'où vient λόγος (*logos*), discours.

DACTYLONOMIE, s. f. l'art de compter par les doigts. Ce mot est formé de δάκτυλος (*daktulos*), doigt, et de νόμος (*nomos*), règle.

DAPHNÉPHORIES, s. f. fêtes grecques en l'honneur d'Apollon, dans lesquelles on portoit des branches de laurier; de δάφνη (*daphné*), laurier, et de φέρω (*phérô*), je porte. On nommoit *daphnéphore*, le prêtre qui présidoit à la cérémonie, parce qu'il étoit couronné de laurier.

DAPHNITE, s. f. (*nat.*), pierre figurée, représentant des feuilles de laurier; de δάφνη (*daphné*), laurier.

DAPHNOMANCIE, s. f. sorte de divination qui se pratiquoit avec une branche de laurier; de δάφνη (*daphné*), laurier, et de μαντεία (*mantéia*), divination.

DARTOS, s. m. (*anat.*), membrane cellulaire du scrotum. Ce mot, qui est grec, signifie *écorché*, et vient de δέρω (*dérô*), j'écorche. Les anciens ont ainsi nommé le *dartos*, parce qu'ils le regardoient comme une membrane charnue, ou un véritable muscle.

DÉCACORDE, s. m. ancien instrument de musique qui avoit dix cordes; de δέκα (*déka*), dix, et de χορδή (*chordé*), corde.

DÉCADE, s. f. de δεκάς (*dékas*), dixaine, dérivé de δέκα (*déka*), dix. Il se dit en parlant de l'histoire de Tite-Live, dont les livres sont divisés en dixaines. Dans le Calendrier républicain, c'est un espace de dix jours, formant le tiers de chaque mois de l'année.

Dérivés. DÉCADAIRE et DÉCADI.

DÉCAGONE, s. m. figure géométrique qui a dix angles et dix côtés; de δέκα (*déka*), dix, et de γωνία (*gônia*), angle.

DÉCAGRAMME, s. m. poids de dix grammes, dans les nouvelles mesures. Il vaut un peu plus de deux gros et demi. Ce mot est composé de δίκα (*déka*), dix, et de γράμμα (*gramma*), ancien poids grec, d'où le *gramme* tire son nom. *Voyez* GRAMME.

DÉCAGYNIE, s. f. (*botan.*), de δίκα (*déka*), dix, et de γυνὴ (*guné*), femme. Nom que donne Linné à la sous-division des classes des plantes, dont la fleur a dix parties femelles, ou dix pistils.

DÉCALITRE, s. m. nouvelle mesure de capacité, valant dix litres, ou un peu plus de trois quarts du boisseau de Paris. Ce mot est formé de δίκα (*déka*), dix, et de λίτρα (*litra*), sorte de mesure grecque pour les liquides, d'où le *litre* tire son nom. *Voyez* LITRE.

DÉCALOGUE, s. m. nom des dix commandemens que Dieu donna à Moïse, gravés sur deux tables de pierre; de δίκα (*déka*), dix, et de λόγος (*logos*), discours ou parole; comme qui diroit, *les dix paroles.*

DÉCAMÉRIDE, s. f. division en dix, ou dixième partie d'une chose; de δίκα (*déka*), dix, et de μερίς (*méris*), partie, mot dérivé de μείρω (*méiró*), partager, diviser.

DÉCAMÉRON, s. m. ouvrage dans lequel on raconte les événemens ou les entretiens de dix jours; de δίκα (*déka*), dix, et d'ἡμέρα (*héméra*), jour.

DÉCAMÈTRE, s. m. longueur de dix mètres, dans les nouvelles mesures, valant environ trente pieds neuf pouces. Il est propre à faire une chaîne d'arpentage. Ce mot est composé de δίκα (*déka*), dix, et de μέτρον (*métron*), mesure ou mètre. *Voyez* MÈTRE.

DÉCAMYRON, s. m. (*pharm.*), médicament, ainsi appelé de δίκα (*déka*), dix, et de μύρον (*muron*), parfum liquide, parce qu'il est composé de dix aromates différens.

DÉCANDRIE, s. f. (*botan.*), de δίκα (*déka*), dix, et d'ἀνήρ (*anér*), génit. ἀνδρός (*andros*), mari. C'est le nom que Linné donne à la dixième classe des plantes, parce qu'elle renferme toutes celles dont la fleur a dix parties mâles ou dix étamines.

DÉCAPOLE, s. f. de δίκα (*déka*), dix, et de πόλις (*polis*), ville. Contrée où il y a dix villes principales.

DÉCASTÈRE, s. m. mesure de solides égale à dix stères; de δίκα (*déka*), dix, et de στιριός (*stéréos*), solide. *Voyez* STÈRE.

DÉCASTYLE, s. m. (*archit.*), mot formé de δίκα (*déka*), dix, et de στύλος (*stulos*), colonne. C'étoit, chez les anciens, un édifice dont le front étoit orné de dix colonnes.

DÉCASYLLABE, ou DÉCASYLLABIQUE, adj. formé de δίκα (*déka*), dix, et de συλλαβή (*sullabé*), syllabe. On nomme ainsi des vers composés de dix syllabes.

DÉCIARE, s. m. dixième partie de l'*are*, valant dix mètres carrés, dans le système des nouvelles mesures. Ce mot est formé de la première partie du mot latin *decimus*, dixième, et du mot *are*, mesure de superficie. *Voyez* ARE.

DÉCIGRAMME, s. m. dixième partie du gramme, pesant un peu moins que deux grains. Ce mot est composé de la première partie du latin *decimus*, dixième, et du mot *gramme*, unité de poids dans les nouvelles mesures. *Voyez* GRAMME.

DÉCILITRE, s. m. dixième partie du litre, dans les nouvelles mesures. Elle équivaut à-peu-près au huitième d'un litron, ou aux quatre cinquièmes d'un poisson. Ce mot est composé de la première partie du latin *decimus*, dixième, et du grec λίτρα (*litra*), d'où le *litre* tire son nom. *Voyez* LITRE.

DÉCIMÈTRE, s. m. dixième partie du mètre, dans les nouvelles mesures, équivalant à environ trois pouces huit lignes. Le double décimètre fait une mesure de poche fort commode, qui répond à sept pouces quatre lignes environ. Ce mot est composé de la première partie du latin *decimus*, dixième, et du grec μίτρον (*métron*), mesure ou *mètre*. Voyez MÈTRE.

DÉCI-STÈRE, s. m. dixième partie du stère, dans les nouvelles mesures. Ce mot est composé de la première partie du latin *decimus*, dixième, et du grec στερεός (*stéréos*), qui signifie *solide*, et d'où l'on a fait *stère*, nom d'une mesure pour les solides. *Voyez* STÈRE.

DÉFLEGMATION, DÉFLEGMER. *Voyez* DÉPHLEGMATION.

DELTOÏDE, s. m. (*anat.*), muscle triangulaire de l'épaule. Son nom vient de *delta*, Δ, qui est le D majuscule des Grecs, et d'εἶδος (*éidos*), forme, figure, parce qu'il a quelque ressemblance avec cette lettre.

DÉMAGOGUE, s. m. chef d'une faction populaire. Ce mot est formé de δῆμος (*démos*), peuple, et d'ἀγωγός (*agôgos*), conducteur, dérivé d'ἄγω (*agô*), mener, conduire. On a fait de-là DÉMAGOGIE et DÉMAGOGIQUE.

DÉMOCRATIE, s. f. forme de gouvernement où le peuple a toute l'autorité; de δῆμος (*démos*), peuple, et de κράτος (*kratos*), force, puissance; c'est-à-dire, gouvernement du peuple. De-là se sont formés DÉMOCRATE, s. m. partisan de la démocratie; DÉMOCRATIQUE, adj. DÉMOCRATIQUEMENT, adv.

DÉMON, s. m. δαίμων (*daimôn*), dieu, génie, intelligence. Dans l'Ecriture, il se prend toujours pour le diable ou l'esprit malin.

DÉMONIAQUE, adj. et s. δαιμονιακὸς (*daimoniakos*), qui est possédé du démon; de δαίμων (*daimôn*), esprit malin ou démon.

DÉMONOGRAPHE, s. m. auteur qui a écrit sur les démons ou génies malfaisans; de δαίμων (*daimôn*), démon ou génie, et de γράφω (*graphô*), j'écris.

DÉMONOLATRIE, s. f. culte du démon; de δαίμων (*daimôn*), démon, et de λατρεία (*latréia*), culte, adoration.

DÉMONOMANIE, s. f. sorte de délire, ou maladie de l'esprit, qui consiste à se croire obsédé du démon; de δαίμων (*daimôn*), démon, esprit malin, et de μανία (*mania*), folie ou manie.

DENDRITE, s. f. (*nat.*), pierre figurée, sur laquelle on voit des ramifications qui ressemblent à des plantes ou à des arbres; de δένδρον (*dendron*), arbre.

DENDROÏDE, ou DENDROÏTE, s. f. (*nat.*), plante qui croît comme les arbres, ou fossile ramifié; de δένδρον (*dendron*), arbre, et d'εἶδος (*éidos*), forme.

DENDROLITHES, s. f. pétrifications ou incrustations d'arbres; de δένδρον (*dendron*), arbre, et de λίθος (*lithos*), pierre.

DENDROMÈTRE, s. m. instrument qui sert à mesurer avec précision la quantité de bois que contient un arbre; de δένδρον (*dendron*), arbre, et de μέτρον (*métron*), mesure.

DENDROPHORE, s. m. (*mytho.*), de δένδρον (*dendron*), arbre, et de φέρω (*phérô*), je porte. Nom de ceux qui, chez les païens, portoient des arbres dans la ville, à l'occasion de certaines cérémonies appelées pour cette raison *dendrophories*.

DÉPHLEGMATION, s. f. opération chimique, par laquelle on enlève à une substance sa partie phlegmatique ou aqueuse; de φλέγμα (*phlegma*), phlegme, auquel on a joint la particule privative *dé*. De-là le verbe Déphlegmer.

DÉPHLOGISTIQUÉ (*air*), s. m. nom que l'on avoit donné il y a environ trente ans, lors de sa découverte, au *gaz oxygène* ou *air vital*. Ce mot est formé de la particule privative *dé*, et du grec φλογιστὸς (*phlogistos*), brûlé, enflammé; c'est-à-dire, privé ou dégagé de tout principe inflammable. *Voyez* Oxygène.

DERMOGRAPHIE, s. f. (*anat.*), description de la peau; de δέρμα (*derma*), peau, et de γράφω (*graphó*), je décris.

DERMOLOGIE, s. f. partie de l'anatomie qui traite de la peau; de δέρμα (*derma*), peau, et de λόγος (*logos*), discours.

DERMOTOMIE, s f. de δέρμα (*derma*), peau, et de τέμνω (*temnó*), je coupe, je dissèque. Préparation anatomique, ou dissection de la peau.

DESMOGRAPHIE, s. f. partie de l'anatomie qui décrit les ligamens; de δεσμὸς (*desmos*), ligament, lien, et de γράφω (*graphó*), je décris.

DESMOLOGIE, s. f. de δεσμὸς (*desmos*), ligament, et de λόγος (*logos*), discours. Partie de l'anatomie qui traite de l'usage des ligamens.

DESMOTOMIE, s. f. (*anat.*), dissection des ligamens; de δεσμὸς (*desmos*), ligament, et de τέμνω (*temnó*), couper, disséquer.

DESPOTE, s. m. celui qui gouverne avec une autorité absolue; de δεσπότης (*despotês*), maître ou seigneur, dérivé de δεσπόζω (*despozó*), dominer, avoir l'empire.

Dérivés. **Despotique**, adj. **Despotiquement**, adv. **Despotisme**, s. m. pouvoir absolu.

DEUTÉROCANONIQUE, adj. (*théol.*) Il se dit de certains livres de l'Ecriture, qui ont été mis plus tard que les autres au rang des livres canoniques. Ce mot est composé de δεύτερος (*deutéros*), second, et de κανών (*kanôn*), canon ou règle ; c'est-à-dire, qui ont été placés les seconds dans les canons.

DEUTÉRONOME, s. m. nom d'un des livres de Moïse, le dernier de ceux dont il est l'auteur. Ce mot est formé de δεύτερος (*deutéros*), second, et de νόμος (*nomos*), loi, parce que ce livre est comme une répétition des précédens, une seconde publication de la loi.

DEUTÉROPATHIQUE, adj. (*méd.*), qui se dit d'une maladie qui est produite ou précédée par une autre. Ce mot vient de δεύτερος (*deutéros*), second, et de πάθος (*pathos*), maladie, et signifie littéralement *maladie secondaire*. Il est opposé à **Protopathique**. *Voyez* ce mot.

DEXTROCHÈRE, s. m. terme de blason, qui se dit du bras droit représenté dans un écu, avec la main. Ce mot, qui signifie *main droite*, est composé du latin *dexter*, droit, et du grec χείρ (*cheir*), main.

DIA, préposition grecque, qui répond aux prépositions latines *per*, *inter*, *de* ou *ex*, en français *par*, *à travers*, *de*. Elle étoit souvent employée par les anciens médecins pour désigner un grand nombre de remèdes ou de préparations pharmaceutiques. On la place au commencement des mots auxquels on la joint ; et si elle compose les trois premières lettres d'un terme de médecine, elle signifie un remède composé avec la substance exprimée par le mot qu'elle précède. *Dia* est encore le commencement de plusieurs mots, tant des arts et des sciences, que de l'usage ordinaire, comme *diamètre*, *dialogue*, &c. que nous avons empruntés des Grecs.

DIABÉTÈS, s. m. (*méd.*), incontinence d'urine. Ce mot, qui est purement grec, διαϐήτης, vient de διαϐαίνω (*diabainô*), passer à travers, parce qu'alors la boisson passe par les conduits urinaires aussi-tôt après qu'on l'a prise. On nomme *diabétique*, celui qui est attaqué de cette maladie.

DIABLE, s. m. mauvais ange, ou démon. Ce mot vient de διάϐολος (*diabolos*), calomniateur, trompeur, dérivé de διαϐάλλω (*diaballô*), calomnier, rendre odieux, parce que la malignité est l'apanage du Diable. On a donné encore le nom de *diable* à plusieurs animaux et à différens ouvrages de l'art, à cause de leur laideur, ou de leurs forces.

Dérivés. DIABLOTIN, DIABOLIQUE, DIABOLIQUE-MENT, &c.

DIABOTANUM, s. m. (*pharm.*), emplâtre dans lequel il entre beaucoup de plantes. Ce mot est formé de διά (*dia*), de, et de ϐοτανῶν (*botanôn*), génit. pl. de ϐοτάνη (*botané*), herbe; c'est-à-dire, médicament fait d'herbes.

DIACARTHAME, s. m. (*pharm.*), électuaire purgatif, ainsi nommé de διά (*dia*), de, et du latin *cartha-mus*, carthame, à cause de la semence de carthame qui entre dans sa composition.

DIACAUSTIQUE, s. f. nom que l'on donne, en optique, aux caustiques par réfraction, pour les distinguer des caustiques par réflexion, qu'on nomme *cata-caustiques*. Ce mot est composé de διά (*dia*), par, et de καυςικὸς (*kaustikos*), caustique. *Voyez* ce mot.

DIACHYLON, s. m. (*pharm.*), emplâtre dans lequel il entre des mucilages, ou des sucs visqueux de certaines plantes. Ce mot vient de διὰ (*dia*), de, et de χυλὸς (*chulos*), suc ; médicament fait de divers sucs.

DIACODE, s. m. (*pharm.*), syrop composé de têtes de pavots blancs ; de διὰ (*dia*), de, et de κώδεια (*kôdéia*), tête de pavot.

DIACONAT, s. m. le second des ordres sacrés, ou l'office de diacre ; de διακονία (*diakonia*), office, ministère. *Voyez* DIACRE.

DIACOPE, s. f. (*chirur.*), mot formé de διὰ (*dia*), à travers, et de κόπτω (*koptô*), je coupe. Espèce de fracture faite au crâne par un instrument tranchant, et dans laquelle il y a un éclat coupé, sans être emporté.

DIACOUSTIQUE, s. f. de διὰ (*dia*), par, à travers, et d'ἀκούω (*akouô*), j'entends. C'est la partie de l'acoustique qui considère les propriétés des sons réfractés, selon qu'ils passent par différens intermédiaires.

DIACRE, s. m. ministre de l'autel, le premier après les prêtres ; de διάκονος (*diakonos*), ministre, serviteur, dérivé de la préposition διὰ (*dia*), et du verbe κονέω (*konéô*), se hâter, servir, parce que sa fonction est de servir le prêtre à l'autel.

DIACYDONITE, adj. Ce mot vient de διὰ (*dia*), de, et de κυδώνιον (*kudônion*), coing, et se dit des remèdes où il entre des coings.

DIADELPHIE, s. f. (*botan.*), mot formé de δὶς (*dis*), deux fois, ou de δύο (*duo*), deux, et d'ἀδελφὸς (*adelphos*), frère. Linné nomme ainsi la dix-septième classe des plantes, parce qu'elle renferme toutes celles dont les fleurs ont plusieurs étamines réunies en deux corps par leurs filets.

DIADÊME, s. m. en grec διάδημα (*diadêma*), bandelette qui entoure la tête ; de διαδέω (*diadéô*), entourer, composé de la préposition διά (*dia*), et de δέω (*déô*), je lie. Le diadême est une sorte de bandeau dont les rois se ceignoient le front. En poésie, il se prend pour royauté, ou couronne royale. De-là vient DIADÉMÉ, terme de blason ; il se dit de l'aigle qui a un petit cercle sur la tête.

DIAGNOSTIC, s. m. (*méd.*), connoissance par des signes de l'état présent d'une personne en santé ou malade ; de διαγνώσκω (*diaginôskô*), je connois, je juge. DIAGNOSTIQUE, adj. se dit des signes par le moyen desquels on acquiert cette connoissance.

DIAGONALE, s. f. (*géom.*), ligne tirée d'un angle d'une figure rectiligne à l'angle opposé ; de διά (*dia*), par, à travers, et de γωνία (*gônia*), angle ; c'est-à-dire, ligne qui traverse une figure, en passant par les angles. De-là vient DIAGONAL, ALE, adj. DIAGONALEMENT, adv.

DIAGRAMME, s. m. figure géométrique, ou construction de lignes servant à démontrer une proposition. Ce mot est formé de διά (*dia*), de, et de γραμμή (*grammé*), ligne. Il est plus usité en latin qu'en français.

Dans la musique ancienne, c'étoit ce qu'on appelle aujourd'hui *échelle*, *gamme*, ou *système*.

DIALECTE, s. m. διάλεκτος (*dialektos*), langage particulier d'une ville ou d'un pays, et différent de la langue générale d'une nation ; de διά (*dia*), et de λέγω (*légô*), je parle. Ce mot n'est d'usage qu'en parlant de la langue grecque, qui a quatre dialectes différens, l'attique, l'ionique, le dorique et l'éolique. La langue française n'autorise aucun dialecte.

DIALECTIQUE, s. f. l'art de discourir, de raisonner avec justesse. Ce mot, qui est grec, διαλεκτική (*dialektiké*), vient de διαλέγω (*dialégô*), discerner, et au moyen, διαλέγομαι (*dialégomai*), discourir, converser, dont la racine est λέγω (*légô*), parler, parce que la dialectique étoit originairement l'art de discerner le vrai d'avec le faux, par le moyen du dialogue.

Dérivés. DIALECTICIEN, s. m. DIALECTIQUEMENT, adv.

DIALOGUE, s. m. διάλογος (*dialogos*), entretien de deux ou de plusieurs personnes ; de διαλέγομαι (*dialégomai*), converser, s'entretenir, dérivé de λέγω (*légô*), dire, parler. De-là vient DIALOGIQUE, adj. DIALOGISME, s. m. DIALOGISTE, s. m. et f. DIALOGUER, verbe.

DIALTHÉE, s. m. (*pharm.*), onguent dont le mucilage de guimauve fait la base ; de διὰ (*dia*), de, et d'ἀλθαία (*althaia*), guimauve, dérivé d'ἀλθέω (*althéô*), guérir, à cause de ses nombreuses propriétés.

DIAMANT, s. m. pierre précieuse, extrêmement dure, la plus brillante et la plus transparente de toutes. On croit que ce mot est venu, par corruption, d'ἀδάμας (*adamas*), nom grec du diamant, et qui signifie *indomptable*, dérivé d'α privatif, et de δαμάω (*damaô*), dompter, rompre ; c'est-à-dire, qu'on ne sauroit casser, à cause de sa grande dureté. Les expériences des chimistes modernes prouvent que ce corps, exposé à un grand feu, y brûle avec flamme. Le produit de sa combustion est de l'acide carbonique ; et chauffé avec le fer pur, il forme l'acier. Ces deux propriétés, qui lui sont communes avec le charbon, semblent démontrer que le diamant est le carbone pur au plus haut degré de condensation.

On appelle DIAMANTAIRE, celui qui taille les diamans.

DIAMARGARITON, s. m. (*pharm.*), médicament dont les perles sont le principal ingrédient. Ce mot vient

de διὰ (*dia*), de, et de μαργαρίτης (*margarités*), perle ;
c'est-à-dire, fait avec des perles.

DIAMASTIGOSE, s. f. cérémonie cruelle, chez les
Lacédémoniens, dans laquelle on battoit de verges des
enfans devant l'autel de Diane, et sous les yeux de leurs
parens, qui les excitoient à ne donner aucun signe de
douleur. Ce mot vient de διαμαστιγόω (*diamastigoô*),
fouetter rudement, dérivé de μάστιξ (*mastix*), fouet.

DIAMÈTRE, s. m. ligne droite qui passe par le
centre d'un cercle, et se termine de part et d'autre à la
circonférence. Son nom grec est διάμιτρος (*diamétros*),
formé de διὰ (*dia*), à travers, et de μέτρον (*métron*), mesure ; c'est-à-dire, qui mesure le cercle par le milieu.

Dérivés. DIAMÉTRAL, adj. DIAMÉTRALEMENT, adv.

DIAMORUM, s. m. (*pharm.*), syrop de mûres,
propre pour les gargarismes ; de διὰ (*dia*), de, et de
μόρον (*moron*), mûre ; c'est-à-dire, fait avec des mûres.

DIANDRIE, s. f. (*botan.*), de δὶς (*dis*), deux fois,
ou de δύο (*duo*), deux, et d'ἀνήρ (*anêr*), génit. ἀνδρὸς (*andros*), mari ou mâle. Nom que donne Linné à la deuxième
classe des plantes, parce qu'elle renferme celles dont les
fleurs ont deux parties mâles ou deux étamines.

DIANUCUM, s. m. (*pharm.*), rob fait avec des noix ;
de la préposition grecque διὰ (*dia*), de, et du latin *nux,
nucis*, noix.

DIAPALME, s. m. (*pharm.*), onguent propre à résoudre les fluxions. Ce mot est composé de la préposition
grecque διὰ (*dia*), de, et du latin *palma*, palmier, parce
qu'on y faisoit entrer la décoction des feuilles de cet arbre.

DIAPASME, s. m. poudre odorante dont on se par-
fume le corps ; en grec, διάπασμα (*diapasma*), dérivé de
διαπάσσω (*diapassô*), répandre.

DIAPASON, s. m. terme de musique, qui se dit de

l'étendue des sons qu'une voix ou un instrument peut parcourir depuis le ton le plus bas jusqu'au plus haut; de διὰ (*dia*), par, et de πασῶν (*pasôn*), génit. pl. de πᾶς (*pâs*), tout; c'est-à-dire, qui passe par tous les tons. On croit que c'étoit l'*octave* des Grecs.

Diapason est aussi le nom de deux instrumens, dont l'un sert aux luthiers, et l'autre aux fondeurs de cloches.

DIAPÉDÈSE, s. f. (*méd.*), éruption du sang par les pores des vaisseaux; en grec διαπήδησις (*diapédêsis*), de διὰ (*dia*), à travers, et de πηδάω (*pédaô*), sauter, jaillir.

DIAPENTE, s. m. (*pharm.*), médicament composé de cinq ingrédiens; de διὰ (*dia*), de, et de πέντε (*penté*), cinq.

Dans la musique grecque, c'étoit ce que nous appelons *quinte*.

DIAPHANE, adj. transparent, qui donne passage à la lumière; de διὰ (*dia*), à travers, et de φαίνω (*phainô*), briller; c'est-à-dire, au travers duquel la lumière brille. De-là vient DIAPHANÉITÉ, transparence, ou qualité de ce qui est diaphane.

DIAPHŒNIX, s. m. (*pharm.*), électuaire purgatif dont les dattes font la base; de διὰ (*dia*), de, et de φοῖνιξ (*phoinix*), le palmier, la datte.

DIAPHONIE, s. f. Les Grecs nommoient ainsi tout intervalle ou accord dissonant; de διὰ (*dia*), qui marque division ou séparation, et de φωνή (*phônê*), son; comme qui diroit, séparation ou différence de sons, parce que les deux sons se choquant mutuellement, se divisent, pour ainsi dire, et font sentir désagréablement leur différence.

DIAPHORÈSE, s. f. (*méd.*), en grec διαφόρησις (*diaphorêsis*), mot dérivé de διὰ (*dia*), à travers, et de φέρω (*phérô*), je porte. Il se dit en général de toute évacuation des humeurs par la transpiration, ou par les pores.

DIAPHORÉTIQUE, adj. (*méd.*), nom des remèdes qui excitent la sueur, ou la transpiration. Pour l'étymologie, *voyez* DIAPHORÈSE.

DIAPHRAGME, s. m. (*anat.*), muscle très - large qui sépare la poitrine d'avec le bas-ventre. Ce mot vient de διάφραγμα (*diaphragma*), entre-deux, séparation, ou division, dérivé de διὰ (*dia*), entre, et de φράσσω (*phrassô*), fermer, enclorre; διαφράσσω (*diaphrassô*), séparer, ou être placé entre deux. C'est aussi un terme de botanique et d'optique, qui signifie une *cloison* ou *séparation* entre deux parties.

Dérivés. DIAPHRAGMATIQUE, adj.

DIAPHYSE, s. f. en grec διάφυσις (*diaphusis*), de διὰ (*dia*), entre, et de φύω (*phuô*), naître. On appelle ainsi un interstice, une division, ou séparation entre deux choses.

DIAPNOTIQUE, adj. (*méd.*), de διὰ (*dia*), à travers, et de πνέω (*pnéô*), je respire; d'où l'on a fait διαπνέω (*diapnéô*), je transpire. Il se dit des remèdes qui font transpirer.

DIAPRUN, s. m. (*pharm.*), électuaire purgatif dont les prunes sont la base. Ce mot est composé de la préposition grecque διὰ (*dia*), de, et du latin *prunum*, prune.

DIAPTOSE, s. f. terme de plain - chant. Ce mot vient de διάπτωσις (*diaptôsis*), chute, dérivé de διὰ (*dia*), entre, et de πίπτω (*piptô*), tomber. C'est une petite chute, ou un passage qui se fait sur la dernière note d'un chant, qu'on marque deux fois, en séparant cette répétition par une note d'un ton plus bas, comme *ut si ut, mi ré mi*.

DIARRHÉE, s. f. (*méd.*), flux de ventre, en grec

διάῤῥοια (*diarrhoia*), de διὰ (*dia*), à travers, et de ῥέω (*rhéô*), couler.

DIARRHODON, s. m. (*pharm.*), nom de diverses compositions médicales où il entre des roses rouges ; de διὰ (*dia*), de, et de ῥόδον (*rhodon*), rose.

DIARTHROSE, s. f. (*anat.*), sorte d'articulation des os, qui leur permet un mouvement en plusieurs sens ; de διὰ (*dia*), entre, et d'ἄρθρον (*arthron*), membre, jointure ; c'est-à-dire, articulation d'os séparés les uns des autres.

DIASCORDIUM, s. m. (*pharm.*), opiat dans lequel on fait entrer le scordium. Ce mot est formé de διὰ (*dia*), de, et de σκόρδιον (*skordion*), le scordium, plante très-utile en médecine.

DIASEBESTE, s. m. (*pharm.*), électuaire purgatif dont les sebestes font la base ; de διὰ (*dia*), de, et du latin *sebesten*, sebeste, espèce de prunes.

DIASÈNE, s. m. (*pharm.*), électuaire purgatif, ainsi nommé de la préposition grecque διὰ (*dia*), de, et du latin *sena*, séné, parce que le séné en fait la base.

DIASOSTIQUE, s. f. Ce mot signifie *qui a le pouvoir de conserver* ; de διασώζω (*diasôzô*), je conserve. C'est le nom qu'on donne à la médecine préservative, ou à cette partie de la médecine qui a pour objet la conservation de la santé.

DIASTASE, s. f. (*chirur.*), mot tiré de διάστασις (*diastasis*), distance, séparation, qui vient du verbe διΐστημι (*diistêmi*), séparer. Il signifie *luxation*, ou déboîtement d'un os hors de son assiette naturelle.

DIASTÊME, s. m. terme de musique ancienne, qui signifie proprement *intervalle*, en grec διάστημα (*diastêma*), dérivé de διΐστημι (*diistêmi*), séparer ; de διὰ (*dia*), entre, et d'ἵστημι (*istêmi*), je me tiens.

DIASTOLE, s. f. (*anat.*), διαστολὴ (*diastolé*), mot grec qui signifie *dilatation;* de διαςέλλω (*diastelló*), séparer, ouvrir, dérivé de διὰ (*dia*), à travers, et de ςέλλω (*stelló*), j'envoie. Il désigne le mouvement du cœur, lorsqu'il se dilate. Ce mouvement est opposé à celui qu'on nomme *systole. Voyez* ce mot.

DIASTYLE, s. m. (*archit.*), mot composé de διὰ (*dia*), entre, et de ςύλος (*stulos*), colonne; c'est-à-dire, *entre-colonne,* ou espace qui est entre deux colonnes. Il se dit d'un édifice dont les colonnes sont éloignées l'une de l'autre de trois de leurs diamètres.

DIASYRME, s. m. (*rhétor.*), en grec διασυρμὸς (*diasurmos*), ironie insultante. Ce mot vient de διασύρω (*diasuró*), déchirer, outrager; formé de διὰ (*dia*), par, à travers, et de σύρω (*suró*), je traîne. Le diasyrme traîne dans le mépris celui qui en est l'objet.

DIATESSARON, s. m. remède composé de quatre ingrédiens; de διὰ (*dia*), de, et de τέσσαρες (*tessares*), quatre.

Dans la musique grecque, c'étoit un intervalle, que nous appelons *quarte.*

DIATONIQUE, adj. genre de musique ancienne, ainsi nommé de διὰ (*dia*), par, et de τόνος (*tonos*), ton, parce qu'il procédoit par un demi-ton et deux tons consécutifs. Dans notre musique, le genre *diatonique* procede par tons et semi-tons majeurs, selon la division naturelle de la gamme. De-là vient DIATONIQUEMENT, adv.

DIATRAGACANTHE, s. m. (*pharm.*), électuaire dont la gomme adraganthe fait la base; de διὰ (*dia*), de, et du mot *tragacanthe,* nom de l'arbrisseau qui produit cette gomme. *Voyez* TRAGACANTHE.

DIATRIBE, s. f. Ce mot, qui signifie proprement,

dans notre langue, *dissertation critique* sur un ouvrage d'esprit, ou sur une matière quelconque, et par lequel on désigne souvent une critique amère et violente, vient du grec διατριϐή (*diatribé*), et du latin *diatriba*, qui signifie académie, assemblée de savans, dissertation, &c. et est dérivé du verbe grec διατρίϐω (*diatribó*), s'exercer, s'adonner à quelque chose.

DIBAPTISTES (les), s. m. pl. hérétiques grecs du neuvième siècle, ainsi appelés de δìς (*dis*), deux fois, et de ϐαπτίζω (*baptizó*), baptiser, parce qu'ils baptisoient deux fois.

DICÉLIES, s. f. pl. sortes de farces ou de scènes libres, conservées de l'ancienne comédie; de δείκηλον (*déikélon*), image, représentation. On nommoit *dicélistes*, ceux qui les jouoient.

DICHORÉE, s. m. pied de vers latin, composé de deux chorées; de δìς (*dis*), deux fois, et de χορείος (*choréios*), chorée. *Voyez* CHORÉE.

DICHOTOME, adj. (*astro.*), de διχοτομέω (*dichotomeó*), je coupe en deux parties, dérivé de δίχα (*dicha*), par moitié, et de τέμνω (*temnó*), je coupe. Il se dit de la lune, quand on ne voit que la moitié de son disque. Cette *phase*, ou apparence, se nomme *dichotomie*.

DICORDE, s. m. ancien instrument de musique, ainsi appelé de δìς (*dis*), deux fois, et de χορδή (*chordé*), corde, parce qu'il n'avoit que deux cordes.

DICOTYLÉDONES, s. f. pl. (*botan.*), nom que Jussieu donne aux plantes qui ont deux feuilles séminales. Ce mot est composé de δìς (*dis*), deux fois, et de κοτυληδών (*kotulédón*), qui signifie proprement *cavité*, *écuelle*, mais que les botanistes ont appliqué aux feuilles séminales des plantes, à cause de leur forme demi-ronde.

DICROTE, adj. δίκροτος (*dikrotos*), qui bat deux fois,

de δὶς (*dis*), deux fois, et de κροτέω (*krotéó*), je frappe. Les médecins ont donné ce nom à un pouls inégal, qui bat deux fois dans une même pulsation.

DICTAME, s. m. plante qui vient naturellement dans l'île de Candie ou de Crète. Son nom grec est δίκταμνον (*diktamnon*), ou δίκταμον (*diktamon*), que les uns dérivent de *Dicta*, montagne de Crète, et d'autres de *Dictamnum*, ancienne ville de cette île.

DIDACTIQUE, adj. διδακτικός (*didaktikos*), qui est propre à instruire, qui sert à expliquer les choses; de διδάσκω (*didaskó*), enseigner, instruire. *Didactique*, s. f. est l'art d'enseigner.

DIDACTYLE, adj. (*nat.*), qui a deux doigts; de δὶς (*dis*), deux fois, et de δάκτυλος (*daktulos*), doigt. Il se dit des animaux qui ont deux doigts à chaque pied.

DIDRACHME, ou DIDRAGME, s. f. monnoie grecque qui valoit deux drachmes; de δὶς (*dis*), deux fois, et de δραχμή (*drachmé*), drachme.

DIDYNAMIE, s. f. (*botan.*), nom que donne Linné à la quatorzième classe des plantes, qui renferme celles dont les fleurs ont quatre étamines, dont deux plus grandes que les autres. Ce mot vient de δὶς (*dis*), deux fois, et de δύναμις (*dunamis*), puissance, et signifie que la fleur a deux puissances génératrices, comme si les deux étamines les plus longues étoient plus parfaites et plus efficaces que les deux petites.

DIÈDRE, adj. (*géom.*), qui a deux bases, ou deux faces; de δὶς (*dis*), deux fois, et d'ἕδρα (*hédra*), siége ou base. Terme *nouveau*, qui se dit d'un angle formé par deux plans qui se rencontrent, et qu'on appelle autrement un *angle plan*.

DIÉRÈSE, s. f. διαίρεσις (*diairésis*), division, séparation; de διαιρέω (*diairéó*), diviser. C'est une opération

de chirurgie, par laquelle on sépare les parties dont
l'union est contre nature, ou forme un obstacle à la
guérison.

Diérèse, en poésie, est la division d'une syllabe en
deux.

DIÉRÉTIQUE, adj. qui a la vertu de diviser, de
séparer; de διαιρέω (*diairéô*), je divise. On donne ce nom
aux remèdes qui ont une vertu corrosive.

DIÈSE, ou DIÉSIS, s. m. terme de musique, qui
vient de δίεσις (*diésis*), qui signifie proprement *division*,
de διίημι (*diiémi*), je passe au travers. C'est un intervalle
composé d'un demi-ton, ou une petite marque qui sert
à faire élever d'un demi-ton la note devant laquelle on
la place. De-là, DIÉSER, v. a. marquer d'un dièse.

DIÈTE, s. f. δίαιτα (*diaita*), régime de vie, ou manière de vivre réglée. On appelle aussi *diète*, l'assemblée
générale de certains Etats, dans laquelle on règle les
affaires publiques.

DIÉTÉTIQUE, s. f. (*méd.*), de δίαιτα (*diaita*), diète.
Partie de la médecine, qui a pour objet le régime à
prescrire dans la manière de vivre, soit en santé, soit en
maladie.

DIGASTRIQUE, adj. (*anat.*), qui a deux ventres;
de δίς (*dis*), deux fois, et de γαστήρ (*gastér*), ventre. Il
se dit de deux muscles qui ont deux portions charnues,
ou comme deux ventres séparés l'un de l'autre.

DIGLYPHE, s. m. (*archit.*), de δίς (*dis*), deux fois,
et de γλυφή (*gluphé*), gravure, mot dérivé de γλύφω
(*gluphó*), je grave; c'est-à-dire, qui a deux gravures.
C'est une console qui n'a que deux canaux.

DIGYNIE, s. f. (*botan.*), de δίς (*dis*), deux fois, et
de γυνή (*guné*), femme. Nom que donne Linné à la

sous-division des classes des plantes, dont la fleur a deux parties femelles, ou deux pistils.

DIIAMBE, s. m. pied de vers latin, composé de deux ïambes ; de *δὶς* (*dis*), deux fois, et d'*ἴαμβος* (*iambos*), ïambe. *Voyez* ce mot.

DILEMME, s. m. (*logiq.*), *δίλημμα* (*dilémma*), sorte d'argument qui contient deux propositions contraires, par lesquelles on peut également convaincre son adversaire. Ce mot vient de *δὶς* (*dis*), deux fois, et de *λαμβάνω* (*lambanó*), je prends ; c'est-à-dire, que l'on peut prendre de deux manières différentes. Ainsi, par ce raisonnement, on est également convaincu, soit qu'on prenne l'une ou l'autre des deux propositions.

DIMACHÈRE, s. m. nom qu'on donnoit, chez les anciens, aux gladiateurs qui combattoient avec deux poignards, ou deux épées ; de *δὶς* (*dis*), deux fois, et de *μάχαιρα* (*machaira*), épée, poignard.

DIOCÈSE, s. m. certaine étendue de pays sous la jurisdiction d'un évêque ; de *διοίκησις* (*dioikésis*), administration, gouvernement, jurisdiction, qui vient de *διοικέω* (*dioikéó*), administrer, gouverner. DIOCÉSAIN, qui est d'un diocèse.

DIŒCIE, s. f. (*botan.*), nom que donne Linné à la classe des plantes, dont les fleurs mâles sont séparées des fleurs femelles. Ce mot vient de *δὶς* (*dis*), deux fois, et d'*οἰκία* (*oikia*), maison, habitation, et signifie que les fleurs, dans cette classe, ont deux habitations, c'est-à-dire, sont sur des pieds différens.

DIOÏQUE, adj. (*botan.*), *qui a deux habitations ;* de *δὶς* (*dis*), deux fois, et d'*οἶκος* (*oikos*), maison, famille, habitation. On donne ce nom aux fleurs dont les mâles sont séparées des femelles, c'est-à-dire, habitent sur des pieds différens.

DIOPTRE, s. m. instrument de chirurgie, qui sert à dilater la matrice, ou l'anus, afin d'examiner les maladies de ces parties. Ce mot vient de διὰ (*dia*), à travers, et d'ὄπτομαι (*optomai*), voir, regarder.

DIOPTRIQUE, s. f. partie de l'optique qui traite de la réfraction des rayons de lumière, lorsqu'ils passent par différens milieux. Ce mot vient de διὰ (*dia*), par, à travers, et d'ὄπτομαι (*optomai*), je vois.

DIPÉTALE, adj. (*botan.*), de δὶς (*dis*), deux fois, et de πέταλον (*pétalon*), feuille, ou *pétale*. Nom d'une corolle composée de deux pièces ou pétales.

DIPHRYGES, s. m. διφρυγὲς (*diphruges*), mot grec, qui signifie *rôti deux fois*; de δὶς (*dis*), deux fois, et de φρύγω (*phrugô*), rôtir. C'est le nom du marc du cuivre jaune. Le véritable *diphryges*, qui ne se trouve que dans l'île de Chypre, est le limon d'une mine, brûlé au feu de sarment. Dioscoride se sert, à cette occasion, du mot φρυγάνοις (*phruganois*), qui, en grec ancien et moderne, signifie des *broussailles*. Le *diphryges* est utile en pharmacie.

DIPHTHONGUE, s. f. (*gram.*), mot formé de δὶς (*dis*), deux fois, et de φθόγγος (*phthoggos*), son; d'où l'on a fait δίφθογγος (*diphthoggos*), qui a un son double. On appelle ainsi la réunion de plusieurs voyelles, ou sons, qui ne forment qu'une syllabe dans l'usage, comme *ciel*, *oui*; et improprement, la réunion de plusieurs voyelles qui ne forment qu'un son, comme *feu*, *eau*.

DIPHYLLE, adj. (*botan.*), de δὶς (*dis*), deux fois, et de φύλλον (*phullon*), feuille. Linné donne ce nom au calice des fleurs, quand il est de deux pièces, ou petites feuilles.

DIPLOÉ, s. m. (*anat.*), διπλόη (*diploé*), mot grec, le féminin de διπλοῦς (*diplous*), double. On donne ce nom à la substance spongieuse qui sépare les deux tables des os du crâne. On appelle *diploïque*, ce qui tient de la nature du diploé.

DIPLÔME, s. m. acte ou titre émané d'un souverain, par lequel on accorde à quelqu'un un droit ou un privilége. Son nom grec est διπλωμα (*diplôma*), dérivé de διπλοῦς (*diplous*), double : il signifie la *copie double d'un acte*, parce qu'on en garde l'original ou la minute. De-là DIPLOMATIQUE, s. f. l'art de reconnoître les diplômes authentiques, et de les distinguer de ceux qui sont faux ou supposés ; il s'emploie aussi adjectivement. De-là vient encore DIPLOMATIE, terme nouveau, qui signifie science des rapports qui existent entre les Etats.

DIPLOPIE, s. f. (*méd.*), affection des yeux, qui fait qu'on voit les objets doublés. Ce mot vient de διπλοῦς (*diplous*), double, et d'ὀψ (*óps*), œil, vision, dérivé d'ὀπτομαι (*optomaï*), je vois.

DIPSADE, s. f. espèce de vipère, qui cause une soif mortelle à ceux qui en sont mordus ; c'est ce que signifie son nom grec, διψάς (*dipsas*), qui est dérivé de δίψα (*dipsa*), soif.

DIPSÉTIQUE, adj. (*méd.*), de δίψα (*dipsa*), soif ; nom qu'on donne aux remèdes qui excitent la soif.

DIPTÈRE, s. m. de δίς (*dis*), deux fois, et de πτερόν (*ptéron*), ailé ; qui a deux ailes. Edifice entouré de deux rangs de colonnes, qui forment des espèces de portiques auxquels les anciens donnoient le nom d'*ailes*. Les naturalistes appellent *diptères*, les insectes qui n'ont que deux ailes.

DIPTYQUES, s. m. pl. mot formé de δίπτυχος (*diptuchos*), double, dérivé de δίς (*dis*), deux fois, et de πτύσσω (*ptussó*), plier. Ainsi les *Diptyques* étoient des tablettes, un livre à deux feuillets, ou un registre public où l'on inscrivoit les noms des consuls et des magistrats, chez les païens; des évêques et des morts, chez les chrétiens.

DISCOBOLE, s. m. διισκοβόλος (*diskobolos*), athlète qui lançoit le disque ou palet dans les jeux de la Grèce; de δίσκος (*diskos*), disque, et de βάλλω (*ballô*), je lance.

DISPERMATIQUE, adj. (*botan.*), de δὶς (*dis*), deux fois, et de σπέρμα (*sperma*), semence. Il se dit des plantes qui n'ont que deux graines ou semences. Le fruit même se nomme *disperme*, qui veut dire *semence double*.

DISQUE, s. m. δίσκος (*diskos*), sorte de gros palet rond, de pierre, de fer, ou de plomb, employé dans un jeu fort usité chez les Grecs et chez les Romains.

Les astronomes entendent par *disque*, le corps rond du soleil ou de la lune, tel qu'il paroît à nos yeux. En botanique, c'est la partie des fleurs radiées qui en occupe le centre.

DISSYLLABE, adj. (*gram.*), qui est composé de deux syllabes; de δὶς (*dis*), deux fois, d'où vient διασσὸς (*dissos*), double, et de συλλαβή (*sullabê*), syllabe.

DISTICHIASIS, s. m. (*chirur.*), mot grec, composé de δὶς (*dis*), deux fois, et de στίχος (*stichos*), ordre, rang. Incommodité des paupières, qui consiste à avoir deux rangs de cils à la même paupière, dont l'un est contre nature et offense l'œil.

DISTIQUE, s. m. δίστιχος (*distichos*), qui contient deux vers; de δὶς (*dis*), deux fois, et de στίχος (*stichos*), vers. C'est un couplet de deux vers grecs ou latins, l'un hexamètre, l'autre pentamètre, qui renferment un sens complet. Les distiques français sont ordinairement composés de deux vers de même mesure.

DITHÉISME, s. m. opinion de ceux qui supposent

deux principes, ou deux dieux ; de *δὶς* (*dis*), deux fois, et de *Θεὸς* (*Théos*), Dieu.

DITHYRAMBE, s. m. *διθύραμβος* (*dithurambos*), espèce d'hymne en l'honneur de Bacchus. On dérive ce mot de *δὶς* (*dis*), deux fois, et de *θύρα* (*thura*), porte, parce qu'on dit que ce dieu naquit deux fois, ou, selon d'autres, à cause de l'antre à deux portes où il fut nourri. De-là vient DITHYRAMBIQUE, adj. qui appartient au Dithyrambe.

DITON, s. m. de *δὶς* (*dis*), deux fois, et de *τόνος* (*tonos*), ton. C'étoit, dans l'ancienne musique, un intervalle composé de deux tons, comme la tierce majeure, qui est composée d'un ton majeur et d'un ton mineur.

DITRIGLYPHE, s. m. (*archit.*), espace qui est entre deux triglyphes sur un entre-colonnement dorique. Ce mot vient de *δὶς* (*dis*), deux fois, et de *τρίγλυφος* (*trigluphos*), triglyphe. *Voyez* ce mot.

DIURÉTIQUE, adj. (*méd.*), *διουρητικὸς* (*diourétikos*), qui a la vertu de provoquer les urines; de *διουρέω* (*diouréô*), uriner.

DOCÈTES (les), s. m. pl. hérétiques, ainsi nommés de *δοκέω* (*dokéô*), il me semble, il me paroît, parce qu'ils s'imaginoient que les souffrances de Jésus-Christ n'avoient été qu'apparentes, et non pas réelles.

DOCIMASIE, ou DOCIMASTIQUE, s. f. *δοκιμασία* (*dokimasia*), épreuve, examen; de *δοκιμάζω* (*dokimazô*), éprouver, essayer, examiner. Partie de la chimie, qui comprend l'art d'essayer en petit les mines, pour évaluer les produits du travail en grand.

DODÉCAÈDRE, s. m. (*géom.*), solide régulier, composé de douze pentagones égaux et réguliers. Ce mot vient de δώδεκα (*dódéka*), douze, et d'ἔδρα (*hédra*), siége ou base.

DODÉCAGONE, s. m. (*géom.*), polygone régulier de douze angles et de douze côtés ; de δώδεκα (*dódéka*), douze, et de γωνία (*gónia*), angle.

DODÉCANDRIE, s. f. (*botan.*), mot composé de δώδεκα (*dódéka*), douze, et d'ἀνδρὸς (*andros*), génit. d'ἀνήρ (*anér*), mari, ou mâle. C'est, selon Linné, le nom de la douzième classe des plantes, qui renferme toutes celles dont la fleur a douze parties mâles, ou douze étamines.

DODÉCATÉMORIE, s. f. (*géom.*), douzième partie d'un cercle, de δωδέκατος (*dódékatos*), douzième, et de μόριον (*morion*), partie, particule. On a donné ce nom à chacun des douze signes du Zodiaque ; mais ce mot n'est plus usité.

DOGME, s. m. δόγμα (*dogma*), principe, point de doctrine en matière de religion ou de philosophie ; de δοκέω (*dokéô*), je pense, je suis d'avis.

Dérivés. DOGMATIQUE, adj. qui concerne les dogmes ; DOGMATIQUEMENT, adv. DOGMATISER, δογματίζειν (*dogmatizéin*), enseigner quelque nouvelle doctrine ; DOGMATISEUR, DOGMATISTE, s. m. celui qui dogmatise, qui établit des dogmes.

DÔME, s. m. (*archit.*), couverture de bâtiment, ronde et élevée ; de δῶμα (*dóma*), maison, édifice, contracté de δόμημα (*doméma*), qui vient de δομέω (*doméô*), δέμω (*démó*), bâtir. En grec moderne, δῶμα (*dóma*), signifie *terrasse*.

DORYPHORES, s. m. pl. δορυφόροι (*doruphoroi*), qui signifie *porte-lances* ; de δόρυ (*doru*), lance, et de φέρω (*phéró*), je porte. On appeloit ainsi, chez les anciens Perses, les hommes qui formoient la garde du roi, parce qu'ils étoient armés de lances.

DOSE, s. f. (*pharm.*), de δόσις (*dosis*), dérivé de δίδωμι (*didômi*), donner. C'est la quantité déterminée des différens ingrédiens qui entrent dans un remède. Il se dit aussi de chaque prise.

DOXOLOGIE, s. f. terme d'église, qui se dit du *Gloria Patri*, et de la dernière strophe d'une hymne. Ce mot est composé de δόξα (*doxa*), gloire, et de λόγος (*logos*), discours, parce qu'on y rend gloire aux trois personnes de la Sainte-Trinité.

DRACHME, ou **DRAGME**, s. f. δραχμή (*drachmé*), ancienne monnoie grecque, estimée 18 sols de France. En médecine, ce mot signifie un *gros*, ou la huitième partie d'une once.

DRAMATIQUE, adj. δραματικὸς (*dramatikos*); de δρᾶμα (*drama*), fable, action, représentation. Il se dit des pièces de théâtre qui représentent une action comique ou tragique.

DRAME, s. m. δρᾶμα (*drama*), pièce de théâtre qui représente une action, soit tragique, soit comique, dérivé de δράω (*draô*), agir, parce que, dans le genre dramatique, on fait parler et agir les personnages mêmes, à la différence du genre épique, où l'on raconte simplement les faits. *Voyez* Epique.

Drame se dit aussi d'une tragédie bourgeoise.

Dérivé. DRAMATISTE, s. m. celui qui compose des pièces de théâtre.

DRASTIQUE, adj. δραστικὸς (*drastikos*), actif; de δράω (*draô*), agir, opérer. Il se dit des remèdes dont l'action est prompte et vive.

DROPAX, s. m. (*pharm.*), mot purement grec, δρώπαξ, qui désigne un médicament composé de poix et d'huile, dont on se servoit pour arracher les poils.

DRYADES, s. f. Δρυάδες (*Druades*), nymphes des

bois; de δρῦς (*drus*), chêne. Elles pouvoient errer en liberté, et leur existence n'étoit pas attachée à celle des arbres dont elles étoient les protectrices. *Voyez* Hama-dryades.

DRYIN, ou DRYINUS, s. m. espèce de serpent dont la morsure est fort dangereuse. Il tire son nom de δρῦς (*drus*), qui signifie *chêne*, ou *arbre* en général, parce qu'il se cache entre les racines ou dans les creux des arbres.

DRYOPTÉRIDE, s. f. espèce de fougère qui a une vertu corrosive. Elle tire son nom de δρῦς (*drus*), génit. δρυός (*druos*), chêne, et de πτερόν (*ptéron*), aile, parce que ses feuilles s'étendent en forme d'ailes, et qu'elle croît ordinairement au pied des chênes.

DULIE, s. f. culte que l'église rend aux anges et aux saints; de δουλεία (*douléia*), servitude, service, dérivé de δοῦλος (*doulos*), serviteur, parce qu'on les honore comme des serviteurs de Dieu; ou comme des serviteurs honorent leurs maîtres.

DYNAMIQUE, s. f. partie de la mécanique qui traite du mouvement des corps qui agissent les uns sur les autres. Ce mot vient de δύναμις (*dunamis*), force, puissance, dérivé de δύναμαι (*dunamai*), je puis. La *dynamique* est proprement la science des forces ou des puissances qui meuvent les corps.

DYNASTE, s. m. en grec δυνάστης (*dunastés*), petit souverain qui n'avoit qu'un Etat peu étendu, ou qu'une autorité précaire.

DYNASTIE, s. f. suite de rois ou de princes d'une même race, qui ont régné dans un pays. Ce mot vient de δυναστεία (*dunasteia*), puissance, autorité, empire, dérivé de δύναμαι (*dunamai*), avoir l'autorité, la puissance.

DYPTIQUES. *Voyez* DIPTYQUES.

DYSCINÉSIE, s. f. (*méd.*), mot formé de δὺς (*dus*), difficilement, avec peine, et de κινεῖν (*kinéin*), mouvoir; difficulté de se mouvoir.

DYSCOLE, adj. de δύσκολος (*duskolos*), qui est de mauvaise humeur, avec qui il est difficile de vivre, dérivé de δὺς (*dus*), difficilement, et de κόλον (*kolon*), nourriture; c'est-à-dire, celui qui rejette les mets avec dédain, et, au figuré, celui qui s'écarte d'une opinion reçue.

DYSENTERIE. *Voyez* DYSSENTERIE.

DYSESTHÉSIE, s. f. (*méd.*), de δὺς (*dus*), difficilement, et d'αἴσθησις (*aisthésis*), sentiment, du verbe αἰσθάνομαι (*aisthanomai*), sentir; diminution ou perte totale du sentiment.

DYSMÉNORRHÉE, s. f. (*méd.*), écoulement difficile des règles chez les femmes; de δὺς (*dus*), avec peine, de μὴν (*mén*), mois, et de ῥέω (*rhéô*), couler; c'est-à-dire, écoulement pénible des mois.

DYSOREXIE, s. f. (*méd.*), de δὺς (*dus*), difficilement, et d'ὄρεξις (*orexis*), appétit; diminution de l'appétit, dégoût.

DYSPEPSIE, s. f. (*méd.*), de δὺς (*dus*), difficilement, avec peine, et de πίπτω (*peptô*), cuire, digérer; digestion pénible, ou mauvaise.

DYSPERMATISME, s. m. (*méd.*), émission lente, difficile, ou nulle, de la liqueur séminale. Ce terme, qui est nouveau, est dérivé de δὺς (*dus*), difficilement, avec peine, et de σπέρμα (*sperma*), semence.

DYSPHONIE, s. f. (*méd.*), de δὺς (*dus*), difficilement, et de φωνή (*phôné*), voix; difficulté de parler.

DYSPNÉE, s. f. (*méd.*), respiration difficile, difficulté

de respirer ; de δὺς (*dus*), avec peine, et de πνέω (*pnéô*),
je respire. C'est une disposition à l'asthme.

DYSSENTERIE, s. f. (*méd.*), espèce de flux de sang,
avec douleur d'entrailles ; en grec δυσιντερία (*dusentéria*),
de δὺς (*dus*), difficilement, avec peine, et d'ἔντερον (*entéron*), entrailles, intestin ; comme qui diroit, *difficulté
des intestins*. De-là vient DYSSENTÉRIQUE, adj. qui
appartient à la dyssenterie, ou qui en est atteint.

DYSTHYMIE, s. f. de δὺς (*dus*), avec peine, et de
θυμὸς (*thumos*), esprit ; anxiété, mal-aise, ou abattement
d'esprit.

DYSTOCIE, s. f. (*méd.*), accouchement pénible et
laborieux ; de δὺς (*dus*), avec peine, et de τόκος (*tokos*),
accouchement, dérivé de τίκτω (*tiktô*), accoucher.

DYSURIE, s. f. (*méd.*), difficulté d'uriner ; de δὺς (*dus*),
difficilement, avec peine, et d'οὐρέω (*ouréô*), uriner.

DYTIQUE, s. m. espèce d'insecte, ainsi nommé de
δύτης (*dutés*), plongeur, dérivé de δύω (*dunô*), je plonge,
parce qu'il vit dans l'eau.

E

ECBOLIQUE, adj. (*méd.*), nom des remèdes qui
facilitent l'accouchement, ou qui tendent à causer l'avortement ; d'ἐκβάλλω (*ekballô*), chasser, expulser, dont la
racine est βάλλω (*ballô*), jeter.

ECCANTHIS, s. m. (*méd.*), excroissance de chair au
coin de l'œil. Ce mot, qui est grec, est formé d'ἐκ (*ek*),
de, et de κανθος (*kanthos*), l'angle de l'œil. *Voyez* EN-
CANTHIS.

ECCATHARTIQUE, adj. (*méd.*), se dit des remèdes
purgatifs ou expectoraux ; d'ἐκ (*ek*), hors, et de καθαίρω
(*kathairô*), je purge.

ECCHYMOSE, s. f. (*chirur.*), en grec ἐκχύμωσις (*ek-chumôsis*), épanchement de sang entre la peau et la chair, causé par une légère contusion. Ce mot vient d'ἐκχύνω (*ekchunô*), verser, répandre au-dehors, ou bien d'ἐκχυμόω (*ekchumoô*), dérivé d'ἐκ (*ek*), hors, et de χυμός (*chumos*), suc, humeur; c'est-à-dire, effusion d'humeurs.

ECCLÉSIASTE, s. m. livre de l'Ancien-Testament, ainsi nommé du mot grec ἐκκλησιαστής (*ekklésiastés*), prédicateur, dérivé d'ἐκκαλέω (*ekkaléô*), assembler, ou d'ἐκκλησιάζειν (*ekklésiazein*), haranguer, prêcher. De Villoison croit que c'est une espèce de conférence, de dialogue, où l'auteur réfute, dans la seconde partie, les objections du premier interlocuteur.

ECCLÉSIASTIQUE, adj. qui appartient à l'église; d'ἐκκλησία (*ekklésia*), église.

éclectisme ECCOPROTIQUE, adj. (*pharm.*), d'ἐκ (*ek*), dehors, et de κόπρος (*kopros*), excrément. Purgatif doux, qui n'évacue que les matières fécales.

ECCORTHATIQUE, adj. (*pharm.*) Il se dit des remèdes contre les obstructions, ou de ceux qui, appliqués sur la peau, en ouvrent les pores; d'ἐκ (*ek*), dehors, et de κορθύω (*korthuô*), amasser, entasser; c'est-à-dire, qui expulsent les humeurs entassées dans le corps.

ECCRINOLOGIE, s. f. partie de la médecine qui traite des excrétions. Ce mot vient d'ἐκκρίνω (*ekkrinô*), je sépare, et de λόγος (*logos*), discours, traité.

ÉCHINE, s. f. ornement d'architecture; d'ἐχῖνος (*échinos*), hérisson, châtaigne, parce qu'il ressemble à des châtaignes ouvertes. On le nomme aussi *ove*, parce qu'au milieu de cette coque, on représente une espèce d'œuf. Cet ornement se place dans les corniches ioniques, corinthiennes et composites.

ÉCHINITE, s. m. (*nat.*), nom donné aux *oursins de mer* pétrifiés. Ce mot est dérivé d'*ἐχῖνος* (*échinos*), hérisson, et oursin de mer, en grec ancien et moderne, à cause des piquans dont leur coquille est hérissée.

ÉCHINODERME, adj. (*nat.*), nom des vers qui sont revêtus d'une peau coriace, parsemée d'épines articulées; d'*ἐχῖνος* (*échinos*), hérisson, et de *δέρμα* (*derma*), peau, littéralement *qui ont une peau d'hérisson.*

ÉCHINOPHORE, s. f. (*botan.*), plante, qui tire son nom d'*ἐχῖνος* (*échinos*), hérisson, et de *φέρω* (*phéró*), je porte, parce que sa semence est renfermée dans une capsule hérissée de pointes.

ÉCHIOÏDES, s. f. pl. genre de plantes, ainsi nommées d'*ἔχις* (*échis*), vipère, et d'*εἶδος* (*eidos*), forme, ressemblance, parce que leurs semences ont quelque ressemblance avec la tête d'une vipère.

ÉCHO, s. m. mot grec et latin, qui signifie *son répété* ou *réfléchi*. Il est dérivé d'*ἦχος* (*échos*), son. *Echo* se dit aussi du lieu où se fait cette réflexion.

ÉCHOMÈTRE, s. m. espèce de règle ou d'échelle divisée en plusieurs parties, dont on se sert pour mesurer la durée des sons. Ce mot vient d'*ἦχος* (*échos*), son, et de *μέτρον* (*métron*), mesure; c'est-à-dire, instrument qui mesure les sons.

ÉCHYMOSE. *Voyez* Ecchymose.

ÉCLECTIQUE, adj. qui choisit; d'*ἐκλέγω* (*éklégó*), choisir. Il se dit d'une secte de philosophes, qui, sans adopter de système particulier, choisissoient les opinions qui leur paroissoient les plus vraies et les plus raisonnables. On appelle *éclectisme*, la philosophie des éclectiques.

ÉCLEGME, s. m. (*pharm.*), *ἔκλειγμα* (*ekleigma*), électuaire, médicament pectoral, de consistance épaisse, qu'on fait sucer aux malades; d'*ἐκλείχω* (*ékléicho*), lécher.

ÉCLIPSE, s. f. (*astro.*), obscurcissement d'un corps céleste, causé par l'interposition d'un autre corps ; telles sont les éclipses de soleil et de lune. Ce mot vient d'ἔκλειψις (*ékléipsis*), défaut, privation, qui est dérivé de λείπω (*léipô*), manquer, défaillir ; c'est-à-dire, défaut, ou privation de lumière. De-là, le verbe ÉCLIPSER ; ÉCLIPTIQUE, adj. qui a rapport aux éclipses.

ÉCLIPTIQUE, s. m. (*astro.*), nom d'un grand cercle, oblique à l'équateur, qui occupe le milieu du zodiaque, et marque le cours apparent du soleil pendant l'année. On l'appelle ainsi du mot ἔκλειψις (*ékléipsis*), éclipse, parce que les éclipses n'arrivent que lorsque la lune est dans ce cercle, ou s'en trouve fort près.

ÉCOLE. *Voyez* SCHOLASTIQUE.

ÉCONOMIE, s. f. οἰκονομία (*oikonomia*), ordre, règle dans le gouvernement d'une maison, d'une famille, ou bonne disposition de quelque chose que ce soit ; d'οἶκος (*oikos*), maison, et de νόμος (*nomos*), loi, règle. Ce mot présente, en général, une idée d'ordre, d'harmonie, de bonne distribution dans les parties d'un tout.

Dérivés. ÉCONOME, s. m. ÉCONOMIQUE, adj. ÉCONOMIQUEMENT, adv. ÉCONOMISER, verbe, gouverner avec conomie. ÉCONOMISTE, s. m.

ECPHRATIQUE, adj. (*pharm.*), apéritif ; d'ἐκφράττω (*ekphrattô*), désobstruer, déboucher, dérivé de la préposition ἐκ (*ek*), et de φράττω (*phrattô*), j'obstrue, je ferme. Il se dit des remèdes qui ont la propriété de déboucher et de débarrasser les vaisseaux, les conduits.

ECPIESME, s. f. (*chirur.*), sorte de fracture au crâne, où il y a des esquilles d'os enfoncées en dedans, qui compriment et blessent les membranes du cerveau, ἐκπίεσμα (*ekpiésma*), dérivé d'ἐκπιέζω (*ekpiézô*), presser, comprimer.

ECSARCOME, s. m. (*chirur.*), excroissance charnue ; d'*ix* (*ek*), dehors, et de *σάρξ* (*sarx*), chair ; c'est-à-dire, chair saillante. Ce terme n'est plus usité. *Voyez* SAR-COME.

ECTILLOTIQUE, adj. (*pharm.*), qui arrache, qui enlève ; d'*ixτίλλω* (*ektillô*), arracher, enlever de force, dont la racine est *τίλλω* (*tillô*). On donne ce nom aux médicamens qui servent à dépouiller quelque partie du corps, des poils superflus qui la couvrent.

ECTROPION, s. m. (*méd.*), *ixτρόπιον* (*ektropion*), mot grec, qui signifie *éraillement* ou *renversement* de la paupière inférieure, qui ne peut plus couvrir l'œil avec celle d'en-haut ; d'*ix* (*ek*), en dehors, et de *τρέπω* (*trépô*), je-tourne ; c'est-à-dire, je retourne, je renverse en-dehors.

ECTROTIQUE, adj. qui procure l'avortement ; d'*ixτιτρώσκω* (*ektitróskó*), faire avorter, dérivé de *τιτρώσκω* (*titróskó*), je blesse.

ECTYLOTIQUE, adj. (*pharm.*) Il se dit des remèdes propres à consumer les callosités, les durillons ; d'*ix* (*ek*), particule, qui marque retranchement, et de *τύλος* (*tulos*), calus, durillon.

ECTYPE, s. f. (*antiq.*), copie, empreinte d'une figure quelconque. Ce mot est formé de la particule *ix* (*ek*), qui signifie *de*, ou *en-dehors*, et de *τύπος* (*tupos*), type, image, copie ; c'est-à-dire, image relevée, frappée en bosse.

ÉCUMÉNIQUE. *Voyez* ŒCUMÉNIQUE.

ÉGAGROPILE. *Voyez* ÆGAGROPILE.

ÉGIDE, s. f. d'*αἴγις* (*aigis*), peau de chèvre ; dérivé d'*αἴξ* (*aix*), chèvre. On nomme ainsi en particulier le bouclier de Pallas, parce qu'il étoit couvert de la peau de la chèvre Amalthée. Les boucliers étoient ancienne-ment couverts d'une peau de chèvre ; et, chez les Libyens, on en portoit une sous les vêtemens, en forme de cuirasse.

ÉGILOPS. *Voyez* Ægilops.

ÉGLISE, s. f. Ce mot vient d'ἐκκλησία (*ékklésia*), qui signifie *congrégation*, *assemblée*, dérivé de ἐκκαλέω (*ékka-léô*), j'appelle, j'assemble. C'est l'assemblée, ou la société des fidèles, considérés comme ne faisant qu'un corps, dont le pape est le chef. Ecclésiastique, adj. en est dérivé. *Eglise* se prend encore pour l'édifice consacré au culte divin.

ÉGLOGUE, ou ECLOGUE, s. f. sorte de poésie qui contient le récit de quelque événement champêtre, ou un entretien de bergers. Ce mot vient d'ἐκλογή (*éklogé*), qui signifie *choix*, en général, pièce choisie, mais que nous avons, d'après les Latins, restreint aux poésies pastorales.

EICOSAÈDRE. *Voyez* Icosaèdre.

ÉLAPHÉBOLIES, s. f. fêtes grecques en l'honneur de Diane; elles étoient ainsi nommées d'ἔλαφος (*élaphos*), cerf, et de βάλλω (*balló*), frapper, parce qu'on lui sacri-fioit des cerfs, ou parce qu'elle se plaisoit singulièrement à la chasse de cet animal.

ÉLAPHOBOSCUM, s. m. (*botan.*), nom donné au *panais* sauvage, d'ἔλαφος (*élaphos*), cerf, et de βόσκειν (*boskéin*), paître, parce qu'on dit que les cerfs se gué-rissent de la morsure des bêtes venimeuses, en mangeant de cette herbe.

ÉLASTICITÉ, s. f. (*physiq.*), mot formé d'ἐλαστής (*élastés*), qui pousse, dérivé du verbe ἐλαύνω (*élaunô*), pousser, presser, agiter. C'est la propriété par laquelle un corps, après avoir été comprimé, se rétablit dans son état naturel. De-là vient Elastique, adj. qui a de l'élasti-cité, qui fait ressort.

ÉLATÈRE, s. m. (*pharm*), ἐλατήριον (*élatérion*), suc

purgatif, qui se tire des concombres sauvages. Ce mot est dérivé d'ἐλαύνω (élaunô), pousser, chasser. Ce remède n'est plus en usage aujourd'hui.

ÉLECTRICITÉ, s. f. (*physiq.*) On n'entendoit autre-fois par ce mot, que la propriété que certains corps acquièrent, par le frottement, d'attirer ou de repousser d'autres corps. Aujourd'hui l'électricité est reconnue pour un fluide particulier dont l'accumulation se mani-feste par des étincelles, fait éprouver des sensations, plus ou moins fortes, au système nerveux, et a des effets ana-logues et même identiques à ceux du tonnerre. Ce mot vient d'ἤλεκτρον (*élektron*), ambre jaune, parce que les anciens avoient remarqué que cette substance, étant frottée, attiroit les corps légers.

Dérivés. ÉLECTRIQUE, adj. qui reçoit et communique l'électricité, ou qui y a rapport; ÉLECTRISABLE, adj. qui peut devenir électrique; ÉLECTRISER, verbe, rendre électrique, communiquer l'électricité.

ÉLECTROMÈTRE, s. m. instrument de physique, qui sert à mesurer la quantité d'électricité. Ce mot est dérivé d'ἤλεκτρον (*élektron*), qui proprement signifie *ambre*, et d'où l'on a fait électricité, et de μέτρον (*mé-tron*), mesure. *Voyez* ÉLECTRICITÉ.

ÉLECTROPHORE, s. m. instrument chargé de ma-tière électrique; d'ἤλεκτρον (*élektron*), ambre, et de φέρω (*phérô*), je porte.

ÉLÉGIE, s. f. petit poëme dont la douleur ou la ten-dresse sont le principal caractère. Ce mot vient d'ἔλεγος (*élégos*), complainte, dérivé, dit-on, d'ἒ (*hélas!*), signe de douleur, et de λέγειν (*légein*), dire, parce qu'originaire-ment l'élégie étoit destinée aux gémissemens et aux larmes.

Dérivé. ÉLÉGIAQUE, adj. qui appartient à l'élégie.

ÉLÉO-SACCHARUM, s. m. (*pharm.*), d'ἔλαιον.

(*élaion*), huile , et de σάκχαρ (*sakchar*), sucre. C'est une combinaison d'huile et de sucre.

ÉLÉPHANTIASIS, s. f. (*méd.*), mot grec dérivé d'ἐλέφας (*éléphas*), éléphant. On donne ce nom à une espèce de lèpre, qui rend la peau dure et ridée comme celle de l'éléphant.

ÉLEUTHÉRIES, s. f. ἐλευθέρια (*éleuthéria*), fêtes de la liberté, pluriel neutre d'ἐλευθέριος (*éleuthérios*), libérateur, dérivé d'ἐλεύθερος (*éleuthéros*), libre. Ces fêtes grecques se célébroient en l'honneur de Jupiter, surnommé *Éleuthérios* , ou *Libérateur* , en mémoire d'une victoire que les Grecs, dont elle assuroit la liberté, crurent devoir à la protection de ce dieu, et remportèrent sur les Perses, près du fleuve Asope.

ÉLITRE. *Voyez* ÉLYTRE.

ELITROÏDE. *Voyez* ÉLYTROÏDE.

ELLÉBORE, s. m. plante médicinale purgative. Son nom grec est ἐλλέβορος (*elléboros*). On donne le nom d'*elléborine* à une autre plante, dont les feuilles ont la figure de celles de l'ellébore.

ELLIPSE, s. f. ligne courbe, appelée vulgairement *ovale*, et qui est une des sections du cône. Les anciens géomètres lui ont donné ce nom d'ἔλλειψις (*elléipsis*), défaut, dérivé de λείπω (*léipó*), manquer, être moindre, parce qu'entr'autres propriétés, elle a celle-ci, que les carrés des ordonnées sont moindres que les rectangles formés par les paramètres et les abscisses, ou leur sont inégaux par défaut.

Ellipse , en termes de grammaire, signifie retranchement d'un ou de plusieurs mots dans le discours, afin de le rendre plus vif et plus soutenu.

Dérivé. ELLIPTIQUE, adj. qui tient de l'ellipse.

ELLIPSOÏDE, s. m. (*géom.*) , solide formé par la révolution d'une ellipse autour d'un de ses axes. Ce mot vient d'*ἴλλειψις* (*elléipsis*), ellipse, et d'*εἶδος* (*éidos*), forme, figure. *Voyez* ELLIPSE.

ÉLYSÉE, s. m. ou les *Champs-Elysées*, lieu délicieux dans les Enfers, où les païens croyoient que les ames des héros et des gens de bien alloient après leur mort. Ce mot vient de λύσις (*lusis*), séparation, dérivé, dit-on, de λύω (*luô*), dégager, délivrer, parce que les ames y sont dégagées des liens du corps.

ÉLYTRE, s. m. (*nat.*), mot grec, *ἔλυτρον* (*élutron*), qui signifie *gaîne, enveloppe, étui*. Il se dit des étuis durs et coriaces qui recouvrent les ailes de certains insectes.

ÉLYTROÏDE, adj. (*anat.*), nom d'une membrane des testicules, appelée autrement *vaginale;* d'*ἔλυτρον* (*élutron*), gaîne, étui, et d'*εἶδος* (*éidos*), forme, ressemblance, parce qu'elle ressemble à une gaîne, en latin *vagina*.

EMBLÈME, s. m. tableau ingénieux qui représente une chose à l'oeil et une autre à l'esprit. Ce mot vient d'*ἔμβλημα* (*embléma*), qui signifie un ornement qu'on ajoute à quelque ouvrage, dérivé d'*ἐμβάλλειν* (*emballéin*), jeter dessus', ajouter ; c'est-à-dire, image ou ornement sur-ajouté qui renferme un sens moral ou politique. De-là vient EMBLÉMATIQUE, adj. qui tient de l'emblème.

EMBOLISME, s. m. (*astro.*), mot grec, *ἐμβολισμός* (*embolismos*), qui signifie *intercalation*, du verbe *ἐμβάλλειν* (*emballéin*), insérer, ajouter, mettre entre deux. Les Grecs appeloient ainsi l'addition qu'ils faisoient, tous les deux ou trois ans, d'un treizième mois à l'année lunaire, qui est de trois cent cinquante-quatre jours, afin de l'approcher de l'année solaire, qui est de trois cent soixante-cinq, sans compter quelques heures de part et d'autre. Le mois, qui étoit ainsi intercalé ou ajouté, se nommoit *embolismique*; c'est-à-dire, *intercalaire*.

EMBOLISMIQUE. *Voyez* EMBOLISME.

EMBROCATION, s. f. (*chirur.*), d'*ἐμϐρέχω* (*embréchô*), arroser, humecter, dont la racine est *ϐρέχω* (*bréchô*), le même. Espèce d'arrosement ou de fomentation qu'on fait sur une partie malade avec un médicament liquide.

EMBRYOGRAPHIE, s. f. (*anat.*), description du fœtus, pendant son séjour dans la matrice; d'*ἔμϐρυον* (*embruon*), le fœtus, et de *γράφω* (*graphô*), je décris.

EMBRYOLOGIE, s. f. partie de l'anatomie qui traite du fœtus; d'*ἔμϐρυον* (*embruon*), le fœtus, l'embryon, et de *λόγος* (*logos*), discours.

EMBRYON, s. m. (*anat.*), mot grec, *ἔμϐρυον* (*embruon*), dérivé d'*ἐν* (*en*), dans, et de *ϐρύω* (*bruô*), croître, pulluler. Il désigne le fœtus ou le petit qui commence à se former dans le sein de la mère.

EMBRYOTHLASTE, s. m. (*chirur.*), instrument qui sert à rompre les os du fœtus, dans les accouchemens laborieux, pour faciliter son extraction. Ce mot est composé d'*ἔμϐρυον* (*embruon*), l'embryon, le fœtus, et de *θλάω* (*thlaô*), briser, rompre.

EMBRYOTOMIE, s. f. d'*ἔμϐρυον* (*embruon*), l'embryon, le fœtus, et de *τέμνω* (*temnô*), je coupe; dissection anatomique d'un embryon, ou opération par laquelle on coupe en pièces un fœtus mort dans la matrice.

EMBRYULKIE, s. f. (*chirur.*) d'*ἔμϐρυον* (*embruon*), l'embryon, le fœtus, et d'*ἕλκω* (*helkô*), tirer. Opération par laquelle on tire l'enfant du ventre de la mère, dans un accouchement contre nature.

ÉMERAUDE, s. f. pierre précieuse transparente, et

de couleur verte ; de σμάραγδος (*smaragdos*), en latin *smaragdus*.

ÉMÉTIQUE , s. m. et adj. (*pharm.*), ἐμετικὸς (*éméti-kos*), vomitif, qui fait vomir ; d'ἐμέω (*éméô*), je vomis. L'émétique, ou tartrite de potasse et d'antimoine, est un médicament qui provoque le vomissement.

ÉMÉTOCATHARTIQUE , adj. (*pharm.*), nom des remèdes qui purgent par haut et par bas ; d'ἔμετος (*émé-tos*), vomissement, et de καθαρτικὸς (*kathartikos*), pur-gatif, dérivé de καθαίρω (*kathairô*), je purge ; c'est-à-dire, purgatif qui excite le vomissement.

ÉMÉTOLOGIE , s. f. d'ἐμέω (*éméô*), vomir, et de λόγος (*logos*), discours. Partie de la médecine qui traite des émétiques ou des vomitifs.

ÉMINE. *Voyez* HÉMINE.

EMMÉNAGOGUE , adj. (*méd.*), nom des remèdes qui provoquent les règles ou menstrues des femmes. Ce mot est composé d'ἔμμηνα (*emména*), les menstrues, les règles, dont la racine est μὴν (*mén*), mois, et ἄγω (*agô*), faire sortir.

EMMÉNALOGIE , s. f. (*méd.*), traité des menstrues ou de l'écoulement périodique des femmes. Ce mot vient d'ἔμμηνα (*emména*), les menstrues, les règles, et de λόγος (*logos*), discours.

EMPASME , s. m. d'ἐμπάσσω (*empassô*), répandre. Poudre parfumée qu'on répand sur le corps pour chas-ser la mauvaise odeur, ou pour absorber la sueur.

EMPHASE , s. f. manière pompeuse de s'exprimer et de prononcer ; ἔμφασις (*emphasis*), d'ἐμφαίνω (*emphainô*), faire briller, dérivé de φαίνω (*phainô*), je montre ; litté-ralement, *action de mettre en évidence* , *illustration*. De-là vient EMPHATIQUE, adj. qui a de l'emphase ; EM-PHATIQUEMENT , adv.

EMPHRACTIQUE, adj. (*méd.*), d'*ἐμφράτ]ω* (*em-phrattó*), obstruer, boucher. Il se dit des médicamens visqueux qui servent à boucher les pores. C'est la même chose qu'EMPLASTIQUE.

EMPHYSÈME, s. m. (*méd.*), mot grec, *ἐμφύσημα* (*emphuséma*), d'*ἐν* (*en*), dans, et de *φυσάω* (*phusaó*), souffler. Il signifie, en général, toute tumeur formée d'air. C'est ce qu'on appelle encore *boursoufflure*.

EMPHYTHÉOSE, s. f. contrat par lequel le propriétaire d'un héritage en cède à quelqu'un la jouissance pour un temps, ou même à perpétuité, à la charge d'une redevance annuelle. Ce mot vient d'*ἐμφύτευσις* (*emphuteusis*), ente, greffe, dérivé d'*ἐν* (*en*), dans, et de *φυτεύω* (*phuteuó*), planter, enter, parce que ces sortes de contrats n'avoient lieu originairement que pour des terres qu'on donnoit à défricher. *Emphythéose* est le nom de tout bail à longues années.

Dérivés. EMPHYTHÉOTE, celui qui jouit d'un fonds par bail emphythéotique; EMPHYTHÉOTIQUE, adj. qui appartient à l'emphythéose.

EMPIREUME. *Voyez* EMPYREUME.

EMPIRIQUE, s. m. et adj. *ἐμπειρικὸς* (*empéirikos*), savant par expérience; de *πεῖρα* (*péira*), expérience, essai. Il se dit des médecins qui se conduisent par la seule expérience. Le substantif se prend souvent pour charlatan. Leur méthode ou leur caractère s'appelle *empirisme*.

EMPLASTIQUE, adj. (*pharm.*), d'*ἐμπλάσσω* (*em-plassó*), enduire, boucher. *Voyez* EMPHRACTIQUE, qui est la même chose.

EMPLÂTRE, s. m. (*pharm.*), *ἔμπλαστρον* (*emplastron*), médicament de substance solide et glutineuse, et fait pour être appliqué extérieurement; d'*ἐμπλάσσω* (*emplas-sô*), enduire par-dessus, parce qu'il sert à enduire le morceau de cuir ou de toile qu'on applique sur la partie malade.

EMPROSTHOTONOS, s. m. (*méd.*), mot grec composé d'*ἔμπροσθεν* (*emprosthen*), en avant, et de *τόνος* (*tonos*), tension, de *τείνω* (*téinô*), je tends. Espèce d'affection spasmodique qui fait pencher le corps en avant.

EMPYÈME, s. m. (*chirur.*), *ἐμπύημα* (*empuéma*), amas de pus dans quelque cavité du corps, et sur-tout dans la poitrine. Ce mot est composé de la particule *ἐν* (*en*), dans, et de *πύον* (*puon*), pus. Le *n* se change en *m* dans la composition, quand il se trouve devant les lettres labiales *b, p*. La même chose arrive dans les autres langues.

EMPYOCÈLE, s. m. (*chirur.*), abcès dans le scrotum, ou dans les testicules, espèce de fausse hernie. Ce mot vient d'*ἐν* (*en*), dans, de *πύον* (*puon*), pus, et de *κήλη* (*kélé*), tumeur, hernie.

EMPYOMPHALE, s. m. (*chirur.*), mot composé d'*ἐν* (*en*), dans, de *πύον* (*puon*), pus, et d'*ὀμφαλός* (*omphalos*), nombril, en latin *umbilicus*; espèce de hernie ombilicale qui contient du pus.

EMPYRÉE, s. m. C'est le lieu le plus élevé du ciel où l'on place le séjour des bienheureux; d'*ἐν* (*en*), dans, et de *πῦρ* (*pur*), feu, pour marquer l'éclat et la splendeur de ce ciel.

EMPYREUMATIQUE. *Voyez* EMPYREUME.

EMPYREUME, s. m. mot qui signifie *odeur de brûlé*; d'*ἐμπυρόω* (*empuroô*), brûler, enflammer, dont la racine est *πῦρ* (*pur*), feu. C'est, en termes de chimie, le goût et l'odeur désagréables que contractent les substances huileuses qui ont été exposées à l'action d'un

feu violent. EMPYREUMATIQUE, adj. se dit d'une substance qui sent l'empyreume.

ENARTHROSE, s. f. (*anat.*), cavité d'un os, dans
laquelle est reçue la tête d'un autre os ; d'*ἐν* (*en*), dans,
et d'*ἄρθρον* (*arthron*), jointure, articulation.

ENCANTHIS, s. m. (*chirur.*), excroissance de chair,
ou tubercule qui vient au grand angle de l'œil. Ce mot
est grec, *ἐγκανθις* (*egkanthis*), dérivé d'*ἐγ* (*eg*), pour *ἐν* (*en*),
dans, et de *κανθός* (*kanthos*), l'angle de l'œil.

ENCAUSTIQUE, s. f. et adj. mot emprunté du grec,
ἐγκαίω (*egkaiô*), brûler, dérivé de *καίω* (*kaiô*), le même ;
ἐγκαυστικός (*egkaustikos*), qu'on a marqué avec le feu.
C'est une sorte de peinture, dont le secret a été retrouvé par M. Requeno, Jésuite Espagnol, et qui consiste à coucher avec le pinceau des cires colorées et li-
quéfiées au feu, ou à fixer les couleurs par le moyen du
feu.

ENCÉPHALE, adj. qui est dans la tête ; d'*ἐν* (*en*),
dans, et de *κεφαλή* (*képhalé*), tête. Il se dit de certains
vers qui s'engendrent dans la tête.

ENCÉPHALITE, s. f. (*nat.*), pierre figurée, qui a
quelque ressemblance avec le cerveau humain ; d'*ἐν* (*en*),
dans, de *κεφαλή* (*képhalé*), tête ou cerveau, et de *λίθος* (*lithos*), pierre.

ENCÉPHALOCÈLE, s. m. (*chirur.*) ; d'*ἐν* (*en*), dans,
de *κεφαλή* (*képhalé*), tête ou cerveau, et de *κήλη* (*kélé*),
tumeur. Hernie du cerveau, ou du cervelet.

ENCHIRIDION, s. m. petit livre portatif, contenant des préceptes et des remarques précieuses. Ce mot
est grec, *ἐγχειρίδιον* (*egchéiridion*), formé d'*ἐγ* (*eg*), dans,
et de *χείρ* (*cheir*), main ; c'est-à-dire, manuel, livre qu'on
peut porter à la main.

ENCHISTÉ. *Voyez* ENKYSTÉ.

ENCHYMOSE, s. f. (*méd.*), effusion soudaine de sang dans les vaisseaux cutanés, comme il arrive dans la joie, la colère, la honte, &c. d'*ἐγχέω* (*egchéó*), ou plutôt d'*ἐγχυμόω* (*egchumoó*), répandre.

ENCLITIQUE, s. f. et adj. (*gram.*), mot formé d'*ἐγκλίνω* (*egklinó*), je m'appuie, qui est composé de la préposition *ἐγ* (*eg*), sur, et de *κλίνω* (*klinó*), j'incline. On appelle *enclitique*, dans la langue grecque, certains petits mots qui s'appuient et s'inclinent tellement sur le mot précédent, qu'ils semblent s'y unir et ne faire qu'un avec lui.

ENCYCLIE, s. f. d'*ἐν* (*en*), dans, et de *κύκλος* (*kuklos*), cercle; c'est-à-dire, cercle renfermé dans un autre. Les physiciens donnent ce nom aux cercles concentriques qui se forment sur l'eau, lorsqu'on y laisse tomber quelque chose.

ENCYCLIQUE, adj. d'*ἐγκύκλιος* (*egkuklios*), circulaire, dérivé d'*ἐγ* (*eg*), en, et de *κύκλος* (*kuklos*), cercle. Il se dit en parlant des lettres qu'on écrit pour donner le même ordre, ou le même avis, à plusieurs personnes, et dans plusieurs lieux.

ENCYCLOPÉDIE, s. f. *ἐγκυκλοπαιδεία* (*egkuklopaidéia*), enchaînement de toutes les sciences; d'*ἐγ* (*eg*), en, de *κύκλος* (*kuklos*), cercle, et de *παιδεία* (*paidéia*), science, instruction, dont la racine est *παῖς* (*pais*), enfant. Ce terme est spécialement affecté au titre d'un livre fort connu, et rédigé par une société de savans pour être le dépôt de toutes les connoissances humaines. *Encyclopédie* s'emploie quelquefois pour *savoir universel*.

Dérivés. ENCYCLOPÉDIQUE, adj. qui appartient à l'Encyclopédie; ENCYCLOPÉDISTE, s. m. nom des auteurs de l'Encyclopédie.

ENDÉCAGONE, s. m. figure géométrique qui a onze

angles et onze côtés ; d'ἕνδεκα (*hendéka*), onze, et de γωνία (*gónia*), angle.

ENDÉCASYLLABE, adj. et s. se dit d'une sorte de vers grec et latin, composé de onze syllabes. Ce mot vient d'ἕνδεκα (*hendéka*), onze, et de συλλαβή (*sullabé*), syllabe.

ENDÉMIQUE, adj. ἐνδήμιος (*endémios*), qui appartient, qui est particulier au peuple d'un certain pays ; d'ἐν (*en*), dans, et de δῆμος (*démos*), peuple. On appelle, en médecine, *maladies endémiques*, celles qui sont particulières à un pays, à une nation.

ÉNÉORÈME, s. m. (*méd.*), ἐναιώρημα (*énaiôréma*), espèce de nuage, ou substance légère qui nage au milieu de l'urine ; d'ἐν (*en*), dans, et d'αἰωρεῖν (*aiôréin*), élever en haut, suspendre ; c'est-à-dire, substance suspendue dans l'urine.

ÉNERGIE, s. f. ἐνέργεια (*énergéia*), efficace, vertu, force ; d'ἐν (*en*), dans, et d'ἔργον (*ergon*), ouvrage, travail, action. Ce mot ne se prend que dans le sens moral.

Dérivés. ÉNERGIQUE, adj. qui a de la force, de l'énergie ; ÉNERGIQUEMENT, adv.

ÉNERGUMÈNE, s. m. ἐνεργούμενος (*énergouménos*), possédé du démon, du verbe ἐνεργέω (*énergéô*), travailler au-dedans, avec force, dérivé d'ἐν (*en*), dans, et d'ἔργον (*ergon*), ouvrage.

ENGASTRILOQUE, adj. qui parle du ventre ; d'ἐν (*en*), dans, de γαστήρ (*gastér*), ventre, et du verbe latin *loqui*, parler. Nom qu'on donne à ceux qui parlent sans ouvrir la bouche, de manière que le son de la parole semble retentir dans le ventre, et en sortir. On les nomme aussi *ventriloques*.

ENGASTRIMYTHE, adj. mot composé d'ἐν (*en*),

dans, de γαςὴρ (*gastér*), ventre, et de μῦθος (*muthos*), parole. *Voyez* ENGASTRILOQUE, qui est la même chose.

ENGYSCOPE, s. m. instrument d'optique, ou espèce de microscope qui grossit les objets quand on les regarde de près ; d'ἐγγὺς (*eggus*), près, et de σκοπέω (*skopéô*), je regarde, je considère ; c'est-à-dire, qui sert à regarder de près.

ENHARMONIQUE, adj. genre de la musique des Grecs, qui procédoit par deux quarts de ton et une tierce majeure. Il étoit ainsi nommé d'ἐν (*en*), en, et d'ἁρμονία (*harmonia*), liaison, jointure ; comme qui diroit, *bien joint, bien assemblé,* parce que cette modulation étoit très-serrée, ne parcourant que de petits intervalles. Nous avons aussi une sorte de genre *enharmonique,* qui diffère entièrement de celui des Grecs.

ENHYDRE, s. f. (*nat.*), pierre ferrugineuse, de forme ronde, mais creuse et remplie d'eau. Ce mot vient d'ἐν (*en*), dans, et d'ὕδωρ (*hudôr*), eau.

ÉNIGME, s. f. αἴνιγμα (*ainigma*), discours obscur, qui renferme un sens caché qu'on propose à deviner ; d'αἶνος (*ainos*), apologue, proverbe. *Énigme* se dit encore figurément d'un discours peu intelligible, dont le sens est difficile à pénétrer.

Dérivés. ÉNIGMATIQUE, adj. obscur ; ÉNIGMATIQUE-MENT, adv.

ENKIRIDION. *Voyez* ENCHIRIDION.

ENKYSTÉ, adj. (*méd.*), qui est renfermé dans un *kyste,* ou dans une membrane en forme de poche ; d'ἐν (*en*), dans, et de κύστις (*kustis*), sac, vessie. On appelle *tumeurs enkistées,* celles dont la matière est renfermée dans une membrane, ou vessie, qu'on nomme *kyste.*

ENNÉADÉCATÉRIDE, s. f. terme de chronologie,

formé d'*ιννία* (*ennéa*), neuf, de *δίκα* (*déka*), dix, et d'*ίτος* (*étos*), année. Il se dit du cycle lunaire, qui est une révolution de dix-neuf années solaires, au bout desquelles le soleil et la lune reviennent, à peu de chose près, dans la même position. L'invention en est due à Méton, célèbre astronome d'Athènes.

ENNÉAGONE, s. m. figure géométrique de neuf angles et de neuf côtés ; d'*ιννία* (*ennéa*), neuf, et de *γωνία* (*gônia*), angle.

ENNÉANDRIE, s. f. (*botan.*), mot formé d'*ιννία* (*ennéa*), neuf, et d'*ανηρ* (*anêr*), génit. *ανδρος* (*andros*), mari. C'est le nom que donne Linné à la neuvième classe des plantes, parce qu'elle renferme toutes celles dont la fleur a neuf parties mâles, ou neuf étamines.

ÉNOPTROMANCIE, s. f. sorte de divination qui se faisoit par le moyen d'un prétendu miroir magique ; d'*ίνοπτρον* (*énoptron*), miroir, et de *μαντεία* (*mantéia*), divination. Ce miroir montroit les événemens, même à celui qui avoit les yeux bandés.

ÉNORCHITE, s. f. (*nat.*), pierre figurée, de forme ronde, qui en renferme une autre dont la figure approche de celle des testicules. Ce mot vient d'*ίν* (*en*), dans, et d'*όρχις* (*orchis*), testicule.

ENTÉRITE, ou ENTÉRITIS, s. f. (*méd.*), d'*ίντερον* (*entéron*), intestin, inflammation des intestins.

ENTÉROCÈLE, s. f. descente des intestins dans le scrotum ; d'*ίντερον* (*entéron*), intestin, et de *κήλη* (*kélé*), tumeur, hernie ; c'est-à-dire, hernie intestinale.

ENTÉROCYSTOCÈLE, s. f. d'*ίντερον* (*entéron*), intestin, de *κύστις* (*kustis*), vessie, et de *κήλη* (*kélé*), tumeur ; hernie de la vessie compliquée d'entérocèle. *Voyez* ENTÉROCÈLE.

ENTÉROÉPIPLOCÈLE, s. f. espèce de hernie

Entéléchie

dans laquelle l'intestin et l'épiploon sont tombés ensemble
dans l'aine, ou dans le scrotum ; d'ἔντερον (*entéron*), intestin, d'ἐπίπλοον (*épiploon*), l'épiploon, et de κήλη (*kélé*),
tumeur, hernie.

ENTÉROÉPIPLOMPHALE, s. m. hernie dans laquelle les intestins et l'épiploon forment une tumeur au
nombril. Ce mot vient d'ἔντερον (*entéron*), intestin,
d'ἐπίπλοον (*épiploon*), l'épiploon, et d'ὀμφαλὸς (*omphalos*),
le nombril.

ENTÉROGRAPHIE, s. f. (*méd.*), description des
intestins, d'ἔντερον (*entéron*), intestin, et de γράφω (*graphó*), je décris. C'est une partie de l'anatomie.

ENTÉROHYDROCÈLE, s. f. mot formé d'ἔντερον
(*entéron*), intestin, d'ὕδωρ (*hudór*), eau, et de κήλη (*kélé*),
tumeur. Hydropisie du scrotum compliquée avec une
descente de l'intestin.

ENTÉROHYDROMPHALE, s. m. mot formé
d'ἔντερον (*entéron*), intestin, d'ὕδωρ (*hudór*), eau, et
d'ὀμφαλὸς (*omphalos*), le nombril, en latin *umbilicus*.
Hernie ombilicale, causée par la sortie de l'intestin, et
par un amas de sérosités.

ENTÉROLOGIE, s. f. (*méd.*), traité de l'usage et des
fonctions des intestins ; d'ἔντερον (*entéron*), intestin, et de
λόγος (*logos*), discours ; c'est-à-dire, discours sur les
intestins.

ENTÉROMPHALE, s. m. tumeur au nombril, for-
mée par la sortie de l'intestin ; d'ἔντερον (*entéron*), intestin, et d'ὀμφαλὸς (*omphalos*), nombril.

ENTÉROSARCOCÈLE, s. m. d'ἔντερον (*entéron*),
intestin, de σάρξ (*sarx*), chair, et de κήλη (*kélé*), tumeur. Espèce de hernie causée par l'intestin, avec excroissance de chair.

ENTÉROSCHÉOCÈLE, s. f. d'ἔντερον (*entéron*),

intestin, d'ὄσχεον (oschéon), le scrotum, et de κήλη (kélé), tumeur. Espèce de hernie dans laquelle les intestins descendent dans le scrotum.

ENTÉROTOMIE, s. f. (chirur.), opération qui consiste à faire une incision à l'intestin, pour en tirer des corps étrangers ; d'ἔντερον (entéron), intestin, et de τομή (tomé), incision, qui vient de τέμνω (temnô), je coupe.

ENTHLASE, s. f. (chirur.), mot grec, ἔνθλασις (enthlasis), contusion, fracture, dont la racine est θλάω (thlaô), briser. Espèce de fracture du crâne, faite par un instrument contondant, et dans laquelle l'os est brisé en plusieurs pièces.

ENTHOUSIASME, s. m. ἐνθουσιασμός (enthousiasmos), mouvement extraordinaire, ou transport de l'esprit, causé par une inspiration qui est, ou qui paroît divine. Ce mot vient d'ἔνθεος (enthéos), divin, qui a Dieu en soi, dérivé d'ἐν (en), dans, et de Θεός (Théos), Dieu. Il se dit, dans ce sens, de l'enthousiasme prophétique.

En matière de belles-lettres, et dans les beaux-arts, l'enthousiasme est une émotion vive, un transport impétueux de l'ame, qu'éprouve dans la composition un homme qui travaille de génie. Il se dit aussi pour admiration outrée.

Dérivés. ENTHOUSIASMER, ravir, transporter d'admiration ; ENTHOUSIASTE, visionnaire, fanatique ; admirateur outré.

ENTHYMÉME, s. m. (logiq.), argument qui ne consiste qu'en deux propositions, l'antécédent et le conséquent. Ce mot vient d'ἐνθύμημα (enthuméma), qui signifie pensée, d'ἐν (en), dans, et de θυμός (thumos), esprit. Proprement, l'enthyméme est un argument parfait dans l'esprit, quoiqu'imparfait dans l'expression.

ENTOMOLITHE, s. f. (nat.), pierre schisteuse,

ou divisée par lames, dans laquelle on voit les empreintes de divers insectes ; d'*ἔντομον* (*entomon*), insecte, et de *λίθος* (*lithos*), pierre.

ENTOMOLOGIE, s. f. d'*ἔντομον* (*entomon*), insecte, et de *λόγος* (*logos*), discours. Partie de l'histoire naturelle qui traite des insectes.

Dérivé. ENTOMOLOGISTE, s. m.

ÉOLIPYLE, s. m. (*physiq.*), boule creuse de métal, garnie d'un tuyau recourbé, et qui, remplie d'eau, et approchée du feu, produit du vent jusqu'à l'entière évaporation du liquide. On la nomme *Éolipyle*, d'Αἴολος (*Aiolos*), Éole, dieu des vents, et de *πύλη* (*pulé*), porte, passage ; comme qui diroit, *la porte d'Éole*, parce que Descartes, et d'autres philosophes, s'en sont servis pour expliquer la nature et l'origine des vents.

ÉPACTE, s. f. (*astro.*), mot formé d'*ἐπακτός* (*épaktos*), étranger, sur-ajouté, du verbe *ἐπάγω* (*épagô*), ajouter, introduire, dont la racine est *ἄγω* (*agô*), mener. On appelle ainsi le nombre de jours que l'on ajoute à l'année lunaire pour l'égaler à l'année solaire.

ÉPAGOMÈNES, adj. pl. mot formé d'*ἐπαγόμενος* (*épagoménos*), sur-ajouté, dérivé d'*ἐπάγω* (*épagô*), ajouter, introduire. On appeloit ainsi les cinq jours qu'on ajoutoit à la fin de l'année égyptienne, dont chaque mois avoit trente jours ; ce qui faisoit en tout trois cent soixante-cinq.

ÉPANORTHOSE, s. f. figure de rhétorique, par laquelle on feint de rétracter ce qu'on avoit dit, comme trop foible, pour y ajouter des expressions plus fortes. Ce mot vient d'*ἐπανόρθωσις* (*épanorthôsis*), correction, du verbe *ἐπανορθόω* (*épanorthoô*), redresser, corriger ; qui a pour racines *ἐπί* (*épi*), sur, *ἀνά* (*ana*), préposition réduplicative, et *ὀρθός* (*orthos*), droit.

EPENTHÈSE, s. f. terme de grammaire latine, qui signifie l'addition, ou la réduplication d'une lettre au milieu d'un mot, comme *relligio* pour *religio*. Ce mot vient d'*ἐπένθεσις* (*épenthésis*), interposition, insertion, d'*ἐπὶ* (*épi*), par-dessus, et d'*ἐντίθημι* (*entithêmi*), insérer, dont la racine est *τίθημι* (*tithêmi*), placer, mettre. L'*épenthèse* est une espèce de figure.

ÉPHÈBE, s. m. *ἔφηβος* (*éphébos*), jeune homme parvenu à l'âge de puberté, c'est-à-dire, à quatorze ans; d'*ἐπὶ* (*épi*), dans, vers, et d'*ἥβη* (*hébê*), puberté, jeunesse.

ÉPHÈDRE, s. m. C'étoit, parmi les anciens athlètes, celui qui demeuroit *impair*, c'est-à-dire, sans antagoniste, après qu'on avoit réglé par le sort ceux qui devoient combattre ensemble. Il étoit mis en réserve pour se battre contre le dernier vainqueur; d'*ἔφεδρος* (*éphédros*), qui est assis, dérivé d'*ἐπὶ* (*épi*), sur, et d'*ἕδρα* (*hédra*), siége; c'est-à-dire, qui étoit assis sur un siége à part, en attendant l'occasion de combattre.

ÉPHÉLIDES, s. f. pl. (*méd.*), taches rudes et noirâtres qui viennent au visage par l'ardeur du soleil, ou par quelque inflammation. Le mot grec *ἔφηλις* (*éphélis*), vient d'*ἐπὶ* (*épi*), qui a ici la signification de *par*, et d'*ἥλιος* (*hélios*), soleil.

ÉPHÉMÈRE, adj. qui ne dure qu'un jour; d'*ἐπὶ* (*épi*), dans, et d'*ἡμέρα* (*héméra*), jour. On le dit de plusieurs espèces d'insectes dont la vie est d'une très-courte durée.

ÉPHÉMÉRIDES, s. f. pl. tables astronomiques, qui font connoître, pour chaque jour, le lieu où une planète se trouve, à midi, dans le Zodiaque; d'*ἐφημερὶς* (*éphéméris*), journal, dérivé d'*ἐπὶ* (*épi*), dans, et d'*ἡμέρα* (*héméra*), jour; livre qui contient les événemens de chaque jour.

ÉPHIALTE, s. m. (*méd.*), *ἐφιάλτης* (*éphialtês*), espèce

d'oppression nocturne, nommée vulgairement *cauche-mar*, qui arrive quand on est couché sur le dos ; d'*ἐπὶ* (*épi*), sur, et d'*ἅλλομαι* (*hallomai*), sauter, parce que ceux qui en sont attaqués s'imaginent, en dormant, que quelqu'un est couché sur leur poitrine, ou qu'ils sont accablés d'un poids très-pesant.

ÉPHORES, s. m. magistrats Lacédémoniens, établis pour servir de frein à l'autorité royale. Ce mot vient d'*ἔφορος* (*éphoros*), qui signifie *surveillant, inspecteur,* dérivé d'*ἐπὶ* (*épi*), sur, et d'*ὁράω* (*horaô*), je vois, je regarde. Les *éphores* étoient au nombre de cinq, et leurs fonctions ne duroient qu'un an.

ÉPIALE, adj. (*méd.*), *ἠπίαλος* (*épialos*), nom d'une espèce de fièvre continue, dans laquelle on sent, avec beaucoup de chaleur, des frissons vagues et irréguliers. Ce mot est, dit-on, dérivé d'*ἤπιος* (*épios*), doux, et d'*ἀλέα* (*aléa*), chaleur, parce que, dans cette maladie, le chaud est tempéré par le froid qu'on éprouve en même temps.

ÉPICARPE, s. m. (*pharm.*), topique ou médicament qu'on applique autour du poignet, pour arrêter un accès de fièvre, ou pour en prévenir le retour. Ce mot est dérivé d'*ἐπὶ* (*épi*), sur, et de *καρπός* (*karpos*), le carpe, ou poignet.

ÉPICAUME, s. m. (*chirur.*), *ἐπίκαυμα* (*épikauma*), espèce d'ulcère qui se forme sur le noir de l'œil ; d'*ἐπὶ* (*épi*), sur, et de *καίω* (*kaiô*), je brûle.

ÉPICÈNE, adj. (*gram.*), qui se dit des noms communs aux mâles et aux femelles, comme *enfant, corbeau, renard,* &c. Ce mot est formé d'*ἐπὶ* (*épi*), en, et de *κοινός* (*koinos*), commun ; c'est-à-dire, qui est en commun, ou qui est commun avec un autre.

ÉPICÉRASTIQUE, adj. (*méd.*), tempérant, adoucissant ; d'ἐπὶ (*épi*), au-dessus, sur, et de κεράννυμι (*kérannumi*), je tempère. On donne ce nom aux médicamens qui ont la vertu d'adoucir l'acrimonie des humeurs.

ÉPICHÉRÉME, s. m. (*logiq.*), d'ἐπιχείρημα (*épichéiréma*), preuve, argument, raisonnement pour prouver ; du verbe ἐπιχειρέω (*épichéiréô*), avoir sous la main, dérivé d'ἐπὶ (*épi*), dans, et de χεὶρ (*cheir*), main. Il se dit d'une sorte de syllogisme où chacune des prémisses est accompagnée de sa preuve, lorsqu'elle en a besoin.

Epicondyle.

ÉPICRÂNE, s. m. (*anat.*), ce qui environne le crâne ; d'ἐπὶ (*épi*), auprès, et de κρανίον (*kranion*), crâne.

ÉPICYCLE, s. m. (*astro.*), petit cercle imaginé par d'anciens astronomes pour expliquer les stations et les rétrogradations des planètes, et dont le centre est dans la circonférence d'un plus grand cercle. Ce mot vient d'ἐπὶ (*épi*), sur, et de κύκλος (*kuklos*), cercle ; comme qui diroit, *cercle placé sur un autre cercle*.

ÉPICYCLOÏDE, s. f. (*géom.*), ligne courbe engendrée par la révolution d'un point de la circonférence d'un cercle, qui roule sur la partie concave, ou convexe, d'un autre cercle ; d'ἐπὶ (*épi*), sur, de κύκλος (*kuklos*), cercle, et d'εἶδος (*éidos*), forme ; c'est-à-dire, espèce de cercle qui se meut sur un autre.

ÉPIDÉMIE, s. f. (*méd.*), maladie contagieuse qui attaque presque en même temps, et dans un même lieu, un grand nombre de personnes. Ce mot vient d'ἐπὶ (*épi*), dans, ou parmi, et de δῆμος (*dêmos*), peuple, et signifie proprement, *qui est répandu parmi un peuple, qui est commun à tout un peuple*. De-là, ÉPIDÉMIQUE, adj. qui tient de l'épidémie.

ÉPIDERME, s. m. (*anat.*), d'ἐπὶ (*épi*), sur, et de δέρμα (*derma*), peau ; surpeau, ou petite peau supérieure.

C'est une pellicule fine, transparente, insensible, qui recouvre la peau du corps humain, et lui est fortement attachée. On donne pareillement ce nom à la peau extérieure qui enveloppe l'écorce des plantes.

ÉPIDIDYME, s. m. (*anat.*), petit corps alongé qui est placé sur chaque testicule, et qui sert à perfectionner la semence ; d'*ἐπὶ* (*épi*), sur, et de *δίδυμος* (*didumos*), jumeau, ou testicule.

ÉPIGASTRE, s. m. (*anat.*), d'*ἐπὶ* (*épi*), sur, et de *γαστήρ* (*gastèr*), ventre. C'est la partie supérieure du bas-ventre. De-là, ÉPIGASTRIQUE, adj. qui appartient à l'épigastre.

ÉPIGÉNÉSIE, s. f. doctrine qui enseigne que les corps organisés croissent par juxtaposition ; d'*ἐπὶ* (*épi*), sur, et de *γένεσις* (*génésis*), naissance, dont la racine est *γείνομαι* (*géinomai*), naître.

ÉPIGINOMÈNE, adj. (*méd.*), nom qu'on donne aux symptômes ou accidens qui surviennent dans le cours d'une maladie ; d'*ἐπιγίνομαι* (*épiginomai*), survenir, succéder, dérivé d'*ἐπὶ* (*épi*), sur, et de *γείνομαι* (*géinomai*), naître.

ÉPIGLOTTE, s. f. (*anat.*), petit cartilage en forme de feuille de lierre, qui recouvre l'orifice de la trachée-artère, appelée *la glotte*, d'où lui est venu le nom d'*épiglotte*; d'*ἐπὶ* (*épi*), sur, et de *γλωττὶς* (*glôttis*), la glotte, dérivé de *γλῶσσα* (*glóssa*), langue ; c'est-à-dire, languette, ou petite langue. *Voyez* GLOTTE.

ÉPIGONES (*mytho.*), mot qui veut dire *successeurs*, dérivé d'*ἐπιγίνομαι* (*épiginomai*), succéder, venir après. C'est ainsi qu'on désigne les descendans des sept capitaines grecs qui avoient assiégé en vain la ville de Thèbes, pour rétablir sur le trône Polynice, qu'Étéocle son frère en avoit chassé. Les Épigones vengèrent la défaite de leurs pères, par la ruine entière de la ville.

ÉPIGRAMME, s. f. trait piquant, bon mot ordinairement rimé. Ce mot vient du grec *ἐπίγραμμα* (*épigramma*), qui veut dire *inscription*, d'*ἐπὶ* (*épi*), sur, et de *γράφω* (*graphô*), écrire. En effet, les épigrammes, chez les Grecs, n'étoient guère que des inscriptions pour des tombeaux, des statues, ou des monumens : elles étoient en vers, la plupart d'une grande simplicité, et n'avoient rien de commun avec l'acception que l'on donne aujourd'hui à ce mot.

Dérivés. ÉPIGRAMMATIQUE, adj. qui est de la nature de l'épigramme ; ÉPIGRAMMATISTE, s. m. celui qui fait des épigrammes.

ÉPIGRAPHE, s. f. mot grec, *ἐπιγραφὴ* (*épigraphê*), inscription ; d'*ἐπὶ* (*épi*), sur, et de *γράφω* (*graphô*), j'écris. Inscription que l'on met sur un bâtiment, pour marquer le temps de sa construction, le nom de son fondateur, &c.

Épigraphe est aussi une sentence, ou devise, tirée d'un auteur connu, et qu'un écrivain met quelquefois au frontispice de son ouvrage, pour en indiquer l'objet.

ÉPIGYNE, adj. (*botan.*), d'*ἐπὶ* (*épi*), sur, et de *γυνὴ* (*gunê*), femme. On appelle ainsi les étamines et la corolle qui sont insérées sur le sommet de l'ovaire, ou de l'organe femelle. Cette espèce d'insertion s'appelle *épigynique.*

ÉPILEPSIE, s. f. (*méd.*), *ἐπιληψία* (*épilépsia*), sorte de maladie, appelée aussi *mal caduc* et *haut mal*, qui consiste dans une convulsion de tout le corps, ou de quelque partie, avec privation de sentiment ; d'*ἐπὶ* (*épi*). sur, et de *λαμβάνω* (*lambanô*), prendre, d'où l'on fait *ἐπιλαμβάνω* (*épilambanô*), saisir, surprendre, parce que ce mal saisit et surprend tout d'un coup ceux qui y sont sujets.

Dérivé. ÉPILEPTIQUE, adj. qui a rapport à l'épilepsie, ou qui en est attaqué.

ÉPILOGUE, s. m. d'*ἐπίλογος* (*épilogos*), conclusion, dérivé d'*ἐπὶ* (*épi*), sur, ou après, et de λόγος (*logos*), discours, dérivé de λέγω (*légô*), je parle. C'est la dernière partie ou la conclusion d'un discours, d'un traité, ou d'un poëme, dans laquelle on fait une récapitulation des principales matières dont on a parlé.

De-là se forment ÉPILOGUER, censurer, critiquer; ÉPILOGUEUR, qui aime à critiquer.

ÉPINYCTIDES, s. f. pl. (*méd.*), tumeurs, ou pustules livides qui s'élèvent la nuit sur la peau; d'*ἐπὶ* (*épi*), dans, et de νὺξ (*nux*), génit. νυκτός (*nuktos*), nuit.

ÉPIPHANE, adj. d'*ἐπιφανὴς* (*épiphanés*), illustre, qui se manifeste, dérivé d'*ἐπὶ* (*épi*), sur, au-dessus, et de φαίνω (*phainô*), paroître, briller. Surnom donné à quelques princes de l'antiquité.

ÉPIPHANIE, s. f. τὰ ἐπιφάνια (*ta épiphania*), fête chrétienne, appelée la *Fête des Rois*, où l'on célèbre l'adoration des trois Mages. Ce mot vient d'*ἐπιφάνεια* (*épiphanéia*), apparition, manifestation, d'*ἐπὶ* (*épi*), sur, au-dessus, et de φαίνω (*phainô*), paroître, se montrer, parce que c'est le jour où le Messie s'est manifesté aux Gentils.

ÉPIPHÉNOMÈNE, adj. (*méd.*), qui paroît après; d'*ἐπὶ* (*épi*), après, et de φαίνομαι (*phainomai*), paroître. Il se dit des symptômes accidentels qui ne paroissent qu'après que la maladie est déclarée.

ÉPIPHONÈME, s. m. figure de rhétorique, qui consiste dans une exclamation sentencieuse, qu'on fait succéder à quelque récit intéressant ; d'*ἐπιφώνημα* (*épi-phónéma*), exclamation , qui vient du verbe *ἐπιφωνέω* (*épiphónéô*), s'écrier sur quelque chose, dérivé d'*ἐπὶ* (*épi*), sur, après, et de *φωνέω* (*phónéô*), parler.

ÉPIPHORE, s. f. (*méd.*), mot grec, *ἐπιφορὰ* (*épipho-ra*), qui signifie proprement *violence*, *impétuosité* ; d'*ἐπιφέρω* (*épiphérô*), lancer avec force. L'*épiphore* est un écoulement considérable de larmes avec douleur et inflammation.

ÉPIPHYSE, s. f. (*anat.*), excroissance d'un os sur un autre ; d'*ἐπὶ* (*épi*), sur, et de *φύω* (*phuô*), naître, d'où l'on a formé *ἐπιφύω* (*épiphuô*), croître dessus. L'*épi-physe* est une éminence cartilagineuse unie au corps de l'os , laquelle s'ossifie avec l'âge, et prend alors le nom d'*apophyse*.

ÉPIPLÉROSE, s. f. (*méd.*), d'*ἐπὶ* (*épi*), sur, au-delà, et de *πλήρωσις* (*plérôsis*), réplétion, c'est-à-dire, sur-réplétion, dérivé de *πλήρης* (*plérés*), plein. Maladie qui consiste dans une réplétion excessive des artères, sur-tout dans le temps de leur dilatation.

ÉPIPLOCÈLE, s. f. mot formé d'*ἐπίπλοον* (*épiploon*), et de *κήλη* (*kélé*), tumeur. Espèce de hernie causée par la chute de l'épiploon dans l'aine, ou dans le scrotum. *Voyez* ÉPIPLOON.

ÉPIPLOÏQUE, adj. (*anat.*), qui appartient à l'épi-ploon. *Voyez* ce mot.

ÉPIPLOMPHALE, s. m. d'*ἐπίπλοον* (*épiploon*), l'épi-ploon, et d'*ὀμφαλὸς* (*omphalos*), le nombril, en latin *umbilicus*. Hernie ombilicale, causée par la sortie de l'épiploon.

ÉPIPLOON, s. m. (*anat.*), mot purement grec, com-posé d'*ἐπὶ* (*épi*), sur, et de *πλέω* (*pléô*), flotter. Memrane graisseuse, fine et transparente, qui couvre une partie des intestins, sur lesquels elle flotte par-devant.

ÉPIPLOSARCOMPHALE, s. m. espèce de tumeur au nombril, formé de l'épiploon, et d'une excroissance de chair; d'ἐπίπλοον (*épiploon*), l'épiploon, de σὰρξ (*sarx*), chair, et d'ὀμφαλός (*omphalos*), nombril.

ÉPIPLOSCHÉOCÈLE, s. f. mot formé d'ἐπίπλοον (*épiploon*), l'épiploon, d'ὄσχεον (*oschéon*), le scrotum, et de κήλη (*kélé*), tumeur. Espèce de hernie, accompagnée de la chute de l'épiploon dans le scrotum.

ÉPIQUE, adj. se dit d'un poëme où l'on célèbre une action héroïque, capable d'attacher l'ame et d'exciter l'admiration, et qu'on embellit de fictions et d'événemens merveilleux. Ce mot vient d'ἔπος (*épos*), parole, vers, dérivé d'ἔπω (*épô*), je dis, je parle, parce que, dans le poëme *épique*, on raconte seulement les actions, à la différence du poëme dramatique, où l'on fait agir les personnages. *Épique* se dit aussi des auteurs de ces sortes de poëmes.

ÉPISCOPAL, ÉPISCOPAT. *Voyez* Évêque.

ÉPISODE, s. m. ἐπεισόδιον (*épeisodion*), histoire incidente, ou action accessoire qu'on ajoute à l'action principale dans un poëme épique ou dans un roman, pour y jeter de la variété, ou pour l'embellir. Ce mot est composé d'ἐπὶ (*épi*), par-dessus, et d'εἰσόδιος (*éisodios*), qui arrive, qui survient, d'εἰς (*éis*), dans, et d'ὁδός (*hodos*), chemin, d'où dérive εἴσοδος (*éisodos*), entrée.

Dérivés. ÉPISODIER, embellir par des épisodes; ÉPISODIQUE, adj. qui a rapport à l'épisode.

ÉPISPASTIQUE, adj. (*pharm.*), attractif, qui est capable d'attirer; d'ἐπισπάω (*épispaó*), attirer, formé d'ἐπὶ (*épi*), au-dessus, et de σπάω (*spaó*), je tire. Médicament, qui, étant appliqué sur quelque partie du corps, y attire fortement les humeurs en dehors.

ÉPISTAPHYLIN, adj. m. (*anat.*), qui est sur la luette ; d'ἐπὶ (*épi*), sur, et de σαφυλὴ (*staphulé*), la luette. Nom de deux muscles de la luette.

ÉPISTASE, s. f. (*méd.*), d'ἐπὶ (*épi*), sur, et d'ἴσημι (*histémi*), poser, placer. Substance qui nage sur la surface de l'urine, par opposition à l'*hypostase*, ou sédiment.

ÉPISTATE, s. m. (*hist. anc.*), titre que portoit, chez les Athéniens, le président du sénat des cinq-cents ; d'ἐπιστάτης (*épistatés*), préfet, gouverneur, qui vient d'ἐφίσημι (*éphistémi*), mettre à la tête, dérivé d'ἐπὶ (*épi*), sur, au-dessus, et d'ἴσημι (*histémi*), placer ; c'est-à-dire, qui est placé au-dessus, qui est le chef des autres.

ÉPISTYLE, s. f. (*archit.*), d'ἐπὶ (*épi*), sur, et de σύλος (*stulos*), colonne. C'étoit, chez les Grecs, ce qu'on nomme aujourd'hui *architrave*. Voyez ce mot.

ÉPITAPHE, s. f. ἐπιτάφιον (*épitaphion*), d'ἐπὶ (*épi*), sur, et de τάφος (*taphos*), tombeau, sépulcre. Ce mot désignoit anciennement les vers que l'on chantoit en l'honneur des morts, le jour de leurs funérailles, et que l'on répétoit tous les ans à la même époque. Mais, aujourd'hui, on ne le dit que des inscriptions des tombeaux.

ÉPITASE, s. f. ἐπίτασις (*épitasis*), accroissement; d'ἐπιτείνω (*épitéinô*), étendre, développer. C'étoit, chez les Grecs, la partie du poëme dramatique qui vient après l'exposition, et où l'action se développe ; c'est ce que les modernes appellent *nœud* et *intrigue*.

ÉPITHALAME, s. m. ἐπιθαλάμιον (*épithalamion*), chant nuptial, ou poëme composé à l'occasion d'un mariage, et à la louange des époux ; d'ἐπὶ (*épi*), sur, et de θάλαμος (*thalamos*), lit nuptial.

ÉPITHÈTE, s. f. (*gram.*), adjectif que l'on joint à un nom substantif, pour en modifier l'idée principale. Ce mot vient d'*επίθετος* (*épithétos*), qui signifie *ajouté*, du verbe *επιτίθημι* (*épitithémi*), ajouter, imposer. L'*épithète* sert à l'agrément et à l'énergie du discours, en rendant l'idée principale plus sensible par une idée accessoire.

ÉPITHYME, s. m. sorte de plante parasite, qui se trouve communément sur le thym, d'où lui vient son nom ; d'*επί* (*épi*), sur, et de *θύμος* (*thumos*), thym.

ÉPITOME, s. m. *επιτομή* (*épitomé*), abrégé, dérivé d'*επί* (*épi*), dans, et de *τέμνω* (*temnó*), couper. Exposition courte et sommaire d'un livre, et particulièrement d'une histoire. *ἐπιτροκλεα*

ÉPITROPE, s. f. figure de rhétorique, qui consiste à accorder quelque chose qu'on ne peut nier, afin de faire recevoir plus facilement ce qu'on veut persuader ; d'*επιτροπή* (*épitropé*), concession, dérivé d'*επιτρέπω* (*épitrépó*), permettre, accorder.

ÉPIZOOTIE, s. f. mot formé d'*επί* (*épi*), sur, et de *ζῶον* (*zóon*), animal. On appelle ainsi les maladies contagieuses qui attaquent les animaux. De-là, ÉPIZOOTIQUE, adjectif.

ÉPODE, s. f. C'étoit, dans la poésie lyrique des Grecs, le troisième couplet, ou la fin d'une partie d'une ode. Ce mot vient d'*επί* (*épi*), au-dessus, après, et d'*ᾠδή* (*ôdé*), chant, d'*αείδω* (*aéidó*), chanter ; c'est-à-dire, chanter par dessus, ou à la suite de la strophe et de l'antistrophe : ainsi ce mot signifie proprement la *fin du chant*. C'est de-là qu'on appelle *épodes*, le dernier livre des poésies lyriques d'Horace, parce que chaque grand vers est suivi d'un petit qui termine le sens, et qui se chantoit avec l'autre.

ÉPONYME, s. m. d'ἐπὶ (*épi*), sur, et d'ὄνομα (*onoma*), nom, c'est-à-dire, surnom. Les Athéniens donnoient ce titre au premier des archontes, parce que l'année étoit désignée par son nom.

ÉPOPÉE, s. f. mot formé d'ἔπος (*épos*), parole, vers, dérivé d'ἔπω (*épō*), je dis, je raconte, et de ποιέω (*poiéô*), je fais. L'*épopée* est le récit en vers d'une action héroïque, vraisemblable et intéressante : tel est le sujet du *poème épique*. Voyez ÉPIQUE.

ÉPOQUE, s. f. terme de chronologie. Point fixe dans l'histoire, d'où l'on commence à compter les années, et qui est ordinairement marqué par quelque évènement considérable. Ce mot vient d'ἐποχὴ (*époché*), qui signifie l'*action d'arrêter, de retenir*, du verbe ἐπίχω (*épéchô*), arrêter, et s'arrêter, parce que les *époques* sont comme des lieux de repos où l'on s'arrête pour considérer de-là ce qui suit et ce qui précède.

EPTACORDE, s. m. lyre à sept cordes; d'ἑπτὰ (*epta*), sept, et de χορδὴ (*chordé*), corde. C'étoit aussi, chez les Grecs, un système de musique formé de sept tons.

EPTAGONE, s. m. d'ἑπτὰ (*epta*), sept, et de γωνία (*gónia*), angle. Figure géométrique qui a sept côtés et sept angles.

EPTAMÉRIDE. *Voyez* HEPTAMÉRIDE.

ÉPULIE, ou ÉPULIDE, s. f. (*méd.*), tubercule, ou excroissance de chair qui se forme sur les gencives; d'ἐπὶ (*épi*), sur, et d'οὖλον (*oulon*), gencive.

ÉPULOTIQUE, adj. (*pharm.*), ἐπυλωτικὸς (*époulôtikos*), d'ἐπουλόω (*épouloô*), cicatriser, formé d'ἐπὶ (*épi*), sur, et d'οὐλὴ (*oulé*), cicatrice. Il se dit des médicamens propres à cicatriser les plaies.

ÉRÉSIPÈLE. *Voyez* ÉRYSIPÈLE.

ÉRÉTISME, ou ÉRÉTHISME, s. m. (*méd.*), ἐρέθισμα (*éréthisma*), irritation, d'ἐρεθίζω (*éréthizô*), irriter. Irritation et tension violente des fibres du corps. *오ristique*

ÉRITROÏDE. *Voyez* ÉRYTROÏDE.

ERMITAGE, ERMITE. *Voyez* HERMITE.

ÉROTIDIES, s. f. pl. ἐρωτίδια (*érôtidia*), fêtes grecques instituées en l'honneur de l'Amour; d'ἔρως (*érôs*), amour.

ÉROTIQUE, adj. ἐρωτικὸς (*érôtikos*), qui a rapport à l'amour; d'ἔρως (*érôs*), génit. ἔρωτος (*érôtos*), amour, qui vient d'ἐράω (*eraô*), aimer.

ÉROTOMANIE, s. f. (*méd.*), délire amoureux; d'ἔρως (*érôs*), génit. ἔρωτος (*érôtos*), amour, et de μανία (*mania*), délire, fureur, passion. *érotique*

ERRHINE, ou ERRINE, s. f. (*méd.*), d'ἐν (*en*), dans, et de ῥὶς (*rhis*), génit. ῥινὸς (*rhinos*), nez, narine. Remède qu'on introduit dans les narines pour faire éternuer, ou pour arrêter l'hémorragie du nez.

ÉRYSIPÈLE, s. m. (*méd.*), maladie de la peau, tumeur superficielle et inflammatoire. Ce mot est grec, ἐρυσίπελας (*érusipélas*), dérivé d'ἐρύω (*éruô*), attirer, et de πέλας (*pélas*), proche, parce que l'érysipèle s'étend quelquefois de proche en proche sur les parties voisines. ÉRYSIPÉLATEUX, adj. qui tient de l'érysipèle. *cryptogames.*

ÉRYTHROÏDE, adj. (*anat.*), qui paroît rouge; d'ἐρυθρὸς (*éruthros*), rouge, et d'εἶδος (*éidos*), forme, apparence. On appelle ainsi la première tunique des testicules, parce qu'elle est rougeâtre.

ESCARE, ou ESCHARE, s. f. (*chirur.*), ἐσχάρα (*eschara*), foyer, et métaphoriquement, croûte noire qui se forme sur la peau, ou sur la chair, par l'application de quelque caustique. De-là, ESCHAROTIQUES, s. m. pl. médicamens qui brûlent la peau et la chair, et y font des *escares*.

ÉSOPHAGE. *Voyez* ŒSOPHAGE.

ESPHLASE, s. f. (*chirur.*), mot grec, ἔσφλασις (*esphla-sis*), qui signifie *rupture avec enfoncement ;* de φλάω (*phlaô*), briser, rompre. Sorte de fracture du crâne, dans laquelle l'os est brisé en plusieurs pièces, et enfoncé.

ESQUINANCIE, s. f. (*méd.*), de συνάγχη (*sunagchê*), maladie qui fait enfler la gorge, et qui empêche de respirer, dérivé d'ἄγχω (*agchô*), serrer, suffoquer.

ESTHÉTIQUE, s. f. terme nouveau, qui désigne la philosophie des beaux-arts, ou la science qui enseigne à déduire de la nature du goût la théorie générale et les règles fondamentales des beaux-arts. Ce mot vient d'αἴσθησις (*aisthêsis*), sentiment, du verbe αἰσθάνομαι (*aisthanomai*), sentir, et signifie proprement la *science du sentiment.*

ESTIOMÈNE, adj. (*méd.*), qui ronge, qui corrode ; d'ἴσθω (*esthô*), ou ἰσθίω (*esthiô*), manger.

ESTOMAC, s. m. (*anat.*), en grec στόμαχος (*stoma-chos*), ventricule qui reçoit les alimens et les digère. De-là, s'ESTOMAQUER, se fâcher.

ÉTÉSIENS, s. m. pl. ἐτησίαι (*étésiai*), nom de certains vents qui soufflent régulièrement chaque année, dans la trième saison, pendant un certain nombre de jours ; d'ἐτήσιος (*étésios*), annuel, dérivé d'ἔτος (*étos*), année.

ÉTHER, s. m. en grec αἰθήρ (*aithér*), qui signifie l'*air ;* on entend par ce mot une matière subtile et fluide, dans laquelle on suppose que sont les corps célestes.

En terme de chimie, l'*éther* est une liqueur spiritueuse très-volatile, qu'on extrait, par le moyen des acides, de l'alcool, ou esprit-de-vin, dont il ne paroît différer que parce qu'il contient moins de carbone et plus d'oxygène et d'hydrogène. On dérive ce mot d'αἴθω (*aithô*), brûler, enflammer, parce que l'éther s'enflamme très-facilement. De-là, l'adjectif ÉTHÉRÉE.

ÉTHIOLOGIE. *Voyez* ÉTIOLOGIE.

ÉTHIQUE, s. f. morale, ou partie de la philosophie qui dirige les mœurs ; d'*ήθικός* (*éthikos*), moral, dérivé d'*ήθος* (*éthos*), les mœurs.

· ETHMOÏDE, s. m. (*anat.*), nom qu'on donne à un os du crâne, qui est situé à la racine du nez ; d'*ήθμός* (*éthmos*), un couloir, un crible, et d'*είδος* (*éidos*), forme, parce qu'il est percé de plusieurs petits trous, comme un crible. On le nomme aussi *cribriforme*, ou *cribleux*. De-là vient ETHMOÏDAL, adj.

ETHNARQUE, s. m. *ίθνάρχης* (*etnarchés*), gouverneur d'une nation, dérivé d'*ίθνος* (*ethnos*), nation, peuple, et d'*άρχή* (*arché*), pouvoir, puissance. L'*Ethnarchie* étoit la province où commandoit l'ethnarque.

ETHNIQUE, adj. mot dérivé d'*ίθνος* (*ethnos*), nation, qui est employé par les auteurs ecclésiastiques pour *gentil, païen, idolâtre* ; et par les grammairiens, pour signifier l'*habitant d'un certain pays*, ou *une expression propre à une nation, à un pays.*

ETHNOPHRONES (les), s. m. pl. hérétiques du septième siècle, qui vouloient concilier l'exercice du christianisme avec toutes les cérémonies superstitieuses des païens ; d'*ίθνος* (*ethnos*), nation, d'où vient *ίθνικός* (*ethnikos*), gentil, païen, et de *φρήν* (*phrén*), esprit, sentiment, opinion ; c'est-à-dire, ceux qui conservent les sentimens des païens.

ÉTHOCRATIE, s. f. d'*ήθος* (*éthos*), les mœurs, et de *κράτος* (*kratos*), force, puissance. Nom d'un gouvernement imaginaire, qu'on suppose pouvoir être fondé sur la morale.

ÉTHOLOGIE, s. f. d'*ήθος* (*éthos*), les mœurs, et

de λόγος (*logos*), discours. Discours ou traité sur les mœurs.

ÉTHOPÉE, s. f. mot dérivé d'ηθοποιΐα (*éthopoïia*), qui signifie *peinture des mœurs*, d'ηθος (*éthos*), les mœurs, et de ποιέω (*poié6*), je fais, j'écris. Figure de rhétorique, qui consiste à peindre et à décrire les mœurs, les passions, &c. de quelqu'un. L'*éthopée* est proprement le portrait de l'esprit et du cœur.

ÉTIOLOGIE, s. f. partie de la médecine qui traite des diverses causes des maladies. Ce mot est composé d'αιτΐα (*aitia*), cause, et de λόγος (*logos*), discours, et signifie, en général, *discours sur les causes d'une chose physique ou morale.*

ÉTIQUE, adj. (*méd.*), *fièvre étique*, ou *étisie*, maladie qui consume et dessèche toute l'habitude du corps; d'έκτικός (*hektikos*), habituel, qui est dans l'habitude du corps, dérivé d'έχω (*écho*), avoir habitude. *Étique* signifie aussi celui qui est atteint de cette maladie.

ÉTITE. *Voyez* ÆTITE.

ÉTYMOLOGIE, s. f. ετυμολογΐα (*étumologia*), véritable origine d'un mot, explication de son véritable sens; d'ετυμος (*étumos*), vrai, véritable, et de λόγος (*logos*), mot, dérivé de λέγω (*légô*), je dis. De-là, ÉTYMOLOGIQUE, adj. qui concerne les étymologies; ÉTYMOLOGISTE, s. m. celui qui s'applique à la recherche des étymologies.

EUCHARISTIE, s. f. mot formé d'ευχαρισΐα (*eucharistia*), action de graces, dérivé d'ευ (*eu*), bien, et de χάρις (*charis*), grace. C'est un sacrement de la loi nouvelle, ainsi nommé parce qu'il est le principal moyen des chrétiens pour rendre graces à Dieu par Jésus-Christ. De-là, EUCHARISTIQUE, adj.

EUCOLOGE, ou EUCHOLOGE, s. m. nom d'un

livre qui contient l'office des dimanches et des principales fêtes de l'année ; d'ευχή (*euché*), prière, et de λόγος (*logos*), discours ; littéralement, *discours de prières*. C'est aussi le nom du Rituel des Grecs, donné par le P. Goar.

EUCRASIE, s. f. (*méd.*), ευκρασία (*eukrasia*), heureuse température, d'ευ (*eu*), bien, et de κράσις (*krasis*), tempérament ; c'est-à-dire, bon tempérament, tel qu'il convient à la nature, à l'âge et au sexe de la personne.

EUDIOMÈTRE, s. m. instrument de physique, nouvellement inventé, pour connoître la bonté ou la salubrité de l'air. Ce mot vient d'ευδιος (*eudios*), serein, dérivé d'ευδία (*eudia*), temps serein, et de μέτρον (*métron*), mesure ; c'est-à-dire, mesure de la pureté de l'air. De-là s'est formé EUDIOMÉTRIQUE, adj.

EUEXIE, s. f. (*méd.*), d'ευ (*eu*), bien, et d'έξις (*hexis*), habitude du corps ; c'est-à-dire, bonne habitude, bonne disposition du corps.

EULOGIES, s. f. pl. terme de liturgie, choses bénites, pain bénit, dans l'église grecque ; d'ευλογία (*eulogeô*), je bénis, dérivé d'ευ (*eu*), bien, et de λέγω (*légô*), je dis.

EUNUQUE, s. m. mot dérivé d'ευνοῦχος (*eunouchos*), qui signifie proprement *gardien du lit*, d'ευνή (*eunê*), lit, et d'έχω (*échô*), garder. On a donné ce nom à ceux à qui on a retranché les parties naturelles, parce qu'on se sert, en Orient, de cette espèce de personnes pour garder les femmes.

EUPEPSIE, s. f. (*méd.*), bonne digestion ; d'ευ (*eu*), bien, et de πίπτω (*peptô*), cuire, digérer.

EUPHÉMISME, s. m. ευφημισμός (*euphémismos*), discours de bon augure ; d'ευ (*eu*), bien, heureusement, et de φημί (*phémi*), je dis. C'est une figure de langage, par laquelle on déguise des idées désagréables, odieuses, ou tristes, sous des expressions qui ne sont pas les noms propres de ces idées, mais qui présentent des idées plus honnêtes, plus agréables, ou moins offensantes.

EUPHONIE, s. f. mot formé d'εὖ (eu), bien, et de φωνή (phôné), son, voix. Son agréable d'une seule voix ou d'un seul instrument. En termes de grammaire, c'est une prononciation, ou une structure de mots facile, douce, agréable à l'oreille, harmonieuse. De-là vient EUPHONIQUE, adj.

EURYTHMIE, s. f. d'εὖ (eu), bien, et de ρυθμός (rhuthmos), ordre, cadence, justesse, accord. C'est, dans les beaux-arts, un bel ordre, une belle proportion, et comme l'harmonie de toutes les parties d'un tout.

EUSTYLE, s. m. (archit.), édifice où les colonnes sont bien placées, et dans une proportion convenable. Ce mot vient d'εὖ (eu), bien, et de σύλος (stulos), colonne. L'ordonnance de l'eustyle tient le milieu entre le pycnostyle et l'aréostyle. Voyez ces mots.

EUTHYMIE, s. f. (méd.), d'εὖ (eu), bien, et de θυμός (thumos), ame, esprit. Repos de l'ame, contentement, tranquillité d'esprit.

EUTRAPÉLIE, s. f. ιυτραπελία (eutrapélia), manière de plaisanter agréablement et avec finesse; d'εὖ (eu), bien, et de τρέπω (trépô), je tourne; c'est-à-dire, manière agréable de tourner les choses. Ce mot ne s'emploie que dans le style noble, ou en parlant des anciens.

EUTROPHIE, s. f. (méd.), d'εὖ (eu), bien, et de τρέφω (tréphô), nourrir; nourriture bonne et abondante.

ÉVANGILE, s. m. d'εὐαγγέλιον (euaggélion), bonne nouvelle, dérivé d'εὖ (eu), bien, heureusement, et d'ἀγγέλλω (aggellô), annoncer. Les chrétiens ont donné ce nom au livre qui contient la vie et la doctrine de Jésus-Christ, qui a apporté aux hommes l'heureuse nouvelle de leur réconciliation avec Dieu. *Évangile* se prend aussi pour la doctrine même de Jésus-Christ.

Dérivés. ÉVANGÉLIQUE, adj. ÉVANGÉLISER, v. ÉVAN-GÉLISTE, s. m. nom de chacun des quatre écrivains sacrés qui ont rédigé par écrit l'Évangile.

ÉVÊQUE, s. m. prélat du premier ordre, dans l'église. Ce mot vient, par corruption, d'*ἐπίσκοπος* (*épiskopos*), qui signifie *surveillant* ou *inspecteur*, dérivé d'*ἐπί* (*épi*), sur, et de *σκοπέω* (*skopéô*), je regarde, je considère, parce que les évêques sont chargés de la conduite et de la surveillance de leur diocèse.

Dérivés. ÉPISCOPAL, adj. qui appartient à l'évêque : ÉPISCOPAT, s. m. dignité d'évêque; ÉVÊCHÉ, s. m. étendue de pays soumis à un évêque.

ÉVERGÈTE, s. m. d'*εὐεργέτης* (*euergétés*), qui veut dire *bienfaiteur* ou *bienfaisant*, dérivé d'*εὖ* (*eu*), bien, et d'*ἔργον* (*ergon*), action. C'est un surnom qui a été donné à quelques princes de l'antiquité.

EXACORDE, s. m. instrument de musique à six cordes, ou système composé de six tons; d'*ἕξ* (*hex*), six, et de *χορδή* (*chordé*), corde.

EXAÈDRE, ou HEXAÈDRE, s. m. solide géométrique terminé par six faces; d'*ἕξ* (*hex*), six, et d'*ἕδρα* (*hédra*), siége, base. On le dit particulièrement d'un corps régulier dont chaque face est un carré, et qu'on appelle aussi *cube*.

EXAGONE, s. m. figure géométrique qui a six angles et six côtés; d'*ἕξ* (*hex*), six, et de *γωνία* (*gónia*), angle. De-là, EXAGONAL, adj. qui a six côtés, ou six faces.

EXANTHÈME, s. m. (*méd.*), mot qui signifie *efflorescence*; d'*ἐξανθέω* (*exanthéô*), fleurir, s'épanouir, dérivé d'*ἄνθος* (*anthos*), fleur. Il désigne, en général, toute sorte d'éruption à la peau. En chimie, il se dit de la matière poudreuse qui se forme à la surface de certains corps.

Dérivés. EXANTHÉMATEUX, EXANTHÉMATIQUE, adj. qui est de la nature de l'exanthème.

EXAPOLE, s. f. contrée où il y a six villes principales ; d'ἕξ (*hex*), six, et de πόλις (*polis*), ville.

EXARQUE, s. m. d'ἔξαρχος (*exarchos*), qui signifie *chef* ou *commandant*, dérivé d'ἐξ (*ex*), et d'ἀρχὴ (*arché*), empire, commandement. On donnoit autrefois ce titre à celui qui commandoit en Italie pour les empereurs d'Orient. C'étoit aussi le nom d'une dignité ecclésiastique, qui ne subsiste plus que dans l'église grecque, où le terme désigne un député envoyé par ce patriarche, pour visiter les provinces. *Voyez* Ducange sur ce mot, dans son *Glossarium mediæ Græcitatis*. L'*exarchat* étoit la dignité, ou le gouvernement, ou le département de l'*exarque*.

EXASTYLE, s. m. (*archit.*), d'ἕξ (*hex*), six, et de ςύλος (*stulos*), colonne. Edifice, ou portique qui a six colonnes de front.

EXCENTRIQUE, adj. mot formé de la préposition ἐξ (*ex*), dehors, et de κίντρον (*kentron*), centre. Il se dit de deux ou de plusieurs cercles engagés l'un dans l'autre, qui n'ont pas le même centre. On appelle *excentricité*, la distance qu'il y a entre les centres de deux cercles, qui sont excentriques.

EXÈDRE, s. m. lieu où s'assembloient les gens de lettres, chez les anciens. Ce mot est grec, ἐξέδρα (*exédra*), (d'ἐξ (*ex*), et d'ἕδρα (*hédra*), siège, et signifie proprement le *lieu où l'on s'assied.*

EXÉGÈSE, s. f. ἐξήγησις (*exégésis*), d'ἐξηγέομαι (*exégéomai*), j'expose. Explication, exposition claire, et par une méthode aisée, de quelque chose qui paroissoit difficile. De-là, EXÉGÈTE, celui qui explique. On nommoit ainsi à Athènes les interprètes en matière de religion. EXÉGÉTIQUE, adj. qui sert à expliquer. La théologie exégétique est consacrée à l'explication de l'Ecriture-Sainte : l'exégèse est aussi la manière de trouver en nombres ou en lignes les racines d'une équation.

EXÉRÈSE, s. f. d'*ἐξαιρέω* (*exairéô*), emporter, arracher, formé d'*ἐξ* (*ex*), de, et d'*αἱρέω* (*hairéô*), je prends. Opération de chirurgie, par laquelle on retranche du corps tout ce qui lui est étranger, nuisible, ou inutile.

EXERGUE, s. m. terme de numismatique, dérivé d'*ἐξ* (*ex*), hors, et d'*ἔργον* (*ergon*), ouvrage; c'est-à-dire, *hors-d'œuvre*. Petit espace pratiqué au bas du type d'une médaille, pour y mettre une date, une inscription, ou une devise.

EXODE, s. m. nom d'un livre de l'Ancien-Testament, qui contient l'histoire de la sortie des Israélites hors de l'Egypte, sous la conduite de Moïse; d'*ἔξοδος* (*exodos*), sortie, dérivé d'*ἐξ* (*ex*), dehors, et d'*ὁδός* (*hodos*), chemin; c'est-à-dire, écart du chemin.

EXOMIDE, s. f. sorte de robe des Grecs et des Romains, ainsi nommée d'*ἐξ* (*ex*), dehors, et d'*ὦμος* (*omos*), épaule, parce qu'elle laissoit l'épaule droite découverte. Elle n'avoit qu'une manche.

EXOMOLOGÈSE, s. f. (*hist. ecclés.*), confession, pénitence; en grec *ἐξομολόγησις* (*exomologêsis*), dont les racines sont *ἐξ* (*ex*), préposition qui marque le point du départ, le passé; *ὁμός* (*omos*), pareil, semblable; et *λέγω* (*légô*), dire, parler; c'est-à-dire, discours où l'on retrace le passé.

EXOMPHALE, s. m. (*chirur.*), hernie du nombril; d'*ἐξ* (*ex*), dehors, et d'*ὀμφαλός* (*omphalos*), nombril. C'est la même chose qu'*omphalocèle*. Voyez ce mot.

EXOPHTHALMIE, s. f. (*chirur.*), sortie de l'œil hors de son orbite; d'*ἐξ* (*ex*), dehors, et d'*ὀφθαλμός* (*ophthalmos*), œil.

EXORCISME, s. m. prière, ou conjuration dont se sert l'Eglise pour chasser les démons; d'*ἐξορκίζω* (*exorkizô*), conjurer, dérivé d'*ὅρκος* (*horkos*), jurement, serment.

Dérivés. EXORCISER, v. conjurer; EXORCISTE, s. m. celui qui exorcise, qui conjure.

EXOSTOSE, s. f. (*chirur.*), mot grec, *ἐξόστωσις* (*exostôsis*), dérivé d'*ἐξ* (*ex*), hors, et d'*ὀστέον* (*ostéon*), os. Tumeur osseuse contre nature, qui s'élève sur la surface des os.

EXOTÉRIQUE, adj. vulgaire, public, ou commun à tout le monde; d'*ἐξώτερος* (*exôtéros*), extérieur, dérivé d'*ἔξω* (*exô*), dehors. Il se dit de la doctrine et des ouvrages des anciens philosophes, qui étoient à la portée de tout le monde. C'est l'opposé d'*ésotérique*, intérieur, particulier, et d'*acroatique*. Voyez ce mot.

EXOTIQUE, adj. *ἐξωτικός* (*exotikos*), étranger, qui n'est point produit dans le pays qu'on habite; d'*ἔξω* (*exô*), dehors. *exotère.*

EXTASE, s. f. ravissement d'esprit, suspension des sens causée par la contemplation d'un objet extraordinaire ou surnaturel; d'*ἔκστασις* (*ekstasis*), étonnement, renversement d'esprit, dérivé d'*ἐξίστημι* (*existêmi*), renverser, frapper d'étonnement. C'est aussi une maladie semblable à la *catalepsie*. De-là, s'EXTASIER, être ravi en admiration; EXTATIQUE, adj. qui tient de l'extase.

F

FANAL, s. m. grosse lanterne, et phare, de φανὸς (*phanos*), fanal, dérivé de φαίνω (*phainó*), montrer, indiquer.

FANTAISIE, s. f. de φαντασία (*phantasia*), vision, imagination, du verbe φαντάζομαι (*phantazomai*), s'imaginer, dérivé de φαίνω (*phainó*), paroître, se montrer. *Fantaisie* signifie aussi humeur, volonté, caprice, bizarrerie. **FANTASQUE**, adj. qui a des fantaisies, des caprices; **FANTASQUEMENT**, adv. De-là vient aussi **FANTASTIQUE**, adj. φανταστικὸς (*phantastikos*), chimérique, imaginaire, qui n'a pas de réalité.

FANTOME, s. m. φάντασμα (*phantasma*), spectre, vision, vaine image qui se forme dans notre esprit, et qui nous fait supposer la présence de quelque être corporel, dérivé de φαίνω (*phainó*), je parois. Au figuré, il signifie chimère, apparence.

FILTRE. *Voyez* **PHILTRE.**

FLAGEOLET, s. m. espèce de petite flûte, de πλαγίαυλος (*plagiaulos*), flûte traversière, mot composé de πλάγιος (*plagios*), oblique, et d'αὐλὸς (*aulos*), flûte.

FLEGMAGOGUE, adj. (*méd.*), de φλέγμα (*phlegma*), flegme, pituite, et d'ἄγω (*agó*), je chasse, je fais sortir. Nom des médicamens qui purgent la pituite.

FLEGME, ou **PHLEGME**, s. m. pituite, humeur aqueuse qui existe dans le corps de l'animal, et figurément sang-froid; en grec φλέγμα (*phlegma*), pituite, pris par antiphrase du verbe φλέγω (*phlégó*), brûler; comme si l'on disoit, *humeur non brûlée. Flegme*, en termes de chimie, signifie la partie aqueuse et insipide

que la distillation dégage des corps. De-là, FLEGMA-
TIQUE, adj. pituiteux, qui abonde en flegme, en pituite,
et figurément, froid, difficile à émouvoir.

FLEGMON, s. m. (*méd.*), tumeur inflammatoire,
causée par une abondance de sang arrêté et accumulé
par fluxion dans une partie du corps; du grec φλεγμονὴ
(*phlegmoné*), qui veut dire *inflammation*, dérivé de
φλέγω (*phlégô*), brûler, enflammer. De-là, FLEGMO-
NEUX, qui est de la nature du flegmon.

FRÉNÉSIE, s. f. (*méd.*), φρένησις (*phrénésis*), et
φρενῖτις (*phrénitis*), délire, fureur violente; de φρὴν
(*phrén*), génit. φρενὸς (*phrénos*), esprit. La frénésie est
proprement une maladie de l'esprit, causée par l'inflammation des membranes du cerveau. De-là, FRÉNÉ-
TIQUE, qui est atteint de frénésie.

FULLOMANIE, s. f. (*botan.*), sorte de maladie des
plantes, qui consiste dans une multiplication prodi-
gieuse de feuilles, qui nuit à la floraison et à la fructification. Le mot grec φυλλομανία (*phullomanéô*), est formé
de φύλλον (*phullon*), feuille, et de μανία (*mania*), folie,
abondance excessive. Ainsi, pour suivre l'étymologie, il
faudroit écrire *phyllomanie*.

G

GALACTITE, s. f. (*nat.*), sorte de pierre de couleur cendrée, ainsi nommée de γάλα (*gala*), génit.
γάλακτος (*galaktos*), lait, parce qu'étant mise dans l'eau,
elle lui donne une couleur laiteuse.

GALACTODE, adj. γαλακτώδης (*galaktódés*), laiteux, qui est de couleur de lait, dérivé de γάλα (*gala*),
lait.

GALACTOGRAPHIE, s. f. de γάλα (gala), lait, et de γράφω (graphó), je décris. Partie de l'anatomie qui a pour objet la description des sucs laiteux.

GALACTOLOGIE, s. f. de γάλα (gala), lait, et de λόγος (logos), discours, traité. Partie de la médecine qui traite de l'usage des sucs laiteux.

GALACTOPHAGE, s. m. qui ne se nourrit que de lait; de γάλα (gala), lait, et de φάγω (phagó), manger. On a donné ce nom à des peuples entiers, dont le lait étoit la principale nourriture.

GALACTOPHORE, adj. (anat.), qui porte le lait; de γάλα (gala), lait, et de φέρω (phéró), je porte. Il se dit des vaisseaux ou conduits qui portent le lait aux mamelles, et des médicamens propres à le rendre plus abondant.

GALACTOPOIÈSE, s. f. (méd.), faculté qu'ont les mamelles de servir à l'élaboration, à la sécrétion du lait; de γάλα (gala), lait, et de ποιέω (poiéó), je fais.

GALACTOPOSIE, s. f. (méd.), traitement de différentes maladies par le moyen du lait; de γάλα (gala), lait, et de πόσις (posis), boisson, dérivé de πίνω (pinó), je bois.

GALACTOSE, s. f. (méd.), production du lait, changement du chyle en lait; de γάλα (gala), génit. γάλακτος (galaktos), lait.

GALAXIE, s. f. (astro.), nom qu'on donne à la trace blanche et lumineuse qu'on remarque dans le ciel, et qui se nomme autrement voie lactée. Les Grecs l'appeloient γαλαξίας κύκλος (galaxias kuklos), qui veut dire, cercle lacté, de γάλα (gala), lait, à cause de sa couleur blanche; et de-là est venu le mot galaxie.

GALBANUM, s. m. en grec χαλβάνη (chalbané), sorte

de gomme attractive et résolutive, qui découle de la plante appelée *galbanifère*.

GALÉANTHROPIE, s. f. (*méd.*), sorte de délire mélancolique, dans lequel on se croit changé en chat. Ce mot vient de γαλῆ (*galé*), chat, et d'ἄνθρωπος (*anthrôpos*), homme.

GAMÉLIES, s. f. fêtes nuptiales, chez les anciens Grecs ; présent de noces ; de γάμος (*gamos*), noces ; c'est-à-dire, fêtes des noces, des mariages.

GAMME, s. f. table ou échelle contenant les notes de la musique, disposées selon l'ordre des tons naturels. Ce mot vient de γάμμα (*gamma*), qui est le nom du Γ, ou G des Grecs, parce que Guy Arétin, qui inventa cette échelle, après avoir joint aux syllabes qui représentent les six premiers tons, les lettres A, B, C, D, E, F, prit, pour marquer le septième ton, la septième lettre de l'alphabet latin, G, qu'il écrivit en grec ; et ce caractère fit donner, à cause de sa singularité, le nom de *gamme* à toute l'échelle.

GAMOLOGIE, s. f. discours ou traité sur les noces, sur le mariage ; de γάμος (*gamos*), noces, et de λόγος (*logos*), discours.

GANGLION, s. m. (*anat.*), mot grec, γαγγλίον (*gagglion*), qui désigne de petits nœuds ou pelotons formés dans différentes parties du corps, par la réunion de plusieurs nerfs qui se rencontrent. C'est aussi le nom d'une tumeur dure, qui se forme aux tendons des poignets, des pieds et des mains. De-là, GANGLIFORME, qui a la figure du ganglion.

GANGRÈNE, s. f. γάγγραινα (*gaggraina*), mortification de quelque partie du corps, dérivé, dit-on, du verbe γράω (*graô*), manger, consumer, parce que la gangrène se communique bientôt aux parties voisines, si on ne l'arrête promptement. De-là, se GANGRÉNER, verbe; GANGRÉNEUX, adj. qui est de la nature de la gangrène.

GARGARISER (se), se laver la bouche et l'entrée du gosier, avec quelque liqueur; de γαργαρίζω (gargarizô), qui signifie la même chose, dérivé de γαργαρεὼν gargaréôn), la luette, mot formé du bruit que l'on fait en se gargarisant. De-là vient aussi GARGARISME, remède liquide qui sert à laver la bouche.

GASTER, s. m. (méd.), mot grec, γαστὴρ, qui signifie ventre, en général, et qui se prend quelquefois pour l'estomac, le ventricule en particulier.

GASTRILOQUE, s. m. qui parle du ventre; de γαστὴρ (gastêr), ventre, et du verbe latin loqui, parler. Il se dit de ceux qui parlent en inspirant, de manière qu'il semble que la voix se fasse entendre dans le ventre. Voyez ENGASTRIMYTHE, qui est le même.

GASTRIQUE, adj. (anat.), qui concerne l'estomac, qui appartient à l'estomac; de γαστὴρ (gastêr), ventre, ou estomac. On nomme suc gastrique, un suc léger, écumeux et salin, qui découle des glandes de l'estomac, pour servir à la digestion.

GASTRITE, ou GASTRITIS, s. f. (méd.), inflammation de l'estomac; de γαστὴρ (gastêr), qui signifie ventre, en général, et qui se prend quelquefois pour l'estomac.

GASTROCNÉMIENS, s. m. pl. (anat.), nom de deux muscles jumeaux qui sont placés au-dessous du jarret, et qui forment le gras de la jambe; de γαστὴρ (gastêr), ventre, et de κνήμη (knémé), jambe, parce qu'ils sont comme le ventre de la jambe.

GASTRO-COLIQUE, adj. (anat.), qui a rapport à

l'estomac et à l'intestin colon ; de γαϛηρ (*gastêr*), ventre, ou estomac, et de κῶλον (*kôlon*), le colon.

GASTRODYNIE, s. f. (*méd.*), colique, ou douleur d'estomac ; de γαϛηρ (*gastêr*), l'estomac, et d'ὀδύνη (*oduné*), douleur.

GASTRO-ÉPIPLOÏQUE, adj. (*anat.*) Il se dit des artères et des veines qui se distribuent dans l'estomac et dans l'épiploon. Ce mot est composé de γαϛηρ (*gastêr*), l'estomac, et d'ἐπίπλοον (*épiploon*), l'épiploon.

GASTROMANCIE, s. f. de γαϛηρ (*gastêr*), ventre, et de μαντεία (*mantéia*), divination. Sorte de divination qui se faisoit en parlant du ventre, ou avec des bouteilles à large ventre, et remplies d'eau claire.

GASTRORAPHIE, s. f. (*chirur.*), γαϛρορραφία (*gastrorrhaphia*), suture que l'on fait pour réunir les plaies du bas-ventre ; de γαϛηρ (*gastêr*), ventre, et de ῥαφή (*rhaphé*), suture, couture, dérivé de ῥάπτω (*rhaptô*), coudre.

GASTROTOMIE, s. f. (*chirur.*), ouverture qu'on fait au bas-ventre pour en extraire quelque corps étranger, ou pour y faire rentrer quelque partie qui en est sortie ; de γαϛηρ (*gastêr*), ventre, et de τομή (*tomé*), incision, qui vient du verbe τέμνω (*temnô*), je coupe.

GAZOMÈTRE, s. m. (*chim.*), instrument de chimie inventé nouvellement par les célèbres Lavoisier et Meunier, pour mesurer le volume des gaz. Ce mot est composé du mot allemand *gaz*, qui veut dire, *air*, et du grec μέτρον (*métron*), mesure.

GÉANT, s. m. γίγας (*gigas*), homme d'une taille démesurée, dérivé de γῆ (*gé*), terre, et de γάω (*gaô*), naître ; comme qui diroit, γήγας (*gégas*), parce que, selon la Fable, les géans étoient fils de la terre. Ce mot se rapproche plus de son origine dans son adjectif *gigantesque*, qui signifie *démesuré en grandeur*.

GÉLOSCOPIE, s. f. de γέλως (*gélôs*), ris, et de σκοπέω (*skopéô*), je considère. Espèce de divination, par laquelle on prétendoit connoître les qualités et le caractère d'une personne, en considérant son ris. *Sémonie*

GÉNÉALOGIE, s. f. γενεαλογία (*généalogia*), dénombrement d'aïeux, ou histoire de l'origine, de la propagation et de l'état présent d'une famille ; de γένος (*génos*), race, famille, et de λόγος (*logos*), discours. De-là, GÉNÉALOGIQUE, qui concerne la généalogie ; GÉNÉALOGISTE, celui qui travaille aux généalogies.

GÉNÈSE, s. f. de γένεσις (*génésis*), origine, génération, naissance, dérivé de γείνομαι (*géinomai*), naître. On donne ce nom au premier livre de l'Ancien-Testament, parce qu'il contient l'histoire de la création, ou de l'origine du monde, et celle des patriarches.

GÉNÉTHLIAQUE, s. m. mot formé de γενέθλη (*généthlé*), origine, naissance, dérivé de γείνομαι (*géinomai*), naître. Les généthliaques étoient, chez les Anciens, une sorte d'astrologues qui prétendoient prédire, au moment de la naissance d'un enfant, ce qui devoit lui arriver pendant sa vie. *Généthliaque* se dit aussi des poëmes composés sur la naissance de quelqu'un.

GÉNÉTHLIOLOGIE, s. f. de γενέθλη (*généthlé*), naissance, et de λόγος (*logos*), discours. Espèce de divination pratiquée par les *généthliaques*. *Voyez* ce mot.

GÉNIOGLOSSE, s. m. et adj. (*anat.*), qui a rapport au menton et à la langue ; de γένειον (*généion*), menton, et de γλῶσσα (*glôssa*), langue. Nom de deux muscles qui ont leur attache fixe à la symphyse du menton, et vont se terminer à la racine de la langue.

GÉNIO-HYOÏDIEN, s. m. et adj. (*anat.*), qui a rapport

au menton et à l'os hyoïde ; de γένειον (*généion*), menton ;
et d'ὑοειδής (*huoéidés*), l'os hyoïde. Nom de deux muscles
qui s'attachent d'un côté à la face interne de la symphyse du menton, et de l'autre à l'os hyoïde. *Voyez*
Hyoïde.

GÉNIO-PHARYNGIEN, s. m. et adj. (*anat.*), nom
de deux muscles qui partent du menton, et vont s'insérer au pharynx ; de γένειον (*généion*), menton, et de
φάρυγξ (*pharugx*), le pharynx.

GÉOCENTRIQUE, adj. (*astro.*), de γῆ (*gé*), terre,
et de κέντρον (*kentron*), centre. Il se dit de l'orbite d'une
planète qui est vue de la terre. Autrefois on appeloit
ainsi un cercle qui avoit le même centre que la terre.

GÉOCYCLIQUE, s. f. machine astronomique qui
sert à représenter le mouvement annuel de la terre autour du soleil, et son mouvement journalier autour de
son axe ; de γῆ (*gé*), terre, et de κύκλος (*kuklos*), cercle ;
c'est-à-dire, qui représente le cercle, ou plutôt l'ellipse
que décrit la terre autour du soleil.

GÉODE, s. f. (*nat.*), pierre creuse et de couleur de
fer rouillé, contenant de la terre ou du sable, qu'on
entend remuer lorsqu'on la secoue. Ce mot vient de
γεώδης (*géodés*), qui veut dire *terrestre*, dérivé de γῆ
(*gé*), terre.

GÉODÉSIE, s. f. partie de la géométrie qui enseigne
à mesurer et à diviser les terrains ; de γῆ (*gé*), terre,
et de δαίω (*daiô*), diviser.

Dérivé. Géodésique, adj. qui concerne la géodésie.

Géognosie

GÉOGRAPHIE, s. f. science qui a pour objet la
description de la surface du globe terrestre ; γεωγραφία
(*géographia*), de γῆ (*gé*), terre, et de γράφω (*graphô*),
je décris ; c'est-à-dire, description de la terre. De-là,
Géographe, s. m. celui qui est versé dans la géogra-

phie, et GÉOGRAPHIQUE, adj. qui appartient à cette
science.

GÉOHYDROGRAPHIE, s. f. mot composé de γῆ
(*gé*), terre, d'ύδωρ (*hudôr*), eau, et de γράφω (*graphô*),
je décris; c'est-à-dire, description de la terre et des eaux.
De-là, GÉOHYDROGRAPHIQUE, adj. ce qui appartient à
cette science.

GÉOLOGIE, s. f. traité de la terre en général; de
γῆ (*gé*), terre, et de λόγος (*logos*), discours. GÉOLO-
GIQUE en dérive.

GÉOMANCIE, ou GÉOMANCE, s. f. art de devi-
ner par la terre; de γῆ (*gé*), terre, et de μαντεία (*mantéia*), divination. De-là s'est formé GÉOMANCIEN, s. m.
celui qui pratique la géomancie; GÉOMANTIQUE, adj.
qui a rapport à la géomancie.

GÉOMÉTRIE, s. f. science qui a pour objet la mesure de tout ce qui a de l'étendue, comme les lignes, les
surfaces, les solides. Ce mot est composé de γῆ (*gé*),
terre, et de μέτρον (*métron*), mesure; d'où vient μετρέω
(*métréô*), mesurer, et signifie proprement *mesure de
la terre*, parce que c'est la nécessité de mesurer les
terreins qui a fait trouver les premiers principes de la
géométrie. — *Géognosie, Gisement des minéraux*

Dérivés. GÉOMÉTRAL, adj. GÉOMÈTRE, s. m. GÉO-
MÉTRIQUE, adj. GÉOMÉTRIQUEMENT, adv.

GÉOPONIQUE, adj. qui a rapport à l'agriculture;
de γῆ (*gé*), terre, et de πόνος (*ponos*), travail, dérivé de
πένομαι (*pénomai*), travailler.

GÉORGIQUE, s. f. mot qui signifie *agriculture*; de
γῆ (*gé*), terre, et d'έργον (*ergon*), travail. Il ne se dit que
des ouvrages qui traitent de la culture de la terre, comme
les *Géorgiques de Virgile*.

GÉOSCOPIE, s. f. sorte de connoissance que l'on

tire de la nature et des qualités de la terre, en les observant et en les considérant ; de γῆ (*gé*), terre, et de σκοπέω (*skopéô*), considérer.

GÉOSTATIQUE, s. f. Ce mot, qui est aujourd'hui remplacé par celui de *statique*, désignoit la partie de la mécanique qui traite des loix de l'équilibre des corps solides. Il est formé de γῆ (*gé*), terre, et d'ἵστημι (*histémi*), être en repos, parce qu'autrefois on regardoit la terre comme l'élément solide, comme le principe de toute solidité.

GÉRANIUM, s. m. en grec γεράνιον (*géranion*), dérivé de γέρανος (*géranos*), grue ; plante, qui se nomme aussi *bec-de-grue*, parce qu'elle porte des fruits qui ont la forme d'un bec de grue, ou de cigogne. On en distingue un grand nombre d'espèces.

GÉROCOMIE, s. f. partie de la médecine qui traite du régime que doivent observer les vieillards. Ce mot est dérivé de γέρων (*gérôn*), vieillard, et de κομέω (*koméô*), prendre soin.

GIGANTESQUE. *Voyez* GÉANT.

GIGANTOMACHIE, s. f. (*myth.*), combat des géans de la Fable contre les dieux ; de γίγας (*gigas*), génit. γίγαντος (*gigántos*) ; géant, et de μάχη (*maché*), combat, dérivé du verbe μάχομαι (*machomai*), combattre.

GINGLYME, s. m. (*anat.*), mot grec, γιγγλυμός (*gigglumos*), qui signifie proprement *gond d'une porte*, ou *charnière*, et qui se dit d'une espèce d'articulation par laquelle deux os se reçoivent mutuellement, et sont mobiles en deux sens, comme une charnière.

De-là vient GINGLYMOÏDE, s. f. articulation qui tient de la nature du *ginglyme*, de γιγγλυμός (*gigglumos*), et d'εἶδος (*éidos*), forme, ressemblance.

GLAUCIUM, s. m. de γλαυκὸς (*glaukos*), vert de mer. Sorte de plante du Levant, dont les feuilles ont cette couleur. On l'appelle autrement *pavot cornu*.

GLAUCOME, s. m. (*méd.*), γλαύκωμα (*glaukóma*), dérivé de γλαυκὸς (*glaukos*), vert de mer. Maladie des yeux, causée par l'épaississement de l'humeur vitrée, qui devient de couleur verdâtre.

GLAUCUS, s. m. nom commun de trois sortes de poissons, qui ont quelques rapports entr'eux. Ce mot vient de γλαυκὸς (*glaukos*), vert de mer, parce que leur couleur est un blanc mêlé de vert plus ou moins foncé.

GLÈNE, s. f. (*anat.*), de γλήνη (*gléné*), qui signifie *emboîture des os*, ou cavité d'un os, dans laquelle un autre os s'emboîte.

GLÉNOÏDE, ou GLÉNOÏDALE, adj. f. (*anat.*) Ce mot désigne toutes les cavités qui servent à l'emboîtement d'un os dans un autre; de γλήνη (*gléné*), emboîture des os, et d'εἶδος (*éidos*), forme; c'est-à-dire, qui a la forme d'une cavité, telle qu'on vient de le dire. La cavité de l'omoplate qui reçoit la tête de l'humérus, est nommée particulièrement *glénoïde*.

GLIPHE. *Voyez* GLYPHE.

GLOSE, s. f. explication de quelques mots obscurs d'une langue, par d'autres mots plus intelligibles de la même langue. Ce mot vient de γλῶσσα (*glóssa*), langue, parce que la *glose* sert à expliquer un texte, comme la langue à exprimer les pensées par le moyen de la parole. De-là vient GLOSER, faire une glose, et aussi critiquer; GLOSEUR, s. m. celui qui critique tout.

GLOSSAIRE, s. m. de γλῶσσα (*glóssa*), langue. Dictionnaire ou recueil de termes difficiles, obscurs ou barbares d'une langue, accompagnés de leur *glose*, ou explication. Les auteurs de ces sortes d'ouvrages se nomment *glossateurs*.

GLOSSOCATOCHE, s. m. instrument de chirurgie, ainsi nommé de γλῶσσα (*glóssa*), langue, et de κατέχω (*katéchó*), j'arrête, je retiens, parce qu'il sert à abaisser la langue, et à l'assujétir contre les parties inférieures de la bouche, afin de découvrir dans le fond les maladies qui y surviennent.

GLOSSOCOME, s. m. instrument de chirurgie, en forme de coffre long, dont on se servoit autrefois pour réduire les fractures et les luxations des cuisses et des jambes. Ce mot est composé de γλωττίς (*glottis*), languette d'un instrument, et de κομεῖν (*koméin*), avoir soin. Il signifie proprement un petit coffre où les anciens serroient les languettes de leurs flûtes pour les conserver.

GLOSSOGRAPHIE, s. f. (*anat.*), description de la langue; de γλῶσσα (*glóssa*), langue, et de γράφω (*graphó*), je décris.

GLOSSOÏDE, s. f. nom donné par quelques naturalistes à des pierres qui avoient la figure de la langue d'un homme; de γλῶσσα (*glóssa*), langue, et d'εἶδος (*éidos*), forme, figure.

GLOSSOLOGIE, s. f. (*méd.*), de γλῶσσα (*glóssa*), langue, et de λόγος *logos*), discours. Discours raisonné sur les usages de la langue. C'est une partie de la somatologie.

GLOSSO-PALATIN, s. m. et adj. (*anat.*), nom de deux muscles qui ont leur origine au palais, et vont se terminer à la langue; de γλῶσσα (*glóssa*), langue, et du latin *palatum*, le palais. *Voyez* GLOSSO-STAPHYLIN.

GLOSSOPÈTRES, s. f. pl. (*nat.*), dents de poissons pétrifiées, qu'on a prises mal-à-propos pour des langues de serpens, d'où leur est venu le nom de *glossopètres*, de γλῶσσα (*glóssa*), langue, et de πίτρος (*pétros*), pierre; comme qui diroit, *langues de pierre*.

GLOSSO-PHARYNGIEN, s. m. et adj. (*anat.*), de γλῶσσα (*glóssa*), langue, et de φάρυγξ (*pharugx*), lo pharynx. Nom de deux muscles qui ont leur origine au pharynx, et se terminent à la langue.

GLOSSO-STAPHYLIN, s. m. et adj. (*anat.*), de γλῶσσα (*glóssa*), langue, et de σαφυλὴ (*staphulé*), la luette. Nom de deux muscles qui appartiennent à la langue et à la luette. On les appelle aussi *glosso-palatins*.

GLOSSOTOMIE, s. f. (*anat.*), dissection de la langue; de γλῶσσα (*glóssa*), langue, et de τέμνω (*temnô*), couper, disséquer.

GLOTTE, s. f. (*anat.*), petite fente du larynx, qui sert à former la voix. Les Grecs l'ont appelée γλωτῆις (*glôttis*), qui veut dire *languette*, de γλῶσσα (*glóssa*), langue, parce qu'elle a, en effet, la figure d'une petite langue.

GLUCINE, s. f. (*chim.*), espèce de terre, récemment découverte par le célèbre Vauquelin, dans l'aigue-marine, ou *béril*, et dans l'émeraude. Son nom est dérivé de γλυκὺς (*glukus*), doux, parce qu'entr'autres propriétés, elle a celle de faire des sels sucrés avec les acides.

GLYPHE, s. m. (*archit.*), mot dérivé de γλυφή (*gluphé*), entaille, gravure, qui vient de γλύφω (*gluphô*), je grave, je creuse; il signifie tout canal creusé en rond, ou en angle, qui sert d'ornement.

GLYPTOGRAPHIE, s. f. science des gravures en creux et en relief sur des pierres précieuses. Ce mot est composé de γλυφή (*gluphé*), gravure, et de γράφω (*graphô*) décrire.

GNAPHALIUM, s. m. mot latin, dérivé de γνάφαλον (*gnaphalon*), qui signifie *bourre*, ou *duvet*, dont la racine est γνάφω (*gnaphô*), carder. Plante nommée aussi *pied de chat*, dont les feuilles sont couvertes d'une espèce de coton cardé.

GNOMES, *s. m. pl.* nom donné par les cabalistes à certains peuples invisibles, qu'ils supposent habiter dans la terre, et la remplir jusqu'au centre. Ce mot vient du grec γνώμων (*gnômôn*), qui signifie connoisseur, prudent, habile, du verbe γινώσκω (*ginôskô*), connoître; à cause de l'intelligence qu'on leur suppose.

GNOMIQUE, adj. sentencieux, de γνώμη (*gnômê*), sentence. Il se dit des poésies qui contiennent des maximes, ou des sentences.

GNOMON, *s. m.* mot grec, qui signifie proprement *indice*, dérivé de γινώσκω (*ginôskô*), connoître. On donne ce nom au style d'un cadran solaire, dont l'ombre marque les heures; et de-là on a formé *gnomonique*. *Voyez* l'article suivant.

GNOMONIQUE, *s. f.* art de faire des cadrans solaires; de γνώμων (*gnômôn*), style qui marque les heures, dérivé de γινώσκω (*ginôskô*), connoître. *Voyez* GNOMON.

GNOSIMAQUES (les), *s. m. pl.* hérétiques du septième siècle, qui condamnoient toutes les connoissances, même celles de la religion; de γνῶσις (*gnôsis*), science, connoissance, et de μάχομαι (*machomai*), combattre; c'est-à-dire, ennemis de la science.

GNOSTIQUES (les), *s. m. pl.* hérétiques qui se vantoient d'avoir des connoissances et des lumières surnaturelles; de γνωστικός (*gnôstikos*), savant, éclairé, dérivé de γινώσκω (*ginôskô*), connoître.

GOÉTIE, *s. f.* espèce de magie, par laquelle on invoquoit les génies malfaisans pour nuire aux hommes. Ce mot vient de γοητεία (*goéteia*), prestige, enchantement,

dérivé de γόης (*goés*), enchanteur, imposteur. De-là,
GOÉTIEN, s. m. GOÉTIQUE, adj.

GOMPHOSE, s. f. (*anat.*), mot grec, γόμφωσις (*gom-
phôsis*), dérivé de γόμφος (*gomphos*), clou. Espèce d'articulation immobile, par laquelle les os sont emboîtés
l'un dans l'autre, comme un clou ou une cheville dans
un trou.

GONAGRE, s. f. (*méd.*), goutte qui attaque les genoux ; de γόνυ (*gonu*), genou, et d'ἄγρα (*agra*), prise,
capture.

GONGRONE, s. f. (*chirur.*), en grec γογγρώνη (*gog-
grône*), tumeur ronde qui vient à la gorge, et qui a la
figure de celles qui se forment sur le tronc des arbres,
et que les Grecs appellent γόγγρος (*goggros*), d'où est
venu *gongrone*. Cette humeur se nomme encore *goître*,
ou *bronchocèle*.

GONIOMÉTRIE, s. f. (*math.*), art de mesurer les
angles ; de γωνία (*gônia*), angle, et de μέτρον (*métron*),
mesure.

GONORRHÉE, s. f. (*méd.*), flux, ou écoulement
involontaire de semence, γονόρροια (*gonorrhoia*), de γονή
(*goné*), semence, et de ῥέω (*rhéó*), couler. C'est aussi le
nom d'une maladie vénérienne.

GRAMMAIRE, s. f. γραμματική (*grammatikê*), l'art
de parler et d'écrire une langue correctement. Ce mot
vient de γράμμα (*gramma*), lettre, dérivé de γράφω (*graphó*), j'écris, et signifie proprement la *science des lettres*,
parce que les lettres sont les élémens du langage et de
l'écriture. Il se dit aussi du livre qui contient les règles
de cet art.

Dérivés. GRAMMAIRIEN, s. m. GRAMMATICAL, adj.
GRAMMATICALEMENT, adv.

GRAMME, s. m. nouvelle mesure de poids, qui

équivaut au poids d'un centimètre cube d'eau (environ dix-neuf grains). Le gramme tire son nom du γράμμα (*gramma*) des Grecs, qui étoit, chez eux, la vingt-quatrième partie de l'once, et, par conséquent, le plus petit poids dont ils eussent l'usage. Les Romains le nommoient *scrupule*.

GRAPHIE, mot dérivé du verbe γράφω (*graphô*), j'écris. Il entre dans la composition de plusieurs mots français, où il signifie description, peinture, manière d'écrire, comme *géographie, prosopographie, tachygraphie,* &c. lesquels sont expliqués à leur rang alphabétique. Les mots qui dérivent de ceux-là, sont terminés en *graphe,* ou *graphique,* comme *géographe, géographique,* &c.

GRAPHIOÏDE, adj. qui ressemble à un stylet ; de γραφὶς (*graphis*), stylet à écrire, et d'εἶδος (*éidos*), forme, ressemblance. Les anatomistes donnent ce nom à l'apophyse styloïde.

GRAPHIQUE, adj. (*didact.*), mot dérivé de γράφω (*graphô*), écrire, tracer, dessiner. Il se dit particulièrement des descriptions, des opérations, qui, au lieu d'être simplement énoncées par le discours, sont données par une figure tracée sur le papier. On a fait de-là GRAPHIQUEMENT, adv.

GRAPHOMÈTRE, s. m. instrument de mathématiques, qui sert à mesurer les angles sur le terrein. Ce mot est dérivé de γράφω (*graphô*), écrire, et de μέτρον (*métron*), mesure, apparemment parce que les divisions de degrés que porte cet instrument, donnent, pour ainsi dire, par écrit la mesure des angles. Au reste, le nom de *goniomètre* lui conviendroit beaucoup mieux, et en marqueroit plus directement l'usage.

GRIPHE, s. m. sorte d'énigme, ou proposition mystérieuse capable d'embarrasser et de surprendre; de γρῖφος (griphos), qui signifie *filet de pêcheur*, et par métaphore, *énigme*.

GYMNASE, s. m. γυμνάσιον (gumnasion), lieu destiné, chez les anciens, aux exercices du corps, tels que la *lutte*, le *disque*, &c. Ce mot vient de γυμνὸς (gumnos), nu, parce qu'on étoit nu, ou presque nu, pour se livrer plus librement à ces exercices.

GYMNASIARQUE, s. m. γυμνασίαρχος (gumnasiarchos), officier qui étoit chef, ou sur-intendant du gymnase; de γυμνάσιον (gumnasion), gymnase, et d'ἀρχὴ (arché), commandement.

GYMNASTE, s. m. officier du gymnase chargé de l'éducation des athlètes; de γυμνάζω (gumnazô), exercer.

GYMNASTIQUE, s. f. l'art d'exercer le corps pour le fortifier; de γυμνάζω (gumnazô), exercer, dérivé de γυμνὸς (gumnos), nu, parce qu'anciennement on se déshabilloit pour se livrer aux exercices du corps.

GYMNIQUE, adj. dérivé de γυμνὸς (gumnos), nu. Nom que l'on donnoit, chez les anciens, aux jeux publics où les athlètes combattoient nus. *Gymnique*, s. f. étoit la science des exercices propres aux athlètes. *Voyez* GYMNASTIQUE.

GYMNOPÉDIE, s. f. γυμνοπαιδία (gumnopaidia), dérivé de γυμνὸς (gumnos), nu, et de παῖς (pais), jeune homme. Espèce de danse religieuse en usage chez les Lacédémoniens, dans laquelle les danseurs étoient nus.

GYMNOSOPHISTES, s. m. pl. anciens philosophes indiens, ainsi nommés de γυμνὸς (gumnos), nu, et de σοφὸς (sophos), sages, parce qu'ils alloient presque nus. Les *Brachmanes* en étoient une secte.

GYMNOSPERMIE, s. f. (*botan.*), mot formé de γυμνὸς (gumnos), nu, et de σπέρμα (sperma), semence.

Linné donne ce nom à la sous-division de la quatorzième classe des plantes, parce qu'elle comprend celles dont les graines sont à découvert et sans enveloppe. Les plantes de cette division se nomment en conséquence *gymnospermes.*

GYMNOTE, s. m. (*nat.*), genre de poisson, ainsi nommé de γυμνὸς (*gumnos*), nu, parce qu'il n'a point de nageoires sur le dos.

GYNANDRIE, s. f. (*botan.*), nom que Linné a donné à la vingtième classe des plantes, dont les fleurs ont les étamines attachées au pistil même, et non au réceptacle. Ce mot est composé de γυνὴ (*guné*), femme, et d'ἀνὴρ (*anér*), génit. ἀνδρὸς (*andros*), mari; comme qui diroit, *femme devenue mari;* ce qui signifie que les parties mâles de la fleur sont entièrement attachées aux parties femelles.

GYNÉCÉE, s. m. γυναικεῖον (*gunaikéion*), appartement des femmes, chez les anciens; dérivé de γυνὴ (*guné*), femme.

GYNÉCOCRATIE, s. f. γυναικοκρατία (*gunaikokratia*), Etat où les femmes peuvent gouverner; de γυναικὸς (*gunaikos*), génit. de γυνὴ (*guné*), femme, et de κράτος (*kratos*), puissance, autorité, gouvernement; c'est-à-dire, gouvernement des femmes. GYNÉCOCRATIQUE, adj. en est dérivé.

GYNÉCONOME, s. m. magistrat athénien chargé de veiller sur les mœurs des femmes; de γυνὴ (*guné*), femme, génit. γυναικὸς (*gunaikos*), et de νέμω (*némó*), gouverner.

GYPSE, s. m. pierre à plâtre, ou matière pierreuse que l'action du feu change en plâtre. Son nom grec est γύψος (*gupsos*), dérivé de γῆ (*gé*), terre, et d'ἕψω (*epsó*), cuire: comme qui diroit, *terre cuite.* GYPSEUX, adj.

qui est de la nature du gypse. Les chimistes le nomment *sulfate de chaux*, parce qu'il est dû à la combinaison de l'acide sulfurique avec la chaux.

GYROMANCIE, s. f. sorte de divination qui se pratiquoit en marchant en rond, ou en tournant autour d'un cercle; de γῦρος (*guros*), tour, cercle, et de μαντεία (*mantéia*), divination.

GYROVAGUES, s. m. pl. sorte de moines errans, qui n'étoient attachés à aucun monastère; de γῦρος (*guros*), cercle, circuit, et du verbe latin *vagari*, errer; c'est-à-dire, qui erroient de côté et d'autre, sans avoir de demeure fixe.

H

HAGIOGRAPHE, HAGIOLOGIQUE. *Voyez* AGIOGRAPHE, AGIOLOGIQUE.

HALIOTIDE, s. f. sorte de coquille, dont le nom signifie *oreille de mer*; d'ἅλιος (*halios*), marin, de mer, et d'οὖς (*ous*), génit. ὠτός (*ótos*), oreille, à cause de sa forme.

HAMADRYADES, s. f. Ἁμαδρυάδες (*Hamadruades*), nymphes des bois, qui, selon la Fable, naissoient et mouroient avec les arbres où elles étoient enfermées. Ce mot est composé d'ἅμα (*hama*), ensemble, et de δρῦς (*drus*), chêne, parce que c'étoit principalement avec les chênes qu'elles avoient cette union.

HAMANTHUS, ou HAMAGOGUE, s. m. *Voyez* HÉMANTHE.

HARMOMÈTRE, s. m. instrument propre à mesurer les rapports harmoniques; d'ἁρμονία (*harmonia*), accord, harmonie, et de μέτρον (*métron*), mesure.

HARMONIE, s. f. succession de plusieurs accords selon les loix de la modulation. Ce mot vient d'ἁρμονία harmonia), qui signifie *suite, enchaînement, liaison, accord*, dérivé d'*ἄρω* (*aró*), concerter, ajuster, accorder. *Harmonie* se dit en général de l'ordre, de l'accord qui règne entre les diverses parties d'un tout, et d'où il résulte un effet agréable.

Dérivés. HARMONIEUSEMENT, adv. HARMONIEUX, adj. qui a de l'harmonie ; HARMONIQUE, adj. qui produit de l'harmonie ; HARMONIQUEMENT, adv.

HARPIES, s. f. pl. (*mytho.*), ἅρπυιαι '*harpuiai*), monstres fabuleux qui avoient des ailes, un visage de femme, avec des griffes aux pieds et aux mains ; d'ἁρπάζειν (*harpazéin*), ravir, enlever, parce qu'ils ravissoient tout. C'est du même verbe qu'est formé le mot *Harpagon*, nom de l'Avare de Molière.

HEBDOMADAIRE, adj. qui appartient à la semaine, qui se renouvelle chaque semaine ; d'ἑβδομάς (*hebdomas*), semaine, espace de sept jours, dérivé d'ἑπτά (*hepta*), sept.

HÉCATOMBE, s. f. ἑκατόμβη (*hékatombé*), sacrifice de cent bœufs, ou de cent victimes ; d'ἑκατόν (*hékaton*), cent, et de βοῦς (*bous*), bœuf. On donna ensuite ce nom à tout sacrifice somptueux.

HÉCATOMPHONIE, s. f. fête que célébroient, chez les Messéniens, ceux qui avoient tué cent ennemis à la guerre ; d'ἑκατόν (*hékaton*), cent, et de φονεύω (*phoneuó*), je tue.

HECTARE, s. m. superficie contenant cent ares, dans les nouvelles mesures. Ce mot est formé d'ἑκατόν (*hékaton*), cent, et du mot *are*, mesure d'arpentage. L'*hectare* est un peu moindre que le double du grand

arpent de cent perches carrées (la perche étant de vingt-
deux pieds). *Voyez* ANE.

HECTIQUE. *Voyez* ÉTIQUE.

HECTOGRAMME, s. m. poids de cent grammes,
dans les nouvelles mesures, équivalant à dix-huit cent
quatre-vingt-quatre grains environ, ou trois onces, deux
gros, douze grains. Ce mot est dérivé d'ἱκτὸν (*hekton*),
contracté, d'ἱκατὸν (*hékaton*), cent, et de γράμμα (*gramma*), ancien poids grec, d'où le *gramme* tire son nom.
Voyez GRAMME.

HECTOLITRE, s. m. nouvelle mesure de capacité,
contenant cent litres. Ce mot est dérivé d'ἱκατὸν (*hékaton*), cent, par contraction ἱκτὸν (*hekton*), et de λίτρα
(*litra*), ancienne mesure grecque, d'où le *litre* tire son
nom. *Voyez* LITRE.

HÉDYPNOÏS, s. m. plante apéritive et vulnéraire;
d'ἡδύπνοος (*hédupnoos*), qui exhale une odeur agréable,
composé d'ἡδὺς (*hédus*), doux, agréable, et de πνόος
(*pnoos*), souffle, exhalaison, dérivé de πνέω (*pnéó*),
souffler, exhaler.   *Hélène — Silene*

HÉLÉPOLE, s. f. ancienne machine de guerre,
inventée par Démétrius *Poliorcète*. Ce mot vient du
verbe ἑλεῖν (*héléin*), prendre, et de πόλις (*polis*), machine propre à prendre les villes.

HÉLIANTHE, s. m. plante, appelée vulgairement
soleil. Ce mot vient d'ἥλιος (*hélios*), soleil, et d'ἄνθος
(*anthos*), fleur, à cause de la forme radiée de ses
fleurs.

HÉLIANTHÊME, s. m. plante vulnéraire, ainsi
nommée d'ἥλιος (*hélios*), soleil, et d'ἄνθος (*anthos*), fleur;
comme qui diroit, *fleur du soleil*, parce que sa fleur est
d'un jaune d'or. On la nomme aussi *herbe d'or*, *hysope
des garigues*.

HÉLIAQUE, adj. (*astro.*), dérivé d'ῆλιος (*hélios*); soleil. On appelle *héliaque*, le lever et le coucher d'un astre, lorsqu'il se fait si près du soleil, qu'on ne peut l'appercevoir à travers ses rayons.

HÉLIASTES, s. m. pl. anciens juges d'Athènes. Ils étoient ainsi nommés d'ῆλιος (*hélios*), le soleil, parce qu'ils s'assembloient dans un lieu découvert, qu'on appeloit en grec ῆλιαία (*héliaia*), héliée.

HÉLICE, s. f. ligne tracée en forme de vis autour d'un cylindre. Ce mot vient d ἕλιξ (*hélix*), qui signifie généralement tout ce qui *enveloppe*, ou *tourne* en rond, dérivé du verbe εἰλτῶ (*heilein*), entourer, envelopper. En architecture, on appelle *hélices*, les petites volutes qui sont au chapiteau corinthien. *Hélice*, ou *hélix*, signifie, en anatomie, le tour extérieur de l'oreille, et, en termes de naturaliste, une sorte de coquillage en spirale. On donne aussi ce nom à la constellation de la *grande-ourse*, à cause qu'elle tourne autour du pôle.

HÉLICHRYSUM, s. m. plante, ainsi nommée d'ῆλιος (*hélios*), soleil, et de χρυσὸς (*chrusos*), or, parce que le calice de sa fleur est d'un jaune d'or éclatant.

HÉLICOÏDE, adj. (*géom.*), d'ἕλιξ (*hélix*), tour, hélice, et d'εἶδος (*éidos*), figure; c'est-à-dire, qui a la figure d'une hélice, ou ligne tournante. On appelle *parabole hélicoïde*, ou *spirale parabolique*, une ligne courbe dont l'axe est roulé sur la circonférence d'un cercle.

HÉLIOCENTRIQUE, adj. (*astro.*), mot dérivé d'ῆλιος (*hélios*), le soleil, et de κέντρον (*kentron*), centre. On appelle ainsi le lieu où paroîtroit une planète, si elle étoit vue du soleil, c'est-à-dire, si notre œil étoit au centre du soleil.

HÉLIOCOMÈTE, s. f. (*astro.*), longue queue, ou

colonne de lumière attachée au soleil, lorsqu'il se couche, à-peu-près comme la queue d'une comète ; d'ήλιος (hé- lios), le soleil, et de κομήτης (kométés), comète ; comme qui diroit, *comète du soleil.*

HÉLIOGNOSTIQUES (les), s. m. pl. secte juive, ainsi appelée d'ήλιος (hélios), soleil, et de γινώσκω (gi- nóskó), je connois, parce que ceux qui la composoient reconnoissoient le soleil pour dieu, et l'adoroient.

HÉLIOMÈTRE, s. m. (*astro.*), instrument qui sert à mesurer le diamètre du soleil et de la lune ; d'ήλιος (hélios), soleil, et de μέτρον (métron), mesure.

HÉLIOSCOPE, s. m. (*astro.*), instrument qui sert à observer le soleil ; d'ήλιος (hélios), soleil, et de σκοπέω (skopéó), je regarde. Cet instrument est garni d'un verre enfumé, pour affoiblir l'éclat des rayons.

HÉLIOTROPE, s. m. Ce mot désigne plusieurs plantes, qui tournent toujours le disque de leurs fleurs du côté du soleil ; d'ήλιος (hélios), soleil, et de τρέπω (trépô), je tourne.

HÉLIX. (*anat.*) *Voyez* Hélice.

HELLANODICES, ou **HELLANODIQUES**, s. m. pl. officiers qui présidoient aux jeux olympiques ; d'ελλανοδίκας (hellanodikas), pour ελληνοδίκης (hellénodi- kés), qui signifie *juge des Grecs*, dérivé d'Έλλην (Hellén), Grec, et de δίκη (diké), jugement, parce qu'ils étoient chargés d'adjuger et de distribuer les prix aux vain- queurs.

HELLÉNISME, s. m. ελληνισμός (hellénismos), tour, expression, façon de parler empruntée de la langue grecque ; d'Έλλην (Hellén), Grec, auquel on a joint la ter- minaison ισμός (ismos), qui marque *imitation.* Voyez Isme.

HELMINTAGOGUE, s. et adj. (*méd.*), vermifuge ;
16

ou remède contre les vers ; d'ἕλμινς (*helmins*), ver, et d'ἄγω (*agô*), chasser, faire sortir.

HELMINTIQUE, adj. dérivé d'ἕλμινς (*helmins*), ver. *Voyez* le mot précédent.

HELMINTOLOGIE, s. f. partie de l'histoire naturelle qui traite des vers ; d'ἕλμινς (*helmins*), ver, et de λόγος (*logos*), discours, dérivé de λίγω (*légô*), je parle.

HÉLOSE, s. f. (*méd.*), renversement des paupières, sorte de maladie des yeux. Ce mot est dérivé du verbe εἰλύω (*héiluô*), retourner, renverser.

HÉMAGOGUE, adj. (*méd.*), qui fait sortir le sang ; d'αἷμα (*haima*), sang, et d'ἄγω (*agô*), je chasse. Il se dit des remèdes qui provoquent les règles et le flux hémorroïdal.

HÉMALOPIE, s. f. (*chirur.*), épanchement de sang dans le globe de l'œil ; d'αἷμα (*haima*), sang, et d'ἀψ (*ôps*), œil.

HÉMANTHE, s. f. plante des Pyrénées, ainsi nommée d'αἷμα (*haima*), sang, et d'ἄνθος (*anthos*), fleur ; comme qui diroit, *fleur de sang*, parce qu'étant appliquée sur la peau, elle en fait sortir le sang par les pores. Le Dictionnaire de l'Académie nomme cette plante *hamanthus*, ou *hamagogue*, s. m. qui chasse le sang ; d'ἄγω (*agô*), je chasse.

HÉMATÉMÈSE, s. f. (*méd.*), vomissement de sang ; d'αἷμα (*haima*), sang, et d'ἐμέω (*éméô*), je vomis.

HÉMATITE, s. f. d'αἷμα (*haima*), sang. Espèce de pierre de couleur sanguine, dont on fait des crayons. C'est un *oxide de fer*, que l'on dit bon contre les hémorragies.

HÉMATOCÈLE, s. f. (*chirur.*), tumeur du scrotum, causée par un sang extravasé ; d'αἷμα (*haima*), sang, et de κήλη (*kélé*), tumeur.

HÉMATOGRAPHIE, s. f. (anat.), description du sang; d'αἷμα (haima), sang, et de γράφω (graphô), je décris.

HÉMATOLOGIE, s. f. d'αἷμα (haima), sang, et de λόγος (logos), discours. Partie de la médecine qui traite du sang.

HÉMATOMPHALE, s. f. (chirur.), hernie du nombril qui contient du sang; d'αἷμα (haima), sang, et d'ὀμφαλὸς (omphalos), nombril.

HÉMATOSE, s. f. (anat.), d'αἷμα (haima), génit. αἵματος (haimatos), sang; sanguification, ou changement du chyle en sang.

HÉMATURIE, s. f. (méd.), pissement de sang; d'αἷμα (haima), sang, et d'οὐρέω (ouréô), pisser.

HÉMÉRALOPIE, s. f. (méd.), affection des yeux, qui fait qu'on ne distingue plus les objets vers le soir, quoiqu'on les apperçoive bien en plein jour. Ce mot vient d'ἡμέρα (héméra), jour, et d'ὄπτομαι (optomai), voir. On appelle HÉMÉRALOPE, celui qui est affecté de cette maladie.

HÉMÉROBAPTISTES (les), s. m. pl. sorte de sectaires parmi les anciens juifs, ainsi appelés d'ἡμέρα (héméra), jour, et de βάπτω (baptô), laver, parce qu'ils se lavoient et se baignoient tous les jours et dans toutes les saisons de l'année.

HÉMÉROBE, s. f. (nat.), sorte d'insecte, ainsi nommé d'ἡμέρα (héméra), jour, et de βίος (bios), vie, à cause de la briéveté de sa vie. On l'appelle aussi *lion des pucerons*, parce qu'il leur fait la guerre.

HÉMÉROCALLE, s. f. plante bulbeuse semblable au lis, et dont la fleur est d'un jaune doré. Son nom vient d'ἡμέρα (héméra), jour, et de κάλλος (kallos), beauté, dérivé de καλός (*kalos*), beau, parce que la beauté de sa fleur ne dure qu'un jour.

HÉMÉRODROME, s. m. ἡμιροδρόμος (*hémérodromos*), mot dérivé d'ἡμέρα (*héméra*), jour, et de δρόμος (*dromos*), course, formé du verbe inusité δρέμω (*drémó*), qui fait au prétérit moyen δέδρομα (*dédroma*), et dont prend divers temps le verbe τρέχω (*tréchó*), courir. On appeloit ainsi, chez les anciens, des gardes qui veilloient pendant tout le jour à la sûreté des villes, et en faisoient continuellement le tour.

Les *hémérodromes* étoient aussi des couriers, ou messagers, qui ne couroient qu'un jour; ils donnoient leurs dépêches à un autre qui couroit le jour suivant, et ainsi de suite jusqu'au terme.

HÉMI. Ce mot entre dans la composition de quelques termes des sciences et des arts, où il signifie *demi*. C'est l'abrégé du mot grec ἥμισυς (*hémisus*), et au neutre ἥμισυ (*hémisu*), dans lequel nous retranchons la dernière syllabe, à l'exemple des Grecs, dans la composition des mots que nous avons pris d'eux.

HÉMICRANIE, s. f. (*méd.*) *Voyez* MIGRAINE, qui est la même chose.

HÉMICYCLE, s. m. ἡμίκυκλος (*hemikuklos*), demi-cercle; d'ἥμισυς (*hémisus*), demi, et de κύκλος (*kuklos*), cercle.

HÉMINE, s. f. ἡμίνα (*hémina*), mesure ancienne valant un demi-septier ou une demi-chopine; d'ἥμισυς (*hémisus*), demi. C'est aussi une mesure de compte pour les grains, usitée en plusieurs pays, et dont la grandeur varie selon les lieux.

HÉMIOBOLE, s. f. ἡμιοβόλιον (*hémiobolion*), ancienne petite monnoie grecque, qui valoit la moitié de l'obole; d'ἥμισυς (*hémisus*), qui fait au neutre ἥμισυ (*hémisu*), et d'*ὀ6ολὸς* (*obolos*), obole. L'obole étoit la sixième partie de la drachme, et valoit trois sous de notre monnoie.

HEMIONITE, s. f. plante dont les fleurs et la graine ne sont point apparentes; d'*ἡμίονος* (*hémionos*), mulet, dérivé d'*ἥμισυς* (*hémisus*), demi, et d'*ὄνος* (*onos*), âne, parce qu'on a cru cette plante stérile, ainsi que les mulets. On trouve que la graine est attachée sous les feuilles.

HÉMIPLÉGIE ou HÉMIPLEXIE, s. f. en grec *ἡμιπληξία* (*hémiplexia*), paralysie qui n'affecte que la moitié du corps; d'*ἥμισυς* (*hémisus*), moitié, et de *πλήσσω* (*pléssó*), je frappe. *Hémiplégié*, *hémiplégique*, adj. se disent dans le même sens.

HÉMIPTÈRE, s. m. (*nat.*), mot qui signifie *demi-ailé*, d'*ἥμισυς* (*hémisus*), demi, et de *πτερὸν* (*ptéron*), aile. C'est le nom générique des insectes dont les ailes sont recouvertes à moitié par des étuis en partie coriaces, et qui ressemblent beaucoup à des ailes.

HÉMISPHÈRE, s. m. *ἡμισφαίριον* (*hémisphairion*), moitié d'une sphère, ou d'un globe; d'*ἥμισυς* (*hémisus*), moitié, et de *σφαῖρα* (*sphaira*), globe, sphère.

HÉMISPHÉROÏDE, s. m. (*géom.*), mot composé d'*ἥμισυς* (*hémisus*), moitié, de *σφαῖρα* (*sphaira*), sphère, et d'*εἶδος* (*éidos*), forme, figure. C'est proprement la moitié d'un sphéroïde, c'est-à-dire, d'un solide qui approche de la figure d'une sphère.

HÉMISTICHE, s. m. la moitié d'un vers héroïque; d'*ἥμισυς* (*hémisus*), moitié ou demi, et de *στίχος* (*stichos*), un vers. Après le premier hémistiche, il y a un *repos* dans les vers français de dix et de douze syllabes. En grec, *ἡμιστίχιον* (*hémistichion*), signifie *la moitié d'un vers*.

HÉMITRITÉE, adj. f. (*méd.*) ἡμιτριταῖος (*hêmitritaios*), se dit d'une fièvre intermittente, irrégulière, dont l'accès revient deux fois chaque jour. Ce mot est dérivé d'ἥμισυς (*hêmisus*), demi, et de τριταῖος (*tritaios*), tiers, comme qui diroit *demi-tierce.*

HÉMOPTYSIE, s. f. (*méd.*), d'αἷμα (*haima*), sang, et de πτύσις (*ptusis*), crachement, dérivé de πτύω (*ptuô*), je crache. Crachement de sang, causé par la rupture de quelque vaisseau du poumon. HÉMOPTYSIQUE, HÉMOPTYIQUE ou HÉMOPTYQUE, adj. *qui crache le sang.*

HÉMORRAGIE, s. f. (*méd.*), αἱμοῤῥαγία (*haimorrhagia*), qui signifie en général une perte de sang; de αἷμα (*haima*), sang, et de ῥήγνυμι (*rhêgnumi*), rompre, parce que l'hémorragie est causée par la rupture des vaisseaux sanguins.

HÉMORROÏDES, s. f. pl. (*méd.*), d'αἱμοῤῥοΐς (*haimorrhois*), flux de sang, dérivé d'αἷμα (*haima*), sang, et de ῥέω (*rhéô*), couler. C'est un écoulement de sang par les vaisseaux de l'anus, ou seulement la dilatation de ces vaisseaux causée par une abondance de sang. *Dérivé.* HÉMORROÏDAL, adj. qui se dit des vaisseaux dont la dilatation cause les hémorroïdes.

On donne le nom d'*hémorroïdale*, à une plante, appelée aussi *petite chélidoine*, parce qu'elle est bonne contre les hémorroïdes, ou parce que ses racines portent de petites bulles qui ont quelque rapport avec des hémorroïdes enflées.

HÉMORROSCOPIE, s. f. (*méd.*), inspection du sang tiré par la saignée, pour connoître l'état du corps. Ce mot est composé d'αἷμα (*haima*), sang, de ῥόος (*rhoos*), écoulement, et de σκοπέω (*skopéô*), examiner, considérer.

HÉMORROUS, s. m. αἱμόῤῥους (*haimorrhous*), serpent

d'Afrique, dont la morsure fait sortir le sang par toutes les ouvertures du corps; d'αἷμα (*haima*), sang, et de ῥέω (*rhéó*), couler.

HÉMOSTASE , s. f. (*méd.*), mot dérivé d'αἷμα (*haima*), sang, et de στάσις (*stasis*), repos, de ἵστημι (*histémi*), arrêter. Stagnation universelle du sang causée par la pléthore.

HÉMOSTATIQUE, adj. (*méd.*), d'αἷμα (*haima*), sang, et d'ἵστημι (*histémi*), arrêter. Il se dit des remèdes propres à arrêter les hémorragies ou pertes de sang.

HENDÉCAGONE. *Voyez* ENDÉCAGONE.

HENDÉCASYLLABE. *Voyez* ENDÉCASYLLABE.

HÉNOTIQUE, s. m. d'ἑνωτικὸν (*hénótikon*), neutre d'ἑνωτικὸς (*hénótikos*), propre à unir, dérivé d'ἑνόω (*hénoó*), j'unis. Nom d'un fameux édit publié par l'empereur Zénon, pour la réunion des Catholiques et des Eutychiens.

HÉPAR., s. m. mot grec, ἧπαρ (*hépar*), qui signifie *foie*, et par lequel les anciens chimistes désignoient le *foie de soufre*, c'est-à-dire, la combinaison du soufre avec les matières alkalines. C'est ce que les modernes appellent *sulfure d'alkali*.

HÉPATALGIE, s. f. (*méd.*), douleur du foie, ou colique hépatique; d'ἧπαρ (*hépar*), le foie, et d'ἄλγος (*algos*), douleur.

HÉPATICOGASTRIQUE, adj. (*anat.*), qui appartient au foie et à l'estomac; d'ἧπαρ (*hépar*), le foie, et de γαστήρ (*gastér*), l'estomac.

HÉPATIQUE, adj. ἡπατικὸς (*hépaticos*), qui appartient au foie, ou qui est propre aux maladies du foie, d'ἧπαρ (*hépar*), le foie. *Hépatique*, s. f. est le nom de deux sortes de plantes, auxquelles on attribue beaucoup de vertu contre les maladies du foie. On a aussi donné le nom d'*hépatique*, au gaz provenant de la combinaison du gaz hydrogène avec le sulfure d'alkali (ou *foie de soufre*) ; il est appelé aujourd'hui *gaz hydrogène sulfuré.*

HÉPATITE, s. f. (*méd.*), inflammation du foie ; de ἧπαρ (*hépar*), génit. ἥπατος (*hépatos*), foie. C'est aussi le nom d'une pierre précieuse qui est de la couleur du foie ; en grec ἡπατίτης (*hépatités*).

HÉPATOCYSTIQUE, adj. (*anat.*), qui appartient au foie et à la vésicule du fiel ; d'ἧπαρ (*hépar*), génit. ἥπατος (*hépatos*), le foie, et de κύστις (*kustis*), vessie, et aussi *la vésicule du fiel.*

HÉPATOGRAPHIE, s. f. d'ἧπαρ (*hépar*), le foie, et de γράφω (*graphó*), je décris. Partie de l'anatomie qui a pour objet la description du foie.

HÉPATOLOGIE, s. f. Partie de l'anatomie qui traite des usages du foie ; d'ἧπαρ (*hépar*), le foie, et de λόγος (*logos*), discours.

HÉPATOMPHALE, s. m. (*chirur.*), hernie du foie par l'anneau du nombril ; d'ἧπαρ (*hépar*), le foie, et d'ὀμφαλός (*omphalos*), le nombril.

HÉPATOSCOPIE, s. f. ἡπατοσκοπία (*hépatoskopia*), sorte de divination, chez les anciens, par l'inspection du foie des victimes ; d'ἥπατος (*hépatos*), génit. d'ἧπαρ (*hépar*), foie, et de σκοπέω (*skopéó*), je considère.

HÉPATOTOMIE, s. f. Dissection du foie ; d'ἧπαρ (*hépar*), le foie, et de τέμνω (*temnó*), couper, d'où vient τομή (*tomé*), incision, dissection.

HÉPATUS, s. m. ἥπατος (*hépatos*), gros poisson de mer, ainsi nommé d'ἧπαρ (*hépar*), génit. ἥπατος (*hépatos*), foie, à cause de sa figure et de sa couleur qui approchent de celles du foie humain.

HEPTACORDE. *Voyez* EPTACORDE.

HEPTAGONE. *Voyez* EPTAGONE.

HEPTAGYNIE, s. f. (*botan.*), d'ιπτὰ (*hepta*), sept, et de γυνὴ (*guné*), femme. Linné donne ce nom à la sous-division des classes des plantes, dont la fleur a sept parties femelles ou sept pistils.

HEPTAMERIDE, s. f. Division en sept, ou septième partie d'une chose; d'ιπτὰ (*hepta*), sept, et de μεϱὶς (*méris*), partie, dérivé de μείϱω (*méirô*), partager, diviser.

HEPTAMÉRON, s. m. ouvrage composé de parties divisées en sept journées; d'ιπτὰ (*hepta*), sept, et de ἡμέϱα (*héméra*), jour; comme *hexaméron*, ouvrage des six jours, d'ἑξ (*hex*), six, et d'ἡμέϱα (*héméra*), jour.

HEPTANDRIE, s. f. (*botan.*), d'ιπτὰ (*hepta*), sept, et d'ἀνὴρ (*anér*), génit. ἀνδϱὸς (*andros*), mari. C'est le nom que donne Linné à la septième classe des plantes, qui comprend toutes celles dont la fleur a sept parties mâles ou sept étamines.

HEPTANGULAIRE, adj. (*géom.*), qui est composé de sept angles; d'ιπτὰ (*hepta*), sept, et du latin *angulus*, angle. *Voyez* EPTAGONE.

HEPTAPOLE, s. f. Contrée d'Egypte qui renfermoit sept villes principales; d'ιπτὰ (*hepta*), sept, et de πόλις (*polis*), ville.

HEPTARCHIE, s. f. mot formé d'ιπτὰ (*hepta*), sept, et d'ἀϱχὴ (*arché*), empire, puissance, c'est-à-dire, *puissance de sept*. On donnoit autrefois ce nom au gouvernement d'Angleterre, lorsqu'il étoit partagé entre sept rois. De-là HEPTARCHIQUE, adj.

HEPTATEUQUE, s. m. mot formé d'ιπτὰ (*hepta*), sept, et de τεῦχος (*teuchos*), livre; ouvrage en sept livres. C'est le nom des sept premiers livres de l'Ancien-Testament.

HERCE ou HERSE, s. f. espèce de barrière ou de grille qu'on abat pour fermer les portes des villes et autres lieux fortifiés ; d'ἕρκιον (*herkion*), barrière ou clôture dont on environne une maison pour la fortifier. De-là vient aussi HERSE à herser, à cause de la ressemblance.

HERCOTECTONIQUE, s. f. l'art des fortifications militaires ; ce mot est dérivé d'ἕρκος (*herkos*), mur, rempart, et de τεκτονικὴ (*tektoniké*), l'art de bâtir, τέκτων (*tektón*), ouvrier en bâtimens.

HÉRÉMITIQUE. *Voyez* HERMITE.

HÉRÉSIARQUE, s. m. d'αἵρεσις (*hairesis*), hérésie, et d'ἀρχὸς (*archos*), chef, auteur d'une hérésie, ou chef d'une secte hérétique.

HÉRÉSIE, s. f. Erreur opiniâtre, fausse doctrine contraire à la foi de l'église. Ce mot vient d'αἵρεσις (*hairesis*), qui signifie *choix*, *secte*, *opinion séparée*, du verbe αἱρέω (*hairéó*), choisir, s'attacher à une chose, se séparer. Ainsi l'*hérésie* est une opinion particulière, une erreur à laquelle on s'attache fortement, et par laquelle on se sépare de la communion de l'église.

Dérivés. HÉRÉTICITÉ, s. f. ; HÉRÉTIQUE, adj. ; HÉRÉSIOLOGUE, s. m. auteur qui a écrit sur les hérésies ; d'αἵρεσις (*hairesis*), hérésie, et de λέγω (*légó*), parler.

HERMAPHRODITE, s. et adj. Celui qui paroît réunir les deux sexes. Ce mot est composé de Ἑρμῆς (*Hermés*), Mercure, et de Ἀφροδίτη (*Aphrodité*), Vénus, parce que la Fable donnoit ce nom à un fils de Mercure et de Vénus, lequel on supposoit avoir les deux sexes.

Les Botanistes donnent le nom d'*hermaphrodites* aux fleurs qui renferment les organes des deux sexes, les étamines et le pistil.

HERMÉNEUTIQUE, adj. (*théol.*), ἑρμηνευτικὴ (*her-*

méneutiké), qui sert à expliquer ; d'*ἐρμηνεύω* (*hermé-neuô*), expliquer, interpréter. Les Théologiens donnent ce nom aux règles qui servent à expliquer l'Ecriture-sainte.

HERMÈS, s. m. statue antique de Mercure, sans bras et sans pieds ; de *Ἐρμῆς* (*Hermès*), Mercure. De-là vient HERM-ATHENES, statue de Mercure et de Minerve; de *Ἐρμῆς* (*Hermès*), Mercure, et de *Ἀθηνᾶ*(*Athéna*), Minerve ; et HERM-HARPOCRATES , statue de Mercure et d'Harpocrates, dieu du Silence; de *Ἐρμῆς* (*Hermès*), et de *Ἁρποκράτης* (*Harpokrates*).

HERMÉTIQUE , adj. de tout genre. La philosophie Hermétique se dit de la recherche de la pierre philoso-phale, de la transmutation des métaux. Ce mot vient de *Ἐρμῆς* (*Hermès*), Mercure.

HERMÉTIQUE, adj. (*archit.*), se dit des colon-nes surmontées d'un Hermès ou d'une statue de Mer-cure. En ce sens, il doit s'entendre de l'Hermès, ou du Mercure grec, et dans le mot qui précède, d'Hermès trismégiste ou du Mercure égyptien, qui étoit, dit-on, contemporain de Moïse.

HERMINE , petit animal blanc, qui a le bout de la queue noir. Du Cange dérive ce mot de *Ἁρμένιος* (*Ar-ménios*), Arménien, parce que ce sont les Arméniens qui nous ont les premiers procuré ces fourrures.

HERMITE, s. m. *ἐρημίτης* (*érêmitês*), homme qui, par dévotion, s'est retiré dans un désert; d'*ἔρημος* (*éré-mos*), désert. De-là on a fait HÉRÉMITIQUE, adj. la *vie hérémitique ;* HERMITAGE , s. m. l'habitation d'un her-mite. Le Dictionnaire de l'Académie, se conformant à l'étymologie, écrit aujourd'hui *ermite, ermitage.*

HÉROÏ-COMIQUE , adj. qui tient de l'héroïque et du comique, en parlant des ouvrages d'esprit ; de ἡρωϊκὸς (*héroïkos*), héroïque, et de κωμικὸς (*kômikos*), comique.

HÉROÏDE, s. f. mot dérivé d'ἥρως (*hérôs*), héros. Epître en vers, composée sous le nom de quelque héros, ou personnage fameux.

HÉRON, s. m. (*hist. nat.*), grand oiseau qui a le bec fort long; d'ἐρωδιὸς (*erôdios*), héron.

HÉROS, s. m. en grec, ἥρως (*hérôs*), homme illustre par ses belles actions ou ses talens militaires. De-là vient HÉROÏNE, femme courageuse; HÉROÏQUE, qui appartient au héros; HÉROÏSME, caractère du héros.

HERPE, s. f. (*méd.*), ἕρπης (*herpés*), espèce de dartre qui s'étend sur la peau, et qui la ronge; d'ἕρπω (*herpô*), se glisser.

HÉSYCHASTES (les), s. m. pl.; moines grecs qui restent absorbés dans la contemplation paisible; d'ἡσυχάζω (*hésuchazô*), vivre dans le repos, dans la tranquillité; dérivé d'ἥσυχος (*hésuchos*), tranquille.

HÉTÉROCLITE, adj. ἑτερόκλιτος (*hétéroklitos*), irrégulier, qui est contre les règles communes de la grammaire, ou d'un art quelconque; d'ἑτέρως (*hétérôs*), autrement, et de κλίνω (*klinô*), incliner. Il se dit aussi des personnes d'une humeur bizarre, ou qui diffèrent des autres par leurs habitudes ou penchans.

HÉTÉRODOXE, adj. qui est contraire aux dogmes de la religion, qui suit une doctrine différente; d'ἕτερος (*hétéros*), autre, différent, d'où vient ἑτέρως (*hétérôs*), différemment, et de δόξα (*doxa*), opinion, sentiment. Il est opposé à *orthodoxe*. De-là vient HÉTÉRODOXIE, s. f. doctrine ou opinion hétérodoxe.

HÉTÉROGÈNE, adj. qui est d'une nature ou d'une espèce différente; d'ἕτερος (*hétéros*), autre, différent, et de γένος (*génos*), genre, espèce, nature. *Homogène* est l'opposé. *Dérivé.* HÉTÉROGÉNÉITÉ, s. f. qualité de ce qui est hétérogène.

HÉTÉROSCIENS, s. m. pl. (*géogr.*), mot formé de ἕτερος (*hétéros*), autre, différent, et de σκιά (*skia*), ombre. On nomme ainsi les habitans des zônes tempérées, qui ont leur ombre méridienne de côté différent, les uns vers le nord, et les autres vers le midi.

HÉTIQUE, HÉTISIE. *Voyez* ÉTIQUE.

HEURE, s. f. espace de temps, de ὥρα (*hora*), heure.

HEXACORDE. *Voyez* EXACORDE.

HEXAÈDRE. *Voyez* EXAÈDRE.

HEXAGONE. *Voyez* EXAGONE.

HEXAGYNIE, s. f. (*botan.*), mot formé d'ἕξ (*hex*), six, et de γυνή (*guné*), femme. Linné donne ce nom à la sous-division des classes des plantes, dont la fleur a six parties femelles ou six pistils.

HEXAMÉRON. *Voyez* HEPTAMÉRON.

HEXAMÈTRE, s. m. vers grec ou latin composé de six pieds ou de six mesures; d'ἕξ (*hex*), six, et de μέτρον (*métron*), mesure.

HEXANDRIE, s. f. (*botan.*), d'ἕξ (*hex*), six, et d'ἀνήρ (*anér*), génit. ἀνδρός (*andros*), mari. Nom que donne Linné à la sixième classe des plantes, dont la fleur a six parties mâles ou six étamines.

HEXAPLES, s. m. pl. ouvrages en six colonnes, qui contient six versions de la Bible; d'ἕξ (*hex*), six, et d'ἁπλόω (*haploó*), j'explique, je débrouille.

HEXAPOLE. *Voyez* EXAPOLE.

HEXASTYLE. *Voyez* EXASTYLE.

HIBRIDE. *Voyez* HYBRIDE.

HIDROTIQUE, adj. (*méd.*), ἱδρωτικός (*hidrótikos*), qui fait suer, qui excite les sueurs; d'ἱδρώς (*hidrós*), sueur. Il se dit de certains remèdes qui ont cette propriété, et aussi d'une espèce de fièvre accompagnée de grandes sueurs.

HIÈNE, ou HYÈNE, s. f. (*hist. nat.*), quadrupède féroce qui ressemble au loup; en grec, ὕαινα (*huaina*).

HIÉRACITE, s. f. (*nat.*), pierre précieuse qu'on a ainsi appelée d'ἱέραξ (*hiérax*), épervier, parce qu'elle ressembloit à l'œil d'un épervier.

HIÉRACIUM, s. m. nom grec d'une plante, qui se nomme aussi *herbe à l'épervier*, d'ἱέραξ (*hiérax*), épervier, parce que cet oiseau s'en sert, dit-on, pour s'éclaircir la vue.

HIÉRARCHIE, s. f. subordination entre les chœurs des Anges et dans l'Ordre ecclésiastique ; ce mot est formé d'ἱερός (*hiéros*), sacré, et d'ἀρχή (*arché*), empire, gouvernement, principauté ; c'est-à-dire, *gouvernement sacré*.

Dérivés. HIÉRARCHIQUE, adj. HIÉRARCHIQUEMENT, adv.

HIÉROGLYPHE, s. m. (*antiq.*), symbole, ou figure, qui couvre un sens mystérieux, et que les anciens Égyptiens employoient pour exprimer les mystères de leur religion et leurs sciences morales et politiques, et pour conserver leur tradition historique. Ce mot vient d'ἱερός (*hiéros*), sacré, et de γλύφω (*gluphô*), graver ; il signifie proprement *gravure sacrée*, parce que les prêtres égyptiens s'étoient réservé ces caractères, et les gravoient dans les temples et sur les autres monumens consacrés à la religion. De-là HIÉROGLYPHIQUE, adj. (1)

___

(1) Ces hiéroglyphes, selon M. d'Ansse de Villoison, servoient principalement à indiquer le lever, le coucher du soleil, les phases de la lune, les observations astronomiques, les prédictions, la crue du Nil. C'étoient donc souvent les Almanachs égyptiens. En effet, l'Egypte

HIÉROGRAMME, s. m. sorte de caractère sacré
dont étoit composée l'écriture des prêtres égyptiens ; de
ἱερὸς (*hiéros*), sacré, et de γράμμα, (*gramma*), lettre,
de γράφω (*graphô*), j'écris. HIÉROGRAMMATIQUE, adj.
en est dérivé. De-là vient encore HIÉROGRAMMATÉE,
ἱερογραμματεὺς (*hiérogrammateus*), nom des Prêtres égyptiens qui présidoient à l'explication des mystères de la
religion.

HIÉROGRAPHIE, s. f. ἱερογραφία (*hierographia*) ;
description des choses sacrées ; d'ἱερὸς (*hiéros*), sacré,
et de γράφω (*graphô*), décrire.

HIÉROLOGIE, s. f. ἱερολογία (*hiérologia*), discours
sur les choses sacrées ; d'ἱερὸς (*hiéros*), sacré, et de
λόγος (*logos*), discours.

HIÉROMANCIE, s. f. sorte de divination qui se faisoit par le moyen des choses qu'on offroit aux Dieux ; de
ἱερὸς (*hiéros*), sacré, et de μαντεία (*mantéia*), divination.

HIÉRONIQUE, adj. ἱερονίκης (*hiéronikés*), dérivé de

---

avoit ses Almanachs ; et les Grecs leur donnoient le même nom que nous.
M de Villoison le prouve par la lettre de Porphyre au prophète égyptien
Anébon, p. 7 de l'édition de Gale, *De Mysteriis*, *Oxonii*, 1678,
in-folio, et par Chérémon, cité dans Jamblique, *ibid.* c. 4, p. 160,
qui se servent du mot Ἀλμενιχιακοῖς (*Almenichiakois*), almanachs.
Voyez la note de Thomas Gale, *ibid.* p. 504 et 505. Comparez aussi
un passage remarquable sur les hiéroglyphes, du même Jamblique, *ibid.*
c. 5, p. 161. Les Egyptiens et les Grecs avoient comme nous, une suite
d'observations et de prédictions météorologiques pour chaque jour du
mois ; et le même M. d'Ausse de Villoison indique celles qui se trouvent
c. 7, p. 99 et suivantes de la *Jacobi Usserii de Macedonum et
Asianorum anno solari*, *cum græcorum Astronomorum para-
pegmate*, *Dissertatio*, à la suite du Traité de *Joh. Seldenus de anno
civili veterum Judæorum*, *Lugd. Batav.* 1683, *in-8°*, et invite le
lecteur à comparer ce que Saumaise dit p. 604 et suivantes de son Traité
De annis climactericis, sur l'étymologie du mot *Almanach*.

ἱερὸς (*hiéros*), et de νίκη (*niké*), victoire. Ce mot se disoit de certains jeux qui se célébroient, chez les anciens, en l'honneur des Dieux.

HIÉROPHANTE, s. m. ἱεροφάντης (*hiérophantés*), *celui qui montre les choses sacrées*; d'ἱερὸς (*hiéros*), sacré, et de φαίνω (*phainô*), déclarer, manifester. On donnoit ce titre, chez les Grecs, au Pontife qui présidoit aux fêtes de Cérès et aux mystères.

HIÉROSCOPIE, s. f. ἱεροσκοπία (*hieroskopia*), science des haruspices, espèce de divination. Ce mot vient de ἱερὸς (*hiéros*), sacré, et de σκοπέω (*skopéô*), examiner, considérer.

HILARIES, s. f. ἱλάρια (*hilaria*), fêtes grecques et romaines qui se célébroient avec de grandes démonstrations de joie en l'honneur de Cybèle. Ce mot vient de ἱλαρός (*hilaros*), gai, joyeux, d'où vient le mot latin *hilaris*.

HILARODE, s. m. ἱλαρῳδός (*hilarôdos*), d'ἱλαρὸς (*hilaros*), gai, et d'ᾠδή (*ôdé*), chanson, poëme, de ᾄδω (*adô*), je chante. C'étoit, chez les Grecs, un poète ou musicien qui chantoit des vers gais et plaisans, qu'on appeloit *hilarodie*, ἱλαρῳδία (*hilarodia*).

HIMANTOPE, s. m. oiseau aquatique, dont le nom vient d'αἷμα (*haima*), sang, et de πούς (*pous*), pied, parce que ses pieds ont une couleur de sang.

HIPPARQUE, s. m. ἵππαρχος (*hipparchos*), général de la cavalerie chez les Grecs; d'ἵππος (*hippos*), cheval, et d'ἀρχή (*arché*), commandement.

HIPPÉLAPHE, s. m. ἱππέλαφος (*hippelaphus*), nom donné par les anciens à une espèce de cerf qui a quelque ressemblance avec le cheval; d'ἵππος (*hippos*), cheval, et d'ἔλαφος (*élaphos*), cerf. On l'appelle *cerf des Ardennes*.

HIPPIATRIQUE, s. f. médecine des chevaux, ou art de connoître et de guérir leurs maladies; d'*ἵππος* (*hippos*), cheval; et d'*ἰατρικὴ* (*iatriké*), médecine, dérivé d'*ἰάομαι* (*iaomai*), guérir.

HIPPOBOSQUE, s. f. (*nat.*), sorte de mouche, dont le nom vient d'*ἵππος* (*hippos*), cheval, et de *βόσκω* (*boskô*), je mange, parce qu'elle s'attache l'été aux chevaux et à d'autres animaux.

HIPPOCAMPE, ou *cheval marin*, s. m. *ἱπποκάμπη* (*hippocampé*), espèce de petit poisson de mer, qui tire son nom d'*ἵππος* (*hippos*), cheval, et de *κάμπτω* (*kamptô*), courber, à cause de l'espèce de ressemblance de sa tête et de son cou avec ceux du cheval. C'est de ce poisson qu'est venue l'idée des chevaux marins, conducteurs de Neptune et d'Amphitrite.

HIPPOCENTAURE, s. m. (*mytho.*), *ἱπποκένταυρος* (*hippokentauros*), monstre fabuleux qu'on représente moitié homme et moitié cheval. Ce mot vient d'*ἵππος* (*hippos*), cheval, de *κεντέω* (*kenteô*), je pique, et de *ταῦρος* (*tauros*), taureau, c'est-à-dire, *piqueur de chevaux et de taureaux*. La fable des *Hippocentaures* est venue des cavaliers Thessaliens, qui s'exerçoient à se battre contre des taureaux qu'ils perçoient de leurs javelots. *Voyez* CENTAURE.

HIPPOCRÈNE, fontaine du mont Hélicon, en Béotie, qui étoit consacrée aux Muses. Son nom signifie *fontaine du cheval*, d'*ἵππος* (*hippos*), cheval, et de *κρήνη* (*kréné*), fontaine, parce que, selon la Fable, le cheval Pégase la fit jaillir d'un coup de pied.

HIPPODROME, s. m. (*hist. anc.*), lieu destiné, chez les Grecs, aux courses de chevaux; d'*ἵππος* (*hippos*), cheval, et de *δρόμος* (*dromos*), course, dérivé de *δέδρομα* (*dédroma*), prét. moyen du verbe inusité *δρέμω*

(*drêmô*), qui fournit plusieurs temps au verbe τρέχω (*tré-chô*), courir.

HIPPOGLOSSE, s. m. ou Laurier alexandrin, plante ; en grec, ἱππόγλωσσον (*hippoglôsson*), formé d'ἵππος (*hippos*), cheval, et de γλῶσσα (*glossa*), langue. On a nommé ainsi cette plante, parce qu'on a remarqué de la ressemblance entre ses feuilles et la langue d'un cheval.

HIPPOGRIFFE, s. m. monstre fabuleux, moitié cheval et moitié griffon, célébré par l'Arioste dans son poëme de *Roland le furieux*. Ce mot vient d'ἵππος (*hippos*), cheval, et du latin *gryphus*, griffon, sorte d'oiseau que les Grecs appellent γρὺψ (*grups*).

HIPPOLITHE, s. f. mot qui signifie *pierre de cheval*, d'ἵππος (*hippos*), cheval, et de λίθος (*lithos*), pierre. C'est une pierre jaune qui se forme dans le corps de quelques chevaux.

HIPPOMANE, s. m. ἱππομανὶς (*hippomanès*), de ἵππος (*hippos*), et de μανία (*mania*), fureur, c'est-à-dire, *fureur de cheval*. Ce mot signifioit chez les anciens, 1°. une liqueur qui découle des parties naturelles d'une jument en chaleur ; 2°. une excroissance de chair adhérente à la tête du poulain nouvellement né, et que la mère dévoroit sur-le-champ, sans quoi elle devenoit furieuse. Ils regardoient ces deux sortes d'hippomanes comme la matière principale d'un philtre fort puissant.

HIPPOPOTAME, s. m. ἱπποπόταμος (*hippopotamos*), animal amphibie commun en Afrique. Les anciens lui ont donné ce nom, qui signifie *cheval de fleuve*, de ἵππος (*hippos*), cheval, et de ποταμὸς (*potamos*), fleuve, à cause de sa course rapide, et du séjour qu'il fait dans les fleuves, ou parce qu'on a comparé son cri avec celui du cheval.

HIPPOTOMIE, s. f. anatomie du cheval ; d'ἵππος

(*hippos*), cheval, et de τέμνω (*temnō*), couper, disséquer.

HISTIODROMIE, s. f. l'art de la marine ou de la navigation par le moyen des voiles ; d'ἱστίον (*histion*), une voile de navire, et de δρόμος (*drômos*), course, formé de δίδρομα (*dédroma*), prét. moyen de δρέμω (*drémô*), verbe inusité qui fournit divers temps à τρέχω (*tréchô*), courir.

HISTOIRE, s. f. récit de faits ou d'événemens mémorables ; ce mot vient d'ἱστορία (*historia*), qui signifie *connoissance, recherche, narration*, dérivé d'ἵστωρ (*histór*), habile, savant, et ensuite *historien*, parce qu'en effet l'historien doit réunir un grand nombre de connoissances diverses. De-là sont venus HISTORIER, terme de peinture ; HISTORIETTE, s. f. HISTORIQUE, adj. HISTORIQUEMENT, adv.

HISTORIOGRAPHE, s. m. celui qui écrit l'histoire d'un souverain ou d'un état particulier ; d'ἱστορία (*historia*), histoire, et de γράφω (*graphô*), j'écris.

HOLOCAUSTE, s. m. sorte de sacrifice chez les Juifs ou les Payens, où la victime étoit entièrement consumée par le feu ; ὁλόκαυστον (*holokauston*), dérivé de ὅλος (*holos*), tout, et de καίω (*kaiô*), brûler. *Holocauste* se dit aussi de la victime ainsi sacrifiée.

HOLOGRAPHE. *Voyez* OLOGRAPHE.

HOLOMÈTRE, s. m. (*math.*), instrument qui sert à prendre toutes sortes de mesures ; d'ὅλος (*holos*), tout, et de μετρέω (*métréô*), je mesure, dérivé de μέτρον (*métron*), mesure.

HOLOSTÉON, s. m. poisson du Nil, ainsi nommé d'ὅλος (*holos*), tout, et d'ὀστέον (*ostéon*), os, comme qui diroit *tout os*, parce que sa peau est si dure, qu'elle approche de l'écaille, et se garde sans se corrompre.

On donne le même nom d'ὁλόστιον (*holosteon*) , à une espèce de plantain , dont les feuilles sont si nerveuses et si dures , qu'elles tiennent de la dureté de l'os.

HOLOTHURIE , s. f. (*nat.*), ὁλοθύριον (*holothurion*), espèce de zoophytes ou d'animaux marins semblables à des masses informes , et dont quelques-uns ont la peau parsemée de petits trous; dérivé d'ὅλος (*holos*), tout', et de θύρα (*thura*), porte, d'où vient θύριον (*thurion*), petite porte. En grec vulgaire, παραθύριον (*parathurion*), signifie un volet qui tient lieu de fenêtre dans l'Archipel, et qu'on ferme la nuit, et le jour pendant la pluie.

HOMÉLIE , s. f. discours familier fait pour expliquer au peuple les matières de la religion ; d'ὁμιλία (*homilia*), entretien, conférence, qui vient d'ὁμιλέω (*homiléó*), parler, haranguer le peuple. De-là HOMILIASTE, faiseur d'homélies.

HOMÉOMÈRE , adj. ὁμοιομερής (*homoiomerés*) , qui se dit de deux substances dont les parties sont semblables; d'ὅμοιος (*homoios*), semblable, et de μέρος (*méros*), partie. HOMÉOMÉRIE , s. f. ὁμοιομέρεια (*homoioméreia*), ressemblance , uniformité de parties.

HOMIOSE, ou mieux HOMOIOSE , s. f. (*méd.*), d'ὁμοίωσις (*homoiôsis*), assimilation , dérivé d'ὅμοιος (*homoios*) , semblable. Coction du suc nourricier, qui le met en état de s'assimiler aux parties qu'il doit nourrir.

HOMOCENTRIQUE, adj. (*astro.*), ὁμόκεντρος (*homokentros*), d'ὁμός (*homos*), pareil, semblable , d'où vient ὁμοῦ (*homou*), pareillement, ensemble , et de κέντρον (*kéntron*), centre. Il se dit des cercles qui ont un centre commun. *Concentrique* est plus usité.

HOMOGÈNE, adj. ὁμογενής (*homogénés*), qui est de même genre, de même nature; d'ὁμός (*homos*), semblable , pareil, et de γένος (*génos*), genre, nature, espèce.

C'est l'opposé d'*hétérogène*. De-là vient Homogénéïté, qualité de ce qui est homogène.

HOMOGRAMME, adj. (*hist. anc.*), ὁμόγραμμος (*homogrammos*), mot formé d'ὁμὸς (*homos*), semblable, pareil, et de γράμμα (*gramma*), lettre. On appeloit *Athlètes homogrammes*, chez les anciens, ceux qui tiroient au sort la même lettre, et qui, par cette raison, devoient combattre l'un contre l'autre.

HOMOIOSE. *Voyez* Homiose.

HOMOLOGATION, s. f. approbation, ratification de quelqu'acte par autorité de justice ; d'ὁμολογεῖν (*homologéin*), approuver, consentir, dérivé d'ὁμὸς (*homos*), pareil, semblable, et de λέγω (*légó*), dire, comme il arrive quand tous les conseillers sont d'un même avis pour faire passer et recevoir une chose. Homologuer est le verbe.

HOMOLOGUE, adj. (*géom.*), qui est en même raison ou rapport ; d'ὁμὸς (*homos*), semblable, et de λόγος (*logos*), raison, rapport, proportion. Il se dit des côtés qui, dans des figures semblables, se correspondent, et sont opposés à des angles égaux.

HOMONYME, adj. (*gram.*), ὁμώνυμος (*homónumos*), de même nom, dérivé d'ὁμὸς (*homos*), semblable, et d'ὄνομα (*onoma*), nom. Il se dit des choses qui ont un même nom, quoiqu'elles soient de nature différente, et principalement des mots qui ont le même son, et qui diffèrent par le sens ou par l'orthographe.

HOMOPHAGE, adj. ὠμοφάγος (*hómophagos*), qui mange de la chair crue ; d'ὠμὸς (*ómos*), cru, et de φάγω (*phagó*), manger. On appelle *homophagie*, ὠμοφαγία (*homophagia*), l'usage des viandes crues.

HOMOPHONIE, s. f. ὁμοφωνία (*homophónia*), concert de plusieurs voix qui chantent à l'unisson. Ce mot vient d'ὁμὸς (*homos*), semblable, et de φωνὴ (*phôné*), son, et signifie proprement ce qu'on appelle, en musique, l'*unisson*.

HOMOTONE, adj. (*méd.*), ὁμότονος (*homotonos*), égal, uniforme; d'ὁμὸς (*homos*), et de τόνος (*tonos*), ton.

HOPLITE, s. m. (*hist. anc.*), homme pesamment armé, ὁπλίτης (*hoplités*), dérivé d'ὅπλον (*hoplon*), arme.

HOPLITODROMES, s. m. ὁπλιτοδρόμοι (*hoplitodromoi*), athlètes qui couroient armés, dans les jeux de la Grèce; d'ὁπλίτης (*hôplités*), armé, dérivé d'ὅπλον (*hoplon*), arme, et de δρόμος (*dromos*), course, dérivé du verbe inusité δρέμω (*drémô*), je cours.

HOPLOMACHIE, s. f. ὁπλομαχία (*hoplomachia*), combat de gladiateurs armés de toutes pièces; d'ὅπλον (*hoplon*), arme, et de μάχη (*maché*), combat, du verbe μάχομαι (*machomai*), combattre. Ceux qui combattoient ainsi se nommoient HOPLOMAQUES, ὁπλομάχοι (*hoplomachoi*).

HOQUETON, s. m. casaque. Henri Etienne dérive ce mot d'ὁ χιτὼν (*ho chitón*), la casaque, comme *autruche*, d'ὁ στρουθός (*ho strouthos*), avec l'article, l'autruche.

HORIZON, s. m. (*astro.*), cercle qui borne notre hémisphère; d'ὁρίζων (*horizón*), qui termine; dérivé d'ὁρίζω (*horizó*), borner, terminer, dont la racine est ὅρος (*horos*), borne, limite. C'est un grand cercle qui coupe la sphère en deux parties égales, l'une supérieure, et l'autre inférieure. On appelle aussi *horizon*, le cercle qui détermine la portion de la surface de la terre que nos yeux peuvent découvrir. De-là HORIZONTAL, adj. parallèle à l'horizon; HORIZONTALLEMENT, adv.

HORLOGE, s. f. ὡρολόγιον (*hôrologion*), machine qui mesure le temps et indique les heures; d'ὥρα (*hôra*), temps, heure, et de λέγω (*légô*), dire, annoncer. On a fait de-là Horloger, Horlogerie.

HOROGRAPHIE, s. f. l'art de faire des cadrans, ou la *Gnomonique* ; d'ώρα (*hôra*), heure, et de γράφω (*graphô*), tracer, décrire.

HOROLOGIOGRAPHIE, s. f. d'ώρολόγιον (*hôrologion*), horloge, et de γράφω (*graphô*), je décris. Traité d'horlogerie, ou description d'horloges. Il se prend aussi pour *Gnomonique*.

HOROMÉTRIE, s. f. l'art de mesurer et de diviser les heures; d'ώρα (*hôra*), heure, et de μέτρον (*métron*), mesure.

HOROPTÈRE, s. f. (*optiq.*) ligne droite parallèle à celle qui joint les centres des deux yeux. On l'a appelée ainsi d'ώρος (*horos*), borne, limite, et d'ώπτήρ (*optér*), qui voit, dérivé d'ώπτομαι (*optomai*), voir, parce que quelques expériences ont fait croire qu'elle étoit la limite de la vision distincte.

HOROSCOPE, s. m. art de prédire, par l'observation des astres, et au moment de la naissance de quelqu'un, ce qui doit lui arriver dans le cours de sa vie. Ce mot est composé d'ώρα (*hôra*), heure, et de σκοπέω (*skopeô*), je considère, comme si l'on disoit, je considère l'heure d'une naissance.

HUILE, s. f. Ce mot est dérivé du grec ἔλαιον (*élaion*), en latin *oleum*, huile.

HUITRE, s. f. d'ώστρεον (*ostreon*), huître.

HYACINTHE, s. f. en grec ὑάκινθος (*huakinthos*), fleur nommée aussi *jacinthe*, qui est fort célèbre dans la Fable par la métamorphose d'un prince de ce nom, aimé d'*Apollon* et de *Zéphyre*. On a donné aussi ce nom à une pierre précieuse, parce qu'on prétend en avoir trouvé quelques-unes dont la couleur approchoit de celle de la fleur d'*hyacinthe*. De-là HYACINTHINE, pierre qui ressemble à l'hyacinthe.

HYADES, s. f. pl. (*astro.*), en grec, Ὑάδες (*Hyades*), constellation de sept étoiles fameuses chez les poëtes ; leur nom est formé d'ὕω (*huô*), pleuvoir, parce qu'elles passoient pour annoncer la pluie.

HYALOÏDE, adj. qui ressemble à du verre ; de ὕαλος (*hualos*), verre, et d'ἴδος (*eidos*), forme. On appelle ainsi l'*humeur vitrée* de l'œil. C'est aussi une pierre précieuse, transparente comme du crystal, et connue des anciens.

HYBRIDE, adj. se dit des mots tirés de deux langues, comme *choléra-morbus* ; et des animaux, des plantes de deux espèces différentes ; d'ὕβρις (*hubris*), génitif ὑβρίδος (*hubridos*), animal dont le père et la mère sont de différentes espèces : la racine est ὕβρις (*hubris*), injure, affront : comme si ces sortes de naissances étoient un outrage fait à la nature, ou une espèce d'adultère commis par la nature elle-même.

HYDATIDE, s. f. (*méd.*), petite vésicule remplie d'eau qui naît en différentes parties du corps ; d'ὕδωρ (*hudôr*), génit. ὕδατος (*hudatos*), eau. C'est aussi une tumeur graisseuse qui se forme aux paupières.

HYDATOÏDE, s. f. (*anat.*), humeur aqueuse de l'œil, renfermée entre la cornée et l'uvée ; d'ὕδωρ (*hudôr*), génit. ὕδατος (*hudatos*), eau, et d'εἴδος (*éidos*), ressemblance.

HYDATOSCOPIE, s. f. art de prédire l'avenir par le moyen de l'eau ; d'ὕδωρ (*hudôr*), génit. ὕδατος (*hudatos*), eau, et de σκοπέω (*skopeô*), j'examine, je considère.

HYDRAGOGUE, adj. et s. (*pharm.*), d'ὕδωρ (*hu-*

dôr), eau, et d'*ἄγω* (*agô*), je chasse. Médicament qui évacue les eaux et les sérosités du corps.

HYDRARGYRE, s. m. nom donné au vif-argent, ou mercure; d'*ὕδωρ* (*hudôr*), eau, et d'*ἄργυρος* (*arguros*), argent, comme qui diroit *eau d'argent*, ou *argent liquide comme de l'eau*. De-là les médecins ont fait HYDRARGYROSE, qui veut dire *friction mercurielle*.

HYDRAULES, s. m. nom de certains joueurs d'instrumens qui savoient former des sons par le moyen de l'eau; d'*ὕδωρ* (*hudôr*), et d'*αὐλός* (*aulos*), flûte.

HYDRAULICO-PNEUMATIQUE, adj. terme de mécanique, composé d'*ὕδωρ* (*hudôr*), eau, d'*αὐλός* (*aulos*), tuyau, et de *πνεῦμα* (*pneuma*), air. Il se dit de certaines machines qui élèvent l'eau par le moyen du ressort de l'air.

HYDRAULIQUE, s. f. partie de la mécanique qui traite du mouvement des fluides, qui enseigne à conduire et à élever les eaux. Ce mot est dérivé d'*ὑδραυλίς* (*hudraulis*), orgue que l'eau fait jouer; d'*ὕδωρ* (*hudôr*), eau, et d'*αὐλός* (*aulos*), flûte. La raison de cette étymologie est que l'*hydraulique*, chez les anciens, n'étoit autre chose que la science qui enseignoit à construire des jeux d'orgue; et que, dans la première origine des orgues, on se servoit d'une chute d'eau, au lieu de soufflets, pour y faire entrer l'air et produire des sons. Ce mot est aussi adj. *Voy.* Vitruve, l. 10, c. 13, et les notes de Galiani, p. 414 de son édition, et de sa belle traduction italienne, Naples, 1758, *in-folio*.

HYDRE, s. f. *ὕδρος* (*hudros*), serpent aquatique, qui vit de poissons et de grenouilles; d'*ὕδωρ* (*hudôr*), eau. L'*Hydre* de la Fable étoit un serpent à sept têtes, qui habitoit le marais de Lerne, près d'Argos, et qui fut détruit par Hercule.

HYDRÉLÉON, s. m. (*pharm.*) mélange d'eau et d'huile. Ce mot vient d'ύδωρ (*hudôr*), eau, et d'ἔλαιον (*élaion*), huile.

HYDRENTÉROCÈLE, s. f. (*chirur.*), hydropisie du scrotum compliquée avec une descente d'intestins. Ce mot est composé d'ύδωρ (*hudôr*), eau, d'ἔντερον (*entéron*), intestin, et de κήλη (*kélé*), tumeur.

HYDROCARDIE, s. f. (*chirur.*), hydropisie du péricarde, ou de la membrane qui enveloppe le cœur; d'ύδωρ (*hudôr*), eau, et de καρδία (*kardia*), le cœur.

HYDROCÈLE, s. f. tumeur du scrotum causée par humeurs aqueuses; d'ύδωρ (*hudôr*), eau, et de κήλη (*kélé*), tumeur, c'est-à-dire, *tumeur aqueuse.*

HYDROCÉPHALE, s. f. hydropisie de la tête; de ύδωρ (*hudôr*), eau, et de κεφαλή (*képhalé*), tête, c'est-à-dire, amas d'eau dans la tête.

HYDROCOTYLE, ou *Écuelle d'eau*, s. f. plante ainsi nommée d'ύδωρ (*hudôr*), eau, et de κοτύλη (*kotulé*), écuelle, parce qu'elle croît dans les marais, et que ses feuilles sont rondes et creuses à-peu-près comme une écuelle ou une coupe.

HYDRODYNAMIQUE, s. f. science des loix de l'équilibre et du mouvement des fluides; d'ύδωρ (*hudôr*), eau, et de δύναμις (*dunamis*), force, puissance, c'est-à-dire, science des forces qui meuvent l'eau.

HYDROGALE, s. m. espèce de boisson composée d'eau et de lait; d'ύδωρ (*hudôr*), eau, et de γάλα (*gala*), lait, c'est-à-dire, *eau laiteuse.*

HYDROGÉ, adj. qui est composé de terre et d'eau; d'ύδωρ (*hudôr*), eau, et de γῆ (*gé*), terre.

HYDROGÈNE, adj. (*chim.*), terme nouveau, par lequel les chimistes désignent la base d'un gaz, connu auparavant sous le nom d'*air inflammable.* Ce mot est dérivé d'ὕδωρ (*hudôr*), eau, et de γεννάω (*gennaô*), engendrer, comme qui diroit *générateur de l'eau*, parce que l'hydrogène est un des principes constituans de l'eau. En grec, ὑδρογενής (*hudrogenês*), et ὑδογενής (*hudogenês*), ont une signification passive, et veulent dire au contraire *né de l'eau, engendré par l'eau*, et non pas *générateur de l'eau*; ce qu'il est important d'observer. *Voy.* le mot OXYGÈNE, dont la forme est également passive, quoiqu'on le prenne en français à l'actif.

HYDROGRAPHIE, s. f. d'ὕδωρ (*hudôr*), eau, et de γράφω (*graphô*), je décris, c'est-à-dire, description des eaux. C'est une science qui enseigne à connoître les différentes parties de la mer, à construire des cartes marines et à naviguer. HYDROGRAPHE, s. m. signifie celui qui possède l'hydrographie, et HYDROGRAPHIQUE, adj. se dit de ce qui appartient à cette science.

HYDROLOGIE, s. f. traité des eaux en général, de leur nature et de leurs propriétés; d'ὕδωρ (*hudôr*), eau, et de λόγος (*logos*), discours.

HYDROMANCIE, s. f. sorte de divination qui se faisoit par le moyen de l'eau; d'ὕδωρ (*hudôr*), eau, et de μαντεία (*mantéia*), divination, dérivé de μάντις (*mantis*), devin. De-là vient aussi HYDROMANTIQUE, art de produire, par le moyen de l'eau, certaines apparences singulières.

HYDROMEL, s. m. sorte de breuvage fait avec du miel et de l'eau; d'ὕδωρ (*hudôr*), eau, et de μέλι (*méli*), miel, c'est-à-dire, *eau miellée*.

HYDROMÈTRE, s. m. instrument qui sert à mesurer la pesanteur, la force et les autres propriétés de l'eau; ce mot vient d'ὕδωρ (*hudôr*), eau, et de μέτρον (*métron*), mesure. On appelle HYDROMÉTRIE, la science qui en fait usage.

HYDROMÈTRE, s. f. (*méd.*), hydropisie de la matrice ; d'*ὕδωρ* (*hudór*), eau, et de *μήτρα* (*métra*), matrice.

HYDROMPHALE, s. f. (*chirur.*), hydropisie du nombril ; d'*ὕδωρ* (*hudór*), eau, et d'*ὀμφαλὸς* (*omphalos*), nombril, c'est-à-dire, amas d'eau au nombril.

HYDROPARASTES (les), hérétiques, ainsi nommés d'*ὕδωρ* (*hudór*), eau, et de *παρίστημι* (*paristémi*), présenter, offrir ; parce qu'ils se servoient d'eau, au lieu de vin, dans l'Eucharistie. Ils s'appeloient aussi *Encratites*, c'est-à-dire *continens*, parce que leur maître Tatien prêchoit la continence, et condamnoit le mariage ; du verbe *ἐγκρατέω* (*égkratéó*), garder la continence.

HYDROPHANE, s. f. (*nat.*), *qui brille dans l'eau ;* d'*ὕδωρ* (*hudór*), eau, et de *φαίνω* (*phainó*), briller. On donne ce nom à certaines pierres, qui, mises dans l'eau, deviennent transparentes.

HYDROPHILE, s. m. (*nat.*), sorte d'insecte ainsi nommé d'*ὕδωρ* (*hudór*), eau, et de *φίλος* (*philos*), ami, parce qu'il vit dans l'eau.

HYDROPHOBIE, s. f. (*méd.*), sorte de maladie qu'on appelle autrement *la Rage ;* ce mot vient d'*ὕδωρ* (*hudór*), eau, et de *φόβος* (*phobos*), crainte, aversion, parce qu'un de ses symptômes est l'horreur des liquides. De-là HYDROPHOBE, celui qui est atteint de cette maladie.

HYDROPHTHALMIE, s. f. (*chirur.*), mot formé d'*ὕδωρ* (*hudór*), eau, et de *ὀφθαλμὸς* (*ophthalmos*), œil ; il signifie *hydropisie de l'œil. Voyez* HYDROPISIE.

HYDROPHYLLUM, s. m. plante aquatique ; de *ὕδωρ* (*hudór*), et de *φύλλον* (*phullon*), feuille.

HYDROPHYSOCÈLE, s. f. tumeur du scrotum qui provient d'eau et d'air. Ce mot est formé d'*ὕδωρ*

(*hudôr*), eau, de φύση (*phusa*), air ou vent, dérivé de φυσάω (*phusaô*), enfler, et de κήλη (*kélé*), tumeur.

HYDROPISIE, s. f. ὕδρωψ (*hudrôps*), maladie causée par un amas d'eau dans quelques parties du corps ; ce mot vient d'ὕδωρ (*hudôr*), eau, et d'ὤψ (*ops*), aspect, apparence ; dérivé d'ὄπτομαι (*optomai*), voir. HYDROPIQUE, adj. celui qui est attaqué d'hydropisie.

HYDRO-PNEUMATIQUE, adj. (*chim.*), terme nouveau, formé d'ὕδωρ (*hudôr*), eau, et de πνεῦμα (*pneuma*), air. Il désigne un appareil chimique, qui sert, au moyen de l'eau ou du mercure, à se rendre maître des substances aériformes. On l'appelle aussi *Pneumato-chimique*.

HYDRO-PNEUMATOCÈLE, s. f. (*chirur.*), mot composé d'ὕδωρ (*hudôr*), eau, de πνεῦμα (*pneuma*), air, et de κήλη (*kélé*), tumeur ; tumeur causée par des eaux et de l'air. *Voyez* HYDROPHYSOCÈLE.

HYDROPNEUMOSARQUE, s. f. (*chirur.*), mot composé d'ὕδωρ (*hudôr*), eau, de πνεῦμα (*pneuma*), air, et de σάρξ (*sarx*), chair ; tumeur qui contient de l'eau, de l'air et des matières charnues.

HYDROPOÏDES, adj. (*méd.*), d'ὕδωρ (*hudôr*), eau, et de ποιέω (*poiéô*), je fais. Il se dit des excrétions aqueuses, telles qu'elles sont dans l'hydropisie.

HYDROPOTE, s. m. ὑδροπότης (*hudropotès*), de ὕδωρ (*hudôr*), eau, et de πότης (*potès*), buveur, de πίνω (*pinô*), je bois. On appelle ainsi, en médecine, ceux qui ne boivent que de l'eau.

HYDRORACHITIS, s. f. (*méd.*), petite tumeur molle qui vient aux vertèbres des lombes qui sont désunies ; d'ὕδωρ (*hudôr*), eau, et de ῥάχις (*rhachis*), l'épine du dos, comme qui diroit *hydropisie de l'épine*.

HYDRORRHODIN, s. m. (*méd.*), vomitif composé

d'eau et d'huile de roses ; d'*ύδωρ* (*hudór*), eau, et de *ρόδον* (*rhodon*), rose.

HYDROSARCOCÈLE, s. f. (*chirur.*), tumeur formée d'eau et de chair ; d'*ύδωρ* (*hudór*), eau, de *σάρξ* (*sarx*), chair, et de *κήλη* (*kélé*), tumeur. C'est une fausse hernie du scrotum.

HYDROSARQUE, s. f. (*chirur.*), tumeur aqueuse et charnue ; d'*ύδωρ* (*hudór*), eau, et de *σάρξ* (*sarx*), chair.

HYDROSCOPE, s. m. espèce d'horloge d'eau qui étoit autrefois en usage ; d'*ύδωρ* (*hudór*), eau, et de *σκοπέω* (*skopéó*), voir, considérer. On donne encore ce nom à ceux qui prétendent avoir la faculté de sentir les émanations des eaux souterraines.

HYDROSCOPIE, s. f. prétendue faculté de sentir les émanations des eaux souterraines ; d'*ύδωρ* (*hudór*), eau, et de *σκοπέω* (*skopéó*), examiner, considérer.

HYDROSTATIQUE, s. f. partie de la mécanique qui considère la pesanteur des liquides, et sur-tout celle de l'eau ; d'*ύδωρ* (*hudór*), eau, et d'*ίστημαι* (*histamai*), je me tiens.

HYDROTHORAX, s. f. (*méd.*), hydropisie de poitrine ; d'*ύδωρ* (*hudór*), eau, et de *θώραξ* (*thórax*), la poitrine.

HYDROTIQUE, adj. (*méd.*), qui évacue les eaux du corps ; d'*ύδωρ* (*hudór*), eau. *Voyez* HYDRAGOGUE, qui a la même signification.

HYGIÉE, nom propre de la Déesse de la santé ; d'*ύγίεια* (*hugieia*), santé.

HYGIÈNE, s. f. partie de la médecine qui a pour objet la conservation de la santé. Ce mot est grec, *ύγιεινή* (*hugiéiné*), saine, dérivé d'*ύγίεια* (*hugiéia*), santé, ou d'*ύγιεινός* (*hugiéinos*), sain, dont la racine est *ύγιής* (*hugiés*), le même.

HYGROBLÉPHARIQUE, adj. (*anat.*), mot composé d'ύγρός (*hugros*), humide, aqueux, et de ϐλέφαρον (*blépharon*), paupière; il se dit des conduits excrétoires de la glande lacrymale, qui sont à l'extrémité de chaque paupière, et dont l'usage est de conduire l'humeur filtrée par cette glande qui sert à humecter continuellement le globe de l'œil.

HYGROCIRSOCÈLE, s. f. (*chirur.*), espèce de fausse hernie du scrotum, formée d'eau et de varices; d'ύγρός (*hugros*), humide, aqueux, de κιρσός (*kirsos*), varice, et de κήλη (*kélé*), tumeur, hernie.

HYGROMÈTRE, s. m. instrument de physique servant à marquer les degrés de sécheresse et d'humidité de l'air. Ce mot est formé d'ύγρός (*hugros*), humide, et de μέτρον (*métron*), mesure.

HYGROPHOBIE, s. f. (*méd.*), crainte ou aversion des liquides; d'ύγρός (*hugros*), humide ou liquide, et de φόϐος (*phobos*), crainte. *Voyez* Hydrophobie, qui est le même, et qui est plus usité.

HYGROPHTHALMIQUE, adj. (*anat.*), qui sert à humecter l'œil; d'ύγρός (*hugros*), humide, et de όφθαλμός (*ophthalmos*), œil. *Voyez* Hygroblépharique, qui est le même.

HYGROSCOPE, s. m. d'ύγρός (*hugros*), humide, et de σκοπέω (*skopéô*), j'observe. *Voyez* Hygromètre.

HYLOBIENS (les), philosophes indiens, ainsi nommés d'ύλη (*hulé*), forêt, et de ϐίος (*bios*), vie, parce qu'ils se retiroient dans les forêts pour se livrer plus librement à la contemplation de la nature.

HYMEN, s. m. mot grec. ύμήν (*humén*), qui se dit pour *mariage*, *chant nuptial*. De-là vient Hyménée, ύμέναιος (*huménaios*), le Dieu des noces, ou les noces mêmes.

Hymen signifie aussi, en grec, *pellicule* ou *membrane*,

et se dit en anatomie, d'une pellicule placée, dit-on, dans le cou de la matrice des vierges, et qui se rompt lors de la défloration. Ce mot désigne, en botanique, une petite peau qui enveloppe les boutons des fleurs.

HYMÉNODE, adj. membraneux, plein de membranes ou pellicules; d'ὑμὴν (*humén*), membrane.

HYMÉNOGRAPHIE, s. f. d'ὑμὴν (*humen*), membrane, et de γράφω (*graphô*), je décris. Partie de l'anatomie qui a pour objet la description des membranes.

HYMÉNOLOGIE, s. f. partie de l'anatomie qui traite des membranes ; d'ὑμὴν (*humén*), membrane, et de λόγος (*logos*), discours.

HYMÉNOPTÈRE, s. m. (*nat.*), d'ὑμὴν (*humén*), membrane, et de πτερὸν (*ptéron*), aile. Nom que l'on donne aux insectes qui ont quatre ailes membraneuses d'inégale grandeur.

HYMÉNOTOMIE, s. f. dissection des membranes du corps humain; d'ὑμὴν (*humén*), membrane, et de τέμνω (*temnô*), couper, disséquer.

HYMNE, s. m. ὕμνος (*humnos*), sorte de poëme, chez les anciens, fait pour célébrer leurs dieux et leurs héros. HYMNE, s. f. en termes d'église, est un cantique en l'honneur de la Divinité. Ce mot est dérivé d'ὑδω (*hudô*), chanter, d'où vient ὑμνέω (*humnéô*), qui signifie la même chose.

HYMNODE, s. m. ὑμνῳδὸς (*humnôdos*), *chanteur d'hymnes;* d'ὕμνος (*humnos*), hymne, et d'ᾠδὸς (*ôdos*), chanteur, dont la racine est ᾄδω (*adô*), je chante. On appeloit ainsi, chez les Grecs, ceux qui chantoient des hymnes dans les fêtes publiques.

HYMNOGRAPHE, s. m. ὑμνογράφος (*humnographos*), poëte qui composoit des hymnes chez les Grecs; d'ὕμνος (*humnos*), hymne, et de γράφω (*graphô*), j'écris.

HYOÉPIGLOTTIQUE, adj. (anat.), qui appartient
à l'os hyoïde et à l'épiglotte. *Voyez* ces deux mots.

HYOGLOSSE, s. m. et adj. (anat.), nom de deux
petits muscles de la langue qui s'attachent à l'os hyoïde ;
d'ὑοειδὴς (*huoéidès*), l'os hyoïde, et de γλῶσσα (*glóssa*),
langue. *Voyez* HYOÏDE.

HYOÏDE, adj. (anat.), se dit d'un petit os fourchu,
situé à la racine de la langue. En grec, ὑοειδὴς, (*huoei-*
dès). Ce mot est dérivé de la voyelle grecque Υ, et
d'εἶδος (*eidos*), figure ; parce que les Grecs comparoient la
forme de l'os hyoïde à celle de leur *upsilon*, que nous
remplaçons par l'*y*, dans le milieu et à la fin, et par
hy, au commencement des mots. L'Υ commençant un
mot, est toujours marqué de l'esprit rude, aspiration
forte, qui répond à celle de notre *H* dans le mot *Héros*.
Les Grecs modernes prononcent de la même manière,
I, Υ, Η, οι, ει, et comme notre I.

HYOPHARYNGIEN, adj. (anat.), nom de deux
muscles qui vont de l'os hyoïde au pharynx. *Voyez* les
mots HYOÏDE et PHARYNX dont celui-ci est composé.

HYOSCUAME ou JUSQUIAME, s. f. (botan.),
plante narcotique. En grec, ὑοσκύαμος (*huoscuamos*),
mot dérivé d'ὗς (*hus*), au génitif ὑός (*huos*), cochon,
et de κύαμος (*kuamos*), fève ; fève à cochon.

HYO-THYROÏDIEN, adj. (anat.), se dit de deux
muscles qui appartiennent à l'os hyoïde et au cartilage
thyroïde. *Voyez* HYOÏDE et THYROÏDE.

HYPALLAGE, s. f. sorte de trope ou de figure
d'élocution, qui consiste dans un changement de construction. Ce mot, qui est grec, ὑπαλλαγὴ (*hupallagé*),
signifie *changement* ; d'ὑπὸ (*hupo*), *sous* ou *de*, et de
ἀλλαγὴ (*allagé*), changement, dérivé d'ἀλλάττω (*allattó*),

changer; c'est-à-dire, transposition, renversement ou changement de construction.

HYPER, préposition grecque qui entre dans la composition de quelques mots français dérivés du grec, et qui sont, pour la plupart, des termes propres des arts et des sciences. Ce mot, qui s'écrit en grec ὑπέρ (*huper*), et qui veut dire *au-dessus*, *au-delà*, marque quelque excès, quelque chose au-delà de la signification du mot simple auquel on le joint.

HYPERBATE, s. f. inversion ou figure de grammaire, par laquelle on renverse l'ordre naturel des mots dans le discours; d'ὑπερβαίνω (*huperbainô*), passer outre; dérivé d'ὑπέρ (*huper*), au-delà, et de βαίνω (*bainô*), je vais.

HYPERBOLE, s. f. exagération; d'ὑπερβολὴ (*huperbolé*), qui signifie *excès*, dérivé d'ὑπερβάλλω (*huperballô*), excéder, surpasser de beaucoup, dont la racine est βάλλω (*ballô*), jeter.

L'*Hyperbole* est une figure de rhétorique, par laquelle on augmente ou l'on diminue excessivement la vérité des choses dont on parle.

L'*Hyperbole*, en termes de mathématiques, est une ligne courbe formée de la section d'un cône par un plan qui, étant prolongé, rencontre le cône opposé. Elle a été ainsi appelée, parce que, dans cette courbe, le carré de l'ordonnée surpasse le produit du paramètre par l'abscisse.

Dérivés. HYPERBOLIQUE, adj. HYPERBOLIQUEMENT, adv.

HYPERBOLOÏDE, s. f. (*géom.*), d'ὑπερβολὴ (*huperbolé*), hyperbole, et d'εἶδος (*éidos*), forme; qui a la forme de l'hyperbole. On donne ce nom en général à toutes les courbes dont la nature est exprimée par une équation générale, qui renferme celle de l'hyperbole ordinaire.

HYPERBORÉE ou HYPERBORÉEN, adj. d'ὑπὲρ (*huper*), au-delà, et de Βορέας (*Boréas*), Borée, vent du nord. Il se dit des peuples, des pays qui sont du côté du nord.

HYPERCATALECTIQUE, adj. d'ὑπὲρ (*huper*), sur, par dessus, et de καταλήγω (*katalégó*), terminer, finir. Il se dit des vers grecs et latins qui ont à la fin une ou deux syllabes de trop, c'est-à-dire, auxquels on a sur-ajouté une ou deux syllabes.

HYPERCATHARSE, s. f. (*méd.*), superpurgation; d'ὑπὲρ (*huper*), au-delà, et de κάθαρσις (*katharsis*), purgation, dérivé de καθαίρω (*kathairó*), purger; purgation immodérée ou excessive.

HYPERCRISIE, s. f. (*méd.*), d'ὑπὲρ (*huper*), au-delà, et de κρίσις (*krisis*), crise; crise violente et excessive dans une maladie.

HYPERCRITIQUE, s. m. censeur outré; d'ὑπὲρ (*huper*), au-delà, et de κριτικός (*kritikos*), critique, censeur, dérivé de κρίνω (*krinó*), juger, censurer.

HYPERDULIE, s. f. *culte d'Hyperdulie*. Les théologiens appellent ainsi le culte que l'on rend à la Sainte Vierge; d'ὑπὲρ (*huper*), au-dessus, et de δουλεία (*douléia*), servitude, parce qu'il est d'un ordre supérieur à celui que l'on rend aux Anges et aux Saints.

HYPERMÈTRE, adj. d'ὑπὲρ (*huper*), au-delà, et de μέτρον (*métron*), mesure. *Voy.* HYPERCATALECTIQUE.

HYPERSARCOSE, s. f. (*chirur.*), excroissance de chair dans quelque partie du corps; d'ὑπὲρ (*huper*), au-dessus, et de σάρξ (*sarx*), génit. σαρκός (*sarkos*), chair; c'est-à-dire, *chair saillante* ou superflue.

HYPERTHYRON, s. m. (*archit.*), espèce de table

en forme de frise, que l'on met sur les jambages des portes, et au-dessus des linteaux des fenêtres. Ce mot est grec, ὑπέρθυρον (*huperthuron*), et signifie proprement *linteau;* d'ὑπέρ (*huper*), au-dessus, et de θύρα (*thura*), porte.

HYPERTONIE, s. f. (*méd.*), tension violente et excessive dans les solides du corps humain; d'ὑπέρ (*huper*), au-delà, et de τόνος (*tonos*), ton ou tension, dérivé de τείνω (*téinô*), tendre; c'est-à-dire, excès de ton.

HYPÈTHRE, s. m. (*archit.*), édifice, temple découvert et exposé à l'air; d'ὑπό (*hupo*), sous, et d'αἴθρα (*aithra*), l'air.

HYPNOBATE, s. m. somnambule, ou qui marche en dormant; d'ὕπνος (*hupnos*), sommeil, et de βαίνω (*bainô*), marcher.

HYPNOLOGIE, s. f. partie de la médecine qui règle le sommeil et les veilles, et qui traite de leurs effets pour la conservation de la santé. Ce mot vient d'ὕπνος (*hupnos*), sommeil, et de λόγος (*logos*), discours, traité.

HYPNOTIQUE, adj. (*méd.*), ὑπνωτικός (*hupnótikos*), qui fait dormir, qui provoque le sommeil; d'ὑπνόω (*hupnoô*), faire dormir, assoupir, dérivé d'ὕπνος (*hupnos*), sommeil.

HYPO, mot qui entre dans la composition de plusieurs mots français dérivés du grec; c'est la préposition grecque ὑπό (*hupo*), qui veut dire *sous, dessous*, et qui marque en général soumission, abaissement ou diminution. Sa signification varie en plusieurs manières, comme on le verra dans les articles ci-après.

HYPOCATHARSE, s. f. (*méd.*), purgation trop foible; d'ὑπό (*hupo*), en dessous, et de κάθαρσις (*katharsis*), purgation, dérivé de καθαίρω (*kathairô*), purger. *Hypercatharse* est l'opposé.

HYPOCAUSTE, s. m. (antiq.), mot qui signifie brûlant par-dessous ; d'ύπὸ (hupo), dessous, et de καίω (kaiô), brûler ; fourneau placé dans un lieu souterrain, et qui servoit à échauffer les bains chez les Grecs et les Romains. Ils avoient aussi des tuyaux de chaleur, comme l'observe M. d'Ansse de Villoison, qui indique la page 126 et suivante du Traité du célèbre Palladio, intitulé l'*Antichità di Roma, di M. Andrea Palladio, aggiuntovi un discorso sopra li fuochi degli Antichi, in Venetia*, 1588, in-8°, à la fin du livre qui a pour titre : *Le cose maravigliose dell' alma città di Roma, in Venetia*, 1588, in-8°.

HYPOCISTE, s. m. plante parasite qui s'attache aux racines du ciste ; d'ύπὸ (hupo), sous, et de κίσος (kistos), ciste, comme qui diroit, *plante qui croît sous le ciste.*

HYPOCONDRES, s. m. (anat.) : on appelle ainsi les parties supérieures et latérales du bas-ventre, sous les fausses côtes ; d'ύπὸ (hupo), sous, et de χόνδρος (chondros), cartilage, parce que ces côtes sont presque toutes cartilagineuses. De-là HYPOCONDRIAQUE, celui qui est atteint d'une maladie causée par un vice des *hypocondres*, et qu'on appelle *hypocondrie,* ou *affection hypocondriaque.*

HYPOCONDRIE. *Voyez* l'article précédent.

HYPOCRÂNE, s. m. espèce d'abcès, ainsi nommé d'ύπὸ (hupo), sous, et de κράνιον (kranion), crâne, parce qu'il est situé au-dedans du crâne.

HYPOCRISIE, s. f. dissimulation de mœurs, fausse apparence de piété ou de probité. Ce mot vient d'ύπόκρισις (hupokrisis), déguisement, dérivé d'ύποκρίνομαι (hupokrinomai), feindre, se déguiser, se masquer, jouer un rôle. Proprement, l'*hypocrisie* est une dévotion affectée, ou une probité feinte. De-là vient Hypocrite, celui qui affecte des apparences de piété ou de probité.

HYPOGASTRE, s. m. (anat.), la partie inférieure du bas-ventre; d'ὑπὸ (hupo), sous, et de γαςὴρ (gastér), ventre. De-là Hypogastrique, adj.

HYPOGASTROCÈLE, s. f. (chirur.), tumeur générale du bas-ventre. Ce mot vient d'ὑπὸ (hupo), sous, de γαςὴρ (gastér), ventre, et de κήλη (kélé), tumeur.

HYPOGÉE, s. m. (antiq.), mot formé d'ὑπὸ (hupo), sous, et de γῆ (gé), terre. Il se dit des lieux souterrains où les Grecs et les Romains déposèrent leurs morts, quand ils eurent perdu l'usage de les brûler. M. d'Ansse de Villoison, qui a vu de ces hypogées dans l'île de Céos, indique à ce sujet la page 163ᵒ de la *Dia-triba de cepotaphiis* de M. *Van Goens*, Utrecht, 1763, in-8°.

HYPOGLOSSE, s. m. (anat.), d'ὑπὸ (hupo), sous, et de γλῶσσα (glóssa), langue, qui est sous la langue. On appelle ainsi les nerfs de la neuvième paire cérébrale, qui s'unissent à la langue.

HYPOGLOTTIDE, s. f. (antiq.), couronne qui se voit sur quelques médailles anciennes. Elle étoit faite de laurier d'Alexandrie, que quelques-uns nomment *Hypoglosse*, d'ὑπὸ (hupo), sous, et de γλῶσσα (glóssa), ou dans le dialecte Attique, γλῶτϳα (glótta), langue, parce que sous plusieurs feuilles de cet arbre, il en naît une autre plus grande qui a la forme d'une langue; et de-là est venu *hypoglottide*.

HYPOGYNE, adj. (botan.), d'ὑπὸ (hupo), sous, et de γυνὴ (guné), femme. On donne ce nom à la corolle et aux étamines des fleurs qui sont attachées sous le pistil ou l'organe femelle. Cette espèce d'insertion s'appelle *hypogynique*.

HYPOMOCHLION, s. m. (*mécanique*), ὑπομόχλιον (*hypomochlion*), point d'appui d'un lévier. C'est, dit M. d'Ansse de Villoison, ce que les ouvriers appellent *orgueil*, selon Furetière, p. 27 de son *second Factum contre l'Académie Française*, Amsterdam, 1688, in-12. Ce mot grec est dérivé d'ὑπὸ (*hupo*), sous, et de μοχλὸς (*mochlos*), levier.

HYPOPHASIE, s. f. (*méd.*), sorte de clignotement dans lequel les paupières se joignent de si près, qu'on n'apperçoit qu'une très-petite portion de l'œil. Ce mot vient d'ὑποφαίνομαι (*hupophainomai*), se montrer un peu, paroître en dessous, dont la racine est ὑπὸ (*hupo*), sous, et φαίνω (*phainô*), montrer.

HYPOPHORE, s. f. (*chirur.*), ulcère ouvert et profond; d'ὑπὸ, (*hupo*), dessous, et de φέρω (*phérô*), je porte, je conduis.

HYPOPHTHALMIE, s. f. (*méd.*), douleur dans l'œil, sous la cornée; d'ὑπὸ (*hupo*), sous, et de ὀφθαλμὸς (*ophthalmos*), œil.

HYPOPHYLLO-SPERMATEUSE, s. f. plante; en botanique, c'est celle dont la semence est placée sur le dos des feuilles; d'ὑπὸ (*hupo*), sous, de φύλλον (*phullon*), feuille, et de σπέρμα (*sperma*), semence, graine.

HYPOPYON, s. m. (*chirur.*), abcès de l'œil situé derrière la cornée transparente; d'ὑπὸ (*hupo*), sous, et de πύον (*puon*), pus, c'est-à-dire, amas de pus sous la cornée.

HYPOSTASE, s. f. (*théol.*), mot grec, ὑπόστασις (*hupostasis*), qui signifie *personne, substance*; d'ὑπὸ (*hupo*), sous, et d'ἵστημι (*histêmi*), qui à l'aoriste second, au parfait, et au plusque-parfait a la signification de *je suis, j'existe*. De-là vient **HYPOSTATIQUE** (*union*), qui se dit de l'union des natures divine et humaine dans la personne de Jésus-Christ.

Les médecins appellent *hypostase*, le sédiment des urines.

HYPOTÉNUSE, s. f. (*géom.*), le côté qui est opposé à l'angle droit dans un triangle rectangle ; d'*ὑπὸ* (*hupo*), sous, et de *τείνω* (*teinô*), tendre, c'est-à-dire, la *ligne sous-tendante* de l'angle droit. La principale propriété de l'*hypoténuse* est d'avoir son carré égal aux carrés des deux autres côtés. On doit, dit-on, cette fameuse découverte à Pythagore.

HYPOTHÉCAIRE. *Voyez* HYPOTHÈQUE.

HYPOTHÉNAR, s. m. (*anat.*), muscle situé sous le thénar ; d'*ὑπὸ* (*hupo*), sous, et de *θέναρ* (*thénar*), la paume de la main. C'est un des muscles qui servent à approcher le pouce de l'index ; de plus, l'espace de la main qui est entre l'index et le petit doigt.

HYPOTHÈQUE, s. f. droit acquis par un créancier sur les immeubles que son débiteur lui a affectés pour sûreté de sa dette. Ce mot vient d'*ὑποθήκη* (*hupothêkê*), qui signifie *gage*, chose sur laquelle une autre est imposée, ou qui est sujette à quelque obligation ; dérivé d'*ὑπὸ* (*hupo*), sous, et de *τίθημι* (*tithémi*), placer.

Dérivés. HYPOTHÉCAIRE, adj. HYPOTHÉCAIREMENT, adv. HYPOTHÉQUER, soumettre à l'hypothèque.

HYPOTHÈSE, s. f. *ὑπόθεσις* (*hupothésis*), supposition d'une chose possible ou impossible, de laquelle on tire une conséquence ; d'*ὑποτίθημι* (*hupotithémi*), supposer, dont la racine est *τίθημι* (*tithémi*), je pose. De-là HYPOTHÉTIQUE, adj. fondé sur une hypothèse; HYPOTHÉTIQUEMENT, adv. par supposition, par hypothèse.

HYPOTYPOSE, s. f. mot grec, *ὑποτύπωσις* (*hupotupôsis*), qui signifie *modèle*, *original*, *tableau* ;

d'ύποτυπόω (*hupotupoô*), dessiner, peindre ; dérivé d'ύπό (*hupo*), sous, et de τυπόω (*tupoô*), figurer. L'*hypotypose* est une figure de rhétorique, par laquelle on peint une chose si vivement, qu'il semble qu'elle soit devant les yeux. On montre, pour ainsi dire, ce qu'on ne fait que raconter ; on donne en quelque sorte l'original pour la copie.

HYPSILOGLOSSE, adj. (*anat.*), nom d'un muscle qui appartient à l'os hypsiloïde, ou hyoïde, et à la langue nommée en grec γλῶσσα (*glóssa*). *V.* HYPSILOÏDE, pour la première partie du mot.

HYPSILOÏDE, adj. (*anat.*), mot formé d'ύψίλον (*hupsilon*), qui est le nom de la lettre grecque υ, que nous écrivons *y*, et d'εἶδος (*éidos*), forme. On appelle ainsi l'*os hyoïde*, parce qu'il a la forme de cette lettre. *Voyez* HYOÏDE, qui signifie la même chose.

HYPSISTARIENS ou HYPSISTAIRES, s. m. pl. hérétiques du quatrième siècle, ainsi appelés d'ύψιστος (*hupsistos*), très-haut, dérivé d'ύψος (*hupsos*), hauteur, parce qu'ils faisoient profession d'adorer le Très-Haut.

HYSSOPE ou HYSOPE, s. f. plante médicinale d'un goût fort amer, et qui répand une odeur aromatique très-agréable ; en grec ύσσωπος (*hussópos*).

HYSTÉRALGIE, s. f. (*méd.*), douleur de la matrice ; d'ύστέρα (*hustéra*), matrice, et d'ἄλγος (*algos*), douleur.

HYSTÉRIE, s. f. (*méd.*), *affection hystérique* ; d'ύστέρα (*hustéra*), l'utérus, la matrice, parce que le siége de cette maladie est dans l'utérus.

HYSTÉRIQUE, adj. (*méd.*), qui a rapport à la matrice ; d'ύστέρα (*hustéra*), la matrice, l'utérus. Il se dit d'une maladie qui arrive aux femmes, et qu'on nomme *hystérie, passion* ou *affection hystérique*, ordinairement *vapeurs*; et aussi des remèdes qui y sont propres.

HYSTÉRITE ou HYSTÉRITIS, s. f. (*méd.*), inflammation de la matrice ; d'ὑϛέρα (*hustéra*), la matrice.

HYSTÉROCÈLE, s. f. (*chirur.*), hernie causée par le déplacement de la matrice ; d'ὑϛέρα (*hustéra*), matrice, et de κήλη (*kélé*), tumeur, hernie.

HYSTÉROLITHE, s. f. (*nat.*), pierre figurée sur laquelle on trouve représentées les parties naturelles de la femme; d'ὑϛέρα (*hustéra*), matrice, et de λίθος (*lithos*), pierre.

HYSTÉROLOGIE, s. f. manière de parler où l'ordre naturel des choses est renversé; d'ὕϛερος (*hustéros*), postérieur, suivant, et de λόγος (*logos*), discours, c'est-à-dire, discours où l'on place avant ce qui devroit être après.

HYSTÉROTOMIE, s. f. (*anat.*), dissection de la matrice; d'ὑϛέρα (*hustéra*), matrice, et de τέμνω (*temnô*), je coupe, je dissèque.

HYSTÉROTOMOTOCIE, s. f. (*chirur.*), opération césarienne, ou accouchement procuré par l'incision de la matrice; d'ὑϛέρα (*hustéra*), matrice, de τομή (*tomé*), incision, et de τόκος (*tokos*), accouchement.

I

ÏAMBE, s. m. en grec ἴαμβος (*iambos*), pied de vers grec et latin, composé d'une brève et d'une longue. De là ÏAMBIQUE, adj. qui se dit des vers composés d'iambes.

IATRALEPTIQUE, s. f. d'ἰατραλειπτική (*iatraléiptiké*), d'ἰατρεύω (*iatreuô*), guérir, et d'ἀλείφω (*aleiphô*), oindre, frotter. Partie de la médecine qui guérit par les frictions, les fomentations et autres remèdes extérieurs.

IATRIQUE, adj. d'*iατρικη* (*iatriké*), médecine; nom que l'on donne à la Médecine, ou à ce qui lui appartient. Ce mot est dérivé d'*iατρευω* (*iatreuó*), guérir.

ICHNEUMON, s. m. animal d'Egypte de la grosseur d'un chat. Ce mot est grec, et signifie proprement *celui qui suit à la piste, qui poursuit;* du verbe *iχνυω* (*ichneuó*), suivre à la piste, dérivé d'*iχνος* (*ichnos*), trace, parce que cet animal fait la guerre aux serpens et aux crocodiles. Par analogie, on appelle *ichneumones,* certaines mouches qui ne vivent que de chasse.

ICHNOGRAPHIE, s. f. dessin ou plan d'un édifice; d'*iχνος* (*ichnos*), trace, et de *γράφω* (*graphó*), je décris. L'*ichnographie* est proprement une description de l'empreinte ou de la trace d'un ouvrage dans ses différentes parties. ICHNOGRAPHIQUE, adj. en est dérivé.

ICHOREUX, adj. (*chirur.*), d'*iχωρ* (*ichór*), sanie ou sang aqueux. On appelle *pus ichoreux, humeur ichoreuse,* et quelquefois *ichor,* une espèce de sanie ou de sérosité âcre qui découle des ulcères.

ICHOROÏDE, s. f. (*méd.*), sorte de sueur semblable à la sanie qui découle des ulcères; d'*iχωρ*(*ichór*), sanie, et d'*ειδος* (*éidos*), ressemblance.

ICHTHYOCOLLE, s. f. *iχθυοκόλλα* (*ichthuokolla*) en grec ancien, et en grec vulgaire; colle de poisson; d'*iχθυς* (*ichthus*), poisson, et de *κόλλα* (*kolla*), colle. C'est le grand esturgeon qui la fournit.

ICHTHYOLITHE, s. f.(*nat.*), poisson pétrifié, ou pierre qui porte des empreintes de poisson; d'*iχθυς* (*ichthus*), poisson, et de *λιθος* (*lithos*), pierre.

ICHTHYOLOGIE, s. f. partie de l'histoire naturelle qui traite des poissons; d'*iχθυς* (*ichthus*), poisson, et de *λόγος* (*logos*), discours, traité; dérivé de *λέγω* (*légó*), parler.

Dérivés. ICHTHYOLOGIQUE , adj. qui concerne les poissons; ICHTHYOLOGISTE, s. m. celui qui a écrit sur les poissons.

ICHTHYOMANCIE, s. f. sorte de divination qui se faisoit en observant des entrailles de poissons; d'*ιχθύς* (*ichthus*), poisson, et de *μαντεία* (*mantéia*), divination.

ICHTHYOPÈTRE, s. f. d'*ιχθύς* (*ichthus*), poisson, et de *πέτρος* (*pétros*), pierre. *Voyez* ICHTHYOLITHE.

ICHTHYOPHAGE, s. m. *ιχθυοφάγος* (*ichthuophagos*), celui qui ne vit que de poissons; d'*ιχθύς* (*ichthus*), poisson, et de *φάγω* (*phagó*), je mange; c'est-à-dire, *mangeur de poissons*.

ICHTHYTE, s. f. d'*ιχθύς* (*ichthus*), poisson. *Voyez* ICHTHYOLITHE.

ICONOCLASTE , s. m. *briseur d'images ;* d'*εικών* (*éikón*), image, et de *κλάω* (*klaó*), briser, rompre. On a donné ce nom à une secte d'hérétiques du huitième siècle, qui combattoient le culte qu'on rend aux images des Saints.

ICONOGRAPHIE, s. f. description des images, des tableaux, en parlant des monumens antiques; d'*εικών* (*éikón*), image, et de *γράφειν* (*graphéin*), décrire. ICONOGRAPHE, ICONOGRAPHIQUE en sont dérivés.

ICONOLATRE, s. m. d'*εικών* (*éikón*), image, et de *λάτρις* (*latris*), ou *λάτρης* (*latrès*), serviteur, adorateur. Les *Iconoclastes* donnent ce nom aux Catholiques, qu'ils accusent faussement d'adorer les images.

ICONOLOGIE, s. f. explication des monumens antiques, des figures qui représentent les Dieux , les Héros , &c. ; d'*εικών* (*éikon*), image, et de *λόγος* (*logos*), discours, c'est-à-dire *discours sur les images*. De-là ICONOLOGIQUE, adj.

ICONOMAQUE, s. m. celui qui combat le culte des

images ; d'*εικών* (*éikón*), image, et de *μάχομαι* (*macho-mai*), combattre. *Voyez* ICONOCLASTE, qui est le même.

ICOSAÈDRE , s. m. (*géom.*), solide régulier terminé par vingt triangles équilatéraux, et égaux entr'eux; d'*εί-κοσι* (*éikosi*), vingt , et d'*έδρα* (*hédra*), siége , base , c'est-à-dire , solide qui a vingt bases ou vingt faces.

ICOSANDRIE , s. f. (*botan.*), mot formé d'*είκοσι* (*éikosi*), vingt , et d'*άνήρ* (*anér*), génit. *άνδρὸς* (*andros*), mari. C'est , selon Linné , la douzième classe des plantes, qui renferme celles dont la fleur a depuis douze jusqu'à vingt étamines ou parties mâles.

ICTÈRE , s. m. (*méd.*), jaunisse , ou épanchement de bile qui cause cette maladie; en grec , *ίκτερος* (*iktéros*), que l'on dérive d'*ίκτις* (*iktis*), espèce de belette qui a les yeux de couleur d'or , parce que cette maladie rend jaunes ceux qui en sont attaqués. On appelle *ictériques*, les remèdes contre la jaunisse.

ICTYOPHAGE. *Voyez* ICHTHYOPHAGE.

ICY , adv. (aujourd'hui ici), d'*έκεῖ* (*ekei*), icy ; lequel s'accorde encore mieux avec la prononciation des Picards , dit Henri Etienne, p. 161 de son *Traicté de la conformité du langage françois avec le grec, Paris, 1569, in-8°.* M. D'Ansse de Villoison , qui rapporte ce passage de Henri Etienne, observe à ce sujet , que les paysans de Picardie conservent encore aujourd'hui l'ancienne langue française, celle du sire de Joinville ; et qu'on dit en Valaque, *aivi*, et *ici*, dans le sens français.

IDÉE, s. f. *ίδέα* (*idéa*), perception de l'ame , image ou représentation d'une chose dans l'esprit; d'*είδω* (*éidó*), voir , savoir , parce que c'est par l'idée que l'esprit apperçoit les choses et les connoît. IDÉAL , adj. imaginaire, qui n'existe qu'en idée.

IDÉOLOGIE, s. f. partie de la métaphysique qui traite

des idées ou des perceptions de l'ame. Ce mot, qui est nouveau, est composé d'*ίδέα* (*idéa*), idée, et de *λόγος* (*logos*), discours, traité.

IDIOCRASE, s. f. (*méd.*), disposition ou tempérament propre d'un corps ; d'*ίδιος* (*idios*), propre, particulier, et de *κράσις* (*krasis*), tempérament ; de *κεράννυμι* (*kérannumi*), mêler, tempérer. *Voyez* IDIOSYNCRASE.

IDIOME, s. m. dialecte, ou variété d'une langue propre à quelque contrée ; d'*ίδίωμα* (*idiôma*), propriété, dérivé d'*ίδιος* (*idios*), propre, particulier, c'est-à-dire, propriété d'une langue, manière propre ou particulière de parler une même langue.

IDIOPATHIE, s. f. (*méd.*), maladie propre à quelque partie du corps ; d'*ίδιος* (*idios*), propre, et de *πάθος* (*pathos*), affection, maladie. En morale, c'est l'inclination particulière qu'on a pour une chose. De-là, IDIOPATHIQUE, adj.

IDIOSYNCRASE, s. f. (*méd.*), disposition particulière du tempérament, par laquelle on a du penchant ou de l'aversion pour certaines choses ; d'*ίδιος* (*idios*), propre, de *σύν* (*sun*), avec, et de *κράσις* (*krásis*), mélange, tempérament, c'est-à-dire, *disposition qui résulte du mélange de plusieurs choses.*

IDIOT, adj. qui manque d'esprit par défaut de connoissance ; d'*ίδιώτης* (*idiôtés*), qui signifie un particulier. un homme qui n'est point en charge, un ignorant, un idiot ; dérivé d'*ίδιος* (*idios*), propre, particulier. Ainsi, *idiot* présente l'idée d'un homme qui n'est propre à aucun emploi.

IDIOTISME, s. m. (*gramm.*) *ίδιωτισμός* (*idiôtismos*), façon de parler adaptée au génie propre d'une langue ; d'*ίδιος* (*idios*), propre, particulier.

IDOLÂTRE, adj. *είδωλολάτρης* (*éidôlolatrès*), qui

adore les idoles ; d'*εἴδωλον* (*éidôlon*), idole, et de *λάτρις* (*latris*), serviteur, adorateur. *Voyez* IDOLE.

IDOLÂTRIE, s. f. Adoration des idoles, en grec *εἰδωλολατρεία* (*éidôlolatréia*), d'*εἴδωλον* (*éidôlon*), idole, et de *λατρεία* (*latréia*), culte, adoration, servitude ; dérivé de *λάτρις* (*latris*), serviteur. On a fait de-là le verbe IDOLÂTRER, pour dire, *aimer avec excès*.

IDOLE, s. f. *εἴδωλον* (*éidôlon*), image, figure, statue représentant une fausse divinité ; d'*εἶδος* (*éidos*), forme, figure, représentation, dérivé d'*εἴδω* (*éidô*), je vois, parce qu'une *idole* est une figure sensible, faite pour être exposée à la vue des adorateurs.

IDYLLE, s. f. poésie pastorale de la nature de l'églogue. Ce mot vient d'*εἰδύλλιον* (*éidullion*), diminutif d'*εἶδος* (*éidos*), image, représentation, parce que le propre de l'*Idylle* est de *peindre* des objets champêtres.

IÉROPHORE, s. m. (*antiq.*), d'*ἱερός* (*hiéros*), sacré, et de *φέρω* (*phérô*), je porte. On donnoit ce nom, chez les Grecs, à ceux qui portoient les choses sacrées dans les cérémonies religieuses.

IÉROSCOPIE. *Voyez* HIÉROSCOPIE.

ILÉOCOLIQUE, adj. (*anat.*), qui a rapport à l'intestin *iléon* et au *colon*. *Voyez* ces deux mots.

ILÉON, s. m. (*anat.*), le troisième et le plus long des intestins grêles ; il est ainsi appelé du verbe *εἱλεῖν* (*héiléin*), entortiller, tourner, parce qu'il fait un grand nombre de circonvolutions.

ILIADE, s. f. Ἰλιάς (*Ilias*), poëme d'Homère sur la guerre de Troie, d'Ἴλιον (*Ilion*), Troie.

ILIAQUE, adj. (*méd.*), *passion iliaque*, en grec, *ἰλεός* (*iléos*), maladie dont le siége est ordinairement dans l'intestin *iléon*, d'où elle a tiré son nom. *Voyez* ILLON.

En anatomie, *iliaque* se dit des parties qui ont rapport à l'iléon et aux os des îles.

ILION, s. m. (*anat.*) L'ilion, l'ischion et l'os pubis, n'en font plus qu'un dans les adultes, et forment les deux os qu'on appelle innominés, et qui s'unissant entr'eux antérieurement, et avec l'os sacrum postérieurement, composent le bassin ; du mot grec ειλειν (*eilein*), entortiller.

INDIGO, s. m. couleur bleue tirée d'une plante de ce nom, qui croît dans les Indes ; du mot grec ινδικος (*indikos*), indien.

INDUTS, s. m. pl. terme qui s'emploie dans les églises de Paris, pour désigner les ecclésiastiques qui assistent aux messes hautes, revêtus d'aubes et de tuniques, pour servir le diacre et le sous-diacre. Ce mot vient d'*indutus*, en latin, revêtu ; et le mot *induo* est lui-même dérivé d'ενδυω (*enduo*), qui a la même signification en grec.

INSECTOLOGIE, s. f. traité des insectes : ce mot est formé du latin *insectum*, insecte, et du grec λόγος (*logos*), discours. On dit autrement ENTOMOLOGIE, qui est tout grec.

INTRONISATION, s. f. installation d'un évêque sur son siége épiscopal, ou d'un souverain sur son trône ; d'εν (*en*), *dans* ou *sur*, et de θρόνος (*thronos*), trône, siége. INTRONISER est le verbe.

IONIEN, IONIENNE, adj. se dit d'un dialecte grec et d'un mode de musique. IONIQUE, adj. se dit du troisième des ordres d'architecture. Ces deux mots sont dérivés d'Ιων (*Ión*), gén. Ιωνος (*iónos*), Ion, petit-fils d'Erechthée, qui donna son nom à l'Ionie.

IOTA, s. m. neuvième lettre de l'alphabet grec, la plus simple de toutes ; c'est le nom de la voyelle I. On

se sert de ce mot en français, pour dire, *pas la plus petite chose, un point, un rien.*

IRÉNARQUE, s. m. officier dans l'Empire Grec,
dont la fonction étoit de maintenir la paix et la tranquillité dans les provinces ; εἰρηνάρχης (*éirénarchés*),
d'εἰρήνη (*eirêné*), paix, et d'ἀρχός (*archos*), prince, dérivé d'ἀρχὴ (*arché*), commandement ; c'est-à-dire, *prince
de paix, juge de paix.* Théodore le jeune abolit cette
dignité dans l'Orient. Voyez, dit M. d'Ansse de Villoison, ce que dit Ducange, sur ce mot, dans son *Glossarium mediæ græcitatis.*

IRIS, s. f. nom poétique de l'arc-en-ciel. Ce mot, qui
est purement grec, est dérivé, dit-on, d'ἐρεῖν (*erein*),
annoncer, parler, parce que ce météore annonce la
pluie. *Iris* est aussi le nom d'une plante, dont la fleur
imite en quelque sorte les couleurs de l'arc-en-ciel. C'est
encore par la même raison qu'on appelle *iris*, ce cercle
qui entoure la prunelle de l'œil, ainsi que ces couleurs
changeantes qui paroissent quelquefois sur les verres des
télescopes et des microscopes.

IRONIE, s. f. εἰρωνεία (*éirônéia*), dissimulation, raillerie fine ; d'εἴρων (*éirôn*), dissimulé, moqueur. C'est une
figure de rhétorique par laquelle on dit le contraire de ce
qu'on veut faire entendre. Socrate en faisoit un usage
fréquent, et s'en sert dans son Cratyle, selon M. d'Ansse
de Villoison, pour tourner en ridicule les étymologies
forcées des grammairiens de son temps.

Dérivés. IRONIQUE, adj. IRONIQUEMENT, adv.

ISAGONE, adj. (*géom.*), qui a les angles égaux ;
d'ἴσος (*isos*), égal, et de γωνία (*gônía*), angle.

ISCHIATIQUE, adj. (*anat.*), qui appartient à l'os
ischion. *Voyez* ce mot.

ISCHIO-CAVERNEUX, adj. (*anat.*), mot formé

19

d'*ισχίον* (*ischion*), l'os ischion, et du latin *caverna*, cavité. Il se dit de deux muscles attachés à l'ischion, et situés le long des racines des corps caverneux.

ISCHIO-COCCYGIEN, adj. (*anat.*), qui a rapport à l'os ischion et au coccyx. *Voyez* ces deux mots.

ISCHION, s. m. (*anat.*), *ισχίον* (*ischion*), mot grec qui désigne un des os du bassin, dans lequel s'emboîte la tête du fémur ; il est dérivé d'*ισχις* (*ischis*), rein.

ISCHURIE, s. f. (*méd.*), *ισχουρία* (*ischouria*), suppression ou rétention d'urine ; d'*ισχω* (*ischô*), j'arrête, je retiens, et d'*ουρον* (*ouron*), urine. On appelle Ischurétiques, les remèdes propres à guérir cette maladie.

ISIAQUE, adj. se dit d'un monument antique qui représente les mystères d'Isis. La *table isiaque* est maintenant à Paris, dans la Bibliothèque nationale. Ce mot vient d'*ισιακος* (*isiakos*), initié aux mystères d'Isis.

ISOCÈLE. *Voyez* Isoscèle.

ISOCHRONE, adj. qui se fait en temps égaux, qui a une égale durée, comme les vibrations d'un pendule bien réglé ; d'*ισος* (*isos*), égal, et de *χρόνος* (*chronos*), temps. De-là, Isochronisme, égalité de durée dans les mouvemens d'un corps.

ISOMÉRIE, s. f. terme d'algèbre usité dans les anciens auteurs, et qui désigne la réduction de plusieurs fractions au même dénominateur ; d'*ισος* (*isos*), égal, et de *μερις* (*méris*), partie ; c'est-à-dire, *l'action de diviser une chose en parties égales.*

ISOPÉRIMÈTRE, adj. (*géom.*), mot formé d'*ισος* (*isos*), égal, et de *περίμετρον* (*périmétron*), contour, circuit, dérivé de *περί* (*péri*), autour, et de *μέτρον* (*métron*), mesure. Il se dit des figures dont les contours sont égaux.

ISOSCÈLE, adj. (*géom.*), d'*ισος* (*isos*), égal, au neutre, ίσον (*ison*), et de σκέλος (*skélos*), jambe. Il se dit d'un triangle qui a deux côtés égaux, parce que ces deux côtés égaux sont comme deux jambes qui soutiennent le triangle *isoscèle*.

ISTHME, s. m. (*géog.*), en grec ἰσθμὸς (*isthmos*), terre resserrée entre deux mers, et qui joint deux terres ensemble.

En anatomie, on appelle *isthme de la gorge*, la séparation étroite qui est entre le larynx et le pharynx.

ISTHMIENS ou ISTHMIQUES (*jeux*), ἴσθμια (*isthmia*), jeux solemnels, dans l'ancienne Grèce, ainsi appelés d'ἰσθμὸς (*isthmos*), isthme, parce qu'ils se célébroient à l'honneur de Neptune dans l'isthme de Corinthe.

ITYPHALE, s. f. ἰθύφαλλος (*ituphallos*), espèce d'amulette en forme de cœur, que les anciens portoient au cou comme un préservatif contre les maladies, et même contre les mauvais desseins; d'ἰθὺς (*ithus*), droit, et de φαλλὸς (*phallos*), qui est la même chose que le *lingam* des Indiens.

IXIA, s. f. (*botan.*), plante bulbeuse; d'ἰξία (*ixia*).

J

JACINTHE. *Voyez* HYACINTHE.

JASPE, s. m. d'ἴασπις (*jaspis*), pierre précieuse très-dure, qui est une sorte de silex mêlé d'argile et d'oxide de fer, et dont la couleur varie prodigieusement; de-là est venu *jaspé*, adj. qui est tàcheté comme le *jaspe*.

JUSQUIAME, s. f. plante qui renferme un poison dangereux. Son nom grec est ὑοσκύαμος (*huoskuamos*), d'ὗς (*hus*) cochon, et de κύαμος (*kuamos*), fève, comme qui diroit *fève de cochon*, parce que son fruit a la figure d'une fève, et qu'il peut faire périr les sangliers ou les cochons qui en ont mangé, s'ils ne boivent aussi-tôt, et abondamment.

KÉRATOGLOSSE. *Voyez* CÉRATOGLOSSE.

KÉRATOPHYTE ou KÉRATOPHYLLON, s. m. espèce de corail pétrifié. Son nom vient de κέρας (*kéras*), corne, et de φυτὸν (*phuton*), plante, ou φύλλον (*phullon*), feuille, parce qu'il est transparent comme de la corne, et quelquefois varié de fort belles couleurs.

KÉRAUNOSCOPIE, s. f. l'art de deviner par l'observation de la foudre ; de κεραυνὸς (*kéraunos*), foudre, et de σκοπέω (*skopéô*), j'observe, je considère.

KIASTRE, ou plutôt CHIASTRE, s. m. (*chir.*), espèce de bandage dont le nom vient de sa forme, qui représente la lettre grecque X, *chi.* Il sert pour la rotule fracturée en travers. En grec, χιασμὸς veut dire ce qu'on appelle, en français, croix de saint André.

KILOGRAMME, s. m. poids de mille grammes dans les nouvelles mesures, environ 2 livres 6 gros. Ce mot est composé de χίλιοι (*chilioi*), par contraction *chiloi*, mille, et de γράμμα (*gramma*), ancien poids grec, d'où le *gramme* tire son nom. *Voyez* GRAMME.

KILOLITRE, s. m. capacité égale à un mètre cube, ou valeur de mille litres, dans les nouvelles mesures. C'est à-peu-près ce qu'on appelle un *tonneau*, en termes de marine. Ce mot est composé de χίλιοι (*chilioi*), par contraction *chiloi*, mille, et de λίτρα (*litra*), ancienne mesure grecque, d'où l'on a fait *litre*. *Voyez* LITRE.

KILOMÈTRE, s. m. longueur de mille mètres, ou d'environ 513 toises 5 pouces 8 lignes dans les nouvelles mesures. Le *kilomètre* vaut un petit quart de lieue. Ce mot est composé de χίλιοι (*chilioi*), par contraction *chiloi*, mille, et de μέτρον (*métron*), mesure ou *mètre*. *Voyez* MÈTRE.

KYNANCIE, s. f. κυνάγχη (*kunagché*), esquinancie inflammatoire qui force à tirer la langue comme les chiens; de κύων (*kuôn*), gén. κυνός (*kunos*), chien, et d'ἄγχω (*agchó*), suffoquer, étrangler.

KYPHONISME. *Voyez* CYPHONISME.

KYRIELLE, s. f. mot dérivé de *kyrie*, qui est le commencement ordinaire des *litanies*, et qu'on écrit en grec κύριε (*kurie*), vocatif de κύριος (*kurios*), seigneur (1).

_____

(1) M. D'Ansse-de-Villoison, qui nous a fourni beaucoup d'articles, et entr'autres, toutes les remarques tirées du grec vulgaire répandues dans le cours de cet ouvrage, observe qu'au lieu de κύριος (*kurios*), les Grecs modernes disent κῦρις (*kuris*), qu'ils écrivent quelquefois κύρης (*kurés*), (parce qu'ils prononcent de la même manière l'H et l'I) et κῦρ (*kur*), comme on appeloit le *grand sire*, c'est-à-dire, le prince d'Athènes et de Thèbes, dans le moyen âge, et κυρός (*kuros*), au féminin, κυρά (*kura*), madame, mot fort usité dans l'île de Naxie; et au pluriel, κυράδες (*kurades*), et καλαὶς κυράδες (*kalais kurades*), les bonnes dames, c'est-à-dire, les fées, qui sont les nymphes des Grecs modernes. Il a souvent observé, dans ses voyages, que ce sont elles que les Grecques saluent respectueusement dans l'île de Mycono, et ailleurs, lorsqu'avant de tirer de l'eau d'un puits, elles répètent trois fois : *Je te salue, ô puits, et ta compagne!* c'est-à-dire, les fées, ou bien les *génies*, στοιχεῖα, en grec vulgaire. Il remarque de plus, que le Traité de l'empereur Jean Cantacuzène contre la religion mahométane, est intitulé Κυρῦ Ἰωάννυ Καντακυζηνῦ; et que le savant éditeur Jean Oporin, qui a publié cet ouvrage à Bâle en 1543, *in-folio*, sans savoir que κυρῦ signifie *sire*, *seigneur*, dit à la suite de son épître dédicatoire, qu'il ignoroit ce que veut dire le mot de κυρῦ, parce qu'aucun historien n'a donné le nom de *Cyrus* à Cantacuzène.

Kyrielle s'emploie dans le style familier, pour expri-mer une longue suite de choses fâcheuses et ennuyeuses.

KYSTE, s. m. (*chir.*), mot formé de *κύσις* (*kustis*), vessie. Il désigne une membrane en forme de poche ou de vessie, qui renferme certaines humeurs contre nature. De-là, ENKYSTÉ, adj.

KYSTIOTOMIE ou KYSTÉOTOMIE. *Voy.* CYS-TÉOTOMIE.

L

LABYRINTHE, s. m. en grec, *λαβύρινθος* (*laburin-thos*), lieu plein de détours, dont il est difficile de trou-ver l'issue.

En anatomie, on donne ce nom à l'une des cavités de l'oreille, et à quelques autres parties du corps. *Laby-rinthe* se dit aussi figurément d'une complication d'af-faires embrouillées.

LACHÉSIS, s. f. *Λάχεσις* (*Lachésis*), une des trois Parques; de *λαγχάνω* (*lagchanô*), tirer au sort.

LACONIQUE, adj. serré, vif, concis, en parlant du style. Ce mot vient de *Λάκων* (*Lakôn*), Laconien ou Lacédémonien, parce que les Lacédémoniens affec-toient beaucoup de précision dans leur langage.

Dérivés. LACONIQUEMENT, adv. brièvement; LACO-NISME, s. m. façon de parler serrée et concise.

LACTIPHAGE, adj. terme nouveau, qui signifie *mangeur de lait*, ou *qui se nourrit de lait*. Il vient du latin *lac*, *lactis*, lait, et du grec *φάγω* (*phagô*), manger. *Voyez* GALACTOPHAGE.

LADANUM, s. m. (*botan.*), matière gommeuse et résineuse qui découle des feuilles du lédum, et sur la-quelle on peut voir Tournefort, pag. 86 et suiv. lett. II, tom. I, de sa *Relation d'un voyage du Levant*, Lyon, 1717, *in-8°*. Le mot de Ladanum dérive de l'arabe *ladanon*, ou plutôt *ladan*, en grec λήδανον (*lédanon*), suivant Hérodote, l. III, c. 112, p. 253, édition de Wesseling, et Olaus Celsius, p. 283 et suiv. de la première partie de son excellent *Hierabotanicon*, Upsal, 1745, *in-8°*. indiqués par M. d'Ansse de Villoison. L'arbrisseau qui fournit le ladanum, se nomme en grec λῆδον (*lédon*), d'où l'on a tiré le mot de *ledum*.

LAGOPHTHALMIE, s. f. (*méd.*), maladie des paupières, qui sont tellement retirées, que l'œil reste ouvert en dormant; de λαγώς (*lagôs*), lièvre, et d'ὀφθαλμός (*ophthalmos*), œil; comme qui diroit *œil de lièvre*, parce qu'on dit que les lièvres dorment les paupières ouvertes.

LAGOPUS ou LAGOPE, s. m. plante nommée aussi *pied-de-lièvre*, de λαγώς (*lagôs*), lièvre, et de πούς (*pous*), pied. C'est une espèce de trèfle dont les sommités représentent le pied d'un lièvre. Le mot de *Lagopède*, nom d'un oiseau du genre de la gélinotte, vient aussi des mêmes racines.

LAICOCÉPHALES, s. m. pl. hérétiques qui reconnoissent un laïque pour chef de l'église; de λαικός (*laikos*), laïque, et de κεφαλή (*képhalè*), chef. *Voyez* LAÏQUE.

LAÏQUE ou LAI, adj. qui n'est ni ecclésiastique, ni religieux; λαικός (*laïcos*), dérivé de λαός (*laos*), peuple, c'est-à-dire, *qui est du peuple*.

LAMBDOÏDE, adj. (*anat.*), mot formé de λάμβδα (*lambda*), qui est le nom de la lettre grecque Λ (*L*), et d'εἶδος (*éidos*), forme. Il se dit d'une des sutures du crâne qui a la forme de cette lettre.

LAMIES, s. f. pl. en grec, Λαμίαι (*Lamiai*), êtres

fabuleux qui , sous la figure de femmes , dévoroient les enfans. Ce mot est dérivé de λαιμὸς (*laimos*), gosier.

LAMPADOMANCIE , s. f. divination par le moyen d'une lampe ; de λαμπὰς (*lampas*), d'où vient le mot français *lampe*, qui a la même signification , et de μαν-τεία (*mantéia*), divination. LAMPADAIRE , instrument propre à soutenir des lampes, est aussi dérivé de λαμπὰς (*lampas*). lampe.

LAMPADOPHORE , s. m. (*antiq.*), nom de ceux qui portoient les flambeaux dans les fêtes grecques ap-pelées *Lampadophories* ; de λαμπὰς (*lampas*), lampe , flambeau , d'où vient aussi le mot de *lampion*, et de φέρω (*phéró*), je porte.

LAMPROPHORE, nom qu'on donnoit , dans la primitive église , aux Néophytes , pendant les sept jours qui suivoient leur baptême. Ce mot vient de λαμπρὸς (*lampros*), éclatant par sa blancheur, et de φέρω (*phéró*), je porte ; c'est-à-dire , *qui porte un habit éclatant*, parce qu'ils étoient revêtus d'un habit blanc pendant ces jours-là.

LANCE, s. f. espèce d'arme , et LANCETTE , instru-ment de chirurgie ; de λόγχη (*logché*), lance. C'est de-là qu'on a aussi formé le nom de *lancier*, cavalier dont l'arme étoit la lance.

LAPER , v. n. boire en tirant l'eau avec sa langue ; du mot grec λάπτω (*laptó*), qui a la même signification. C'est de-là que vient aussi le mot de *lamper*, terme po-pulaire qui signifie , *boire avec avidité de grands verres de vin.*

LARYNGE, LARYNGIEN , adj. qui appartient au *larynx*. Voyez ce mot.

LARYNGOGRAPHIE , s. f. (*anat.*), description du

larynx ; de λάρυγξ (*larugx*), le larynx, et de γράφω (*graphô*) , décrire.

LARYNGOLOGIE, s. f. partie de l'anatomie qui traite des usages du larynx ; de λάρυγξ (*larugx*), le larynx , et de λόγος (*logos*) , discours.

LARYNGOTOMIE, s. f. de λάρυγξ (*larugx*) , la gorge , et de τομὴ (*tomé*), incision , qui vient de τέμνω (*temnô*) , couper. *Voyez* BRONCHOTOMIE.

LARYNX , s. m. (*anat.*), en grec, λάρυγξ (*larugx*), partie supérieure de la trachée-artère, qu'on appelle vulgairement *le nœud de la gorge, la pomme d'Adam.*

LATRIE , s. f. *culte de latrie,* qui n'est dû qu'à Dieu seul; de λατρεία (*latréia*), culte, honneur, servitude, dérivé de λάτρις (*latris*), serviteur.

LÉCANOMANCIE , s. f. sorte de divination fort en vogue dans l'Empire grec , et qui se faisoit en jetant des pierres dans un bassin plein d'eau ; ce mot vient de λεκάνη (*lékané*) bassin , et de μαντεία (*mantéia*), divination.

LÉCHER , du mot grec λείχω (*leichô*), je lèche.

LEMME , s. m. (*math.*), proposition préliminaire qu'on démontre pour préparer à une démonstration suivante. Ce mot est dérivé de λῆμμα (*lémma*), mot à mot , ce qu'on prend, ce qu'on admet, la majeure d'un syllogisme; λῆμμα est formé d'εἴλημμαι (*eilêmmai*), prét. pass. de λαμβάνω (*lambanô*), prendre, entreprendre.

LÉONTOPÉTALON , s. m. (*botan.*), plante ; en grec, λεοντοπέταλον (*leontopetalon*), mot à mot feuille de lion , de λέων (*léôn*), lion, et de πέταλον (*petalon*), feuille.

LÉOPARD, s. m. bête féroce ; en grec, λεοπάρδαλις (*leopardalis*), de λέων (*léôn*), lion, et de πάρδαλις (*pardalis*) panthère.

LÉPAS, s. m. coquillage univalve ; *en grec*, λιπὰς (*lepas*).

LÉPIDOÏDE, adj. (*anat.*), qui ressemble à une écaille ; de λιπὶς (*lépis*), écaille, et d'εἶδος (*éidos*), forme, ressemblance. Il se dit de la suture écailleuse du crâne.

LÉPIDOPTÈRE, s. m. (*nat.*), *qui a des ailes écailleuses* ; de λιπὶς (*lépis*), écaille, et de πτερὸν (*ptéron*), aile. On donne ce nom aux insectes qui ont quatre ailes couvertes de petites écailles colorées.

LÈPRE, s. f. (*méd.*), λέπρα (*lépra*), espèce de gale ; de λιπρὸς (*lepros*), rude, parce que cette maladie rend la peau rude et écailleuse. De-là, LÉPREUX, adj. qui a la lèpre ; LÉPROSERIE, s. f. hôpital pour les lépreux.

LÉTHARGIE, s. f. (*méd.*), assoupissement profond qui ôte l'usage de tous les sens, et conduit souvent à la mort. Ce mot est dérivé de λήθη (*léthé*), oubli, et d'ἀργία (*argia*), paresse, engourdissement ; comme qui diroit, *oubli paresseux*, parce que les malades oublient tout-à-coup ce qu'ils ont dit ou ce qu'ils veulent faire, et s'assoupissent aussi-tôt. LÉTHARGIQUE, adj. en dérive.

LÉTHÉ, s. m. (*mytho.*), fleuve des enfers, appelé aussi *fleuve d'Oubli* ; de λήθη (*léthé*), oubli, parce que l'on croyoit que ses eaux faisoient oublier le passé à ceux qui en buvoient.

LEUCACANTHA, s. f. plante épineuse, nommée *chardon argentin* ; de λευκὸς (*leukos*), blanc, et d'ἄκανθα (*akantha*), épine, à cause de la blancheur de ses épines.

LEUCÉ, s. f. (*méd.*), de λευκὸς (*leukos*), blanc ; espèce de lèpre blanche qu'on croit être la même que l'*éléphantiasis*.

LEUCOME, s. m. (*méd.*), mot grec, λεύκωμα (*leu-*

kôma), qui signifie, *petite tache blanche qui se forme sur l'œil*, dérivé de λευκὸς (*leukos*), blanc.

LEUCOPHLEGMATIE, s. f. (*méd.*), espèce d'hydropisie pituiteuse ; de λευκὸς (*leukos*), blanc , et de φλέγμα (*phlegma*), pituite ; à cause de la pâleur qu'elle occasionne sur toute la surface du corps.

LEUCORRHÉE, s. f. (*méd.*), maladie des femmes, appelée *fleurs blanches ;* de λευκὸς (*leukos*), blanc , et de ῥέω (*rhéô*) , couler. La *leucorrhée* est un écoulement d'humeurs séreuses.

LÉVIGER, v. a. (*chim.*), réduire un mixte en poudre impalpable sur le porphyre ; d'où vient le substantif LÉVIGATION , action, ou effet de l'action de léviger ; de *lævis*, uni , en latin , qui dérive du mot grec λεῖος (*léios*) , pris dans le même sens.

LEXIQUE ou LEXICON , s. m. mot grec qui signifie *dictionnaire,* ou recueil de mots. Il est formé de λέξις (*lexis*), mot , parole, diction , dérivé de λέγω (*légô*), je dis.

LIBANOMANCIE , s. f. divination qui se faisoit par le moyen de l'encens ; de λίβανος (*libanos*), encens, et de μαντεία (*montéia*), divination.

LIBANOTIS, s. m. plante ainsi nommée de λίβανος (*libanos*) , encens, parce que sa racine a l'odeur de l'encens.

LIBATION, s. f. C'étoit, chez les anciens, l'effusion d'une liqueur en l'honneur des dieux ; du mot latin *libo,* dérivé du grec λείβω (*léibô*), je répands.

LICHEN , s. m. (*botan.*), plante parasite et rampante, qui croît sur les pierres et sur l'écorce des vieux arbres ; du mot grec λειχήν (*leichên*), pris dans le même sens.

LIMODORE, s. m. (*botan.*), en grec, λειμόδωρον, plante qui croît dans les endroits humides.

LIMOINE, s. f. (*botan.*), plante qui croît dans les lieux marécageux ; de λιμὼν (*leimôn*), pré, lieu arrosé. Elle s'appelle en grec, λειμώνιον (*leimonion*).

LIMON, s. m. boue, terre détrempée ; de λίμνη (*limné*), marais, d'où vient l'adjectif LIMONEUX.

LIN, s. m. (*botan.*), sorte de plante ; dérivé de λίνον (*linon*), lin, d'où vient aussi le mot de LINON.

LION, s. m. animal féroce ; de λίων (*leôn*). M. D'Ansse-de-Villoison observe qu'Homère l'appelle λῖς (*lis*) ; et il dérive ce mot grec de l'hébreu *laisch*, qui a la même signification.

LIPAROCÈLE, s. f. (*chirur.*), espèce de hernie du scrotum, causée par la masse d'une substance semblable à de la graisse ; de λιπαρὸς (*liparos*), gras, et de κήλη (*kélé*), tumeur ; comme qui diroit, *tumeur graisseuse.*

LIPOGRAMMATIQUE, adj. Il se dit des ouvrages où l'on affecte de ne pas faire entrer une lettre particulière de l'alphabet ; de λείπω (*leipô*), manquer, et de γράμμα (*gramma*), lettre ; c'est-à-dire, où il manque une certaine lettre.

LIPOME, s. m. (*chirur.*), λίπωμα (*lipôma*), loupe graisseuse, ou tumeur formée par une graisse épaissie dans la membrane adipeuse ; ce mot est dérivé de λίπος (*lipos*), graisse.

LIPOTHYMIE, s. f. (*méd.*), défaillance des esprits, évanouissement léger ; de λείπω (*léipô*), manquer, et de θυμὸς (*thumos*), esprit, courage ; littéralement, *découragement.*

LIPYRIE, s. f. (*méd.*), λειπυρίας (*léipurias*), ou plutôt λειποπυρίας, sous-entendu πυρετὸς (*purétos*), fièvre ; espèce de fièvre continue, accompagnée d'une grande chaleur interne, et d'un froid extérieur ; de

λεἰπω (*léipô*), j'abandonne, et de πῦϱ (*pur*), feu, chaleur.

LITANIES, s. f. pl. de λιτανεία (*litanéia*), prières,
supplication, dérivé de λίτομαι (*litomai*), prier, sup-
plier. Les *litanies* sont des prières en l'honneur de Dieu,
de la Vierge et des Saints.

LITE, ou plutôt LITHE, mot dérivé du grec λίθος
(*lithos*), pierre. C'est une terminaison commune à plusieurs mots français dérivés du grec, par lesquels les
naturalistes désignent différentes sortes de pierres, ou
des pétrifications de quelques parties des animaux et des
végétaux, telles que *ichthyolithe*, *chrysolithe*, *entomolithe*, &c.

LITHAGOGUE, adj. (*méd.*), se dit des remèdes
qui expulsent la pierre de la vessie; de λίθος (*lithos*),
pierre, et d'ἄγω (*agô*), chasser, faire sortir.

LITHARGE, s. f. (*chim.*), oxide de plomb demi-
vitreux. Ce mot est formé de λίθος (*lithos*), pierre, et
d'ἄργυρος (*arguros*), argent; comme qui diroit, *pierre
d'argent*, parce qu'il désignoit d'abord l'oxide métallique provenant de l'affinage de l'argent dans le plomb
fondu. La couleur blanchâtre ou rougeâtre de la litharge,
l'a fait distinguer en *litharge d'argent*, et en *litharge d'or*.

Dérivé. LITHARGÉ, adj. altéré avec de la litharge.

LITHIASE, s. f. (*méd.*), λιθίασις (*lithiasis*), formation de la pierre ou du calcul dans le corps humain,
dérivé de λίθος (*lithos*), pierre. C'est aussi une maladie
des paupières, causée par de petites tumeurs dures et
comme pétrifiées, qui se forment sur leurs bords.

LITHIATES, s. m. pl. nom générique des sels formés
par la combinaison de l'acide lithique avec différentes
bases; de λίθος (*lithos*), pierre. Ce mot est remplacé aujourd'hui par celui d'*urates*.

LITHIQUE, ad. (*chim.*), terme nouveau, dérivé de λίθος (*lithos*), pierre, par lequel on a désigné d'abord l'acide qu'on retire du calcul de la vessie. Il est remplacé aujourd'hui par celui d'URIQUE. *Voyez* ce mot.

LITHOCOLLE, s. f. mot qui signifie *colle à pierre ;* de λίθος (*lithos*), pierre, et de κόλλα (*kolla*), colle. C'est un ciment avec lequel les lapidaires attachent les pierres précieuses pour les tailler sur la meule.

LITHOGRAPHIE, s. f. Description des pierres, de λίθος (*lithos*), pierre, et de γράφω (*graphó*), je décris.

LITHOLABE, s. m. (*chirur.*), pincette propre à saisir la pierre dans l'opération de la *taille ;* de λίθος (*lithos*), pierre, et de λαμβάνω (*lambanó*), prendre, saisir, d'où dérive λαβή (*labé*), prise.

LITHOLOGIE, s. f. *science des pierres ;* de λίθος (*lithos*), pierre, et de λόγος (*logos*), discours. Partie de l'histoire naturelle qui a pour objet les différentes espèces de pierres, leur formation, leurs propriétés, &c. De-là vient LITHOLOGUE, celui qui a écrit sur les pierres.

LITHOMANCIE, s. f. divination par le moyen des pierres; de λίθος (*lithos*), pierre, et de μαντεία (*mantéia*), divination.

LITHONTRIPTIQUE, adj. (*méd.*), mot qui signifie *brise-pierre ;* de λίθος (*lithos*), pierre, et de τρίβω (*tribó*), briser, rompre. Il se dit des médicamens propres à dissoudre la pierre dans la vessie, et à l'expulser par les urines.

LITHOPHAGE, s. m. (*nat.*), mot qui signifie *mangeur de pierres ;* de λίθος (*lithos*), pierre, et de φάγω (*phagó*), manger. C'est le nom d'un petit ver noirâtre qui se trouve dans l'ardoise, et qui, dit-on, y vit en la rongeant.

LITHOPHYTE, s. m. (nat.), production naturelle qui tient de la pierre par sa dureté, et de la plante par sa forme; de λίθος (lithos), pierre, et de φυτόν (phuton), plante; comme qui diroit *pierre-plante*.

LITHOSTROTOS, mot purement grec, qui signifie un *pavé de pierres*; de λίθος (lithos), pierre, et de στρωτός (strôtos), pavé, de στρώννύω (strônnuô), paver. Les Grecs appeloient ainsi un lieu pavé de marbres de différentes couleurs et à différens compartimens. Les Grecs modernes, dit M. d'Ansse de Villoison, appellent la rue στρατά (strata), comme Virgile, *strata viarum*. Ce dernier mot latin (d'où les Italiens ont tiré celui de *strada*, et les Français *estrade*, dans la phrase *battre l'estrade*) vient de *sterno*, dérivé de στρώννύω (strônnuô).

LITHOTOMIE, s. f. (chirur.), la taille, ou l'opération par laquelle on tire la pierre de la vessie; de λίθος (lithos), pierre, et de τέμνω (temnô), couper, parce qu'on fait une incision pour tirer la pierre. De-là, LITHOTOME, l'instrument qui sert à cette opération; LITHOTOMISTE, adj. celui qui la fait.

LITHOXYLON, s. m. mot purement grec, formé de λίθος (lithos), pierre, et de ξύλον (xulon), bois; il signifie *bois pétrifié*.

LITOTE, s. f. de λιτότης (litotés), simplicité, diminution, dérivé de λιτός (litos), simple, petit. C'est une figure de rhétorique qui consiste à dire le moins par modestie, ou par égard, pour réveiller l'idée du plus. On l'appelle aussi *exténuation*.

LITRE, s. m. nouvelle mesure de capacité, qui contient un décimètre cube, et qui répond à une pinte et un vingtième des anciennes mesures. Ce mot est dérivé de λίτρα (*litra*), nom d'une ancienne mesure grecque pour les liquides; d'où vient aussi LITRON.

LITURGIE, s. f. de λειτουργία (*léitourgia*), qui signifie *service*, *ministère public*, formé de λειτός (*léitos*), prytanée, et d'ἔργον (*ergon*), ouvrage. Ce mot désigne l'ordre établi dans les prières et les cérémonies de l'office divin. De-là vient LITURGIQUE, adj. et LITURGISTE, s. m. Voyez *Hesychius*, et ses commentateurs, sur le mot Ληἴτεργεῖν (*léitourgein*).

LOBE, s. m. (*anat.*), de λοβός (*lobos*), le bout de l'oreille, par où l'on prend une personne, et qui dérive, dit-on, de λαμβάνω (*lambanô*), prendre. De-là viennent les lobes du foie, du poumon, du cerveau, c'est-à-dire, les deux parties dans lesquelles ils sont divisés. En botanique, on appelle *lobes* les deux cotylédons, ou les deux parties qui sont attachées au germe, et qui nourrissent les jeunes plantes jusqu'à ce qu'elles aient produit des racines. LOBULE se dit d'un petit lobe. Chaque lobe du poumon se divise en une multitude de lobules.

LOCHIES, s. f. pl. en grec, λοχεῖα (*locheia*), flux de sang qui arrive aux femmes après l'accouchement; ce mot vient de λοχός (*lochos*), femme en couche; λεχώ (*lechô*) a la même signification en grec, et dérive de λέχος (*lechos*), lit.

LOGARITHME, s. m. (*math.*), mot composé de λόγος (*logos*), raison, proportion, et d'ἀριθμός (*arithmos*), nombre; c'est-à-dire, *raison de nombres*, ou nombre en proportion avec un autre. Les *logarithmes* sont des nombres en progression arithmétique qui répondent terme pour terme à d'autres nombres en progression géométrique. L'invention en est due à Néper, baron Ecossais. *Dérivé.* LOGARITHMIQUE, adj. et s. f. On appelle *logarithmique* une courbe géométrique utile dans la construction des tables de logarithmes.

LOGIE, mot tiré du grec λόγος (*logos*), qui signifie *discours raisonné, traité*, &c. dérivé de λέγω (*légô*), dire, parler. *Logie* désigne donc un genre de science, de connoissance, de traité, comme *astrologie, chronologie, physiologie*, &c. et souvent une qualité du discours, comme dans *amphibologie, battologie*. Il entre dans la composition de plusieurs mots français, qu'on trouve expliqués à leur rang dans cet ouvrage.

LOGIQUE, s. f. en grec, λογική (*logiké*), l'art de penser et de raisonner avec justesse. Ce mot est dérivé de λόγος (*logos*), discours, raisonnement, qui vient de λέγω (*l'gó*), je parle. Il est aussi adj. *Dérivés*. LOGICIEN, s. m. celui qui possède l'art de raisonner. LOGIQUEMENT, adv.

LOGISTES, s. m. pl. en grec, λογισταί (*logistai*), magistrats athéniens qui examinoient la conduite des comptables; de λόγος (*logos*), compte, qui vient de λέγω (*légó*).

LOGISTIQUE, s. f. de λογίζομαι (*logizomai*), calculer. C'est le nom qu'on donnoit autrefois à l'algèbre, ou à l'art de calculer avec des caractères représentatifs, avec des jetons.

LOGOGRAPHIE, s. f. terme nouveau, qui signifie *art d'écrire aussi vîte que l'on parle*; il est dérivé de λόγος (*logos*), parole, et de γράφω (*graphô*), j'écris. De-là on a fait LOGOGRAPHE, s. m. LOGOGRAPHIQUE, adj.

LOGOGRIPHE, s. m. sorte d'énigme dont on décompose le mot pour en former d'autres mots qu'on définit, et que l'on donne à deviner. Ce mot est composé de λόγος (*logos*), mot, et de γρίφος (*griphos*), filet, ou énigme; il veut dire littéralement, *énigme de mots*.

LOGOMACHIE, s. f. λογομαχία (*logomachia*), dispute de mots ; de λόγος (*logos*), mot, et de μάχομαι (*machomai*), combattre, disputer. *tumbaita.*

LONCHITE, s. f. (*astro.*), espèce de comète qui ressemble à une pique ; de λόγχη (*logché*), lance ou pique.

LONCHITIS, s. f. (*botan.*), plante qui ressemble beaucoup à la fougère, et qui n'en diffère qu'en ce que les feuilles de la lonchitis sont fort pointues et en forme de lance, d'où lui vient aussi le nom de *lancelée* ; de λόγχη (*logché*), lance.

LONGIMÉTRIE, s. f. (*géom.*), art de mesurer les longueurs accessibles ou inaccessibles. Ce mot est formé du latin *longus*, long, et du grec μέτρον (*métron*), mesure.

LORDOSE, s. f. (*méd.*), en grec, λόρδωσις (*lordôsis*), maladie dans laquelle l'épine du dos se courbe en avant ; de λορδός (*lordos*), plié, courbé.

LOSANGE, s. m. (*géom.*) Ce mot paroît formé, avec quelque altération, du grec λοξός (*loxos*), oblique, et du latin *angulus*, angle, c'est-à-dire, *angle oblique*. C'est une figure à quatre côtés égaux, placés obliquement l'un sur l'autre, et qui a deux angles aigus et deux obtus.

LOTOPHAGES, s. m. peuples d'Afrique, ainsi nommés de λωτός (*lôtos*), lotus, ou lotos, espèce d'arbrisseau, et de φάγω (*phagô*), manger, parce qu'ils se nourrissoient du fruit du lotus. Suivant l'opinion des anciens Grecs, ce fruit étoit si agréable, qu'après en avoir mangé, les étrangers perdoient l'envie de retourner dans leur patrie ; ce qui avoit donné lieu au proverbe, *manger du lotus*, pour dire, *oublier son pays* par goût pour un autre (1).

LOXODROMIE, s. f. terme de marine, qui vient

(1) M. d'Ansse-de-Villoison observe que le savant Des Fontaines a retrouvé le *lotus* dans ses voyages, et a prouvé, dans ses *Mémoires*

de λοξὸς (*loxos*), oblique, et de δρόμος (*dromos*), course. Il
signifie la route oblique d'un vaisseau, ou la courbe qu'il
décrit en suivant toujours le même rhumb de vent. De-là,
LOXODROMIQUE, adj. qui a rapport à la Loxodromie.

LYCANTHROPIE, s. f. (*méd.*), espèce de délire
mélancolique, dans lequel les malades se croient chan-
gés en loups, et en imitent toutes les actions ; de λύκος
(*lukos*), loup, et d'ἄνθρωπος (*anthrôpos*), homme. De-là,
LYCANTHROPE, celui qui est atteint de ce délire. C'est
ce que le peuple appelle *loup-garou* ; mot que quelques-
uns dérivent de λύκος ἄγριος (*lukos agrios*), loup sauvage, féroce.

LYCÉE, s. m. en grec, λύκειον (*lukeion*), lieu près
d'Athènes, orné de portiques et de jardins, où Aristote
enseignoit la philosophie. On l'a dit, par extension, de
tout lieu où s'assemblent les gens de lettres ; et, dans la
nouvelle organisation de l'instruction publique, ce mot
remplace celui de collège.

LYCHNIS, s. m. plante, dont le nom vient de λύχνος
(*luchnos*), lampe, parce qu'on prétend que les anciens
faisoient avec ses feuilles des mèches pour leurs lampes,
ou à cause de la couleur resplendissante de sa fleur.

LYCHNOMANCIE, s. f. divination qui se faisoit
par l'inspection de la flamme d'une lampe ; de λύχνος

---

ou *Recherches sur un arbrisseau connu des anciens sous le nom
de* lotus de Libye (*Journal de Physique*, octobre, 1788), que c'est
le *rhamnus lotus*, espèce de figuier sauvage, dont les Arabes mangent
le fruit, et dont ils tirent une liqueur agréable et rafraîchissante. Ce
célèbre voyageur, ajoute M. d'Ansse-de-Villoison, confirme ainsi l'opinion de Saumaise, pag. 728 et suiv. de son *Commentaire sur Solin*,
et de Jean Colombus, professeur d'Upsal, et gendre de son collègue
Jean Scheffer, pag. 79 de ses notes sur les *Fabulæ aliquot Home-
ricæ de Ulixis erroribus*, Leyde, 1745, in-8°.

(*luchnos*), lampe, et de μαντεία (*mantéia*), divination. *Voyez* LAMPADOMANCIE.

LYCIUM, s. m. (*botan.*), arbrisseau épineux ; en grec, λύκιον (*lukion*).

LYCOPODE, s. m. (*botan.*), mousse terrestre, nommée autrement *pied-de-loup*, comme le désigne son nom grec, formé de λύκος (*lukos*), loup, et de πούς (*pous*), pied, parce qu'elle a la figure du pied d'un loup.

LYMPHE, s. f. humeur aqueuse qui fournit la plupart des humeurs animales; du mot latin *lympha*, qui vient, dit-on, de νύμφη (*numphé*), nymphe, divinité des eaux, et par extension, eau. *Dérivé.* LYMPHATIQUE, adj.

LYNGODE, s. f. (*méd.*), fièvre accompagnée de hoquet; de λύγξ (*lugx*), génit. λυγγός (*luggos*), hoquet, sanglot, dérivé de λύζω (*luzô*), sangloter.

LYNX, s. m. λύγξ (*lugx*), animal tacheté qui a la vue fort perçante ; dérivé, dit-on, de λύκη (*luké*), lumière, parce qu'il a les yeux fort brillans. Les Latins ont formé le mot de *lux*, lumière, de λύκη (*luké*), qui a la même signification, et d'où dérive ἀμφιλύκη (*amphiluké*), crépuscule.

LYRE, s. f. de λύρα (*lura*), instrument de musique à cordes, en usage chez les anciens. De-là, le nom de *lyrique* qu'on donne aux ouvrages de poésie qui se chantent, ou qu'on suppose devoir être chantés, et à ceux qui les composent.

LYSIMACHIE, s. f. plante; en grec, λυσιμάχιον (*lusimachion*); ainsi appelée du nom de Lysimaque, qui l'avoit découverte ; ou, selon d'autres, parce qu'elle avoit la vertu d'empêcher les bœufs et autres animaux de se battre, quand on la posoit sur le joug auquel ils étoient attelés. Ce mot est dérivé de λύσις (*lusis*), dissolution, rupture, et de μάχη (*maché*), combat.

M

MACHER, v. a. broyer, moudre avec les dents; de μασσᾶσθαι (*massasthai*), qui a la même signification en grec.

MACHINE, s. f. nom de tout instrument qui sert à produire quelque effet; de μηχανή (*méchané*), machine, invention, art, adresse. *Dérivés.* MACHINAL, MACHINATEUR, MACHINATION, MACHINER, MACHINISTE.

MACROCÉPHALE, s. m. (*méd.*), celui qui a la tête plus longue que nature; de μακρός (*makros*), long, et de κεφαλή (*képhalé*), tête.

MACROCOSME, s. m. (*philos.*), mot composé de μακρός (*makros*), grand, et de κόσμος (*kosmos*), monde. Quelques philosophes ont donné ce nom à l'univers, par opposition à *microcosme* ou *petit monde*, qui désignoit l'homme. *Voyez* MICROCOSME.

MACROPHYSOCÉPHALE, s. m. (*méd.*), celui à qui des flatuosités ont rendu la tête plus longue que nature; de μακρός (*makros*), long, de φύσα (*phusa*), vent, souffle, et de κεφαλή (*képhalé*), tête.

MAGE, s. m. Μάγος (*Magos*), sorte de philosophes ou de sages parmi les anciens Perses. Ce mot signifie aussi *magicien*, parce que ces sages passoient pour savans dans l'art magique.

MAGIE, s. f. μαγεία (*magéia*), art qui enseigne à faire des choses surprenantes et merveilleuses; de μάγος (*magós*), magicien, proprement *Mage*, car les Mages usoient quelquefois d'enchantemens. *Voyez* MAGE. De-là vient aussi MAGIQUE, adj. MAGICIEN, IENNE, subst. et MAGISME, s. m. religion des Mages.

MAGMA, s. m. (*pharm.*), mot grec qui signifie le

marc, la lie d'un onguent, ou ce qui reste après l'expression des parties les plus fluides ; de μάσσω (*massô*), pétrir, exprimer.

MAGNÉTIQUE, adj. de tout genre, qui tient de l'aimant, qui appartient à l'aimant ; du mot grec μάγνης (*magnés*), aimant. C'est de-là que vient aussi le mot de MAGNÉTISME, nom générique, qui se dit des propriétés de l'aimant ; MAGNÉTISER, v. a. développer le *magnétisme animal*, fluide particulier, dont on a cherché, il y a quelques années, à établir l'existence, sur-tout en agissant sur l'imagination et sur les sens des personnes nerveuses. MAGNÉTISEUR, s. m. celui qui magnétise.

MALACHITE, s. f. pierre précieuse, verte et opaque ; ainsi nommée de μαλάχη (*malaché*), mauve, à cause de sa couleur qui approche de celle de cette plante. La malachite est un vrai oxide de cuivre formé de stalactites, et susceptible d'un beau poli.

MALACIE, s. f. (*méd.*), de μαλακία (*malakia*), qui signifie *mollesse*, dérivé de μαλάσσω (*malassô*), amollir. C'est une espèce de mollesse ou de maladie de l'estomac, qui fait desirer vivement certains mets inusités que l'on mange avec excès.

MALACODERME, adj. (*nat.*), mot formé de μαλακός (*malakos*), mou, et de δέρμα (*derma*), peau. Il se dit des animaux qui ont la peau molle, pour les distinguer des OSTRACODERMES. *Voyez* ce mot.

MALACOÏDE, s. f. plante qui ressemble à la *mauve* par ses fleurs et par sa forme ; de μαλάχη (*malaché*), mauve, et d'εἶδος (*éidos*), forme, ressemblance. Elle en a aussi les propriétés.

MALACTIQUE, adj. (*méd.*), émollient, qui a la vertu d'amollir ; de μαλάσσω (*malassô*), j'amollis.

MALAGME, s. m. (*pharm.*), en grec μάλαγμα (*ma-*

lagma), sorte de topique ou de cataplasme émollient, dérivé de μαλασσω (*malassô*), amollir.

MALAXER, (*pharm.*), pétrir des drogues pour les rendre plus molles et plus ductiles ; de μαλασσω (*malassô*), amollir.

MANCIE ou MANCE, terminaison commune à plusieurs mots français tirés du grec. Ce mot est dérivé de μαντεία (*mantéia*), qui signifie *divination*, dont la racine est μάντις (*mantis*), devin ; il termine presque tous les noms qui désignent les différentes pratiques superstitieuses par lesquelles les anciens prétendoient connoître l'avenir, et découvrir les choses cachées. Nous parlons de chaque espèce de divination sous le nom qui lui est propre.

MANDRAGORE, s. f. de μανδραγόρας (*mandragoras*), plante qui a la vertu d'assoupir et d'engourdir.

MANIE, s. f. (*méd.*), délire continuel et furieux, sans fièvre ; de μανία (*mania*), fureur, folie, dérivé de μαίνομαι (*mainomai*), être fou, être en fureur. *Manie*, dans la composition des mots, signifie amour, passion portée jusqu'à la folie ou à la fureur, comme dans *Métromanie*, *Bibliomanie*, &c. De-là, MANIAQUE, s. et adj. un fou, un furieux.

MANOMÈTRE ou MANOSCOPE, s. m. instrument de physique qui mesure les variations de la densité et de la rareté de l'air ; ce mot est composé de μανός (*manos*), rare, et de μέτρον (*métron*), mesure, ou de σκοπέω (*skopéô*), je considère, j'examine.

MANTEAU, s. m. de μανδύη ou μανδύας (*manduê* ou *manduas*), mot persan, qui a depuis passé dans la langue grecque, et qui désigne une espèce de vêtement semblable. MANDILLE, s. f. sorte de casaque que les laquais portoient autrefois, dérive de la même racine.

MARASME, s. m. (*méd.*), dessèchement général, maigreur extrême de tout le corps ; de μαραίνω (*marainô*), flétrir, dessécher.

MARAUD, s. m. coquin, fripon. Ce mot, selon Henri Étienne, est dérivé de μιαρὸς (*miaros*), qui a la même signification en grec.

MARMOT, s. m. espèce de singe et figure grotesque ; et Marmouset, diminutif, petite figure grotesque ; de μορμώ (*mormô*), masque, figure de femme qui inspiroit la terreur.

MARTYR, s. m. de μάρτυρ (*martur*), témoin. L'église donne ce nom à ceux qui ont souffert la mort pour rendre témoignage à Jésus-Christ et à la vérité de son Évangile. De-là vient Martyre, s. m. le tourment ou la mort qu'on souffre dans cette vue ; Martyriser, v. a. faire souffrir le martyre.

MARTYROLOGE, s. m. catalogue ou histoire des martyrs ; de μάρτυρ (*martur*), témoin, martyr, et de λόγος (*logos*), discours ; c'est-à-dire, *discours, ouvrage sur les martyrs.* Martyrologiste, s. m. auteur d'un Martyrologe.

MASSÉTER, s. m. (*anat.*), mot dérivé de μασσάομαι (*massaomai*), manger. C'est le nom de deux muscles très-forts, qui servent à tirer la mâchoire inférieure vers la supérieure, lorsqu'on mange.

MASTIC, s. m. de μαστίχη (*mastiché*), espèce de résine de larme qui découle du lentisque (1).

---

(1) M. d'Ansse-de-Villoison observe que toute la Grèce est couverte de lentisques, mais qu'il n'y a plus que vingt-un villages dans la charmante île de Scio (autrefois vingt-quatre) où les lentisques donnent du mastic, et qu'on appelle pour cette raison μαστιχοχωρία (*mastichochoria*), villages au mastic, et qui sont exempts par conséquent de capitation, et

MASTICATION, s. f. (*méd.*), action de mâcher, de broyer les alimens ; de μαϛιχάω (*mastichaô*), mâcher, dérivé, dit-on, de μάϛαξ (*mastax*), mâchoire.

MASTICATOIRE, s. m. (*méd.*), remède que l'on mâche pour exciter l'évacuation de la salive. *Voyez* MAS-TICATION, pour l'étymologie.

MASTIGOPHORE, s. m. (*antiq.*), *porte - verge* ; de μάϛιξ (*mastix*), fouet, et de φέρω (*phérô*), je porte. Espèce d'huissier chargé de punir ceux qui enfreignoient les réglemens de police dans les jeux publics de la Grèce.

MASTOÏDE, adj. (*anat.*), *qui a la figure d'une ma-melle* ; de μαϛός (*mastos*), mamelle, et d'ἴδος (*éidos*). forme, figure. Il se dit d'une apophyse de l'os temporal, qui a la figure d'un mamelon. De-là, MASTOÏDIEN, adj. qui se dit des parties qui ont rapport à l'apophyse mastoïde.

MAT, adj. qui n'a point d'éclat, et MAT, au jeu des échecs, dérivent, selon Henri Étienne, de l'italien *matto*, qui vient, selon le même savant, de μάταιος (*mataios*), vain, inutile, fol (1). D'autres dérivent, avec plus de vraisemblance, l'expression *échec et mat* du persan.

---

conservent l'usage des cloches, interdit aux autres habitans de Scio. Le *sakiz-émini* ou surintendant de la ferme turque du mastic, lui assura, en 1785, que ces vingt et un villages rendoient par an cinquante mille oques de mastic, environ cent cinquante mille livres pesant, qui valoient deux cent mille piastres. Le même M. d'Ansse-de-Villoison observe, comme une singularité très-remarquable, qu'il a trouvé dans l'île de Stampalie, *Astipalcia regna*, pour se servir de l'expression d'Ovide, deux lentisques qui produisoient du mastic comme ceux de Scio, tandis qu'ils sont stériles dans le reste de l'Archipel et de la Grèce, et dans la Provence.

(1) Les Italiens ont pris plusieurs termes du grec, comme, par exemple, le mot vénitien *magari*, plût à Dieu, qui vient de μακάριος (*makarios*), *heureux*, c'est-à-dire, que je serois heureux. Cette observation

MATHÉMATIQUES, s. f. pl. science qui a pour objet la grandeur, et en général tout ce qui est susceptible d'augmentation ou de diminution. Ce mot, qui signifie en lui-même toutes sortes de sciences, est dérivé de μάτημα (mathéma), science, qui vient de μανθάνω (manthanó), apprendre; comme qui diroit, *la science par excellence*, parce que les mathématiques sont les seules connoissances susceptibles d'une démonstration rigoureuse, accordées à nos lumières naturelles, et que, par cette raison, elles tiennent le premier rang entre les sciences. *Dérivés.* MATHÉMATIQUE, adj. MATHÉMATIQUEMENT, adv. MATHÉMATICIEN, s. m.

MÉCHANIQUE ou MÉCANIQUE, s. f. mot dérivé de μηχανή (méchané), art, adresse, machine. C'est la partie des mathématiques qui traite des forces mouvantes, de l'usage des différentes machines, &c. Ce mot est aussi adjectif. De-là sont dérivés MÉCHANICIEN, s. m. MÉCHANIQUEMENT, adv. MÉCHANISME, s. m.

MÉCONITE, s. f. (*nat.*), pierre formée de petits corps marins qui imitent les graines du pavot; de μήκων (mékón), pavot.

MÉCONIUM, s. m. suc tiré du pavot par expression; de μήκων (mékón), pavot. Les médecins donnent aussi ce nom à l'excrément qui s'amasse dans les intestins du fœtus pendant la grossesse, parce qu'il est noir et épais comme le suc de pavot.

MÉDAILLE, s. f. pièce de métal frappée en mémoire d'un fait ou d'un homme célèbre; de μέταλλον (métallon), métal.

est de M. d'Ansse-de-Villoison, qui a tiré du *Traicté de la conformité du langage françois avec le grec*, de Henri Etienne, *Paris*, 1569, toutes les étymologies qu'il cite sous le nom de ce grand critique.

MÉDECINE, s. f. l'art de conserver la santé et de guérir les maladies ; de μίδω (*médô*), avoir soin, dérivé de μῦδος (*médos*), soin ; d'où vient aussi MÉDECIN et les autres dérivés, MÉDICAL, MÉDICINAL, REMÈDE, REMÉDIER, &c.

MÉDIMNE, s. m. (*antiq.*), en grec, μέδιμνος (*médim-nos*), ancienne mesure grecque pour les solides, qui contenoit six boisseaux romains ou quarante pintes de Paris.

MÉGAMÈTRE, s. m. (*astro.*), instrument qui sert à faire connoître les longitudes en mer. Ce mot est formé de μέγας (*mégas*), grand, et de μέτρον (*métron*), mesure ; c'est-à-dire, *qui mesure de grandes distances*, parce que cet instrument sert pour des distances plus grandes que le micromètre, qui va rarement à un degré. *Voyez* MICROMÈTRE.

MÉLANAGOGUE, adj. (*méd.*) ; de μέλας (*mélas*), noir, et d'ἄγω (*agô*), chasser, faire sortir. Il se dit des remèdes que l'on croit propres à purger la bile noire, appelée *mélancolie* par les anciens.

MÉLANCOLIE ou MÉLANCHOLIE, s. f. (*méd.*), espèce de délire qui rend triste, craintif et taciturne ; en grec, μελαγχολία (*mélagcholia*), qui est composé de μέλας (*mélas*), noir, et de χολή (*cholé*), bile, parce que les anciens attribuoient la cause de cette maladie à une bile noire. De-là, MÉLANCOLIQUE, adj.

MÉLANDRE, s. m. poisson de mer ; de μέλας (*mélas*), noir, et d'ἀνήρ (*anér*), génit. ἀνδρός (*andros*), homme. Il est ainsi nommé, parce que tout son corps est noir, et qu'il est l'ennemi mortel des pêcheurs.

MÉLIANTHE, s. m. plante originaire d'Afrique, dont le nom signifie *fleur miellée* ; de μέλι (*méli*), miel, et d'ἄνθος (*anthos*), fleur, parce que sa fleur contient un suc mielleux, d'un goût fort agréable.

MÉLICÉRIS, s. m. (*chirur.*.), mot dérivé de μελίκηρος *
(*mélikéron*), qui signifie *rayon de miel*, de μέλι (*méli*),
miel, et de κηρός (*kéros*), cire. C'est le nom d'une espèce
de tumeur *enkystée*, formée par une matière qui ressemble à du miel.

MÉLILOT, s. m. plante d'une odeur douce, qu'on
prend pour une espèce de *lotus*; de μέλι (*méli*), miel,
et de λωτός (*lôtos*), lotus, sorte de plante; comme qui
diroit, *lotus miellé*.

MÉLISSE, s. f. plante; de μέλισσα (*mélissa*), abeille,
parce que les abeilles en sont avides.

MÉLOCACTE, s. m. plante ainsi nommée de μῆλον
(*mélon*), pomme, et de κάκτος (*kaktos*), chardon épineux, parce que son fruit ressemble à une pomme hérissée d'épines. On l'appelle encore *melon-chardon*.

MELODIE, s. f. de μελῳδία (*mélôdia*), qui signifie,
chant harmonieux, ou *agréable à l'oreille*, dérivé de μέλος
(*mélos*), harmonie, et d'ῳδή (*ôdé*), chant, d'ἀείδω (*aéidô*),
je chante. Il se prend en général pour toute sorte d'harmonie musicale. *Dérivés.* MÉLODIEUX, adj. MÉLODIEU-
SEMENT, adv.

MÉLOPÉE, s. f. de μέλος (*mélos*), mélodie, et de
ποιέω (*poiéô*), faire, composer. C'étoit, dans la musique
grecque, l'art ou les règles de la composition du chant,
dont l'effet s'appeloit *mélodie*.

MÉLOTE, s. f. (*hist. eccl.*), de μηλωτή (*mélôté*), qui
désigne une peau de brebis avec sa toison. Les premiers
moines se couvroient les épaules d'une *mélote*, en forme
de manteau. La version des Septante donne le même
nom au manteau d'Élie.

MÉNADE, s. f. (*mytho.*), bacchante, femme qui
célébroit les fêtes de Bacchus; de μαινάς (*mainas*), qui
signifie *une furieuse*, dérivé de μαίνομαι (*mainomai*),

être en fureur, parce que ces femmes donnoient dans toutes sortes d'extravagances.

MÉNAGOGUE, adj. (méd.), de μὴν (mén), mois, et d'ἄγω (agô), chasser. *Voyez* EMMÉNAGOGUE.

MÉNIANTHE, ou TRÈFLE D'EAU, s. m. fleur des marais, du grec μήνανθος (ménanthos), composé de μὴν (mén), génitif μηνὸς (ménos), mois, et d'ἄνθος (anthos), fleur.

MÉNINGE, s. f. (anat.), de μήνιγξ (ménigx), membrane, et particulièrement celle qui enveloppe le cerveau. De-là, MÉNINGÉ, adj. qui a rapport aux méninges.

MÉNINGO-GASTRIQUE, adj. (méd.), terme nouveau, qui désigne une espèce de fièvre dont le siége primitif est dans les membranes de l'estomac, du duodénum et de leurs dépendances ; de μήνιγξ (ménigx), membrane, et de γαστὴρ (gastér), l'estomac. C'est ce qu'on appelle *fièvre bilieuse.*

MÉNINGOPHYLAX, s. m. (chirur.), instrument qui sert à garantir les méninges dans l'opération du trépan ; de μήνιγξ (ménigx), génit. μήνιγγος (méniggos), membrane du cerveau, méninge, et de φύλαξ (phulax), gardien, de φυλάσσω (phulassô), garder ; c'est-à-dire, *gardien des méninges.*

MÉNISQUE, s. m. (optiq.), verre de lunette convexe d'un côté, et concave de l'autre. Ce mot vient de μηνίσκος (méniskos), qui signifie un *petit croissant* que l'on portoit par ornement sur les souliers, dérivé de μήνη (méné), la lune, parce qu'on la représente sous cette forme.

MÉNOLOGE, s. m. calendrier de l'église grecque ; de μὴν (mén), mois, et de λόγος (logos), *discours* ou *livre ;* c'set-à-dire, livre pour tous les mois de l'année.

Ménopause, âge critique des femmes.

MÉNORRHAGIE, s. f. (*méd.*), flux immodéré des règles ou mensirues chez les femmes ; de μὴν (*mén*), mois, et de ῥήγνυμι (*rhégnumi*), rompre, parce que cet écoulement qui arrive tous les mois est produit, dans ce cas, par un relàchement excessif des vaisseaux sanguins.

MENTHE, s. f. de μίνθα (*mintha*), plante d'une odeur forte et agréable.

MÉSARAÏQUE, adj. (*anat.*), de μεσάραιον (*mésaraion*), le mésentère ; il se dit des veines du mésentère. *Voyez* ce mot.

MÉSENTÈRE, s. m. (*anat.*), de μεσεντέριον (*mésentérion*), toile membraneuse située au milieu des intestins, qu'elle attache les uns aux autres ; dérivé de μέσος (*mésos*), moyen, qui est au milieu, et d'ἔντερον (*entéron*), intestin. De-là, MÉSENTÉRIQUE, adj. qui appartient au mésentère.

MÉSOCOLON, s. m. (*anat.*), partie du mésentère qui est attachée au colon ; de μέσος (*mésos*), qui est au milieu, et de κῶλον (*kôlon*), l'intestin colon ; c'est-à-dire, qui est située au milieu du colon.

MÉSOLABE, s. m. ancien instrument de mathématiques, inventé pour trouver mécaniquement deux moyennes proportionnelles ; de μέσος (*mésos*), moyen, et de λαμβάνω (*lambanô*), prendre.

MÉSOTHÉNAR, s. m. (*anat.*), de μέσος (*mésos*), moyen, et de θέναρ (*thénar*), le thénar, la paume de la main. Il se dit d'un muscle qui approche le pouce de la paume de la main. On l'appelle autrement ANTI-THÉNAR. *Voyez* ce mot.

MÉTABOLE, s. f. figure de rhétorique qui consiste à répéter une même chose, une même idée sous des termes différens ; de μεταβολή (*métabolé*), qui signifie *changement*, dérivé de μετα (*méta*), d'une autre manière, et de βάλλω (*ballô*), jeter.

MÉTACARPE, s. m. (*anat.*), partie de la main située entre le carpe et les doigts; de μετα (*méta*), après, et de καρπὸς (*karpos*), le carpe ou le poignet. Le *métacarpe* est composé de quatre os, dont l'arrangement forme ce qu'on appelle le *dos de la main*. De-là, Méta-carpien, nom d'un petit muscle qui s'attache au quatrième os du métacarpe.

MÉTACHRONISME, s. m. espèce d'anachronisme qui consiste à avancer la date d'un événement; de μετα (*méta*), préposition qui marque changement, et de χρόνος (*chronos*), temps.

MÉTAL, s. m. μέταλλον (*métallon*), substance minérale qui se forme dans le sein de la terre. Quelques-uns dérivent ce mot de μετα ἄλλα (*méta alla*), qui signifie *après les autres*, parce qu'on ne s'est servi des métaux dans le commerce, qu'après les autres choses qu'on donnoit en nature pour les échanger. Mais μεταλλάω (*metallaô*), signifie *scruter*, *rechercher*, *interroger*. *Dérivés :* Métallique, adj. Métallisation, s. f. Métalliser, verbe.

MÉTALEPSE, s. f. figure de rhétorique, qui consiste à placer une idée avant une autre qu'elle devroit suivre naturellement; de μετάληψις (*métalépsis*), transmutation, transposition; de la préposition μετα (*méta*), qui marque changement, et de λαμβάνω (*lambanô*), prendre.

MÉTALLOGRAPHIE, s. f. la science, la connoissance des métaux; de μέταλλον (*métallon*), métal, et de γράφω (*graphô*), je décris; c'est-à-dire, *description des métaux*.

MÉTALLURGIE, s. f. (*chim.*), art de travailler les

métaux, et de les rendre propres aux différens usages de la vie ; de μέταλλον (*métallon*), métal, et d'έργον (*ergon*), travail, ouvrage. On appelle MÉTALLURGISTE, celui qui traite cette matière.

MÉTAMORPHISTES, s. m. pl. hérétiques qui prétendoient que le corps de Jésus-Christ s'étoit changé ou métamorphosé en Dieu lors de son ascension ; de μεταμορφόω (*métamorphoó*), transformer, dérivé de μετά (*méta*), qui indique changement, et de μορφή (*morphé*), forme, figure.

MÉTAMORPHOSE, s. f. (*mytho.*), μεταμόρφωσις (*métamorphôsis*), transformation, changement d'une forme ou d'une figure en une autre ; de μετά (*méta*), préposition qui marque changement, et de μορφή (*morphé*), figure, forme. La Fable attribuoit aux dieux le pouvoir de faire ces changemens merveilleux. On connoît le beau poëme d'Ovide sur les *Métamorphoses*. De-là le verbe MÉTAMORPHOSER.

MÉTAPHORE, s. f. de μεταφορά (*métaphora*), transposition ; du verbe μεταφέρω (*métaphéró*), transporter, dont la racine est φέρω (*phéró*), je porte. La *métaphore* est une figure de rhétorique, par laquelle on transporte, pour ainsi dire, la signification propre d'un mot à une autre signification, qui ne lui convient qu'en vertu d'une comparaison qui se fait dans l'esprit. De-là, MÉTAPHORIQUE, adj. MÉTAPHORIQUEMENT, adv.

MÉTAPHRASE, s. f. interprétation ; de μεταφράζω (*métaphrazó*), j'interprète, dérivé de μετά (*méta*), qui indique le changement, et de φράζω (*phrazó*), je parle ; c'est-à-dire, je parle dans une autre langue. MÉTAPHRASTE, s. m. celui qui interprète, ou qui traduit un auteur.

MÉTAPHYSIQUE, s. f. (*philos.*), la science des êtres spirituels, des choses abstraites et purement intellectuelles; de μετὰ (*méta*), après, et φυσικὰ (*physica*), physique, parce que c'est le Traité d'Aristote qui est placé immédiatement après celui de la physique. Ce mot, pris dans un sens plus général, signifie l'art d'abstraire ses idées. Chaque science a sa métaphysique. Il est aussi adj. et se dit quelquefois de ce qui est abstrait, trop subtil. MÉTAPHYSICIEN, s. m. et MÉTAPHYSIQUEMENT, adv. en sont dérivés.

MÉTAPLASME, s. m. (*gram.*), changement qui se fait en retranchant dans un mot une lettre, ou une syllabe; de μεταπλάσσω (*métaplassô*), transformer, changer.

MÉTAPTOSE, s. f. (*méd.*), changement d'une maladie en une autre, soit en pis, soit en mieux; de μεταπίπτω (*métapiptô*), retomber, dégénérer, passer, dérivé de πίπτω (*piptô*), je tombe.

MÉTASTASE, s. f. (*méd.*), *transport, changement*; de μετίστημι (*métistêmi*), transporter, changer de place. Transport de la matière morbifique d'une partie dans une autre, d'où résulte un changement dans la maladie. MÉTASTATIQUE, adj. en est dérivé.

MÉTATARSE, s. m. (*anat.*), la seconde partie du pied comprise entre le tarse et les orteils; de μετὰ (*méta*), après, et de ταρσός (*tarsos*), le tarse, le *coude-pied*. Le métatarse est composé de cinq os qui forment la *plante du pied;* de-là, MÉTATARSIEN, s. m. et adj. qui se dit d'un muscle de cette partie.

MÉTATHÈSE, s. f. Figure de grammaire qui consiste dans la transposition d'une lettre, d'où naît quelque différence de prononciation; de μετάθεσις (*métathésis*), transposition, du verbe μετατίθημι (*métatithémi*), transposer.

MÉTEMPSYCHOSE, s. f. mot composé de μετὰ (*méta*), qui marque changement, d'ἐν (*en*), dans, et de ψυχὰ (*psuché*), ame; c'est-à-dire, passage de l'ame d'un corps dans un autre. Le système de la *métempsychose*, attribué communément à Pythagore, est encore aujourd'hui en grand honneur dans les Indes et à la Chine. De-là, MÉTEMPSYCHOSISTE, partisan de la métempsychose.

MÉTEMPTOSE, s. f. équation solaire qui sert à empêcher que les nouvelles lunes n'arrivent un jour trop tard; de μετά (*méta*), après, et d'ἐμπίπτω (*empiptô*), tomber, survenir. Cette équation consiste à augmenter de l'unité chaque nombre du cycle des épactes, dans les années séculaires non bissextiles.

MÉTÉORE, s. m. (*phys.*), corps qui se forme et s'élève dans l'air, tel que la pluie, la neige, le tonnerre, &c. Ce mot vient de μετίωρος (*météôros*), haut, élevé, dérivé de μετά (*méta*), au-dessus, et d'ἀείρω (*aéirô*), j'élève. MÉTÉORIQUE, adj.

MÉTÉORISME, s. m. (*méd.*), de μετίωρος (*météôros*), élevé. Il se dit d'une élévation ou tension considérable du bas-ventre, causée par des flatuosités.

MÉTÉOROGRAPHE, s. m. instrument de physique qui sert à faire des observations météorologiques sur tous les changemens qu'éprouve l'atmosphère; de μετίωρον (*météôron*), météore, et de γράφω (*graphô*), j'écris, parce qu'il donne, pour ainsi dire, par écrit le résultat des observations. *Voyez* MÉTÉORE.

MÉTÉOROLOGIE, s. f. partie de la physique qui traite des météores; de μετίωρον (*météôron*), météore, et de λόγος (*logos*), discours. *Voyez* MÉTÉORE. De-là, MÉTÉOROLOGIQUE, qui concerne les météores.

MÉTÉOROLOGUE, s. m. mot de même origine que le précédent. *Voyez* MÉTÉOROGRAPHE, qui signifie la même chose.

MÉTÉOROMANCIE, s. f. divination par les météores, sur-tout par les éclairs et le tonnerre; de μετέωρον (*météôron*), météore, et de μαντεία (*mantéia*), divination. Cette espèce de divination étoit fort usitée chez les Romains qui l'avoient reçue des Toscans. *Voyez* MÉ-TÉORE.

MÉTHODE , s. f. ordre ou arrangement régulier dans les idées ou dans les choses. Ce mot vient de μέθοδος (*méthodos*), composé de μετά (*méta*), par, et d'ὁδός (*hodos*), voie, chemin. Ainsi une méthode est la manière d'arriver à un but par la voie la plus convenable. *Dérivés.* MÉTHODIQUE, adj. MÉTHODIQUEMENT, adv. MÉTHODISTE, s. m.

MÉTONOMASIE, s. f. *changement de nom;* de μετά (*méta*), préposition qui indique changement, et d'ὄνομα (*onoma*), nom. Plusieurs savans des derniers siècles ont eu la manie de changer leur nom en un autre, et de le traduire en latin ou en grec, comme *Ramus*, qui se nommoit La Ramée ; *Melanchthon*, qui s'appeloit Schwarzerdt.

MÉTONYMIE , s. f. de μετωνυμία (*métônumia*), changement de nom, dérivé de μετά (*méta*), qui, dans la composition, marque changement, et d'ὄνομα (*onoma*), nom. C'est une figure de rhétorique par laquelle on emploie un nom pour un autre ; comme *Cérès*, déesse des blés, pour le blé même.

MÉTOPE, s. f. (*archit.*), espace, intervalle quarré qui est entre chaque triglyphe de la frise dorique. On remplit souvent cet espace par des têtes de bœufs, &c. Ce mot est, dit-on, formé de μετά (*méta*), entre, et d'ὀπή (*opé*), trou, et signifie proprement la distance d'un trou à un autre, qu'on nomme *entrevous*, parce que les triglyphes sont supposés être des solives qui remplissent des trous ; ou bien de μέτωπον (*metôpon*), front.

MÉTOPOSCOPIE, s. f. l'art de connoître le caractère d'une personne par l'inspection des traits de son front, ou de son visage : de μέτωπον (*métôpon*), front, formé de μετά (*méta*), au-dessus, et d'ὄψ (*óps*), œil, et de σκέπτομαι (*skeptomai*), considérer. De-là, MÉTOPOSCOPE, celui qui exerce cet art ; MÉTOPOSCOPIQUE, adj. ce qui y a rapport.

MÈTRE, s. m. proprement, pied ou mesure de vers déterminée par la quantité. Dans ce sens, et dans celui plus général de mesure, il entre dans la composition des mots, *hexamètre, isopérimètre,* &c. — En style marotique, *vers.* Il vient de μέτρον (*métron*), mesure. De-là, MÉTRIFIER, pour dire, *faire des vers.* On a aussi donné le nom de *mètre* à l'unité principale des nouvelles mesures de longueur. Le mètre équivaut à trois pieds onze lignes et demie environ, la dix-millionième partie du quart du méridien. MÉTRIQUE, adj. en dérive.

MÉTRENCHYTE, s. f. (*chirur.*), espèce de seringue avec laquelle on fait des injections dans la matrice ; de μήτρα (*métra*), la matrice, d'ἐν (*en*), dans, et de χέω (*chuô*), verser.

MÉTRIOPATHIE, s. f. (*philos.*), état d'une personne qui modère ses passions et ses douleurs ; de μέτριος (*métrios*), modéré, et de πάθος (*pathos*), passion, affection. C'est à cet état qu'aspiroient les Stoïciens. *Voyez* ce mot.

MÉTROLOGIE, s. f. Recueil, ou Traité des mesures ; de μέτρον (*métron*), mesure, et de λόγος (*logos*), discours, traité.

MÉTROMANIE, s. f. la manie de faire des vers ; de μέτρον (*métron*), mesure, ou vers, et de μανία (*mania*), manie, passion. Piron a composé une excellente comédie sous ce titre. Un *Métromane* est celui qui a la manie de faire des vers.

MÉTROMÈTRE, s. m. machine de nouvelle invention, pour régler la mesure d'un air de musique. Ce mot est composé du mot grec μέτρον (*métron*), mesure, qui est ici répété deux fois; il signifie littéralement *mesure*, ou *règle de la mesure*.

MÉTRONOME, s. m. officier athénien qui avoit inspection sur les mesures; de μέτρον (*métron*), mesure, et de νέμω (*némô*), je gouverne.

MÉTROPOLE, s. f. église, ou ville capitale; ce mot vient de μητρόπολις (*métropolis*), qui signifie proprement *ville-mère*, ou ville principale, de μήτηρ (*métêr*), mère, et de πόλις (*polis*), ville. Les Grecs entendoient par *métropole* une *ville-mère*, d'où sortoient des colonies qui alloient s'établir dans d'autres pays. Les Romains ensuite donnèrent ce nom aux villes capitales des provinces de l'Empire; et de-là, les églises établies dans ces villes furent aussi nommées *métropoles*, ou *églises-mères*; et leurs évêques, *métropolitains*.

MEULE, s. f. du mot grec μύλη (*mulê*), qui a la même signification.

MIASME, s. m. (*méd.*), particules extrêmement déliées qui se détachent d'un corps affecté de quelque maladie contagieuse, et communiquent la contagion à des corps sains. Ce mot vient de μίασμα (*miasma*), contagion, souillure, dérivé de μιαίνω (*miainô*), souiller, corrompre.

MICROCOSME, s. m. de μικρός (*mikros*), petit, et de κόσμος (*kosmos*), monde; c'est-à-dire, *petit monde*. Quelques anciens philosophes ont appelé ainsi l'homme, comme étant l'abrégé de tout ce qu'il y a d'admirable dans le monde, qu'ils nommoient, par opposition, *macrocosme* ou grand monde. *Voyez* MACROCOSME.

MICROCOUSTIQUE, adj. de μικρὸς (*mikros*), petit, et d'ἀκούω (*akouô*), j'entends ; c'est-à-dire, *qui fait entendre les petits sons.* Voyez MICROPHONE.

MICROGRAPHIE, s. f. description des petits objets qu'on ne peut voir qu'à l'aide du microscope ; de μικρὸς (*mikros*), petit, et de γράφω (*graphô*), je décris.

MICROMÈTRE, s. m. (*astro.*), de μικρὸς (*mikros*), petit, et de μέτρον (*métron*), mesure ; c'est-à-dire, *mesure des petites choses :* instrument qui sert à mesurer les diamètres des astres, ou de très-petites distances, entr'eux.

MICROPHONE, adj. (*physiq.*), qui augmente les petits sons ; de μικρὸς (*mikros*), petit, et de φωνή (*phôné*), son. Les porte-voix, les trompettes, &c. sont *microphones*.

MICROSCOME, s. m. animal de mer renfermé dans une espèce d'enveloppe pierreuse, qui est couverte de petites plantes, de petits coquillages et d'autres petits animaux. Son nom vient de μικρὸς (*mikros*), petit, et de κομεῖν (*koméin*), nourrir ; c'est-à-dire, *qui nourrit de petites choses.*

MICROSCOPE, s. m. instrument qui grossit les petits objets, et en fait découvrir les moindres parties ; de μικρὸς (*mikros*), petit, et de σκοπέω (*skopéô*), je regarde, j'examine ; c'est-à-dire, *qui sert à examiner les petites choses.* De-là, MICROSCOPIQUE, adj.

MIGRAINE, s. f. (*méd.*), ou *hémicranie*, mot composé d'ἥμι (*hémi*), abrégé d'ἥμισυς (*hémisus*), moitié, et de κρανίον (*kranion*), le crâne, la tête. La migraine est une douleur qui affecte la moitié de la tête.

MILLIGRAMME, s. m. millième partie du gramme ;

du latin *mille*, ou plutôt du mot français *millième*, abrégé, et du grec γράμμα (*gramma*). Voyez GRAMME.

MILLIMÈTRE, s. m. millième partie du mètre; du mot français *millième*, et du grec μέτρον (*métron*), mesure. *Voyez* MÈTRE.

MIME, s. m. de μίμος (*mimos*), imitateur, bouffon, dérivé de μιμέομαι (*miméomai*), contrefaire, imiter. Les Romains donnoient ce nom à une sorte de comédiens qui imitoient d'une manière libre et indécente les discours et les actions des hommes. Quelques pièces portoient aussi le nom de *Mimes*, et les poètes qui les composoient, celui de *Mimographes* ou *Mimiques*, qui est formé de μίμος (*mimos*), et de γράφω (*graphô*), j'écris.

MIMOLOGIE, s. f. imitation de la voix et des gestes d'une personne; de μιμέομαι (*miméomai*), imiter, et de λόγος (*logos*), discours, parole, de λέγω (*légô*), parler. De-là, MIMOLOGUE, s. m. celui qui contrefait la prononciation d'un autre.

MINE, s. f. (*antiq.*), en grec μνᾶ (*mna*), sorte de poids grec qui revenoit à-peu-près à la livre des Romains; ou de μέδιμνος (*medimnos*), mesure attique. C'étoit aussi une pièce de monnoie valant 100 drachmes, ou quatre-vingt-dix francs.

MINÉRALOGIE, s. f. science qui traite des minéraux, ou de toutes les substances qui se forment dans le sein de la terre. Ce mot vient du latin *minera*, mine, ou minéral, et du grec λόγος (*logos*), discours, traité. MINÉRALOGIQUE et MINÉRALOGISTE en sont dérivés.

MIRMIDON, s. m. ou *myrmidon*, t. fam. et de mépris, jeune homme de petite taille et de peu de considération; de μυρμηδών (*murmédôn*), bataillon de fourmis, dérivé de μύρμος (*murmos*), ou μύρμηξ (*murméx*), fourmi. Les Eginètes furent appelés Μυρμιδόνες (*Murmidones*), Myrmidons, parce qu'ils habitoient sous terre comme les fourmis; ou, suivant la Fable, parce qu'ils tiroient leur origine de fourmis métamorphosées par Jupiter en hommes, pour repeupler l'île d'Egine, après une peste.

MISANTHROPE, s. m. celui qui hait les hommes; de μισέω (miséô), haïr, et d'ἄνθρωπος (anthrôpos), homme. De-là, MISANTHROPIE, s. f. dégoût et aversion pour les hommes et pour la société.

MISOGAME, s. qui a de l'aversion pour le mariage; de μῖσος (misos), haine, et de γάμος (gamos), mariage.

MITRE, s. f. de μίτρα (mitra), ceinture et bandelette de tête. La *mitre* étoit anciennement une coiffure des femmes Grecques et Romaines, à laquelle la mitre des évêques ressemble beaucoup.

Les anatomistes donnent le nom de *mitrales* aux deux valvules du cœur, parce qu'elles ont en effet la figure d'une mitre.

MOI, pronom; de μοὶ (moi), qui signifie *à moi*, en grec; comme ΤΟΙ vient de τοὶ (toi), en dorique, pour σοὶ (soi), à toi. En italien, *noi*, nous, s'écrit comme le grec νῶι (noi), qui se prend dans le même sens.

MOINE, s. m. religieux qui vit séparé du monde; de μόνος (monios), solitaire, dérivé de μόνος (monos), seul; d'où vient aussi μοναχός (monachos), solitaire.

MOLYBDÈNE, s. m. substance métallique douce et grasse au toucher, et dont la couleur approche beaucoup de celle du plomb; de μολύβδαινα (molubdaina), masse de plomb, dérivé de μόλυβδος (molubdos), ou μόλιβδος (molibdos), plomb, parce qu'on a pris pendant long-temps cette substance pour une mine de plomb. De-là vient MOLYBDIQUE, adj. qui se dit de l'acide qu'on obtient du molybdène par divers procédés, et sur-tout par sa combinaison avec l'acide nitrique ; MOLYB-DATE, s. m. sel formé par la combinaison de l'acide molybdique avec une base.

MOLYBDITE, s. f. (*nat.*), pierre minérale qui contient des particules de plomb ; de μόλυϐδος (*molubdos*), plomb.

MONACHAL ou MONACAL, adj. de moine ; de μοναχός (*monachos*), solitaire, moine, dérivé de μόνος (*monos*), seul ; d'où vient MONACHALEMENT, adv. MONACHISME, l'état de moine.

MONADE, s. f. (*philos.*), être simple et indivisible dont Leibnitz a supposé que tous les autres êtres étoient composés. Ce mot vient de μονάς (*monas*), génit. μονάδος (*monados*), unité, dérivé de μόνος (*monos*), seul ; ainsi les *monades* sont des unités parfaites, suivant l'opinion de ce philosophe.

MONADELPHIE, s. f. (*botan.*), de μόνος (*monos*), un, et d'ἀδελφός (*adelphos*), frère. C'est, selon Linné, la seizième classe des plantes, qui renferme toutes celles dont les fleurs ont les étamines réunies en un seul corps par leurs filets. On appelle *monadelphes*, les étamines ainsi réunies.

MONANDRIE, s. f. (*botan.*), de μόνος (*monos*), un, et d'ἀνήρ (*anér*), génit. ἀνδρός (*andros*), mari. Linné donne ce nom à la première classe des plantes, qui comprend celles dont la fleur n'a qu'une seule partie mâle, ou une seule étamine.

MONARCHIE, s. f. μοναρχία (*monarchia*), gouvernement d'un seul, état gouverné par un seul chef ; de μόνος (*monos*), seul, et d'ἀρχή (*arché*), puissance, gouvernement. *Dérivés.* MONARCHIQUE, adj. qui appartient à la monarchie ; MONARCHIQUEMENT, adv.

MONARCHISTE, s. m. partisan de la monarchie; MO-NARQUE, celui qui gouverne seul un état.

MONASTÈRE, s. m. habitation des moines ; de μοναστήριον (*monastérion*), solitude, lieu où l'on vit seul et séparé des autres, dérivé de μόνος (*monos*), seul, solitaire. De-là, MONASTIQUE, qui tient du monastère.

MONAUT, adj. m. qui n'a qu'une oreille ; en grec, μόνωτος (*monôtos*), de μόνος (*monos*), seul, et d'ἒς (*ous*), génit. ἀτὸς (*ôtos*), oreille.

MONIALE, s. f. religieuse (terme de droit-canon) ; de μόνος (*monos*), seul, solitaire.

MONOCÉROS, s. m. de μόνος (*monos*), un, ou seul, et de κέρας (*kéras*), corne ; qui n'a qu'une seule corne. Nom commun à quelques animaux.

MONOCHROMATE, s. m. (*antiq.*), de μόνος (*monos*), un, ou seul, et de χρῶμα (*chróma*), couleur. Les anciens appeloient ainsi une espèce de peinture d'une seule couleur, que nous nommons *camaïeu*. L'invention de cette manière de peindre, qui fut la première, est attribuée à Cléophante de Corinthe.

MONOCLE, s. m. de μόνος (*monos*), un, et du latin *oculus*, œil ; petite lunette ou loupe qui ne sert que pour un œil.

MONOCORDE ou MONOCHORDE, s. m. instrument de musique à une seule corde ; de μόνος (*monos*), seul, unique, et de χορδὴ (*chordé*), corde. C'est aussi un instrument composé d'une seule corde, dont les divisions règlent la proportion des sons de musique.

MONOCOTYLÉDONES (*botan.*), nom que donne Jussieu aux plantes qui n'ont qu'une feuille séminale. Ce mot est composé de μόνος (*monos*), seul, unique, et de κοτυληδὼν (*kotulédón*), qui signifie proprement *cavité*, *écuelle*, mais qu'on a appliqué aux feuilles séminales des plantes, à cause de leur forme demi-ronde.

MONOCULE, s. m. (*chirur.*), de μόνος (*monos*), un, et du latin *oculus*, œil. Bandage pour la fistule lacrymale, et autres maladies qui n'affectent qu'un œil.

MONOÉCIE, s. f. (*botan.*), de μόνος (*monos*), seul, et d'οἰκία (*oikia*), maison, habitation. Linné appelle ainsi la classe des plantes dont les fleurs mâles sont séparées des fleurs femelles sur un même individu; ce qui signifie que les fleurs de cette classe n'ont qu'une seule habitation, ou sont sur un même pied.

MONOGAME, s. qui n'a été marié qu'une fois; de μόνος (*monos*), un, et de γάμος (*gamos*), noces, mariage, de γαμεῖν (*gaméin*), se marier. De-là, MONOGAMIE, s. f. qui signifie *mariage unique*.

MONOGASTRIQUE, adj. (*anat.*), de μόνος (*monos*), un, et de γαστήρ (*gastér*), ventre; qui n'a qu'un ventre.

MONOGRAMME, s. m. de μόνος (*monos*), un, ou seul, et de γράμμα (*gramma*), lettre. Caractère factice, composé d'une ou de plusieurs lettres entrelacées, qui sont ordinairement les lettres initiales d'un nom. La signature avec des *monogrammes* étoit fort en usage aux septième et huitième siècles.

MONOGYNIE, s. f. (*botan.*), mot composé de μόνος (*monos*), seul, unique, et de γυνή (*guné*), femme. Linné donne ce nom à la sous-division des classes des plantes, dont la fleur n'a qu'une partie femelle ou qu'un pistil.

MONOÏQUE, adj. (*botan.*), *qui n'a qu'une seule habitation*; de μόνος (*monos*), un, et d'οἶκος (*oikos*), maison, habitation. Il se dit des fleurs dont les mâles sont placées avec les femelles sur un seul et même pied, mais séparées les unes des autres.

MONOLOGUE, s. m. de μόνος (*monos*), seul, et de λόγος (*logos*), discours, qui dérive de λέγω (*légô*), je parle. Scène dramatique où un personnage paroît seul sur le théâtre, et ne parle que pour les spectateurs, c'est-à-dire s'entretient avec lui-même.

monolythe MONOMACHIE, s. f. duel, combat singulier; de μόνος (*monos*), seul, et de μάχη (*maché*), combat, de μάχομαι (*machomai*), combattre; c'est-à-dire, *combat d'un seul contre un seul.*

monomanie MONÔME, s. m. de μόνος (*monos*), seul, unique, et de νομή (*nomé*), part, division. Il se dit, en algèbre, d'une quantité qui n'a qu'un seul terme.

MONOPÉTALE, adj. (*botan.*), nom des fleurs qui n'ont qu'une seule feuille ou qu'un pétale; de μόνος (*monos*), seul, unique, et de πέταλον (*pétalon*), feuille, ou *pétale.*

MONOPHAGIES, s. f. plur. (*mytho.*), fêtes que les Eginètes célébroient en l'honneur de Neptune, et dans lesquelles ils mangeoient ensemble, sans se faire servir par aucun domestique; de μόνος (*monos*), seul, et de φάγω (*phagô*), manger. On appeloit *Monophages*, ceux qui les célébroient.

MONOPHTHALME, s. m. poisson des Indes-Orientales, ainsi nommé de μόνος (*monos*), seul, unique, et d'ὀφθαλμός (*ophthalmos*), œil, parce qu'il n'a qu'un œil au milieu de la tête.

MONOPHYLLE, adj. (*botan.*), de μόνος (*monos*), seul, et de φύλλον (*phullon*), feuille. Linné appelle ainsi le calice des fleurs, quand il est d'une seule pièce ou petite feuille.

MONOPHYSITES (les), hérétiques qui ne reconnoissoient en J. C. qu'une seule nature; de μόνος (*monos*), seul, unique, et de φύσις (*phusis*), nature. Leur hérésie a pris le nom de *Monophysisme*.

MONOPODE, s. m. Les anciens donnoient ce nom à une table à manger qui n'avoit qu'un pied; de μόνος (*monos*), seul, et de πᾶς (*pous*), pied.

MONOPOLE, s. m. mot composé de μόνος (*monos*), seul, et de πωλεῖν (*pôléin*), vendre. Trafic illicite et odieux que fait celui qui achète toutes les marchandises d'une espèce, pour les vendre seul et avec plus d'avantage. De-là, MONOPOLEUR, s. m.

MONOPTÈRE, s. m. C'étoit, chez les anciens, un temple rond, sans murailles, et dont le dôme n'étoit soutenu que par des colonnes; de μόνος (*monos*), un, et de πτερὸν (*ptéron*), aile; comme qui diroit, *bâtiment qui n'a qu'une aile.*

MONOPTOTE, adj. (*gram.*), de μόνος (*monos*), seul, unique, et de πτῶσις (*ptôsis*), chute, ou cas, dérivé de πίπτω (*piptô*), tomber. Il se dit des noms grecs et latins qui sont indéclinables, ou qui n'ont qu'un *seul cas.*

MONORIME, s. m. pièce de poésie dont tous les vers sont sur une même rime; de μόνος (*monos*), seul, unique, et de ῥυθμός (*rhuthmos*), rhythme, justesse, cadence; d'où est dérivé, dit-on, notre mot *rime.*

MONOSPERMATIQUE, adj. (*botan.*), qui n'a qu'une semence, en parlant des plantes; de μόνος (*monos*), seul, unique, et de σπέρμα (*sperma*), semence, graine. Le fruit qui ne renferme qu'une semence, s'appelle *monosperme.*

MONOSTIQUE, s. m. épigramme qui n'est composée que d'un seul vers; de μόνος (*monos*), un, et de στίχος (*stichos*), vers.

MONOSYLLABE, s. m. mot d'une seule syllabe; de μόνος (*monos*), seul, et de συλλαβή (*sullabê*), syllabe.

On appelle *monosyllabiques*, les vers qui ne sont composés que de monosyllabes.

MONOTHÉLITES , s. m. pl. hérétiques du septième siècle, ainsi nommés de μόνος (*monos*), seul, unique, et de θέλω (*thélô*), vouloir, parce qu'ils ne reconnoissoient en J. C. qu'une seule volonté. De-là , MONOTHÉLISME , s. m. hérésie des Monothélites.

MONOTONE, adj. qui est toujours sur le même ton ; de μόνος (*monos*), seul, unique, et de τόνος (*tonos*), ton ; d'où vient MONOTONIE, s. f. uniformité de tons.

MONOTRIGLYPHE, s. m (*archit.*), espace d'un seul triglyphe entre deux pilastres, ou deux colonnes ; de μόνος (*monos*), seul, et de τρίγλυφος (*trigluphos*), triglyphe. *Voyez* ce mot.

MOQUER, SE MOQUER, verbe réciproque. On écrivoit autrefois MOCQUER ; de μωκῶ (*môkô*), et μωκῶμαι (*môkômai*), qui ont la même signification en grec.

MOSAÏQUE, s. f. ouvrage de rapport, composé de plusieurs petites pierres dures, ou de plusieurs petites pièces de verre de différentes couleurs, par l'arrangement desquelles on fait des figures. Ce mot vient, selon M. d'Ansse de Villoison, du grec μουσεῖον, μούσιον, μουσαῖον, μωσίον (*mouseion , mousion , mousaion* et *môsion*), qui signifient la même chose dans le grec du moyen âge, de même que *musivum opus* en latin. *Voyez*, dit-il, sur ces mots grecs et latins, les *Glossaria mediæ Græcitatis*, et *Latinitatis* , de Du Cange ; et l'ouvrage de Ciampini, donné à Rome, en deux volumes *in-folio*, en 1690 et 1699, sous le titre de *Vetera Monumenta , in quibus præcipuè musiva opera illustrantur.* – *Moxw.*

MURÈNE , s. f. μύραινα (*muraina*), poisson de mer nommé aussi *lamproie* ; de μύρος (*muros*), qui est le mâle de cette espèce.

MURRHINE, s. f. de μυρίνης οἶνος (*murinés oinos*), qui signifie, *vin aromatisé*, ou mêlé de liqueurs odoriférantes ; dérivé de μύρον (*muron*), parfum liquide, aromate.

MUSAGÈTE, (*mytho.*), surnom donné à Apollon par les poètes ; de μοῦσα (*mousa*), muse, et d'ἄγω (*agô*), je conduis ; c'est-à-dire, *conducteur des Muses*, parce qu'il étoit censé toujours accompagner les neuf Muses, et présider à leurs concerts. Hercule est aussi appelé *Musagète*.

MUSÉUM, MUSÉON, ou MUSÉE, s. m. de μουσεῖον (*mouséion*), en latin *museum*, et non pas *musœum*, signifioit originairement un lieu consacré aux Muses, et se dit aujourd'hui de tout lieu destiné à l'étude des lettres, des sciences et des beaux-arts, et qui en renferme les produits. Ce mot est dérivé de Μοῦσα (*Mousa*), Muse, parce que les Muses sont protectrices des beaux-arts.

MUSIQUE, s. f. μουσική (*mousiké*), science qui traite des sons harmoniques et de leurs accords, ou l'art de former des accords agréables à l'oreille. On dérive ce mot de Μοῦσα (*Mousa*), Muse, parce qu'on croit que les Muses ont inventé cet art. Pythagore, d'après Hermès, définissoit la musique, *un concert formé de plusieurs sons discordans*. MUSICAL, adj. MUSICALEMENT, adv. MUSICIEN, s. en sont dérivés.

MUTULE, s. f. (*archit.*) On appelle ainsi une espèce de modillons quarrés dans la corniche dorique, qui répondent aux triglyphes, et d'où pendent des gouttes ou clochettes. Ce mot peut venir de μυτίλος (*mutilos*), moule, espèce de coquillage.

MYAGRUM, s. m. plante ; en grec, μύαγρος (*muagros*), de μῦς (*mus*), génit. μυός (*muos*), rat, et d'ἄγρα (*agra*), chasse, parce qu'on attribue à cette plante la propriété de chasser les rats. ⸺✝

MYDRIASE, s. f. (*méd.*), de μυδρίασις (*mudriasis*), affoiblissement de la vue, occasionné par la trop grande dilatation de la prunelle; d'άμυδϼὸς (*amudros*), foible, obscur.

MYIOLOGIE, s. f. partie de l'Histoire naturelle qui traite des mouches; de μυῖα (*muia*), mouche, et de λόγος (*logos*), discours, traité.

MYLOGLOSSE, adj. (*anat.*), se dit de deux muscles de la langue, ainsi appelés de μύλος (*mulos*), meule, ou dent molaire, et de γλῶσσα (*glóssa*), langue, parce qu'ils naissent des racines des dents molaires.

MYLOHYOÏDIEN, adj. (*anat.*), se dit de deux muscles de l'os hyoïde, qui naissent des racines des dents molaires; de μύλος (*mulos*), meule, ou dent molaire, et d'ὸσειδὴς (*huoéidés*), l'os hyoïde. *Voyez* HYOÏDE.

MYLOPHARYNGIEN, adj. (*anat.*), de μύλος (*mulos*), meule, ou dent molaire, et de φάϼυγξ (*pharugx*), le pharynx; se dit de deux muscles du pharynx, qui naissent près des dents molaires.

MYOCÉPHALE, s. m. (*chirur.*), espèce de tumeur qui se forme à l'œil sur la tunique uvée; elle est ainsi nommée de μυῖα (*muia*), mouche, et de κεφαλή (*képhalé*), tête, parce qu'elle représente la tête d'une mouche.

MYOGRAPHIE, s. f. (*anat.*), description des muscles; de μῦς (*mus*), muscle, et de γράφω (*graphó*), je décris.

MYOLOGIE, s. f. partie de l'anatomie qui traite des muscles; de μῦς (*mus*), muscle, et de λόγος (*logos*), discours, traité.

MYOMANCIE, s. f. sorte de divination par le moyen

des rats ou des souris ; de μῦς (*mus*), rat, souris, et de μαντεία (*mantéia*), divination.

MYOPE, s. personne qui a la vue courte, qui ne voit les objets que de près, et en clignant les yeux; ce mot vient de μύω (*muó*), je ferme, et d'ὤψ (*óps*), œil. De-là, MYOPIE, s. f. vue courte, état de ceux qui sont *myopes*.

MYOSOTIS, s. m. ou *Oreille-de-souris*, plante, ainsi nommée de μῦς (*mus*), souris, et d'οὖς (*ous*), génit. ὠτός (*ótos*), oreille, à cause de la forme de ses feuilles.

MYOTOMIE, s. f. partie de l'anatomie qui a pour objet la dissection des muscles; de μῦς (*mus*), génit. μυός (*muos*), muscle, et de τέμνω (*temnó*), couper; d'où vient τομή (*tomé*), incision, dissection.

MYRIADE, s. f. terme d'antiquité, en grec, μυριάς (*murias*), nombre de dix mille, de μύριοι (*murioi*), dix mille.

MYRIAGRAMME, s. m. C'est, dans les nouvelles mesures, un poids de dix mille grammes, qui est un peu moindre que 20 livres et demie. Ce mot est composé de μύρια (*muria*), dix mille, et de γράμμα (*gramma*), ancien poids grec, d'où le *gramme* tire son nom. *Voyez* GRAMME.

MYRIAMÈTRE, s. m. C'est, dans les nouvelles mesures, une longueur de dix mille mètres, égale à deux lieues moyennes, ce qui est un peu plus qu'une poste. Ce mot est formé de μύρια (*muria*), dix mille, et de μέτρον (*métron*), mesure, ou mètre. *Voyez* MÈTRE.

MYRIARE, s. m. étendue de dix mille ares, dans les nouvelles mesures, équivalant à un carré d'un kilomètre de côté, ou à 195 arpens environ. Ce mot est composé de μύρια (*muria*), dix mille, et du mot *are*, mesure de superficie. *Voyez* ARE.

MYRMÉCIE , s. f. (*chirur.*) , espèce de verrue , ainsi nommée de μύρμηξ (*murmêx*) , fourmi , parce que , quand on la coupe , on ressent une douleur semblable à celle que cause la morsure d'une fourmi.

MYRMÉCITE , s. f. (*nat.*) , pierre figurée , ainsi nommée de μύρμηξ (*murmêx*) , fourmi , parce qu'elle porte l'empreinte d'une fourmi.

MYRMÉCOPHAGE , adj. *mangeur de fourmis* ; de μύρμηξ (*murmêx*) , fourmi , et de φάγω (*phagô*) , manger. On donne ce nom aux animaux qui vivent de fourmis.

MYRMICOLÉON , s. m. (*nat.*) , nom grec du *formica-leo* , ou *fourmi-lion* ; il est composé de μύρμηξ (*murmêx*) , fourmi , et de λέων (*léôn*) , lion. C'est un insecte qui fait la guerre aux fourmis.

MYRMIDON , s. m. *Voyez* MIRMIDON.

MYROBOLAN , s. m. nom de certains fruits qui viennent des Indes , et qui ont une vertu purgative. Ce mot , qui signifie proprement *onguent de gland* , est formé de μύρον (*muron*) , onguent , et de βάλανος (*balanos*), gland ; comme qui diroit , *gland médicamenteux* , parce que ces fruits ont la figure d'un gland , et qu'ils sont employés en médecine. L'arbre qui les porte s'appelle *myrobolanier.*

MYRRHE , s. f. de μύρρα (*murrha*) , dérivé de μύρω (*murô*) , couler , distiller , ou plutôt de *mor* , qui signifie la même chose en hébreu ; sorte de gomme odorante qui distille d'un arbre de l'Arabie. De-là est venu MYRRHIS , nom d'une plante nommée aussi *cerfeuil musqué* , qui a un peu l'odeur de la myrrhe.

MYRTE , s. m. de μύρτος (*murtos*) , arbrisseau odorant et toujours vert.

MYRTILITHE , s. f. pierre figurée , qui porte des empreintes de feuilles de myrte ; de μύρτος (*murtos*) , myrte , et de λίθος (*lithos*) , pierre.

MYSTAGOGUE, s. m. (*antiq.*), celui qui initioit aux mystères d'un culte, chez les Païens ; de μύςης (*mustés*), qui apprend les mystères, qui se fait initier, et d'ἀγωγὸς (*agógos*), conducteur, guide, dérivé d'ἄγω (*agô*), conduire.

MYSTÈRE, s. m. de μυςήριον (*mustérion*), secret ; chose cachée ou difficile à comprendre, en matière de religion, dérivé de μυίω (*muéô*), instruire des choses saintes. De-là, MYSTÉRIEUX, adj. MYSTÉRIEUSEMENT, adv. MYSTIQUE, adj. figuré, caché, secret, en parlant des choses de la religion.

MYSTRE, s. m. terme d'antiquité, mesure de liquide des Grecs ; de μύςρον (*mustron*), cuiller.

MYTHE, s. trait de la Fable, de l'Histoire héroïque, ou des temps fabuleux ; de μῦθος (*muthos*), fable.

MYTHOLOGIE, s. f. explication de la Fable ; de μῦθος (*muthos*), fable, et de λόγος (*logos*), discours ; c'est-à-dire, *discours sur la Fable*, ou histoire fabuleuse des dieux, des demi-dieux, des héros de l'antiquité, et de tout ce qui a rapport à la religion des Païens. De-là, MYTHOLOGIQUE, adj. MYTHOLOGISTE, ou MYTHOLOGUE, s. m. celui qui traite de la Fable.

MYTILITE, s. f. (*hist. nat.*), nom donné aux moules pétrifiées ou fossiles ; du mot grec μυτίλος (*mutilos*), moule.

MYURE ou MYURUS, adj. m. (*méd.*), se dit d'un pouls inégal, dont les pulsations s'affoiblissent peu à peu. Ce mot est formé de μῦς (*mus*), rat, et d'οὐρὰ (*oura*), queue, parce que la queue d'un rat diminue insensiblement jusqu'à son extrémité.

N

NAÏADE, s. f. (*mytho.*), nymphe ou divinité des fleuves et des fontaines ; de ναώ (*naô*), ou ναίω (*naiô*), couler.

NAPÉE, s. f. (*mytho.*), nymphe des vallées et des forêts ; de νάπος (*napos*), ou νάπη (*napé*), vallée, colline, ou forêt.

NAPHTE, s. m. espèce de bitume transparent, léger, et très-inflammable, en grec νάφτα (*naphtha*), dérivé du mot chaldéen et syriaque *naphta*, qui signifie la même chose.

NARCISSE, s. m. plante nommée en grec νάρκισσος (*narkissos*), de νάρκη (*narké*), assoupissement, parce que l'odeur de sa fleur a la propriété d'assoupir. Ce nom rappelle une ingénieuse fiction des poètes.

NARCOTIQUE, adj. ναρκωτικὸς (*narkôtikos*), assoupissant, qui a la vertu d'assoupir ; du verbe ναρκόω (*narkoô*), assoupir, engourdir, dérivé de νάρκη (*narké*), engourdissement.

NARCOTISME, s. m. (*méd.*), empoisonnement par les narcotiques ; de ναρκωτικὸς (*narkôtikos*), narcotique, remède assoupissant, dérivé de νάρκη (*narké*), engourdissement. Ce terme est nouveau.

NATOLIE, s. f. M. d'Ansse de Villoison observe que c'est le terme dont les géographes, et les voyageurs dans le Levant, se servent pour exprimer la partie de l'Asie soumise aux Turcs, comme ils appellent *Romélie*, la Turquie d'Europe. La Natolie se dit par corruption pour *l'Anatolie*, d'Ἀνατολή (*Anatolé*), ou, suivant la prononciation des Grecs modernes, *Anatoli*, Levant (1).

---

(1) C'est ainsi, dit le même membre de l'Institut, que le mot de *bassin*,

NAULAGE, s. m. de *ναῦλον* (*naulon*), prix que les passagers payent au maître d'un vaisseau ; de *ναῦς* (*naus*), vaisseau. De-là le verbe **NAULISER**.

NAUMACHIE, s. f. combat naval qu'on donnoit autrefois en spectacle chez les Romains ; de *ναυμαχία* (*naumachia*), combat naval, dérivé de *ναῦς* (*naus*), vaisseau, et de *μάχη* (*maché*), combat.

NAUSÉE, s. f. de *ναυσία* (*nausia*), envie de vomir à laquelle on est sujet sur mer, dérivé de *ναῦς* (*naus*), vaisseau. Il se dit en général de tout mal de cœur ou envie de vomir, qui vient de dégoût. .

NAUTILE, s. m. coquillage de mer univalve, ainsi nommé de *ναῦς* (*naus*), vaisseau, barque, nacelle, parce que sa coquille ressemble à une nacelle, et qu'il paroît se conduire sur la mer comme un pilote conduit un navire. On appelle *nautilite*, le nautile fossile ou pétrifié.

. **NAUTIQUE**, adj. *ναυτικός* (*nautikos*), de marine, de navire, dérivé de *ναῦς* (*naus*), vaisseau. Il se dit de tout ce qui a rapport à la navigation et à la mer.

NAUTONNIER, s. m. de *ναύτης* (*nautés*), un pilote, celui qui aide à conduire un navire, une barque, dérivé de *ναῦς* (*naus*), vaisseau.

NÉCROLOGE, s. m. livre ou registre qui contient

---

fil de coton, se trouve écrit dans les anciens manuscrits français, *bon bacin*, et *bon basin*, en deux mots, par corruption, pour bombacin d'un seul mot ; de *βαμβάκινος* (*bambakinos*), de coton, dérive de *βάμβαξ*, *βαμβάκιον* (*bambax*, *bambakion*), coton, d'où dérive *βαμβάκινον* (*bambakinon*), *bombycina charta*, papier de coton, que plusieurs auteurs de Catalogues traduisent fort mal par *papier de soie*. En grec vulgaire, la soie s'appelle *μέταξα* (*metaxa*), et le coton *βάμβαξ* (*bambax*), d'où les Latins ont pris *bombax*, dans le même sens, qu'il ne faut pas confondre avec *βόμβυξ* (*bombux*), ver-à-soie.

les noms des morts, le jour de leur décès, &c. de νεκρὸς (nékros), un mort, et de λόγος (logos), discours, ou livre ; c'est-à-dire, le *livre des morts*.

NÉCROMANCIE ou NÉCROMANCE, s. f. νεκρο-μαντεία (nékromantéia), art prétendu d'évoquer les ames des morts, pour en savoir quelque chose ; ce mot vient de νεκρὸς (nékros), un mort, et de μαντεία (mantéia), divination, dérivé de μάντις (mantis), devin. De-là, NÉCROMANCIEN, ou NÉCROMANT, s. m. celui qui pratique cet art.

NÉCROSE, s. f. (*méd.*), mortification des os ; ce mot est grec, νέκρωσις (nékrôsis), mortification, de νεκρόω (nékroô), mortifier, dérivé de νεκρὸς (nékros), un mort.

NECTAR, s. m. mot purement grec, νέκταρ, qui désigne, selon les poètes, la boisson des dieux. On le fait venir de νή (né), particule privative, et de κτέω (ktéô), faire mourir, parce que le nectar rendoit immortel. On appelle quelquefois *nectar*, une liqueur agréable.

NÉCYOMANCIE, s. f. de νέκυς (nékus), un mort, et de μαντεία (mantéia), divination. *Voyez* NÉCRO-MANCIE.

NÉGROMANCIE. *Voyez* NÉCROMANCIE.

NÉOCORE, s. m. C'étoit, chez les Grecs, celui qui étoit chargé de la garde et de l'entretien des temples ; de νεὼς (néôs), ou ναὸς (naos), temple, et de κορέω (koréô), nettoyer, tenir propre. Le *néocore* étoit ce que nous appelons un *sacristain* (1).

_____

(1) Souvent, dit M. d'Ansse de Villoison, c'étoit une dignité très-importante, un titre honorifique dont les villes se glorifioient, et qu'elles prenoient sur les médailles. C'est ainsi, ajoute-t-il, que dans la république de Venise, la seconde dignité de l'Etat étoit celle des *procurateurs de Saint-Marc*, qui étoient spécialement chargés du soin de veiller à l'entretien de l'eglise de Saint-Marc.

NÉOGRAPHISME, s. m. nouvelle manière d'écrire les mots, ou nouvelle orthographe ; de νίος (néos), nouveau, et de γράφω (graphô), j'écris. De-là Néographe, s. celui qui affecte une nouvelle orthographe..

NÉOLOGIE, s. f. mot formé de νίος (néos), nouveau, et de λόγος, discours, mot, parole : il signifie invention de termes nouveaux, nouvelle manière de parler, ou application nouvelle de mots anciens.

NÉOLOGISME, s. m. mot dérivé de νίος (néos), nouveau, et de λόγος (logos), mot, parole, discours. On appelle ainsi l'affectation à se servir de mots nouveaux, d'expressions nouvelles, ou de mots ridiculement détournés de leur sens ordinaire. Il ne faut pas confondre le *néologisme* avec la *néologie* ; celle-ci est un art, et celui-là, un abus. De-là sont dérivés Néologique, adj. Néologue, s. m. celui qui donne dans le néologisme.

NÉOMÉNIE, s. f. νεομηνία (néoménia), nouvelle lune, de νίος (néos), nouveau, et de μήνη (ménê), lune. Il se dit aussi d'une fête que les anciens célébroient à chaque nouvelle lune. De-là, Néoméniaste, s. m. celui qui célébroit la néoménie.

NÉOPHYTE, s. m. qui est nouvellement converti, nouvellement baptisé. Ce mot vient de νεόφυτος (néophutos), qui veut dire, *nouvellement planté*, dérivé de νίος (néos), nouveau, et de φύω (phuô), naître, comme qui diroit *nouvellement né*, parce que le baptême est, par rapport à celui qui le reçoit, une naissance spirituelle qui le fait enfant de Dieu.

NÉOTÉRIQUE, adj. nouveau, moderne ; de νεωτερικός (néótérikos), de la jeunesse, de jeune homme, dérivé de νίος (néos), nouveau, jeune, νεώτερος (néótéros), plus jeune.

NÉPENTHÈS, s. m. remède fort vanté par les au-

ciens contre la tristesse et la mélancolie. Ce mot est dérivé de *νή* (*né*), particule privative, et de *πένθος* (*penthos*),
tristesse, affliction ; c'est-à-dire, remède qui dissipe le
chagrin, la tristesse. Homère en parle dans son Odyssée. M. d'Ansse de Villoison croit que c'est l'opium des
Orientaux, et indique à ce sujet le Traité de Pierre la
Seine, *De Homeri Nepenthe*, p. 1364 et suivantes, t. XI
du *Thrésor des Antiquités grecques* de *Gronovius*,
Venise, 1737, *in-folio*.

NÉPHALIES, s. f. pl. fêtes que les Grecs célébroient
en l'honneur de la sobriété ; de *νηφάλιος* (*néphalios*),
sobre, dérivé de *νήφω* (*néphó*), être sobre, parce qu'on
n'y offroit point de vin.

NÉPHÉLION, s. m. (*chirur.*), petite tache blanche
sur les yeux ; de *νεφέλη* (*néphélé*), image, brouillard.

NÉPHRALGIE, s. f. (*méd.*), douleur des reins; de
νεφρός (*néphros*), rein, et d'*ἄλγος* (*algos*), douleur.

NÉPHRÉTIQUE, ou mieux, NÉPHRITIQUE,
adj. (*méd.*), qui est dans les reins (parlant d'une maladie
qu'on appelle *colique néphrétique*) ; de *νεφρός* (*néphros*),
rein. Il se dit aussi des remèdes propres aux maladies
des reins.

NÉPHRITE, s. f. (*méd.*), inflammation des reins ;
νεφρῖτις (*néphritis*), de *νεφρός* (*néphros*), rein. Cette inflammation produit la maladie appelée *néphrétique*.

NÉPHROGRAPHIE, s. f. (*anat.*), de *νεφρός* (*néphros*),
rein, et de *γράφω* (*graphó*), je décris ; description des
reins.

NÉPHROLOGIE, s. f. partie de l'anatomie qui traite
des usages des reins ; de *νεφρός* (*néphros*), rein, et de
λόγος (*logos*), discours ; *discours sur les reins*.

NÉPHROTOMIE, s. f. (*chirur.*), ouverture faite au
rein pour en tirer quelque corps étranger; de *νεφρός*

(*néphros*), rein, et de τέμνω (*temnô*), je coupe, d'où vient τομή (*tomé*), incision.

NÉRÉIDES, s. f. pl. (*mytho.*), divinités de la mer, filles de Nérée ; de νηρός (*néros*), humide, qui vient de νάω (*naó*), couler. M. d'Ansse de Villoison observe qu'en grec vulgaire, l'eau s'appelle νερό (*nero*) ; que c'est de-là que vient le nom de νέριον (*nérion*), comme les Orléanois appellent encore aujourd'hui le laurier-rose qui croît sur les bords de l'eau, et dont l'Archipel et la Morée sont remplis. Il ajoute qu'en hébreu, en syriaque et en arabe, *nahar* veut dire couler.

NÉRITE, s. f. (*nat.*), coquillage de mer ou de rivière ; νηρίτης (*nérités*), de la même racine.

NEUME, terme de plein-chant, qui désigne une traînée de notes qui se fait à la fin d'une antienne. Il paroît formé, dit M. d'Ansse de Villoison, de νεῦμα (*neuma*), fréquente inclination de tête que font les Grecs en alongeant un son.

NEURITIQUE ou NÉVRITIQUE, adj. (*méd.*), de νεῦρον (*neuron*), nerf ; qui est propre aux maladies des nerfs.

NEUROSE. *Voyez* NÉVROSE.

NÉVROGRAPHIE, s. f. (*anat.*), description des nerfs ; de νεῦρον (*neuron*), nerf, et de γράφω (*graphó*), je décris.

NÉVROLOGIE, s. f. (*anat.*), traité des usages des nerfs ; de νεῦρον (*neuron*), nerf, et de λόγος (*logos*), discours ; *discours sur les nerfs*.

NÉVROPTÈRE, s. m. (*nat.*), de νεῦρον (*neuron*), nerf, et de πτερόν (*ptéron*), aile, nom générique des insectes dont les ailes sont transparentes, et ont des nervures croisées en réseau.

NÉVROSE, s. f. (*méd.*), de νεῦρον (*neuron*), nerf ; affection nerveuse, maladie des nerfs en général.

NÉVROTOMIE, s. f. (*anat.*), dissection des nerfs ; de νεῦρον (*neuron*), nerf, et de τέμνω (*temnô*), couper, disséquer.

NITRE, s. m. en grec, νίτρον (*nitron*), espèce de sel, appelé par les chimistes modernes, *nitrate de potasse*, vulgairement *salpêtre* ; il est composé d'acide nitrique et de potasse. Ce mot est dérivé de νίζω (*nizô*), pour νίπτω (*niptô*), je lave, parce que le nitre sert à nettoyer. Le *nitre* des anciens, que l'on nomme *natron*, est beaucoup mieux connu depuis l'expédition d'Egypte.

Les chimistes ont fait de-là, NITRATE, s. m. nom générique des sels formés par la combinaison de l'acide nitrique avec différentes bases ; NITRIQUE, adj. qui se dit d'un acide formé d'*azote* et d'*oxygène*, et qui, étendu d'eau, est appelé vulgairement *eau-forte* ; NITREUX, adj. qui se dit, 1°. du gaz oxide d'azote, ou gaz nitreux, qui ne contient qu'environ deux parties d'oxygène sur une d'azote ; 2°. de l'acide nitreux, qui peut contenir jusqu'à trois parties d'oxygène sur une d'azote, tandis que l'acide nitrique en a quatre sur une ; NITRITE, s. m. nom générique des sels formés par la combinaison de l'acide nitreux avec différentes bases.

NITRO-MURIATIQUE (acide) ; mélange d'acide nitrique et d'acide muriatique ; c'est ce qu'on nomme autrement *eau-régale*. Ce mot, qui est nouveau, est composé du grec νίτρον (*nitron*), nitre, et du latin *muria*, sel marin, d'où l'on a fait *muriatique*, pour désigner l'acide qui en provient.

NOCTURLABE, s. m. instrument pour prendre, à toute heure de nuit, la hauteur de l'étoile polaire ; du latin *nocturnus*, dérivé de *nox*, gén. *noctis*, nuit ; en grec, νὺξ (*nux*), gén. νυκτὸς (*nuktos*), et de λαμβάνω (*lambanô*), prendre.

NOMADE, adj. mot formé de νομὰς (*nomas*), qui recherche les pâturages, de νομὴ (*nomé*), pâturage, dérivé de νέμω (*nemô*), paître. On a donné ce nom à certains peuples errans qui changeoient continuellement de demeure pour chercher de nouveaux pâturages, comme faisoient autrefois les Scythes, et comme font aujourd'hui les Tartares, et les Turcomans.

NOMANCIE, s. f. l'art de deviner la destinée d'une personne par les lettres de son nom; ce mot vient du grec ὄνομα (*onoma*), et en latin, *nomen*, nom, et du grec μαντεία (*mantéia*), divination.

NOMARQUE, s. m. (*hist. anc.*), gouverneur d'un nome ou d'une province chez les anciens Egyptiens; ce mot est dérivé de νομὸς (*nomos*), province, gouvernement, et d'ἀρχὴ (*arché*), commandement, puissance.

NOME, s. m. mot emprunté de νόμος (*nomos*), qui, avec l'accent aigu sur la première syllabe, signifie proprement *loi, règle,* et par lequel les Grecs désignoient leurs airs de musique, parce que ces airs avoient tous différens tons qui leur étoient propres, et qu'on regardoit comme des règles invariables dont on ne devoit point s'écarter. *Nome,* chez les Egyptiens, avoit le sens de *province, gouvernement* ou *préfecture,* et s'écrivoit νομὸς, au lieu de νόμος.

NOMIE, mot tiré de νόμος (*nomos*), qui veut dire *règle, loi, distribution, gouvernement.* Il entre dans la composition de plusieurs mots français dérivés du grec, tels qu'*astronomie, économie,* &c. et désigne en général l'art de régler et de gouverner certaines choses, les loix selon lesquelles elles se font, l'ordre à suivre dans la *dis-*

tribution ou l'arrangement de leurs parties. Ces mots sont expliqués dans leur rang alphabétique.

NOMOCANON, s. m. recueil des canons et des loix impériales qui y ont rapport ; de νόμος (*nomos*), loi, et de κανὼν (*kanon*), règle, canon.

NOMOGRAPHE, s. m. celui qui compose ou qui recueille des Traités de loix ; de νόμος (*nomos*), loi, et de γράφω (*graphô*), j'écris ; qui écrit sur les loix.

NOMOPHYLAX, s. m. mot purement grec, νομοφύλαξ, qui veut dire *gardien*, ou *conservateur des loix* ; de νόμος (*nomos*), loi, et de φυλάσσω (*phulassô*), je garde. On appeloit ainsi, chez les Athéniens, des magistrats chargés du dépôt et du maintien des loix.

NOMOTHÈTE, s. m. magistrat Athénien chargé de faire les loix ou de les rédiger ; de νομοθέτης (*nomothétès*), qui signifie proprement *législateur*, dérivé de νόμος (*nomos*), loi, et de τίθημι (*tithémi*), établir.

NOSOGRAPHIE, s. f. description des maladies ; de νόσος (*nosos*), maladie, et de γράφω (*graphô*), je décris.

NOSOLOGIE, s. f. (*méd.*), de νόσος (*nosos*), maladie, et de λόγος (*logos*), discours ; c'est-à-dire, *Discours ou Traité sur les maladies en général*. C'est une partie de la pathologie.

NOSTALGIE, s. f. (*méd.*), maladie du pays, ou desir violent de retourner dans sa patrie ; de νόστος (*nostos*), retour, et d'ἄλγος (*algos*), ennui, tristesse ; c'est-à-dire, *ennui causé par le desir du retour.*

NOSTOMANIE, s. f. de νόστος (*nostos*), retour, et de μανία (*mania*), fureur, passion. *Voyez* ci-dessus Nostalgie.

NUMISMATIQUE, adj. qui a rapport aux médailles antiques ; ce mot vient du latin *numisma*, en grec νόμισμα (*nomisma*), médaille, pièce de monnoie.

La *science numismatique* est la science des médailles. M. d'Ansse de Villoison observe, d'après Mazocchi, p. 216 de ses *Tabulæ Heracleenses*, que les Latins ont pris le mot *nummus* de νῆμμος (*noummos*), qui, chez les Grecs de la Sicile et de la grande Grèce, et particulièrement chez les Tarentins, avoit précisément la même signification.

NUMISMATOGRAPHIE, s. f. description des médailles et des monnoies antiques. Ce mot vient du latin *numisma*, en grec νόμισμα (*nomisma*), médaille, pièce de monnoie, et de γράφω (*graphô*), je décris.

NYCTALOPE, s. personne qui voit mieux la nuit que le jour; de νὺξ (*nux*), genit. νυκτὸς (*nuktos*), nuit, et d'ὤψ (*ôps*), œil, dérivé d'ὄπτομαι (*optomai*), voir. De-là, NYCTALOPIE, s. f. maladie des yeux qui fait qu'on ne voit pas si bien le jour que la nuit.

NYCTÉLIES, s. f. pl. fêtes grecques en l'honneur de Bacchus, ainsi nommées de νὺξ (*nux*), génit. νυκτὸς (*nuktos*), nuit, et de τελίω (*téléô*), consacrer, faire célébrer, parce qu'elles se célébroient la nuit à la lueur des flambeaux.

NYMPHAGOGE, s. m. (*antiq.*), celui qui conduisoit la nouvelle mariée de la maison paternelle à celle de son époux; en grec νυμφαγωγὸς (*numphagôgos*), qui signifie *conducteur de l'épouse*; de νύμφη (*numphê*), nouvelle mariée, et d'ἄγω (*agô*), je conduis.

NYMPHE, s. f. νύμφη (*nymphê*), *jeune épouse, nouvelle mariée*, en grec ancien, et en grec moderne, selon M. d'Ansse de Villoison. Les anciens ont ainsi appelé certaines divinités fabuleuses, qu'ils représentoient sous la figure de jeunes filles, et dont ils ont peuplé l'univers. Les naturalistes donnent le nom de *nymphe* à l'insecte dans sa seconde transformation, parce qu'il quitte alors un état obscur et inutile à la reproduction , pour entrer dans un autre plus brillant et plus utile , dans lequel il doit se multiplier. En termes d'anatomie , on appelle *nymphes* deux membranes des parties naturelles de la femme , parce que leur usage est de diriger l'urine dans son cours, à-peu-près comme les nymphes de la Fable présidoient aux eaux et aux fontaines.

NYMPHÉE , s. m. de νυμφᾶιον (*numphaion*) , temple des nymphes. Les anciens donnoient ce nom à des bains publics , ornés de grottes , de fontaines et d'autres édifices , tels qu'on imaginoit qu'étoient les demeures des nymphes.

NYMPHOMANIE , s. f. (*méd.*) , fureur utérine , maladie des femmes ; ce mot est composé de νύμφη (*numphé*) , qui signifie *jeune fille* , et *clitoris* , et de μανία (*mania*) , fureur , passion. C'est , dit M. d'Ansse de Villoison , ce que Cedrenus , p. 302 , t. 1 , et Zonaras , l. XIII , p. 23 , t. II , appellent μηϳρομανία (*métromania*) , de μήϳρα (*métra*) , (en samscretan , *médhra* , ou *yôni* , comme en grec , γυνὴ) , matrice , et de μανία (*mania*) , fureur.

NYMPHOTOMIE , s. f. (*chirur.*) , amputation ou retranchement d'une partie des nymphes ; de νύμφη (*numphé*) , nymphe , et de τέμνω (*temnó*) , couper , d'où vient τομὴ (*tomé*) , incision. *Voyez* NYMPHE.

O

OBÉLISQUE , s. m. espèce de pyramide étroite et longue , qu'on élève dans une place pour servir de monument public , ὀϐελίσκος (*obéliskos*) , dérivé d'ὀϐελὸς (*obélos*) , une broche , parce que l'obélisque a quelque rapport avec la broche dont les prêtres païens se servoient dans leurs sacrifices.

OBOLE , s. f. ὀβολός (*obolos*), ancienne monnoie d'Athènes, qui faisoit la sixième partie d'une drachme (environ trois sols, monnoie de France); et petite monnoie de cuivre qui valoit la moitié du denier tournois. En t. de médecine, l'*obole* est un poids de douze grains.

OCHLOCRATIE, s. f. gouvernement du bas peuple; d'ὄχλος (*ochlos*), populace , multitude, et de κράτος (*kratos*), pouvoir, puissance. L'*ochlocratie* est l'abus du gouvernement démocratique.

OCHRE ou OCRE, s. f. (*nat.*), mélange de terre et de fer à divers degrés d'oxidation. Son nom vient d'ὠχρός (*ôchros*), pâle , à cause de sa couleur sombre et obscure.

OCHRUS, s. m. plante qui croît dans les blés ; elle tire son nom d'ὠχρός (*ôchros*), pâle , parce que sa semence est d'un jaune obscur, à-peu-près comme l'*ochre*. Voyez ce mot.

OCTACHORDE, s. m. instrument à huit cordes , ou système de musique composé de huit tons; d'ὀκτώ (*oktô*), huit , et de χορδή (*chordê*), corde.

OCTAÈDRE, s. m. (*géom.*), solide à huit faces, ou corps régulier terminé par huit faces égales qui sont des triangles équilatéraux ; ce mot est formé d'ὀκτώ (*oktô*), huit , et d'ἕδρα (*hédra*), siége , base.

OCTAÉTÉRIDE, s. f. ὀκταετηρίς (*oktaétéris*), d'ὀκτώ (*oktô*), huit, et d'ἔτος (*étos*), année. C'étoit , chez les Grecs, un cycle, ou terme de huit ans, au bout desquels on ajoutoit trois mois lunaires. Ce cycle fut en usage jusqu'à l'invention de celui de dix-neuf ans par Méthon.

OCTAGYNIE, s. f. (*botan.*), d'ὀκτώ (*oktô*) , huit , et de γυνή (*gunê*), femme. C'est le nom que donne Linné à la sous-division des classes des plantes, dont la fleur a huit parties femelles , ou huit pistils.

OCTANDRIE, s. f. (*botan.*), mot formé d'ὀκτώ (*oktô*),

huit, et d'ἀνήρ (anêr), génit. ἀνδρὸς (andros), mari. Linné appelle ainsi la huitième classe des plantes, parce qu'elle comprend celles dont la fleur a huit parties mâles, ou huit étamines.

OCTAPLES, s. m. pl. ouvrage en huit colonnes, qui contient huit versions de la bible ; d'ὀκτὼ (oktô), huit, et d'ἁπλόω (haploô), j'explique, je débrouille.

OCTATEUQUE, s. m. Nom donné aux huit premiers livres de l'Ancien Testament ; d'ὀκτὼ (oktô), huit, et de τεῦχος (teuchos), livre, ouvrage.

OCTOGONE, s. m. (géom.), figure qui a huit angles et huit côtés ; d'ὀκτὼ (oktô), huit, et de γωνία (gónia), angle.

OCTOPHORE, s. f. sorte de litière qui étoit portée par huit esclaves ; d'ὀκτὼ (oktô), huit, et de φέρω (phéró), je porte.

OCTOSTYLE, s. m. (archit.), face d'un bâtiment ornée de huit colonnes ; d'ὀκτὼ (oktô), huit, et de στῦλος (stulos), colonne.

ODE, s. f. mot grec, ᾠδή, qui signifie chant, chanson, cantique, dérivé d'ἀείδω (aeidô), chanter. L'ode étoit, chez les anciens, une sorte de poëme ainsi nommé parce qu'il se chantoit sur la lyre. Nous avons aussi des odes ; mais, quoique divisées en strophes assujetties à une mesure régulière, elles ne sont point chantées. Ronsard passe pour avoir le premier mis en vogue les odes en France.

ODÉON ou ODÉE, s. m. (antiq.), édifice destiné chez les anciens, à la répétition de la musique qui devoit être chantée sur le théâtre. Son nom grec, ᾠδεῖον (ôdéion), est dérivé d'ᾠδή (ôdé), qui veut dire chant. Le plus superbe odéon de l'antiquité, étoit celui d'Athènes, où tant de grands musiciens disputèrent le prix que la république décernoit au plus habile.

ODOMÈTRE, ou *compte-pas*, s. m. instrument qui sert à mesurer le chemin qu'on a fait, soit à pied, soit en voiture ; ce mot vient d'ὁδὸς (*hodos*), chemin, et de μέτρον (*métron*), mesure. L'odomètre est fort utile aux géographes et aux arpenteurs.

ODONTALGIE, s. f. (*méd.*), mal de dents; d'ὀδοὺς (*odous*), génit. ὀδόντος (*odontos*), dent, et d'ἄλγος (*algos*), douleur. ODONTALGIQUE, adj. qui est propre à calmer la douleur des dents.

ODONTECHNIE. *Voyez* ODONTOTECHNIE.

ODONTIQUE, adj. le même qu'ODONTALGIQUE. *Voyez* ODONTALGIE.

ODONTOÏDE, adj. (*anat.*), *qui a la forme d'une dent* ; d'ὀδοὺς (*odous*), génit. ὀδόντος (*odontos*), dent, et d'εἶδος (*éidos*), forme. Il se dit de l'apophyse de la seconde vertèbre du cou, parce qu'elle ressemble en quelque sorte à une dent.

ODONTOLOGIE, s. f. partie de l'anatomie qui traite des dents; ce mot est composé d'ὀδοὺς (*odous*), génit. ὀδόντος (*odontos*), dent, et de λόγος (*logos*), discours, traité.

ODONTOPÈTRES, s. m. pl. d'ὀδοὺς (*odous*), génit. ὀδόντος (*odontos*), dent, et de πέτρος (*pétros*), pierre. Nom donné par quelques naturalistes aux dents de poissons pétrifiées, que l'on appelle communément *glossopètres*, ou *langues de serpens*. Voyez GLOSSOPÈTRES.

ODONTOTECHNIE, s. f. (*chirur.*), l'art du dentiste ; d'ὀδοὺς (*odous*), génit. ὀδόντος (*odontos*), dent, et de τέχνη (*techné*), art.

ODYSSÉE, s. f. Ὀδύσσεια (*Odusséia*), poëme épique d'Homère, qui contient les aventures d'Ulysse, roi

23

d'Ithaque, à son retour de la guerre de Troie ; ce mot vient d''Oδυσσεὺς (*Odusseus*), Ulysse.

ŒCONOMIE, ŒCONOMIQUE, &c. *Voyez* ÉCO-NOMIE.

ŒCUMÉNIQUE, adj. *universel, général*. Ce mot est dérivé d'*οἰκέω* (*oikéô*), habiter, d'où l'on fait οἰκουμένη (*oikouméné*), terre habitable ; c'est-à-dire, reconnu par toute la terre. Ainsi, l'on dit, un *concile œcuménique*, pour désigner un concile général auquel tous les évêques de l'église catholique ont assisté. De-là, ŒCU-MÉNICITÉ, s. f. qualité de ce qui est œcuménique.

ŒDÉMATEUX. *Voyez* ŒDÈME.

ŒDÈME, s. m. (*méd.*), tumeur molle, blanchâtre, cédant à l'impression du doigt, et causée par des humeurs phlegmatiques ou visqueuses; ce mot vient d'*οἴδημα* (*oidéma*), qui, selon Hippocrate, signifie toute tumeur en général, dérivé d'*οἰδῖν* (*oidéin*), être enflé. De-là, ŒDÉMATEUX, adj. qui est de la nature de l'œdème, ou qui en est attaqué.

ŒDÉMOSARQUE, s. f. (*chirur.*), espèce de tumeur qui tient le milieu entre l'*œdème* et le *sarcome*. Voyez ces deux mots.

ŒNANTHE, s. f. plante à fleurs blanches, dont le nom vient d'*οἶνος* (*oinos*), vin, et d'*ἄνθος* (*anthos*), fleur ; comme qui diroit, *fleur de vin*, parce que ses fleurs ont l'odeur de celles de la vigne, ou parce qu'elle fleurit en même temps que la vigne.

ŒNAS, s. m. pigeon sauvage, en grec οἰνὰς (*oinas*), vigne, ou pigeon sauvage, ainsi nommé parce que sa couleur approche de celle des raisins mûrs. La racine est οἶνος (*oinos*), vin.

ŒNÉLÉUM, s. m. (*pharm.*), mélange de vin et

d'huile rosat ; d'*οἶνος* (*oinos*), vin, et d'*ἔλαιον* (*élaion*), huile.

ŒNOMANCIE, s. f. divination qui se faisoit avec du vin ; d'*οἶνος* (*oinos*), vin, et de *μαντεία* (*mantéia*), divination.

ŒNOPE, adj. (*méd.*), d'*οἶνοψ* (*oinops*), de couleur de vin, dérivé d'*οἶνος* (*oinos*), vin, et d'*ὄψ* (*óps*), aspect, apparence. Il se dit de tout ce qui ressemble à du vin.

ŒNOPHORE, s. m. (*antiq.*), grand vase où les anciens mettoient du vin ; d'*οἶνος* (*oinos*), vin, et de *φέρω* (*phéró*), je porte.

ŒNOPTE, s. m. (*hist. anc.*), mot qui signifie proprement *inspecteur du vin ;* d'*οἶνος* (*oinos*), vin, et d'*ὄπτομαι* (*optomai*), voir. C'étoit, chez les Athéniens, une espèce de censeur qui veilloit à réprimer toutes les débauches qui pouvoient se glisser dans les festins.

ŒSOPHAGE, s. m. (*anat.*), canal membraneux qui conduit les alimens depuis la bouche jusques dans l'estomac. Ce mot est dérivé d'*οἴω* (*oió*), porter, futur *οἴσω* (*oisó*), et de *φάγω* (*phagó*), manger ; comme qui diroit *porte-manger.* De-là, **ŒSOPHAGIEN, adj.** qui appartient à l'œsophage.

ŒSOPHAGOTOMIE, s. f. (*chirur.*), incision faite à l'œsophage, pour en tirer quelque corps étranger ; d'*οἰσοφάγος* (*oisophagos*), l'œsophage, et de *τομή* (*tomé*), incision, de *τέμνω* (*temnó*), je coupe. *Voyez* **ŒSOPHAGE.**

ŒSYPE, s. m. suint ou espèce de graisse que l'on tire de la laine des brebis ; d'*οἰσύπη* (*oisupé*), qui signifie proprement *pourriture de brebis*, dérivé d'*οἶς* (*ois*), brebis, et de *σήπω* (*sépó*), putréfier, corrompre, parce que l'œsype est une matière sale et comme corrompue, qui se tire des brebis.

OÏDE, terminaison commune à plusieurs mots français dérivés du grec. Elle est formée d'*εἶδος* (*éidos*), forme, image, figure, ressemblance. Ainsi, tous les mots terminés en *oïde*, comme *mastoïde*, *élytroïde*, &c. marquent un rapport, une conformité ou une ressemblance avec la chose désignée par la première partie du mot. Quelques-uns de ces mots sont terminés en *ode*.

OLÉCRANE, s. m. (*anat.*), apophyse qui termine l'os du coude; d'*ὠλένη* (*óléné*), coude, et de *κρανον* (*kranon*), tête; comme qui diroit la *tête du coude*.

OLIGARCHIE, s. f. gouvernement d'un petit nombre de personnes; d'*ὀλίγος* (*oligos*), peu, et d'*ἀρχή* (*arché*), autorité, puissance. De-là, OLIGARCHIQUE, adj.

OLIGOTROPHIE, s. f. (*méd.*), d'*ὀλίγος* (*oligos*), peu, petit, et de *τρέφω* (*tréphô*), je nourris; petite nutrition, ou diminution de nourriture.

OLOGRAPHE, adj. *testament olographe*, c'est-à-dire, écrit tout entier de la main du testateur; d'*ὅλος* (*holos*), entier, et de *γράφω* (*graphô*), écrire. Quelques-uns écrivent *holographe*.

OLYMPE, s. m. en grec Ὄλυμπος (*Olumpos*), montagne de Thessalie, si élevée qu'elle sembloit toucher le ciel, suivant l'opinion des anciens. Elle a été ainsi nommée d'*ὅλος* (*holos*), entier, et de *λάμπω* (*lampô*), luire, briller, comme qui diroit *ὁλόλαμπος* (*hololampos*), toute brillante; d'où vient qu'elle se prend souvent pour le ciel, pour le séjour des dieux, dans les poètes (1).

_____

(1) Voyez, dit M. d'Ansse de Villoison, à la page 290 et suiv. de l Hist. de l'Académie des Belles-Lettres, les *Conjectures sur l'origine de la fable de l'Olympe*, de Mairan; il croit que c'est l'aurore boréale qui a donné lieu à cette fable, et a fait imaginer Jupiter et les dieux assemblés sur l'Olympe. C'est ainsi, ajoute M. d'Ansse de Villoison, que, selon M. l'abbé Testa, (auteur de deux Dissertations ingénieuses sur les

OLYMPIADE, s. f. ὀλυμπιὰς (*olumpias*), espace de quatre ans révolus, qui servoit aux Grecs à compter leurs années. Cette manière de compter tiroit son origine de l'institution des jeux Olympiques (τὰ Ὀλύμπια), qu'on célébroit tous les quatre ans pendant cinq jours, auprès de la ville d'Olympie. La première olympiade commença 776 ans avant J. C.

OLYMPIQUES (jeux); ils étoient ainsi nommés, parce qu'on les célébroit tous les quatre ans auprès de la ville d'Olympie (Ὀλυμπία), dans l'Elide, en Grèce.

OMAGRE, s. f. (*méd.*), goutte qui attaque l'épaule; d'ὦμος (*ômos*), épaule, et d'ἄγρα (*agra*), prise, capture.

OMBROMÈTRE, s. m. (*physiq.*), machine qui sert à mesurer la quantité de pluie qui tombe chaque année; d'ὄμβρος (*ombros*), pluie, et de μέτρον (*métron*), mesure.

OMÉGA, s. m. nom de la dernière lettre de l'alphabet grec, qui signifie *grand O*. Sa figure ω est formée de deux *o* joints ensemble; ce qui l'a fait nommer μέγα (*méga*), grand, pour le distinguer de *o*, omicron, *petit o*. M. d'Ansse de Villoison ajoute que dans les inscriptions, sur les médailles et sur les pierres gravées, l'*omicron*, c'est-à-dire, le *petit o*, est souvent figuré beaucoup plus petit que les autres lettres du même mot. Le mot *oméga* s'emploie figurément pour désigner la fin, la dernière partie de quelque chose.

OMOLOGUER. *Voyez* HOMOLOGATION.

---

volcans des champs Phlégréens, et sur ceux des campagnes de Rome) les flammes qu'Ulysse vit constamment sur cette côte, les prodiges que lui raconta Circé, ne sont autre chose que des phénomènes volcaniques, embellis des charmes de la poesie. Homère, dit Dolomieu, p. 153, not. 1, de son *Mémoire sur les îles Ponces*, Paris, 1788, *in-8°*, n'a pu décrire ces phénomènes que parce qu'il connoissoit les volcans qui pour lors ravageoient cette partie de l'Italie.

OMOCOTYLE, s. f. (*anat.*), cavité de l'omoplate qui reçoit la tête de l'humérus ; d'*ὦμος* (*ómos*), en latin *humerus*, épaule, et de *κοτύλη* (*kotulé*), cavité.

OMOPHAGE. *Voyez* HOMOPHAGE.

OMOPHAGIES, s. f. pl. (*mytho.*), fêtes grecques en l'honneur de Bacchus, ainsi nommées d'*ὦμός* (*ómos*), cru, et de *φαγεῖν* (*phageín*), manger, parce qu'on y dévoroit les entrailles crues et sanglantes des boucs, à l'imitation de Bacchus qu'on croyoit ne manger que de la chair crue.

OMOPLATE, s. f. (*anat.*), d'*ὦμος* (*ómos*), épaule, et de *πλατύς* (*platus*), large. Os large, mince et triangulaire, qui forme la partie postérieure de l'épaule.

OMPHACIN, adj. d'*ὄμφαξ* (*omphax*), raisin vert, et tout fruit qui n'est pas encore mûr. Les anciens appeloient *huile omphacine*, celle qu'on tiroit des olives vertes. Ce mot est synonyme de celui de *verjus*.

OMPHALOCÈLE, s. m. espèce de hernie du nombril; d'*ὀμφαλός* (*omphalos*), nombril, et de *κήλη* (*kélé*), tumeur. *Voyez* EXOMPHALE, qui est la même chose.

OMPHALODES, s. m. plante appelée autrement *herbe aux nombrils*, ou *petite consoude*; d'*ὀμφαλός* (*omphalos*), nombril, et d'*εἶδος* (*éidos*), forme, à cause de la figure de ses capsules, dont la cavité approche de la forme du nombril.

OMPHALOMANCIE, s. f. espèce de divination qui se fait en observant le nombril d'un enfant qui vient de naître; d'*ὀμφαλός* (*omphalos*), nombril, et de *μαντεία* (*mantéia*), divination.

OMPHALOPSYQUES, s. m. pl. hérétiques du quatorzième siècle, ainsi nommés d'*ὀμφαλός* (*omphalos*), nombril, et de *ψυχή* (*psuché*), ame; c'est-à-dire, *ayant l'ame au nombril*, parce que ces extravagans contemploient perpétuellement cette partie du corps pour en voir jaillir la lumière sacrée du mont Thabor ; comme quelques moines du mont Athos, qu'a vus de Villoison.

OMPHALOPTRE, adj. (optiq.), mot qui a le même sens que *lenticulaire*, et qui se dit d'un verre convexe des deux côtés, comme une lentille. Il est dérivé d'ὀμφαλὸς (*omphalos*), bosse, milieu élevé d'un bouclier ou de quelque chose que ce soit, et d'ὄπτομαι (*optomai*), voir.

ONAGRE, s. m. ὄναγρος (*onagros*), âne sauvage, animal d'Asie et d'Afrique très-léger à la course ; d'ὄνος (*onos*), âne, et d'ἄγριος (*agrios*), sauvage.

ONCOTOMIE, s. f. (chirur.), ouverture d'une tumeur, d'un abcès, avec un instrument tranchant ; d'ὄγκος (*ogkos*), tumeur, et de τομὴ (*tomé*), incision, qui vient de τέμνω (*temnô*), je coupe.

ONEIRODYNIE, s. f. (méd.), maladie qui consiste dans une sensation vive ou désagréable pendant le sommeil, comme il arrive dans le somnambulisme et le cauchemar ; ce mot est composé d'ὄνειρος (*onéiros*), songe, et d'ὀδύνη (*oduné*), douleur ; comme qui diroit, *songe douloureux*.

ONIROCRITIE, s. f. l'art d'interpréter les songes ; d'ὄνειρος (*onéiros*), songe, et de κρίνω (*krinô*), juger. De-là, ONIROCRITIQUE, s. m. ὀνειροκρίτης (*onéirokrités*), interprète des songes.

ONIROMANCIE, s. f. (le même que le précédent) ; d'ὄνειρος (*onéiros*), songe, et de μαντεία (*mantéia*), divination.

ONIROSCOPIE, s. f. d'ὄνειρος (*onéiros*), songe, et de σκοπέω (*skopéô*), examiner, considérer. *Voyez* ONIROCRITIE.

ONKOTOMIE. *Voyez* ONCOTOMIE.

ONOCROTALE, s. m. Nom grec du pélican ; d'ὄνος (onos), âne, et de κρότος (krotos), bruit, parce que le cri de cet oiseau ressemble au braire d'un âne.

ONOMANCIE, ou mieux ONOMATOMANCIE, s. f. l'art de prédire par le nom d'une personne ce qui doit lui arriver ; ce mot est composé d'ὄνομα (onoma), génit. ὀνόματος (onomatos), nom, et de μαντεία (mantéia), divination. Ainsi il faut écrire, avec les auteurs exacts, onomatomancie ; car le mot onomancie, suivant sa formation, devroit signifier divination par les ânes, ne pouvant venir que d'ὄνος (onos), âne, et de μαντεία (mantéia), divination.

ONOMATOPÉE, s. f. (gram.), figure par laquelle un mot imite le son naturel de ce qu'il signifie, comme le glouglou de la bouteille, le cliquetis des armes, le tang-tang du tambour, en chinois, &c. d'ὀνοματοποιία (onoma-topoiia), qui signifie formation d'un nom, d'ὄνομα (onoma), nom, et de ποιέω (poiéo), je fais, je forme ; c'est-à-dire, formation d'un nom pour imiter le bruit de la chose qu'il représente.

ONONIS, s. m. plante épineuse nommée arrête-bœuf ; ce mot vient d'ὄνος (onos), âne, parce que les ânes sont très-friands de cette plante.

ONONYCHITE, s. m. (théol.), terme qui signifie littéralement, qui a les pieds d'un âne ; il est formé d'ὄνος (onos), âne, et d'ὄνυξ (onux), au génit. ὄνυχος (onu-chos), sabot, ongle. C'étoit le nom injurieux que les païens donnèrent, dans le premier siècle, au Dieu des chrétiens, parce que ceux-ci adoroient le Dieu des Juifs qui, suivant les idolâtres, étoit représenté sous la figure d'un âne.

ONOSCÈLE, ou ONOSCÉLIDE, s. m. monstre fabuleux qui avoit, dit-on, des cuisses d'âne ; d'ὄνος (*onos*), âne , et de σκέλος (*skélos*), cuisse. C'étoit un fruit de la féconde imagination des Grecs.

ONTOLOGIE , s. f. (*philos.*), traité des êtres en général; d'ὸν (*on*), génit. ὸντος (*ontos*), un être , et de λόγος (*logos*), discours. De-là , ONTOLOGIQUE, adj.

ONYCHOMANCIE ou ONYCOMANCIE , s. f. sorte de divination qui se faisoit en observant les ongles d'un enfant ; d'ὸνυξ (*onux*), génit. ὸνυχος (*onuchos*), ongle , et de μαντεία (*mantéia*) , divination.

ONYX, s. m. mot grec , ὸνυξ, qui veut dire *ongle*. C'est le nom d'une espèce d'agate très-fine, dont la partie laiteuse est d'un blanc couleur d'ongle.

OOLITHE , s. f. (*nat.*) , pierre composée de petits globules ou corps sphériques semblables à des œufs de poissons ou à des graines ; ce mot vient d'ὠὸν (*òon*), œuf, et de λίθος (*lithos*), pierre.

OOMANCIE , s. f. divination qui se faisoit avec des œufs; d'ὠὸν (*òon*), œuf, et de μαντεία (*mantéia*), divination.

OOSCOPIE , s. f. d'ὠὸν (*òon*), œuf, et de σκοπέω (*skopéò*), considérer. *Voyez* OOMANCIE.

OPES , s. m. (*archit.*), mot formé d'ὸπὴ (*opé*), trou. On appelle ainsi les trous où sont posés les bouts des solives dans les murs, et ceux qui restent à la place des pièces de bois qui soutenoient les échafauds.

OPHIASE , s. f. (*méd.*), ὸφίασις (*ophiasis*), dérivé d'ὸφις (*ophis*), serpent. Maladie qui fait tomber le poil et les cheveux en quelques endroits du corps; de sorte qu'il paroît moucheté comme celui d'un serpent.

OPHIOGÈNES , s. m. pl. nom que donnoient les anciens à une race d'hommes qui se disoient issus d'un serpent; d'ὸφις (*ophis*), serpent , et de γείνομαι (*géinomai*), naître.

OPHIOGLOSSE , s. m. ou *langue de serpent*, plante ainsi nommée d'*ὄφις* (*ophis*), serpent, et de *γλῶσσα* (*glôssa*), langue, parce qu'elle porte un fruit qui a la forme d'une langue de serpent.

OPHIOLÂTRIE, s. f. culte ou adoration des serpens; d'*ὄφις* (*ophis*), serpent, et de *λατρεία* (*latréia*), culte. De-là, OPHIOLÂTRE, s. m. celui qui adore les serpens.

OPHIOLOGIE, s. f. (*nat.*), description des serpens; d'*ὄφις* (*ophis*), serpent, et de *λόγος* (*logos*), discours.

OPHIOMANCIE, s. f. art de deviner par l'observation des serpens ; d'*ὄφις* (*ophis*), serpent, et de *μαντεία* (*mantéia*), divination.

OPHIOPHAGE, adj. *mangeur de serpens*; d'*ὄφις* (*ophis*), serpent, et de *φάγω* (*phagô*), manger. Nom donné à des peuples d'Éthiopie qui se nourrissoient de serpens.

OPHITE, s. f. ou *serpentine*; d'*ὄφις* (*ophis*), serpent. Sorte de pierre fine, tâchetée comme la peau d'un serpent.

OPHITES, s. m. pl. idolâtres qui adoroient le serpent, parce qu'ils croyoient que la sagesse s'étoit manifestée aux hommes sous la figure de cet animal ; ce mot est dérivé d'*ὄφις* (*ophis*), serpent.

OPHRIS, ou *Double-feuille*, s. f. plante qui n'a que deux feuilles; son nom vient d'*ὀφρὺς* (*ophrus*), sourcil, et par métaphore, *tête*, parce que la figure de ses fleurs a quelque ressemblance avec celle de la tête de l'homme.

OPHTHALMIE, s. f. (*méd.*), inflammation des yeux ; d'*ὀφθαλμός* (*ophthalmos*), œil, qui vient d'*ὄπτομαι* (*optomai*), voir.

OPHTHALMIQUE, adj. qui concerne les yeux ou la vue; d'*ὀφθαλμός* (*ophthalmos*), œil.

OPHTHALMOGRAPHIE, s. f. (*anat.*), description

de l'œil ; d'ὀφθαλμὸς (*ophthalmos*), œil , et de γράφω (*graphô*), je décris.

OPHTHALMOLOGIE, s. f. partie de l'anatomie qui traite des yeux ; d'ὀφθαλμὸς (*ophthalmos*), œil, et de λόγος (*logos*), discours, traité.

OPHTHALMOSCOPIE, s. f. l'art de connoître le caractère ou le tempérament d'une personne par l'inspection de ses yeux ; d'ὀφθαλμὸς (*ophtalmos*), œil, et de σκοπέω (*skopéô*), examiner, considérer.

OPHTHALMOTOMIE, s. f. (*anat.*), dissection de l'œil ; d'ὀφθαλμὸς (*ophthalmos*), œil, et de τέμνω (*temnô*), couper, disséquer.

OPHTHALMOXYSTRE, s. m. (*chirur.*), petite brosse faite de barbes d'épi de seigle pour scarifier les paupières. Ce mot est composé d'ὀφθαλμὸς (*ophthalmos*), œil, et de ξύςρα (*xustra*), une étrille, dérivé de ξύω (*xuô*), racler ; comme qui diroit, *instrument avec lequel on racle l'œil.*

OPIAT, s. m. (*pharm.*), sorte de composition de consistance un peu molle ; son nom est dérivé d'ὄπιον (*opion*), l'opium, le suc du pavot, parce que ce médicament est préparé avec l'opium. *Voyez* ce mot.

OPISTHOGRAPHE, adj. (*antiq.*), qui est écrit au revers ; d'ὄπισθεν (*opisthen*), par-derrière, et de γράφω (*graphô*), j'écris. Il se dit d'un ouvrage écrit sur les deux côtés. Cette distinction vient de l'usage où étoient les anciens de ne pas écrire sur le revers du papier.

OPISTHOTONOS, s. m. (*méd.*), mot grec composé d'ὄπισθεν (*opisthen*), en arrière, et de τόνος (*tonos*), tension, du verbe τείνω (*téinô*), tendre. Espèce de contraction de nerfs, qui porte toutes les parties du corps en arrière, en sorte qu'il fait comme une espèce d'arc.

OPIUM, s. m. en grec ὄπιον (*opion*), suc tiré des têtes de pavot; d'ὁπὸς (*opos*), suc, liqueur, comme qui diroit suc par excellence, parce que l'opium, pris en petite quantité, produit de grands effets.

OPLITE. *Voyez* HOPLITE.

OPLITODROMES. *Voyez* HOPLITODROMES.

OPLOMACHIE. *Voyez* HOPLOMACHIE.

OPOBALSAMUM, s. m. mot grec, qui signifie *suc de baume*; d'ὁπὸς (*opos*), suc, et de βάλσαμον (*balsamon*), baume. Sorte de résine liquide ou de baume, d'un goût aromatique, qui distille d'un arbre du Levant. C'est le *baume de Judée*, ou *d'Egypte*.

OPOPANAX, s. m. suc résineux-gommeux qu'on tire d'une plante du Levant, nommée *grande berce* ou *panacée*. Ce mot vient d'ὁπὸς (*opos*), suc, et du latin *panax*, panacée, dérivé du grec πᾶν (*pan*), tout, et d'ἀκέομαι (*akéomai*), remédier, à cause des propriétés du suc de cette plante.

OPSIGONE, adj. qui est produit dans un temps postérieur; d'ὁψὲ (*opsé*), tard, et de γείνομαι (*géinomai*), être produit. Les dents molaires sont appelées *opsigones*, parce qu'elles ne paroissent qu'après les autres.

OPSIMATHIE, s. f. envie tardive de s'instruire; d'ὁψὲ (*opsé*), tard, et de μανθάνω (*manthanô*), apprendre.

OPTIQUE, s. f. (*math.*), d'ὁπτικὸς (*optikos*), visuel, qui concerne la vue, dérivé d'ὄπτομαι (*optomai*), voir. C'est une science qui traite de la lumière et des loix de la vision. OPTIQUE, adj. qui a rapport à la vue; OPTICIEN, s. m. celui qui est savant dans l'optique.

ORCHÉSOGRAPHIE, s. f. traité de la danse, ou l'art d'en noter les pas, comme la musique; d'ὄρχησις (*orchêsis*), la danse, et de γράφω (*graphô*), j'écris; c'est-à-dire, *l'art d'écrire la danse*. On en doit la première idée à Thoinet Arbeau, chanoine de Langres.

. ORCHESTIQUE, s. f. d'*ὀρχεῖσθαι* (*orcheîsthai*), danser. C'étoit un des deux principaux genres de la gymnastique ancienne. Il comprenoit la danse, la cubistique et la sphéristique. L'autre genre étoit la palestrique. *Voyez* les mots PALESTRIQUE, CUBISTIQUE et
SPHÉRISTIQUE.

ORCHESTRE, s. m. mot grec, dérivé du verbe
ὀρχεῖσθαι (*orcheîsthai*), danser. On appeloit *orchestre*,
chez les Grecs, la partie la plus basse de leur théâtre,
parce que c'étoit là que s'exécutoient les danses. Il se dit,
parmi nous, du lieu où l'on place la symphonie, et
aussi de la réunion de tous les musiciens.

ORCHIS, s. m. mot grec, *ὄρχις* (*orchis*), qui signifie
testicule. Nom donné par les botanistes à une famille
de plantes dont les racines, qui sont doubles, ont quelque rapport avec des testicules.

ORCHITE. *Voyez* ENORCHITE.

ORCHOTOMIE, s. f. castration, amputation des testicules; d'*ὄρχις* (*orchis*), testicule, et de *τέμνω* (*temnô*),
couper.

ORÉADES, s. f. pl. (*mytho.*), Nymphes des montagnes; d'*ὄρος* (*oros*), montagne.

ORGANE, s. m. mot formé d'*ὄργανον* (*organon*), instrument. Les organes sont, dans les corps vivans, des
parties propres aux différentes fonctions qui consti-
tuent et entretiennent la vie. Parmi les corps naturels,
il n'y a que les animaux et les végétaux qui soient pour-
vus d'organes. De-là sont dérivés ORGANIQUE, adj.
ORGANISATION, s. f. ORGANISER, verbe. *Organe* signifie
encore la voix, la personne dont on se sert pour s'exprimer.

ORGANISTE, s. m. *Voyez* ORGUE.

ORGASME, s. m. (*méd.*), agitation, mouvement

impétueux des humeurs superflues du corps humain ; qui cherchent à s'évacuer ; ce mot est grec : ὀργασμὸς (*orgasmos*), dérivé d'ὀργάω (*orgaô*), desirer avec ardeur.

ORGIES , s. f. pl. (*mytho.*), Ὄργια (*Orgia*), fêtes païennes consacrées à Bacchus ; d'ὀργὴ (*orgé*), colère, emportement, à cause du transport de ceux qui les cé-lébroient, et des désordres dont elles étoient accompagnées. On donne aujourd'hui ce nom à des débauches de table. De-là ORGIASTES , s. f. pl. les prêtresses de Bacchus qui présidoient aux Orgies.

ORGUE , s. m. instrument de musique à vent, con-sacré à l'usage des églises. Ce mot vient d'ὄργανον (*organon*), instrument ; comme qui diroit, l'*instrument par excellence*. De-là , ORGANISTE , s. m. celui qui joue de l'orgue. Cet instrument parut en France pour la pre-mière fois en 757 ; et ce fut l'empereur Constantin Co-pronyme qui en fit présent à Pépin-le-Bref.

ORIGAN , s. m. plante médicinale, nommée en grec ὀρείγανον (*oréiganon*), et ὀρίγανον (*origanon*), qui vient, dit-on, d'ὄρος (*oros*), montagne, et de γάνος (*ganos*), joie, parce qu'elle se plaît sur les montagnes.

ORNITHIES , s. f. pl. d'ὄρνις (*ornis*), génit. ὄρνιθος (*ornithos*), oiseau. Les Grecs appeloient ainsi les vents du printemps, qui règnent lorsque les oiseaux de passage reviennent dans nos climats.

ORNITHOGALA , s. m. d'ὄρνις (*ornis*), génit. ὄρνιθος (*ornithos*), oiseau, et de γάλα (*gala*), lait; comme qui diroit *lait d'oiseau*. C'est le nom d'une plante bulbeuse, qui pousse des fleurs vertes en-dehors , et au-dedans d'une couleur blanche comme celle du lait, ou d'un œuf de poule , d'où lui vient apparemment son nom. Les Grecs appellent encore aujourd'hui une poule ὄρνιθα (*ornitha*), et dans quelques endroits de la Morée , κόττα (*kotta*), selon M. d'Ansse de Villoison. Il observe que ce mot, qui paroît barbare au premier coup-d'œil, est ancien, et formé par onomatopée; et qu'on trouve dans Hésychius, sur le mot κόττος et πϱοκόττα, que κόττος signifie ὄϱνις, ἀλεκτϱυών, un coq.

ORNITHOLITES, s. f. pl. (*nat.*), pétrifications, ou plutôt incrustations d'oiseaux, ou de quelques-unes de leurs parties; d'ὄϱνις (*ornis*), génit. ὄϱνιθος (*ornithos*), oiseau, et de λίθος (*lithos*), pierre; comme qui diroit, *oiseaux devenus pierres.*

ORNITHOLOGIE, s. f. partie de l'histoire naturelle qui traite des oiseaux; d'ὄϱνις (*ornis*), génit. ὄϱνιθος (*ornithos*), oiseau, et de λόγος (*logos*), discours, traité. De-là, Ornithologiste, s. m. celui qui s'applique à la connoissance des oiseaux.

ORNITHOMANCIE, s. f. sorte de divination par le vol ou par le chant des oiseaux; d'ὄϱνις (*ornis*), génit. ὄϱνιθος (*ornithos*), oiseau, et de μαντεία (*mantéia*), divination.

ORNITHOPODE, ou *pied d'oiseau*, s. m. plante ainsi nommée d'ὄϱνις (*ornis*), génit. ὄϱνιθος (*ornithos*), oiseau, et de πούς (*pous*), pied, parce qu'elle porte des gousses qui représentent le pied d'un oiseau avec ses articulations, ses doigts et ses ongles.

ORNITHOSCOPIE, s. f. d'ὄϱνις (*ornis*), génit. ὄϱνιθος (*ornithos*), oiseau, et de σκοπέω (*skopéô*), examiner, considérer. *Voyez* Ornithomancie.

ORNITHOTROPHIE, s. f. art de faire éclore et d'élever des oiseaux domestiques; d'ὄϱνις (*ornis*), génit. ὄϱνιθος (*ornithos*), oiseau, et de τϱέφω (*trephô*), élever, nourrir. Cet art est connu depuis long-temps des Egyptiens.

OROBANCHE, s. f. en grec, ὀϱοβάγχη, plante ainsi

---

nommée d'*ὄϱοϐος* (*orobos*), orobe, plante, et d'*ἄγχω* (*agchó*), serrer, suffoquer, parce qu'elle fait périr l'*orobe* et les autres légumes parmi lesquels elle croît.

OROBE, s. f. en grec, *ὄϱοϐος* (*orobos*), plante légumineuse qui croît dans les champs et dans les bois.

ORPHELIN, s. m. en grec *ὀϱφανός* (*orphanos*), qui a perdu son père et sa mère.

ORPHÉOTÉLESTE, s. m. (*antiq.*), celui qui étoit initié aux mystères d'Orphée, chez les Grecs ; *ὀϱφιοτελεστής* (*orphéotélestés*), d'*Ὀϱφεύς* (*Orpheus*), Orphée, et de *τελέω* (*téléó*), initier.

ORPHIQUE, adj. (*antiq.*), mot formé d'*Ὀϱφεύς* (*Orpheus*), Orphée, nom propre. On appelle *vie orphique* (*ὀϱφικὸς ϐίος*), une vie sage et réglée par l'amour de la vertu, telle qu'on l'attribue au célèbre Orphée.

ORTHOCÉRATITE, s. f. (*nat.*), coquille fossile ou pétrifiée, ainsi nommée d'*ὀϱθός* (*orthos*), droit, et de *κέϱας* (*kéras*), corne, parce qu'elle est droite, sans spirales, et à-peu-près semblable à une corne.

ORTHODOXE, adj. qui est conforme à la saine doctrine en matière de religion ; d'*ὀϱθός* (*orthos*), droite, et de *δόξα* (*doxa*), opinion, sentiment. De-là vient aussi ORTHODOXIE, s. f.

ORTHODROMIE, s. f. mot composé d'*ὀϱθός* (*orthos*), droit, et de *δϱόμος* (*dromos*), course. C'est un terme de marine qui désigne la route en ligne droite que fait un vaisseau en suivant un même vent. Il est opposé à *Loxodromie*. Voyez ce mot.

ORTHOGONAL, adj. (*géom.*), qui est perpendiculaire, ou qui forme des angles droits; d'*ὀϱθός* (*orthos*), droit, et de *γωνία* (*gónia*), angle.

ORTHOGRAPHE, s. f. l'art d'écrire régulièrement les mots d'une langue; d'*ὀϱθός* (*orthos*), droit, correct, et de γράφω (*graphó*), j'écris; c'est-à-dire, *manière d'écrire vraie et correcte*. De-là sont dérivés Orthographier, v. a. et Orthographique, adj.

ORTHOGRAPHIE, s. f. (*archit.*), dessin ou représentation d'un édifice sur un plan dans ses véritables proportions; c'est ce qu'on appelle aussi *élévation géométrale*. Ce mot est dérivé d'όρθός (*orthos*), droit, et de γράφω (*graphó*), décrire, tracer, dessiner, parce que dans l'orthographie toutes les lignes horizontales sont droites et parallèles, et non obliques comme dans la perspective. *Orthographie* signifie aussi le profil ou la coupe perpendiculaire d'un ouvrage. De-là, Orthographique, adj. qui a rapport à l'orthographie.

ORTHOPÉDIE, s. f. art de corriger ou de prévenir dans les enfans les difformités du corps; d'όρθός (*orthos*), droit, et de παῖς (*pais*), enfant.

ORTHOPNÉE, s. f. (*méd.*), oppression qui empêche de respirer, à moins qu'on ne se tienne droit; d'όρθός (*orthos*), droit, élevé, et de πνέω (*pnéó*), je respire.

ORYCTOGRAPHIE, s. f. (*nat.*), description des fossiles; d'όρυκτός (*oruktos*), enfoui, ou fossile, et de γράφω (*graphó*), je décris. *Voyez* Oryctologie.

ORYCTOLOGIE, s. f. partie de l'Histoire naturelle qui traite des fossiles; ce mot vient d'όρυκτός (*oruktos*), enfoui, ou fossile, dérivé d'όρύσσω (*orussó*), creuser, fouir, et de λόγος (*logos*), discours, traité.

OSCHÉOCÈLE, s. m. (*chirur.*), hernie dans laquelle l'épiploon et l'intestin descendent jusques dans le scrotum; d'όσχιον (*oschéon*), le scrotum, les bourses, et de κήλη (*kélé*), tumeur, hernie.

OSCHOPHORIES, s. f. pl. (*antiq.*), fêtes grecques en l'honneur de Bacchus et de Minerve, instituées par

Thésée après la défaite du Minotaure. Ce mot est dérivé d'ὄσχη (*osché*), qui signifie proprement une branche de vigne chargée de raisins mûrs, et de φέρω (*phéró*), je porte, parce que tous ceux qui assistoient à cette cérémonie portoient de semblables branches.

OSTÉOCOLLE, s. f. (*nat.*), substance fossile qu'on regarde comme des racines d'arbres pétrifiées, d'ὀστέον (*ostéon*), os, et de κόλλα (*kolla*), colle; c'est-à-dire *colle d'os*, parce qu'on a cru d'abord que c'étoit des ossemens pétrifiés ou calcinés.

OSTÉOCOPE, s. m. (*méd.*), douleur aiguë, dans certaines maladies, qui affecte aussi vivement que si on avoit les os brisés; d'ὀστέον (*ostéon*), os, et de κόπτω (*koptó*), briser, rompre; comme qui diroit, *fracture d'os*.

OSTÉOGÉNÉSIE ou OSTÉOGÉNIE, s. f. partie de l'anatomie qui traite de la formation des os; d'ὀστέον (*ostéon*), os, et de γένεσις (*génésis*), génération, mot dérivé de γείνομαι (*géinomai*), être produit.

OSTÉOGRAPHIE, s. f. (*anat.*), description des os; d'ὀστέον (*ostéon*), os, et de γράφω (*graphó*), je décris.

OSTÉOLITHES, s. f. (*nat.*), os pétrifiés; d'ὀστέον (*ostéon*), os, et de λίθος (*lithos*), pierre.

OSTÉOLOGIE, s. f. partie de l'anatomie qui traite des os, de leur nature, de leurs usages, &c. d'ὀστέον (*ostéon*), os, et de λόγος (*logos*), discours.

OSTÉOTOMIE, s. f. (*anat.*), dissection des os; d'ὀστέον (*ostéon*), os, et de τέμνω (*temnó*), couper, disséquer.

OSTRACÉ, adj. (*nat.*), qui est couvert d'une écaille ou coquille; d'ὄστρακον (*ostrakon*), écaille. Il se dit des poissons qui sont couverts de deux écailles dures, comme les huîtres, les moules, &c. pour les distinguer des *testacés*, qui n'en ont qu'une.

OSTRACISME, s. m. (*hist. anc.*), ὀστρακισμός (*ostrakismos*), sorte de jugement, à Athènes, qui condamnoit à dix ans d'exil les citoyens dont la puissance, ou le crédit, donnoit de l'ombrage. Ce mot est dérivé d'ὄστρακον (*ostrakon*), coquille, parce qu'on donnoit son suffrage en écrivant le nom de l'accusé sur une coquille.

OSTRACITE, s. f. (*nat.*), coquille d'huître pétrifiée; d'ὄστρακον (*ostrakon*), coquille, écaille.

OSTRACODERME, adj. (*nat.*), d'ὄστρακον (*ostrakon*), écaille, et de δέρμα (*derma*), peau. Il se dit des animaux dont la peau est couverte d'écailles.

OTALGIE, s. f. (*méd.*), douleur d'oreille; d'οὖς (*ous*), génit. ὠτός (*ótos*), oreille, et d'ἄλγος (*algos*), douleur. OTALGIQUE, adj. qui est propre pour les maladies de l'oreille.

OTENCHYTE, s. m. (*chirur.*), petite seringue qui sert à injecter des liqueurs dans les oreilles; d'οὖς (*ous*), génit. ὠτός (*ótos*), oreille, et d'ἐγχύω (*egchuó*), verser, injecter.

OTOGRAPHIE, s. f. (*anat.*), description de l'oreille; d'οὖς (*ous*), génit. ὠτός (*ótos*), oreille, et de γράφω (*graphó*), je décris.

OTOTOMIE, s. f. (*anat.*), dissection de l'oreille; d'οὖς (*ous*), génit. ὠτός (*ótos*), oreille, et de τέμνω (*temnó*), couper, disséquer.

OURAQUE, s. m. (*anat.*), οὐραχός (*ourachos*), petit cordon du fœtus qui va du fond de la vessie jusqu'au nombril; d'οὖρον (*ouron*), urine, et d'ἴχω (*échó*), je contiens, parce qu'il sert sans doute à porter l'urine de la vessie dans la membrane allantoïde. D'autres prétendent qu'on dit οὐραχός, au lieu d'οὐραγός, d'οὖρον (*ouron*), urine, et d'ἄγω (*agó*), conduire.

OURONOLOGIE, s. f. partie de la médecine qui

traite de l'urine; d'*οὖρον* (*ouron*), urine, et de *λόγος* (*logos*), discours.

OXALATE, s. m. (*chim.*), terme nouveau. Nom générique des sels formés par la combinaison de l'acide oxalique avec certaines bases. *Voyez* OXALIQUE.

OXALIQUE, adj. (*chim.*), se dit d'un acide particulier qu'on retire du suc d'oseille. Ce mot, qui est nouveau, vient du grec *ὀξαλὶς* (*oxalis*), oseille, dont la racine est *ὀξὺς* (*oxus*), aigre, acide. OXALATE en vient aussi.

OXIDE. *Voyez* OXYDE. (La plupart des chimistes modernes ont supprimé l'*y* dans ce mot et dans les autres qu'ils ont tirés du grec, malgré l'étymologie.)

OXIGÈNE. *Voyez* OXYGÈNE.

OXYACANTHA, s. m. nom grec d'un arbrisseau épineux, appelé *épine-vinette*; d'*ὀξὺς* (*oxus*), acide, et d'*ἄκανθα* (*akantha*), épine, parce qu'il est armé d'épines, et que son fruit est acide.

OXYCÈDRE, s. m. arbre dont les feuilles sont étroites, pointues, et semblables à celles du cyprès; d'*ὀξὺς* (*oxus*), aigu, ou pointu, et de *κέδρος* (*kédros*), cèdre; comme qui diroit, *cèdre à feuilles pointues*.

OXYCRAT, s. m. *ὀξύκρατον* (*oxukraton*), mélange d'eau et de vinaigre; d'*ὀξὺς* (*oxus*), aigre, acide, d'où vient *ὄξος* (*oxos*), vinaigre, et de *κεράννυμι* (*kérannumi*), je mêle. M. d'Ansse de Villoison observe qu'encore aujourd'hui, le vinaigre s'appelle en grec vulgaire, *ὀξύδι* (*oxudi*), et par corruption, *ξύδι* (*xudi*), pour *ὀξύδιον* (*oxudion*); comme l'huile, *λάδι* (*ladi*), pour *ἐλάδι*, *ἐλάδιον* (*éladi*, *éladion*). Les Grecs modernes nomment de même le poisson *ψάρι* (*psari*), toujours en retranchant la voyelle du commencement, au lieu d'*ὀψάριον*. La terminaison en *ιον* (*ion*), qui indique souvent le diminutif dans le grec ancien , n'a pas la même signification dans le grec vulgaire.

OXYDE , s. m. (*chim.*) , nom générique de tous les corps unis à une portion d'oxygène trop foible pour les porter à l'état d'acides. *Dérivés.* OXYDATION , s. f. OXYDER , v. a. réduire à l'état d'oxyde.

OXYGÈNE , s. m. (*chim.*) , terme nouveau , qui en grec signifie (*engendré par l'acide*) , mais se prend dans la chimie moderne pour le *générateur de l'acide* ; d'ὀξὺς (*oxus*) , acide , et de γείνομαι (*géinomai*) , rendre. C'est le nom d'un corps particulier qui , dissous dans le *calorique* , forme le *gaz oxygène* , ou *air vital.* Il entre dans la composition de l'air atmosphérique dans la proportion de 27 à 100 ; et combiné avec différentes bases , il forme les oxydes et les acides. De-là sont dérivés OXYGÉNATION , s. f. OXYGÉNER , v. a. saturer d'oxygène.

OXYGONE , adj. (*géom.*) , d'ὀξὺς (*oxus*) , aigu , et de γωνία (*gónia*) , angle. Il se dit d'un triangle dont les trois angles sont aigus. On l'appelle autrement *acutangle.*

OXYMEL , s. m. mélange de miel et de vinaigre ; d'ὀξὺς (*oxus*) , aigre , acide , d'où l'on a fait ὄξος (*oxos*) , vinaigre , et de μέλι (*méli*) , miel.

OXYPÈTRE , s. f. espèce de pierre , ou de terre , d'un goût aigrelet , qui se trouve dans le territoire de Rome ; d'ὀξὺς (*oxus*) , aigre , acide , et de πέτρος (*pétros*) , pierre.

OXYREGMIE , s. f. (*méd.*) , âcreté du fluide stomachal qui cause des rapports acides ; d'ὀξὺς (*oxus*) , acide , et d'ἐρεύγω (*éreugó*) , roter.

OXYRRHODIN , s. m. (*pharm.*) , liniment composé d'huile rosat et de vinaigre rosat ; d'ὀξὺς (*oxus*) , aigre , et de ῥόδον (*rhodon*) , rose ; comme qui diroit , *un composé de vinaigre et de roses.*

OXYSACCHARUM, s. m. (*pharm.*), mélange de sucre et de vinaigre; d'*ὀξὑς* (*oxus*), aigre, d'où vient *ὄξος* (*oxos*), vinaigre, et de *σάκχαρον* (*sakcharon*), sucre; c'est-à-dire, vinaigre sucré.

OZÉNE, s. m. *ὄζαινα* (*ozaina*), ulcère putride du nez, qui exhale une odeur infecte; d'*ὄζω* (*ozó*), sentir mauvais.

P

Pachyderme

PALATO-PHARYNGIEN, adj. (*anat.*), se dit de deux muscles qui s'attachent au palais et au pharynx; ce mot vient du latin *palatum*, le palais, et du grec *φάρυγξ* (*pharugx*), le pharynx, l'entrée du gosier.

PALATO-STAPHYLIN, adj. (*anat.*), nom de deux muscles qui s'attachent au palais et à la luette; ce mot vient du latin *palatum*, le palais, et de *σαφυλὴ* (*staphulé*), la luette.

PALÉOGRAPHIE, s. f. mot formé de *παλαιός* (*palaios*), ancien, et de *γράφω* (*graphó*), j'écris; ancienne manière d'écrire, ou art de déchiffrer les écritures anciennes.

PALESTRE, s. f. *παλαίςρα* (*palaistra*), lieu où l'on formoit la jeunesse aux exercices du corps, chez les anciens; de *πάλη* (*palé*), qui signifie la *lutte*, l'un de ces exercices.

PALESTRIQUE, s. f. de *παλαίςρα* (*palaistra*), lutte, ou combat. C'étoit l'un des deux principaux genres de la gymnastique ancienne, lequel comprenoit neuf exercices; savoir, la *lutte*, le *pugilat*, le *pancrace*, la *course*, &c. L'autre genre s'appeloit *orchestique*. Voyez ce mot.

PALESTROPHYLAX, s. m. (*antiq.*), *gardien de*

la palestre ; de παλαίςρα (*palaistra*), palestre, et de φυλάσσω (*phulassô*), garder, d'où vient φύλαξ (*phulax*), gardien. C'étoit un officier subalterne commis à la garde des palestres.

PALINDROMIE, s. f. (*méd.*), mot grec, παλινδρομία, qui signifie le retour ou le reflux contre nature des humeurs morbifiques vers les parties nobles et intérieures du corps ; de παλινδρομεῖν (*palindroméin*), retourner, recourir, dérivé de πάλιν (*palin*), derechef, et de τρέχω (*tréchô*), je cours.

PALINGÉNÉSIE, s. f. littéralement *renaissance, résurrection, régénération ;* de πάλιν (*palin*), derechef, et de γίνεσις (*génésis*), génération, naissance, dérivé de γείνομαι (*géinomaï*), naître ; art de faire renaître de ses propres cendres une plante, un animal, ou tout autre corps, ou du moins de lui rendre sa première forme.

PALINODIE, s. f. désaveu, rétractation de ce qu'on a dit. Ce mot est composé de πάλιν (*palin*), de nouveau, et d'ᾠδή (*ôdé*), chant, d'ἀείδω (*aéidô*), chanter, c'est-à-dire, *chant répété.* Ainsi, *chanter la palinodie*, c'est dire le contraire de ce qu'on avoit avancé.

PALINTOCIE, s. f. (*antiq.*), renaissance ou seconde naissance de Bacchus; restitution d'une usure, ou remboursement des intérêts ; de πάλιν (*palin*), de nouveau, derechef, et de τόκος (*tokos*), enfantement, usure, dérivé de τίκτω (*tiktô*), enfanter, produire; l'intérêt est le produit de l'argent que l'on place.

PANACÉE, s. f. remède universel, remède à tous maux ; πανάκεια (*panakéia*), de πᾶν (*pan*), tout, et d'ἀκέομαι (*akéomaï*), guérir. Nom fastueux donné à plusieurs remèdes qui conviennent à différentes maladies. Il est aussi commun à trois plantes auxquelles les anciens attribuoient de grandes vertus.

PANARIS, s. m. (*chirur.*), tumeur flegmoneuse qui vient au bout des doigts, ou à la racine des ongles. Ce mot vient du latin *panaritium,* que l'on veut dériver du grec παρονυχία (*paronuchia*), formé de παρὰ (*para*), proche, et d'ὄνυξ (*onux*), ongle, au génit. ὄνυχος (*onuchos*); c'est-à-dire, *abcès qui se forme près des ongles.*

PANCARPE, s. m. spectacle des Romains, où des hommes gagés combattoient contre toutes sortes de bêtes. Ce mot signifioit dans son origine un composé de toutes sortes de fruits; de πᾶν (*pan*), tout, et de καρπὸς (*karpos*), fruit. On l'a donné ensuite à ce qui contenoit toutes sortes de fleurs, et enfin à ce combat public où l'on faisoit paroître des animaux de différentes espèces.

PANCARTE, s. f. placard affiché pour publier des ordonnances, des droits de péage, &c. Ce mot est dérivé de πᾶν (*pan*), tout, et de χάρτης (*chartês*), papier; c'est-à-dire, *papier qui peut contenir tout,* ou *toutes sortes de choses.*

PANCHRESTE, s. m. de πᾶν (*pan*), tout, et de χρησὸς (*chrêstos*), bon, utile; comme qui diroit *bon à tout.* Nom donné à certains médicamens qu'on croyoit propres à toutes sortes de maladies.

PANCHYMAGOGUE, adj. de πᾶν (*pan*), tout, de χυμὸς (*chumos*), suc, humeur, et d'ἄγω (*agô*), chasser, expulser. Il se dit des remèdes qu'on croit propres à purger toutes les humeurs.

PANCRACE, s. m. nom d'un des exercices de l'ancienne Palestrique : il étoit composé de la lutte et du pugilat; de πᾶν (*pan*), tout, et de κράτος (*kratos*), force, parce que, pour y réussir, il falloit y déployer toute la force du corps. On nommoit *Pancratiastes* ceux qui se livroient à ce genre d'exercice.

PANCRÉAS, s. m. (*anat.*), de πᾶν (*pan*), tout, et

de κρεας (*kréas*), chair ; comme qui diroit, *tout de chair.*
C'est le nom que les anciens ont donné à un corps glanduleux, placé sous l'estomac entre le foie et la rate,
parce qu'ils ne le croyoient composé que de chair. De-là
PANCRÉATIQUE, adj. qui a rapport au pancréas. Il se
dit sur-tout d'un suc qui sort du pancréas.

PANDECTES, s. f. pl. recueil des loix romaines com-
pilées sous Justinien ; de πᾶν (*pan*), tout, et de δέχομαι
(*déchomai*), contenir, comprendre ; comme qui diroit,
livre contenant toutes choses, parce qu'il renferme toutes
les questions controversées, les décisions, et un extrait
des livres des jurisconsultes. Ce recueil s'appelle aussi
le *Digeste.*

PANDÉMIE, s. f. (*méd.*), maladie qui se répand sur
tout un peuple ; de πᾶν (*pan*), tout, et de δῆμος (*démos*),
peuple. C'est la même chose qu'*épidémie.* PANDÉ-
MIQUE, adj. en dérive.

PANDORE, s. f. πανδοῦρα (*pandoura*), ou πανδουρίς
(*pandouris*), ancien instrument de musique à trois
cordes, assez semblable au luth. Quelques-uns veulent
faire venir ce nom de Πάν (*Pan*), Pan, dieu des bergers,
et de δῶρον (*dôron*), don, parce que c'est à lui qu'on en
attribue l'invention.

PANÉGYRIQUE, s. m. discours public à la louange
de quelqu'un. Ce mot vient de πανήγυρις (*panéguris*),
assemblée générale, solemnité, formé de πᾶν (*pan*),
tout, et d'ἄγυρις (*aguris*), assemblée, du verbe ἀγείρω
(*agéirô*), j'assemble, parce qu'on prononce toujours ces
sortes de discours avec pompe et solemnité, et dans des
assemblées publiques, ainsi que le pratiquoient les anciens Grecs. On nomme *Panégyriste,* celui qui fait un
panégyrique.

PANIQUE, adj. f. terreur panique, en grec πανικός

φόβος (*panikos phobos*), se dit d'une frayeur subite et sans fondement. Les anciens croyoient qu'elle étoit inspirée par le dieu Pan dans sa colère.

PANOPHOBIE, s. f. (*méd.*), frayeur nocturne, espèce de maladie de l'esprit qui fait qu'on a peur de tout; de πᾶν (*pan*), tout, ou de Πάν (*Pan*), le dieu Pan, et de φόβος (*phobos*), peur, frayeur.

PANORAMA, s. m. terme nouveau, formé de πᾶν (*pan*), tout, et d'ὅραμα (*horama*), vue, dérivé d'ὁράω (*horaó*), je vois; c'est-à-dire, *vue de la totalité, vue de l'ensemble*. On appelle ainsi un grand tableau circulaire, sans commencement et sans fin apparente, du centre duquel on voit de face et dans sa totalité l'objet qu'il représente.

C'est un spectacle établi depuis peu d'années à Paris, et l'un des ouvrages les plus curieux de l'industrie humaine ~~aidée du prestige~~ des beaux-arts.

PANSTÉRÉORAMA, s. m. représentation totale d'un objet en relief dans ses véritables proportions. C'est un terme nouveau, composé de πᾶν (*pan*), tout, de στερεός (*stéréos*), solide, et d'ὅραμα (*horama*), vue, dont la racine est ὁράω (*horaó*), je vois; il signifie proprement *vue d'un solide entier*.

PANTAGOGUE, adj. de πᾶν (*pan*), tout, et d'ἄγω (*agó*), je chasse. *Voyez* PANCHYMAGOGUE.

PANTHÉE, adj. f. (*antiq.*), se dit d'une figure qui réunit les attributs de plusieurs divinités; de πᾶν (*pan*), tout, et de Θεός (*Théos*), Dieu.

PANTHÉON, s. m. temple consacré à tous les dieux; de πᾶν (*pan*), tout, et de Θεός (*Théos*), Dieu. Le plus fameux est celui qu'Agrippa, gendre d'Auguste, fit construire à Rome, et qui subsiste encore à présent sous le nom de *la Rotonde*.

PANTOGRAPHE, s. m. instrument qui sert à copier toutes sortes de dessins et de tableaux, et à les réduire, si l'on veut, en grand ou en petit ; de πᾶν (*pan*), tout, et de γράφω (*graphó*), tracer, décrire, dessiner ; c'est à-dire, *instrument qui dessine tout.*

PANTOMÈTRE, s. m. (*géom.*), instrument propre à mesurer toutes sortes d'angles, de hauteurs ou de distances ; de πᾶν (*pan*), tout, et de μέτρον (*métron*), mesure ; c'est-à-dire, *mesure de toutes choses.*

PANTOMIME, s. m. acteur qui imite toutes sortes d'actions par des gestes, des attitudes, et sans proférer aucune parole. Ce mot est formé de πᾶς (*pas*), génit. παντός (*pantos*), tout, et de μιμέομαι (*miméomai*), imiter, contrefaire, et signifie *qui imite*, ou *contrefait tout.* Il est aussi adj. PANTOMIME, s. f. est le langage muet de l'action, l'art de parler aux yeux.

PAPE, s. m. le chef de l'Eglise catholique. Ce nom vient du grec πάππας (*pappas*), qui signifie *père* ; il se donnoit autrefois à plusieurs évêques, notamment à l'archevêque d'Alexandrie ; et ce n'est que depuis Grégoire VII, en 1073, qu'il a été particulièrement affecté au seul pontife romain. De-là sont dérivés PAPAL, PAPAUTÉ, PAPISME et PAPISTE.

Les mots *Papas*, en Orient, prêtre, et *Papa*, terme enfantin qui signifie père, ont la même étymologie.

PAPIER, ou **PAPYER**, s. m. de πάπυρος (*papuros*), papyrus, petit arbrisseau d'Egypte, dont l'écorce intérieure servoit autrefois à faire le papier. De-là PAPYRACÉ, adj. qui se dit de certaines coquilles dont la robe est mince comme du papier.

PARABOLAIN, s. m. (*antiq.*) de παράβολος (*parabolos*), hardi, téméraire, dérivé de παραβάλλω (*paraballó*), se jeter, se précipiter. C'étoit le nom d'une sorte de gladiateurs qui ne redoutoient aucun danger ; on le donna dans la suite à des clercs des premiers siècles de l'église, qui se dévouoient au service des malades, et sur-tout des pestiférés, à cause de la fonction périlleuse qu'ils exerçoient.

PARABOLE, s. f. de παραβολή (*parabolé*), comparaison, dérivé de παραβάλλω (*paraballó*), comparer. C'est une allégorie sous laquelle on enveloppe quelque vérité importante ; telles sont les paraboles de l'Ecriture-Sainte.

En géométrie, la *Parabole* est une des sections coniques, c'est-à-dire, une ligne courbe formée par la section d'un cône parallèlement à un de ses côtés. Elle a été ainsi appelée du verbe παραβάλλω (*paraballó*), qui signifie *égaler*, parce que, dans cette courbe, le quarré de l'ordonnée est égal au rectangle du paramètre par l'abscisse, au lieu que dans l'ellipse il est moindre, et plus grand dans l'hyperbole. De-là PARABOLIQUE, adj.

PARABOLOÏDE, s. m. (*géom.*), solide produit par la révolution d'une parabole autour de son axe ; de παραβολή (*parabolé*), parabole, et d'εἶδος (*éidos*), forme, surface ; c'est-à-dire, solide dont la surface est terminée par une parabole. On l'appelle encore *conoïde parabolique*.

PARACENTÈSE, s. f. (*chirur.*), opération qu'on appelle autrement *ponction ;* de παρά (*para*), à côté, et de κεντέω (*kentéó*), piquer. C'est une ouverture que l'on fait au bas-ventre des hydropiques, pour en évacuer les eaux.

PARACENTRIQUE, adj. (*géom.*), qui s'éloigne ou qui s'approche d'un centre donné ; de παρά (*para*), qui signifie *proche*, ou *au-delà*, et de κέντρον (*kentron*), centre.

PARACHRONISME, s. m. erreur de chronologie par laquelle on place un événement plus tard qu'il ne doit l'être; de παρὰ (*para*), au-delà, et de χρόνος (*chronos*), temps, c'est-à-dire, reculement de temps ou de date. Ce mot est opposé à ~~anachronisme~~ *chronisme*.

PARACLET, s. m. de παράκλητος (*paraklêtos*), consolateur, avocat, défenseur, qui vient de παρακαλέω (*parakaléô*), consoler. Il se dit en parlant du S. Esprit.

PARACYNANCIE, s. f. (*méd.*), espèce d'esquinancie dans laquelle la respiration est si gênée, que l'on tire la langue comme les chiens. Ce mot est composé de παρὰ (*para*), qui indique une comparaison, de κύων (*kuôn*), chien, et d'ἄγχω (*agchô*), suffoquer.

PARADIGME, s. m. (*gram.*), mot grec, παράδειγμα (*paradéigma*), qui signifie *exemplaire*, *modèle*, dérivé de παρὰ (*para*), préposition qui indique une comparaison, et de δεικνύω (*deiknuô*), montrer.

PARADIS, s. m. de παράδεισος (*paradéisos*), qui signifie proprement *jardin*. Le *Paradis terrestre*, où Adam fut placé après sa création, étoit effectivement un jardin. C'est par comparaison que l'on appelle *Paradis*, le séjour des bienheureux dans le ciel (1).

PARADOXE, s. m. de παράδοξον (*paradoxon*),

***

(1) M. d'Ansse de Villoison observe, d'après Xénophon (*Memorabil.* l. 5, p. 829), que les Grecs ont pris ce mot de la langue des Perses, et qu'encore aujourd'hui, en persan, un jardin s'appelle *firdeus*. Les Orientaux, brûlés par l'ardeur du soleil, ne plaçoient le bonheur qu'à l'ombre des arbres. C'est ainsi, ajoute le même M. d'Ansse de Villoison, que le mot de γάνος, qui veut dire la *joie* dans tous les dialectes grecs, signifioit, selon Hésychius, *un jardin* dans la langue des Cypriens, voisins de la Phénicie. Or, *gan*, dans la Genèse, dans l'Alcoran, dans l'Hébreu, dans le Chaldéen, le Syriaque, l'Arabe, &c. est un jardin le paradis terrestre,

chose surprenante, inattendue, qui est contre l'opinion
commune; de παρὰ (*para*) contre, et de δόξα (*doxa*),
opinion. Un *paradoxe* est une proposition qui choque
les opinions reçues, une idée contradictoire ou fausse
en apparence, quoique vraie quelquefois dans le fond;
tel est le *Système de Copernic*. De-là vient PARADOXAL,
adj. qui tient du paradoxe.

PARADOXOLOGUE, s. m. *diseur de paradoxes;*
de παράδοξον (*paradoxon*), paradoxe, et de λέγω (*légó*),
je dis. C'étoit, chez les anciens, une espèce de mimes,
ou de bateleurs, qui divertissoient le peuple par leurs
bouffonneries.

PARAGOGE, s. f. (*gram.*), addition à la fin d'un
mot; de παραγωγὴ (*paragógé*), accroissement, qui vient
de παράγω (*paragó*), avancer, dérivé de παρὰ (*para*),
au-delà, et d'ἄγω (*agó*), mener. La *paragoge* est une
figure de diction qui consiste dans l'addition d'une lettre
ou d'une syllabe à la fin d'un mot, comme *egomet* pour
ego, chez les Latins. *Dérivé.* PARAGOGIQUE, adj.

PARAGRAPHE, s. m. petite division d'un discours, d'un chapitre, &c. dans un ouvrage; ce mot
vient de παραγραφὴ (*paragraphé*), signe posé près de
l'écriture, de παρὰ (*para*), proche, et de γράφω (*graphó*),
j'écris. C'étoit autrefois l'usage de distinguer les divisions
d'un ouvrage par différentes couleurs. Dans l'imprimerie, on se sert du caractère §. De-là vient aussi PA-
RAPHE, s. f. et PARAPHER, v.

PARAKYNANCIE. *Voyez* PARACYNANCIE.

PARALIPOMÈNES, s. m. pl. mot grec, παραλιπό-
μενα (*paraléipoména*), qui signifie *choses omises*, ou
passées sous silence; de παραλείπω (*paraléipó*), omettre,
dérivé de παρὰ (*para*), outre, et de λείπω (*léipó*), laisser.
On donne ce nom à deux livres de l'Ancien-Testament,

parce que ces livres historiques contiennent ce qui a été omis dans les autres.

PARALIPSE, s. f. prétérition, figure de rhétorique qui consiste à fixer l'attention sur un objet, en feignant de le négliger ; de παραλείπω (paraléipó), négliger, omettre, dérivé de παρὰ (para), de côté, et de λείπω (léipó), laisser.

PARALLAXE, s. f. (astro.), de παράλλαξις (parallaxis), qui signifie proprement différence ou variation, de παραλλάττω (parallattó), transposer, transmuer, dont la racine est ἀλλάττω (allattó), je change. C'est l'arc du firmament compris entre le lieu vrai et le lieu apparent d'un astre qu'on observe. De-là, PARALLAC-TIQUE, adj.

PARALLÈLE, adj. (géom.), de παράλληλος (parallêlos), qui signifie également distant, qui est à distance égale. Il se dit d'une ligne ou d'une surface qui est également éloignée d'une autre dans toute son étendue.

PARALLÈLE, s. m. se prend pour comparaison ; ainsi faire le parallèle de deux personnes, c'est examiner à quelle distance elles sont, en quelque sorte, des mêmes points de mérite, de vertu, de talent.

PARALLÉLIPIPÈDE ou PARALLÉLEPIPÈDE, s. m. (géom.), solide terminé par six parallélogrammes dont les opposés sont égaux et parallèles : de παράλληλος (parallêlos), parallèle, d'ἐπὶ (épi), sur, et de πεδίον (pédion), plaine, ou surface plane ; c'est-à-dire, qui est formé de plans parallèles.

PARALLÉLISME, s. m. de παράλληλος (parallêlos), parallèle. Situation de deux lignes, de deux surfaces parallèles.

PARALLÉLOGRAMME, s. m. (géom.), figure quadrangulaire dont les côtés opposés sont égaux et parallèles ; de παράλληλος (*parallélos*), parallèle, et de γραμμή (*grammé*), ligne; c'est-à-dire, figure terminée par des lignes parallèles deux à deux.

PARALOGISME, s. m. παραλογισμὸς (*paralogismos*), raisonnement faux et trompeur ; de παρὰ (*para*), mal, vicieusement, et de λογίζομαι (*logizomai*), raisonner, dérivé de λέγω (*légó*), je parle. Le *paralogisme* est contraire aux règles du raisonnement, et se fait par erreur : il diffère du *sophisme*, qui ne se fait qu'à dessein et par subtilité.

PARALYSIE, s. f. (*méd.*), παράλυσις (*paralusis*), maladie causée par le relâchement des parties nerveuses et musculeuses, qui prive quelque partie du corps de sentiment et de mouvement; de παραλύω (*paraluó*), résoudre, relâcher, dont la racine est λύω (*luó*), délier, dissoudre. De-là vient PARALYTIQUE, adj. παραλυτικὸς (*paralutikos*), qui est atteint de paralysie ; PARALYSER, v. a. rendre paralytique, et figur. rendre inutile.

PARAMÈTRE, s. m. (*géom.*), ligne constante et invariable qui entre dans l'équation d'une courbe ; de παρὰ (*para*), à côté, et de μέτρον (*métron*), mesure, parce que cette ligne est une mesure invariable pour la comparaison des ordonnées et des abscisses des diamètres dans les courbes.

PARANGON, s. m. v. m. qui signifie comparaison; et PARANGONER, v. a. comparer ; de παράγειν (*paragein*), mettre à côté l'un de l'autre, de παρὰ (*para*), à côté, et d'ἄγω (*agó*), conduire, amener.

PARANOMASIE, s. f. (*littér.*), ressemblance entre des mots de différentes langues, qui peut marquer une origine commune; de παρὰ (*para*), proche, et d'ὄνομα (*onoma*), nom ; c'est-à-dire, proximité ou ressemblance de deux noms.

PARANYMPHE, s. m. de παρὰ (*para*), proche, et de νύμφη (*numphé*), jeune épouse, nouvelle mariée. C'étoit, chez les anciens, celui qui faisoit les honneurs de la nôce, et qui conduisoit l'épouse dans la maison de son mari, littéralement *qui étoit près de l'épouse*. De-là est venu, par métaphore, le *Paranymphe* des écoles de Sorbonne et de Médecine, c'est-à-dire, le discours solemnel qui se prononçoit à la fin de chaque *licence*, par un orateur appelé aussi *Paranymphe*, qui faisoit l'éloge des *licenciés*.

PARAPEGMES, s. m. pl. tables de métal sur lesquelles les anciens gravoient les ordonnances et autres proclamations publiques ; de παραπήγνυμι (*parapégnumi*), afficher, parce qu'on les affichoit à quelque pilier pour y être lues de tout le monde.

PARAPHERNAUX, adj. m. pl. se dit, en termes de droit, des biens dont une femme, par contrat de mariage, s'est réservé la jouissance et la disposition ; de παρὰ (*para*), au-delà, et de φερνὴ (*pherné*), dot, parce qu'ils ne font point partie de la dot.

PARAPHIMOSIS, s. m. (*méd.*), mot qui signifie proprement *ligature en arrière ;* de παρὰ (*para*), trop, ou auprès, et de φιμόω (*phimoó*), serrer avec un cordon. Maladie dans laquelle le prépuce est tellement renversé, qu'il ne peut plus être rabattu.

PARAPHRASE, s. f. παράφρασις (*paraphrasis*), explication, développement d'une chose qui manque d'étendue, ou qui n'est pas assez claire ; de παραφράζω (*paraphrazó*), interpréter, parler selon le sens, dérivé de παρὰ (*para*), selon, et de φράζω (*phrazó*), parler. De-là vient PARAPHRASER, v. a. PARAPHRASEUR, s. m. fam. et PARAPHRASTE, auteur de paraphrases.

PARAPHRÉNÉSIE, s. f. (*méd.*), espèce de fré-
25

nésie causée par l'inflammation du diaphragme ; ce mot vient de παρά (*para*), qui veut dire ici , *mal, d'une manière vicieuse*, et de φρένες (*phrénes*), le diaphragme ; comme qui diroit , *vice du diaphragme.*

PARAPHROSYNÉ, s. f. (*méd.*), délire passager produit par les poisons. Ce mot est purement grec , παραφροσύνη , de παραφρονέω (*paraphronéó*), délirer, dérivé de παρά (*para*), mal, et de φρὴν (*phrên*), esprit ; c'est-à-dire, *maladie de l'esprit.*

PARAPLÉGIE ou PARAPLEXIE, s. f. (*méd.*), paralysie de toutes les parties situées au-dessous du cou ; de παρά (*para*), qui signifie *d'une manière nuisible*, et de πλήσσω (*plessó*), frapper.

PARAPLEURITIS, s. f. (*méd.*), inflammation de la partie de la plèvre qui recouvre la surface supérieure du diaphragme ; ce mot est grec, composé de παρά (*para*), préposition qui veut dire ici, *mal, vicieusement*, et de πλευρά (*pleura*), plèvre ; c'est-à-dire, *vice de la plèvre.*

PARASANGE, s. f. παρασάγγης (*parasaggés*), terme, et mesure itinéraire des anciens Perses ; trente stades.

PARASÉLÈNE, s. f. (*physiq.*), de παρά (*para*), proche, et de σελήνη (*sélêné*), la lune. Cercle lumineux qui environne quelquefois la lune, et dans lequel on voit une ou plusieurs images de cette planète. C'est pour la lune ce que la *parélie* est à l'égard du soleil.

PARASITE, s. m. παράσιτος (*parasitos*), celui qui flatte les riches pour s'introduire à leur table. Ce mot est composé de παρά (*para*), proche, et de σῖτος (*sitos*), blé, et signifie littéralement *celui qui est près du blé.* C'étoit, dans l'origine, le nom que donnoient les Grecs à ceux qui avoient l'intendance des blés sacrés. Ils étoient honorés, et avoient part aux viandes des sacrifices : ainsi ce mot n'avoit rien d'odieux. Mais, dans la suite, on vit s'élever à Athènes des essaims de convives qui s'introduisirent dans les maisons opulentes, et en devinrent les commensaux : on les appela *parasites :* et ce mot se prit alors en mauvaise part.

On appelle *plantes parasites* celles qui croissent sur d'autres plantes, dont elles tirent leur nourriture.

PARASQUINANCIE, s. f. (*méd.*), sorte d'esquinancie dans laquelle les muscles externes de la gorge sont enflammés; ce mot vient de παρὰ (*para*), beaucoup, de σὺν (*sun*), avec, et d'ἄγχω (*agchô*), serrer, suffoquer.

PARASTATE, s. m. (*anat.*), de παρὰ (*para*), auprès, et d'ἵσταμαι (*histamai*), être placé. *Voy.* EPIDIDYME.

PARASYNANCIE. *Voyez* PARASQUINANCIE.

PARATHÉNAR, s. m. (*anat.*), de παρὰ (*para*), proche, et de θέναρ (*thénar*), la plante du pied. Muscle assez long, qui forme le bord extérieur de la plante du pied, et qui sert à écarter le petit doigt des autres.

PARATITLES, s. f. pl. explication abrégée de quelques titres ou livres du Code, ou du Digeste ; de παρὰ (*para*), proche, et de τίτλος (*titlos*), titre, parce que le but des *Paratitles* est de rapprocher certains objets dispersés sous différens titres, pour en faire connoître la liaison. Les auteurs de ces explications se nomment PARATITLAIRES.

PARÉGORIQUE, adj. (*méd.*), qui calme, qui appaise les douleurs ; de παρηγορέω (*parégoréô*), calmer, adoucir.

PARÉLIE, s. f. (*physiq.*), de παρὰ (*para*), proche, et d'ἥλιος (*hélios*), le soleil. Représentation du soleil dans une nuée, ou apparence d'un ou de plusieurs faux soleils autour du véritable.

PAREMBOLE, s. f. figure de rhétorique dans laquelle l'idée qui a du rapport au sujet, est insérée au milieu de la période ; de παρεμβάλλω (*paremballô*), jeter entre, insérer, dérivé de παρά (*para*), entre, d'ἐν (*en*), dans, et de βάλλω (*ballô*), jeter. Les poètes l'appellent *parenthèse palliée*.

PARENCHYME, s. m. (*anat.*), substance propre de chaque viscère ; ce mot vient de παρέγχυμα (*paregchuma*), qui signifie *effusion*, *épanchement*, dérivé de παρεγχύω (*paregchuô*), verser comme en passant, épancher, parce qu'on a cru que la masse des viscères se formoit d'un sang épanché ou coagulé. *Parenchyme*, en botanique, est la pulpe ou substance moelleuse de la plante, au travers de laquelle on suppose que le suc est distribué.

PARÉNÈSE, s. f. (*didact.*), discours moral, exhortation à la vertu ; de παραίνησις (*parainêsis*), avertissement, exhortation, qui vient de παραινέω (*parainéô*), avertir, exhorter, dont la racine est αἶνος (*ainos*), discours, louange. PARÉNÉTIQUE, adj. en vient.

PARENTHÈSE, s. f. (*gram.*), de παρένθεσις (*parenthésis*), interposition, dérivé de παρά (*para*), entre, d'ἐν (*en*), dans, et de τίθημι (*tithêmi*), je place ; c'est-à-dire, *chose placée entre d'autres*. On appelle ainsi un mot ou une courte phrase qu'on insère dans le discours, et qui forme un sens à part. On renferme ordinairement la parenthèse entre deux crochets de cette forme ( ).

PARERMÉNEUTES, s. m. pl. hérétiques du septième siècle, ainsi nommés de παρά (*para*), contre, et d'ἑρμηνεύς (*herméneus*), interprète, parce qu'ils vouloient expliquer l'Ecriture chacun selon son opinion particulière, ou contre l'opinion commune.

PARHÉLIE. *Voyez* PARÉLIE.

PARODIE, s. f. (*littér.*), imitation bouffonne d'un ouvrage sérieux. Ce mot est grec, παρῳδία (*parôdia*), dérivé de παρὰ (*para*), contre, et d'ᾠδή (*ôdé*), chant, poëme ; c'est-à-dire, poëme composé à l'imitation d'un autre. La parodie a été inventée par les Grecs. De-là, PARODIER, v. PARODISTE, auteur de parodies.

PAROISSE, s. f. de παροικία (*paroikia*), qui se trouve en ce sens dans quelques Conciles, et qui signifie proprement demeure voisine, réunion de maisons voisines ; de παρὰ (*para*), proche, et d'οἶκος (*oikos*), maison, habitation. PAROISSIEN, s. m. et PAROISSIAL, adj. en sont dérivés.

PARONOMASE, s. f. figure de rhétorique qui consiste à réunir dans la même phrase des mots dont le son est à-peu-près le même, quoiqu'ils présentent un sens bien différent ; ce mot vient de παρὰ (*para*), proche, et d'ὄνομα (*onoma*), nom ; c'est-à-dire, *proximité*, ou *ressemblance de deux mots*, *jeu de mots*.

PARONOMATIE, s. f. ressemblance entre des mots de différentes langues, qui peut marquer une origine commune. *Voyez*, pour l'étymologie, le mot précédent.

PARONYCHIE, s. f. plante qui croît dans les lieux pierreux. Son nom vient de παρωνυχία (*paronuchia*), panaris, dérivé de παρὰ (*para*), proche, et d'ὄνυξ (*onux*), ongle ; parce qu'elle est bonne pour les *panaris*, ou tumeurs qui viennent près des ongles.

PAROTIDE, s. f. (*anat.*), glande située derrière les oreilles, près de l'angle de la mâchoire inférieure ; de παρὰ (*para*), auprès, et d'οὖς (*ous*), génit. ὠτός (*ôtos*), oreille. C'est aussi la tumeur qui occupe ces glandes.

PAROXYSME, s. m. (*méd.*), accès, redoublement d'une maladie ou d'une douleur ; de παροξυσμός (*par-*

oxusmos), irritation, qui vient de παροξύνω (*paroxunô*), irriter, aigrir, ou de παρὰ (*para*), beaucoup, et d'ὀξύς (*oxus*), aigu.

PARTHÉNON, s. m. (*antiq.*), fameux temple de Minerve à Athènes; ce mot vient de παρθένος (*parthénos*), vierge, parce qu'on prétendoit que cette déesse avoit toujours conservé sa virginité; d'où vient qu'on la surnommoit *Parthénie*, c'est-à-dire, la déesse *vierge*.

PARULIE, s. f. tumeur inflammatoire des gencives, qui vient quelquefois à suppuration; de παρὰ (*para*), proche, et d'οὖλον (*oulon*), gencive.

PASIGRAPHIE, s. f. mot nouveau, formé de πᾶσι (*pasi*), à tous, dat. pl. de πᾶς (*pas*), tout, et de γράφω (*graphô*), j'écris. C'est le nom d'un système d'écriture universelle, nouvellement inventé, et qu'on propose à tous les peuples comme une langue de communication; ou, suivant la définition de l'inventeur, c'est l'art d'écrire et d'imprimer en une langue, de manière à être lu et entendu dans toute autre langue, sans traduction. De-là, PASIGRAPHIQUE, adj.

PASSALORYNCHITES, s. m. pl. hérétiques dont parlent Philastre et S. Augustin, et dont le nom signifie *qui ont une cheville sur la bouche*; de πάσσαλος (*passalos*), cheville, et de ρύγχος (*rugchos*), le bec, ou le museau, parce qu'en priant, ils avoient toujours le doigt sur les lèvres, et même sur le nez.

PATHÉTIQUE, adj. παθητικὸς (*pathétikos*), qui affecte, qui touche, qui émeut les passions; de πάθος (*pathos*), passion, émotion, dérivé de πάσχω (*paschô*), souffrir, être affecté. De-là, PATHÉTIQUEMENT, adv.

PATHOGNOMONIQUE, adj. (*méd.*), de πάθος (*pathos*), disposition, maladie, affection, et de γνωμονικὸς (*gnômonikos*), qui dénote, qui indique, dont la racine est γινωσκω (*ginôskô*), je connois. Il se dit des signes propres et particuliers à chaque disposition du corps, en santé comme en maladie.

PATHOLOGIE, s. f. partie de la médecine qui traite de la nature, des causes et des symptômes des maladies ; de πάθος (*pathos*), affection, maladie, et de λόγος (*logos*), discours, traité. *Dérivé.* PATHOLOGIQUE, adj.

PATHOS, s. m. mot grec, πάθος, qui signifie *passion*, *mouvement*, et qui désigne les mouvemens ou passions qu'un orateur excite dans l'ame de ses auditeurs. On l'emploie le plus souvent familièrement et en mauvaise part, pour exprimer une chaleur affectée et ridicule dans un discours ou dans un ouvrage.

PATRIARCHE, s. m. de πατριάρχης (*patriarchês*), qui signifie proprement *chef de famille* ; de πατριά (*patria*), famille, et d'ἀρχός (*archos*), chef, dont les racines sont πατὴρ (*patêr*), père, et ἀρχὴ (*archê*), principe, primauté. Nom qu'on donne à plusieurs saints personnages de l'Ancien-Testament qui ont vécu avant Moïse, et qu'on a donné ensuite par analogie aux évêques des premières églises de l'Orient. De-là, PATRIARCHAL, adj. PATRIARCHAT, s. m. dignité de patriarche. C'est du même mot πατριά qu'est dérivé celui de PATRIE et tous ses composés.

PATRONYMIQUE, adj. Il se dit des noms communs à tous les descendans d'une race, et tirés de celui qui en est le père ; de πατὴρ (*patêr*), génit. πατρὸς (*patros*), père, et d'ὄνομα (*onoma*), nom ; c'est-à-dire, *nom paternel.*

PECHYAGRE, s. f. (*méd.*), espèce de goutte qui attaque le coude ; de πῆχυς (*péchus*), coude, et d'ἄγρα (*agra*), prise. *Pechiné*

PÉDAGOGUE, s. m. παιδαγωγός (*paidagôgos*), pré-

cepteur d'enfans, maître d'école, de παῖς (*pais*), enfant,
et d'ἀγωγὸς (*agógos*), conducteur, qui vient d'ἄγω (*agó*),
conduire. Les Grecs et les Romains appeloient *Péda-
gogues*, les esclaves qu'ils chargeoient du soin de leurs
enfans, pour les conduire, les garder, et même leur
donner les premières instructions. Ce mot ne se dit
guère qu'en mauvaise part et par dérision. De-là viennent les termes didactiques, Pédagogie, s. f. éducation
des enfans; Pédagogique, adj. et les termes injurieux :
Pédanterie, s. f. profession de ceux qui enseignent dans
les classes; Pédant, s. m. celui qui enseigne la jeunesse,
ou qui affecte de paroître savant; et ses dérivés, Pédan-
tesque, adj. Pédantesquement, adv. Pédantiser,
v. n. Pédantisme, s. m.

PÉDÉRASTIE, s. f. amour honteux entre des hommes; de παῖς (*pais*), jeune garçon, et d'ἐράω (*eraô*),
aimer. Pédéraste, s. m. celui qui se livre à la pédérastie.

PÉDOMÈTRE, s. m. du latin *pes, pedis*, pied, et
du grec μέτρον (*métron*), mesure; c'est-à-dire, *mesure
des pieds*, ou plutôt du chemin que l'on fait. *Voyez*
Odomètre.

PÉDOTROPHIE, s. f. (*méd.*), manière de nourrir
les enfans; de παῖς (*pais*), génit. παιδὸς (*paidos*), enfant, et de τροφή (*trophê*), nourriture, de τρέφω (*tréphô*),
nourrir. C'est le titre d'un beau poëme latin de Scévole-
de-Sainte-Marthe.

PÉGASE, s. m. (*mytho.*), Πήγασος (*Pégasos*), de
πηγή (*pégé*), fontaine; cheval ailé qui fit jaillir d'un
coup de pied la fontaine d'Hippocrène.

PÉGOMANCIE, s. f. divination par l'eau des fontaines; de πηγή (*pégé*), fontaine, et de μαντεία (*mantéia*), divination. M. de Villoison a vu consulter comme
un oracle, la fontaine célèbre de l'île d'Amorgos.

PÉLÉCOÏDE, adj. (*géom.*), qui a la forme d'une hache, en parlant d'une figure; de πέλεκυς (*pélékus*), hache, et d'εἶδος (*éidos*), forme.

PÉLICAN, s. m. grand oiseau aquatique. Son nom grec est πελεκἀν (*pélékan*), dérivé de πέλεκυς (*pélékus*), hache, parce que son bec ressemble à une hache, en ce qu'il est plat, et presque de la même largeur dans toute son étendue.

PEMPHIGODE, adj. (*méd.*), de πέμφιξ (*pemphix*), pustule, et d'εἶδος (*éidos*), apparence. Il se dit d'une fièvre distinguée par des vésicules qui durent plusieurs jours, et se terminent par l'épanchement d'une sérosité limpide.

PENTACHORDE, s. m. ancien instrument de musique qui avoit cinq cordes; de πέντε (*penté*), cinq, et de χορδή (*chordé*), corde.

PENTADACTYLE, adj. (*nat*), qui a cinq doigts; de πέντε (*penté*), cinq, et de δάκτυλος (*daktulos*), doigt. Il se dit des animaux qui ont cinq doigts à chaque pied.

PENTADÉCAGONE, s. m. *Voy.* QUINDÉCAGONE.

PENTAÈDRE, s. m. (*géom.*), corps solide terminé par cinq faces; de πέντε (*penté*), cinq, et d'ἕδρα (*hédra*), siége, base.

PENTAGLOTTE, adj. qui est écrit en cinq langues; de πέντε (*penté*), cinq, et de γλῶττα (*glôtta*), langue.

PENTAGONE, s. m. (*géom.*), figure qui a cinq côtés et cinq angles; de πέντε (*penté*), cinq, et de γωνία (*gônia*), angle.

PENTAGYNIE, s. f. (*botan.*), de πέντε (*penté*), cinq, et de γυνή (*guné*), femme. Nom que donne Linné à la sous-division des classes des plantes, qui comprend les fleurs qui ont cinq parties femelles, ou cinq pistils.

PENTAMÈTRE , s. m. (*littér.*), vers grec et latin, composé de cinq pieds ou mesures ; de πέντε (*penté*), cinq , et de μέτρον (*métron*), mesure.

PENTANDRIE , s. f. (*botan.*), mot formé de πέντε (*penté*), cinq , et d'ἀνήρ (*anér*), génit. ἀνδρὸς (*andros*), mari. C'est le nom que donne Linné à la cinquième classe des plantes, dont la fleur a cinq parties mâles, ou cinq étamines.

PENTAPÉTALÉ , adj. (*botan.*), de πέντε (*penté*), cinq , et de πέταλον (*pétalon*), feuille , ou pétale. Il se dit des fleurs composées de cinq pièces ou petales.

PENTAPHYLLE , adj. (*botan.*), qui a cinq feuilles ; de πέντε (*penté*), cinq , et de φύλλον (*phullon*), feuille.

PENTAPOLE , s. f. contrée où il y a cinq villes principales ; de πέντε (*penté*), cinq, et de πόλις (*polis*), ville.

PENTAPTÈRE , adj. (*botan.*), qui a cinq ailes ; de πέντε (*penté*), cinq , et de πτερὸν (*ptéron*), aile.

PENTASPERME , adj. (*botan.*), qui a cinq graines ; de πέντε (*penté*), cinq , et de σπέρμα (*sperma*), semence.

PENTASTYLE , s. m. (*archit.*), édifice qui a cinq colonnes par-devant ; de πέντε (*penté*), cinq, et de στύλος (*stulos*), colonne.

PENTASYRINGUE , s. f. (*antiq.*) , machine de bois à cinq trous , où l'on entravoit , chez les Grecs, les jambes , les bras et la tête des criminels , afin qu'ils ne pussent se remuer ; ce mot vient de πέντε (*penté*), cinq , et de σύριγξ (*surigx*), gaîne, tuyau.

PENTATEUQUE , s. m. de πέντε (*penté*), cinq, et de τεῦχος (*teuchos*), livre. Nom collectif des cinq premiers livres de la Bible, écrits par Moïse.

PENTATHLE , s. m. genre d'exercice , chez les anciens , ainsi nommé de πέντε (*penté*), cinq , et d'ἆθλος (*athlos*), combat, parce qu'il comprenoit cinq sortes de jeux ou de combats, savoir la lutte, la course, le saut, le disque et le javelot.

PENTECÔTE, s. f. fête solemnelle chez les Juifs et chez les chrétiens ; de πεντηκοςός (*pentékostos*), cinquantième, dont la racine est πέντε (*penté*), cinq, parce que la Pentecôte se célèbre cinquante jours après Pâques.

PÉPASTIQUE ou PEPTIQUE, adj. (*méd.*), maturatif ; de πεπαίνω (*pépainô*), cuire, mûrir. Il se dit des remèdes propres à cuire les humeurs corrompues, à les mûrir et à les disposer à une bonne suppuration.

PÉRÉGRINOMANIE, s. f. la passion des voyages ; ce mot vient du latin *peregrinari*, voyager, et du grec μανία (*mania*), manie, passion.

PÉRIANTHE, s. m. (*botan.*), nom que donne Linné au calice particulier des fleurs ; ce mot est formé de περὶ (*péri*), autour, et d'ἄνθος (*anthos*), fleur ; c'est-à-dire, qui entoure la fleur.

PÉRIAPTE, s. m. (*antiq.*), talisman, amulette, qu'on portoit au cou comme un préservatif contre les maladies ; de περὶ (*péri*), autour, et d'ἅπτω (*haptô*), j'attache.

PÉRIBOLE, s. m. (*antiq.*), mot grec, περιβολή, qui signifie *tout ce qui environne*, clos, verger, en grec moderne, de περιβάλλω (*périballô*), entourer. C'étoit un espace de terre planté d'arbres et de vignes, que les anciens laissoient autour des temples, et dont les fruits appartenoient aux prêtres. *Péribole*, en médecine, signifie transport des humeurs ou de la matière morbifique sur la surface du corps. En ce sens, il est féminin.

PÉRICARDE, s. m. (*anat.*), capsule membraneuse qui enveloppe le cœur ; de περὶ (*péri*), autour, et de καρδία (*kardia*), le cœur. De-là, PÉRICARDIN, adj. qui appartient au péricarde ; PÉRICARDITIS, s. m. inflammation du péricarde.

PÉRICARDIAIRES, adj. m. pl. se dit de certains vers qui s'engendrent dans le péricarde. *Voyez* ce mot.

PÉRICARPE, s. m. (*botan.*), enveloppe extérieure des semences ; de περὶ (*péri*), autour, et de καρπὸς (*karpos*), fruit, ou semence.

PÉRICHONDRE ou PÉRICONDRE, s. m. (*anat.*), membrane qui recouvre les cartilages ; de περὶ (*péri*), autour, et de χόνδρος (*chondros*), cartilage.

PÉRICRANE, s. m. (*anat.*), membrane épaisse qui environne le crâne ; de περὶ (*péri*), autour, et de κρανίον (*kranion*), le crâne.

PÉRIDROME, s. m. (*archit.*), espace, ou galerie qui règne entre les colonnes et le mur, dans un périptère ; de περὶ (*péri*), autour, et de δρόμος (*dromos*), course, dérivé de τρέχω (*tréchô*), courir ; c'est-à-dire, *espace pour aller autour*. Les péridromes étoient des promenades chez les Grecs.

PÉRIÉCIENS. *Voyez* PÉRIŒCIENS.

PÉRIÉLÈSE, s. f. terme de plain-chant, dérivé de περιείλησις (*périéilésis*), circonvolution, qui vient de περὶ (*péri*), autour, et d'εἰλέω (*eiléô*), rouler, entourer. C'est une cadence qui se fait dans l'intonation de certaines pièces de chant, pour avertir le chœur que c'est à lui de poursuivre ce qui suit.

PÉRIGÉE, s. m. (*astro.*), point de l'orbite d'une planète où elle est à sa plus petite distance de la terre ; de περὶ (*péri*), autour, et de γῆ (*gé*), la terre. Il est opposé à *apogée*. On sait que les anciens plaçoient la terre au centre du monde.

PÉRIGYNE, adj. (*botan.*), de περὶ (*péri*), autour,

et de γυνη (*guné*), femme. Nom que l'on donne à la corolle et aux étamines des fleurs qui sont attachées autour de l'ovaire ou de l'organe femelle. Cette espèce d'insertion s'appelle *Périgynique*.

PÉRIHÉLIE, s. m. (*astro.*), point de l'orbite d'une planète où elle est à sa plus petite distance du soleil; de περι (*péri*), autour, et d'ήλιος (*hélios*), le soleil. Il est opposé à *aphélie*.

PÉRIMÈTRE, s. m. (*géom.*), contour, circonférence d'une figure; de περι (*péri*), autour, et de μιτρον (*métron*), mesure; c'est-à-dire, *ligne qui mesure tout autour*.

PÉRINÉE, s. m. (*anat.*), l'espace qui est entre l'anus et les parties naturelles; de περιναιος (*périnaios*), qui vient, dit-on, de περι (*péri*), autour, et de ναιω (*naió*), j'habite.

PÉRIODE, s. f. révolution entière d'un astre autour de son orbite; de περιοδος (*périodos*), qui signifie littéralement *circuit, autour*, dérivé de περι (*péri*), autour, et d'οδος (*hodos*), chemin; c'est-à-dire, *chemin que l'on fait en tournant*. En termes de grammaire, *Période* se dit d'une phrase arrangée dans un certain ordre, et dont tous les membres forment un sens parfait; et en chronologie, d'un certain nombre d'années, lequel étant écoulé, revient toujours dans le même ordre; en médecine, du temps compris entre deux accès, dans une maladie. Ce mot, au figuré, est toujours masculin; le *période* d'une chose est le plus haut point où elle puisse arriver. De-là PÉRIODIQUE, adj. circulaire, qui se fait à des temps fixes et réglés; PÉRIODIQUEMENT, adv.

PÉRIŒCIENS ou PÉRIÉCIENS, s. m. pl. (*géog.*), ceux qui habitent sous le même degré de latitude; de περι (*péri*), autour, et d'οικεω (*oikéó*), habiter; c'est-à-dire, qui habitent autour du pôle à la même distance de l'équateur.

PÉRIOSTE, s. m. (*anat.*), membrane déliée et sensible qui recouvre les os ; de περὶ (*péri*), autour, et d'ὀστέον (*ostéon*), os.

PÉRIPATÉTICIENS, s. m. pl. philosophes de la secte d'Aristote ; ainsi nommés de περὶ (*péri*), autour, et de πατέω (*patéô*), se promener, parce qu'ils disputoient dans le Lycée en se promenant. De-là est venu PÉRIPATÉTISME, s. m. doctrine des Péripatéticiens.

PÉRIPÉTIE, s. f. περιπέτεια (*péripétéia*), changement imprévu qui forme le dénouement d'une pièce de théâtre. Le mot grec signifie proprement *incident*, ou *renversement d'état*, et vient de περὶ (*péri*), contre, et de πίπτω (*piptô*), je tombe ; c'est-à-dire, changement d'un état en un autre tout contraire. C'est ce qu'on appelle aussi *catastrophe*. Voyez ce mot.

PÉRIPHÉRIE, s. f. (*géom.*), circonférence ou contour d'une figure ; de περὶ (*péri*), autour, et de φέρω (*phérô*), je porte. Ce mot est moins usité que *périmètre*.

PÉRIPHRASE, s. f. de περίφρασις (*périphrasis*), qui veut dire *circonlocution, détour de mots*, de περὶ (*péri*), autour, et de φράζω (*phrazô*), parler. Là *Périphrase* est une figure par laquelle on exprime en plusieurs paroles ce qu'on auroit pu dire en moins. De-là le verbe PÉ-RIPHRASER.

PÉRIPLE, s. m. (*géog. anc.*), navigation autour d'une mer, ou de quelque côte, ou l'ouvrage qui en rend compte ; de περὶ (*péri*), autour, et de πλέω (*pléô*), naviger.

PÉRIPNEUMONIE, s. f. (*méd.*), inflammation du poumon ; de περὶ (*péri*), autour, et de πνεύμων (*pneu-*

môn), le poumon, dérivé de πνέω (*pnéô*), je respire, parce que le poumon est l'organe de la respiration.

PÉRIPTÈRE, s. m. (*archit.*), édifice entouré extérieurement de colonnes isolées; de περὶ (*péri*), autour, et de πτερὸν (*ptéron*), aile; comme qui diroit, *qui a des ailes tout autour*, parce que les anciens appeloient *ailes* les colonnes qui étoient aux côtés des temples et des autres édifices.

PÉRISCIENS, s. m. pl. (*géog.*), habitans des zônes glaciales; de περὶ (*péri*), autour, et de σκιὰ (*skia*), ombre, parce que leur ombre tourne autour d'eux pendant les six mois que le soleil est sur leur horizon.

PÉRISPERME, s. m. (*botan.*), de περὶ (*péri*), autour, et de σπέρμα (*sperma*), semence. Corps épais qui enveloppe la plantule ou le germe dans les semences.

PÉRISSOLOGIE, s. f. (*gram.*), discours superflu; de περισσὸς (*périssos*), superflu, dont la racine est περὶ (*péri*), outre mesure, et de λόγος (*logos*), discours. La périssologie est une répétition inutile en d'autres termes d'une même pensée qu'on vient d'expliquer suffisamment.

PÉRISTALTIQUE, adj. qui a la vertu de se contracter; de περιστέλλω (*péristellô*), retirer, contracter, dérivé de περὶ (*péri*), contre, et de στέλλω (*stellô*), resserrer. Il se dit du mouvement des intestins, par lequel ils se retirent et se contractent, comme les vers qui rampent.

PÉRISTAPHYLIN, adj. m. (*anat.*), se dit de deux muscles de la luette; de περὶ (*péri*), autour, auprès, et de σταφυλὴ (*staphulê*), la luette.

PÉRISTAPHYLO-PHARYNGIEN, adj. m. (*anat.*), se dit de deux muscles qui sont placés entre la luette et le pharynx; de περὶ (*péri*), autour, de σταφυλὴ (*staphulé*), la luette, et de φάρυγξ (*pharugx*), le pharynx, l'entrée du gosier.

PÉRISTOLE. *Voyez* PÉRISTALTIQUE.

PÉRISTYLE, s. m. (*archit.*), édifice environné intérieurement de colonnes isolées, qui forment une galerie ; ce mot vient de πεϱὶ (*péri*), autour, et de ϛύλος (*stulos*), colonne ; c'est-à-dire, *qui a des colonnes tout autour*. Le péristyle est différent du périptère qui a les colonnes en dehors. On entend aussi par *péristyle* un rang de colonnes, tant au-dedans qu'au-dehors d'un édifice.

PÉRISYSTOLE, s. f. (*méd.*), intervalle qui est entre la systole et la diastole, c'est-à-dire, entre la contraction et la dilatation du cœur et des artères ; de πεϱὶ (*péri*), au-dessus, au-delà, et de συϛολὴ (*sustolé*), contraction, qui vient de συϛέλλω (*sustellô*), contracter.

PÉRITOINE, s. m. (*anat.*), membrane qui recouvre et enveloppe tous les viscères du bas-ventre ; de πεϱὶ (*péri*), autour, et de τείνω (*téinô*), tendre, parce qu'elle est tendue naturellement par le poids des intestins qu'elle renferme.

PÉRITROCHON, s. m. (*mécan.*), machine propre à enlever de gros fardeaux ; de πεϱὶ (*péri*), autour, et de τϱοχέω (*trochéô*), courir, rouler.

PÉRONÉ, s. m. (*anat.*), le plus menu des deux os de la jambe ; ce mot vient de πεϱόνη (*péroné*), qui signifie proprement *agraffe*, et dont les Grecs ont fait le nom de cet os, parce qu'il semble réunir les muscles du tibia, avec lequel il est articulé. De-là PÉRONIER, adj. qui a rapport au péroné.

PÉTALE, s. m. (*botan.*), de πέταλον (*pétalon*), feuille, dérivé de πετάω (*pétaô*), ouvrir, étendre, éclore. On appelle ainsi les feuilles d'une fleur, ou chacune des pièces de la corolle, qui servent d'enveloppe au pistil et aux étamines. De-là, PÉTALÉ, adj. qui a des pétales.

PÉTALISME, s. m. (*hist. anc.*), forme de jugement établie à Syracuse, et qui étoit à-peu-près la même chose que l'ostracisme à Athènes. Son nom vient de πέταλον (*pétalon*), feuille, parce qu'on donnoit son suffrage sur une feuille d'olivier. *Voyez* OSTRACISME.

PÉTALOÏDE, adj. (*botan.*), qui a la forme d'un pétale; de πέταλον (*pétalon*), feuille, et d'εἶδος (*éidos*), forme.

PÉTASE, s. m. (*antiq.*), πέτασος (*pétasos*), sorte de chapeau des anciens. On représentoit Mercure avec un *pétase* ailé.

PÉTASITE, s. m. plante qui tire son nom de πέτασος (*pétasos*), chapeau à larges bords, parce que ses feuilles, qui sont grandes et larges, pendent comme un chapeau renversé. *Pétichie —*

PÉTREUX, adj. (*anat.*), pierreux, qui tient de la pierre; de πέτρος (*pétros*), pierre. On donne ce nom à l'os des tempes à cause de sa dureté; et son apophyse est appelée *apophyse pétreuse* ou *pierreuse.*

PÉTROLE ou PÈTRÉOLE, s. m. en grec, πετρέλαιον (*pétrélaion*), sorte de bitume liquide et inflammable, qui découle des fentes des rochers; de πέτρος (*pétros*), pierre, et d'ἔλαιον (*élaion*), en latin *oleum*, huile; comme qui diroit, *huile de pierre.*

PÉTRO-PHARYNGIEN, adj. (*anat.*), se dit de deux muscles du pharynx, qui s'attachent à l'apophyse pierreuse de l'os des tempes; de πέτρος (*pétros*), pierre, et de φάρυγξ (*pharugx*), le pharynx, l'entrée du gosier.

PÉTRO-SALPINGO-STAPHYLIN, adj. (*anat.*), qui a rapport à l'apophyse pierreuse des tempes, à la trompe d'Eustache et à la luette; de πέτρος (*pétros*), pierre, de *σάλπιγξ* (*salpigx*), trompe, et de *σαφυλη* (*staphulé*), la luette. C'est le nom de deux muscles de la luette.

PHACOÏDE, adj. (*anat.*), lenticulaire, qui a la forme d'une lentille ; de *φακή* (*phaké*), ou *φακὸς* (*phakos*), lentille, et d'*εἶδος* (*éidos*), forme. C'est le nom donné par quelques-uns au *crystallin* de l'œil, à cause de sa forme.

PHAGÉDÉNIQUE, adj. *rongeant ;* ce mot vient de *φαγίδαινα* (*phagédaina*), qui signifie *grande faim, faim canine*, dérivé de *φαγεῖν* (*phagéin*), manger. On l'a appliqué ensuite à des ulcères malins qui rongent et corrodent les parties voisines, et aux remèdes qui consument les chairs baveuses et superflues.

PHAGÉSIES, s. f. pl. fêtes grecques en l'honneur de Bacchus, dans lesquelles on faisoit de grands festins ; ce mot est dérivé de *φαγεῖν* (*phagéin*), manger.

PHALANGE, s. f. en grec, *φάλαγξ* (*phalagx*), ancien corps d'infanterie Macédonienne qui avoit plus de hauteur que de front. Par comparaison, les médecins donnent ce nom aux os des doigts, parce qu'ils sont rangés les uns à côté des autres comme des soldats en bataille. *Phalange* est aussi le nom d'une araignée venimeuse, et d'une plante que l'on croit bonne contre la morsure des serpens. *Dérivé*, PHALANGITE, s. m. soldat de la phalange.

PHALANGER, s. m. (*nat.*), quadrupède de Surinam, de la taille d'un petit lapin, ainsi nommé de *φάλαγξ* (*phalagx*), phalange (os des doigts), à cause de la singulière conformation de ses phalanges.

PHALANGOSE, s. f. (*méd.*), maladie des paupières dans laquelle les cils sont hérissés contre l'œil, et l'offensent ; ce mot vient de *φάλαγξ* (*phalagx*), phalange, corps de troupes hérissé de piques.

PHALARIS, s. m. plante ainsi nommée de φαληρὸς (*phaléros*), blanc, à cause de sa semence qui est fort blanche.

PHALÈNE, s. m. (*nat.*), nom donné au papillon de nuit, pour le distinguer du papillon de jour. Ce mot vient de φάλαινα (*phalaina*), qui désigne un moucheron qui vient voltiger autour de la chandelle, dérivé, dit-on, de φάω (*phaô*), luire, briller; parce que les papillons de nuit sont attirés par les lumières. *Phanérogame,*

PHANTAISIE. *Voyez* FANTAISIE.

PHANTASMAGORIE, s. f. mot nouveau, qui signifie littéralement *assemblée de spectres* ou *de fantômes;* de φάντασμα (*phantasma*), fantôme, et d'ἀγορὰ (*agora*), assemblée. Sorte de nouveau spectacle physique, qui consiste à faire apparoître dans un lieu obscur, des images de corps humains qui produisent de l'illusion.

PHANTOME. *Voyez* FANTÔME.

PHARMACEUTIQUE, s. f. partie de la médecine qui traite de la composition des remèdes et de leur emploi; de φάρμακον (*pharmakon*), médicament, remède. PHARMACEUTIQUE, adj. qui appartient à la pharmacie.

PHARMACIE, s. f. l'art de préparer et de composer les remèdes, et le lieu où on les conserve; de φάρμακον (*pharmakon*), remède. De-là, PHARMACIEN, s. m. celui qui exerce cet art.

PHARMACOLOGIE, s. f. la science de la pharmacie, ou de la composition des remèdes; de φάρμακον (*pharmakon*), remède, et de λόγος (*logos*), discours, traité.

PHARMACOPÉE, s. f. traité qui enseigne la manière de préparer et de composer les remèdes; de φάρμακον (*pharmakon*), remède, et de ποιέω (*poiéô*), faire, composer.

PHARMACOPOLE, s. m. vendeur de remèdes ou de drogues; de φάρμακον (*pharmakon*), remède, et de πωλεῖν (*pôléin*), vendre.

PHARMACOPOSIE, s. f. Ce mot signifie tout *re-mède liquide*; de φάρμακον (*pharmakon*), remède, et de πόσις (*posis*), potion, boisson, de πίνω (*pinô*), boire.

PHARYNGÉ, adj. qui a rapport au pharynx. *Voy.* ce mot.

PHARYNGOGRAPHIE, s. f. (*anat.*), description du pharynx; de φάρυγξ (*pharugx*), le pharynx, l'entrée du gosier, et de γράφω (*graphô*), je décris.

PHARYNGOLOGIE, s. f. partie de l'anatomie qui traite des usages du pharynx; de φάρυγξ (*pharugx*), le pharynx, l'entrée du gosier, et de λόγος (*logos*), dis-cours.

PHARYNGO-PALATIN, adj. (*anat.*), se dit de deux muscles qui ont rapport au pharynx et au palais; de φάρυγξ (*pharugx*), le pharynx, et du latin *palatum*, le palais.

PHARYNGO-STAPHYLIN, adj. (*anat.*), se dit de deux muscles qui ont rapport au pharynx et à la luette; de φάρυγξ (*pharugx*), le pharynx, et de σταφυλή (*staphulé*), la luette.

PHARYNGOTOME, s. m. (*chirur.*), instrument qui sert à ouvrir le pharynx, &c. Ce mot vient de φάρυγξ (*pharugx*), le pharynx, l'entrée du gosier, et de τέμνω (*temnô*), couper. On appelle PHARYNGOTOMIE, l'opération même.

PHARYNX, s. m. (*anat.*), mot grec, φάρυγξ, qui désigne l'orifice supérieur du gosier ou de l'oesophage.

PHASE, s. f. (*astro.*), de φάσις (*phasis*, apparence, qui vient de φαίνω (*phainô*), paroître, se montrer. On appelle *phases* les diverses apparences de la lune et des autres planètes, c'est-à-dire, les diverses formes sous lesquelles elles se montrent.

PHÉNICOPTÈRE, s. m. oiseau aquatique qu'on appelle autrement *Flamant*, ou *Bécharu*. Son nom vient de φοῖνιξ (*phoinix*), rouge, et de πτερὸν (*ptéron*), aile, à cause du plumage de ses ailes, qui est couleur de rose.

PHÉNIGME, s. m. (*méd.*), de φοῖνιξ (*phoïnix*), rouge; remède qui excite de la rougeur, et fait élever des vessies sur les parties où il est appliqué.

PHÉNIX, s. m. oiseau fabuleux, célèbre parmi les anciens, qui croyoient qu'il étoit unique en son espèce, et qu'il renaissoit de ses cendres. Son nom vient de φοῖνιξ (*phoinix*), qui signifie *rouge, couleur de pourpre*, à cause de la couleur de son plumage.

PHÉNOMÈNE, s. m. (*didact.*), apparence qu'on découvre dans l'air; de φαίνομαι (*phainomai*), apparoître. Il se dit aussi des effets qu'on observe dans la nature, et de tout événement qui surprend par sa nouveauté.

PHILADELPHE, adj. de φίλος (*philos*), ami, et d'ἀδελφός (*adelphos*), frère; c'est-à-dire, *amateur de ses frères.* Surnom donné à Ptolémée Philadelphe, roi d'Egypte, qui avoit fait mourir deux de ses frères.

PHILANTHROPE, s. m. ami de l'humanité, qui est disposé à aimer tous les hommes; de φίλος (*philos*), ami, et d'ἄνθρωπος (*anthrôpos*), homme. PHILANTHROPIE, s. f. caractère ou vertu du philanthrope.

PHILARMONIQUE, adj. mot composé de φίλος (*philos*), ami, et d'ἁρμονία (*harmonia*), harmonie, c'est-à-dire, *ami de l'harmonie*, ou amateur de musique.

PHILAUTIE, s. m. φιλαυτία (*philautia*), amour de

soi-même, ou *amour-propre;* de φίλος (*philos*), ami, et
d'*αυτος* (*autos*), soi-même.

PHILIPPIQUE, s. f. Ce mot, qui désignoit dans
l'origine les harangues de Démosthène contre Philippe,
roi de Macédoine, a été aussi employé pour les oraisons
de Cicéron contre Antoine, et se dit aujourd'hui de
tout discours violent et satyrique. Il vient de Φίλιππος
(*Philippos*), Philippe, ou amateur de chevaux, dérivé
de φιλέω (*philéô*), aimer, et d'*ιππος* (*hippos*), cheval.

PHILLYRÉE, s. f. arbre toujours vert, dont les
feuilles ressemblent un peu à celles du troëne; φιλλυρέα
(*philluréa*), qui vient de φύλλον (*phullon*), feuille, à
cause que ses feuilles se conservent tout l'hiver.

PHILODOXE, s. m. celui qui est attaché à son sentiment, qui abonde en son sens ; de φίλος (*philos*), ami,
amateur, et de δόξα (*doxa*); opinion, sentiment.

PHILOLOGIE, s. f. érudition qui embrasse diverses
branches de la littérature ; de φιλέω (*philéô*), ou φιλῶ
(*philô*), aimer, et de λόγος (*logos*), discours; c'est-à-
dire, *amour du discours*, ou *du savoir*. De-là, PHILO-
LOGIQUE. adj. PHILOLOGUE, s. m. celui qui cultive diverses parties de la littérature.

PHILOMATHIQUE, adj. *qui aime les connois-
sances, qui est desireux d'apprendre;* de φίλος (*philos*),
ami, et de μάθησις (*mathêsis*), connoissance, dérivé de
μανθάνω (*manthanô*), apprendre. Ce mot est nouveau.

PHILOMÈLE, s. f. fille de Pandion, roi d'Athènes,
qui fut, selon la Fable, changée en rossignol, oiseau
qui chante très-bien ; ce mot vient de φίλος (*philos*),
ami, et de μέλος (*mélos*), chant; c'est-à-dire, *qui aime
le chant*. Les poètes donnent ce nom au rossignol même.

PHILOMÉTOR, mot qui signifie *ami de sa mère;*
de φίλος (*philos*), ami, et de μήτηρ (*mêtêr*), mère. C'est

un surnom donné à Ptolémée VI, roi d'Egypte, qui détestoit Cléopâtre sa mère.

PHILOPATOR, *ami de son père;* de φίλος (*philos*), ami, et de πατὴρ (*patér*), père. Surnom de quelques anciens rois d'Egypte et de Syrie, distingués par leur tendresse pour leurs pères. On l'a donné par dérision à un Ptolémée, roi d'Egypte, qui avoit empoisonné son père.

PHILOSOPHALE (pierre), prétendue transmutation des métaux en or. Ce mot vient de ce que les alchimistes se sont approprié le nom de vrais sages, de *philosophes* par excellence. *Voyez* PHILOSOPHE.

PHILOSOPHE, s. m. celui qui s'applique à la philosophie. Ce mot signifie littéralement, *amateur de la sagesse;* de φίλος (*philos*), ami, et de σοφὸς (*sophos*), sage. *Voyez* PHILOSOPHIE.

PHILOSOPHIE, s. f. φιλοσοφία (*philosophia*), connoissance distincte des choses par leurs causes et par leurs effets; étude de la nature et de la morale. Ce mot est dérivé de φίλος (*philos*), ami, et de σοφία (*sophia*), sagesse, et signifie proprement *amour de la sagesse.* C'est le nom que Pythagore donna, par modestie, à cette science, au lieu de celui de *sagesse,* qu'elle avoit d'abord; et ceux qui s'y appliquoient, au lieu de *sages,* furent appelés *philosophes,* qui veut dire, amateurs de la sagesse.

On appelle aussi *philosophie,* une élévation d'esprit qui porte à se mettre au-dessus des préjugés, des événemens fâcheux, et des sentimens de la nature; de plus, un caractère d'imprimerie.

Dérivés. PHILOSOPHER, v. PHILOSOPHIQUE, adj. PHILOSOPHIQUEMENT, adv. PHILOSOPHISME, s. m. l'abus de la philosophie; PHILOSOPHISTE, faux philosophe.

PHILOTECHNIQUE, adj. qui aime les arts; de

φίλος (*philos*), ami, et de τέχνη (*techné*), art. Ce mot est nouveau.

PHILOTÉSIE, s. f. qui signifie *témoignage d'amitié;* de φιλότησις (*philotésis*), amitié, dérivé de φίλος (*philos*), ami. C'est ainsi que s'appeloit chez les Grecs la cérémonie de boire à la santé les uns des autres.

PHILTRE , s. m. en grec, φίλτρον (*philtron*), qui vient de φιλεῖν (*philéin*), aimer; breuvage ou remède qu'on suppose propre à inspirer de l'amour.

PHIMOSIS , s. m. (*méd.*), mot grec qui signifie *ligature*, dérivé de φιμός (*phimos*), ficelle, cordon à lier; maladie du prépuce, qui est si resserré qu'il ne peut se renverser et découvrir le gland.

PHLÉBOGRAPHIE, s. f. (*anat.*), description des veines; de φλὶψ (*phleps*), génit. φλεβός (*phlébos*), veine, et de γράφω (*graphó*), je décris.

PHLÉBOLOGIE, s. f. partie de l'anatomie qui traite de l'usage des veines ; de φλὶψ (*phleps*), génit. φλεβός (*phlébos*), veine, et de λόγος (*logos*), discours, traité.

PHLÉBOTOMIE, s. f. (*chirur.*), la saignée, ou l'art de saigner; de φλὶψ (*phleps*), génit. φλεβός (*phlébos*), veine, et de τομή (*tomé*), incision, qui vient de τέμνω (*temnó*), couper ; c'est-à-dire, l'ouverture qu'on fait à la veine avec une lancette. De-là PHLÉBOTOMISER , v. a. saigner; PHLÉBOTOMISTE , s. m. celui qui saigne.

PHLÉGÉTHON , s. m. (*mytho.*), mot grec qui signifie *brûlant;* de φλέγω (*phlégó*), ou φλεγέθω (*phlégéthó*), je brûle. C'est le nom d'un des fleuves des enfers, selon les païens.

PHLEGMAGOGUE , adj. *Voyez* FLEGMAGOGUE.

PHLEGMASIE , s. f. (*méd.*), inflammation en général ; de φλέγμα (*phlegma*), inflammation, dérivé de φλέγω (*phlégó*), brûler, enflammer.

PHLEGME, et ses dérivés. *Voyez* FLEGME.

PHLOGISTIQUE, s. m. (*chim.*), mot dérivé de φλογιςὸς (*phlogistos*), brûlé, enflammé, qui vient de φλογίζω (*phlogizô*), enflammer, dont la racine est φλέγω (*phlégô*), je brûle. Il désigne, dans la théorie de Sthal, le feu fixé ou combiné avec les corps. Ce terme est aujourd'hui remplacé par celui de *calorique*, ou matière de la chaleur.

PHLOGOSE, s. f. (*méd.*), inflammation, ou chaleur contre nature sans tumeur ; ce mot est grec, φλόγωσις (*phlogôsis*), dérivé de φλέγω (*phlégô*), je brûle.

PHLYCTÈNES, s. f. pl. pustules ou petites vessies qui s'élèvent sur la peau ; en grec, φλύκταιναι (*phluktainai*), de φλύζω (*phluzô*), bouillir, être chaud, parce qu'elles ressemblent à celles que cause la brûlure du feu ou de l'eau bouillante.

PHŒNICOPTÈRE. *Voyez* PHÉNICOPTÈRE.

PHŒNICURE, s. m. espèce de rossignol, appelé autrement *rossignol de murailles*. Il tire son nom de φοῖνιξ (*phoinix*), rouge, et d'οὐρὰ (*oura*), queue, parce qu'il a la queue rouge.

PHŒNIGME. *Voyez* PHÉNIGME.

PHŒNIX. *Voyez* PHÉNIX.

PHOLADE, s. f. (*nat.*), nom grec d'un coquillage multivalve, qui signifie *caché, renfermé*, et qui vient de φωλεὸς (*phôléos*), caverne, retraite, parce qu'il se cache dans les pierres, et qu'il vit et meurt dans le premier trou qu'il a choisi après sa naissance.

PHONASCIE, s. f. (*antiq.*), l'art de former la voix pour le chant ou pour la déclamation ; de φωνή (*phôné*), voix, et d'ἀσκεῖν (*askéin*), exercer ; c'est-à-dire, *l'art d'exercer la voix*. Les maîtres qui enseignoient cet art se nommoient *Phonasques.*

PHONIQUE, s. f. la science des sons, ou l'*acou-stique*; de φωνή (*phôné*), voix, son. *Voyez* Acoustique.

PHONOCAMPTIQUE, adj. qui réfléchit les sons; de φωνή (*phôné*), son, et de κάμπτω (*kamptô*), réfléchir.

PHOQUE, s. m. veau marin, animal amphibie, nommé en grec φώκη (*phôkê*).

PHORONOMIE, s. f. science des loix du mouve-ment des solides et des fluides ; ce mot vient de φορά (*phora*), transport, action de porter, de mouvoir, et de νόμος (*nomos*), loi.

PHOSPHORE, s. m. substance qui paroît lumi-neuse dans l'obscurité ; ce mot, qui signifie *porte-lu-mière*, est formé de φῶς (*phôs*), lumière, et de φορός (*phoros*), qui porte, dérivé de φέρω (*phérô*), porter. Le *phosphore*, en termes de chimie, est un corps simple qui brûle avec flamme par le contact de l'air. De-là, les chimistes modernes ont fait Phosphate, s. m. sel formé par l'union de l'acide phosphorique avec différentes bases; Phosphite, s. m. sel formé par l'union de l'acide phosphoreux avec différentes bases; Phosphoreux, adj. qui se dit de l'acide formé par la combustion lente du phosphore ; Phosphorique, adj. qui se dit d'un acide formé par la combustion complète et rapide du phos-phore; Phosphure, s. m. combinaison du phosphore avec différentes bases.

PHOTOPHORE, ou *porte-lumière*, s. m. (*opt.*), cône tronqué de fer blanc, poli à l'intérieur, qui placé devant une mèche allumée répand à quelques pieds une lumière vive et égale ; de φῶς (*phôs*), génit. φωτός (*phôtos*), lumière, et de φορός (*phoros*), qui porte, dé-rivé de φέρω (*phérô*), porter.

PHRASE, s. f. en grec, φράσις (*phrasis*), locution, manière de parler; de φράζω (*phrazô*), je parle. Une phrase est un assemblage de mots qui expriment une idée quelconque, et forment un sens complet.

PHRÉNÉSIE, PHRÉNÉTIQUE. *Voy.* FRÉNÉSIE.

PHRÉNIQUE, adj. (*anat.*), qui a rapport au diaphragme; de φρένες (*phrénes*), le diaphragme.

PHRÉNITIS, s. f. (*méd.*), inflammation du diaphragme; ce mot, qui est grec, est dérivé de φρ (*phrénes*), qui signifie *diaphragme*. Voyez ce mot.

PHTHIRIASIS, s. f. mot grec, dérivé de φθειρ (*phthéir*), pou, en latin *pediculus*; c'est le nom que les médecins donnent à la *maladie pédiculaire*, dans laquelle il s'engendre sous la peau une grande quantité de poux.

PHTHIROPHAGE, adj. (*nat.*), mangeur de poux; de φθειρ (*phthéir*), pou, et de φάγω (*phagó*), manger. On donne ce nom aux Hottentots parmi les hommes, et aux singes parmi les animaux.

PHTHISIE, s. f. (*méd.*), de φθίσις (*phthisis*), corruption, amaigrissement, langueur, qui vient de φθίω (*phthió*), sécher, corrompre. Ce terme désigne en général toute sorte de maigreur et de dépérissement du corps, quelle qu'en soit la cause. PHTHISIQUE, adj. qui est attaqué de phthisie.

La *Phthisie oculaire* est un rétrécissement de la prunelle, qui fait voir les objets plus gros qu'ils ne sont.

PHTHISIOLOGIE, s. f. traité ou discours sur la phthisie; de φθίσις (*phthisis*), la phthisie, et de λόγος (*logos*), discours, traité.

PHYLACTÈRE, s. m. de φυλακτήριον (*phulaktérion*), qui signifie *antidote, préservatif, conservateur*, dérivé de φυλάσσω (*phulassó*), garder, conserver. Ce mot désignoit chez les anciens toutes sortes d'amulettes ou de préservatifs, qu'ils portoient sur eux pour se garantir de quelque mal. Chez les Juifs, ce sont de petites bandes de parchemin sur lesquelles on a écrit différens passages de l'Ecriture.

PHYLARQUE, s. m. ancien magistrat d'Athènes ; ce mot vient de φυλή (*phulé*), tribu, et d'ἀρχή (*arché*), commandement, et signifie proprement *chef de tribu*, parce que chaque tribu de cette ville avoit son *phy-...ue*, qu'elle chargeoit du soin de ses intérêts particuliers.

PHYLLITE, s. f. (*nat.*), feuille pétrifiée, ou pierre qui porte des empreintes de feuilles ; ce mot vient de φύλλον (*phullon*), feuille.

PHYLLITIS, s. f. plante nommée vulgairement *langue de cerf* ; son nom vient de φύλλον (*phullon*), feuille, parce qu'elle n'est composée que de feuilles semblables à celles de l'oseille.

PHYMA, s. m. (*chirur.*), tumeur inflammatoire qui s'élève sur la peau sans cause externe. Ce mot, qui est grec, φῦμα, vient de φύομαι (*phuomai*), naître de soi-même.

PHYSCONIE, s. f. (*méd.*), espèce de maladie dans laquelle le ventre est dur et volumineux ; ce mot vient de φύσκη (*phuské*), vessie, dérivé de φυσάω (*phusaô*), enfler. La physconie est une enflure considérable du ventre, une *ventrosité*.

PHYSICIEN. *Voyez* PHYSIQUE.

PHYSICO-MATHÉMATIQUE, adj. qui se dit des parties des sciences qui réunissent les observations et les expériences de la physique au calcul mathématique. *Voyez* les mots MATHÉMATIQUES et PHYSIQUE, dont celui-ci est composé.

PHYSIOGNOMONIE, s. f. science qui enseigne à connoître le caractère des hommes par l'inspection des traits du visage et de toutes les parties du corps ; ce mot est formé de φύσις (*phusis*), nature, ou caractère, et de γνώμων (*gnômôn*), indice, dérivé de γνώσκω (*ginôskô*), connoître, juger. C'est un terme nouveau, inventé par Lavater. De-là, PHYSIOGNOMONIQUE, adj.

PHYSIOGRAPHIE, s. f. description des productions de la nature ; de φύσις (*phusis*), nature, et de γράφω (*graphô*), je décris. PHYSIOGRAPHIQUE en dérive

PHYSIOLOGIE, s. f. partie de la médecine qui traite des différentes parties du corps humain dans l'état de santé ; ce mot vient de φύσις (*phusis*), nature, et de λόγος (*logos*), discours, traité. De-là, PHYSIOLOGIQUE, adj. PHYSIOLOGISTE, s. m. celui qui est versé dans la physiologie.

PHYSIONOMIE, s. f. φυσιογνωμονία (*phusiognômonia*), qui signifie proprement *indication du naturel ;* de φύσις (*phusis*), nature, et de γνώμων (*gnômôn*), indice, dérivé de γνώσκω (*ginôskô*), connoître. La physionomie est l'ensemble des traits du visage. On prend aussi le mot de *physionomie* dans le sens de *physiognomonie.* Voyez ce mot. De-là, PHYSIONOMISTE, s. m. celui qui se connoît en physionomie.

PHYSIQUE, s. f. science qui traite des causes et des effets de la nature, des propriétés des corps, &c. φυσική (*phusikê*), qui vient de φύσις (*phusis*), nature ; c'est-à-dire, *science de la nature,* ou *des choses naturelles.* De-là sont dérivés PHYSICIEN, s. m. celui qui sait la physique ; PHYSIQUE, adj. naturel, qui appartient à la physique ; PHYSIQUEMENT, adv.

PHYSOCÈLE, s. f. (*méd.*), tumeur venteuse du scrotum ; de φυσάω (*phusaô*), gonfler en souillant, et de κήλη (*kêlê*), tumeur. On l'appelle aussi *pneumatocèle.*

PHYSOMÈTRE, s. f. (*méd.*), tumeur légère, élastique, située dans la région de l'utérus, dont elle a la forme; de φυσάω (*phusaô*), souffler, gonfler, et de μήτρα (*métra*), la matrice, l'utérus.

PHYTOLITHE, s. f. (*nat.*), de φυτὸν (*phuton*), plante, et de λίθος (*lithos*), pierre, comme qui diroit *pierre-plante*. On donne ce nom aux pierres qui portent la figure ou l'empreinte de quelque plante.

PHYTOLOGIE, s. f. discours ou traité sur les plantes; de φυτὸν (*phuton*), plante, et de λόγος (*logos*), discours, traité.

PHYTOMORPHITE, s. f. (*nat.*), pierre figurée représentant des arbres; de φυτὸν (*phuton*), plante, et de μορφὴ (*morphé*), forme; c'est-à-dire, pierre en forme d'arbre ou de plante.

PHYTOTYPOLITHE, s. f. (*nat.*), mot composé de φυτὸν (*phuton*), plante, de τύπος (*tupos*), marque, empreinte, et de λίθος (*lithos*), pierre; c'est-à-dire, *plante empreinte sur une pierre*. On donne ce nom aux plantes dont on trouve l'empreinte sur des pierres, ou sur d'autres substances du règne minéral.

PIRATE, s. m. πειρατὴς (*peiratés*), corsaire, écumeur de mer; de πειράω (*péiraô*), s'efforcer, tenter, attaquer, dérivé de πεῖρα (*péira*), tentative, entreprise, à cause des entreprises hardies des *pirates*. De-là, PIRATERIE, s. f. PIRATER, v. n.

PISOLITHE, s. f. (*nat.*), pierre composée de petits globules de la grosseur d'un pois; de πίσον (*pison*), pois, et de λίθος (*lithos*), pierre.

PISSASPHALTE, s. m. bitume naturel et solide, qui tient le milieu entre la poix et l'asphalte; de πίσσα (*pissa*), poix, et d'ἄσφαλτος (*asphaltos*), bitume, ou asphalte.

PITHÈQUE, s. m. sorte de singe sans queue, fort

commun en Afrique ; de πίθηκος (*pithékos*), génitif de πίθηξ (*pithéx*), qui signifie *singe*.

PLANÈTE, s. f. (*astro.*), corps céleste qui fait sa révolution autour du soleil ; ce mot vient de πλανήτης (*planétés*), errant, dérivé de πλανή (*plané*), erreur, égarement ; c'est-à-dire, *étoile errante*, parce que les planètes changent continuellement de position par rapport aux autres étoiles. De-là vient PLANÉTAIRE, adj. qui concerne les planètes. Ce mot est aussi s. m. et signifie la représentation en plan ou en relief du cours des planètes.

PLANÉTOLABE, s. m. instrument astronomique pour mesurer les planètes ; de πλανήτης (*planétés*), planète, et de λαμβάνω (*lambanó*), prendre.

PLANIMÉTRIE, s. f. partie de la géométrie qui enseigne l'art de mesurer les surfaces planes ; du latin *planus*, plan, et du grec μέτρον (*métron*), mesure.

PLANISPHÈRE, s. m. mot composé du latin *planus*, plan, et du grec σφαῖρα (*sphaira*), sphère, globe ; représentation des deux moitiés, soit de la sphère céleste, soit du globe terrestre, sur une surface plane.

PLASME, s. m. émeraude broyée pour certains médicamens. *Voyez*, pour l'étymologie, CATAPLASME, dont ce mot est un diminutif.

PLASTIQUE, adj. (*philos.*), qui a le pouvoir de former ; de πλάσσω (*plassó*), je forme. On appelle *vertu plastique*, suivant les idées d'une certaine philosophie, le pouvoir ou la vertu d'engendrer, la puissance génératrice, dans les végétaux comme dans les animaux.

L'art plastique, ou *la plastique*, est une partie de la sculpture qui consiste à modeler toutes sortes de figures en plâtre, en terre, &c.

PLÉIADES, s. f. pl. constellation composée de sept

étoiles. Les anciens les ont nommées ainsi de πλίω (*pléô*), naviger, parce qu'ils les regardoient comme fort redoutables aux marins, par les pluies et les tempêtes qu'elles excitoient selon eux.

PLÉONASME, s. m. (*gram.*), de πλεονασμὸς (*pléonasmos*), abondance, formé de πλεονάζω (*pléonazô*), abonder, dont la racine est πλέος (*pléos*), plein. C'est proprement une figure par laquelle on ajoute des mots qui, sans être nécessaires au sens d'une phrase, lui donnent de la force ou de la grace. Il se prend le plus souvent en mauvaise part, et signifie une superfluité ou surabondance de paroles, qui n'ajoutent rien au sens du discours.

PLÉROSE, s. f. (*méd.*), mot grec, πλήρωσις (*plérôsis*), qui signifie *réplétion, plénitude ;* de πληρόω (*pléroô*), remplir, dérivé de πλέος (*pléos*), plein. C'est la réplétion ou le rétablissement d'un corps épuisé par les maladies. PLÉROTIQUE, adj. qui est propre à faire renaître les chairs.

PLÉTHORE, s. f. (*méd.*), surabondance de sang et d'humeurs; de πληθώρα (*pléthôra*), réplétion, plénitude, du verbe πλήθω (*pléthô*), remplir, combler, dérivé de πλέος (*pléos*), plein. De-là, PLÉTHORIQUE, adj. réplet, sanguin.

PLEURE. *Voyez* PLÈVRE.

PLEURÉSIE, s. f. (*méd.*), en grec πλευρῖτις (*pleuritis*), de πλευρὰ (*pleura*), plèvre; maladie causée par l'inflammation de la plèvre, et souvent d'une partie du poumon. *Voyez* PLÈVRE. De-là PLEURÉTIQUE, adj. qui est attaqué de pleurésie.

PLEUROPNEUMONIE, s. f. (*méd.*), espèce de pleurésie dans laquelle la plèvre et les poumons sont enflammés ; de πλευρά (*pleura*), plèvre, et de πνεύμων (*pneumón*), le poumon.

PLÈVRE, s. f. (*anat.*), membrane qui recouvre l'intérieur des côtes ; ce mot vient du grec πλευρά (*pleura*), qui signifie *côte*, et qui désigne aussi cette membrane. *Plica.*

PLINTHE, s. m. ou f. membre d'architecture carré et plat, que l'on met aux bases des colonnes. Son nom vient de πλίνθος (*plinthos*), une brique, parce qu'il en a la forme. De-là, les *plinthes*, ou les plate-bandes qui règnent dans les ouvrages de maçonnerie et de menuiserie.

PNEUMATIQUE, adj. (*physiq.*), mot formé de πνεῦμα (*pneuma*), air, vent ; c'est-à-dire, qui agit par le moyen de l'air ou du vent. On appelle *machine pneumatique* une machine avec laquelle on pompe l'air d'un vase ou *récipient*, et qui sert à faire plusieurs expériences sur les propriétés de l'air.

PNEUMATOCÈLE, s. f. mot formé de πνεῦμα (*pneuma*), vent, et de κήλη (*kélé*), tumeur. *Voyez* PHYSOCÈLE, qui est la même chose.

PNEUMATO-CHIMIQUE, adj. terme nouveau, formé de πνεῦμα (*pneuma*), air, et de χυμεία (*chuméia*), chimie. *Voyez* HYDRO-PNEUMATIQUE.

PNEUMATOLOGIE, s. f. (*philos.*), traité des substances spirituelles ou des esprits ; de πνεῦμα (*pneuma*), esprit, et de λόγος (*logos*), discours, traité.

PNEUMATOMAQUES, s. m. pl. anciens hérétiques qui soutenoient que le Saint-Esprit n'étoit pas Dieu ; de πνεῦμα (*pneuma*), esprit, et de μάχομαι (*machomai*) combattre ; c'est-à-dire, qui combattoient la divinité du Saint-Esprit.

PNEUMATOMPHALE, s. m. tumeur du nombri

27

causée par des vents ; de πνεῦμα (*pneuma*), vent, et d'ὀμφαλὸς (*omphalos*), nombril.

PNEUMATOSE, s. f. de πνεῦμα (*pneuma*), air, vent ; enflure de l'estomac causée par des vents ou flatuosités.

PNEUMOGRAPHIE, s. f. (*anat.*), description du poumon ; de πνεύμων (*pneumôn*), poumon, et de γράφω (*graphô*), je décris.

PNEUMOLOGIE, s. f. de πνεύμων (*pneumôn*), poumon, et de λόγος (*logos*), discours ; partie de l'anatomie qui traite des usages du poumon.

PNEUMONIE, s. f. (*méd.*), fluxion de poitrine, maladie du poumon ; de πνεύμων (*pneumôn*), le poumon. PNEUMONIQUE, adj. qui est propre aux maladies du poumon.

PNEUMOTOMIE, s. f. (*anat.*), dissection du poumon ; de πνεύμων (*pneumôn*), poumon, et de τέμνω (*temnô*), couper, disséquer.

PODAGRE, adj. qui a la goutte aux pieds ; de πούς (*pous*), génit. ποδός (*podos*), pied, et d'ἄγρα (*agra*), prise, capture ; comme si l'on disoit, *pris par les pieds*.

PODOMÈTRE, s. m. instrument qui sert à mesurer le chemin qu'on a fait ; de πούς (*pous*), génit. ποδός (*podos*), pied, et de μέτρον (*métron*), mesure. *Voyez* ODOMÈTRE.

POËME, s. m. (*littér.*), ouvrage en vers ; de ποίημα (*poiéma*), qui signifie proprement *ouvrage*, et par analogie, *poème*, dérivé de ποιέω (*poiéô*), faire, composer. De-là viennent aussi POÉSIE, s. f. l'art de faire des vers ; POÈTE, celui qui en fait ; POÉTIQUE, adj. qui concerne la poésie ; POÉTIQUEMENT, adv. POÉTISER, versifier.

POLE, s. m. πόλος (*polos*), de πολέω (*poléô*), tourner. Les pôles sont les deux extrémités de l'axe imaginaire sur lequel la sphère du monde est censée faire sa révolution. La Terre a ses deux pôles autour desquels elle tourne en vingt-quatre heures. POLAIRE, adj. qui appartient aux pôles.

POLÉMARQUE, s. m. πολέμαρχος (polémarchos), qui veut dire *chef de la guerre ;* de πόλεμος (polémos), guerre, et d'ἀρχή (arché), commandement. C'étoit le nom du troisième archonte à Athènes, ou en général de celui qui étoit chargé du commandement d'une armée.

POLÉMIQUE, adj. qui concerne la dispute ; de πολεμικὸς (polémikos), belliqueux, qui vient de πόλεμος (polémos), guerre. Il se dit des ouvrages qui se font dans les disputes littéraires sur une matière quelconque.

POLÉMOSCOPE, s. m. espèce de télescope recourbé destiné au service de la guerre ; de πόλεμος (polémos), guerre, et de σκοπέω (skopéó), examiner, regarder.

POLICE, s. f. de πολιτεία (politéia), ordre, réglement établi pour l'administration d'une ville ou d'un état ; de πόλις (polis), ville. De-là, POLICER, v. a.

POLIORCÈTE, mot qui signifie *preneur de villes,* de πολιορκέω (poliorkéó), assiéger une ville, dérivé de πόλις (polis), ville, et d'ἕρκος (herkos), retranchement. C'est un surnom donné à Démétrius, fils d'Antigone à cause de son habileté dans l'art des siéges.

POLITIQUE, s. f. l'art de gouverner les villes et les états. Ce mot est dérivé de πόλις (polis), ville, d'où vient πολιτεία (politeia), gouvernement, et πολιτικὸς (politikos), civil, qui concerne le gouvernement des villes. *Politique* se dit aussi de la manière adroite dont on se conduit pour réussir dans ses entreprises. POLITIQUE, s. m. signifie un homme savant dans l'art de gouverner, ou un homme fin et adroit ; POLITIQUE, adj.

qui concerne le gouvernement. De-là viennent encore POLITIQUEMENT, adv. et POLITIQUER, v. n.

POLYACOUSTIQUE, adj. qui se dit des instrumens propres à multiplier les sons ; de πολύς (*polus*), plusieurs, et d'ἀκούω (*akouô*), j'entends ; c'est-à-dire, qui fait entendre plusieurs fois.

POLYADELPHIE, s. f. (*botan.*), mot formé de πολύς (*polus*), plusieurs, et d'ἀδελφός (*adelphos*), frère. C'est le nom que donne Linné à la dix-huitième classe des plantes, dont les étamines sont réunies par leurs filets en plusieurs corps.

POLYANDRIE, s. f. (*botan.*), de πολύς (*polus*), plusieurs, et d'ἀνήρ (*anér*), génit. ἀνδρός (*andros*), mari. C'est, suivant Linné, la treizième classe des plantes, dont la fleur a depuis vingt jusqu'à cent étamines. Ce mot signifie aussi la *pluralité des maris*.

POLYANTHÉE, adj. (*botan.*), qui a plusieurs fleurs ; de πολύς (*polus*), plusieurs, et d'ἄνθος (*anthos*), fleur. On nomme aussi *Polyanthées*, certains recueils alphabétiques de lieux communs ; et, en ce sens, ce mot signifie *amas de fleurs*.

POLYCAMÉRATIQUE, adj. se dit d'une pendule qui peut à-la-fois servir à plusieurs lieux, au-dedans et au-dehors d'une maison ; de πολύς (*polus*), plusieurs, et de καμάρα (*camara*), voûte, dont les Latins ont fait *camera*, chambre.

POLYCHRESTE, adj. (*pharm.*), qui sert à plusieurs usages ; de πολύς (*polus*), plusieurs, et de χρηστός (*chréstos*), bon, utile ; c'est-à-dire, *qui a plusieurs utilités*.

POLYÈDRE, s. m. (*géom.*), solide terminé par plusieurs faces, ou plans rectilignes ; de πολύς (*polus*), plusieurs, et d'ἕδρα (*hédra*), siége, base.

POLYGALA, s. m. plante nommée aussi *herbe à*

lait ; de πολύ (*polu*), beaucoup, et de γάλα (*gala*), lait, parce qu'elle procure, dit-on, beaucoup de lait aux animaux qui en mangent.

POLYGAMIE, s. f. la pluralité des femmes, ou l'usage d'avoir plusieurs femmes ; de πολύς (*polus*), plusieurs, et de γάμος (*gamos*), mariage ; c'est-à-dire, *multiplicité des mariages.* De-là POLYGAME, s. m. celui qui a épousé plusieurs femmes ; POLYGAMISTES, s. m. pl. hérétiques qui approuvoient la polygamie.

Linné, dans son système de botanique, appelle *polygamie*, la vingt-troisième classe des plantes qui portent des fleurs mâles et femelles sur un ou plusieurs individus, c'èst-à-dire dans lesquelles la fructification se fait de plusieurs manières.

POLYGARCHIE, s. f. forme de gouvernement où l'autorité est entre les mains de plusieurs personnes ; de πολύς (*polus*), plusieurs, et d'ἀρχή (*arché*), pouvoir, puissance.

POLYGLOTTE, adj. qui est écrit en plusieurs langues ; de πολύς (*polus*), plusieurs, et de γλῶσσα (*glóssa*), ou γλῶττα (*glótta*), langue. Il se dit sur-tout de la Bible imprimée en diverses langues.

POLYGONE, s. m. (*géom.*), figure qui a plusieurs angles et plusieurs côtés ; de πολύς (*polus*), plusieurs, et de γωνία (*gónia*), angle.

POLYGRAPHE, s. m. auteur qui a écrit sur plusieurs matières, ou instrument au moyen duquel on peut faire à la fois plusieurs copies manuscrites ; de πολύς (*polus*), plusieurs, et de γράφω (*graphó*), j'écris.

POLYGYNIE, s. f. (*botan.*), mot formé de πολύς (*polus*), plusieurs, et de γυνή (*guné*), femme. Linné donne ce nom à la sous-division des classes des plantes

qui comprend celles dont la fleur a plusieurs parties
mâles, ou plusieurs pistils, c'est-à-dire, plus de douze.

POLYHÈDRE. *Voyez* POLYÈDRE.

POLYMATHIE, s. f. science étendue et variée, ou
savoir universel ; de πολύς (*polus*), plusieurs, et de
μανθάνω (*manthanó*), apprendre. POLYMATHE, s. m. celui
qui possède un grand nombre de connoissances différentes. POLYMATHIQUE, adj.

POLYNOME, s. m. quantité algébrique composée
de plusieurs termes ; de πολύς (*polus*), plusieurs, et de
νομή (*nomé*), part, division.

POLYOPTRE, adj. de πολύς (*polus*), plusieurs, et
d'ὄπτομαι (*optomai*), voir. Il se dit, en optique, d'un
verre qui multiplie les objets, en les rendant plus petits.

POLYPE, s. m. de πολύς (*polus*), plusieurs, et de
πούς (*pous*), pied ; qui a plusieurs pieds. Nom d'un
insecte aquatique d'une structure merveilleuse, et dont
le corps membraneux et en tuyau est terminé par plusieurs filamens qui lui servent de pieds ou de bras pour
saisir sa proie. Sa demeure se nomme *polypier*.

Polype, en chirurgie, est une excroissance de chair
qui vient ordinairement dans le nez, où elle est attachée par différentes fibres qui sont comme autant de
pieds. De-là vient POLYPEUX, adj. qui est de la nature
du polype.

POLYPÉTALE, adj. (*botan.*), qui a plusieurs pétales ou feuilles, en parlant de fleurs ; de πολύς (*polus*),
plusieurs, et de πέταλον (*pétalon*), feuille, ou *pétale*.

POLYPHYLLE, adj. (*botan.*), qui a plusieurs
feuilles, de πολύς (*polus*), plusieurs, et de φύλλον (*phullon*), feuille. Linné donne ce nom au calice des fleurs,
quand il est divisé en plusieurs parties ou petites feuilles.

POLYPODE, s. m. plante ainsi nommée de πολύς

(*polus*), plusieurs, et de πούς (*pous*), pied, à cause de la quantité de ses racines.

POLYSARCIE, s. f. (*méd.*), gonflement graisseux du corps, ou corpulence excessive; de πολύ (*polu*), beaucoup, et de σάρξ (*sarx*), chair; c'est-à-dire, excès de chair ou d'embonpoint.

POLYSCOPE, adj. de πολύς (*polus*), plusieurs, et de σκοπέω (*skopéo*), voir, regarder. Il se dit des verres qui multiplient les objets, c'est-à-dire qui font voir un objet comme s'il y en avoit plusieurs.

POLYSPERMATIQUE, adj. (*botan.*), qui a plusieurs semences, en parlant des plantes; de πολύς (*polus*), plusieurs, et de σπέρμα (*sperma*), semence, graine. Le fruit qui renferme plusieurs semences, se nomme *polysperme*.

POLYSYLLABE, adj. qui est de plusieurs syllabes; de πολύς (*polus*), plusieurs, et de συλλαβή (*sullabé*), syllabe. Les échos *polysyllabes* sont ceux qui répètent plusieurs syllabes, ou plusieurs mots.

POLYSYNODIE, s. f. multiplicité de conseils; de πολύς (*polus*), plusieurs, et de σύνοδος (*sunodos*), conseil, assemblée. On connoît la *Polysynodie* du célèbre abbé de Saint-Pierre.

POLYTECHNIQUE, adj. qui concerne ou qui embrasse plusieurs arts ou sciences; de πολύς (*polus*), plusieurs, et de τέχνη (*techné*), art. On appelle *école polytechnique*, une école nouvellement établie en France, où l'on forme les élèves destinés aux différentes parties du génie. Ce mot est nouveau.

POLYTHÉISME, s. m. système de religion qui suppose la pluralité des dieux; de πολύς (*polus*), plusieurs, et de Θεός (*Théos*), Dieu. POLYTHÉISTE, s. m. celui qui soutient ce système.

Polyrirogo

POLYTRIC, s. m. plante ainsi nommée de πολὺ (*polu*), beaucoup, et de θρὶξ (*thrix*), cheveu, parce qu'elle pousse plusieurs tiges menues, qui ressemblent à une épaisse chevelure. C'est une espèce de *capillaire*.

POLYTROPHIE, s. f. (*méd.*), abondance de nourriture ; de πολὺ (*polu*), beaucoup, et de τρέφω (*tréphô*), nourrir.

POMPE, s. f. de πομπὴ (*pompé*), appareil magnifique, somptuosité, dérivé de πέμπω (*pempó*), faire porter, conduire. *Dérivés.* POMPEUX, adj. POMPEUSEMENT, adv. De-là vient aussi *pompe,* machine à élever l'eau, et ses dérivés, POMPER, v. a. POMPIER, s. m.

POMPHOLYX, s. m. matière blanche, légère et friable, qui s'attache au couvercle du creuset où l'on a mis fondre du cuivre avec de la pierre calaminaire. Elle est ainsi appelée de πομφόλυξ (*pompholux*), petite vessie qui s'élève sur l'eau ; parce qu'elle est fort légère.

Pompenematier
(mb h harla.

Poplité.

PORE, s. m. de πόρος (*poros*), ouverture, conduit, passage, dérivé de πείρω (*péiró*), passer. On donne ce nom aux petits intervalles qui se trouvent entre les particules de la matière dont les corps sont composés. De-là, POREUX, adj. qui a des pores ; POROSITÉ, s. f. qualité des corps poreux.

PORISME, s. m. (*géom.*), mot formé de πόρος (*poros*), passage, qui vient de πείρω (*péiró*), passer. Il se disoit autrefois d'une proposition qu'on démontre pour servir à en démontrer d'autres, ou pour passer à d'autres plus importantes ; on l'appelle aujourd'hui *lemme.* Voyez ce mot. Cette manière de procéder s'appelle *méthode poristique.*

POROCÈLE, s. m. (*chirur.*), espèce de hernie calleuse ; de πῶρος (*pôros*), calus, durillon, et de κήλη (*kélé*), tumeur, hernie.

POROTIQUE, adj. de πωρόω (póroó), endurcir, qui vient de πῶρος (póros), calus, durillon. Il se dit des remèdes qui procurent la formation du calus.

PORPHYRE, s. m. de πορφύρα (porphura), pourpre; sorte de marbre d'un rouge pourpré, tacheté de blanc, et extrêmement dur. De-là est venu le verbe PORPHYRISER, pour dire, broyer une substance sur du porphyre pour la réduire en poudre; PORPHYROÏDE, adj. qui ressemble au porphyre.

PORPHYROGÉNÈTE, *qui est né dans le palais de porphyre;* de πορφύρα (*porphura*), pourpre, d'où vient porphyre, et de γείνομαι (*géinomai*), naître. C'est un titre qu'on a donné à quelques enfans des empereurs d'Orient, parce que l'appartement où accouchoient les impératrices étoit pavé de porphyre.

PORREAU, s. m. (*chirur.*), excroissance de chair qui vient sur la peau; de πῶρος (*póros*), durillon, callosité.

POTAMOGÉITON, s. m. nom grec d'une plante aquatique qui croît dans les étangs et les marais; de ποταμός (*potamos*), fleuve, et de γείτων (*géitón*), voisin; c'est-à-dire, *voisin des fleuves.* On l'appelle aussi *épi d'eau.*

PRAGMATIQUE-SANCTION, s. f. ordonnance des rois en matière ecclésiastique; ce mot vient de πραγματικός (*pragmatikos*), qui signifie proprement, *actif,* qui concerne les affaires, dérivé de πράσσω (*prassó*), faire, pratiquer; parce qu'elle prescrivoit ce qu'on devoit faire ou pratiquer dans certains cas. Le mot *sanction* vient du latin *sanctio,* qui signifie *ordonnance.*

PRASE, s. f. pierre précieuse, ainsi nommée de πράσον (*prason*), porreau, à cause de la ressemblance de sa couleur avec celle du porreau.

PRATIQUE, anciennement **PRACTIQUE**, s. f. de πρακτική (*praktikê*), action, exercice du pouvoir d'agir, opposé, en ce sens, à *théorie*, ou *spéculation*, et dérivé de πράττω (*prattô*), agir, pratiquer. De-là vient le mot *pratique*, pour dire, usage, exercice habituel de certaines choses, procédure; et *pratiques*, pour menées secrètes. *Dérivés*. PRATICABLE, adj. PRATICIEN, s. m. PRATIQUER, v.

PRESBYTE, s. (*optiq.*), mot formé de πρέσβυς (*presbus*), vieillard. Il se dit de ceux qui ne voient que de loin, comme la plupart des personnes âgées, à cause de l'applatissement du crystallin. C'est le contraire de *myope*. Cette disposition des yeux se nomme *presbyopie*; de πρέσβυς, et d'ὤψ (*ôps*), œil.

PRESBYTÈRE, s. m. πρεσβυτέριον (*presbutérion*), logement d'un curé de paroisse; de πρέσβυς (*presbus*), vieillard, ou prêtre.

PRESBYTÉRIENS, s. m. pl. secte de protestans en Angleterre, ainsi nommés de πρεσβύτερος (*presbutéros*), ancien, vieillard, prêtre, parce qu'ils prétendent que l'église doit être gouvernée par tous les prêtres indistinctement, et quelques anciens laïques. Leur systême ou doctrine se nomme *presbytérianisme*.

PRÊTRE, s. m. ministre d'un culte religieux; de πρεσβύτερος (*presbutéros*), qui signifie proprement *ancien*, dérivé de πρέσβυς (*presbus*), vieillard. On sait que la dignité et la prééminence sont le partage de la vieillesse. PRÊTRESSE et PRÊTRISE, s. f. en sont dérivés.

PRIAPÉES, s. f. pl. poésies obscènes; de Πρίαπος (*Priapos*), dieu des jardins, et membre viril.

PRIAPISME, s. m. (*méd.*), érection continuelle et douloureuse de la verge, sans aucun desir qui la provoque; en grec, πριαπισμὸς (*priapismos*). Même étymologie que le mot précédent.

PRISME, s. m. (*géom.*), πρίσμα (*prisma*), solide dont les deux bases opposées sont des polygones égaux et parallèles, et dont les faces latérales sont des parallélogrammes ; ce mot vient de πρίζω (*prizô*), scier, couper, parce que ce solide est comme coupé de tous côtés par différens plans. De-là, PRISMATIQUE, adj. qui a la figure d'un prisme.

PROBLÈME, s. m. question proposée dont on demande la solution ; de πρόβλημα (*problêma*), proposition, qui vient de προβάλλω (*proballô*), proposer, dont la racine est βάλλω (*ballô*), jeter. Dans le langage ordinaire, on appelle *problême* une proposition dont on peut également soutenir le pour et le contre, ou qui est susceptible de plusieurs solutions. De-là vient PROBLÉMATIQUE, adj. douteux, incertain ; PROBLÉMATIQUEMENT, adv.

PROBOSCIDE, s. f. de προβοσκίς (*proboskis*), la trompe d'un éléphant ; c'est un terme de blason et d'histoire naturelle.

PROCATARCTIQUE, adj. (*méd.*), de προκαταρκτικὸς (*prokatarktikos*), primitif, qui précède, dérivé de πρὸ (*pro*), devant, de κατὰ (*kata*), au-dessus, et d'ἄρχομαι (*archomai*), je commence. On donne ce nom aux causes des maladies qui agissent les premières, et qui mettent les autres en mouvement.

PROCÉLEUSMATIQUE, s. m. pied de vers grec ou latin, composé de quatre brèves ; en grec, προκελευσματικὸς (*prokéleusmatikos*), formé de πρὸ (*pro*), préposition qui marque antériorité, et de κέλευσμα (*kéleusma*), génit. κελεύσματος (*kéleusmatos*), cri d'encouragement des matelots, qui vient de κελεύω (*kéleuô*), dont la racine est κέλω (*kélô*), exhorter. On nommoit ainsi ce pied, parce que le vers procéleusmatique, où il entroit, s'employoit à cause de sa rapidité pour exhorter les matelots.

PROCHRONISME, s. m. erreur de chronologie qui consiste à avancer la date d'un événement ; de πρὸ (*pro*), auparavant, et de χρόνος (*chronos*), temps ; c'est-à-dire, *avancement de temps*, ou de date. Il est opposé à *parachronisme*.

PROCTALGIE, s. f. (*méd.*), douleur du fondement ou de l'anus ; de πρωκτὸς (*próktos*), le fondement, et d'ἄλγος (*algos*), douleur.

PRODROME, s. m. *avant-coureur, chose qui en précède une autre ;* de πρὸ (*pro*), devant, et de δρόμος (*dromos*), course, dérivé de τρέχω (*tréchô*), courir.

PROÉGUMÈNE, adj. (*méd.*), mot qui signifie *précédent ;* de προηγοῦμαι (*proêgoumai*), devancer, précéder. Il se dit de la cause éloignée des maladies. Au mont Athos, dit M. d'Ansse de Villoison, c'est l'ex-supérieur, parce que le supérieur des monastères s'y nomme ἡγύμενος (*hegoumenos*), supérieur ; et celui des hermitages, δίκαιος (*dikaios*), mot à mot, *le juste*.

PROEMPTOSE, s. f. (*astro.*), équation lunaire qui sert à empêcher que les nouvelles lunes ne soient annoncées un jour trop tôt ; de πρὸ (*pro*), devant, et d'ἐμπίπτω (*empiptó*), tomber, survenir ; c'est-à-dire, *anticipation*, ou l'action d'arriver, d'échoir auparavant. Cette équation consiste à diminuer de l'unité chaque nombre du cycle des épactes tous les trois cents ans. - *prophylactique*

PROGNOSTIC. *Voyez* PRONOSTIC.

PROGRAMME, s. m. mot qui signifie *ce qui est écrit auparavant ;* de πρὸ (*pro*), auparavant, d'avance, et de γράμμα (*gramma*), écrit, dérivé de γράφω (*graphó*),

écrire. Ecrit par lequel on annonce le sujet d'un ouvrage , ou quelque cérémonie publique.

PROLÉGOMÈNES , s. m. pl. préambule, ou discours préliminaire qu'on met à la tête d'un livre, pour
servir d'introduction à l'ouvrage même ; de πρὸ (*pro*) ,
auparavant, et de λέγω (*légó*), dire ; littéralement, *ce qui
est dit avant d'autres choses.*

PROLEPSE , s. f. de πρόληψις (*prolépsis*) , anticipation, qui vient de προλήψομαι (*prolépsomai*) , futur de
προλαμβάνω (*prolambanó*) , anticiper , prévenir. C'est
une figure de rhétorique par laquelle on prévient et on
réfute d'avance les objections que l'on pourroit essuyer
de la part de son adversaire. De-là , PROLEPTIQUE, adj.
qui anticipe.

PROLOGUE, s. m. préface , avant-propos , ce qui
sert de prélude à une pièce de théâtre, ou à un autre ouvrage ; de πρὸ (*pro*), auparavant, et de λέγω (*légó*), dire ,
d'où l'on a fait πρόλογος (*prologus*), discours qui précède.

PRONOSTIC , s. m. et adj. jugement que l'on porte
d'avance de ce qui doit arriver, au moyen de quelques
signes ou indications ; de πρὸ (*pro*), auparavant, d'a-
vance, et de γινώσκω (*ginóskó*) , juger, connoître. Ce terme
est usité sur-tout en médecine. Quelquefois il se prend
pour les signes mêmes qui font juger d'un événement.
De-là , PRONOSTICATION , s. f. PRONOSTIQUER , v. a.
PRONOSTIQUEUR , s. m.

PROPHÉTIE, s. f. προφητεία (*prophétéia*), prédic-
tion de l'avenir par inspiration divine ; de πρὸ (*pro*),
auparavant, et de φημὶ (*phémi*), dire, parler. De-là
viennent aussi PROPHÈTE , PROPHÉTESSE , s. celui ou
celle qui prédit l'avenir ; PROPHÉTIQUE, adj. PROPHÉ-
TIQUEMENT, adv. PROPHÉTISER , v.

Prophylaxie

PROPHYLACTIQUE, s. f. et adj. de προφυλακτικὸς (*prophulaktikos*), qui préserve; de προφυλάσσω (*prophulassó*), je préserve, je garantis, dérivé de πρὸ (*pro*), devant, et de φυλάσσω (*phulassó*), je garde, je conserve, je défends. C'est la partie de la médecine qui a pour objet de conserver la santé, de prévenir les maladies. Il se dit aussi des remèdes propres à cet effet. *Voy.* HYGIÈNE, qui est la même chose.

PROPLASTIQUE, adj. se dit de l'art de faire des moules pour y jeter quelque chose; de πρὸ (*pro*), qui marque antériorité, et de πλαστικὸς (*plastikos*), qui concerne l'art du potier, dérivé de πλάσσω (*plassó*), former.

PROPOLIS, s. f. cire rouge dont les abeilles bouchent les fentes de leurs ruches. Ce mot est purement grec, πρόπολις, et il signifie littéralement ce qui est avant la ville; de πρὸ (*pro*), devant, et de πόλις (*polis*), ville, parce que cette espèce de cire s'emploie à l'extérieur de la ruche.

PROPYLÉE, s. m. (*antiq.*), de προπύλαιον (*propulaion*), le porche ou le vestibule d'un temple; de πρὸ (*pro*), devant, et de πύλη (*pulé*), porte. On donnoit, chez les Grecs, le nom de *Propylées* à de superbes portiques qui conduisoient à la citadelle d'Athènes.

PROSÉLYTE, s. m. nouvellement converti; de προσήλυτος (*prosélutos*), qui signifie proprement *étranger*, dérivé de πρὸς (*pros*), près, et du prétérit moyen ἤλυθα (*élutha*), du verbe ἔρχομαι (*erchomai*), approcher, venir. Les Juifs donnoient ce nom aux Païens qui embrassoient le Judaïsme; et il se dit par extension de ceux qu'on détache d'une religion, d'une opinion ou d'un parti, pour les attirer dans un autre. *Dérivé.* PROSÉLYTISME, s. m. zèle, manie de faire des prosélytes.

PROSEUQUE, s. f. de προσευχὴ (*proseuché*), prière, dérivé de προσεύχομαι (*proseuchomai*), prier ; lieu où les Juifs s'assembloient pour prier.

PROSODIE, s. f. partie de la grammaire qui enseigne à prononcer les mots conformément aux accens et à la quantité. Ce mot vient de προσῳδία (*prosódia*), accent, formé de πρὸς (*pros*), à, ou selon, et d'ᾠδή (*ódé*), chant ; c'est-à-dire, prononciation conforme à l'accent, qui est une espèce de chant ajouté à la voix. De-là, PROSODIQUE, adj.

PROSONOMASIE, s. f. (*rhét.*), ressemblance de son entre différens mots d'une même phrase ; de πρὸς (*pros*), près, et d'ὄνομα (*onoma*), nom ; c'est-à-dire, proximité ou ressemblance de deux noms. C'est à-peu-près ce qu'on appelle un *jeu de mots*.

PROSOPOGRAPHIE, s. f. description des traits extérieurs, de la figure et du maintien d'une personne ; de πρόσωπον (*prosópon*), face extérieure, physionomie, et de γράφω (*graphó*), décrire, peindre ; c'est-à-dire, *description de la physionomie, portrait*. C'est une figure de rhétorique.

PROSOPOPÉE, s. f. figure de rhétorique qui consiste à introduire dans le discours une personne absente, ou morte, ou un objet inanimé qu'on fait parler ou agir ; de προσωποποιία (*prosópopoiía*), dérivé de πρόσωπον (*prosópon*), personne, et de ποιέω (*poiéó*), faire, supposer ; parce que l'on fait une personne de ce qui n'en est pas une.

PROSTAPHÉRÈSE, s. f. (*astro.*), différence entre le lieu vrai et le lieu moyen d'une planète ; ce mot, qui signifie en soi-même *retranchement*, vient de πρόσθι (*prosthé*), devant, et d'ἀφαιρέω (*aphairéó*), ôter, retrancher ; parce que cette différence se trouve par une soustraction , et quelquefois par une addition. Le mot *équation* est plus usité aujourd'hui.

PROSTASE, s. f. (*méd.*), supériorité d'une humeur sur les autres ; de πρὸ (*pro*) , qui marque antériorité , et d'ἵστημι (*histêmi*) , établir, se tenir.

PROSTATES, s. f. pl. (*anat.*), nom de deux corps glanduleux situés vers le cou de la vessie ; ce mot vient de προστάτης (*prostatês*) , qui préside, qui est placé devant, dérivé de προΐστημι (*proïstêmi*) , préposer, à cause de leur grande utilité dans l'acte de la génération. De-là , PROSTATIQUE , adj.

PROSTHÈSE, s. f. figure de grammaire , qui consiste dans l'addition d'une lettre au commencement d'un mot, sans en changer le sens ; de πρόσθεσις (*prosthésis*), addition , qui vient de προστίθημι (*prostithémi*), apposer, ajouter, dérivé de πρὸς (*pros*), près, et de τίθημι (*tithémi*), placer.

PROSTYLE, s. m. (*archit.*), édifice qui n'a des colonnes que par devant ; de πρὸ (*pro*), devant, et de στύλος (*stulos*), colonne.

PROTASE, s. f. (*littér.*), la première partie d'un poëme dramatique , qui contient l'exposition du sujet ; de πρότασις (*protasis*), proposition , qui vient de προτίθημι (*protithémi*), proposer. La *protase* est comme la *proposition* dans le poëme épique. De-là vient PROTATIQUE , adj.

PROTE , s. m. le premier ouvrier d'une imprimerie ; qui est chargé de la conduite et de la direction de tous les ouvrages ; de πρῶτος (*prôtos*), premier.

PROTHÈSE , s. f. de πρόθεσις (*prothésis*), qui signifie *addition, application*, dérivé de πρὸ (*pro*), à, et de τίθημι (*tithémi*), poser, placer. Opération de chirurgie par laquelle on ajoute au corps humain quelque partie artificielle à la place de celle qui manque.

PROTOCANONIQUE, adj. de πρῶτος (*prótos*), premier, et de κανονικὸς (*kanonikos*), canonique, dérivé de κανὼν (*kanón*), canon, règle. Il se dit des livres sacrés qui étoient reconnus pour tels, avant même qu'on eût fait les canons.

PROTOCOLE, s. m. formulaire pour dresser des actes publics ; de πρῶτος (*prótos*), premier, et de κῶλον (*kôlon*), peau, parchemin, ou de κόλλα (*kolla*), colle : c'est proprement la *première feuille d'un livre*. On a donné ce nom aux registres dans lesquels les notaires transcrivoient leurs minutes.

PROTOMARTYR, s. m. (*hist. eccl.*), de πρῶτος (*prótos*), premier, et de μάρτυς (*martur*), témoin, ou martyr ; le premier martyr qui a souffert la mort pour la défense de la foi. Ce nom s'applique ordinairement à saint Etienne.

PROTONOTAIRE, s. m. mot formé de πρῶτος (*prótos*), premier, et du latin *notarius*, qui a ensuite passé dans le grec du bas Empire, notaire, écrivain. C'est proprement le premier des notaires ou secrétaires d'un prince ou du pape.

PROTOPATHIQUE, adj. (*méd.*), de πρῶτος (*prótos*), premier, et de πάθος (*pathos*), maladie. Il signifie littéralement *maladie première ;* c'est-à-dire, qui n'est ni précédée ni produite par une autre. Il est opposé à *Deutéropathique*. Voyez ce mot.

PROTOTYPE, s. m. original ou modèle sur lequel on forme quelque chose ; de πρῶτος (*prótos*), premier, et de τύπος (*tupos*), modèle, exemplaire ; comme qui diroit, *premier modèle*.

PROXÉNÈTE, s. m. celui qui s'entremet d'un marché, ou de quelqu'autre affaire ; il ne s'emploie guère qu'en mauvaise part ; de προξενετὴς (*proxénétès*), courtier, entremetteur, qui vient de προξενος (*proxénos*), celui qui loge les étrangers, qui procure quelque chose à quelqu'un, dérivé de ξένος (*xénos*), hôte, étranger.

PRYTANE, s. m. (*antiq.*), de πρύτανις (*prutanis*), chef, administrateur : c'étoit le nom de certains magistrats d'Athènes, chargés de rendre la justice, de maintenir la police dans l'état, &c. On nommoit *Prytanie*, le temps de l'exercice de leurs fonctions ; et *Prytanée*, Πρυτανεῖον (*Prutanéion*), un vaste édifice où les *prytanes* tenoient leurs assemblées, et où étoient entretenus aux dépens du public ceux qui avoient rendu des services importans à la patrie. On nomme aujourd'hui *Prytanée*, une maison d'éducation publique, où sont élevés aux frais du gouvernement les fils de ceux qui ont bien mérité de la patrie.

PSALMODIE, s. f. chant ou récitation des psaumes à l'église ; de ψαλμὸς (*psalmos*), psaume, et d'ᾠδὴ (*ôdé*), chant, d'ἀείδω (*aéidô*), chanter. De-là est venu le verbe Psalmodier.

PSALTÉRION, s. m. mot grec, qui désigne un instrument de musique fort ancien, en forme de triangle tronqué, et à treize rangs de cordes ; de ψάλλω (*psallô*), chanter, toucher un instrument.

PSEAUME (ou plutôt PSAUME, conformément à l'étymologie), s. m. de ψαλμὸς (*psalmos*), cantique, qui vient de ψάλλω (*psallô*), chanter. Il ne se dit que des cantiques sacrés composés par David. De-là, Psautier, recueil des psaumes ; et Psalmiste, nom qu'on donne à David pour les avoir composés.

PSELLISME, s. m. bégaiement ; de ψελλὸς (*psellos*), bègue ; vice de la parole, qui consiste à hésiter en parlant.

PSÉPHOPHORIE, s. f. l'art, usité chez les anciens, de calculer avec de petites pierres ; ce mot vient de ψῆφος (*pséphos*), petite pierre, et de φέρω (*phérö*), porter, tenir à la main.

PSEUDAMANTES, s. f. pl. pierres factices ou fausses, qui ont l'apparence de pierres précieuses naturelles : ce mot vient de ψευδής (*pseudés*), faux, et d'ἀδάμας (*adamas*), diamant ; c'est-à-dire, *faux diamant*.

PSEUDODIPTÈRE, s. m. (*archit.*) C'étoit, chez les anciens, un temple qui avoit des portiques tout autour. Ce mot, qui signifie *faux diptère*, est composé de ψευδής (*pseudés*), faux, de δὶς (*dis*), deux fois, et de πτερόν (*ptéron*), aile, parce que ce temple n'avoit point le second rang de colonnes en dedans, comme le diptère. *Voyez* DIPTÈRE.

PSEUDONYME, adj. celui qui prend un faux nom ; de ψευδής (*pseudés*), faux, et d'ὄνομα (*onoma*), nom ; c'est-à-dire, nom supposé. Il se dit des auteurs qui publient des livres sous un nom déguisé. On le dit aussi de l'ouvrage même.

PSEUDOPÉRIPTÈRE, s. m. (*archit.*), temple où les colonnes des côtés étoient engagées dans les murs ; ce mot vient de ψευδής (*pseudés*), faux, de περὶ (*péri*), autour, et de πτερόν (*ptéron*), aile ; c'est-à-dire, *qui a une fausse aile à l'entour.* *Voyez* PÉRIPTÈRE.

PSEUDO-PROPHÈTE, s. m. *faux prophète ;* de ψευδής (*pseudés*), faux, et de προφήτης (*prophétés*), prophète.

PSEUDORÉXIE, s. f. (*méd.*), fausse faim ; de ψευδής (*pseudés*), faux, et d'ὄρεξις (*orexis*), faim, appétit.

PSILOTHRE, s. m. (*chirur.*), mot grec, ψίλωθρον (*psilôthron*), qui signifie *dépilatoire*, ou médicament propre à faire tomber le poil ; de ψιλὸς (*psilos*), nu ; d'où vient ψιλόω (*psiloô*), dépouiller, et de θϱὶξ (*thrix*), cheveu, ou poil.

PSOAS, s. m. (*anat.*), nom donné par les Grecs à deux muscles des lombes ; de ψόα (*psoa*), lombe. On les appelle aussi *muscles lombaires*.

PSORA ou PSORE ; s. f. (*méd.*), ψώϱα, mot grec qui signifie *galle*. De-là vient PSORIQUE, adj. qui est de la nature de la galle, ou propre à la guérir.

PSOROPHTHALMIE, s. f. (*méd.*), maladie des paupières accompagnée de démangeaison et de petites pustules semblables à celles de la galle ; de ψώϱα (*psóra*), galle, et d'ὀφθαλμὸς (*ophthalmos*), œil ; c'est-à-dire, *galle des yeux*, ou plutôt des paupières.

PSYCHAGOGE, s. m. (*antiq.*) On appeloit ainsi, chez les Grecs, ceux qui évoquoient les ames ou les ombres des morts pour les consulter ; de ψυχὴ (*psuché*), ame, et d'ἄγω (*agó*), amener, attirer. Ces magiciens habitoient dans des lieux souterrains, où ils exerçoient leur art nommé *Psychomancie*. Voyez ce mot.

PSYCHAGOGIQUE, adj. (*méd.*), de ψυχὴ (*psuché*), ame, vie, et d'ἄγω (*agó*), amener, apporter. Il se dit des remèdes qui rappellent à la vie dans certains cas, comme dans l'apoplexie, la léthargie, &c.

PSYCHOLOGIE, s. f. partie de la philosophie qui traite de l'ame humaine ; de ψυχὴ (*psuché*), ame, et de λόγος (*logos*), discours ; c'est-à-dire, *discours* ou *traité sur l'ame*.

PSYCHOMANCIE, s. f. sorte de magie ou de divination qui consistoit à évoquer les ames des morts qu'on vouloit consulter ; de ψυχὴ (*psuché*), ame, et de μαντεία (*mantéia*), divination. Les cérémonies étoient les mêmes que dans la *nécromancie*.

PSYCHROMÈTRE, s. m. instrument propre à mesurer les degrés du froid; de ψυχρός (*psuchros*), froid, et de μέτρον (*métron*), mesure. *Voyez* THERMOMÈTRE.

PSYCTIQUE, adj. (*méd.*), rafraîchissant; de ψύχω (*psuchô*), rafraîchir.

PSYLLIUM, s. m. en grec ψύλλιον (*psullion*), petite plante nommée vulgairement *herbe aux puces;* de ψύλλος (*psullos*), puce, parce que sa graine est noire et semblable à une puce.

PTARMIQUE, adj. et s. (*méd.*) qui signifie *sternutatoire*, médicament qui fait éternuer; de πταρμός (*ptarmos*), éternuement, qui vient de πταίρειν (*ptairéin*), éternuer. PTARMIQUE, s. f. en grec, πταρμική, est le nom d'une petite plante dont l'odeur produit cet effet.

PTÉROPHORE, s. m. courier romain qui portoit une pique dont la pointe étoit garnie de plumes; de πτερόν (*ptéron*), aile, plume, et de φέρω (*phérô*), porter. Les naturalistes donnent ce nom à une classe de papillons dont les ailes sont composées d'espèces de plumes.

PTÉRYGION, s. m. (*chirur.*), mot grec, πτερύγιον, qui signifie *petite aile*, dérivé de πτερόν (*ptéron*), aile; nom d'une excroissance membraneuse qui s'étend du coin de l'œil jusques sur la cornée. C'est aussi une excroissance charnue qui vient aux ongles des pieds et des mains.

PTÉRYGOÏDE, adj. (*anat.*), qui a la forme d'une aile; de πτέρυξ (*ptérux*), génit. πτέρυγος (*ptérugos*), aile, et d'εἶδος (*éidos*), forme. Nom de deux apophyses de l'os sphénoïde, ainsi appelées, parce qu'elles sont faites comme des ailes de chauve-souris. De-là, PTÉRYGOÏDIEN, adj. qui a rapport à l'apophyse ptérygoïde.

PTÉRYGO-PALATIN, adj. (*anat.*), qui a rapport

à l'apophyse ptérygoïde et à l'os palatin ; de πτέρυξ (*ptérux*), aile, et du latin *palatum*, le palais. *Voyez* PTÉRYGOÏDE.

PTÉRYGO-PHARYNGIEN, adj. (*anat.*), se dit de deux muscles de la gorge qui appartiennent à l'apophyse ptérygoïde et au pharynx. *Voyez* PTÉRYGOÏDE et PHARYNX.

PTÉRYGO-SALPINGOÏDIEN, adj. (*anat.*), qui appartient à l'apophyse ptérygoïde et à la trompe d'Eustache. La première partie de ce terme est formée du mot *ptérygoïde*, et la seconde, du grec σάλπιγξ (*salpigx*), trompe. *Voyez* PTÉRYGOÏDE.

PTÉRYGO-STAPHYLIN, adj. (*anat.*), se dit d'un muscle qui appartient à l'apophyse ptérygoïde et à la luette ; ce mot est composé de πτέρυξ (*ptérux*), aile, et de σταφυλή (*staphulé*), la luette. *Voyez* PTÉRYGOÏDE.

PTILOSE, s. f. mot grec, πτίλωσις (*ptilôsis*), qui signifie *chute des cils ;* de πτιλός (*ptilos*), qui a perdu les cils. C'est une maladie du bord des paupières.

PTISANE. *Voyez* TISANE.

PTYALAGOGUE, adj. (*méd.*), de πτύελον (*ptuélon*), salive, ou crachat, et d'ἄγω (*agô*), je chasse, je fais sortir. Il se dit des remèdes qui excitent la salivation.

PTYALISME, s. m. (*méd.*), salivation abondante et presque continuelle ; de πτύελον (*ptuélon*), salive, qui vient de πτύω (*ptuô*), cracher.

PTYSMAGOGUE, adj. de πτύσμα (*ptusma*), crachat, qui vient de πτύω (*ptuô*), cracher, et d'ἄγω (*agô*), je chasse. *Voyez* PTYALAGOGUE.

PULSILOGE, s. m. (*méd.*), instrument propre à mesurer la vîtesse du pouls; ce mot vient du latin *pulsus*, le pouls, et du grec λέγω (*légô*), dire, parler. On l'appelle encore *pulsimètre*, de *pulsus*, et du grec μέτρον

(*métron*), mesure. Sanctorius passe pour l'inventeur de cette machine.

PULSIMANTIE, s. f. (*méd.*), proprement divination par le pouls ; partie de la médecine qui tire ses signes des indications du pouls. Ce mot vient du latin *pulsus*, pouls, et du grec μαντεία (*mantéia*), divination.

PYCNOSTYLE, s. m. (*archit.*), édifice où les colonnes sont fort pressées ; de πυκνὸς (*puknos*), épais, serré, et de ςύλος (*stulos*), colonne. Dans cette ordonnance, les entrecolonnemens n'ont qu'un diamètre et demi de la colonne.

PYCNOTIQUE, adj. (*méd.*), propre à condenser, à épaissir les humeurs ; du verbe πυκνόω (*puknoó*), j'épaissis, je condense, dont la racine est πύκα (*puka*), dru, serré, épais.

PYGMÉE, s. m. de πυγμαῖος (*pugmaios*), qui n'a qu'une coudée de haut, dérivé de πυγμὴ (*pugmé*), le poing, ou la mesure du coude au poing. Les Pygmées, suivant la fable, n'avoient qu'une coudée de hauteur. C'est dans ce sens que nous disons d'un homme fort petit, c'est un *pygmée*.

PYLORE, s. m. (*anat.*), orifice inférieur de l'estomac, par où les alimens digérés passent dans les intestins. Son nom vient de πύλη (*pulé*), porte, et d'ὠρέω (*óréó*), garder ; c'est-à-dire, *garde-porte*, ou *portier*, parce qu'il est comme le portier de l'estomac. De-là, PYLORIQUE, adj. qui a rapport au pylore : les veines, les artères *pyloriques*.

PYRACANTHE, s. m. *Buisson-ardent*; de πῦρ (*pur*), feu, et d'ἄκανθα (*akantha*), épine. Arbrisseau épineux, ainsi nommé, parce que ses fruits, qui sont d'un beau rouge écarlate, le font paroître comme en feu.

PYRAMIDE, s. f. (*géom.*), solide composé de plusieurs triangles qui ont un même plan pour base, et dont les sommets aboutissent à un même point ; en grec πυραμίς (*puramis*), formé de πῦρ (*pur*), feu, parce que les pyramides se terminent en pointe comme la flamme. De-là, PYRAMIDAL, adj. qui est en forme de pyramide ; PYRAMIDER, v. n. (t. d'arts), être disposé en pyramide.

PYRAMIDOÏDE, s. m. solide géométrique dont la figure approche de celle d'une pyramide ; de πυραμίς (*puramis*), pyramide, et d'εἶδος (*éidos*), forme. Ce solide est formé par la révolution d'une parabole autour d'une de ses ordonnées. — *Pyramidométri géométr. s. f.*

PYRÈNE, s. f. (*botan.*), nom donné par quelques anciens à chacune des petites noix d'un péricarpe charnu qui en contient plusieurs : ce mot est grec, πυρήν (*purén*), noyau, baie.

PYRÉNOÏDE, adj. (*anat.*), qui ressemble à un noyau ; de πυρήν (*purén*), noyau, ou baie, et d'εἶδος (*éidos*) forme. C'est le nom de l'apophyse de la seconde vertèbre du cou, appelée aussi *odontoïde*, parce qu'elle a la figure d'une dent. *Voyez* ODONTOÏDE.

PYRÈTHRE, s. m. plante dont la racine est d'un goût très-âcre et très-brûlant, d'où lui est venu son nom grec ; de πῦρ (*pur*), feu, et d'αἴθω (*aithô*), brûler ; c'est-à-dire, *qui brûle comme le feu.*

PYRÉTOLOGIE, s. f. de πυρετός (*purétos*), fièvre, et de λόγος (*logos*), discours ; c'est-à-dire, *discours ou traité sur les fièvres.*

PYREXIE, s. f. (*méd.*), mot qui désigne toute fièvre symptomatique ; de πυρέσσω (*puressô*), avoir la fièvre, dérivé de πυρετός (*purétos*), fièvre. *Pyriforme*

PYRIQUE, adj. qui concerne le feu ; de πῦρ (*pur*) feu. Il se dit de certains feux d'artifice qu'on fait jouer dans un lieu clos et couvert, ce qui forme un spectacle assez agréable.

PYRITE, s. f. (*chim.*), sulfure métallique, ou combinaison du soufre avec un métal quelconque ; ce mot vient de πῦρ (*pur*), génit. πυρός (*puros*), feu, parce que les pyrites sont susceptibles de combustion. De-là, Py-niteux, adj.

PYRITOLOGIE, s. f. traité des pyrites ; de πυρίτης (*purités*), pyrite, et de λόγος (*logos*), discours, traité. *Voyez* Pyrite.

PYROLATRIE, s. f. adoration du feu ; de πῦρ (*pur*), feu, et de λατρεία (*latréia*), culte, adoration.

PYRO-LIGNEUX, adj. (*chim.*), du grec πῦρ (*pur*), feu, et du latin *lignum*, bois ; il se disoit de l'acide que l'on retire du bois par la distillation. De-là, Pyro-lignite, s. m. combinaison de l'acide pyro-ligneux avec différentes bases. *Voyez* Pyro-muqueux.

PYROLOGIE, s. f. traité du feu ; de πῦρ (*pur*), feu, et de λόγος (*logos*), discours. *Voyez* Pyrotechnie.

PYROMANCIE, s. f. divination par le moyen du feu ; de πῦρ (*pur*), feu, et de μαντεία (*mantéia*), divination.

PYROMÈTRE, s. m. instrument qui sert à mesurer l'action du feu sur les métaux et sur les autres corps solides ; de πῦρ (*pur*), feu, et de μέτρον (*métron*), mesure. Mussenbroeck en est l'inventeur.

PYRO-MUQUEUX, adj. (*chim.*), s'est dit d'un acide qu'on retire des végétaux par la distillation ; du grec πῦρ (*pur*), feu, et du latin *mucus*, humeur aqueuse, mucosité. De-là, Pyro-mucite, s. m. combinaison de l'acide *pyro-muqueux* avec différentes bases. Il résulte des dernières recherches des célèbres Fourcroy et Vauquelin, que les acides pyro-muqueux, pyro-ligneux et pyro-tartareux, ne sont que de l'acide acéteux tenant en dissolution une huile empyreumatique.

PYRONOMIE, s. f. l'art de régler le feu dans les opérations de chimie ; de πῦρ (*pur*), feu, et de νόμος (*nomos*), loi, règle.

Pyrope. PYROPHORE, s. m. préparation chimique qui a la propriété de s'enflammer à l'air ; de πῦρ (*pur*), feu, et de φέρω (*phéró*), je porte. Cette préparation se fait en décomposant l'alun par des matières animales et végétales.

PYROSCOPIE, s. f. mot formé de πῦρ (*pur*), feu, et de σκοπέω (*skopéó*), je considère. *Voy.* PYROMANCIE.

PYRO - TARTAREUX, adj. (*chim.*), s'est dit de l'*acide tartareux* altéré par le feu pendant la distillation ; du grec πῦρ (*pur*), feu, et du latin *tartarum*, tartre, sel qui se trouve dans les tonneaux où le vin a séjourné. De-là, PYRO-TARTRITE, s. m. sel formé par l'union de l'acide *pyro-tartareux* avec différentes bases. *Voy.* PYRO-MUQUEUX.

PYROTECHNIE, s. f. la science du feu, ou l'art de s'en servir ; ce mot vient de πῦρ (*pur*), feu, et de τέχνη (*technē*), art. Il s'entend communément de l'art de faire des feux d'artifice. PYROTECHNIQUE, adj. en dérive.

PYROTIQUE, adj. *caustique*, qui a la vertu de brûler ; de πυρόω (*puroó*), je brûle, dérivé de πῦρ (*pur*), feu.

Pyroxène. PYRRHIQUE, s. f. (*antiq.*), en grec πυῤῥίχη (*purrhiché*), sorte de danse militaire, dans laquelle les danseurs étoient armés de toutes pièces. Pyrrhus, fils d'Achille, en fut, dit-on, l'inventeur. D'autres l'attribuent à Pyrrhique le Cydonien. PYRRHIQUE est aussi adj. et se dit d'un pied de vers grec ou latin, composé de deux brèves , et ainsi appelé , dit Hesychius , du nom de cette danse , où il dominoit particulièrement.

PYTHIE, s. f. (*antiq.*) , prêtresse de l'oracle d'Apollon à Delphes , ainsi nommée à cause du serpent *Python*, que ce dieu avoit tué ; ou plutôt de πυνθάνομαι (*punthanomai*), interroger , à cause du dieu que l'on consultoit , et dont elle déclaroit la volonté.

PYTHIEN , en grec Πύθιος (*Puthios*) , surnom donné à Apollon , pour avoir tué le serpent Python ; ou de πυνθάνομαι (*punthanomai*) , interroger , parce qu'on alloit le consulter à Delphes. C'est de-là que viennent les *jeux pythiens* , ou *pythiques* , qui se célébroient à Delphes en l'honneur de ce Dieu.

PYTHONISSE, s. f. nom de certaines devineresses de l'antiquité ; de πύθων (*puthôn*) , devin , dérivé de πυνθάνομαι (*punthanomai*) , interroger.

PYULQUE, s. m. instrument de chirurgie en forme de seringue , dont on se sert pour tirer les matières purulentes de différentes cavités du corps ; de πύον (*puon*) , pus , et d'ἕλκω (*helkô*) , tirer , extraire.

PYURIE, s. f. (*méd.*) , pissement de pus ; de πύον (*puon*) , pus , et d'οὐρέω (*oureô*) , pisser.

PYXACANTHA , s. m. arbrisseau épineux , appelé autrement *lycium*. Ce mot vient de πύξος (*puxos*) , buis , et d'ἄκανθα (*akantha*) , épine ; comme qui diroit *buis épineux* , à cause que les feuilles de cet arbrisseau ressemblent à celles du buis.

PYXIDULE, s. f. (*botan.*) , petite capsule des mousses ; *anthère*, dans le systême de Linné ; du mot latin *pyxis*, génit. *pyxidis*, boîte , qui dérive de πύξος (*puxos*) , buis , parce que l'on fait beaucoup de boîtes de buis.

Q

QUADRINOME, s. m. (*math.*), quantité algébrique composée de quatre termes ; ce mot est dérivé du latin *quadrinus*, de quatre, et du grec νομή (*nomé*), part, division, qui vient de νέμω (*némô*), distribuer, partager.

QUADRIPHYLLE, adj. (*botan.*), qui a quatre feuilles ; du latin *quadrinus*, de quatre, et du grec φύλλον (*phullon*), feuille.

QUADRISYLLABE, s. m. (*gram.*), mot composé de quatre syllabes ; ce mot vient du latin *quadrinus*, de quatre, et du grec συλλαβή (*sullabé*), syllabe.

QUINDÉCAGONE, s. m. (*géom.*), figure qui a quinze angles et autant de côtés ; ce mot est composé du latin *quinque*, cinq, et des mots grecs δέκα (*déka*), dix, et γωνία (*gónia*), angle. On l'appelle autrement *pentédécagone*, et ce mot est plus régulier.

R

RABDOÏDE, adj. (*anat.*), qui ressemble à une verge ou baguette ; de ράβδος (*rhabdos*), verge, et d'εἶδος (*éidos*), forme. On donne ce nom à la seconde suture du crâne, appelée autrement *suture sagittale*.

RABDOLOGIE, s. f. manière de calculer par le moyen de certaines baguettes, sur lesquelles on écrit des nombres ; de ράβδος (*rhabdos*), baguette, et de λόγος (*logos*), discours, compte, supputation ; c'est-à-dire, *supputation avec des baguettes*. La rabdologie est une invention de Neper, baron Ecossais.

RABDOMANCE ou **RABDOMANCIE**, s. f. divination par le moyen d'une baguette ; de ράβδος (*rhabdos*),

verge, ou baguette, et de μαντεία (mantéia), divination.
On peut rapporter à cette espèce de divination, la *ba-guette divinatoire*, qui a fait tant de bruit dans les dix-septième et dix-huitième siècles.

RACHIALGIE, s. f. (*méd.*), espèce de colique ap-pelée *colique des peintres*; son nom vient de ῥάχις (*rha-chis*), l'épine du dos, et d'ἄλγος (*algos*), douleur, à cause de la douleur qu'on ressent dans cette partie.   *Rachidin.*

RACHISAGRE, s. f. (*méd.*), douleur de goutte qui attaque l'épine du dos, autrement *rhumatisme goutteux de l'épine*; de ῥάχις (*rhachis*), l'épine du dos, et d'ἄγρα (*agra*), prise, capture. Ce terme a été employé par le célèbre Ambroise Paré.

RACHITIS, s. m. (*méd.*), mot grec, qui vient de ῥάχις (*rhachis*), l'épine du dos; courbure et déforma-tion de l'épine et des grands os, maladie qui attaque les enfans. De-là on appelle RACHITIQUE une personne nouée et contrefaite. On prononce *rakitis*.

RACHITISME, s. m. maladie du blé, ainsi nommée à cause de sa ressemblance avec le *rachitis*. Voy. ce mot.

RACHOSIS, s. m. (*méd.*), relàchement de la peau du scrotum ou des bourses. Ce mot, qui est grec, est dérivé de ῥήσσω (*rhéssó*), rompre.

RADIOMÈTRE, s. m. instrument astronomique qui sert sur mer à prendre des hauteurs. Ce mot, qui si-gnifie proprement *mesure des rayons*, est formé du latin *radius*, rayon, et du grec μέτρον (*métron*), mesure; on l'appelle aussi *rayon astronomique*.

RAPHÉ, s. m. mot grec, ῥαφή, qui veut dire *couture*, et qui vient de ῥάπτω (*rhaptó*), coudre. Il se dit, en ana-tomie, de certaines lignes du corps qui ressemblent à une couture.

RAPSODIE, s. f. ῥαψῳδία (*rhapsôdia*). Ce mot ne

se prend aujourd'hui qu'en mauvaise part, et se dit d'un mauvais ramas de vers ou de prose; de ῥάπτω (*rhaptô*), coudre, et d'ᾠδή (*ôdé*), chant, c'est-à-dire, *chants cousus ensemble*. On appeloit ainsi, chez les anciens, des morceaux détachés des poésies d'Homère, que chantoient ou récitoient en public ceux qu'on nommoit *rapsodes*. De-là vient RAPSODISTE, s. m. celui qui ne fait que des rapsodies.

RAPSODOMANCIE, s. f. divination qui se faisoit en prenant quelques vers détachés d'un poète qu'on tiroit au sort: ce mot vient de ῥαψῳδία (*rhapsódia*), rapsodie, assemblage de vers, et de μαντεία (*mantéia*), divination. C'est ordinairement Homère ou Virgile qu'on choisissoit pour cet effet; d'où l'on a donné à cette sorte de divination, le nom de *sortes Virgilianæ*.

Réticulaire

RHACHITIS. *Voyez* RACHITIS.

RHACOSIS. *Voyez* RACHOSIS.

RHAGADES, s. f. pl. (*méd.*), de ῥαγάς (*rhagas*), génit. ῥαγάδος (*rhagados*), rupture, dérivé de ῥήγνύω (*rhégnuô*), rompre. On donne ce nom aux fentes ou crevasses qui se font aux lèvres, aux mains, et ailleurs.

RHAGOÏDE, adj. (*anat.*), se dit d'une tunique de l'œil, qu'on appelle autrement *uvée*. Ce mot est composé de ῥάξ (*rhax*), génit. ῥαγός (*rhagos*), grain de raisin, et d'εἶδος (*éidos*), forme, parce qu'elle ressemble à un grain de raisin dont on a ôté la petite queue : c'est ce que signifie aussi *uvée*, du latin *uva*, le même que ῥάξ.

RHAMNOÏDE, s. m. arbrisseau qui ressemble à l'*aube-épine*; de ῥάμνος (*rhamnos*), épine blanche, et d'εἶδος (*éidos*), forme, ressemblance. Le mot grec ῥάμνος est un nom commun à diverses sortes d'arbrisseaux épineux.

RHAPHÉ. *Voyez* RAPHÉ.

RHÉTEUR, s. m. celui qui enseigne l'art de l'éloquence; de ῥήτωρ (*rhétor*), rhéteur, orateur, dérivé de ῥέω (*rheó*), je parle.

RHÉTORIQUE, s. f. l'art de parler avec éloquence et avec force, ou l'art de l'éloquence; de ῥητορική (*rhétorikê*), sous-entendu τέχνη (*technê*), art, dérivé de ῥέω (*rheó*), je parle; c'est-à-dire, l'*art de bien parler;* d'où l'on a fait ῥήτωρ (*rhétór*), orateur, homme éloquent. On appelle RHÉTORICIEN, celui qui sait ou qui étudie la rhétorique.

RHINENCHYTE, s. f. (*chirur.*), espèce de seringue avec laquelle on fait des injections dans le nez; de ῥιν (*rhin*), le nez, et d'ἐγχύω (*egchuó*), injecter, dérivé de χύω (*chuó*), je verse, je répands.

RHINOCÉROS, s. m. animal sauvage et féroce, dont le nom signifie *nez cornu;* de ῥιν (*rhin*), génit. ῥινός (*rhinos*), nez, et de κέρας (*kéras*), corne, parce qu'il a une corne pointue sur le nez. C'est aussi un insecte qui a une corne sur la tête.

RHISAGRE, s. m. instrument pour arracher les racines des dents; en grec, ῥιζάγρα (*rhizagra*), de ῥίζα (*rhiza*), racine, et d'ἄγρα (*agra*), prise, chasse.

RHIZOPHAGE, adj. qui vit de racines; de ῥίζα (*rhiza*), racine, et de φάγω (*phagó*), manger.

RHODITE, s. f. (*nat.*), de ῥόδον (*rhodon*), rose; pierre qui, par sa couleur et sa forme, ressemble à une rose.

RHOGMÉ, s. f. (*chirur.*), fracture du crâne, qui consiste dans une fente superficielle, étroite et longue. Ce mot est grec, ῥωγμή (*rhogmé*), fente et fêlure, du verbe ῥήσσω (*rhessó*), briser, rompre.

RHOMBE, s. m. (*géom.*), en grec, ῥόμβος (*rhombos*). figure de quatre côtés égaux et parallèles, qui a deux

angles aigus et deux obtus. On l'appelle aussi *losange.*
Voyez ce mot.

RHOMBITE , s. f. (*nat.*), pierre qui porte l'empreinte d'un turbot ; de ῥόμϐος (*rhombos*), nom de ce
poisson.

RHOMBOÏDE, s. m. (*géom.*), figure qui ressemble à
un rhombe ; de ῥόμϐος (*rhombos*) , rhombe , et d'εἶδος
(*éidos*) , forme , ressemblance. C'est une figure à quatre
côtés , dont les opposés sont égaux et parallèles , et qui
a deux angles aigus et deux obtus. On l'appelle encore
parallélogramme oblique. En anatomie , ce mot se dit ,
par comparaison , d'un muscle de l'omoplate. De-là ,
RHOMBOÏDAL , adj.

RHUMATISME , s. m. (*méd.*) , douleur dans les
muscles , avec pesanteur et difficulté de se mouvoir ; de
ῥεῦμα (*rheuma*), cours, fluxion , qui vient de ῥέω (*rhéó*),
couler , se répandre , parce que les douleurs passent
quelquefois d'une partie dans une autre. RHUMATIS-
MAL , adj. en dérive.

RHUME ou RUME , s. m. (*méd.*), fluxion causée
par une humeur âcre qui tombe sur la gorge ou sur la
trachée-artère ; de ῥεῦμα (*rheuma*), fluxion , dérivé de
ῥέω (*rhéó*) , couler. De-là est venu le verbe ENRHUMER.

RHYAS , s. m. (*méd.*) , mot purement grec , dérivé
de ῥυω (*rhuó*) , ou ῥέω (*rhéó*) , couler. C'est un écoulement
continuel de larmes , causé par la diminution ou la consomption de la caroncule lacrymale.

RHYTHME, RHYTHMIQUE. *Voyez* RYTHME.

RIME , autrefois RYME , s. f. uniformité de son
dans la terminaison de deux mots , sur-tout en poésie ;
de ῥυθμός (*rhuthmos*), cadence , accord. De-là sont
venus RIMER , faire des vers ; RIMEUR , celui qui en
fait , &c.

RYPTIQUE ou RHUPTIQUE, adj. (*méd.*), dé-
tersif propre à nettoyer ; de ῥύπτω (*rhuptô*), je nettoie,
dérivé de ῥύπος (*rhupos*), ordure. Nom des médicamens
qui détergent et entraînent les humeurs visqueuses et
corrompues.

RYTHME, s. m. de ῥυθμός (*rhuthmos*), qui signifie
nombre, cadence, proportion, mesure ; c'est en général
la proportion qui règne entre les parties d'un même
tout. Le *rythme* des anciens étoit ce qu'on appelle aujourd'hui *mesure,* en poésie et en musique ; c'est-à-dire,
un mouvement successif et soumis à certaines proportions.

S

SABÉISME, s. m. adoration du feu, du soleil, des
astres ; quelques-uns dérivent ce mot de σιβασμός (*sébas-
mos*), culte, vénération, dérivé de σίβω (*sébô*), révérer,
adorer. C'est une des premières espèces d'idolâtrie qui
se soit introduite dans le monde.

SACCOPHORES, s. m. pl. anciens hérétiques, dont
le nom signifie *porte-sacs ;* de σάκκος (*sakkos*), sac, et de
φέρω (*phérô*), je porte, parce qu'ils se couvroient d'un
sac, et affectoient de mener une vie pénitente.

SACRO-COCCYGIEN, adj. (*anat.*), se dit d'un
muscle qui appartient à l'os sacrum et au coccyx. Ce
mot est composé du latin *sacrum,* sacré, qui est le nom
du dernier os de l'épine, et du grec κόκκυξ (*kokkux*), le
coccyx. *Voyez* Coccyx.

SACRO-ISCHIATIQUE, adj. (*anat.*), se dit d'un
ligament qui s'attache à l'os sacrum et à l'ischion. Ce mot
est composé du latin *sacrum,* sacré, qui est le nom du

dernier os de l'épine, et du grec ἰσχίον (*ischion*), l'os ischion. *Voyez* ISCHION.

SALPINGO-PHARYNGIEN, adj. (*anat.*), de σάλπιγξ (*salpigx*), trompe, et de φάρυγξ (*pharugx*), le pharynx, l'entrée du gosier ; se dit de deux muscles qui vont de la trompe d'Eustache au pharynx.

SALPINGO-STAPHYLIN, adj. (*anat.*), de σάλπιγξ (*salpigx*), trompe, et de σταφυλή (*staphulé*), la luette ; se dit d'un muscle de la luette, qui s'attache par une de ses extrémités à la trompe d'Eustache.

SANDARAQUE, s. f. Ce mot, qui vient de σανδαράχη (*sandaraché*), désignoit chez les Grecs un minéral appelé *arsenic rouge*. Il ne faut pas le confondre avec la *sandaraque* des Arabes, qui est le suc résineux du génévrier, dont on fait le vernis.

SANHÉDRIN, s. m. grand conseil des Juifs, dans lequel se décidoient les affaires de l'état et de la religion. Ce mot est hébreu, mais corrompu du grec συνέδριον (*sunédrion*), conseil, assemblée, formé de σὺν (*sun*), ensemble, et d'ἕδρα (*hédra*), siége, chaise, qui vient d'ἕζομαι (*hézomai*), je suis assis.

SAPHÈNE, s. f. (*anat.*), nom d'une veine qui s'étend depuis les glandules de l'aine jusqu'au-dessus du pied ; de σαφηνής (*saphénés*), dérivé de σαφής (*saphés*), manifeste, évident, parce qu'elle est à nu, et qu'elle se manifeste à la vue et au toucher.

SAPHIQUE, adj. (*littér.*), se dit d'un vers usité chez les Grecs et les Latins, et dont on attribue l'invention à Sapho. L'on prétend même que l'air sur lequel on chante l'hymne saphique, *Ut queant laxis resonare fibris*, nous vient des Grecs.

SAPHIR, s. m. pierre précieuse de couleur bleu de ciel ; en grec σάπφειρος (*sapphéiros*), qui vient peut-être de σαφὴς (*saphês*), clair, brillant, à cause de son grand éclat.

SARCASME, s. m. de σαρκασμὸς (*sarkasmos*), raillerie amère et insultante, qui vient de σαρκάζω (*sarkazô*), *décharner un os*, et par métaphore, montrer les dents à quelqu'un, lui faire la nique, dérivé de σὰρξ (*sarx*), chair.

SARCITE, s. f. (*nat.*), pierre figurée qui imite la chair du bœuf, et dont la couleur tire sur le noir; de σὰρξ (*sarx*), génit. σαρκὸς (*sarkos*), chair.

SARCOCÈLE, s. m. (*chirur.*), mot qui signifie *tumeur de chair*; de σὰρξ (*sarx*), génit. σαρκὸς (*sarkos*), chair, et de κήλη (*kélé*), tumeur. C'est une tumeur charnue qui se forme sur les testicules, ou sur les vaisseaux spermatiques, ou sur la membrane interne du scrotum.

SARCOCOLLE, s. f. mot qui signifie *colle-chair*; de σὰρξ (*sarx*), génit. σαρκὸς (*sarkos*), chair, et de κόλλα (*kolla*), colle. Sorte de gomme qui vient de la Perse, et qui sert, en médecine, à consolider les plaies et à rejoindre les chairs.

SARCO-ÉPIPLOCÈLE, s. m. (*chirur.*), hernie complète causée par la chute de l'épiploon dans le scrotum, avec excroissance charnue; de σὰρξ (*sarx*), chair, d'ἐπίπλοον (*épiploon*), l'épiploon, et de κήλη (*kélé*), tumeur. *Voyez* ÉPIPLOON.

SARCO-EPIPLOMPHALE, s. m. (*chirur.*), de σὰρξ (*sarx*), chair, d'ἐπίπλοον (*épiploon*), l'épiploon, et d'ὀμφαλὸς (*omphalos*), le nombril; c'est au nombril la même hernie que le *sarco-épiplocèle* au scrotum. *Voy.* SARCO-ÉPIPLOCÈLE.

SARCO-HYDROCÈLE, s. m. (*chirur.*), sarcocèle accompagné d'hydrocèle; ce mot est composé de σὰρξ (*sarx*), chair, d'ὕδωρ (*hudôr*), eau, et de κήλη (*kélé*),

tumeur, hernie. *Voyez* les mots Sarcocèle et Hydrocèle.

SARCOLOGIE, s. f. partie de l'anatomie qui traite
des chairs et des parties molles du corps humain; de
σὰρξ (*sarx*), génit. σαρκὸς (*sarkos*), chair, et de λόγος
(*logos*), discours.

SARCOME, s. m. (*chirur.*), excroissance de chair;
en grec σάρκωμα (*sarkôma*), dérivé de σὰρξ (*sarx*), génit.
σαρκὸς (*sarkos*), chair. De-là vient Sarcomateux, adj.
qui est de la nature du sarcome.

SARCOMPHALE, s. m. (*chirur.*), excroissance
charnue au nombril; de σὰρξ (*sarx*), chair, et d'ὀμφαλὸς
(*omphalos*), nombril.

SARCOPHAGE, s. m. tombeau où l'on mettoit les
morts qu'on ne vouloit pas brûler. Ce mot est dérivé de
σὰρξ (*sarx*), génit. σαρκὸς (*sarkos*), chair, et de φάγω
(*phagó*), manger, parce qu'on prétend que ces tombeaux étoient faits d'une certaine pierre caustique, qui
consumoit promptement les corps. On appelle aujour-
d'hui *sarcophage*, le cercueil ou sa représentation dans
les grandes cérémonies funèbres. Quelquefois il se dit,
en médecine, des médicamens qui brûlent les chairs.

SARCOTIQUE, adj. (*méd.*), de σαρκόω (*sarkoó*),
rendre charnu, dérivé de σὰρξ (*sarx*), chair. Il se dit des
médicamens qui facilitent la régénération des chairs dans
une plaie, et qu'on nomme aussi *incarnatifs*.

SARDOINE, s. f. σαρδόνυξ (*sardonux*), pierre fine
demi transparente, ainsi nommée de Σάρδιος (*Sardios*),
Sarde, qui est de Sardaigne, et d'ὄνυξ (*onux*), ongle,
parce que sa couleur approche de celle de l'ongle, et
qu'on en trouve de très-belles dans l'île de Sardaigne.
Elle ressemble beaucoup à la cornaline.

SARONIDES, s. m. pl. nom donné à une classe de prêtres gaulois ; qui vient, dit-on, de σαρωνίδες (sarónides), chênes creux de vieillesse, qu'on fait dériver de σαίρω (sairó), avoir la bouche béante. *Voyez* DRUYDES.

SATYRIASIS, s. m. (*méd.*), mot grec, σατυρίασις, desir insatiable des plaisirs vénériens ; de Σάτυροι (Saturoi), les Satyres, qui, selon la Fable, étoient fort lubriques. De-là vient aussi SATYRION, nom grec d'une plante à laquelle on attribue la propriété d'exciter à l'amour.

SCALÈNE, adj. (*géom.*), nom d'un triangle dont les trois côtés sont inégaux ; de σκαληνὸς (skalénos), boiteux, qui vient de σκάζω (skazó), je boite. En anatomie, il se dit d'un muscle qui a la forme de ce triangle.

SCALME, s. f. en grec σκαλμός (skalmos), endroit de la côte d'un navire où l'on appuie les rames pour les mouvoir ; de σκαίρω (skairó), sauter, parce que la rame fait, pour ainsi dire, sauter le vaisseau.

SCAMMONÉE, s. f. en grec, σκαμμωνία (skammónia), plante médicinale ; suc résineux et purgatif qu'on tire de cette plante.

SCANDALE, s. m. (*théol.*), mot tiré du grec σκάνδαλον), skandalon, qui signifie proprement *piége, chose qu'on rencontre en son chemin, et qui peut faire tomber, pierre d'achoppement*, dérivé de σκάζω (skazó), boiter. On appelle *scandale* toute parole ou action qui peut faire tomber les autres dans l'erreur ou dans le péché. Il se dit aussi de l'éclat que produit une chose honteuse ou diffamante, et de l'indignation qu'elle excite dans ceux qui en ont connoissance. *Dérivés.* SCANDALEUX, adj. qui cause du scandale ; SCANDALEUSEMENT, adv. SCANDALISER, v. donner du scandale.

SCANDIX, s. f. mot grec, σκάνδιξ (*skandix*), herbe amère et stomachique.

SCAPHA, s. m. nom de deux os, l'un du carpe, et l'autre du tarse; de σκάφη (*skaphé*), bateau, vase oblong. Ils sont ainsi nommés à cause de leur forme.

SCAPHANDRE, s. m. mot qui signifie *bateau de l'homme* ; dérivé de σκάφη (*skaphé*), esquif, bateau, et d'ἀνὴρ (*anér*), génit. ἀνδρὸς (*andros*), homme. C'est le nom d'une espèce de corset garni de liége, inventé par l'abbé de la Chapelle, et au moyen duquel un homme peut facilement se soutenir sur l'eau, et traverser une rivière sans aucun péril.

SCAPHISME, s. m. (*antiq.*), supplice en usage chez les anciens Perses, appelé aussi le *supplice des auges;* ce mot vient de σκάφη (*skaphé*), esquif, petit vaisseau creux, et par analogie, une *auge*, lequel est dérivé de σκάπτω (*skaptô*), je creuse. Ce supplice cruel consistoit à renfermer le criminel entre deux auges, d'où on ne laissoit sortir que sa tête, ses pieds et ses mains, qu'on frottoit de miel pour attirer les mouches, pendant qu'il étoit exposé à la grande ardeur du soleil.

SCAPHOÏDE, adj. (*anat.*), qui ressemble à une nacelle ; de σκάφη (*skaphé*), esquif, nacelle, et d'εἶδος (*éidos*), forme, ressemblance. On donne ce nom à l'un des os du pied, à cause de sa forme.

SCARABÉE, s. m. (*nat.*), insecte du genre de l'escarbot; de σκάραβος (*skarabos*), escarbot.

SCARIFIER, v. (*chirur.*), de σκαριφεύειν (*skaripheuéin*), découper, déchiqueter la peau, y faire plusieurs incisions. Ce mot signifie proprement *rayer*, comme faisoient les anciens en écrivant sur des tablettes de cire, et il a pour racine, σκάριφος (*skariphos*), un

burin, une touche à écrire. De-là dérivent Scarifica-
tion, s. f. opération de chirurgie; et Scarificateur,
s. m. boîte à laquelle étoient adaptées des lancettes pour
faire plusieurs scarifications à-la-fois.

SCAZON, s. m. (*litt.*), mot formé de σκάζω (*skazô*),
boiter; espèce de vers latin qui ne diffère de l'ïambique
qu'en ce que son cinquième pied est un ïambe, et le
sixième un spondée; ce qui fait qu'on le nomme aussi
ïambe boiteux.

SCÉLITE, s. f. pierre figurée qui représente la jambe
humaine; de σκέλος (*skélos*), jambe.

SCÈNE, s. f. la partie du théâtre où les acteurs représentent devant le public; ce mot vient de σκηνή (*skéné*), qui, chez les Grecs, signifioit proprement une
tente, une *cabane*, ou un *berceau de feuillages*; et les
premières comédies s'étant représentées dans des lieux
de cette nature, on a continué de donner le nom de
scène à tous les lieux où l'on joue des pièces de théâtre.
Scène se dit encore des parties dans lesquelles un acte
est divisé, du lieu où l'on suppose que s'est passée l'action, et quelquefois des décorations du théâtre. Au figuré,
il désigne quelque événement extraordinaire. De - là
vient Scénique, adj. qui appartient à la scène.

• SCÉNITE, adj. qui habite sous des tentes; de σκηνή
(*skéné*), tente, pavillon. Il se dit de quelques peuples
errans qui n'ont d'autres maisons que des tentes qu'ils
transportent de côté et d'autre.

SCENOGRAPHIE, s. f. représentation d'un objet
en perspective sur un plan, c'est-à-dire, dans toutes ses
dimensions, tel qu'il paroît à l'œil; de σκῆνος (*skénos*),
ou σκηνή (*skéné*), scène, et de γράφω (*graphô*), décrire,
dessiner; comme qui diroit, *description de scène*, parce
qu'on représente ainsi les décorations de théâtre, qu'on

appelle quelquefois *scènes*. Voyez ce dernier mot. Scé-
nographique, adj. en est dérivé.

SCÉNOPÉGIE, s. f. nom que les Grecs donnoient à
la *fête des Tabernacles*, que les Juifs célébroient tous
les ans ; de σκηνή *(skêné)*, ou σκῆνος *(skênos)*, tente, pavillon, tabernacle, et de πηγνύω *(pégnuô)*, je fixe, j'établis. Cette fête duroit sept jours, pendant lesquels ils
habitoient sous des tentes ou sous des berceaux de feuillages, en mémoire de ce que leurs pères avoient de-
meuré long-temps sous des tentes dans le désert.

SCEPTIQUE, s. m. et adj. de σκεπτικός *(skeptikos)*,
contemplateur, qui médite, qui examine, dérivé de
σκέπτομαι *(skeptomai)*, considérer, contempler. Il se dit
d'une secte de philosophes anciens, disciples de Pyr-
rhon, qui faisoient profession de douter de tout, c'est-
à-dire, qui examinoient tout, sans rien décider. On
appelle *Scepticisme* ou *Pyrrhonisme* la doctrine, le
sentiment des Sceptiques.

SCEPTRE, s. m. espèce de bâton de commandement, qui est une marque de la royauté ; ce mot vient
de σκῆπτρον *(skêptron)*, qui signifioit originairement un
bâton, dérivé de σκήπτω *(skêptô)*, s'appuyer, parce que
dans l'origine le sceptre n'étoit qu'un bâton que les
rois et les généraux portoient à la main pour s'appuyer.
Au figuré, le *sceptre* se prend pour la puissance royale,
la royauté même.

SCHÉNANTHE, ou *jonc odorant*, s. m. mot grec
composé, qui signifie *fleur de jonc* ; de σχοῖνος *(schoinos)*,
jonc, et d'ἄνθος *(anthos)*, fleur. Espèce de jonc odoriférant qui nous vient d'Arabie, garni de feuilles, et
quelquefois de fleurs. Il est d'usage en médecine.

SCHÈNE ou SCHŒNE, s. m. *(antiq.)*, σχοῖνος *(schoinos)*, mesure égyptienne, environ 60 stades.

SCHÉNOBATE, s. m. de σχοῖνος (schoinos), qui signifie *corde de jonc*, et de βαίνω (bainô), je marche ; c'est ainsi qu'on nommoit chez les Grecs un danseur de corde. De-là, SCHÉNOBATIQUE, s. f. l'art de danser sur la corde.

SCHISME, s. m. de σχίσμα (schisma), coupure, division, séparation, qui vient de σχίζω (schizô), couper, diviser. On appelle ainsi l'acte par lequel une partie de l'Eglise se sépare de l'autre. Le plus fameux schisme est celui de l'Eglise grecque, qui a cessé de reconnoître la primauté de l'Eglise de Rome. De-là vient SCHISMATIQUE, adj. qui a fait schisme.

SCHISTE, s. m. (*nat.*), nom générique des pierres qui se divisent en lames très-minces ou en feuilles, comme l'ardoise ; de σχίζω (schizô), fendre, diviser ; c'est-à-dire *pierre divisée en feuilles*, ou *pierre feuilletée*.

SCHŒNANTHE. *Voyez* SCHÉNANTHE.

SCHŒNOBATE. *Voyez* SCHÉNOBATE.

SCHOLASTIQUE, adj. appartenant à l'école ; de σχολάζω (scholazô), être de loisir, s'appliquer à quelque chose, dérivé de σχολή (scholé), loisir, ou école. Ce mot ne se dit guère que de ce qui s'enseigne suivant la méthode ordinaire de l'école. *Dérivés.* SCHOLASTIQUEMENT, adv. SCHOLARITÉ, s. f. qui se dit du droit qu'ont les écoliers d'une université d'en réclamer les priviléges.

Les écoles ont été ainsi nommées, comme tout le monde sait, parce que l'étude demande de la tranquillité et du repos, et qu'il faut être libre de tout soin pour réussir dans les sciences.

SCHOLIE, s. f. (*didact.*), σχόλιον (scholion), note, observation courte sur différens passages d'un auteur, pour en faciliter l'intelligence ; de σχολή (scholé), loisir ; ouvrage fait à loisir. On nomme SCHOLIASTES ceux qui font des scholies sur un auteur. SCHOLIE, s. m. (*géom.*), signifie une remarque qui a rapport à une proposition précédente.

SCIAGRAPHIE, s. f. (astro.), l'art de trouver l'heure du jour ou de la nuit par l'ombre du soleil ou de la lune; de σκιά (skia), ombre, et de γράφω (graphô), je décris, je trace.

En architecture, on appelle SCIAGRAPHIE la représentation de l'intérieur ou la coupe d'un bâtiment; et, en ce sens, ce mot signifie littéralement, *description avec les ombres.*

SCIAMACHIE, s. f. (antiq.), littéralement *combat avec son ombre*; de σκιά (skia), ombre, et de μάχομαι (machomai), combattre. C'étoit, chez les anciens, une espèce d'exercice qui consistoit à agiter les bras et les jambes comme une personne qui se battroit contre son ombre.

SCIAMANCIÉ. *Voyez* SCIOMANCIE.

SCIATÉRIQUE, adj. *cadran sciatérique,* qui montre l'heure par le moyen de l'ombre d'un style; de σκιά (skia), ombre, et de τηρεῖν (téréin), observer; c'est-à-dire, sur lequel on observe l'ombre.

SCIATIQUE, adj. (anat.), qui a rapport à la hanche, à l'os ischion; d'ἰσχίον (ischion), la hanche, le haut de la cuisse. En médecine, on appelle *sciatique* une espèce de goutte qui attaque principalement la hanche, l'emboîture des cuisses.

SCILLE ou SQUILLE, s. f. plante bulbeuse qui croît sur le bord de la mer; en grec, σκίλλα (skilla). Elle passe pour être très-apéritive. De-là, SCILLITIQUE, adj. qui est composé avec la scille.

SCIOGRAPHIE. *Voyez* SCIAGRAPHIE.

SCIOMANCIE, s. f. divination qui consistoit à évoquer les ames des morts pour en apprendre l'avenir;

de σκιαὶ (*skiai*), les mânes, les ombres des morts, formé par métaphore de σκιὰ (*skia*), ombre, et de μαντεία (*mantéia*), divination. *Voyez* PSYCHOMANCIE, qui est la même chose.

SCIOPTIQUE, adj. (*optiq.*), de σκιὰ (*skia*), ombre, et d'ὄπτομαι (*optomai*), voir; c'est-à-dire, *qui fait voir dans l'ombre.* Il se dit d'une sphère ou d'un globe de bois, dans lequel il y a un trou circulaire où est placée une lentille. On s'en sert dans les expériences de la chambre obscure.

SCIOTÉRIQUE, adj. *qui sert à observer l'ombre;* de σκιὰ (*skia*), ombre, et de τηρεῖν (*téréin*), observer. Il se dit d'un cadran horizontal garni d'un télescope pour observer le temps vrai, tant le jour que la nuit, &c. On dit aussi SCIATÉRIQUE.

SCLÉROME, s. m. (*méd.*), tumeur dure qui se forme dans l'utérus; ce mot est grec, σκλήρωμα (*sklérôma*), dérivé de σκληρὸς (*skléros*), dur.

SCLÉROPHTHALMIE, s. f. (*méd.*), maladie des yeux dans laquelle les paupières sont dures, sèches, et se meuvent difficilement; de σκληρὸς (*skléros*), dur, et d'ὀφθαλμὸς (*ophthalmos*), œil; comme qui diroit, *dureté de l'œil.*

SCLÉROSARCOME, s. m. (*méd.*), tumeur dure et charnue qui affecte les gencives; de σκληρὸς (*skléros*), dur, et de σάρξ (*sarx*), génit. σαρκὸς (*sarkos*), chair.

SCLÉROTIQUE, adj. (*anat.*), de σκληρόω (*skléroô*), endurcir, dérivé de σκληρὸς (*skléros*), dur. On appelle ainsi la tunique qui revêt immédiatement le globe de l'œil, parce qu'elle est d'un tissu ferme, compacte et serré. C'est la même qu'on appelle *cornée opaque.* Ce mot se dit aussi des médicamens qui ont la vertu d'endurcir les chairs.

SCOLASTIQUE. *Voyez* SCHOLASTIQUE.

SCOLIE, s. f. chanson à boire, chez les Grecs ; ce mot vient de σκολιός (*skolios*), oblique, tortueux, et par métaphore, *difficile*, ou à cause de la difficulté de la chanson, ou de la situation irrégulière de ceux qui chantoient.

SCOLOPENDRE, s. f. (*nat.*), σκολόπενδρα (*skolopendra*), sorte d'insecte qu'on appelle *mille-pieds*, à cause du grand nombre de ses pattes. On a aussi donné ce nom à une plante, à cause de ses feuilles, dont le dessous, tout sillonné de petites lames, imite la figure de cet insecte.

SCORDIUM, s. m. en grec, σκόρδιον (*skordion*), formé de σκόροδον (*skorodon*), et en grec vulgaire, σκόρδον (*skordon*), qui veut dire *ail*. C'est le nom d'une plante amère dont l'odeur approche beaucoup de celle de l'ail, et qu'on appelle autrement *germandrée aquatique*.

SCORODOPRASE, s. m. plante commune en Italie, dont l'odeur tient de l'ail et du porreau ; de σκόροδον (*skorodon*), ail, et πράσον (*prason*), porreau.

SCORPIOÏDE, s. f. petite plante nommée *chenille*, dont le nom vient de σκορπίος (*skorpios*), scorpion, et d'εἶδος (*éidos*), forme, à cause de la figure de son fruit, qui imite celle d'un scorpion ou d'une chenille.

SCORPION, s. m. en grec, σκορπίος (*skorpios*), insecte vénimeux qui a la figure d'une petite écrevisse. Il donne son nom à l'un des signes du zodiaque. De ce mot et d'ἔλαιον (*élaion*), huile, on peut dériver SCORPIO-JELLE, s. f. huile de scorpion.

SCOTIE, s. f. (*archit.*), moulure ronde et creuse qui se place entre les tores de la base d'une colonne. Ce mot est dérivé de σκότος (*skotos*), qui signifie *obscurité*, *ténèbres*, à cause de l'ombre qu'elle reçoit dans son creux.

SCOTOMIE, s. f. (*méd.*), de σκότωμα (*skotôma*), vertige avec offuscation de la vue, dérivé de σκότος (*skoton*), ténèbres, obscurité; c'est-à-dire, *vertige ténébreux.*

SCROTOCÈLE, s. m. mot formé du latin *scrotum*, le scrotum, les bourses, et du grec κήλη (*kélé*), tumeur, hernie; c'est-à-dire, hernie du scrotum. *Voyez* OS-CHÉOCÈLE.

SCYTALE, s. f. (*antiq.*), de σκυτάλη (*skutalé*), qui signifie un *fouet de cuir.* Les Lacédémoniens appeloient *scytale*, une bande de parchemin qui se tortilloit autour d'un rouleau, et sur laquelle on écrivoit des lettres secrètes. Celui à qui l'on écrivoit, avoit un autre rouleau égal et correspondant, autour duquel il appliquoit cette bande; et par ce moyen, il trouvoit les lignes et les mots dans leur ordre naturel.

SÉLÉNIQUE, adj. qui concerne la lune, nommée en grec σελήνη (*sélêné*).

SÉLÉNOGRAPHIE, s. f. (*astro.*), description de la lune; de σελήνη (*sélêné*), la lune, et de γράφω (*graphô*), je décris. SÉLÉNOGRAPHIQUE, adj. en dérive.

SÉMÉIOLOGIE, s. f. de σημεῖον (*séméion*), signe, et de λόγος (*logos*), discours. *Voyez* SÉMÉIOTIQUE.

SÉMÉIOTIQUE, s. f. de σημεῖον (*séméion*), signe, indice, d'où l'on a fait σημειόω (*séméioô*), signifier, donner des signes. C'est la partie de la médecine qui traite des signes et des indications, tant de la santé que des maladies.

SÉNESTROCHÈRE, s. m. terme de blason, formé du latin *sinister*, gauche, et du grec χείρ (*cheir*), main. Il se dit du bras gauche représenté dans un écu, par opposition au bras droit, nommé *dextrochère.*

SEPTIQUE, adj. (*méd.*), putréfiant, qui a la vertu

de faire pourrir, de corrompre ; en grec σηπτικὸς (*séptikos*), dérivé de σήπω (*sépó*), faire pourrir. Il se dit des remédes qui rongent et font pourrir les chairs sans causer beaucoup de douleur.

SERINGA, s. m. arbrisseau de jardin, ainsi nommé de σύριγξ (*surigx*), flûte ; parce que son bois, vidé de sa moelle, est creux comme le corps d'une flûte. Son vrai nom est *syringa*, conformément à son étymologie.

SERINGUE, s. f. petite pompe qui sert à attirer et à repousser l'air ou quelques liqueurs : ce mot vient de σύριγξ (*surigx*), qui signifie proprement *flûte*, ou tout autre corps cylindrique creux, dérivé de συρίσσω (*surissó*), siffler. De-là est venu le verbe SERINGUER.

SÉSAME, s. m. en grec, σησάμη (*sésamé*), plante commune en Egypte et dans les Indes. De sa graine, qui porte le même nom, on tire une huile bonne à brûler (1).

SÉSAMOÏDE, adj. (*anat.*), qui ressemble à la graine de sésame ; de σησάμη (*sésamé*), sésame, *sorte de plante*, et d'εἶδος (*éidos*), forme, figure. On donne ce nom à de petits os qui se trouvent dans quelques articulations, à cause de leur ressemblance avec la graine de sésame.

SETIER, s. m. mesure de grains ou de liqueurs, la moitié d'une chopine ; d'ἕκτη (*hekté*), fémin. d'ἕκτος

_____

(1) M. d'Ansse de Villoison a mangé dans plusieurs îles de l'Archipel, du pain dans lequel on avoit mis des grains de sésame, comme on met du cumin dans le pain du Tyrol. Il observe aussi qu'anciennement, les moines et les religieuses de l'Eglise grecque et même latine, les jours de jeûne, ne pouvoient boire, au lieu du vin qui leur étoit alors interdit, que de l'eau chaude dans laquelle on avoit fait infuser du cumin. Voyez, dit-il, le *Typicum Irenes Augustæ*, c. 47, p. 228, et la note 1; et la p. 231 des *Analecta græca*, d'Antoine Pouget, de Jacques Lopin, et de Montfaucon, Paris, 1688, *in-4°*.

(*hektos*), sixième : de-là vient *ἡμίεκτέον* (*hémiektéon*) , *ἡμίεκτον* (*hémiekton*) , et *ἡμίξεστον* (*hémixeston*) , dans Dioscoride, *demi-setier*.

SIAGONAGRE, s. f. (*méd.*), la goutte aux mâchoires ; de *σιαγών* (*siagón*) , mâchoire , et d'*ἄγρα* (*agra*) , prise , capture.

SIALAGOGUE, adj. (*méd.*) , qui excite l'évacuation de la salive ; de *σίαλον* (*sialon*) , salive , et d'*ἄγω* (*agó*) , chasser. De-là vient aussi SIALISME, s. m. évacuation abondante de salive.

SIALOLOGIE, s. f. partie de l'anatomie qui traite de la salive ; de *σίαλον* (*sialon*) , salive , et de *λόγος* (*logos*) , discours.

SIBYLLE, s. f. nom de douze filles qui passoient, parmi les païens, pour prévenir l'avenir. Ce mot vient du grec, *σίβυλλα* (*sibulla*) , qui paroît à quelques-uns formé de *Σιός* (*Sios*) , employé pour *Θεός* (*Théos*) , Dieu, et de *βουλή* (*boulé*) , conseil ; c'est-à-dire , *conseil divin* , parce qu'on croyoit les Sibylles inspirées par quelque divinité , au nom de laquelle elles rendoient des oracles. *Dérivé*. SIBYLLIN , adj. qui se dit des livres qui contenoient les prédictions des Sibylles.

SIDÉRITE, s. f. (*chim.*) , phosphate de fer, ou poudre blanche provenant d'une dissolution de fer dans certains acides ; ce mot vient de *σίδηρος* (*sidéros*) , fer. Les anciens ont donné ce nom à une plante vulnéraire, et à une sorte de pierre précieuse parsemée de petites taches couleur de fer.

SIDÉROMANCIE, s. f. divination qui se faisoit avec un fer rouge ; de *σίδηρος* (*sidéros*), fer, et de *μαντεία* (*mantéia*) , divination.

SIGMOÏDE ou SIGMOÏDAL , adj. (*anat.*), nom de certains cartilages , ou autres parties du corps, qui ont la forme de la lettre grecque Ϲ, nommée *sigma* ; en y joignant ἴδος (*éidos*), forme, figure, on a fait le mot *sigmoïde*.

Sigillé —

SILPHIUM, s. m. en grec σίλφιον (*silphion*), racine fort estimée chez les anciens, et que Lemaire, dit M. d'Ansse de Villoison, a retrouvée dans les campagnes de Derne, et décrit p. 112, t. 11 du *Voyage de Paul Lucas, Par. 1712.*

SINAPISME, s. m. (*pharm.*), mot formé de σίναπι (*sinapi*), sénevé, ou moutarde. C'est le nom d'un cataplasme dont la graine de moutarde fait la base.

SINCOPE. *Voyez* SYNCOPE.

SINDESMOLOGIE. *Voyez* SYNDESMOLOGIE.

SINDON, s. m. mot grec, σινδών (*sindón*), drap, linge. Il ne se dit que du linceul où J. C. fut enseveli. On donne ce nom, en chirurgie, à un petit plumasseau de charpie qu'on introduit dans l'ouverture faite avec le trépan. On dérive ce mot de Sidon, ville de Phénicie, où se fabriquoit cette toile. *Synovie*

SIPHON, s. m. tuyau recourbé dont les branches sont inégales, et qui sert à transvaser une liqueur. Ce mot est grec, σίφων (*siphón*), et signifie simplement *tuyau.*

SIRÈNE, s. f. (*mytho.*), monstres marins qui, selon la Fable, attiroient les passans par leur chant mélodieux, pour les faire périr ; en grec, Σειρήν (*Séirén*), qui vient, dit-on, de σειρά (*séira*), chaîne, parce qu'il étoit comme impossible de se tirer de leurs liens, et de se détacher de leurs charmes invincibles.

SIRIASE, s. f. (*méd.*), inflammation des membranes du cerveau, maladie ordinaire aux enfans pendant les chaleurs de la canicule ; ce mot est grec, σειρίασις (*séiriasis*), dérivé de σειρόω (*séiroó*), je dessèche, parce que la malade a le corps pâle et desséché.

SISTÊME. *Voyez* SYSTÊME.

SISTOLE. *Voyez* SYSTOLE.

SITIOLOGIE, s. f. partie de la médecine qui traite des alimens ; de σιτίον (*sition*), aliment, et de λόγος (*logos*), discours, traité.

SITOPHYLAX, s. m. (*hist. anc.*), mot grec qui signifie *gardien du blé ;* de σῖτος (*sitos*), blé, et de φύλαξ (*phulax*), gardien, dérivé de φυλάσσω (*phulassó*), garder. Magistrat Athénien qui veilloit à ce que chacun n'achetât pas plus de blé qu'il ne lui en falloit pour sa provision.

SKIRRE. *Voyez* SQUIRRE.

SMARAGDIN, adj. *couleur smaragdine*, c'est-à-dire d'émeraude ; de σμάραγδος (*smaragdos*), émeraude, pierre précieuse de couleur verte.

SMARAGDOPRASE, s. f. sorte d'émeraude d'un vert de porreau ; de σμάραγδος (*smaragdos*), émeraude, et de πράσον (*prason*) ; porreau.

SMECTIN ou SMECTITE, s. f. de σμήχω (*sméchó*), nettoyer ; terre grasse et luisante, qui sert à dégraisser les étoffes. On l'appelle autrement *terre à foulon.*

SOLÉCISME, s. m. (*gram.*), faute grossière contre la syntaxe ou la construction d'une langue. Ce mot est grec, σολοικισμός (*soloikismos*), formé de Σόλοικοι (*Soloikoi*), qui signifie *habitans de la ville de Soles*, en y ajoutant la terminaison grecque ισμός (*ísmos*), qui marque imitation. Ces habitans étoient des peuples de l'Attique qui, étant venus s'établir à Soles, ville de Cilicie, perdirent la pureté de la langue grecque dans leur commerce avec les anciens habitans de cette ville.

SOMATOLOGIE, s. f. (*méd.*), traité des parties solides du corps ; de σῶμα (*sóma*), génit. σώματος (*sómatos*), corps, et de λόγος (*logos*), discours.

SOPHISME, s. m. raisonnement subtil et insidieux,

30

capable d'induire en erreur, et qui n'a que l'apparence de la vérité ; en grec, σόφισμα (sophisma), qui vient de σοφίζω (sophisó), user de fourberie, controuver malicieusement.

SOPHISTE, s. m. σοφιςὴς (sophistés), celui qui s'efforce de tromper par des raisonnemens captieux, dérivé de σοφὸς (sophos), sage. Ce nom, qui signifioit, dans son origine, *sage, expert, savant,* se donnoit anciennement aux philosophes et aux rhéteurs ; mais ensuite l'abus que les déclamateurs firent des sciences le rendit odieux, et comme synonyme de *charlatan.* De-là est venu SOPHISTIQUE, adj. captieux, trompeur ; SOPHISTIQUER, v. a. et n., tromper par de faux raisonnemens, ou falsifier, altérer les choses ; SOPHISTIQUERIE, s. f. est pris dans le même sens.

Suite

SOTER, mot grec, σωτὴρ, qui signifie sauveur ; surnom que la reconnoissance ou la flatterie a donné à plusieurs princes : de σόος (soos), sauf.

SPAGIRIQUE, adj. mot formé de σπάω (spaó), j'extrais, et d'ἀγείρω (agéiró), je rassemble. On a appelé la chimie, l'*art spagirique,* parce qu'elle enseigne à extraire les substances les plus pures des corps mixtes, et à les combiner ensemble.

SPARGANE, s. f. mot dérivé de σπάργανον (sparganon) ; qui signifie une *bande dont on enveloppe un enfant.* C'est le nom d'une plante dont les feuilles ont à-peu-près cette figure, ou celle du glayeul. On l'appelle vulgairement *ruban d'eau.*

SPARIES, s. f. pl. tout ce que la mer rejette sur ses bords ; de σπείρω (speiró), semer.

SPARTON, s. m. σπάρτον, mot grec, qui signifie *cable* et *genêt.* C'est le nom d'un cordage de mer, qui est fait de genêt d'Espagne.

SPASME, s. m. (*méd.*), σπασμὸς (*spasmos*), contraction non naturelle des muscles, qui est une disposition à la convulsion ; de σπάω (*spaô*), tirer, contracter.
De-là, SPASMODIQUE, adj.

SPASMOLOGIE, s. f. traité des spasmes ; de σπασμὸς
(*spasmos*), spasme, et de λόγος (*logos*), discours.

SPATHE, s. f. (*botan.*), espèce de voile ou de gaîne
membraneuse d'une seule pièce, qui renferme une ou
plusieurs fleurs, et qui s'ouvre de côté ; de σπάθη (*spathé*),
lance ou pique, parce que cette gaîne se termine en
pointe. *Dérivés.* SPATHACÉ, adj. enveloppé d'une spathe ; SPATHILE, s. f. petite spathe.

SPATULE ou ESPATULE, s. f. en grec σπάθη
(*spathé*), instrument de pharmacie, rond par un bout
et plat par l'autre.

SPERMATIQUE. *Voyez* SPERME.

SPERMATOCÈLE, s. m. (*chirur.*), espèce de tumeur causée par l'enflure des vaisseaux spermatiques ;
de σπέρμα (*sperma*), sperme, ou semence, et de κήλη
(*kélé*), tumeur.

SPERMATOLOGIE, s. f. (*anat.*), traité ou dissertation sur la liqueur séminale ; de σπέρμα (*sperma*), semence, et de λόγος (*logos*), discours.

SPERME, s. m. (*anat.*), la liqueur séminale des
animaux ; de σπέρμα (*sperma*), semence, qui vient de
σπείρω (*spéirô*), semer. De-là, SPERMATIQUE, adj. nom
des vaisseaux du corps qui la contiennent.

SPHACÈLE, s. m. (*méd.*), de σφάκελος (*sphakélos*),
mortification entière de quelque partie du corps. C'est
le terme de la *gangrène*, qui n'est qu'une mortification
commencée. SPHACÉLÉ, adj. qui est attaqué du sphacèle.

SPHÉNOÏDE, adj. (*anat.*), se dit d'un os du crâne ;
ce mot dérive de σφὴν (*sphén*), un coin à fendre du bois,

et d'*εἶδος* (*éidos*), forme, parce qu'il est inséré comme un coin entre les autres os. On l'appelle aussi *cunéi-forme*, qui signifie, en latin, la même chose que *sphénoïde*. De-là vient SPHÉNOÏDAL, adj. qui a rapport à l'os sphénoïde.

SPHÉNO-MAXILLAIRE, adj. (*anat.*), qui a rapport à l'os sphénoïde et à l'os maxillaire; ce mot est composé du grec *σφήν* (*sphén*), un coin, et du latin *maxilla*, mâchoire. *Voyez* SPHÉNOÏDE.

SPHÉNO-PALATIN, adj. (*anat.*), se dit d'un muscle de la luette qui a rapport à l'os sphénoïde et au palais; ce mot est dérivé du grec *σφήν* (*sphén*), un coin, et du latin *palatum*, le palais. *Voyez* SPHÉNOÏDE.

SPHÉNO-PHARYNGIEN, adj. (*anat.*), se dit de deux muscles qui appartiennent à l'os sphénoïde et au pharynx. *Voyez* ces deux derniers mots.

SPHÉNO-PTÉRYGO-PALATIN, adj. (*anat.*), se dit d'un muscle de la luette qui a rapport à l'os sphénoïde, à l'apophyse ptérygoïde et au palais; ce mot est dérivé de *σφήν* (*sphén*), un coin, de *πτέρυξ* (*pterux*), aile, et du latin *palatum*, le palais. *Voyez* SPHÉNOÏDE et PTÉRYGOÏDE.

SPHÉNO-SALPINGO-STAPHYLIN, adj. (*anat.*), se dit d'un muscle de la luette qui a rapport à l'os sphénoïde et à la trompe d'Eustache; ce mot a pour racines *σφήν* (*sphén*), un coin, *σάλπιγξ* (*salpigx*), trompe, et *σταφυλή* (*staphulé*), la luette. *Voyez* SPHÉNOÏDE.

SPHÈRE, s. f. (*géom.*), globe, corps solide régulier, dans lequel toutes les lignes tirées du centre à la circonférence sont égales; de *σφαῖρα* (*sphaira*), sphère, globe.

En astronomie, c'est une machine ronde et mobile;

composée de divers cercles qui représentent le cours des astres dans le ciel.

Dérivés. SPHÉRICITÉ, s. f. rondeur; SPHÉRIQUE, adj. qui appartient à la sphère, ou qui en a la forme; SPHÉRIQUEMENT, adv.

SPHÉRISTIQUE, s. f. de σφαῖρα (*sphaira*), sphère, ou balle; partie de la gymnastique ancienne, qui comprenoit tous les exercices où l'on se servoit de balles. On appeloit SPHÉRISTÈRE (σφαιριστήριον), le lieu destiné à ces exercices.

SPHÉROÏDE, s. m. (*géom.*), solide oblong ou applati, qui approche de la figure d'une sphère; de σφαῖρα (*sphaira*), sphère, et d'εἶδος (*éidos*), forme, figure. La terre est un sphéroïde applati vers les pôles.

SPHÉROMACHIE, s. f. (*antiq.*), exercice de la paume, du ballon; de σφαῖρα (*sphaira*), balle, ou tout corps sphérique, et de μάχη (*maché*), combat, dispute, qui vient de μάχομαι (*machomai*), combattre.

SPHINCTER, s. m. (*anat.*), mot grec, dérivé de σφίγγω (*sphiggó*), lier, serrer. Il se dit des muscles en forme d'anneaux, qui servent à fermer, à resserrer les passages naturels.

SPHINX, s. m. mot grec, σφίγξ, dérivé de σφίγγω (*sphiggó*), serrer, presser, embarrasser; monstre fabuleux, ou devin qui embarrassoit les passans par des énigmes. Les architectes emploient des figures de sphinx pour ornemens.

SPINTHÉROMÈTRE, s. m. instrument pour mesurer la force des étincelles électriques; de σπινθήρ (*spinther*), génit. σπινθῆρος (*spinthéros*), étincelle, et de μέτρον (*métron*), mesure.

SPIRALE, s. f. (*géom.*), ligne courbe qui tourne en rond en s'éloignant de plus en plus de son centre; de σπεῖρα (*spéira*) , tour , entortillement. Ce mot est aussi adjectif.

SPIRE , s. f. chaque tour de la spirale ; en grec , σπεῖρα (*spéira*), tour, entortillement.

SPLANCHNOGRAPHIE, s. f. (*anat.*), description des viscères ; de σπλάγχνον (*splagchnon*), viscère, et de γράφω (*graphô*) , je décris.

SPLANCHNOLOGIE , s. f. partie de l'anatomie qui traite des viscères ; de σπλάγχνον (*splagchnon*), viscère, et de λόγος (*logos*) , discours, traité.

SPLANCHNOTOMIE, s. f. (*anat.*), dissection des viscères ; de σπλάγχνον (*splagchnon*), viscère, et de τέμνω (*temnô*) , couper, disséquer.

SPLÉNALGIE, s. f. (*méd.*), douleur de la rate ; de σπλήν (*splén*), la rate, et d'ἄλγος (*algos*), douleur.

SPLÉNÉTIQUE, adj. (*méd.*), de σπλήν (*splén*) , la rate. Il se dit de ceux qui sont attaqués d'obstructions à la rate, et des remèdes propres à cette maladie.

SPLÉNIQUE, adj. qui appartient à la rate, qui convient aux maux de la rate, nommée en grec σπλήν (*splén*).

SPLÉNITE ou SPLÉNITIS, s. f. (*méd.*), de σπλήν (*splén*) , la rate ; inflammation de la rate.

SPLÉNIUS, s. m. (*anat.*), muscle de la partie postérieure de la tête, ainsi nommé de σπλήν (*splén*), la rate, parce qu'il a quelque ressemblance avec la rate.

SPLÉNOGRAPHIE, s. f. (*anat.*), description de la rate ; de σπλήν (*splén*) , la rate , et de γράφω (*graphô*) , décrire.

SPLÉNOLOGIE, s. f. partie de l'anatomie qui traite des usages de la rate ; de σπλήν (*splén*), la rate , et de λόγος (*logos*), discours.

SPLÉNOTOMIE, s. f. (*anat.*), dissection de la rate ;

de σπλήν (*splên*), la rate, et de τέμνω (*temnô*), couper, disséquer.

SPODE, s. f. de σποδὸς (*spodos*), cendre. Les chimistes ont donné ce nom, ou celui de *tutie*, à la cendre légère qu'on obtient du zinc calciné, et qui est un véritable oxide.

SPODOMANCIE, s. f. de σποδὸς (*spodos*), cendre, et de μαντεία (*mantéia*), divination. *Voyez* TÉPHRAMANCIE.

SPONDÉE, s. m. (*littér.*), pied de vers grec et latin, composé de deux syllabes longues. Ce mot vient de σπονδεῖος (*spondéios*), qui signifie ce qu'on emploie dans les libations, dérivé de σπονδή (*spondé*), libation, sacrifice, parce que, dit-on, le *spondée* se chantoit autrefois pendant les sacrifices, à cause de sa mesure grave, et convenable à la dignité imposante d'un culte majestueux. On appelle *spondaïque*, un vers qui est terminé par deux spondées.

SPONDYLE, s. m. (*nat.*), coquillage bivalve, qui tire son nom de σπόνδυλος (*spondulos*), vertèbre de l'épine du dos, parce qu'à l'endroit de la charnière, ses deux écailles s'emboîtent l'une dans l'autre de la même manière que les os de l'épine.

Spondyle est aussi le nom d'une chenille qui s'entortille comme un crochet autour des racines des plantes.

SPONDYLOLITHE, s. f. (*nat.*), nom donné aux vertèbres de poissons qui se trouvent dans le sein de la terre; de σπόνδυλος (*spondulos*), vertèbre, os de l'épine, et de λίθος (*lithos*), pierre; c'est-à-dire, *vertèbre pétrifiée.*

SPORADE, adj. (*astro.*), dérivé de σπορά (*spora*), semence, qui vient de σπείρω (*spéirô*), semer, répandre. Les anciens appeloient ainsi les étoiles qui sont éparses çà et là dans le ciel, hors des constellations. On les nomme autrement *sparsiles*, du mot latin *sparsus*, épars. On donne aussi le nom de *Sporades* aux îles éparses dans l'Archipel, pour les distinguer des *Cyclades*, qui étoient autour de Délos.

SPORADIQUE, adj. (*méd.*), mot grec, qui signifie *dispersé*, *épars*, dérivé de σπείρω (*spéïrô*), semer, répandre, disperser. Il se dit des maladies qui ne sont point particulières à un pays, mais qui attaquent diverses personnes en différens temps ou en différens lieux, c'est-à-dire, qui sont semées et dispersées çà et là.

SQUELETTE, s. m. (*anat.*), assemblage de tous les os d'un animal mort, disposés dans leur situation naturelle. Ce mot vient de σκελετός (*skélétos*), desséché, dérivé de σκέλλω (*skellô*), je dessèche; c'est-à-dire, corps mort qu'on a desséché, et dont il ne reste plus que les os.

On dit figurément d'une personne extrêmement maigre, que *c'est un squelette.*

SQUILLE. *Voyez* SCILLE.

SQUINANCIE. *Voyez* ESQUINANCIE.

SQUIRRE ou SQUIRRHE, s. m. en grec, σκίῤῥος (*skirrhos*), tumeur dure et sans douleur, dérivé de σκίρος (*skiros*), moellon, morceau de marbre, parce que sa dureté approche quelquefois de celle de ces matières. De-là, SQUIRRHEUX ou SKIRREUX, adj. qui est de la nature du squirrhe.

STACHYS ou STACHIS, s. m. plante ainsi nommée de στάχυς (*stachus*), épi de blé, parce que ses fleurs sont disposées en épis. Elle croît dans les lieux montagneux.

STACTÉ, s. m. mot dérivé de στακτή (*stakté*), qui signifie *goutte*, lequel vient de στάζω (*stazô*), distiller, dégoutter; liqueur qui distille de la myrrhe, et dont on fait un onguent qui se nomme *stacté*. En pharmacie, le *storax* liquide porte le même nom.

STADE, s. m. de ϛάδιος (*stadios*) ou ϛάδιον (*stadion*), carrière de 94 toises et demie de longueur, où les Grecs s'exerçoient à la course. C'étoit aussi une mesure de chemin de même étendue. On appeloit *stadiodromes* ceux qui couroient dans le stade; de ϛάδιος, et de δίδρομα (*dédroma*), prétérit moyen de τρίχω (*tréchô*), courir.

STALACTITE, s. f. (*nat.*), concrétion pierreuse produite par une terre calcaire que l'eau charrie et dépose à travers les fentes de certaines grottes ou cavernes, où elle se coagule sur-le-champ sous diverses figures. Ce mot est dérivé de ϛαλάζω (*stalazô*), distiller, dégoutter; c'est-à-dire, *pierre formée par stillation*.

STALAGMITE, s. f. (*nat.*), espèce de stalactite ou de concrétion en mamelons; de ϛαλαγμὸς (*stalagmos*), distillation, dérivé de ϛάζω (*stazô*) ou ϛαλάζω (*stalazô*), distiller, dégoutter. *Voyez* STALACTITE.

STALTIQUE, adj. (*méd.*), mot dérivé de ϛέλλω (*stellô*), resserrer, réprimer. Il se dit des médicamens répulsifs, ou qui rendent les lèvres des plaies égales.

STAPHISAIGRE, s. f. plante ainsi nommée de ϛαφὶς (*staphis*), raisin, et d'ἄγριος (*agrios*), sauvage, parce que ses feuilles sont découpées comme celles de la vigne sauvage. Elle s'appelle vulgairement *herbe aux poux*, parce qu'elle les fait mourir.

STAPHYLIN, adj. (*anat.*), qui a rapport à la luette, nommée en grec ϛαφυλὴ (*staphulé*), de ϛαφὶς (*staphis*), raisin, parce qu'elle pend au palais comme une petite grappe de raisin, et qu'elle en a la forme.

STAPHYLODENDRON, s. m. sorte d'arbrisseau dont les feuilles ressemblent à celles du sureau. Son nom est dérivé de ϛαφυλὴ (*staphulé*), raisin, et de δίνδρον (*dendron*), arbre ; comme qui diroit, l'*arbre à raisin*, parce que son fruit est disposé en grappes.

STAPHYLOME, s. m. (*méd.*), maladie de l'œil causée par une tumeur en forme de grain de raisin qui s'élève sur la cornée ; ce mot vient de ϛαφυλὴ (*staphulé*), qui signifie *raisin*.

STASE, s. f. (*méd.*), séjour du sang et des humeurs dans les plus petits vaisseaux, où ils ne peuvent circuler ; de ϛάσις (*stasis*), qui signifie proprement l'*action de s'arrêter*, repos, station, dérivé d'ἵϛημι ʾhistémi) , s'arrêter.

STATIQUE, s. f. partie de la mécanique qui a pour objet les loix de l'équilibre des corps solides ; ce mot vient de ϛατὸς (*statos*), qui s'arrête, dérivé d'ἵϛημι (*histémi*), s'arrêter, être en repos, parce que l'effet de l'équilibre est de produire le repos.

STAUROTIDE, s. f. (*nat.*), mot qui signifie croisette ou petite croix ; de ϛαυρὸς (*stauros*), croix. C'est le nom d'une pierre formée de deux prismes exaèdres qui s'entrecoupent.

STÉATITE, s. f. (*nat.*), sorte de pierre, qui tire son nom de ϛέαϱ (*stéar*), génit. ϛέατος (*stéatos*), suif, parce qu'elle est d'une substance molle et onctueuse, à-peu-près comme le suif. Elle sert à faire des vases, et varie pour la couleur.

STÉATOCÈLE, s. m. (*chirur.*), tumeur du scrotum formée par une matière semblable à du suif ; de ϛέαϱ (*stéar*), suif, et de κήλη (*kélé*), tumeur.

STÉATOME, s. m. (*chirur.*), tumeur enkystée, qui renferme une matière grasse semblable à du suif ; de ϛέαϱ (*stéar*), génit. ϛέατος (*stéatos*), suif. De-là vient STÉATOMATEUX, adj. qui ressemble au stéatome.

STÉGANOGRAPHIE, s. f. art d'écrire en chiffres et de les expliquer ; de ϛεγανὸς (*stéganos*), couvert, caché, et de γράφω (*graphô*), j'écris; c'est-à-dire, *écriture cachée*, qui ne sauroit être lue par tout le monde. STÉGANOGRAPHIQUE, adj. en dérive.

STEGNOTIQUE, adj. de στγνός (*stegnos*), serré, dérivé de στέγω (*stégô*), je resserre. Il se dit des remèdes propres à resserrer, à boucher les orifices des vaisseaux.

STÉLÉCHITE, s. f. (*nat.*), pierre de couleur grise, qui vient d'Allemagne. Son nom est dérivé de στέλεχος (*stéléchos*), tronc d'arbre, parce qu'elle ressemble à un petit tronc d'arbre, dont on a rompu les branches.

STÉLÉGRAPHIE, s. f. art d'écrire ou de faire des inscriptions sur les colonnes; de στήλη (*stélé*), colonne, et de γράφω (*graphô*), j'écris. Il s'agit ici de ces petites colonnes sur lesquelles les anciens gravoient le récit de quelque événement, pour en conserver la mémoire.

STÉNOGRAPHIE, s. f. art d'écrire en abrégé, ou de réduire l'écriture dans un plus petit espace; de στενός (*sténos*), étroit, serré, et de γράφω (*graphô*), j'écris; c'est-à-dire, *écriture serrée* ou *réduite*. Ce mot est nouveau.

STÈRE, s. m. mot dérivé de στερεός (*stéréos*), qui signifie *solide*. C'est le nom d'une mesure de solidité, dans le système des nouvelles mesures, qui vaut un mètre cube, ou vingt-neuf pieds cubes. Le *stère* n'est usité que pour le bois de chauffage, et répond aux trois-huitièmes environ de la corde de 128 pieds cubes.

STÉRÉOBATE, s. m. (*archit.*), soubassement, ce que l'on met au-dessous du piédestal d'une colonne pour la tenir plus élevée. Ce mot est dérivé de στερεός (*stéréos*), solide, et de βαίνω (*bainô*), marcher; il signifie proprement *lieu solide sur lequel on marche*.

STÉRÉOGRAPHIE, s. f. l'art de tracer les figures des solides sur un plan, selon les règles de la perspective ; de ϛιϱιòς (*stéréos*), solide, et de γϱάφω (*graphô*), décrire. Stéréographique, adj. en dérive.

STÉRÉOMÉTRIE , s. f. partie de la géométrie qui enseigne à mesurer les corps solides ; de ϛιϱιòς (*stéréos*), solide, et de μίτϱοι (*métron*), mesure ; c'est-à-dire , *mesure des solides.*

STÉRÉOTOMIE , s. f. la science de la coupe des solides, tels que les murs , les voûtes , les pierres , &c. Ce mot vient de ϛιϱιòς (*stéréos*), solide, et de τίμνω (*temnô*), couper.

STÉRÉOTYPE , adj. terme nouveau , qui signifie *type* , ou *caractère solide ;* de ϛιϱιòς (*stéréos*), solide, et de τύπος (*tupos*), type , figure, caractère. Il se dit , en termes d'imprimerie, des éditions faites avec des planches dont les caractères sont soudés ensemble. De-là , Stéréotypage , s. m. action de stéréotyper , ou de convertir en formes solides des planches composées eu caractères mobiles.

STERNO-CLAVICULAIRE, adj. (*anat.*), de ϛίϱνον (*sternon*), le sternum, ou le devant de la poitrine , et du latin , *clavicula ,* la clavicule. Il se dit des parties qui s'étendent du sternum à la clavicule.

STERNO-CLÉIDO-HYOÏDIEN , adj. (*anat.*), qui a du rapport au sternum , à la clavicule et à l'os hyoïde ; de ϛίϱνον (*sternon*), le sternum, de κλεìς (*kléis*), la clavicule, et d'ύαιιδὴς (*uoéidés*), l'os hyoïde. *Voy.* Sternum et Hyoïde.

STERNO-COSTAL , adj. (*anat.*), qui a du rapport au sternum et aux côtes ; de ϛίϱνον (*sternon*), le sternum, et du latin *costa. Voyez* Sternum.

STERNO-HYOÏDIEN , adj. (*anat.*), qui a du rapport au sternum et à l'os hyoïde. *Voyez* Sternum et Hyoïde.

STERNO-MASTOÏDIEN , adj. (*anat.*) , qui a du
rapport au sternum et au mastoïde. *Voyez* ces deux
mots.

STERNO-THYROÏDIEN , adj. (*anat.*), qui a du
rapport au sternum et au cartilage thyroïde. *Voy.* STER-
NUM et THYROÏDE.

STERNUM , s. m. (*anat.*), terme emprunté du latin ,
et dérivé du grec ςέρνον (*sternon*), qui désigne la partie
osseuse qui forme le devant de la poitrine , et à laquelle
les côtes aboutissent.   *Stéthoscope.*

STICHOMANCIE , s. f. l'art de deviner en tirant
au sort de petits billets sur lesquels étoient écrits des
vers ; de ςίχος (*stichos*) , vers , et de μαντεία (*mantéia*),
divination. Les vers des Sibylles et les poésies d'Homère servoient ordinairement à cet usage.

STIGMATES , s. m. marques ou taches imprimées
sur quelque chose ; ςίγματα (*stigmata*), dérivé de ςίζω
(*stizô*) , piquer , marquer par des points. Les naturalistes appellent *stigmates* , certains points qu'on apperçoit aux côtés du ventre de plusieurs insectes , et qui
sont les organes extérieurs de la respiration. En botanique , le *stigmate* est la partie qui termine le style dans
les pistils des fleurs. De-là , STIGMATIQUE , adj. (*botan.*) ,
qui appartient au stigmate ; STIGMATISÉ , adj. qui porte
des stigmates.

STIGMITE , s. f. (*nat.*) , de ςιγμή (*stigmê*) , point,
qui vient de ςίζω (*stizô*) , piquer ; nom donné à des
pierres couvertes de taches ou de petits points.   *Stilbate*

STIPTIQUE. *Voyez* STYPTIQUE.

STOÉCHOLOGIE , s. f. partie de la physique générale , qui recherche et qui explique la nature et les propriétés des élémens ; de ςοιχεῖον (*stoichéion*) , élément,

et de λόγος (*logos*), discours ; c'est-à-dire, *discours* ou *traité sur les élémens.*

STOÏCIENS, s. m. pl. ςωϊκοὶ (*stoïkoi*), anciens philosophes, disciples de Zénon, ainsi nommés du mot grec ςοὰ (*stoa*), galerie, portique, parce qu'ils s'assembloient sous un portique pour discourir. Ils affectoient de ne s'émouvoir de rien, d'être insensibles à tout ; de-là vient qu'une vertu austère se nommoit *vertu stoïque.* Leur doctrine prit le nom de *Stoïcisme.* De-là viennent STOÏCISME, s. m. fermeté, austérité semblable à celle des Stoïciens ; STOÏQUE, adj. de stoïcien ; STOÏQUE-MENT, adv. à la manière des Stoïciens.

STOMACACE, s. f. (*méd.*), littéralement *mal de bouche ;* de ςόμα (*stoma*), bouche, et de κακία (*kakia*), mal, vice, maladie, dérivé de κακός (*kakos*), mauvais. C'est une maladie de la bouche qui rend l'haleine et la salive fétides, et qui est un symptôme du scorbut.

STOMACHAL et STOMACHIQUE, adj. qui est convenable à l'estomac, ou qui lui appartient ; de ςόμαχος (*stomachos*), estomac.

STOMATIQUE, adj. (*méd.*), de ςόμα (*stoma*), bouche. Il se dit des remèdes pour les maux de bouche et de gorge.

STOMOMATIQUE, adj. *qui est d'acier ;* de ςόμωμα (*stomôma*), acier. On appelle *écaille stomomatique* une menue écaille d'acier, qui a une qualité fort astringente.

STORAX ou STYRAX, s. m. en grec, ςύραξ (*sturax*), sorte de résine qui découle d'un arbre de même nom, et qui est employée en pharmacie.

STRABISME, s. m. (*méd.*), de ςραβός (*strabos*), qui signifie *louche*, dérivé de ςρέφω (*strephô*), tourner ;

mauvaise disposition de l'œil, qui rend louche et fait regarder de travers.

STRANGURIE, s. f. (*méd.*), envie fréquente d'uriner, dans laquelle on ne peut rendre l'urine, qui coule goutte à goutte, et avec douleur; ce mot vient de *ςράγξ* (*stragx*), goutte, et d'*οὖρον* (*ouron*), urine.

STRATAGÊME, s. m. ruse de guerre; de *ςρατή-γημα* (*stratégéma*), qui vient de *ςρατηγέω* (*stratégéo*), commander une armée, dérivé de *ςρατὸς* (*stratos*), armée, et d'*ἡγέομαι* (*hégéomai*), conduire. On a étendu la signification de ce mot, pour désigner toutes sortes de finesses ou de ruses adroites, qu'on emploie pour réussir dans quelque affaire.

STRATÉGE, s. m. (*antiq.*), nom des généraux d'armée chez les Athéniens; en grec *ςρατηγὸς* (*straté-gos*), dérivé de *ςρατὸς* (*stratos*), armée, et d'*ἡγέομαι* (*hégéomai*), conduire, commander.

STRATIOTE, s. f. plante aquatique, semblable à la joubarbe, et qui a la vertu d'arrêter le sang. Son nom vient de *ςρατιώτης* (*stratiótès*), soldat, parce que sa qualité vulnéraire la rend utile aux soldats blessés.

STRATOCRATIE, s. f. gouvernement militaire; de *ςρατὸς* (*stratos*), armée, et de *κράτος* (*kratos*), puissance.

STRATOGRAPHIE, s. f. description de tout ce qui compose une armée; de *ςρατὸς* (*stratos*), armée, et de *γράφω* (*graphó*), je décris.

STRONGLE, s. m. (*méd.*), ver long et rond, qui s'engendre dans les intestins; de *ςρογγύλος* (*stroggulos*), cylindrique, rond et long comme un cylindre.

STROPHE, s. f. stance d'une ode, d'une hymne; de *ςροφὴ* (*strophé*), qui signifie proprement *conversion, retour*, dérivé de *ςρέφω* (*stréphó*), tourner, parce qu'après qu'une strophe est finie, on retourne et on recommence la même mesure; ou bien parce que le chœur, qui, chez les anciens, marchoit en cadence sur le théâtre dans les pièces dramatiques, ou autour de l'autel dans les cérémonies religieuses, tournoit à droite lorsqu'on chantoit la strophe, et à gauche lorsqu'on chantoit l'antistrophe. *Voyez* ANTISTROPHE.

STRUTHOPODES, s. f. pl. nom que donne Pline le naturaliste à des femmes de l'Inde, qui avoient, dit-on, le pied extrêmement petit; de σ]ρκθὸς (*strouthos*), moineau, et de πῦς (*pous*), génit. ποδὸς (*podos*), pied.

STYLE, s. m. de σ]ύλος (*stulos*), sorte de *poinçon* ou *grosse aiguille*, dont les anciens se servoient pour écrire sur des tablettes de cire. De-là est venu le *style*, dans les ouvrages d'esprit ou de l'art, pour dire, la manière, le ton, la couleur qui règne dans ces ouvrages, ou dans quelques-unes de leurs parties. Il se dit aussi de l'aiguille d'un cadran solaire, de la manière de compter le temps; et en botanique, d'un petit corps en forme de tuyau, qui porte sur le germe dans les pistils des fleurs. De-là, STYLER, v. a. former, dresser.

STYLET, s. m. poignard dont la lame est très-menue; de σ]ύλος (*stulos*), poinçon à écrire.

STYLITE, adj. qui est sur une colonne; de σ]ύλος (*stulos*), et σ]υλὶς (*stulis*), colonne. C'est ainsi que fut appelé saint Siméon, qui vécut si long-temps sur une colonne.

STYLOBATE, s. m. (*archit.*), σ]υλοβάτης (*stulobatés*), piédestal, appui, soutien d'une colonne; de σ]ύλος (*stulos*), colonne, et de βαίνω (*bainô*), marcher, être appuyé.

STYLO-CÉRATO-HYOÏDIEN, adj. (*anat.*), se dit d'un muscle, appelé aussi *stylo-hyoïdien*, qui appartient à l'apophyse styloïde et à la corne de l'os hyoïde ; de σ*γύλος* (*stulos*), stylet, de *κέρας* (*kéras*), corne, et d'*υσιδής* (*huoéidés*), l'os hyoïde. *Voyez* STYLOÏDE et HYOÏDE.

STYLO-GLOSSE, adj. (*anat.*), de *ςύλος* (*stulos*), stylet, et de *γλῶσσα* (*glôssa*), langue ; se dit d'un muscle qui appartient à l'apophyse styloïde et à la langue. *Voyez* STYLOÏDE.

STYLO-HYOÏDIEN. *Voy.* STYLO-CÉRATO-HYOÏDIEN.

STYLOÏDE, adj. (*anat.*), se dit d'une apophyse de l'os des tempes, ainsi appelée de *ςύλος* (*stulos*), stylet, et d'*είδος* (*éidos*), forme, parce qu'elle ressemble à un stylet.

STYLO-MASTOÏDIEN, adj. (*anat.*), qui a rapport aux apophyses styloïde et mastoïde de l'os des tempes. *Voyez* STYLOÏDE et MASTOÏDE.

STYLOMÉTRIE, s. f. l'art de mesurer une colonne dans toutes ses parties, pour en connoître les proportions ; de *ςύλος* (*stulos*), colonne, et de *μέτρον* (*métron*), mesure.

STYLO-PHARYNGIEN, adj. (*anat.*), se dit de deux muscles qui appartiennent aux apophyses styloïdes et aux pharynx. *Voyez* STYLOÏDE et PHARYNX.

STYPTIQUE, adj. (*méd.*), qui a la vertu de resserrer, d'arrêter ce qui coule ; de *ςύφω* (*stuphô*), resserrer, astreindre. C'est la même chose qu'*astringent*.

STYRAX. *Voyez* STORAX.

SYBILLE. *Voyez* SIBYLLE.

SYCOMORE, s. m. arbre qui tient du figuier par son fruit, et du mûrier par ses feuilles, comme le marque son nom, qui est composé de *συκῆ* (*suké*), figuier, et de *μορέα* (*moréa*), mûrier ; d'où vient le nom moderne de la Morée, l'ancien Péloponnèse, dit

M. d'Ansse de Villoison, qui observe que Pachymère l'appelle ainsi au commencement du quatorzième siècle (l. 3, c. 6, p. 120, *Historiœ Michaëlis Palaeologi, Romœ*, 1666, *in-folio*). Voyez, ajoute le même M. de Villoison, la note de Pierre Poussines, p. 404, *Observat. Pachymer.* l. 1, *Glossar.* sur le mot de Μόρεον (*Moreon*), la Morée, qui est remplie de mûriers.

SYCOPHANTE, s. m. calomniateur, dénonciateur; ce mot est emprunté du grec συκοφάντης (*sukophantês*), délateur, et ensuite *calomniateur*, dérivé de συκοφαντέω (*sukophantéó*), qui signifioit, chez les Grecs, *dénoncer ceux qui transportoient des figues hors de l'Attique*, de σῦκον (*sukon*), figue, et de φαίνω (*phainô*), dénoncer, accuser. La raison de cette dénomination vient de ce que les Athéniens, dont le territoire sec et aride ne produisoit guère que des olives et des figues, défendirent par une loi de transporter des figuiers hors du territoire d'Athènes; ce qui autorisa à déférer en justice les infracteurs de la loi. Mais comme souvent ces sortes de dénonciations étoient de pures calomnies, on se servit du mot de *sycophante*, pour dire un *calomniateur*.

SYLLABE, s. f. (*gram.*), partie d'un mot composée d'une ou de plusieurs lettres, et ne formant qu'un son; de συλλαβή (*sullabé*), qui vient de συλλαμβάνω (*sullambanô*), comprendre, parce que la syllabe est proprement ce qui est compris dans une seule émission de voix. SYLLABAIRE, s. m. petit livre qui contient les principes de la lecture; SYLLABIQUE, adj. qui appartient aux syllabes.

SYLLEPSE, s. f. de σύλληψις (*sullépsis*), prise, acception, qui vient de συλλαμβάνω (*sullambanô*), comprendre, dont la racine est λαμβάνω (*lambanô*), je prends. La syllepse est une figure du discours, par laquelle un même mot est pris en deux sens différens dans la même phrase, l'un au propre, l'autre au figuré. C'est aussi une figure de grammaire, par laquelle on conçoit le sens autrement que les mots ne le portent. *Syllepsilогie*

SYLLOGISME, s. m. (*logiq.*), argument formé de trois propositions, qu'on nomme *majeure*, *mineure* et *conséquence*; de συλλογισμός (*sullogismos*), raisonnement, conclusion, qui vient de συλλογίζομαι (*sullogizomai*), raisonner, conclure par raisonnement, dérivé de σύν (*sun*), avec, et de λέγω (*légô*), dire; d'où vient λόγος (*logos*), raison. SYLLOGISTIQUE, adj. se dit de la forme du syllogisme.

SYMBOLE, s. m. σύμβολον (*sumbolon*), signe, marque, caractère qui sert à représenter une chose; de συμβάλλω (*sumballô*), comparer ou conférer.

Symbole se dit aussi du formulaire qui contient les principaux articles de la Foi, ou parce qu'il est la marque à laquelle on connoît les vrais catholiques, ou parce qu'il est le résultat de la conférence que les apôtres assemblés eurent entr'eux au sujet de la Foi; car le mot *symbolé*, en grec, signifie aussi *conférence*. SYMBOLIQUE, adj. qui sert de symbole. SYMBOLISER, v. n. (*didact.*), avoir du rapport.

SYMBOLOLOGIE, s. f. (*méd.*), partie de la pathologie qui traite des signes ou symptômes des maladies; de σύμβολον (*sumbolon*), signe, indice, et de λόγος (*logos*), discours, traité. *Symbole.*

SYMÉTRIE ou SÝMMÉTRIE, s. f. συμμετρία (*summétria*), rapport, proportion ou régularité des parties nécessaires pour former un beau tout; de σύν (*sun*), avec, ensemble, et de μέτρον (*métron*), mesure; c'est-à-dire, *mesure commune*, ou rapport d'égalité

entre les parties d'un tout. SYMÉTRIQUE , adj. SYMÉ-
TRIQUEMENT , adv. SYMÉTRISER , v. n. en sont dérivés.

SYMPATHIE , s. f. συμπάθεια (sumpathéia), con-
tenance d'affections et d'inclinations; de σὺν (sun),
avec , et de πάθος (pathos), affection , passion. Sympathie se dit encore du rapport par lequel deux choses
se conviennent ou agissent l'une sur l'autre. De-là ,
SYMPATHIQUE , adj. et SYMPATHISER , v. n.

SYMPÉTALIQUE , adj. f. (botan.), se dit des étamines qui réunissent les pétales de manière à donner
l'apparence monopétale à une corolle polypétalée ; de
σὺν (sun), qui marque réunion , et de πέταλον (pétalon),
feuille.

SYMPHONIE , s. f. concert d'instrumens de musique ; ce mot vient de συμφωνία (sumphônia), formé
de σὺν (sun), avec , et de φωνή (phôné), son, voix. Il
signifioit , chez les anciens , cette union de voix ou de
sons qui forme un concert. On appelle SYMPHONISTE ,
celui qui compose ou exécute des symphonies.

SYMPHYSE , s. f. (anat.), union ou liaison naturelle des os; de συμφύω (sumphuô), croître ensemble ,
s'unir, s'assembler, dérivé de σὺν (sun), avec , et de
φύω (phuô), naître.

SYMPHYTE , ou consoude , s. f. plante ainsi nommée de συμφύω (sumphuô), joindre ensemble , parce
qu'elle est bonne pour consolider les plaies , et pour
réunir les os rompus et fracassés.

SYMPODE , adj. (nat.), qui a les pieds réunis , en
parlant de certains poissons dont les pieds postérieurs
sont réunis en forme de nageoires ; de σὺν (sun), avec ,
ensemble , et de πούς (pous), pied.

SYMPTOMATIQUE. Voyez SYMPTÔME.

SYMPTOMATOLOGIE, s. f. de σύμπτωμα (*sumptôma*), symptôme, et de λόγος (*logos*), discours; partie de la médecine qui traite des symptômes des maladies.

SYMPTÔME, s. m. Ce mot signifie littéralement, *ce qui tombe, ce qui arrive avec quelque autre chose*; de σὺν (*sun*), avec, ensemble, et de πίπτω (*piptô*), tomber, arriver. Il se dit, en médecine, des accidens qui arrivent dans une maladie, et qui font juger de sa nature, de sa qualité et de son événement. De-là, SYMPTOMATIQUE, adj. qui tient du symptôme, ou qui en dépend.

SYNAGÉLASTIQUE, adj. qui se rassemble en troupeau; de σὺν (*sun*), avec, et d'ἀγελάζω (*agélazô*), assembler. On donne ce nom aux poissons qui nagent par bandes.

SYNAGOGUE, s. f. Ce mot vient de συναγωγὴ (*sunagôgé*), congrégation, assemblée, et signifioit l'assemblée des fidèles sous l'ancienne loi. On le dit aussi du lieu destiné, chez les Juifs, au culte public.

SYNALÈPHE, s. f. (*gram.*), élision d'une voyelle devant une autre, ou réunion de deux mots en un seul dans la prononciation; de συναλείφω (*sunaléiphô*), joindre ensemble, confondre. Ce mot, qui est dérivé de σὺν (*sun*), avec, et d'ἀλείφω (*aléiphô*), effacer, est pris ici dans un sens métaphorique, pour indiquer que les deux voyelles qui se rencontrent, se mêlent ensemble et se confondent.

SYNALLAGMATIQUE, adj. terme de droit, formé de συναλλάττω (*sunallattô*), qui signifie *contre-échanger*, de σὺν (*sun*), avec, et d'ἀλλάττω (*allattô*), je change. Il se dit d'un contrat qui contient des engagemens réciproques entre les contractans, tel que le contrat de louage, de vente, &c.

SYNANTHÉRIQUE, adj. (botan.), se dit des étamines dont les anthères sont réunies entr'elles ; de σὺν (sun), qui marque réunion , et d'ἀνθηρὸς (anthéros), fleuri , d'où l'on a formé ANTHÈRE. Voy. ce mot.

SYNARTHROSE, s. f. (anat.), espèce d'articulation des os par laquelle ils sont arrêtés ensemble, et demeurent fermes dans leur situation ; de σὺν (sun), avec, ensemble, et d'ἄρθρον (arthron), articulation , jointure ; c'est-à-dire, co-articulation , ou articulation conjointe. Telle est celle des os du carpe et du métacarpe.

SYNAXE, s. f. assemblée des anciens chrétiens pour célébrer la Cène ; en grec , σύναξις (sunaxis), assemblée, de συνάγω (sunagó), réunir, dérivé de σὺν (sun), ensemble, et d'ἄγω (agó), conduire.

SYNCHONDROSE, s. f. (anat.), union de deux os par le moyen d'un cartilage ; de σὺν (sun), avec, et de χόνδρος (chondros), cartilage.

SYNCHRONE, adj. qui se fait dans le même temps ; de σὺν (sun), avec, ensemble, et de χρόνος (chronos), temps. Il se dit des chutes de deux corps qui tombent en même temps. Il ne faut pas confondre ce mot avec isochrone , qui se dit des choses qui se font dans des temps égaux. Voyez ISOCHRONE.

Dérivé : SYNCHRONISME, s. m. rapport de deux choses qui se font dans le même temps.

SYNCHYSE , s. f. (gram.), transposition de mots , qui trouble l'ordre et l'arrangement d'une période ; de σὺν (sun), avec, et de χύω (chuó), répandre , d'où l'on forme συγχύω (sugchuó), confondre ; c'est-à-dire , confusion, désordre.

SYNCOPE, s. f. (méd.), mot grec, qui signifie retranchement ; de συγκόπτω (sugkoptó), couper , retrancher. Défaillance subite et considérable, dans laquelle on demeure sans pouls, sans respiration et sans mouvement; comme qui diroit, *retranchement* ou *privation de toutes les forces.*

En termes de grammaire, *syncope* signifie retranchement d'une lettre ou d'une syllabe au milieu d'un mot; et en musique, liaison de la fin d'une mesure avec la mesure suivante; d'où l'on a fait le verbe SYNCOPER, qui veut dire *entrecouper.*

SYNCRÉTISME, s. m. conciliation, rapprochement de diverses communions; de συγκρητισμός (*sugkrétismos*), réunion des différentes républiques rivales de l'île de Crète, contre l'ennemi commun. De-là est venu SYNCRÉTISTE, celui qui cherche à faire ce rapprochement, cette réunion.

SYNDESMOGRAPHIE, s. f. (*anat.*), description des ligamens du corps humain; de σύνδεσμος (*sundesmos*), lien, ligament, et de γράφω (*graphô*), je décris.

SYNDESMOLOGIE, s. f. partie de l'anatomie qui traite de l'usage des ligamens; de σύνδεσμος (*sundesmos*), lien, ligament, et de λόγος (*logos*), discours, traité.

SYNDESMOSE. *Voyez* SYNNÉVROSE.

SYNDESMOTOMIE, s. f. (*anat.*), dissection des ligamens; de σύνδεσμος (*sundesmos*), ligament, et de τέμνω (*temnô*), couper, disséquer.

SYNDIC, s. m. officier chargé des affaires d'une communauté, ou d'un corps dont il est membre; de σύνδικος (*sundikos*), qui signifioit proprement un *avocat chargé de défendre une cause,* de σύν (*sun*), avec, ensemble, et de δίκη (*diké*), cause, procès. De-là sont dérivés SYNDICAL, adj. et SYNDICAT, s. m. la charge de syndic.

SYNECDOQUE ou SYNECDOCHE, s. f. mot purement grec, συνεκδοχή (*sunekdoché*), qui signifie *compré-*

hension, conception, dérivé de σὺν (*sun*), ensemble, et de δίχομαι (*déchomai*), prendre, recevoir ; figure de rhétorique, par laquelle on prend le plus pour le moins, ou le moins pour le plus, c'est-à-dire, par laquelle on fait concevoir à l'esprit plus ou moins qu'on ne dit réellement.

Synergie

SYNÉRÈSE, s. f. (*gram.*), de σὺν (*sun*), avec, ensemble, et d'αἱρέω (*hairéo*), je prends ; contraction, réunion de deux syllabes en une dans le même mot.

SYNÉVROSE. *Voyez* SYNNÉVROSE.

SYNGÉNÉSIE, s. f. (*botan.*), nom que donne Linné à la dix-neuvième classe des plantes, dont les fleurs ont les étamines réunies par leurs sommets en forme de cylindre ; ce mot vient de σὺν (*sun*), avec, et de γείνομαι (*géinomaï*), naître, et signifie que les parties mâles ou les étamines de la fleur ne sont point séparées, mais jointes et réunies en forme cylindrique.

SYNNÉVROSE ou SYNEUROSE, s. f. (*anat.*), symphyse ligamenteuse, ou union de deux os par le moyen des ligamens ; de σὺν (*sun*), avec, et de νεῦρον (*neuron*), nerf; c'est-à-dire, *liaison par les nerfs.* On la nomme aussi *syndesmose*, de σύνδεσμος (*sundesmos*), ligament.

SYNODE, s. m. signifie en général une assemblée du clergé ; de σύνοδος (*sunodos*), qui est dérivé de σὺν (*sun*), avec, ensemble, et d'ὁδός (*hodos*), voie, chemin ; c'est-à-dire, assemblée publique où l'on se rend de tous côtés. *Dérivés.* SYNODAL, adj. du synode ; SYNODALEMENT, adv. en synode ; SYNODATIQUE, adj. qui se fait dans le synode ; SYNODIQUE, adj. qui est émané du synode.

SYNODIQUE, adj. (*astro.*). On appelle *mouvement synodique* de la lune, son mouvement depuis une nouvelle lune jusqu'à l'autre ; et *mois synodique*, le temps qui s'écoule entre deux lunes consécutives. Le mot *syn-odique* est formé de *σὺν* (*sun*), avec, et d'*ὁδὸς* (*hodos*), chemin, et signifie ici, *qui se trouve sur le même chemin avec un autre.*

Synodique est aussi un terme d'hist. ecclés. *Voyez* SYNODE.

SYNONYME, s. et adj. de *συνώνυμος* (*sunónumos*), qui a même nom ou même signification qu'un autre, dérivé de *σὺν* (*sun*), avec, et d'*ὄνομα* (*onoma*), ou *ὄνυμα* (*onuma*), en dorique, nom. Il se dit des mots dont la signification est la même, ou à-peu-près la même, quoiqu'ils soient différens.

On sait qu'il n'y a de synonymes parfaits dans aucune langue.

SYNONYMIE, s. f. figure de rhétorique par laquelle on emploie plusieurs mots qui ont à-peu-près la même signification, dans le dessein d'amplifier ou d'agrandir une idée ; ce mot est dérivé de *σὺν* (*sun*), ensemble, et d'*ὄνυμα* (*onuma*), en dorique, pour *ὄνομα* (*onoma*), nom ; c'est-à-dire, *assemblage de plusieurs mots dont le sens est presque le même.* De-là, SYNO-NYMIQUE, adj.

SYNOPTIQUE, adj. qui se voit d'un seul coup-d'œil. C'est un terme nouveau, formé de *σὺν* (*sun*), avec, ensemble, et d'*ὄπτομαι* (*optomai*), voir ; c'est-à-dire, que l'on voit à-la-fois dans son ensemble, dans sa totalité.

SYNOQUE, adj. (*méd.*), de *συνεχὴς* (*sunéchés*), continu, qui vient de *συνέχω* (*sunéchó*), contenir, comprendre, dérivé de *σὺν* (*sun*), ensemble, et d'*ἔχω* (*échó*), je tiens. On appelle *fièvre synoque*, une espèce de fièvre continue, sans redoublement.

SYNOSTÉOLOGIE, s. f. (*anat.*), traité de l'articulation ou de la connexion des os; de σὺν (sun), avec, ensemble, d'ὀςέον (ostéon), os, et de λόγος (logos), discours; c'est-à-dire, discours sur l'assemblage ou la jointure des os.

SYNOVIE, s. f. (méd.), liqueur visqueuse et mucilagineuse qui sert à lubréfier les ligamens et les cartilages des jointures. Ce mot est dérivé de σὺν (sun), ensemble, et d'ὠὸν (óon), en latin, ovum, œuf, parce que la synovie est renfermée dans ces parties, et qu'elle ressemble au blanc d'œuf par les différens états où elle se trouve. De-là SYNOVIAL, adj. qui a rapport à la synovie.

SYNTAXE, s. f. (gram.), de σύνταξις (suntaxis), construction, qui vient de συντάσσω (suntassó), construire, dérivé de σὺν (sun), avec, ensemble, et de τάσσω (tassó), arranger; arrangement, construction régulière des mots et des phrases, suivant la méthode propre à chaque langue.

SYNTHÈSE, s. f. (didact.), de σύνθεσις (sunthésis), qui signifie composition, dérivé de σὺν (sun), ensemble, et de τίθημι (tithémi), placer, mettre. La synthèse, qui est opposée à l'analyse, est la méthode dont on se sert pour chercher la vérité, en allant du simple au composé, ou en partant de principes établis comme certains, et desquels on tire des conséquences. Voyez ANALYSE. En pharmacie, la synthèse est la composition des remèdes; et en chirurgie, l'opération par laquelle on réunit les parties divisées. Syp hÿlettique.

Dérivés. SYNTHÉTIQUE, adj. SYNTHÉTIQUEMENT, adverbe.

SYPHON. Voyez SIPHON.

SYRINGA. Voyez SERINGA.

SYRINGOÏDE, adj. (nat.), nom d'une pierre qui

ressemble à un amas de roseaux pétrifiés ; de συριγξ (*surigx*), tuyau, ou roseau, et d'ειδος (*éidos*), forme, ressemblance.

SYRINGOTOME, s. m. instrument de chirurgie propre pour l'opération de la fistule ; de συριγξ (*surigx*), tuyau, flûte, et par métaphore une *fistule*, et de τέμνω (*temnô*), couper. SYRINGOTOMIE, s. f. est le nom de l'opération même.

SYSSARCOSE, s. f. (*anat.*), liaison des os par le moyen des chairs ou des muscles ; de συν (*sun*), avec, et de σαρξ (*sarx*), génit. σαρκος (*sarkos*), chair.

SYSTALTIQUE, adj. (*anat.*), qui a le pouvoir de resserrer, de contracter ; de συστέλλω (*sustellô*), je contracte. Il se dit du mouvement du cœur, des artères, et de toutes les parties qui, par leur vertu élastique, se contractent et se dilatent alternativement.

SYSTÊME, s. m. en grec, σύστημα (*sustéma*), qui signifie *assemblage*, de συνίστημι (*sunistémi*), assembler, composer, dérivé de συν (*sun*), ensemble, et d'ίστημι (*histémi*), placer. Un *système*, en général, est l'union réciproque des parties d'un tout ; de-là, en astronomie, *système* du monde ; en physique, *système* des corps ; en philosophie, *système* signifie un assemblage de principes et de conséquences, dont l'enchaînement forme une opinion, une doctrine, &c. SYSTÉMATIQUE, adj. et SYSTÉMATIQUEMENT, adv. en dérivent.

SYSTOLE, s. f. (*anat.*), mot grec, συστολη, qui veut dire, *contraction*, de συστέλλω (*sustellô*), contracter, resserrer ; contraction du cœur, ou mouvement par lequel il se resserre et pousse le sang dans les artères. Le mouvement opposé se nomme *diastole*. Voyez ce mot.

SYSTYLE, s. m. (*archit.*), édifices où les colonnes

sont éloignées les unes des autres de deux de leurs diamètres ; de σύν (*sun*) , avec , ensemble , et de τύλος (*stulos*), colonne. Dans cette ordonnance, elles sont moins serrées que dans le *pycnostyle*. Voyez ce mot.

SYZYGIE , s. f. (*astro.*), de συζυγία (*suzugia*) , conjonction , dérivé de σύν (*sun*) , ensemble , et de ζευγνύω (*zeugnuó*) , joindre. Il se dit également de la conjonction et de l'opposition d'une planète avec le soleil, et surtout du temps de la nouvelle et de la pleine lune.

T

TACHÉOGRAPHIE ou TACHYGRAPHIE, s. f. l'art d'écrire aussi vîte que l'on parle ; de ταχύς (*tachus*)*,* adverb. ταχίως (*tachéós*) , vîte , et de γράφω (*graphó*) *,* j'écris. Cet art , renouvelé de nos jours , étoit fort en usage chez les Romains. De-là vient TACHÉOGRAPHIQUE ou TACHYGRAPHIQUE, adj. qui a rapport à cet art ; TACHÉOGRAPHE ou TACHYGRAPHE , celui qui s'y applique.

TACTIQUE , s. f. l'art de ranger des troupes en bataille , et de faire les évolutions militaires ; de ταχτός (*taktos*) , participe de τάσσω (*tassó*), ranger , mettre en ordre. TACTICIEN , s. m. celui qui sait la tactique.

TALENT , s. m. fameux poids et monnoie des anciens, dont la valeur varioit suivant les différens pays. Les Grecs le nommoient τάλαντον (*talanton*) , et les Romains , *talentum.*

TARSE, s. m. (*anat.*), la partie du pied qu'on appelle vulgairement le *coude-pied ;* de ταρσός (*tarsos*) , qui signifie proprement une *claie* sur laquelle on fait sécher quelque chose, dérivé de τέρσω (*tersó*), sécher , parce que les huit os dont le *tarse* est composé, forment une espèce de claie ou de grillage.

TARTARE, s. m. (*mytho.*), lieu des enfers où sont punis les coupables; en grec Τάρταρος (*Tartaros*), dérivé de ταράττω (*tarattô*), troubler, épouvanter.

TAUROBOLE, s. m. (*antiq.*), espèce de sacrifice expiatoire où l'on immoloit un taureau en l'honneur de Cybèle; de ταῦρος (*tauros*), taureau, et de βολή (*bolé*), jet, effusion, qui vient de βάλλω (*ballô*), je jette, je lance, c'est-à-dire, effusion du sang d'un taureau.

TAUTOCHRONE, adj. de ταὐτὸ (*tauto*), le même, et de χρόνος (*chronos*), temps; qui se fait dans le même temps, ou dans des temps égaux. De-là TAUTOCHRO- NISME, s. m. propriété de ce qui est tautochrone. *Voy.* aussi ISOCHRONE.

TAUTOGRAMME, s. m. de ταὐτὸ (*tauto*), le même, et de γράμμα (*gramma*), lettre, poëme où l'on affecte de n'employer que des mots qui commencent tous par la même lettre.

TAUTOLOGIE, s. f. répétition inutile d'une même idée en différens termes; ταυτολογία (*tautologia*), de ταὐτὸ (*tauto*), le même, et de λόγος (*logos*), discours, de λέγω (*légô*), je dis. De-là vient TAUTOLOGIQUE, adj. qui répète plusieurs fois la même chose.

TAUTOMÉTRIE, s. f. répétition servile des mêmes mètres; de ταὐτὸ (*tauto*), le même, et de μέτρον (*métron*), mesure.

TECHNIQUE, adj. de τεχνικὸς (*technikos*), artificiel, qui appartient à un art quelconque, dérivé de τέχνη (*technê*), art. Il se dit principalement des mots affectés aux arts.

TECHNOLOGIE, s. f. traité des arts en général;

de τίχνη (*techné*), art, et de λόγος (*logos*), discours. TECHNOLOGIQUE, adj. en vient.

TÉLÉGRAPHE, s. m. instrument mobile, nouvellement inventé, que l'on place sur une hauteur, et qui, correspondant avec plusieurs autres instrumens pareils placés de distance en distance sur une même ligne, sert de signal pour transmettre rapidement des nouvelles d'un pays éloigné. Ce mot est dérivé de τῆλι (*télé*), loin, et de γράφω (*graphô*), j'écris, et signifie à la lettre, *ce qui sert à écrire de loin*. TÉLÉGRAPHIQUE, adj. en vient.

TÉLESCOPE, s. m. instrument d'astronomie qui sert à observer des objets très-éloignés, tant sur la terre que dans le ciel. Ce mot est formé de τῆλι (*télé*), loin, et de σκοπίω (*skopéô*), ou σκίπτομαι (*skeptomai*), regarder, considérer, et signifie littéralement *ce qui sert à regarder de loin*.

TÉNESME, s. m. (*méd.*), envie continuelle et presqu'inutile d'aller à la selle; ce mot vient de τηνσμός (*ténesmos*), qui signifie *tension*, dérivé de τείνω (*téinô*), tendre, parce que, dans cette maladie, on sent une tension continuelle au fondement.

TÉPHRAMANCIE, s. f. espèce de divination par la cendre du feu qui avoit consumé les victimes dans les sacrifices; de τίφρα (*téphra*), cendre, et de μαντεία (*mantéia*), divination. On dit aussi *spodomancie*.

TÉRATOSCOPIE, s. f. divination par l'apparition et la vue des monstres, des prodiges, des fantômes; de τέρας (*téras*), génit. τέρατος (*tératos*), prodige, et de σκοπίω (*skopéô*), examiner, considérer; c'est-à-dire, *l'art d'examiner les prodiges*, &c. pour en tirer la connoissance de l'avenir.

TÉRÉBENTHINE, s. f. résine qui découle d'un arbre appelé *térebinthe*, en grec τερέβινθος, d'où lui vient son nom.

TÉRÉBINTHE, s. m. de τερέβινθος (*térébinthos*), arbre résineux du Levant d'où découle la térébenthine, et dont le fruit se nomme *terminthe*, en grec, τέρμινθος.

TERME, s. m. (*archit.*), ce mot, qui est dérivé de τέρμα (*terma*), borne, limite, désigne une statue d'homme ou de femme sans bras, et dont la partie inférieure se termine en gaîne, parce qu'elle servoit anciennement de borne aux héritages. On en place aujourd'hui de pareilles dans les jardins, au coin des allées et des palissades.

TERMINTHE, s. m. (*méd.*), espèce de pustule noire et ronde, qui vient ordinairement aux jambes, et qui tire son nom du fruit du térébinthe, appelé en grec τέρμινθος (*terminthos*), auquel elle ressemble un peu.

TÉTANOS, s. m. (*méd.*), mot purement grec, τέτανός, qui signifie *tendu*, et qui vient de τεταίνω (*tétainô*) ou τείνω (*téinô*), tendre. C'est le nom d'une espèce de spasme, dans lequel le corps est droit et roide, sans pouvoir se pencher d'aucun côté.

TÉTHYE, s. f. petit coquillage de mer qui s'attache aux rochers, et quelquefois aux huîtres. Son nom vient de τῆθος (*téthos*), ou τήθυον (*téthuon*), espèce d'huître.

TÉTRACORDE, s. m. mot dérivé de τέτγαρα (*tettara*), et par syncope τέτρα (*tétra*), quatre, et de χορδή (*chordé*), corde. C'étoit, chez les anciens, une consonnance de quatre tons ou de quatre cordes, que l'on nomme autrement *quarte*.

TÉTRADACTYLE, adj. (*nat.*), qui a quatre doigts; de τέτγαρα (*tettara*), quatre, et de δάκτυλος (*daktulus*), doigt. Il se dit des animaux qui ont quatre doigts à chaque pied.

TÉTRADITES, s. m. pl. nom donné à plusieurs sectes d'hérétiques, de *τετρας* (*tétras*), génit. *τετραδος* (*tétrados*), le nombre quatre, à cause du respect particulier qu'ils avoient pour ce nombre.

TÉTRADRACHME, s. m. ancienne monnoie grecque qui valoit quatre drachmes; de *τετταρα* (*tettara*), quatre, et de *δραχμη* (*drachmé*), drachme. *Voy.* DRACHME.

TÉTRADYNAMIE, s. f. (*botan.*), nom que donne Linné à la classe des plantes dont la fleur a six étamines, dont quatre plus grandes que les autres. Ce mot vient de *τετταρα* (*tettara*), quatre, et de *δυναμις* (*dunamis*), puissance, et signifie que la fleur a quatre puissances génératrices, comme si les quatre étamines les plus longues étoient plus parfaites et plus efficaces que les deux petites.

TÉTRAÈDRE, s. m. solide géométrique terminé par quatre triangles égaux et équilatéraux; de *τετταρα* (*tettara*), quatre, et d'*ιδρα* (*hédra*), siége, base; c'est-à-dire, solide qui a quatre bases ou quatre faces.

TÉTRAGONE, s. m. (*géom.*), *τετραγωνος* (*tétra-gônos*), figure qui a quatre angles; de *τετταρα* (*tettara*), quatre, et de *γωνια* (*gônia*), angle. On l'appelle aussi *quadrilatère*.

TÉTRAGYNIE, s. f. (*botan.*), de *τετταρα* (*tettara*); quatre, et de *γυνη* (*guné*), femme. C'est le nom que donne Linné à la sous-division des classes des plantes, dont la fleur a quatre parties femelles ou quatre pistils.

TÉTRALOGIE, s. f. (*antiq.*), de *τετταρα* (*tettara*), quatre, et de *λογος* (*logos*), discours; sorte de combat littéraire, chez les Grecs, qui consistoit à disputer le prix par quatre pièces dramatiques.

TÉTRAMÈTRE, s. m. sorte de vers grec ou latin composé de quatre pieds; de τέτταρα (*tettara*), quatre, et de μέτρον (*métron*), mesure.

TÉTRANDRIE, s. f. (*botan.*), de τέτταρα (*tettara*), quatre, et d'ανὴρ (*anér*), génit. ἀνδρὸς (*andros*), mari. C'est, selon Linné, la classe des plantes qui ont quatre parties mâles ou quatre étamines.

TÉTRAPÉTALE, adj. (*botan.*), de τέτταρα (*tettara*), quatre, et de πέταλον (*pétalon*), feuille, *pétale*. Il se dit des fleurs composées de quatre feuilles ou pétales.

TÉTRAPLES, s. m. pl. (*hist. eccl.*), ouvrage en quatre colonnes, qui contient quatre versions de la Bible; de τέτταρα (*tettara*), quatre, et d'ἁπλόω (*haploô*), je développe.

TÉTRAPODE, adj. qui a quatre pieds; de τέτταρα (*tettara*), quatre, et de πούς (*pous*), génit. ποδὸς (*podos*), pied.

TÉTRAPODOLOGIE, s. f. partie de l'histoire naturelle qui traite des quadrupèdes ou des animaux à quatre pieds; de τετράπους (*tétrapous*), quadrupède (qui vient de τέτταρα, quatre, et de πούς, pied), et de λόγος (*logos*), discours.

TÉTRAPOLE, s. f. contrée où il y a quatre villes principales; de τέτταρα (*tettara*), quatre, et de πόλις (*polis*), ville.

TÉTRAPTÈRE, adj. qui a quatre ailes; de τέτταρα (*tettara*), quatre, et de πτερὸν (*ptéron*), aile.

TÉTRARQUE, s. m. Τετράρχης (*Tétrarchês*), Seigneur ou Gouverneur qui ne possédoit que la quatrième partie d'une région, d'un état; de τέτταρα (*tettara*), quatre, et d'ἀρχή (*arché*), empire, gouvernement. TÉTRARCHAT, s. m. la principauté d'un Tétrarque.

TÉTRASPERME, adj. (*botan.*), qui renferme quatre

graines ; de τίτ]αρα (*tettara*), quatre, et de σπέρμα (*sperma*), semence.

TÉTRASTIQUE, s. m. (*littér.*), quatrain, stance de quatre vers ; de τίτ]αρα (*tettara*), quatre, et de στίχος (*stichos*), vers.

TÉTRASTYLE, s. m. (*archit.*), édifice qui a quatre colonnes de front ; de τίτ]αρα (*tettara*), quatre, et de στύλος (*stulos*), colonne.

TÉTRASYLLABE, s. m. mot composé de quatre syllabes ; de τίτ]αρα (*tettara*), quatre, et de συλλαϐή (*sullabé*), syllabe.

TÉTROBOLE, s. f. ancienne monnoie grecque qui valoit quatre oboles ; de τίτ]αρα (*tettara*), quatre, et d'όϐολός (*obolos*), obole.

THALASSOMÈTRE, s. m. de θάλασσα (*thalassa*), la mer, et de μέτρον (*métron*), mesure. Nom donné à la sonde de mer, dont on se sert pour connoître la profondeur de l'eau et la qualité du fond.

THALLOPHORE, s. m. (*antiq.*), de θαλλός (*thallos*), une branche d'olivier, et de φέρω (*phéró*), je porte. On donnoit ce nom, chez les Athéniens, à des vieillards qui, dans la cérémonie des Panathénées, portoient des branches d'olivier.

THAUMATURGE, s. m. ou *faiseur de miracles* ; de θαῦμα (*thauma*), génit. θαύματος (*thaumatos*), merveille, et d'έργον (*ergon*), ouvrage, d'où l'on a fait έργάζομαι (*ergazomai*), faire, opérer. Les catholiques ont donné ce surnom à plusicurs saints célèbres par leurs miracles.

THÉANDRIQUE, adj. (*théol.*), de Θεός (*Théos*), Dieu, et d'άνήρ (*anér*), génit. άνδρός (*andros*), homme. On emploie quelquefois ce mot pour exprimer les opérations divine et humaine de J. C.

THÉANTHROPE , s. m. (*théol.*), de Θεός (*Théos*) , Dieu , et d'άνθρωπος (*anthrôpos*), homme ; c'est-à-dire, *homme-Dieu.* On donne quelquefois ce nom à Jésus-Christ, pour exprimer l'union de ses deux natures divine et humaine.

THÉÂTRE , s. m. de θέατρον (*théatron*), lieu ou édifice destiné aux spectacles publics, dérivé de θεάομαι (*théaomai*), regarder ; c'est-à-dire, lieu d'où l'on regarde un spectacle. Au figuré , *théâtre* se prend pour tout lieu où se passe un grand événement. De-là THÉATRAL , adj. qui appartient au théâtre.

THÉISME , s. m. (*théol.*) , de Θεός (*Théos*), Dieu. Doctrine qui admet l'existence d'un Dieu. C'est l'opposé d'*athéisme.* THÉISTE , s. m. celui qui reconnoît l'existence d'un Dieu.

THÊME , s. m. de θέμα (*théma*) , qui signifie littéralement *position, ce que l'on pose pour fondement d'un discours , d'un traité ,* dérivé de τίθημι (*tithémi*) , poser , établir. On appelle *thême ,* en termes de grammaire , le radical primitif d'un verbe. En grec , c'est le présent , parce que c'est le premier temps que l'on *pose* pour en former les autres. Dans le didactique , on entend par *thême ,* le sujet , la proposition qu'on entreprend de prouver ou d'éclaircir ; et en termes d'école , la composition d'un écolier.

THÉNAR , s. m. (*anat.*) , mot purement grec , θέναρ, qui signifie proprement *la paume de la main* ou *la plante du pied ,* mais par lequel les médecins désignent un muscle de la main et du pied , qui sert à éloigner le pouce de l'index.

THÉOCATAGNOSTES , s. m. pl. secte d'hérétiques qui avoient la folie de blâmer en Dieu certaines paroles et cértaines actions; de Θεός (*Théos*), Dieu, et de καταγινώσκω (*kataginôskô*), condamner, reprendre.

THÉOCRATIE, s. f. gouvernement immédiat de Dieu, par lui-même ou par ses prophètes, tel que celui sous lequel vécurent les Hébreux jusqu'à Saül, leur premier roi. Ce mot est composé de Θεός (*Théos*), Dieu, et de κράτος (*kratos*), pouvoir, puissance. THÉOCRATIQUE, adj. en dérive.

Théugenie

THÉODICÉE, s. f. mot qui signifie *justice de Dieu*; de Θεός (*Théos*), Dieu, et de δίκη (*diké*), justice. C'est le titre d'un ouvrage de Leibnitz qui traite des attributs de Dieu.

THÉOGONIE, s. f. origine ou généalogie des dieux; de Θεός (*Théos*), Dieu, et de γόνος (*gonos*), race, génération, qui vient de γείνομαι (*géinomai*), naître. Ce mot, dans son acception générale, s'applique à tout système religieux imaginé par les païens, pour expliquer la naissance ou l'origine des dieux.

THÉOLOGAL. *Voyez* THÉOLOGIE.

THÉOLOGIE, s. f. science qui traite de Dieu et des choses divines; de Θεός (*Théos*), Dieu, et de λόγος (*logos*), discours, de λέγω (*légó*), dire. D'où vient THÉOLOGAL, docteur pourvu d'une prébende qui l'oblige à prêcher, et à faire des leçons de théologie. Les vertus *théologales* sont celles qui ont Dieu pour objet. THÉOLOGIEN, s. m. celui qui sait la Théologie; THÉOLOGIQUE, adj. qui concerne cette science; THÉOLOGIQUEMENT, adv. en théologien.

THÉOMANCIE, s. f. espèce de divination pratiquée par des imposteurs qui se disoient inspirés de quelque divinité; de Θεός (*Théos*), Dieu, et de μαντεία (*mantéia*), divination.

THÉOMAQUE, s. m. ennemi de Dieu ; de Θεός (*Théos*), Dieu, et de μάχομαι (*machomai*), combatre.

THÉOPASCHITES, s. m. pl. hérétiques ainsi nommés de Θεός (*Théos*), Dieu, et de πάσχω (*paschô*), souffrir, parce qu'ils prétendoient que toute la Trinité avoit souffert dans la passion de J. C.

THÉOPHANIE, s. f. θεοφανεία (*théophanéia*), apparition ou manifestation de Dieu ; de Θεός (*Théos*), Dieu, et de φαίνω (*phainô*), apparoître. On a donné autrefois ce nom à l'Epiphanie ou à la fête des rois. Chez les païens, c'étoit la fête de l'apparition d'Apollon à Delphes.

THÉOPHILANTHROPE, s. m. mot nouveau, qui désigne des sectaires qui ont paru dans ces derniers temps, et qui font profession de suivre la religion naturelle. Il est composé de Θεός (*Théos*), Dieu, de φίλος (*philos*), ami, et d'ἄνθρωπος (*anthrôpos*), homme ; c'est-à-dire, *qui aime Dieu et les hommes.* De-là vient THÉO-PHILANTHROPIE, s. f. la doctrine des théophilanthropes; THÉOPHILANTHROPIQUE, adj. qui y a rapport.

THÉOPTIE, s. f. apparition des dieux de la Fable ; de Θεός (*Théos*), Dieu, et d'ὄπτομαι (*optomai*), voir. C'est le même que *théophanie*.

THÉORE, s. m. (*antiq.*), de θεωρός (*théôros*), qui signifie *celui qui a soin des choses divines*, dérivé de Θεός (*Théos*), Dieu, et d'ὤρα (*ôra*), soin. On appeloit ainsi, chez les Grecs, des députés qu'ils envoyoient de temps en temps à Delphes, à Olympie, à Délos, &c. pour offrir des sacrifices aux divinités révérées dans ces villes. Ces sortes de députations se nommoient *théories*.

THÉORÊME, s. m. (*math.*), proposition purement spéculative, dont la vérité a besoin d'être démontrée; de θεώρημα (*théôrêma*), qui signifie *ce que l'on con-*

temple, ce que l'on considère, dérivé de *θεωρὸς (théóros),* contemplateur. C'est l'opposé de *problême.*

THÉORÉTIQUE ou THÉORIQUE, adj. qui se borne à la théorie, à la spéculation; de *θεωρέω théóreó),* observer, contempler; de *θεωρητικὸς (théórétikos),* contemplatif, dont la racine est *θεωρὸς (théóros),* contemplateur. Nom d'une secte de médecins qui se conduisoient d'après l'observation et le raisonnement. Ils étoient opposés aux *empiriques.* Voyez ce mot.

THÉORIE, s. f. de *θεωρία (théória),* contemplation, spéculation, qui vient de *θεωρέω (théóreó),* contempler. On donne ce nom à la partie contemplative d'une science ou d'un art, qui s'occupe plutôt de la démonstration que de la pratique des vérités. De-là, THÉORICIEN, s. m. celui qui connoît les principes d'un art sans le pratiquer. THÉORISTE, s. m. auteur d'une théorie; THÉORIQUE, adj. qui appartient à la théorie. Quant au mot *théorie,* dans le sens de députation religieuse chez les Grecs, *voyez* THÉORE.

THÉOSOPHES, s. m. espèce d'*Illuminés* qui se prétendent inspirés par un principe surnaturel et céleste, et élevés par degrés, et par le moyen des êtres intermédiaires, à la connoissance de Dieu, et au commerce intime avec la Divinité. On appelle leur doctrine *Théosophie;* et l'on en trouve le germe, dit M. de Villoison, dans Iamblique, Plotin, Porphyre, Proclus, &c. et dans la *Cabale* des Hébreux. Le mot de *Théosophie* vient de Θεὸς (*Théos*), Dieu, et de σοφὸς (*sophos*), savant.

THÉRAPEUTES, s. m. pl. terme grec, qui signifie *serviteurs;* dérivé de *θεραπεύω (thérapeuó),* servir, prendre soin. On a donné ce nom à une secte de Juifs qui se livroient à la contemplation et à la prière, soit à cause du soin qu'ils prenoient de leurs ames, soit parce qu'ils servoient Dieu d'une manière particulière. De-là, THÉRAPEUTIQUE, adj. qui a rapport aux thérapeutes.

THÉRAPEUTIQUE, s. f. partie de la médecine qui a pour objet le traitement des maladies ; de θεραπεύω (*thérapeuô*), guérir, traiter un malade.

THÉRIAQUE, s. f. (*pharm.*) composition médicale qui sert d'antidote. Son nom vient de θὴρ (*thér*), bête venimeuse, et d'ἀκέομαι (*akéomai*), guérir, ou parce qu'elle est bonne contre les morsures des bêtes venimeuses, ou parce que la chair de vipère en est comme la base. De-là THÉRIACAL, adj. qui a les propriétés de la thériaque.

THERMAL, adj. qui vient de θερμὸς (*thermos*), chaud, et se dit particulièrement des eaux minérales chaudes.

THERMANTIQUE, adj. de θερμαίνω (*thermainô*), échauffer. Il se dit des remèdes qui réchauffent, qui augmentent la chaleur naturelle.

THERMES, s. m. bains d'eau chaude, ou bâtimens destinés pour les bains publics, chez les anciens ; de θερμὸς (*thermos*), chaud, dérivé de θέρω (*thérô*), échauffer.

THERMIDOR, s. m. onzième mois du nouveau calendrier français ; de θερμὸς (*thermos*), chaud.

THERMOMÈTRE, s. m. instrument de physique qui fait connoître les différens degrés de la chaleur ou du froid ; de θερμὸς (*thermos*), chaud, et de μέτρον (*métron*), mesure ; c'est-à-dire, *mesure du chaud*, ou de la chaleur.

THERMOSCOPE ; de θερμὸς (*thermos*), chaud, et de σκοπέω (*skopéô*), j'observe. *Voyez* THERMOMÈTRE.

THÉSAURISER ; de θησαυρίζειν (*thésaurizein*), amasser des trésors, dérivé de θησαυρὸς (*thésauros*), trésor.

THÈSE, s. f. de θέσις (*thésis*), qui veut dire *position*,

dérivé de τίθημι (*tithémi*), poser, établir. On appelle ainsi une proposition ou un argument qui doit faire le sujet d'une dispute ou d'un discours.

THESMOPHORIES, s. f. pl. (*mytho.*), θεσμοφόρια (*thesmophoria*), fêtes païennes en l'honneur de Cérès, surnommée *Thesmophore*, ou législatrice ; de θεσμός (*thesmos*), loi, et de φέρω (*phéró*), porter, donner, parce que cette déesse avoit, dit-on, donné les premières loix aux hommes. Ces fêtes n'étoient célébrées que par les femmes, et dans la ville d'Eleusis.

THESMOTHÈTE, s. m. mot grec, θεσμοθέτης, (*thesmothetés*), qui signifie *législateur* ; de θεσμός (*thesmos*), loi, et de τίθημι (*tithémi*), établir. Nom commun à six magistrats d'Athènes, qu'on élisoit tous les ans pour être les surveillans et les conservateurs des loix.

THÉURGIE ou THÉOURGIE, s. f. espèce de magie, chez les anciens, dans laquelle on avoit recours aux dieux et aux génies bienfaisans, pour produire des effets surnaturels et étonnans. Ce mot vient de Θεός (*Théos*), Dieu, et d'ἔργον (*ergon*), ouvrage, et signifie *l'art de faire des choses divines*, ou que Dieu seul peut faire. De-là vient THÉURGIQUE, adj.

THLASPI, s. m. nom grec d'une plante dont la semence entre dans la composition de la thériaque. Ce mot, qui est purement grec, est dérivé, dit-on, de θλάω (*thlaó*), je presse, je comprime, parce que son fruit est applati et comme comprimé.

THLIPSIE, s. f. (*méd.*), de θλίψις (*thlipsis*), pression, resserrement, qui vient de θλίβω (*thlibó*), serrer, comprimer. Compression des vaisseaux faite par une cause externe.

THNÉTOPSYCHITES, s. m. pl. anciens hérétiques, ainsi nommés de θνητός (*thnétos*), mortel, et de ψυχὴ (*psuché*), ame, parce qu'ils croyoient que l'ame humaine mouroit avec le corps.

THORACHIQUE, adj. *Voyez* Thorax.

THORAX, s. m. (*anat.*), mot purement grec, θώραξ, qui désigne la' poitrine. Il est dérivé, dit-on, du verbe θορεῖν (*thoréin*), sauter, à cause du battement continuel du cœur, qui est renfermé dans la poitrine. De-là on a fait Thorachique, adj. qui a rapport à la poitrine.

THROMBE ou THROMBUS, s. m. (*chirur.*), de θρόμβος (*thrombos*), grumeau de sang, ou sang caillé. Tumeur qui se forme quelquefois, après une saignée, par un sang épanché et grumelé près de l'ouverture de la veine.

THRONE. *Voyez* Trône.

THYM, s. m. en grec, θύμος (*thumos*), petite plante ainsi nommée de θύω (*thuó*), parfumer, parce qu'elle exhale une odeur fort agréable.

THYMBRE, s. f. en grec, θύμβρα (*thumbra*), plante odoriférante assez semblable au thym.

THYMUS, s. m. (*méd.*), espèce de verrue ou de tubercule charnu, semblable à la fleur du thym, nommé en grec θύμος (*thumos*), d'où lui vient son nom.

En anatomie, le *thymus* est un petit corps glanduleux, situé à la partie supérieure de la poitrine; c'est ce qu'on appelle le *ris* dans le veau. De-là vient Thymique, adj.

THYRO-ARYTÉNOÏDIEN, adj. (*anat.*), se dit de deux muscles qui appartiennent aux cartilages thyroïde et aryténoïde. *Voyez* ces deux mots.

THYRO-ÉPIGLOTTIQUE, adj. (*anat.*), se dit de deux muscles qui appartiennent au cartilage thyroïde et à l'épiglotte. *Voyez* ces deux mots.

THYRO-HYOÏDIEN, adj. (*anat.*), se dit de deux

muscles qui appartiennent au cartilage thyroïde et à l'os hyoïde. *Voyez* THYROÏDE et HYOÏDE.

THYROÏDE, adj. (*anat.*), se dit d'un grand cartilage du larynx, qui forme ce qu'on appelle le *nœud de la gorge*, ou la *pomme d'Adam*. Ce mot vient de θυρεός (*thuréos*), bouclier, et d'εἶδος (*éidos*), forme, parce que les anciens ont cru trouver dans sa forme de la ressemblance avec un bouclier. THYROÏDIEN, adj. en est dérivé.

THYRO-PALATIN, adj. (*anat.*), se dit d'un petit muscle qui, du cartilage thyroïde, aboutit au palais, nommé en latin *palatum*. Voyez THYROÏDE, pour la première partie du mot.

THYRO-PHARYNGIEN, adj. (*anat.*), se dit de deux petits muscles qui s'attachent au cartilage thyroïde et au pharynx. *Voyez* THYROÏDE et PHARYNX.

THYRO-PHARYNGO-STAPHYLIN, adject. (*anat.*), se dit de deux muscles qui appartiennent au cartilage thyroïde, au pharynx et à la luette, nommée en grec σταφυλή (*staphulé*). *Voyez* THYROÏDE et PHARYNX.

THYRO-STAPHYLIN, adj. (*anat.*), se dit de deux muscles qui s'attachent au cartilage thyroïde et à la luette, nommée en grec σταφυλή (*staphulé*). *Voyez* THYROÏDE et PHARYNX.

THYRSE, s. m. de θύρσος (*thursos*), javelot ou bâton entouré de pampre et de lierre, dont les Bacchantes étoient armées, à l'imitation de Bacchus.

TIARE, s. f. de τιάρα (*tiara*), ornement de tête autrefois en usage chez les Perses ; dérivé de τίω (*tió*), j'honore, parce que la *tiare* étoit portée par les rois et les prêtres. Aujourd'hui c'est le diadème du pape, orné de trois couronnes.

TISANE, s. f. (*pharm.*), breuvage fait ordinairement d'orge et de racine de réglisse bouillis à l'eau. Les anciens faisoient communément la tisane avec de l'orge pilé ou mondé, qu'ils appeloient πτισσάνη (*ptissané*), de πτίσσω (*ptissô*), piler, écorcer, d'où nous avons fait d'abord *ptisane*, et ensuite *tisane*.

TITHYMALE, s. m. plante qui rend un suc laiteux et caustique. Son nom est dérivé de τιτθὸς (*titthos*), mamelle, et de μαλὸς (*malos*), tendre, comme qui diroit *mamelle tendre*, qui fournit du lait en abondance. Le mot grec μαλὸς signifie aussi *pernicieux*; et ce sens convient également au tithymale, à cause des effets dangereux que son suc peut produire.

TOMBE, TOMBEAU; de τύμβος (*tumbos*), sépulcre de pierre. *Tombe* se dit d'une grande pierre dont on couvre une sépulture; et *tombeau*, d'un monument élevé à la mémoire d'un mort.

TOME, s. m. division ou partie d'un ouvrage imprimé; de τόμος (*tomos*), qui signifie *partie d'un tout, morceau retranché*, dérivé de τέμνω (*temnô*), couper, diviser. *Tome* se prend aussi pour *volume*.

TOMIE, mot tiré de τομή (*tomé*), qui signifie *action de couper*, dérivé de τέτομα (*tétoma*), prétérit moyen de τέμνω (*temnô*), je coupe. Il entre dans la composition de plusieurs mots français, tels qu'*anatomie, lithotomie*, &c. qu'on trouvera expliqués à leur rang alphabétique.

TOMOTOCIE, s. f. (*chirur.*), nom donné à l'opération césarienne; de τομή (*tomé*), incision, et de τόκος (*tokos*), accouchement; c'est-à-dire, incision que l'on fait pour faciliter un accouchement laborieux.

TON, s. m. mot formé de τόνος (*tonos*), tension, qui vient de τείνω (*téinô*), tendre. On appelle *ton*, en médecine, l'état de tension ou de fermeté naturelle de chaque partie du corps humain ; en musique, certain degré d'élévation ou d'abaissement de la voix, ou d'un autre son ; en peinture, le degré de force, de vigueur, d'intensité dans le coloris ; et les nuances du style, dans les ouvrages d'esprit. De-là vient TONIQUE, adj. (*méd.*), qui est propre à fortifier, à donner du ton.

TONOTECHNIE, s. f. art de noter les cylindres de certains instrumens de musique ; de *τόνος* (*tonos*), ton, et de *τέχνη* (*techné*), art.

TOPARCHIE, s. f. gouvernement d'un lieu, d'un canton ; de *τόπος* (*topos*), lieu, et d'*ἀρχὴ* (*arché*), commandement. C'est ce qu'on appelle une *seigneurie*.

TOPAZE, s. f. de *τοπάζιον* (*topazion*), pierre précieuse, jaune, transparente, et très-dure.

TOPIQUE, s. m. et adj. (*méd.*), qui signifie *local* ; de *τόπος* (*topos*), lieu. Remède qui n'opère que lorsqu'il est appliqué sur la partie malade, ou sur celle qui y répond ; tels sont les emplâtres, les onguens, &c.

TOPIQUES, s. m. pl. en grec, *τοπικὰ* (*topika*), traité sur les lieux communs ; les *Topiques d'Aristote*, de *Cicéron*.

TOPOGRAPHIE, s. f. (*géog.*), description détaillée d'un lieu, d'un canton particulier ; de *τόπος* (*topos*), lieu, et de *γράφω* (*graphô*), je décris. TOPOGRAPHIQUE, adj. *carte topographique*.

TORE, s. m. (*archit.*), gros anneau ou grosse moulure ronde des bases des colonnes. Ce mot vient de *τόρος* (*toros*), tour, dérivé de *τερέω* (*téréô*), tourner autour, parce que ces anneaux représentent les cercles ou liens qu'on mettoit originairement aux troncs d'arbres qui servoient de colonnes, pour les empêcher de s'éclater.

TOXIQUE, s. m. nom générique de toutes sortes
de poisons ; de *τοξικòν* (*toxikon*) , venin, dérivé de *τόξον*
(*toxon*) , arc , carquois, ou l'art de tirer de l'arc , parce
que les Barbares empoisonnoient leurs flèches.

TRACHÉE-ARTÈRE , s. f. (*anat.*) , canal de la
respiration. On l'appelle ainsi de *τραχὺς* (*trachus*), rude ,
âpre , et d'*ἀρτηρία* (*artéria*) , qui signifie *vaisseau aérien*,
à cause qu'elle est rude et raboteuse. *Voyez* ARTÈRE.

En botanique, on appelle *trachées* certains vaisseaux
des plantes , parce que leur conformation a quelque
rapport avec la *trachée-artère*. La découverte de ces
trachées est due au savant Malpighi , qui les regarde
comme les organes de la respiration des plantes. *Trachélienne*

TRACHÉLO-MASTOÏDIEN , adj. (*anat.*) , nom
d'un muscle qui a du rapport au cou et à l'apophyse
mastoïde. La première partie de ce mot vient de *τρά-
χηλος* (*trachélos*) , le cou ; pour l'autre partie , *voyez*
MASTOÏDE.

TRACHÉOTOMIE , s. f. (*chirur.*) , incision faite à
la trachée-artère ; ce mot vient de *τραχὺς* (*trachus*) ,
rude, raboteux, et de *τέμνω* (*temnô*) , couper. *Voy.* TRA-
CHÉE-ARTÈRE. Ce terme est synonyme de *bronchotomie.*

TRACHOMA , s. m. (*chirur.*) , âpreté ou rudesse de
la partie interne des paupières, avec rougeur et démangeaison. Ce mot, qui est grec , est dérivé de *τραχὺς*
(*trachus*) , âpre , rude. C'est une espèce de dartre des
paupières.

TRAGACANTHE , s. f. gomme qui découle d'un
arbrisseau épineux de même nom, et que l'on nomme
par corruption *gomme adragant.* On appelle cet arbrisseau *tragacanthe*, ou *épine de bouc* , de *τράγος* (*tragos*) , bouc , et d'*ἄκανθα* (*akantha*) , épine, parce que cet
animal aime à le brouter.

TRAGÉDIE, s. f. (*littér.*), imitation en vers d'une action grave, héroïque, capable d'exciter la terreur et la pitié. Ce mot est dérivé de τράγος (*tragos*), bouc, et d'ῳδή (*ôdé*), chant, qui vient d'ἀείδω (*aéidô*), chanter, parce que, chez les Grecs, le prix de ce poëme fut d'abord un bouc ou un chevreau. La tragédie, grossière dans son origine, doit sa naissance aux fêtes de Bacchus, pendant lesquelles on chantoit en l'honneur de ce dieu des hymnes mêlés de contes bouffons. De-là vient TRA-GIQUE, adj. qui appartient à la tragédie; et au figuré, *fâcheux*, *funeste*. TRAGIQUEMENT, adv.

TRAGÉLAPHE, s. m. espèce de cerf, ainsi nommé par les anciens, de τράγος (*tragos*), bouc, et d'ἔλαφος (*élaphos*), cerf, parce qu'ils ont cru lui trouver quelque ressemblance avec le bouc. *Voy.* HIPPÉLAPHE, le même.

TRAGI-COMÉDIE, s. f. espèce de tragédie mêlée d'incidens comiques. *Voyez* TRAGÉDIE et COMÉDIE.

TRAGIQUE. *Voyez* TRAGÉDIE.

TRAPÈZE, s. m. (*géom.*), figure rectiligne de quatre côtés inégaux, dont deux sont parallèles. Ce mot est dérivé de τράπιζα (*trapéza*), table, comme qui diroit τιτράπιζα (*tétrapéza*), mot formé, dit-on, de τιτράς (*tétras*), quatre, et de πίζα (*péza*), pied; c'est-à-dire, *table à quatre pieds;* parce que les Grecs se servoient de tables de cette forme.

En anatomie, *trapèze* se dit par comparaison d'un os et d'un muscle.

De-là vient TRAPÉZOÏDE, s. m. figure semblable au *trapèze*, mais dont les côtés ne sont point parallèles; de τράπιζα, et d'εἶδος (*éidos*), forme, figure.

TRAUMATIQUE, adj. et s. (*méd.*), mot qui signifie *vulnéraire*, ou remède bon pour les plaies; de τραῦμα (*trauma*), en latin, *vulnus*, plaie, blessure.

TRÉPAN, s. m. de τρύπανον (*trupanon*), une tarière, qui vient de τρυπάω (*trupaó*), percer; instrument de chirurgie dont on se sert pour enlever un morceau du crâne. Il se dit aussi de l'opération même; de-là, le verbe TRÉPANER.

TRIANDRIE, s. f. (*botan.*), de τρεῖς (*tréis*), trois, et d'ἀνήρ (*anér*), génit. ἀνδρὸς (*andros*), mari. Nom que donne Linné à la troisième classe des plantes, dont la fleur a trois parties mâles ou trois étamines.

TRIBOMÈTRE, s. m. machine inventée par Musschenbroeck, pour mesurer les frottemens; ce mot vient de τρίβω (*tribô*), frotter, et de μέτρον (*métron*), mesure.

TRIBRAQUE, s. m. pied de vers composé de trois syllabes brèves; de τρεῖς (*tréis*), trois, et de βραχύς (*brachus*), bref. *Triceps.*

TRICHIASIS, s. m. (*méd.*), nom grec d'une maladie des paupières, causée par un dérangement des cils qui rentrent en-dedans; ce mot vient de θρὶξ (*thrix*), génit. τριχὸς (*trichos*), poil, ou cheveu. Nous l'appelons en français, *trichiase*.

TRIDACTYLE, adj. (*nat.*), qui a trois doigts; de τρεῖς (*tréis*), trois, et de δάκτυλος (*daktulos*), doigt. Il se dit des animaux qui ont trois doigts à chaque pied.

TRIÉRARQUE, s. m. (*antiq.*), en grec, τριηράρχης (*triérarchés*), qui signifie *capitaine de galère;* de τριήρης (*triérés*), galère à trois rangs, et d'ἀρχὸς (*archos*), chef, commandant. Les Athéniens donnoient ce nom à certains officiers qui étoient chargés du soin de la marine; et on l'étendit dans la suite aux citoyens aisés, qui étoient obligés par la loi d'armer une galère, et de l'équiper à leurs frais.

TRIÉTÉRIDE, s. f. espace ou révolution de trois années; de τρεῖς (*tréis*), trois, et d'ἔτος (*étos*), année.

TRIÉTÉRIQUE, adj. qui se fait, ou qui arrive tous les trois ans.

TRIGLYPHE, s. m. (*archit.*), ornement de la frise dorique, composé de deux cannelures en triangle, et de deux demi-cannelures sur les deux côtés; ce mot vient de τρεῖς (*tréis*), trois, et de γλυφή (*gluphé*), gravure, dérivé de γλύφω (*gluphô*), je grave; c'est-à-dire, ornement qui a trois gravures.

TRIGONE, s. m. de τρίγωνον (*trigônon*), triangle, qui vient de τρεῖς (*tréis*), trois, et de γωνία (*gônia*), angle; espèce de lyre ancienne, de forme triangulaire.

TRIGONOMÉTRIE, s. f. partie de la géométrie qui enseigne à trouver les parties inconnues d'un triangle par le moyen de celles que l'on connoît; ce mot vient de τρίγωνον (*trigônon*), triangle, (formé de τρεῖς, trois, et de γωνία, angle), et de μέτρον (*métron*), mesure; c'est-à-dire, *art de mesurer les triangles*. TRIGONOMÉTRIQUE, adj. et TRIGONOMÉTRIQUEMENT, adv. en sont dérivés.

TRIGYNIE, s. f. (*botan.*), de τρεῖς (*tréis*), trois, et de γυνή (*guné*), femme. Linné donne ce nom à la sous-division des classes des plantes dont la fleur a trois parties femelles ou trois pistils.

TRIHÈDRE, adj. (*géom.*), mot composé de τρεῖς (*tréis*), trois, et d'ἕδρα (*hédra*), siége, base, ou face. Il se dit d'une pyramide terminée par trois faces ou côtés, ou d'un angle formé par la réunion de trois plans.

Trilogie.

TRIMÈTRE, s. m. (*littér.*), vers composé de trois pieds ou trois mesures; de τρεῖς (*tréis*), trois, et de μέτρον (*métron*), mesure.

TRINOME, s. m. quantité algébrique composée de trois termes; de τρεῖς (*tréis*), trois, et de νομή (*nomé*), part, division.

TRIPÉTALE, adj. (*botan.*), qui a trois feuilles ou

pétales, en parlant des fleurs ; de τρεῖς (*tréis*), trois, et de πέταλον (*pétalon*), feuille, ou *pétale*.

TRIPHTHONGUE, s. f. (*gram.*), syllabe composée de trois voyelles ou de trois sons ; de τρεῖς (*tréis*), trois, et de φθόγγος (*phthoggos*), son. La langue française n'admet pas de vraies triphtongues.

TRIPHYLLE, adj. (*botan.*), de τρεῖς (*tréis*), trois, et de φύλλον (*phullon*), feuille. Nom que donne Linné au calice des fleurs, quand il est divisé en trois pièces ou petites feuilles.

TRISAGION, s. m. (*hist. eccl.*), sorte d'hymne où le mot *saint* est répété trois fois ; de τρὶς (*tris*), trois fois, et d'ἅγιος (*hagios*), saint.

TRISMÉGISTE, adj. ou *trois fois grand* ; de τρὶς (*tris*), trois fois, et de μέγας (*mégas*), grand. Surnom donné par les anciens à un prince d'Egypte nommé *Hermès*, qu'on regarde comme l'inventeur de plusieurs arts, et sur-tout de l'alchimie.

En termes d'imprimerie, c'est le nom d'un caractère qui est entre le gros et le petit canon.

TRISSYLLABE, s. m. et adj. se dit d'un mot composé de trois syllabes ; de τρεῖς (*tréis*), trois, et de συλλαβή (*sullabé*), syllabe.

TRITHÉISTES, s. m. pl. hérétiques qui admettoient trois dieux ; de τρεῖς (*tréis*), trois, et de Θεὸς (*Théos*), Dieu. Leur hérésie se nomme *trithéisme*.

TRITON, s. m. (*mus.*), accord dissonant, composé de trois tons entiers ; de τρεῖς (*tréis*), trois, et de τόνος (*tonos*), tension. *Voyez* TON.

TROCHAÏQUE, adj. *Voyez* TROCHÉE.

TROCHANTER, s. m. (*anat.*), nom de deux apophyses de la partie supérieure du fémur. Ce mot vient de τροχάω (*trochaó*), je tourne, et signifie proprement

33

qui fait tourner, parce que les muscles qui s'attachent
à ces apophyses, font mouvoir la cuisse en rond. On
prononce *trokanter*.

TROCHÉE, s. m. pied de vers grec et latin composé d'une longue et d'une brève, en grec τροχαῖος (*tro-
chaios*). On prononce *trokée*. TROCHAÏQUE, adj. se dit
d'un vers où le trochée domine.

TROCHILE, s. m. de τρόχιλος (*trochilos*). *Voyez*
SCOTIE.

TROCHISQUES, s. m. pl. (*pharm.*), mot qui signifie
petites roues; de τροχός (*trochos*), une roue. Ce mot désigne de petites masses rondes et plates d'une composition médicinale. On les nomme aussi *pastilles*.

TROCHITE, s. m. (*nat.*), sorte de pierre circulaire
et plate, ainsi nommée de τροχός (*trochos*), roue,
parce qu'elle représente une petite roue avec un trou
au centre, d'où partent des rayons.

TROCHLÉATEUR, adj. m. (*anat.*), se dit du muscle
grand oblique de l'œil, ainsi appelé du latin *trochlea*,
poulie, en grec τροχιλαία, dérivé de τροχάω (*trochaô*),
tourner autour, parce qu'il passe dans une membrane
en partie cartilagineuse, qui lui sert comme de poulie.

TROGLODYTES, s. m. pl. ancien peuple d'A-
frique, ainsi nommé de τρώγλη (*troglé*), trou, caverne,
et de δύνω (*dunô*), ou δύω (*duô*), j'entre, je pénètre,
parce qu'il habitoit, dit-on, dans des cavernes : ce qui
fait donner aujourd'hui le même nom à ceux qui vivent
sous terre, tels que les mineurs de Suède, de Po-
logne, &c.

Troklée. TRÔNE ou THRÔNE, s. m. de θρόνος (*thronos*),
siége royal, dérivé, dit-on, de θράω (*thraô*), s'asseoir. Il
se prend aussi pour la royauté.

TROPE, s. m. (*rhét.*), figure par laquelle on fait prendre à un mot une signification différente de sa signification propre. On l'appelle ainsi de τρόπος (*tropos*), tour, dérivé de τρέπω (*trépô*), je tourne, parce qu'elle consiste à tourner ou à changer le sens naturel d'un mot en un autre sens.

TROPHÉE, s. m. assemblage d'armes élevées avec art, pour servir de monument de quelque victoire ; ce mot vient du latin *tropaeum*, en grec τροπαῖον (*tropaion*), dérivé de τρέπω (*trépô*), mettre en fuite ; c'est-à-dire, monument élevé pour avoir mis l'ennemi en fuite. Anciennement, un *trophée* n'étoit que la dépouille de l'ennemi vaincu, que l'on mettoit sur un tronc d'arbre.

TROPIQUES, s. m. pl. (*astro.*), nom de deux petits cercles de la sphère, parallèles à l'Equateur, et qui marquent la plus grande déclinaison du soleil ; en grec, τροπικοὶ (*tropikoi*), qui vient de τρέπω (*trépô*), retourner ; c'est-à-dire, *cercles d'où retourne le soleil*, parce que cet astre, étant arrivé à l'un d'eux, semble retourner vers l'autre. L'un se nomme *tropique du Cancer*, et l'autre *tropique du Capricorne*.

TROPOLOGIQUE, adj. qui signifie *figuré ;* de τρόπος (*tropos*), trope, ou figure, et de λόγος (*logos*), discours ; c'est-à-dire, qui se dit figurément : *le sens tropologique d'un emblème.*

TRYPHÈRE, s. f. (*pharm.*), nom d'un opiat composé de plusieurs ingrédiens, et propre à fortifier l'estomac. Ce mot vient de τρυφερὸς (*truphéros*), délicat, parce que ce remède opère doucement et agréablement, ou parce qu'il procure du repos à ceux qui en usent. Ce nom s'applique à plusieurs autres compositions de cette espèce.

TYMPAN, s. m. mot dérivé de τύμπανον (*tumpanon*),

qui signifie *tambour*. On donne ce nom à une petite membrane qui est tendue au fond de l'oreille à-peu-près comme la peau d'un tambour, et qui, recevant les impressions de l'air, cause la sensation de l'ouïe. *Tympan* est aussi le nom de différens ouvrages de l'art, dont la forme a quelque rapport avec un tambour.

TYMPANISER, pour dire, décrier publiquement quelqu'un ; de τυμπανίζειν (*tympanizéin*), battre du tambour, comme si l'on disoit, faire une diffamation en public, dans une assemblée, au son du tambour.

TYMPANITE, s. f. (*méd.*), enflure du bas-ventre causée par des vents qui y sont retenus ; de τύμπανον (*tumpanon*), tambour, parce que, dans cette maladie, la peau est quelquefois tendue comme un tambour, et rend du son lorsqu'on frappe dessus.

TYMPANON, s. m. de τύμπανον (*tumpanon*), tambour, instrument de musique monté avec des cordes de laiton, et qu'on touche avec deux petites baguettes.

TYPE, s. m. de τύπος (*tupos*), modèle, figure originale, forme, signe ou marque de quelque chose, dérivé de τύπτω (*tuptô*), frapper, parce qu'en frappant le coup s'imprime et laisse une marque. De-là vient aussi TYPIQUE, adj. figuré, symbolique (1).

TYPHODE, adj. (*méd.*), de τύφω (*tuphô*), j'enflamme. Il se dit d'une espèce de fièvre ardente et continue, qui se manifeste par des sueurs abondantes.

TYPHOMANIE, s. f. (*méd.*), espèce de frénésie et

_____

(1) M. de Villoison observe, d'après Fourmont l'aîné, p. 507 et 508 de son *Monaacah*, Paris, 1725, *in-12*, que dans saint Paul, I *Corinth.* 10, 6 et 11, Τύποι ne veut pas dire *figures*, mais *exemples*, *modèles*.

de léthargie compliquée : de τύφω (*tuphó*), j'enflamme, et de μανία (*mania*), folie, délire.

TYPOGRAPHIE, s. f. l'art de l'imprimerie, ou l'art d'écrire avec des caractères ; de τύπος (*tupos*), marque, figure, ou caractère, dont la racine est τύπτω (*tuptó*), frapper, et de γράφω (*graphó*), j'écris, parce qu'en imprimant on frappe un coup, qui laisse la marque ou l'empreinte des caractères.

Dérivés. TYPOGRAPHE, imprimeur ; TYPOGRAPHIQUE, adj. qui concerne la typographie.

TYPOLITHE, s. f. (*nat.*), pierre figurée, qui porte des empreintes de plantes ou d'animaux ; de τύπος (*tupos*), type, image, figure, et de λίθος (*lithos*), pierre.

TYRAN, s. m. de τύραννος (*turannos*), qui signifioit autrefois un roi, ou un souverain qui avoit usurpé l'autorité suprême, mais qui désigne aujourd'hui un prince injuste, violent et cruel. TYRANNIE, s. f. TYRANNIQUE, adj. TYRANNISER, v. a. se disent dans le même sens. *[Tyroïdien 4. 24]*

TYROMORPHITE, s. f. (*nat.*), pierre figurée qui imite un morceau de fromage ; de τυρός (*turos*), fromage, et de μορφή (*morphé*), forme, figure.

U

URANOGRAPHIE, s. f. description du ciel ; d'ούρανός (*ouranos*), le ciel, et de γράφω (*graphó*), décrire. On dit aussi URANOLOGIE, d'ούρανός, et de λόγος (*logos*), discours.

URANOSCOPE, s. m. poisson de mer qui a les yeux placés sur la tête, et tournés vers le ciel ; d'ούρανός (*ouranos*), le ciel, et de σκοπέω (*skopéó*), regarder ; c'est-à-dire, *qui regarde le ciel.*

URANOSCOPIE, s. f. *observation du ciel;* d'οὐρανὸς (*ouranos*), le ciel, et de σκοπέω (*skopéô*), j'observe, je considère. Quelques-uns donnent ce nom à l'astronomie.

URETÈRE, s. m. (*anat.*), nom de deux canaux qui portent l'urine des reins à la vessie ; d'οὖρον (*ouron*), urine ; d'où l'on a formé le mot d'ούρήθρα (*ouréthra*), conduit de l'urine.

URÉTIQUE. *Voyez* DIURÉTIQUE.

URÈTRE, s. m. (*anat.*), canal par où sort l'urine ; ούρήθρα (*ouréthra*, dérivé d'οὖρον (*ouron*), urine.

URIQUE, adj. (*chim.*), se dit de l'acide que l'on retire des calculs qui se forment dans la vessie de l'homme. Ce mot, qui est nouveau, est dérivé d'οὖρον (*ouron*), urine, parce qu'on a découvert que l'urine étoit la matière qui produisoit cet acide. On l'avoit nommé auparavant *acide lithique*, de λίθος (*lithos*), pierre.

De-là, on appelle URATE le sel formé par la combinaison de l'acide *urique* avec une base. De-là vient aussi URÉE, s. f. nom d'une substance particulière récemment découverte dans l'urine.

UROCRISE, s. f. (*méd.*), jugement que l'on porte de l'état d'un malade par l'inspection de son urine ; d'οὖρον (*ouron*), urine, et de κρίσις (*krisis*), jugement, de κρίνω (*krinô*), juger.

UROMANCIE, s. f. d'οὖρον (*ouron*), urine, et de μαντεία (*mantéia*), divination ; l'art de deviner par le moyen des urines l'état présent d'une maladie. On lui donne encore le nom d'*uroscopie*, d'οὖρον, et de σκοπέω (*skopéô*), examiner, et celui d'*urocrise;* voyez ce mot.

De-là on a appelé *Uromantes* ces charlatans qui prétendent deviner les maladies par la seule inspection des urines.

UTOPIE, s. f. plan d'un gouvernement imaginaire, tel que la république de Platon ; ce mot est formé d'*ʊ* (*ou*), non, et de *τόπος* (*topos*), lieu ; c'est-à-dire, lieu qui n'existe pas, pays imaginaire. C'est le titre d'un ouvrage du chancelier *Morus*.

V

VARICOCÈLE, s. m. (*chirur.*), dilatation variqueuse des veines du scrotum, causée par la stagnation du sang ; ce mot vient du latin *varix*, varice, veine trop dilatée, et du grec *κήλη* (*kélé*), tumeur.

VARICOMPHALE, s. m. (*chirur.*), tumeur variqueuse de quelques vaisseaux du nombril ; du latin *varix*, varice, veine trop dilatée, et du grec *ὀμφαλός* (*omphalos*), nombril.

X

XÉNÉLASIE, s. f. (*antiq.*), interdiction faite aux étrangers du séjour d'une ville, de *ξένος* (*xénos*), étranger, et du verbe *ἐλάω* (*élaó*), j'éloigne. C'étoit le nom d'une loi établie par Lycurgue à Lacédémone, et qui défendoit à tout étranger la libre entrée en Laconie.

XÉRASIE, s. f. (*méd.*), maladie des cheveux, qui les empêche de croître, et les rend semblables à un duvet couvert de poussière ; de *ξηρασία* (*xérasia*), sécheresse, dérivé de *ξηρός* (*xéros*), sec ; c'est-à-dire, sécheresse des cheveux.

XÉROPHAGIE, s. f. *usage d'alimens secs ;* de *ξηρός* (*xéros*), sec, et de *φάγω* (*phagó*), manger. On donnoit ce nom, dans la primitive église, à l'abstinence des chrétiens, qui ne mangeoient pendant le carême que du pain et des fruits secs.

XÉROPHTHALMIE, s. f. (*méd.*), inflammation sèche des yeux, avec douleur et démangeaison ; de ξηρὸς (*xéros*), sec, et d'ὀφθαλμὸς (*ophthalmos*), œil ; comme qui diroit, *sécheresse de l'œil.*

XIPHOÏDE, adj. (*anat.*), qui a la forme d'une épée ; de ξίφος (*xiphos*), épée, et d'εἶδος (*éidos*), forme, figure. C'est ainsi qu'on nomme le cartilage qui est au bas du sternum, parce qu'il est aigu et qu'il ressemble un peu à la pointe d'une épée. On l'appelle vulgairement la *fourchette.*

XYLOBALSAMUM, s. m. mot qui signifie *bois de baume ;* de ξύλον (*xulon*), bois, et de βάλσαμον (*balsamon*), baume. C'est le nom du bois de l'arbre qui produit le *baume de Judée* ou *d'Egypte.*

XYLOGRAPHIE, s. f. l'art d'imprimer en bois ; de ξύλον (*xulon*), bois, et de γράφω (*graphô*), j'écris. Telle a été la première manière d'imprimer.

XYLOSTÉUM, s. m. arbrisseau qui tire son nom de ξύλον (*xulon*), bois, et d'ὀστέον (*ostéon*), os, parce que son bois est blanc et comme osseux. Il croit dans les lieux montagneux.

XYSTARQUE, s. m. officier qui présidoit aux *xystes,* chez les anciens ; de ξυστάρχης (*xustarchés*), qui est dérivé de ξυστὸν (*xuston*), xyste, lieu où s'exerçoient les athlètes, et d'ἀρχὸς (*archos*), chef ; c'est-à-dire, chef ou intendant du xyste. *Voyez* le mot suivant.

XYSTE, s. m. (*antiq.*), lieu d'exercice consacré à divers usages ; en grec, ξυστὸν (*xuston*), de ξυστὸς (*xustos*), qui signifie *poli, applani,* dérivé de ξύω (*xuô*), applanir. Le Xyste proprement dit, chez les Grecs, étoit un grand portique où s'exerçoient les athlètes. Chez les Romains, les xystes n'étoient autre chose que des allées d'arbres qui servoient à la promenade.

Z .

ZÈLE, s. m. de ζῆλος (*zélos*), émulation, ardeur pour quelque chose. De-là vient ZÉLÉ, ÉE, adj. celui qui a du zèle; ZÉLATEUR, s. m. celui qui agit avec zèle pour la religion ou pour la patrie.

ZÉOLITHE, s. f. sorte de pierre dure, vitreuse, et rarement transparente. Son nom vient de ζίω (*zéô*), bouillir, être échauffé, et de λίθος (*lithos*), pierre, c'est-à-dire, *pierre échauffée*, parce qu'on croyoit qu'elle provenoit toujours des volcans.

ZÉPHYR, s. m. vent d'occident, vent doux et agréable; de ζέφυρος (*zéphuros*), comme qui diroit ζωη-φόρος (*zoéphoros*), qui porte la vie, qui donne la santé et la vie, de ζωή (*zôé*), vie, et de φέρω (*phérô*), porter, parce qu'il ranime toute la nature.

Zéphyre, dans les poètes, est le dieu, le chef des Zéphyrs, ou le Zéphyr par excellence.

ZÉTÉTIQUE, adj. dérivé de ζητέω (*zétéô*), chercher. On appelle *méthode zététique*, celle dont on se sert pour résoudre un problème de mathématiques, parce qu'on y cherche la nature et la raison d'une chose.

On a appelé aussi *Zététiques*, d'anciens philosophes qui, comme les pyrrhoniens, faisoient profession de chercher la vérité, mais qui ne la trouvoient point, parce qu'ils doutoient de tout.

ZIZANIE, s. f. de ζιζάνιον (*zizanion*), ivraie, mauvaise herbe qui vient parmi le blé. Il ne se dit qu'au figuré, pour *discorde*, *division*. Ainsi *semer la zizanie* dans quelque lieu, c'est y répandre le trouble et la discorde.

ZODIAQUE, s. m. (*astro.*), ζωδιακὸς (*zódiakos*), cercle de la sphère, ou plutôt bande circulaire partagée en deux parties égales par l'écliptique, et divisée en douze signes où les planètes se meuvent ; ce mot vient de ζῶον (*zóon*), animal, parce que ces signes sont presque tous représentés sous des noms et des figures d'animaux. De-là, ZODIACAL, adj. qui appartient au zodiaque.

ZÔNE, s. f. (*géog.*), nom de chacune des cinq parties dans lesquelles le globe terrestre est divisé ; de ζώνη (*zóné*), bande, ou ceinture, parce qu'elles sont comme autant de bandes ou de ceintures qui environnent la terre.

ZOOGLYPHITE, s. f. (*nat.*), pierre figurée, représentant des empreintes d'animaux ; de ζῶον (*zóon*), animal, et de γλύφω (*gluphó*), graver.

ZOOGRAPHIE, s. f. description des animaux ; de ζῶον (*zóon*), animal, et de γράφω (*graphó*), je décris.

ZOOLÂTRIE, s. f. adoration des animaux ; de ζῶον (*zóon*), animal, et de λατρεία (*latréia*), culte, adoration. On sait jusqu'à quel point les anciens Egyptiens ont porté cette superstition.

ZOOLITHE, s. f. (*nat.*), substance animale pétrifiée ; de ζῶον (*zóon*), animal, et de λίθος (*lithos*), pierre.

ZOOLOGIE, s. f. partie de l'histoire naturelle qui traite des animaux ; de ζῶον (*zóon*), animal, et de λόγος (*logos*), discours, traité ; c'est-à-dire, *discours sur les animaux*.

ZOOMORPHITE, s. f. (*nat.*), pierre figurée qui a quelque ressemblance avec des animaux ; de ζῶον (*zôon*), animal, et de μορφή (*morphé*), forme.

ZOONIQUE, adj. (*chim.*), se dit d'un acide récemment découvert, que l'on retire des substances animales, telles que les poils, la corne, les chairs, &c. Ce mot est formé de ζῶον (*zôon*), animal ; comme qui diroit *acide animal*.

ZOOPHAGE, adj. qui signifie *carnivore*, ou *mangeur de viande* ; de ζῶον (*zôon*), animal, et de φάγω (*phagô*), manger. On donne particulièrement ce nom à des mouches qui se nourrissent sur le corps des animaux, et les sucent.

ZOOPHORE, s. m. (*archit.*), c'est la frise d'un bâtiment, ainsi nommée par les Grecs de ζῶον (*zôon*), animal, et de φέρω (*phérô*), je porte, parce qu'on la chargeoit autrefois de figures d'animaux pour lui servir d'ornement. De-là vient aussi ZOOPHORIQUE, adj. qui se dit d'une colonne qui porte un animal.

ZOOPHYTE, s. m. (*nat.*), mot composé de ζῶον (*zôon*), animal, et de φυτόν (*phuton*), plante ; comme qui diroit *animal-plante*. On désigne sous ce nom des espèces de vers renfermés dans des corps cellulaires, qui imitent une tige végétale dont ces animaux seroient les fleurs.

ZOOPHYTOLITHE, s. f. (*nat.*), pétrification de zoophytes à forme d'arbrisseaux ; de ζωόφυτον (*zôophuton*), zoophyte, et de λίθος (*lithos*), pierre. *Voy.* ZOOPHYTE.

ZOOPHYTOLOGIE, s. f. partie de l'histoire naturelle qui traite des zoophytes ; de ζωόφυτον (*zôophuton*), zoophyte, et de λόγος (*logos*), discours. *Voy.* ZOOPHYTE.

ZOOTOMIE, s. f. anatomie ou dissection des animaux; de ζῶον (zóon), animal, et de τέμνω (temnó), couper, disséquer.

ZOOTYPOLITHE, s. f. (nat.), pierre qui porte l'empreinte d'un animal ou de quelques-unes de ses parties; de ζῶον (zóon), animal, de τύπος (tupos), forme, empreinte, et de λίθος (lithos), pierre.

ZOPISSA, s. f. poix navale, ou goudron que l'on détache des vieux navires; de ζέω (zéó), bouillir, et de πίσσα (pissa), poix, comme qui diroit poix bouillie. On lui attribue une vertu astringente et résolutive.

ZYGOMA, s. m. (anat.), mot grec, qui signifie jonction, union; dérivé de ζευγνύω (zeugnuó), joindre, assembler. On donne ce nom, ou celui d'os jugal, à l'union de l'os des tempes avec celui de la pommette. De-là ZYGOMATIQUE, adj.

ZYMOLOGIE, s. f. partie de la chimie qui traite de la fermentation; de ζύμη (zumé), levain, ou ferment, et de λόγος (logos), discours; c'est-à-dire, discours ou traité sur la fermentation. On dit aussi Zymotechnie, de ζύμη, et de τέχνη (techné), art (1).

_____

(1) M. d'Ansse de Villoison observe que nous avons un Traité en grec vulgaire, περὶ ζυμώσεως (peri zumóseós), sur la fermentation, composé par M. Manuel Saris, Grec de Ténédos. Ce jeune savant, qui nous a aussi donné en grec ancien (à Vienne, en 1799, in-8°.), une Dissertation sur Thucydide, et un Abrégé de son Histoire, a inséré ce Traité sur la fermentation, page 654 et suivantes, tome II, de la traduction en grec vulgaire de la Grammaire des Sciences philosophiques de Benjamin Martin, imprimée à Vienne, 1799, in-8°. par l'infatigable Archimandrite Anthime Gazi. M. Manuel Saris de Ténédos cite souvent le célèbre Fourcroy, dont la Philosophie chimique, ou Vérités fondamentales de la Chimie moderne, vient d'être traduite en grec moderne par Théodose Manasses

ZYMOSIMÈTRE, s. m. mesure de la fermentation ; de ζύμωσις (*zumôsis*), fermentation, et de μέτρον (*métron*), mesure. Nom qu'ont donné quelques physiciens au thermomètre appliqué à la mesure de la fermentation.

Iliadi, jeune Grec, mort de phthisie, à Vienne, le 25 août 1802. C'est le docte Archimandrite Anthime Gazi, qui s'est chargé de publier la traduction de cet ouvrage classique, et qui nous l'a donnée avec sa préface, à Vienne, 1802, *in*-8°.

FIN.

LIVRES de fonds et d'assortimens qui se trouvent chez B. WARÉE, Libraire, quai des Augustins, n° 20, à Paris.

Les articles marqués d'une * sont les livres de fonds.

* ABRÉGÉ des Vies des Pères, des Martyrs, et des autres principaux Saints, tirées des actes originaux et des monumens les plus authentiques, avec une pratique et une prière à la fin de chaque vie ; et des instructions sur les fêtes mobiles. Par M. Godescard, chanoine de Saint-Honoré, extrait, par lui-même, de son grand ouvrage, traduit librement de l'anglais d'Alban Butler: précédé d'une notice sur la vie et les écrits de l'auteur. Paris, de l'imprimerie de *Crapelet*, 1802, 4 vol. *in-12*, de plus de 2200 pages, br.   10 fr.
— Le même ouvrage, sur pap. vélin, dont on a tiré quelques exemplaires, 4 vol. *in-12*, br.   20 fr.

L'Anglais Butler avoit composé dans sa langue, les Vies des Saints que révère l'Eglise catholique ; la traduction qu'en fit M. Godescard, agrandit la réputation du savant étranger, et commença celle du traducteur français. Deux éditions successives, enlevées beaucoup plus rapidement qu'on n'eût dû l'attendre dans un siècle aussi frivole, prouvèrent le mérite do cet ouvrage, dans lequel la piété, l'érudition et la saine critique ne laissent rien à desirer : mais son étendue de douze forts volumes *in-8*, et, par une suite nécessaire, la cherté du prix, en rendoient l'acquisition et la lecture difficiles. Depuis la révolution sur-tout, la plupart de ceux qui auroient en le plus besoin d'un tel livre, pour y trouver des modèles de courage, étoient le moins à portée de se le procurer. C'étoit pour obvier à cet inconvénient que M. Godescard avoit conçu, et exécuté en grande partie, un abrégé de son ouvrage, lorsque la mort l'enleva à la religion, aux lettres et à ses amis. Heureusement son esprit s'étoit, en quelque sorte, reposé sur un digne héritier de ses vertus comme de ses talens. L'abrégé que l'on publie, met l'excellent ouvrage de Butler et de M. Godescard dans une proportion plus juste avec les facultés et les occupations journalières de la plupart des Fidèles : c'est un choix fait avec sagesse des Vies des Saints propres à inspirer l'imitation des vertus qui leur ont mérité les hommages de l'Eglise ; elles sont écrites avec noblesse, avec élégance, sur-tout avec une onction qui pénètre également l'esprit et le cœur. Toutes les bibliothèques chrétiennes s'empresseront de se procurer un livre que l'on peut appeler un trésor d'instructions appropriées à tous les âges, comme à toutes les conditions de la vie.

    (*Journ. des Débats*, du 27 frimaire an XI.)

* Bibliothèque de Médecine, par Planque, ouvrage orné de 220 fig. 31 vol. *in-12*, br.   45 fr.
— Le même, en 10 vol. *in-4.* avec même nombre de fig. br.   60 fr.
* Découverte de la Maison d'Horace, ouvrage utile pour l'intelligence de cet auteur, et qui donne occasion de traiter d'une suite considérable de lieux antiques ; par Capmartin de Chaupy. Rome, 1767, 3 gros vol. *in-8.* ornés d'une fig. et d'une carte topographique représentant la Sabine antique, où fut située la maison d'Horace, br.   9 fr.

Cet ouvrage, que les savans regardent comme précieux, par les détails qu'on y trouve sur l'antiquité et sur l'ancienne splendeur de l'Empire romain, est aussi d'une grande utilité pour la parfaite intelligence d'Horace ; il est digne, sous ces rapports, d'occuper une place dans les bibliothèques.

Dictionnaire (nouveau) de la Langue Française, par Gattel. Lyon, 1797, 2 vol. *in*-8. rel. 15 fr.

* Dictionnaire de Rimes, par P. Richelet, nouvelle édition, revue, corrigée, et considérablement augmentée, par MM. de Wailly, père et fils. Paris, an 7, un gros vol. *in*-8. de 900 pages br. 6 fr.

Le mérite et les talens, en ce genre, de MM. de Wailly sont si avantageusement connus par les différens ouvrages qu'ils ont publiés, qu'il est inutile d'entrer ici dans de plus longs détails sur ce Dictionnaire. L'addition de plus de 10,000 mots, un grand nombre de corrections en tous genres, le rendent préférable aux autres ouvrages du même genre qu'on a publiés jusqu'à présent.

Dictionnaire des Arts et Métiers, par Jaubert. Lyon, 1801, 5 vol. *in*-8. br. 22 fr.

————— des Synonymes, par de Livoy, revu par Beauzée. Paris, 1788, *in*-8. rel. 6 fr. 50 c.

————— Géographique, de Vosgien, dernière édition de Paris, un gros vol. *in*-8 rel. 7 fr. 50 c.

* Elémens de la Grammaire Allemande, par P. A. Basse, membre du Lycée des arts à Paris, professeur de langues vivantes, et chef du bureau d'art et d'instruction au Conseil des mines de la République. Paris, 1800, un volume *in*-12, broc. 1 fr. 80 c.

Cette Grammaire, joint à l'avantage d'être portative, celui de contenir des tables des verbes simples réguliers, et des verbes irréguliers, divisés en cinq classes. Par leur moyen, les commençans seront souvent dispensés de recourir à de volumineux Dictionnaires. Plusieurs Maisons d'éducation ont adopté ce petit ouvrage, et le regardent comme un des meilleurs pour les commençans.

* Ephémérides des Mouvemens célestes, par Desplaces, La Caille et Lalande ; 9 vol. *in*-4. br. avec cartes et fig. 96 fr.

Cette collection, dont il ne reste que peu d'exemplaires, commence en 1716, et va jusqu'à 1800 inclusivement.

— Les tomes VII, VIII et IX se vendent séparément 9 fr. chaque volume.

* Fablier des Adolescens, 2 vol. *in*-18, br. 1 fr. 50 c.

Ce petit Recueil, qui est très-bien imprimé, est un choix de fables tirées des meilleurs fabulistes, et un des bons livres que l'on puisse mettre entre les mains de la jeunesse.

* Géographie moderne et universelle, précédée d'un Traité de la Sphère, et d'un Précis d'Astronomie, &c. avec un Abrégé de la Géographie ancienne, sacrée et ecclésiastique, pour servir à l'intelligence de l'Histoire, par Nicolle de la Croix ; nouvelle édition, entièrement refondue, et considérablement augmentée, d'après les relations les plus exactes des voyageurs, les découvertes des célèbres navigateurs, les partages et les divisions modernes des Etats et des territoires ; par Victor Comeiras. 2 gros vol. *in*-8. de 800 pages chacun, de l'imprimerie de *Crapelet*, et ornés d'une figure allégorique à la tête du premier volume. Prix des deux vol. broc. 12 fr.

— Le même ouvrage, avec 8 cartes enluminées, et renfermées dans les volumes, br. 15 fr.

—Le même, avec l'atlas *in-4.* composé de 22 cartes enlumi-
nées, broc.   20 fr.
—L'atlas séparément, broc.   12 fr.
—L'ouvrage en pap. vélin, dont on n'a tiré que 12 exempl. 30 fr.
— Le même sur papier d'Hollande, également tiré à 12 exem-
plaires seulement,   30 fr.

Cet ouvrage, qui forme un cours complet de Géographie, est adopté
dans les principales maisons d'Education de Paris. M. Geoffroy, dans le
n° 9 de *l'Année littéraire*, an IX, après avoir démontré l'utilité et les
agrémens de la Géographie, dit à la fin de l'analyse qu'il fait de celle que
nous publions : « Quoique ce livre porte toujours le nom de cet habile
» géographe (Nicolle de la Croix), on peut cependant le regarder comme
» un ouvrage nouveau, le plus exact, le plus complet, et le mieux rédigé
» qui existe aujourd'hui sur cette matière ».

Géographie de Crozat, enrichie de beaucoup de cartes, et augmentée d'un tableau des Préfectures et des Tribunaux de
première instance ; un vol. *in-12*, br.   2 fr.
* Manuel de Botanique, par Le Breton, orné de 8 planches ;
in-8. br.   5 fr.
* Manuel Grammatical, ou Abrégé de la Grammaire Alle-
mande, par Fontalard ; un vol. *in-12*, rel. en parch. 1 fr. 50 c.
* Paroissien Romain (le), latin et français, contenant l'Office
divin des dimanches et des fêtes. Paris, les Libraires associés,
1789, *in-12*, rel.   5 fr.
—Le même, latin et français, à l'usage de Paris et de Rome,
in-12, rel.   5 fr.
—Le même, petit *in-12*, rel.   2 fr.
* Vie (la) des Peintres Flamands, Allemands et Hollandais, avec
des portraits gravés en taille-douce, une indication de leurs
principaux ouvrages, et des réflexions sur leurs différentes
manières, par J. B. Descamps, peintre, membre de l'Académie royale des sciences, &c. Paris, 1753, 5 vol. *in-8.*
broc.   50 fr.

Cet ouvrage, dont il ne reste que peu d'exemplaires, est orné d'environ
280 portraits, dessinés et gravés par les plus habiles artistes, tels
que Ficquet, Eisen, Vandyck, &c. et sont autant de chefs-d'œuvre aux
yeux des connoisseurs.

Ouvrages en langue espagnole, qui se trouvent chez le même Libraire.

Aventuras de Gil blas de Santillana robadas a espana, y
adoptadas en francia por M. le Sage, restituidas a su patria y
a su lingua nativa por un Espanol zeloso que no sufre se
burlen de su nacion. En Madrid, 1797, 7 vol. pet. *in-4.* fig.
El ingenioso hidalgo Don Quixote de la Mancha, compuesto por
Miguel de Cervantes Saavedra ; nueva edicion corregida por
la Real Academia Esp. En Madrid, Ibarra, 1780, 4 vol. *in-4.* fig.
—El mismo en Madrid, por la viuda de Ibarra, 1787, 6 v. *in-8.* fig.
—El mismo nueva edicion corregida de nuevo, con nuevas notas,
con nuevas estampas, con nuevo analisis, y con la Vida de el
autor nuevamente aumentada, por D. Juan Antonio Pellicer
en Madrid, 1797, 5 vol. *in-8.*
—El mismo con nuevas vinetas y con nuevas notas por D. Juan
Antonio Pellicer. En Madrid, 1798, 9 vol. *in-12.*

CATALOGUE

DES

LIVRES DE FONDS

ET D'ASSORTIMENS;

Livres Espagnols des Auteurs les plus estimés ;
suivi d'une courte Notice, contenant une partie
de bons ouvrages anciens et de hasard qui se
trouvent :

A PARIS,

Chez WARÉE oncle, Libraire, quai des Augustins,
n°. 20, près le Pont-Saint-Michel.

MARS 1805.

LIVRES DE FONDS ET D'ASSORTIMENS.

* **A**brégé des Vies des Pères, des Martyrs, et des autres principaux Saints, tirées des actes originaux et des monumens les plus authentiques, avec une pratique et une prière à la fin de chaque vie; et des instructions sur les fêtes mobiles; par M. Godescard, chanoine de Saint-Honoré, extrait, par lui-même, de son grand ouvrage, traduit librement de l'anglais d'Alban Butler: précédé d'une Notice sur la vie et les écrits de l'auteur. Paris, de l'imprimerie de *Crapelet*, 1802, 4 vol. in-12, de plus de 2200 pages, br. 10 fr. franc de p. 15 fr.

— Le même ouvrage, sur pap. vélin, dont on a tiré quelques exemplaires, 4 vol. in-12, br. 20 fr. franc de port, 25 fr.

(L'Anglais Butler avoit composé dans sa langue les Vies des Saints que révère l'église catholique; la traduction qu'en fit M. Godescard, agrandit la réputation du savant étranger, et commença celle du traducteur français. Deux éditions successives, enlevées beaucoup plus rapidement qu'on n'eût dû l'attendre dans un siècle aussi frivole, prouvèrent le mérite de cet ouvrage, dans lequel la piété, l'érudition et la saine critique ne laissent rien à désirer; mais son étendue de douze forts volumes in-8°. et, par une suite nécessaire, la cherté du prix, en rendoient l'acquisition et la lecture difficiles. Depuis la révolution surtout, la plupart de ceux qui auroient eu le plus besoin d'un tel livre, pour y trouver des modèles de courage, étoient le moins à portée de se le procurer. C'étoit pour obvier à cet incon-

vénient que M. Godescard avoit conçu, et exécuté en grande partie, un abrégé de son ouvrage, lorsque la mort l'enleva à la religion, aux lettres et à ses amis. Heureusement son esprit s'étoit, en quelque sorte, reposé sur un digne héritier de ses vertus comme de ses talens. L'abrégé que l'on publie met l'excellent ouvrage de Butler et de M. Godescard dans une proportion plus juste avec les facultés et les occupations journalières de la plupart des fidèles: c'est un choix fait avec sagesse des Vies des Saints propres à inspirer l'imitation des vertus qui leur ont mérité les hommages de l'Eglise; elles sont écrites avec noblesse, avec élégance, surtout avec une onction qui pénètre également l'esprit et le cœur. Toutes les bibliothèques chrétiennes s'empresseront de se procurer un livre que l'on peut appeler un trésor d'instructions appropriées à tous les âges, comme à toutes les conditions de la vie). (*Journ. des Débats, du 27 frimaire an XI.*)

Amusemens de la Campagne, ou nouvelles Ruses innocentes; par Liger. Paris, 1753, 2 vol. in-12, avec un grand nombre de fig. (Ouvrage rare.) 8 fr. br.

Année apostolique (l'), ou Méditations pour tous les jours de l'année; par l'abbé Duquesne, 12 vol. in-12, rel. 36 fr.

— La même, 8 vol. in-12, reliés. 24 fr.

Art (l') de la Teinture des Fils et Etoffes de Coton, par le Pileur d'Apligny, in-12, br. 2 fr.

* Catalogue de la Bibliothèque des Livres rares et précieux de

Mirabeau l'aîné, avec la table des auteurs et les prix. Paris, 1791, in-8°. br. 6 fr.

Comte de Valmont (le), ou les Egoremens de la Raison. Paris, 6 vol. in-12, reliés. 18 fr.

Confiturier royal (le), ou nouvelle Instruction pour les confitures, les liqueurs et les fruits. Paris, 1791, in-12, relié. 3 fr.

Costumes des Anciens Peuples, à l'usage des artistes; par André Bardon. Nouvelle édition rédigée par Cochin. Paris, 4 vol. in-4°. contenant près de 400 figures, brochés, 60 fr. et reliés, 78 fr.

Cramer (Gabriel), introduction à l'analyse des Lignes courbes algébriques. Genève, 1750, in-4°. (Ouvrage devenu rare.) 48 fr. relié.

* Découverte de la Maison d'Horace, ouvrage utile pour l'intelligence de cet auteur, et qui donne occasion de traiter d'une suite considérable de lieux antiques; par Capmartin de Chaupy. Rome, 1767, 3 gros vol. in-8°, orné d'une figure et d'une carte topographique représentant la Sabine antique, où fut située la maison d'Horace, brochés. 9 fr.

(Cet ouvrage, que les savans regardent comme précieux, par les détails qu'on y trouve sur l'antiquité et sur l'ancienne splendeur de l'Empire romain, est aussi d'une grande utilité pour la parfaite intelligence d'Horace; il est digne, sous ces rapports, d'occuper une place dans les bibliothèques.)

Dictionnaire apostolique, à l'usage de MM. les Curés des villes et des campagnes; par le Père Hyacinte de Montargon. Paris, 1767, 13 vol. in-8°. rel. 72 fr.

Dictionnaire de l'Académie françoise, revu, corrigé, et con-sidérablement augmente, par l'Académie elle-même. Paris, an VII, 2 vol. in-4°. rel. 33 fr.

Dictionnaire (nouveau) de la Langue française, par Gattel. Dernière édition, 2 vol. in-8°. rel. 15 fr.

Dictionnaire étymologique de la Langue française, par Ménage, corrigé et augmenté par A. F. Jault. Paris, 1750, 2 vol. in-fol. rel. 50 fr.

* Dictionnaire étymologique des mots français dérivés du grec, et usités principalement dans les sciences, les lettres et les arts; ouvrage utile aux jeunes gens et aux personnes qui ne sont point versées dans les langues anciennes. On y a joint les noms des nouvelles mesures et les autres mots nouveaux tirés du grec; par J. B. Morin, directeur d'école secondaire à Clermont-Ferrand: enrichi de notes par M. d'Ansse de Villoison, membre de l'Institut national de France, des académies de Londres, Berlin, Gottingue, Jéna, etc. etc. et revu en l'absence de l'auteur par M. de Wailly, chef de l'enseignement au Lycée impérial de Paris, 1 vol. in-8°. de l'imprimerie de Crapelet. 7 fr. 20 c. broché, et 9 fr. franc de port.

(Ce livre, vraiment classique, enrichi des notes de M. d'Ansse de Villoison, est d'une utilité générale pour tous ceux qui ne savent pas le grec, et pour ceux même qui, possédant cette langue, ne se sont pas familiarisés avec tous les termes de sciences, d'arts et de métiers, dont on trouve l'étymologie et l'explication dans cet ouvrage. C'est un manuel qu'il faut consulter à chaque instant, et dont les personnes qui cultivent les sciences ne peuvent pas se passer.)

* Dictionnaire de Rimes, par P. Richelet; nouvelle édition,

revue, corrigée, et considérablement augmentée par MM. de Wailly, père et fils. Paris, an VII, 1 gros vol. in-8°. de 900 pages, br. 7 fr. et 10 fr. franc de p.

(Le mérite et les talens, en ce genre, de MM. de Wailly sont si avantageusement connus par les différens ouvrages qu'ils ont publiés, qu'il est inutile d'entrer ici dans de plus longs détails sur ce Dictionnaire. L'addition de plus de 10,000 mots, un grand nombre de corrections en tous genres, le rendent préférable aux autres ouvrages du même genre qu'on a publiés jusqu'à présent.)

Dictionnaire des Synonymes, par de Livoy, revu par Beauzée. Paris, 1788, in-8°. rel. 6 fr. 50 c.

Dictionnaire des Commençans, français et latin, dans lequel on a éclairci ce qu'il y a de plus difficile pour les enfans, in-8°. rel. en parchemin. 5 fr.

Dictionnaire universel français-latin, par MM. Lallemant. Neuvième édition, revue et corrigée. Rouen, 1804, 1 gros vol. in-8°. rel. en parchemin. 7 fr.

Dictionnaire latin-français de Boudot, in-8°. rel. en parchemin. 6 fr. 50 c.

Dictionnaire français-anglais et anglais-français, par Boyer. Lyon, 1793, 2 v. in-4°. rel. 30 fr.

— Le même, deux tomes en un vol. in-8°. (Edition de Londres, de hasard. 10 fr.

Dictionnaire français-espagnol et espagnol-français, par C. M. Gattel. Lyon, 1803, 2 vol. in-4°. rel. 36 fr.

Dictionnaire des Arts et Métiers, par Jaubert. Lyon, 1801, 5 vol. in-8°. rel. 24 fr.

Dictionnaire Géographique portatif, par Vosgien. Paris, 1803, dernière édition, 1 gros vol. in-8°. relié. 9 fr.

Dictionnaire (nouveau) universel de Géographie ancienne et moderne, contenant les noms, descriptions et productions de tous les lieux connus sur le globe jusqu'à ce jour; leurs longitudes et latitudes, leurs distances respectives exprimées en mille français ou kilomètres; les mœurs des peuples, leurs manufactures, rapports de commerce, monnoies et changes; les principaux traits de leurs annales; la date des principaux siéges et batailles jusqu'en 1804; la division politique et la statistique des gouvernemens; les détails les plus circonstanciés sur la France; le tableau comparatif du monde ancien et moderne, et diverses tables, soit chronologiques, soit explicatives, etc.; par F. D. Aynès. Lyon, 1804, 3 gros vol. in-8°. à deux colonnes, et ornés de cartes, br. 15 fr. rel. 20 fr.

Dictionnaire (nouveau) d'histoire naturelle, appliquée aux arts, principalement à l'agriculture et à l'économie rurale et domestique; par une Société de Naturalistes et d'Agriculteurs, avec des figures tirées des trois Règnes de la Nature. Paris, 1803-1804, 24 vol. in-8°. br. 180 fr. et rel. 228 fr.

Dictionnaire raisonné d'histoire naturelle, par Valmont de Bomare. Lyon, 1791, 15 vol. in 8°. gros caractère de cicéro, br. 60 fr. rel. 75 fr.

— Le même, in-8°. 15 vol. petit romain gros œil. Lyon, 1801, br. 45 fr. rel. 60 fr.

— Le même, Lyon, 1791, 8 vol. in-4°. br. 96 fr. rel. 120 fr.

Dictionnaire historique (nouveau), ou Histoire abrégée de tous les hommes qui se sont fait un nom par des talens, des vertus, des forfaits, des erreurs, etc.; par L. M. Chaudon et F. A. Delandine. Huitième et dernière édition, considérablement aug-

mentée. Lyon, 1804, 13 gros
vol. in-8°. br. 75 fr.
—— Le même, 13 vol. in-8°.
rel. en veau, filet. 108 fr.
Dictionnaire historique (supplément au), par une Société de
Gens-de-Lettres. Lyon, 1791,
in-8°. br. 5 fr.
(Ce volume complète l'édition
en 8 vol. in-8°.)
* Dictionnaire historique (supplément au) et bibliographique,
par M. l'abbé Ladvocat. Paris,
1789, petit in-8°. 5 fr. broché.
(Ce volume complète l'édition
de M. Ladvocat, publié en 1777,
et en forme le quatrième vol.)
Dictionnaire d'industrie, dernière édition. Paris, 6 vol. in-8°.
br. 24 fr. rel. 33 fr.
* Elémens de la Grammaire
allemande, par P. A. Basse,
membre du Lycée des Arts à
Paris, professeur de langues vivantes, et chef du bureau d'art
et d'instruction au Conseil des
mines de la République. Paris,
1800, 1 vol. in-12, br. 1 fr. 80 c.
(Cette Grammaire, joint à
l'avantage d'être portative, celui
de contenir des tables des verbes
simples réguliers, et des verbes
irréguliers, divisés en cinq classes. Par leur moyen, les commençans seront souvent dispensés de recourir à de volumineux
dictionnaires. Plusieurs maisons
d'éducation ont adopté ce petit
ouvrage, et le regardent comme
un des meilleurs pour les commençans.)
* Ephémérides des Mouve-
mens célestes, par Desplaces,
La Caille et Lalande, 9 vol. in-4°.
brochés, avec cartes et fig. 96 fr.
(Cette collection, dont il ne
reste que peu d'exemplaires,
commence en 1715, et va jusqu'à
1800 inclusivement.)
—— Les tomes VII, VIII et
IX se vendent séparément 9 fr.
chaque volume.

Elémens (les) de la Langue
anglaise, par Peyton, in-12, rel.
3 fr.
Enchiridion Leonis papæ Mun-
guntiæ, 1633, 1 vol. in-24, br.
60 c.
Encyclopédie des Enfans, ou
Abrégé de toutes les Sciences,
à l'usage des Ecoles des deux
sexes; par J. R. Masson. Edition ornée de dix planches. Paris, 1804, in-8°. br. 6 fr.
Epîtres et Evangiles des dimanches et fêtes de l'année, avec
des réflexions par Mésenguy,
petit in-12, rel. en parchemin.
90 cent.
—— Les mêmes, 1 vol. grand
in-12, rel. 2 fr. 50 c.
Esprit de Saint François de
Sales (l'), par M. P. C. docteur
de Sorbonne. Paris, 1747, 1 gros
vol. in-8°. rel. 6 fr.
Eucologe, à l'usage de Paris,
latin et français, 1 vol. grand
in-12, relié. 4 fr.
—— Le même, latin et français,
1 vol. petit in-12. 3 fr.
—— Les mêmes, reliés en ma-
roquin rouge, dorés sur tranche.
On en trouvera de reliés de manière à satisfaire tous les goûts
Evangile (l') médité, jolie
édition, 8 vol. in-12, rel. 24 fr.
* Fables littéraires de Thomas
d'Yriarté, traduites en français,
avec le texte espagnol à côté de
la traduction, pour faciliter la
lecture des deux langues; par
M***. Paris, 1805, in-12, br.
1 fr. 60 c.
(On connoît assez le mérite
de ces Fables, et dire qu'on en
a publié cinq éditions en peu de
temps en Espagne, c'est en faire
le plus grand éloge; car il est
peu d'ouvrages espagnols, si on
en excepte le Don Quichotte,
qui aient eu autant d'éditions.
* Géographie moderne et universelle, précédée d'un Traité
de la Sphère, et d'un Précis d'as-

tronomie, etc. avec un Abrégé de la Géographie ancienne, sacrée et ecclésiastique, pour servir à l'intelligence de l'histoire, par Nicolle de la Croix; nouvelle édition, entièrement refondue, et considérablement augmentée, d'après les relations les plus exactes des voyageurs, les découvertes des célèbres navigateurs, les partages et les divisions modernes des Etats et des territoires; par Victor Comeiras, 2 gros vol. in-8o. de 800 pages chacun, de l'imprimerie de *Crapelet*, et ornés d'une figure allégorique à la tête du premier volume. Prix des deux volumes br. 12 fr.

— Le même ouvrage, avec 8 cartes enluminées, et renfermées dans les volumes, br. 15 fr.

— Le même, avec l'atlas in-4o. composé de 22 cartes enluminées, br. 21 fr.

— Le même, en papier vélin, dont on n'a tiré que 12 exemplaires, 2 vol. très-grand in-8o. 30 fr.

— Le même, sur papier d'Hollande, également tiré à 12 exemplaires, 2 vol. très-grand in-8o. 30 fr.

— L'atlas se vend séparément, br. 12 fr.

(Cet ouvrage, qui forme un cours complet de géographie, est adopté dans les principales maisons d'éducation de Paris. M. Geoffroy, dans le No. 9 de l'Année littéraire, an IX, après avoir démontré l'utilité et les agrémens de la géographie, dit à la fin de l'analyse qu'il fait de celle que nous publions : « Quoi- » que ce livre porte toujours le » nom de cet habile géographe » (Nicolle de la Croix), on peut » cependant le regarder comme » un ouvrage nouveau, le plus » exact, le plus complet, et le » mieux rédigé qui existe au-

» jourd'hui sur cette matière ».)

Grammaire nouvelle, espagnole et française, par Fr. Sobrino, dernière édition, in-8o. rel. 5 fr.

Heberden (Gulielmi), Commentarii de morborum historia et curatione. Londini, 1802, grand in-8o. papier vélin. Ouvrage qui a eu un grand succès en Angleterre, et dont les exemplaires ne sont pas communs en France, broché en carton. 12 fr.

Histoire des Plantes d'Europe, par Gilibert, fig. en bois, 2 vol. in-8o. rel. 12 fr.

Histoire ecclésiastique, par Fleury, 36 vol. in-4o. rel. 96 fr.

— La même, 36 vol. in-12, rel. 66 fr.

Histoire de l'Eglise, par Bercastel, 24 vol. in-12, rel. 72 fr.

Histoire (l') du vieux et du nouveau Testament, par le sieur de Royaumont, 1802, 1 vol. in-8o. très-belle édition, ornée d'un grand nombre de fig. en bois, relié. 6 fr.

— Le même ouvrage, orné de figures en taille-douce, 1 vol. in-4o. rel. 21 fr.

— Le même, Lyon, 1800, in-12, avec fig. en bois, relié. 2 fr. 50 c.

Jérusalem délivrée, traduite du Tasse; par Lebrun. Nouvelle édition, corrigée par l'auteur, ornés d'estampes dessinées par Le Barbier aîné. Paris, 1803, 2 vol. in-8o. br. 24 fr.

Leibnitii (Goth. Guilielmi) opera omnia, studio Ludovici Dutens. Genevæ, 1768, 6 vol. in-4o. fig. rel. 60 fr.

Leland. Démonstration évangélique, 1768, 4 vol. in-12, rel. 10 fr.

Lois des Bâtimens (les), par Desgodets, avec les notes de M. Goupy. 1802, in-8o. relié. 6 fr.

*Manuel de Botanique, par

Lebreton, in-8°. orné de 8 planches, br. 3 fr.

* Manuel grammatical, ou Abrégé de la Grammaire allemande; par Fontalard, in-12, rel. en parchemin. 1 fr. 50 c.

Morand (M. Sauveur-Jérôme), histoire de la Sainte Chapelle royale du palais, enrichie de planches. Paris, 1790, in-4°. papier vélin, rel. 18 fr.

OEuvres de Pierre Corneille. Paris, 1753, 10 vol. petit in-12. brochés, 15 fr. rel. 20 fr.

* OEuvres complètes de Crébillon, nouvelle édition, augmentée et ornée de belles gravures. Paris, chez les Libraires associés, 1785, 3 vol. in-8°. br. 18 fr.

— Les mêmes, reliés en veau, dorés sur tranche. 27 fr.

(De toutes les éditions des œuvres de cet auteur, celle-ci est la plus belle, et celle que les gens de goût recherchent. Il n'en reste que peu d'exemplaires.)

OEuvres magiques (les) de Henri Corneille Agrippa, par Pierre d'Aban, en latin et en français, avec des secrets occultes. Liège, 1798, 1 vol. in-24, br. 60 c.

OEuvres compl. de M. de Montesquieu, nouvelle édition sous le titre de Londres, 1767, 3 vol. in-4°. avec le portrait de l'auteur, brochés, 24 fr. rel. 36 fr.

OEuvres de Nicole. Paris, 24 vol. in-12, rel. 42 fr.

OEuvres (les) de Virgile, en latin et en français, traduction des quatre professeurs, 4 vol. petit in-12, rel. 8 fr.

Office divin (l') pour les dimanches et les fêtes de l'année, à l'usage des Laïques qui fréquentent leurs paroisses. Paris, 1801, 1 gros vol. in-12, relié. 3 fr. 60 c.

*Paroissien romain (le), latin et français, contenant l'office divin des dimanches et fêtes. Paris, 1789, in-12, relié 3 fr.

— Le même, latin et français, à l'usage de Paris et de Rome, in-12, rel. 3 fr. 25 c.

— Le même, petit in-12, rel. 2 fr. 25 c.

Préceptes pour l'Education, à l'usage des familles chrétiennes; par l'abbé Blanchard, 2 vol. in-12, rel. 6 fr.

Prônes, ou Instructions familières sur les Epitres et Evangiles de toute l'année; par M. Cochin, 5 vol. in-12, rel. belle édition. 12 fr. 75 c.

Pseaumes (les), traduits en français, avec des notes et des réflexions, par le P. G. F. Berthier. Paris, 1785, 8 vol. in-12, rel. 48 fr.

— Les mêmes, traduits en français, avec des réflexions par le même, jolie édition, 5 vol. in-12, rel. 15 fr.

— OEuvres spirituelles, du même, 5 vol. in-12, rel. 15 fr.

— Isaïe, par le même, 5 vol. in-12, rel. 15 fr.

Réaumur. Mémoires pour servir à l'Histoire des Insectes. Paris, imp. royale, 175¼, 6 vol. in-4°. rel. 90 fr.

Rudimens (les) de l'Histoire, ou Idée générale et précise des Peuples les plus célèbres, tant anciens que modernes, pour servir d'introduction à leur histoire; suivis d'une courte Notice des meilleurs livres, où l'on doit l'étudier dans tous ses détails; par Louis Domairon. Paris, 1801, 4 vol. in-12, rel. 13 fr.

Santoliana, ouvrage qui contient la vie de Santeuil, ses bons mots, etc.; par M. Dinouart. Paris, in-12, br. 2 fr. 25 c.

Secrets merveilleux du petit Albert, 1 vol. in-18, br. 1 fr.

Sermons de Bourdaloue, édition de Paris, 18 vol. in-12, rel. 48 fr.

Sermons de Massillon, édition de Paris, 15 vol. in-12, reliés. 45 fr.

Science des Négocians (la), par Delaporte. Paris, in-8°. obl. relié. 5 fr.

Supplément à la Diplomatique de Don Mabillon. Paris, 1794, 1 vol. in-fol. br. 18 fr.

* Vie (la) des Peintres flamands, allemands et hollandais, avec des portraits gravés en taille-douce, une indication de leurs principaux ouvrages, et des réflexions sur leurs différentes manières ; par J. B. Descamps, peintre, membre de l'Académie royale des Sciences, etc. Paris, 1753, 5 vol. in-8°. br. 30 fr.

(Cet ouvrage, dont il ne reste que peu d'exemplaires, est orné d'environ 180 portraits, dessinés et gravés par les plus habiles artistes ; tels que Ficquet, Eisen, Vandick, etc., ces portraits sont autant de chefs-d'œuvre aux yeux des connoisseurs.)

— Le tome V est le voyage pittoresque de la Flandre et du Brabant, il se vend séparément, br. 6 fr.

Vocabulaire (nouveau) français, où l'on a suivi l'ortographe du Dictionnaire de l'Académie ; par MM. de Wailly, membre de l'Institut national, et de Wailly, chef de l'enseignement au Lycée impérial de Paris. Seconde édition, considérablement augmentée et revue, quant aux termes de médecine, d'anatomie et d'histoire naturelle ; par M. Bosquillon, médecin de Paris, et professeur de Langue grecque au collége de France. Paris, 1803, un gros vol. in-8°. rel. 9 fr.

LIVRES ESPAGNOLS.

Arte de hablar bien Frances ; o Gramatica completa dividida en tres partes, por D. Pedro Nicolas Chantreau, tercera impresion. En Madrid, 1797, in-4°. 9 fr.

Aventuras de Gil-Blas de Santillana robadas a espana, y adoptadas en francia por M. le Sage, restituidas a su patria y a su lingua nativa por un Espanol zeloso que no sufre se burlen de su nacion. En Madrid, 1797, 7 vol. petit in-4°. fig. 40 fr.

Aventuras de Telemaco, hijo de Ulises continuacion del libro IV de la Odisea de Homero. En Madrid, 1793, 2 vol. in-12, fig. 6 fr.

— El mismo. En Paris, 1804, in-12. 3 fr.

Cartas eruditas de algunos literatos Espanoles publicalas D. Melchor de Azagra. Madrid, 1775, in-8°. 5 fr.

Cartas philologicas es a saber de letras humanas, varia erudicion, por Fr. Cascales. En Madrid, 1779, in-8°. 5 fr.

Colleccion de poesias Castellanas anteriores al siglo XV, por D. Thomas Antonio Sanchez. En Madrid, 1779, 4 vol. in-8°. 18 fr.

Colleccion de poesias Castellanas traducidas en verso toscano é ilustradas por el Conde D. Juan Bautista Conti. En Madrid, imprenta Réal, 4 vol. gr. in-8°. 20 fr.

Constante Amarilis (la), prosas y versos de Christoval Suarez de Figueroa. En Madrid, 1781, in-8°. 6 fr.

Diana enamorada (la) cinco libros que prosiguen los VII de Jorge de Montemayor, por Gaspar Gil-Polo, nueva impression con notas al canto de Turia. En Madrid, 1778, in-8°. 6 fr.

Diana (la) de Jorge de Montemayor. En Madrid, 1795, in-8°. 5 fr.

Diccionario de la lengua Castellana compuesto por la Real Academia española, quarta edicion. Madrid, por la viuda de Don Joaquin Ibarra, impressora de la Real academia, 1803, 1 vol. in-fol. 45 fr.

Dictionnaire français - espagnol et espagnol français, avec l'interprétation latine de chaque mot; rédigé d'après la dernière édition du dictionnaire de l'académie royale espagnole, celui de l'académie française, etc.; par C. M. Gattel, de l'Académie de Lyon, etc. Lyon, 1803; 2 vol. in-4°. reliés. 36 fr.

—— Le même, par Sobrino, 3 vol. in-4°. rel. 24 fr.

—— Le même, par Séjournant, 2 vol. in-4°. rel. 24 fr.

El Antenor, por D. Pedro Montengon. En Madrid, 1788, 2 vol. in-8°. 12 fr.

Elémens de Conversation espagnole, ou Dialogues espagnols et français; à l'usage des deux nations. Paris, 1803, in-8°. br. 3 fr. 60 c.

El ingenioso hidalgo Don Quixote de la Mancha, compuesto por Miguel de Cervantes Saavedra; nueva edicion corregida por la Real Academia Esp. En Madrid, Ibarra, 1780, 4 vol. in-4°. fig. 120 fr.

—— El mismo en Madrid, por la viuda de Ibarra, 1787, 6 vol. in-8°. fig. 33 fr.

—— El mismo nueva edicion corregida de nuevo, con nuevas notas, con nuevas estampas, con nuevo analisis, y con la Vida de el autor nuevamente aumentada, por D. Juan Antonio Pellicer. En Madrid, 1797, 5 vol. in-8°. 54 fr.

—— El mismo con nuevas vinetas et con nuevas notas por D. Juan Antonio Pellicer. En Madrid, 1798, 9 vol. in-12. 42 fr.

(Petite édition charmante, tant pour l'exécution typographique que pour la beauté des vignettes dont elle est ornée).

El Mirtilo o los pastores trashumantes, por D. Pedro Montengon. En Madrid, 1795, in-8°. 6 fr.

Eroticas (las) y Traduccion de Boecio de Don Estévan Manuel de Villegas, 2ª. edicion. En Madrid, 1797, 2 vol. in-8°. fig. 12 fr.

Estela pastoral en prosa y verso compuesta en frances por el Caballero Florian, traducida por el capitan D. Vicente Rodriguez de Arellano y el Arco. En Madrid, 1797, petit in-8°. 3 fr.

Eudoxia, hija de Belisario, libro primero, por Don Pedro Montengon. En Madrid, 1793, in-8°. 6 fr.

Fables littéraires de Thomas d'Yriarte, traduites en français, avec le texte espagnol à côté de la traduction, pour faciliter la lecture des deux langues, par M***. Paris, 1805, in-12. 1 fr. 80 c.

Fabulas literarias de D. Tomas de Yriarte, quinta edicion. En Madrid, en la imprenta Real, 1802, in-8°. 2 fr. 50 c.

Gramatica de la lengua Castellana compuesta por la Real Academia española. Quarta edicion, corregida y aumentada. Madrid, por la viuda de Ibarra, 1796, petit in-8°. 5 fr.

Grammaire nouvelle, espagnole et française; par Fr. Sobrino. Nouvelle édition, 1801, in-8°. 6 fr.

Historia de la conquista de Mexico, problacion y progresos de la America septentrional, conocida por el nombre de nueva espana, escribiala Don Antonio de Solis. En Madrid, 1783,

2 vol. in-4°. ornés de superbes gravures. 96 fr.
— La misma. En Madrid, 1791, 3 vol. in-8°. 10 fr.
— La misma. En Madrid, 1798, 5 vol. petit in-12, ornés de 12 jolies figures. 25 fr.
Historia del famoso predicador Fray Gerúndio de Campazas, alias zotes ; escrita por el licdo. Don Francisco Lobon de Salazar qui en la dedica al publico. En Madrid, año de 1804. 3 vol. in-4°. 24 fr.
Historia de Gibraltar, por D. Ignacio Lopez de Ayala. En Madrid, 1782, in-4°. rel. 10 fr.
Historia de Hipólito y Aminta, por D. Fr. de Quintana, in-4°. relié. 9 fr.
Historia del rebelion y Castigo de los Moriscos del Reyno de Grenada y por Luis del Marmol Carvajal. En Madrid, 1797, 2 vol. in-4°. 15 fr.
La Araucana de Ercilla. En Madrid, 2 vol. in-8°. 12 fr.
La Conjuracion de Catilina y la guerra de Jugurta, por Cayo Salustio Crispo. En Madrid, J. Ibarra, 1772, in-fol. fig. 230 fr.
(Ouvrage rare et d'une magnifique exécution).
La constante Amarilis, prosas y versos de Christoval Suarez de Figueroa. Tercera edicion. En Madrid, 1781, in-8°. 6 fr.
La Mosquea poetica inventiva, en octava rima, compuesta por D. Joseph de Villaviciosa. En Madrid, 1777, in-8°. 5 fr.
La Música, poema por D. Tomas de Yriarte. En Madrid, en la imprenta Real, 1789, grand in-8°. fig. 18 fr.
Llave nueva y universal para aprender con brevedad y perfeccion la Lengua francesa dividida en dos partes, por Don Antonio Galmace, octava edicion. En Madrid, 1787, in-4°. 6 fr.
Los Epigramas de D. Leon de

Arroyal. Madrid, Ibarra, 1784, in-8°. 5 fr.
Las Odas de D. Leon de Arroyal. Madrid, 1784, in-8°. 5 fr.
La Vida y hechos de Estevanillo Gonzalez. En Amberes, 1646, in-4°. 9 fr.
Los seis libros de Galatea, escrita por Miguel de Cervantes Saavedra. — Viage al Parnaso, compuesto por el mismo. En Madrid, 1784, 3 vol. in-8°. fig. 24 fr.
Novelas Exemplares de Miguel de Cervantes Saavedra, nueva impresion corregida y adornada con Laminas. En Madrid, 1783, 2 vol. in-8°. 18 fr.
Nueva idea de la Tragedia antigua, por Iusepe Ant. Gonzalez de Salas. En Madrid, 1778, 2 vol. in-8°. 10 fr.
Obras de Anacreónte, traducidas del griego en verso Castellano por D. Joseph y D. Bernabé Canga Argüelles, 1795, in-4°. 5 fr.
Obras de Cervantes de Salazar. En Madrid, 1772, in-4°. relié. 9 fr.
Obras poeticas de Don Vicente Garcia de la Huerta. En Madrid, 1778, 2 vol. in-8°. 9 fr.
Obras de Lorenzo Gracian. En Amberes, 1725, 2 vol. in-4°. rel. 12 fr.
Obras de Pindaro traducidas de el griego por D. Joseph y D. Bernabé Canga Argüelles, 1798, in-4°. 6 fr.
Obras de Sapho, Erinna, Alcman, Stesicoro, Alceo, Ibico, Simonides, Bachilides, Archiloco, Alpheo, Pratino, Menalipides, traducidas de el griego, por D. Joseph y D. Bernabé Canga Argüelles, 1797, in-4°. 5 fr.
Obras de Don Francisco de Quevedo Villegas. En Madrid, 1791, 11 vol. in-8°. 66 fr.
Odas de D. Pedro Monten-

gon. En Madrid, 1794, in-8°. 5 fr.

Parnaso espanol, coleccion de poesias escogidas de los mas célebres poetas Castellanos, por D. Juan Joseph Lopez de Sedano. Madrid, 1768 et ann. suiv. 9 vol. in-8°. 48 fr.

Perromachia (la) invencion poetica, en ocho cantos por D. Juan Pison y Vargas. En Madrid, 1786, in-4°. 4 fr.

Pintura (la) poema didactico en tres cantos, por D. Diego Antonio Rejon de Silva. En Segovia, 1786, in-8°. fig. 9 fr.

Poesias postumas de D. Josef Iglesias de la Casa, segunda edicion. En Salamanca, 1798, 2 vol. petit in-8°. 9 fr.

Relacion historica de la famosa invasion del exercito y armada de Francia en Cataluna en 1285, etc. Madrid, 1793, in-4°. 7 fr.

Relacion historica del Viage a la America meridional, por D. Jorge Juan y D. Antonio de Ulloa. En Madrid, 1748 et ann. suiv. 5 vol. in-4°. fig. 120 fr.

(Ouvrage estimé et rare même en Espagne).

Rodrigo (el), romance epico, por Don Pedro Montengon. En Madrid, 1793, in-8°. 6 fr.

Tablas poeticas del Fr. Chscales. En Madrid, 1779, in-8°. 5 fr.

Teatro historico-critico de la eloquencia espanola, por D. Antonio de Capmany y de Montpaln. Madrid, 1786, 5 vol. in-8°. 36 fr.

Trabajos de Persiles y Sigismunda, historia setentrional, por Miguel de Cervantes Saavedra. En Madrid, 1781 ; 2 vol. in-8°. fig. 18 fr.

Vida y hechos del Picaro Gusman de Alfarache, atalaya de la Vida humana, por Mateo Aleman. En Valencia, 1787, 2 vol. in-8°. 10 fr.

— El mismo. En Madrid, un vol. in-4°. 8 fr.

Vida del Lazarillo de Tormes, castigado aora nuevamente impresso, y enmendado. in-12, broché. 1 fr. 50 c.

Nota. Tous ces ouvrages sont brochés, excepté ceux marqués reliés.

Outre les articles dont le détail est ci-dessus, le même Libraire en a beaucoup d'autres, capables de piquer la curiosité des amateurs d'ouvrages espagnols. Il se charge aussi de faire venir d'Espagne, pour ceux qui veulent l'honorer de leur confiance, tous les ouvrages qu'on désire en cette langue, dans un court délai ; ses relations fréquentes avec les Libraires espagnols le mettent à portée de satisfaire, à peu de frais, le goût de ceux qui cultivent cette langue.

LIVRES *de hasard et reliés, consistant en articles de Théologie les plus recherchés, tels que, Bibles latines et françaises ; SS. Pères grecs et latins, éditions des Bénédictins ; commentateurs de l'Ecriture Sainte, et généralement les ouvrages les plus rares dans ce genre.*

AGRÉDA (Marie d'), la Cité mystique de Dieu, traduite de l'espagnol ; par Th. Crozet. Bruxelles, 1715, 3 vol. in-4°. 21 fr.

Alexandri (Nat.) Theologia moralis et dogmatica. Parisiis, 1767, 2 vol. in-fol. 30 fr.

— historia Ecclesiastica vet.

et novi testamenti. Parisiis, 1699 seu 1714, 8 tomes en 7 vol. in-fol. 60 fr.

Ambrosii (S.) opera ex edit. J. du Frische et Nic. Le Nourry. Parisiis, 1686 et 1690, 2 vol. in-fol. 60 fr.

Anselmi (S.) opera omnia, ex editione Gabrielis Gerberon. Parisiis, 1721, in-fol. 21 fr.

Arnauld (Ant.). La perpétuité de la Foi, avec la continuation de Renaudot. Paris, 1670, 5 vol. in-4°. 24 fr.

Athanasii (S.) opera, gr. et lat., ex edit. Bern. de Montfaucon Benedict. Parisiis, 1698, 3 vol. in-fol. — Collectio nova patrum græcorum, etc., gr. et lat. cum not. Bern. de Montfaucon. Parisiis, 1706, 2 vol. in-fol. Les 5 vol. ensemble, 240 fr.

Augustini (S.) opera omnia, cum vitâ et indice per Fr. Delfau, etc. Parisiis, 1679, 11 tomes reliés en 8 vol. in-fol. 108 fr.

Basilii Magni (S.) opera, gr. et lat., ex edit. Juliani Garnier Benedict. Parisiis, 1721 et ann. seqq. 3 vol. in-fol. 72 fr.

Bergier. Traité historique et dogmatique de la vraie religion. Paris, 12 vol. in-12. 27 fr. — Tous ses autres ouvrages, à 2 fr. 50 c. le volume.

Bernardi (S.) opera, ex edit. et curis secundis J. Mabillon. Parisiis, 1690, 2 vol. in-folio. 36 fr. — Eadem. Parisiis, 1719, 2 vol. in-fol. 27 fr.

Beveregii (Guill.) Pandectæ canonum SS. apostolorum et conciliorum, gr. et lat. Oxonii, 1672, 2 vol. in-fol. 54 fr.

Bible (la Sainte), en latin et en français, par Sacy. Paris, 32 vol. in-8°. 60 fr. — La même. Paris, 1715, 4 vol. in-fol. 24 fr. — La même, en français, un vol. in-fol. 12 fr.

— La même, en 3 vol. in-4°. édit. de Liége. 20 fr.

Biblia sacra latina, vulgatæ editionis Sixti V et Clementis VIII, etc. Parisiis, Vitré, 1662, in-fol. 12 fr. — Eadem Biblia. Parisiis, Vitré, 1666, in-4°. 12 fr. — Eadem Biblia, 8 vol. in-12. 18 fr.

Bollandi (Joan.) acta Sanctorum omnium, ex latinis et græcis monumentis collecta, et not. illustr. a PP. societatis Jesu. Antuerpiæ, 1643 et ann. seqq. 53 vol. in-fol. reliés en veau fauve, bel exemplaire. 2000 fr. (On trouve très-difficilement des exempl. aussi complets de cette immense et rare collection.)

Bourdaloue (les Sermons du père). Paris, Rigaud, 1707 et ann. suiv. 16 vol. in-8°. 96 fr.

Brown (Edwardi) fasciculus rerum expetendarum et fugiendarum, etc. Londini, 1690, 2 vol. in-fol. 27 fr.

Brun (Pierre le). Explication des prières et cérémonies de la Messe. Paris, 1726, 4 vol. in-8°. fig. 15 fr.

Calmet (August.). Diction naire hist. de la Bible. Paris, 1730, 4 vol. in-fol. fig. 78 fr. — La Sainte Bible, en lat. et en français, avec un Commentaire littéral. Paris, 1724, 9 tomes en 8 vol. in-fol. 72 fr. — La même, avec les Dissertations qui peuvent servir de Prolégomènes, etc. 28 vol. in-4°. 96 fr.

Cassiodori (Aur.) opera, ex editione Joan. Garetii. Rothomagi, 1679, 2 tomes en un vol. in-fol. 36 fr.

Ceremoniale Episcoporum, Jussu Clementis VIII reformatum. Parisiis, 1633, in-fol. fig. 24 fr.

Chrysostomi (S. Joan.) opera gr. et lat. ex novâ Bern. de Montfaucon, Bened. editione. Parisiis, 1718 et seqq. 13 vol. in-fol. 240 fr.

Clementis Alexandrini (S.) opera, gr. et lat. ex novâ J. Potteri editione. Oxonii, 1715, 2 vol. in-fol. 72 fr.

Coustant. Epistolæ Romanorum pontificum. Parisiis, 1721, in-fol. 27 fr.

Cypriani (S.) opera, ex recognitione Steph. Baluzii. Parisiis, 1726, in-fol. 27 fr.

Cyrilli Alexandrini (S.) opera omnia, gr. et lat. ex editione Joan. Auberti. Parisiis, 1638, 7 vol. in-fol. 120 fr.

Cyrilli hierosolymitani (S.) opera, gr. et lat. ex recens. Ant. Aug. Touttée. Parisiis, 1720, in-fol. 24 fr.

Dacherii (Lucæ) Spicilegium veter. aliquot scriptorum, etc. ex edit. Steph. Baluzii et Edm. Martenne. Parisiis, 1723. — Vetera analecta. curante Joan. Mabillon. Parisiis, 1723, in-fol. Les 4 vol. ensemble, 54 fr.

Damiani (B. Pet.) opera. Parisiis, 1663, in-fol. 10 fr.

Despont (Philip.) Bibliotheca maxima veter. patrum, etc. Lugduni, 1677 et seqq. 27 vol. in-fol. — Index Bibliothecæ maximæ vet. patr. à Simeone à Sanctâ cruce digestus. Genuæ, 1707, in-fol. — Apparatus ad Bibl. maximam veter. patrum à Nic. le Nourry digestus. Parisiis, 1703-1715, 2 vol. in-fol. en tout 30 vol. 700 fr. — Eadem Bibliotheca, charta magna. 1200 fr.

Dionysii Areopagitæ (S.) opera, gr. et lat. ex edit. B. Corderii. Antuerpiæ, 1634, 2 vol. in-fol. 18 fr.

Duguet. Ses œuvres, 68 vol. in-12. 75 fr.

Elisée (Sermons du père). Paris, 1785, 4 vol. in-12.

Ephrem Syri (S.) opera, gr.

syriacè et lat. Romæ, 1732 et ann. seqq. 6 vol. in-fol. 130 fr.

Epiphanii (S.) opera, gr. et lat. ex editione Dion. Petavii. Parisiis, 1622, 2 vol. in-fol. 30 fr.

Estii (Guill.) in S. Paulum, in Sententias et in Scripturam, 5 vol. in-fol. 30 fr.

Eusebii Pamphili Cæsariensis, Præparatió et demonstratio Evangelica, gr. et lat. cum notis Fr. Vigeri. Parisiis, 1628, 2 vol. in-fol. 36 fr.

— Historia ecclesiastica, gr. et lat. cum not. Valesii ed. Guill. Reading. Cantabrigiæ, 1720, 3 vol. in-fol. 60 fr.

Gersonii (Joan.) opera omnia, ex editione Lud. Ellies Dupin. Antuerpiæ, 1706, 5 vol. in-fol. 72 fr.

Gibert (Jot. Pet.) corpus Juris canonici. Coloniæ Allobrogum, 1735, 3 vol. in-fol. 21 fr.

Goar (Jac.) Euchologion, sive Rituale græcorum, gr. et lat. Parisiis, 1647, in-fol. 18 fr.

Gregorii Magni (S.) opera omnia, ex edit. D. Sammarthani et G. Bessin. Parisiis, 1705, 4 vol. in-fol. 72 fr.

Gregorii Nazianzeni (S.) opera, gr. et latine ex editione J. Billii. Parisiis, 1609, seu 1630, 2 vol. in-fol. 24 fr.

— Ejusdem S. Greg. Naz. opera, gr. et lat. Parisiis, 1788, in-fol. tomus primus. 21 fr. Il n'a paru que ce vol.

Gregorii Nysseni (S.) opera, gr. et lat. ex edit. Cl. Morelli. Parisiis, 1638, 3 vol. in-fol. 30 fr.

Gregorii Turonensis (S.) opera, ex editione Th. Ruinart. Parisiis, 1699, in-fol. 72 fr.

Grenade (les œuvres de), trad. de l'espagnol; par G. Girard. Paris, 10 vol. in-8°. 30 fr.

Guiberti, abbatis, opera ex edit. Lucæ Dacherii Bened. Parisiis, 1651, in-fol. 15 fr.

Haberti (Isaaci) Liber ponti-

ficalis Græcorum , gr. et lat. Parisiis, 1643 , in-fol. 15 fr.

- Harduini (Jo.) collectio Regia
conciliorum. Parisiis , 其 typ.
Regiâ , 1715 .et seqq. 12 vol.
in-fol. 96 fr.

— Eadem collectio , charta
magna. 150 fr.

Hieronymi (S.) opera , ex
edit. Ant. Pouget et J. Martia-
nay. Parisiis, 1693 et ann. seqq.
5 vol. in-fol. 100 fr.

Hilarii (S.) opera , ex edit.
Pet. Coustant Benedict. Parisiis,
1693 , in-fol. 21 fr.

Hildeberti et Marbodii opera
omnia , ex editione Ant. Beau-
gendre.Parisiis,1708,in-fol. 18 fr.

Hincmari opera , ex edit. Jac.
Sirmondi. Parisiis , 1645 , 2 vol.
in-fol. 24 fr.

Houdry. Bibliothèque des Pré-
dicateurs. Lyon, 1731 , 22 vol.
in-4°. 100 fr

Houtteville (Cl. Fr.). La Religion chrétienne prouvée par
les faits. Paris, 1740 , 3 vol. in-4°.
20 fr.

Huetii (Petri Danielis). Demonstratio evangelica. Parisiis ,
1690 , in-fol. 15 fr.

Innocentii III Epistolæ , cum
notis Stephani Baluzii. Parisiis ,
1682 , 2 vol. in-fol. 15 fr.

Irenæi (S.) opera , gr. et lat.
ex edit. Renati Massuet, Bened.
Parisiis , 1710 , in-fol. 27 fr.

Isidori Hispalensis (S.) opera,
gr. et lat. ex edit. Jac. du Breuil
Benedict. Parisiis , 1601 , in fol.
15 fr.

Isidori Pelusiotæ (S.) opera,
gr. et lat. ex edit. Andr. Schotti.
Parisiis, 1638 , in-fol. 12 fr.

Jacs (le père). La Religion
chrétienne méditée. Paris , 6 vol.
in-12. 15 fr.

Joannis Damasceni (S.) opera,
gr. et lat. ex edit. Mich. le Quien.
Parisiis , 1712 , 2 vol. in-fol.
42 fr.

Juliani imperatoris opera , gr.

et lat. ex edit. Ezech. Spanhei-
mii. Lipsiæ , 1696, in-fol. 33 fr.

Justini (S.) opera , gr. et lat.
ex edit. Benedict. Parisiis , 1742,
in-fol. 27 fr.

Kabbala denudata , seu doc-
trina hebræorum transcendenta-
lis et metaphysica, atque theologica, etc. Sulzbaci, 1677 , 3
vol. in-4°. 40 fr.

Labbe (Philip.) et Gab. Cos-
sart. collectio conciliorum. Parisiis, 1672 , 18 vol. in-fol. 150 fr.

Lactantii Firmiani opera , ex
editione Nic. Lenglet du Fres-
noy. Parisiis , 1748, 2 vol. in-4°.
18 fr.

Lamy. De tabernaculo fœde-
ris , de Sancta civitate Jerusalem
et de templo ejus. Parisiis , 1720,
in-fol. fig. 18 fr.

Lanfranci (B.) opera omnia,
ex editione Lucæ Dacherii. Parisiis , 1648, in-fol. 21 fr.

Leonis magni (S.) opera ex
edit. Pasc. Quesnel. Lugduni ,
1700 , in-fol. 9 fr.

— Eadem, stud. P. Th. Cac-
ciari. Romæ , 1753, 3 vol. in-fol.
36 fr.

Lettres édifiantes et curieuses ,
écrites des missions étrangères.
Paris , 1780, 26 vol. in-12. 96 fr.

Lombert (P.). La cité de Dieu
de S. Augustin, trad. en français, 2 vol. in-8°. 9 fr.

Mabillon (Jo.) de Liturgiâ
gallicanâ. Parisiis , 1729 , in-4°.
10 fr.

— Museum italicum. Parisiis,
1724 , 2 vol. in-4°. fig. 15 fr.

— OEuvres posthumes et de
Don Ruinart, publiées par Don
Vinc. Thuillier. Paris , 1724,
3 vol. in-4°. 15 fr.

Maldonati (Joa.) commentarii in IV. Evangelistas , Mussi-
ponti , 1596, in-fol. 18 fr.

Maracci (Lud.) Alcorani tex-
tus universus , arab. et lat. cum
not. et refutatione. Patavii, 1698,
2 tomes en un vol. in-fol. 42 fr.

Martenne (Edm.) de Antiquis Ecclesiæ ritibus lib. IV. Antuerpiæ, 1736, 4 vol. in-fol. 40 fr.
— Veterum scriptorum et monument. Ecclesiasticorum et dogmaticorum collectio. Parisiis, 1724, 9 vol. in-fol. 80 fr.
— Thesaurus anecdotorum novus, seu collectio Monumentorum et Diplomatum. Parisiis, 1717, 5 vol. in-fol. 50 fr.
Martin (D. J.). Explication de plusieurs textes difficiles de l'Ecriture Sainte. Paris, 1730, 2 tomes en un vol. in-4°. 12 fr.
Maximi (S.) opera, gr. et lat. ex edit. Fr. Combefisii. Parisiis, 1675, 2 vol. in-fol. 30 fr.
Menochii (Joan. Steph.) commentarii totius scripturæ, edente R. Jos. de Tournemines. Parisiis, 1719, 2 vol. in-fol. 42 fr.
Mercatoris (Marii) opera, ex edit. petr. Garnerii. Parisiis, 1673, in-fol. 24 fr.
Mésenguy, Abrégé de la Morale de l'Ancien Testament, 10 vol. in-12. 16 fr.
Morinus (Joannis). De penitentià, de Sacris Ecclesiæ ordinationibus et de exercitationibus Ecclesiasticæ et Biblicæ. Parisiis, seu Antuerpiæ, 3 vol. in-fol. 80 fr.
Natalis (Hierony.) adnotationes et meditationes in Evangelia, cum figuris eneis. Antuerpiæ, 1595, in-fol. 27 fr.
Niewventyt (B. D.). L'existence de Dieu démontrée par les merveilles de la nature. Paris, 1725, in-4°. fig. 12 fr.
Nili (S.) opera, gr. et lat. ex ed. Leonis Allatii et Jos. Suaresii. Romæ, 1668 et 1678, 2 vol. in-fol. 36 fr.
OEcumenii et Aretæ opera, gr. et lat. ex edit. Fed. Morelli. Parisiis, 1631, 2 vol. in-fol. 24 fr.
Optati (S.) opera, ex Ed. Lud. Ellies Dupin. Parisiis, 1700, in-fol. 12 fr.

Origenis opera omnia, gr. et lat. ex editione C. de la Rue. Parisiis, 1740-1759, 4 vol. in-fol. 80 fr.
Origenis hexaplorum quæ super sunt, hebr. græc. et lat. ex editione B. de Montfaucon. Parisiis, 1713, 2 vol. in-fol. 45 fr.
Petavii (Dionysii) Dogmata theologica. Parisiis, 1644, 5 vol. in-fol. 42 fr.
Petri Blesensis opera, ex editione Pet. de Gussanville. Parisiis, 1667, in-fol. 10 fr.
Piconio (Bern. à) Triplex expositio in Sacro-sancta Evangelia. Parisiis, 1726, in-fol. 18 fr.
Pontificale romanum Clementis VIII. Romæ, ex Typ. Vaticana, 1726, in-fol. fig. maroq. dentelles, superbe exemplaire. 42 fr.
Pouget (Francisci Amati) institutiones catholicæ in modum cathecheseos. Parisiis, 1725, 2 vol. in-fol. 38 fr.
Pradi (Hieron.) et Joan. Bapt. Villalpandi, explanationes in Ezechielem. Romæ, 1596, 3 vol. in-fol. fig. 40 fr.
Quesnel (Pasquier). Le Nouveau Testament, en lat. et en fr. Amsterdam, 1727 ou 1736, 8 vol. in-12. 18 fr.
Rodriguez (Alphonse). Pratique de la perfection chrétienne, trad. par Regnier Desmarais. Paris, 1688, 3 vol. in-4°. 18 fr.
Sabatier (Pet.). Bibliorum sacrorum lat. versiones antiquæ, seu vetus italica. Remis, 1743, 3 vol. in-fol. 45 fr.
Sanchez (Th.). De Sancto Matrimonii sacramento. Antuerpiæ, 1607, 3 tomes en un vol. in-fol. 20 fr.
Sirmondi (Jac.) opera varia ex edit. Jac. de la Baune. Parisiis, è typ. Reg. 1696, 5 vol. in-fol. 40 fr.
— Eadem, charta magna. 60 fr.